I0814297

Bewegtes Leben

Bewegtes Leben

Körpertechniken in der Frühen Neuzeit

Herausgegeben von
Rebekka von Mallinckrodt

Harrassowitz Verlag · Wiesbaden
in Kommission

Ausstellungskataloge der Herzog August Bibliothek Nr. 89

Ausstellung der Herzog August Bibliothek Wolfenbüttel, in der Augusteerhalle, im Kabinett, im Globenkabinett und Malerbuchsaal vom 29. Juni bis 16. November 2008

Motiv auf dem Umschlag: s. Kat.-Nr. 21, 59, Abb. 17, Kat.-Nr. 52

Konzeption von Ausstellung und Katalog: Rebekka von Mallinckrodt in Verbindung mit Pia F. Cuneo, Kirsten O. Frieling, Heiner Gillmeister, Jacques Gleyse, Marie-Thérèse Mourey, Michael Sikora, Sandra Schmidt, Anselm Schubert, Dietmar Till, Janina Wellmann

Die Herzog August Bibliothek dankt den auswärtigen Leihgebern:

Gottfried Wilhelm Leibniz Bibliothek – Niedersächsische Landesbibliothek Hannover

Herzogin Anna Amalia Bibliothek, Weimar

Niedersächsische Staats- und Universitätsbibliothek

Thüringer Universitäts- und Landesbibliothek, Jena

Universitätsbibliothek, Leipzig

Zentralbibliothek der Sportwissenschaften der deutschen Sportschule Köln

Bibliografische Information der Deutschen Nationalbibliothek

Die Deutsche Nationalbibliothek verzeichnet diese Publikation in der Deutschen Nationalbibliografie; detaillierte bibliografische Daten sind im Internet über http://dnb.d-nb.de abrufbar.

Bibliographic information published by the Deutsche Nationalbibliothek

The Deutsche Nationalbibliothek lists this publication in the Deutsche Nationalbibliografie; detailed bibliographic data are available in the Internet at http://dnb.d-nb.de.

www.harrassowitz.de/verlag

Gedruckt auf holzfrei, weiß matt gestr. Bilderdruck, "Optisilk", 135 g/qm, 1 f. Vol.,
alterungsbeständig, chlorfrei gebleicht.
Satz: Herzog August Bibliothek Wolfenbüttel
Gestaltung: Oswald Schönberg
Druck: braunschweig-druck GmbH, Braunschweig
Printed in Germany

ISBN 3-447-05794-7
ISSN 0946-9923

Inhalt

Katalog

Vorwort

Helwig Schmidt-Glintzer

Wenn sich eine wissenschaftlich vorbereitete Ausstellung dem Körper zuwendet in einer Zeit, deren Signatur durch Körperkult und Schönheitswahn bestimmt ist,[1] ist dies der Zeitgenossenschaft geschuldet, der alle Forschung verpflichtet ist. Als Forschungs- und Studienstätte für Europäische Kulturgeschichte verbindet die Herzog August Bibliothek eine solche Ausstellung vor allem aber mit der Reflexion auf die Tradition des Nachdenkens über das Verhältnis von Leib, hervorgebrachtem Ausdruck und Individuum.[2] Im Gegensatz zur Hegelschen Tradition wird der Körper ins Zentrum gestellt. Dabei ist es der Abgrenzung der Frühen Neuzeit gegenüber der Moderne geschuldet, dass im Ausstellungskonzept all jenes, was als Nachdenken über die "Psychophysik der industriellen Arbeit" das 20. Jahrhundert geprägt hat,[3] im Hintergrund bleibt. Und doch klingt schon an, was dann in der gesteigerten industriellen Rationalisierung seinen Ausdruck findet, in deren Anfängen der Zusammenhang von Arbeit und anderen älteren Verhaltenstechniken deutlicher als in späteren Jahrzehnten gesehen wurde.[4] Es ist zugleich sicher kein Zufall, dass die Thematisierung von Körpertechniken in der Frühen Neuzeit in einem neuen Licht erscheint, nachdem einerseits die Beziehung zwischen Körper und Arbeit in den Hintergrund gerückt ist und Aufmerksamkeit vor allem in der Fachwelt der Arbeitsmedizin findet, während andererseits der menschliche Körper zum Ausdruck des "Selbstunternehmers" geworden ist.

Frühneuzeitliche Körpertechniken wollte die Herzog August Bibliothek auch im Hinblick auf die Vorgeschichte des Sports der Gegenwart und im Hinblick auf die Olympischen Spiele, die am 8. August 2008 beginnen werden, thematisieren. Dass dieser längere Zeit gehegt Plan dann in so gelungener Weise hat realisiert werden können, verdanke ich der Begegnung mit Rebekka von Mallinckrodt, die sich auf meine Bitte hin spontan zur Organisation der Ausstellung und der Herausgabe dieses Katalogs bereit erklärt hat. Sie hat die Präsentation ausgewählter Wolfenbütteler Bestände reflexiv in einen wissenschaftsgeschichtlichen Kontext eingebunden und Beiträgerinnen und Beiträger für das Katalog- und Ausstellungsprojekt gewonnen. Zu danken ist den Mitarbeiterinnen und Mitarbeitern der Herzog August Bibliothek, namentlich Herrn Dr. Volker Bauer für die Organisation des das Projekt vorbereitenden Arbeitsgesprächs, der Digitalisierungs- und Fotowerkstatt für die Reproduktionen, der Restaurierwerkstatt, namentlich Heinrich Grau, für die Einrichtung der Ausstellung und Herrn Oswald Schönberg für die Herstellung und Gestaltung des vorliegenden Katalogs. Die reichen Wolfenbütteler Sammlungsbestände konnten durch einige Leihgaben ergänzt werden. Dafür ist den Leihgebern zu danken.

Das Augenmerk liegt in dem vorliegenden die Ausstellung begleitenden Band auf der europäischen Tradition, auch in der Absicht, damit die Erforschung dieser Thematik für andere Kulturen anzuregen. Körpertechniken sind in allen menschlichen Kul-

1 Siehe Robert Gugutzer: Körperkult und Schönheitswahn – Wider den Zeitgeist. Essay, in: Aus Politik und Zeitgeschichte 18/2007 (30. April 2007), S. 3–6.

2 G. W. F. Hegel: Phänomenologie des Geistes. 6. Aufl., Hamburg 1952, und dort insbes. der Abschnitt "Beobachtungen der Beziehungen des Selbstbewusstseins auf seine unmittelbare Wirklichkeit; Physiognomik und Schädellehre", S. 227 ff.

3 Siehe hierzu etwa Max Webers Studie von 1908/1909, "Zur Psychophysik der industriellen Arbeit", in: Max Weber: Gesammelte Aufsätze zur Soziologie und Sozialpolitik. 2. Aufl., Tübingen 1988, S. 61–255.

4 Siehe Karl Bücher: Arbeit und Rhythmus, Leipzig 1896.

turen vorzufinden, und namentlich in China haben manche Sportarten eine lange Tradition, wie das Fußball- und das Polo-Spiel,[5] aber auch Schwertkampftechniken und vieles mehr. Dass der Diskurs über Körpertechniken immer auch im Kontext von Ertüchtigungsüberlegungen gestanden hat, ist wohl universell gültig. Damit verbundene Wettkämpfe sind im 20. Jahrhundert in hohem Maße in den Zusammenhang kollektiver Ertüchtigung und nationalen Geltungsanspruchs gestellt worden, wenn sich etwa zu Beginn des Jahrhunderts China als Schwächling gegenüber den wohlgenährten und trainierten Euroamerikanern begriff,[6] was zu einer Neubelebung der Körperkultur und der Sportförderung führte.[7]

Es ist ein Zeichen der stimulierenden und reflexiven Kraft der Frühneuzeitforschung, dass die im vorliegenden Katalog enthaltenen Studien ebenso wie die aufgeschlagenen Illustrationen auf einen weiteren Zusammenhang verweisen als er sich durch den Blick auf das heutige Sportgeschehen ergibt; dadurch wird der Begriff der Körpertechniken wie des menschlichen Handelns und Verhaltens allgemein in seiner ganzen Breite und vielen Facetten ausgeschritten und bezieht sich nicht nur auf den Fechtboden oder andere höfische Orte, sondern auf das Theater genau so wie auf das Sprechen, worauf sich Hegel kapriziert, während er anderes in den Hintergrund stellt, wenn er schreibt: "Der sprechende Mund, die arbeitende Hand, wenn man will, auch noch die Beine dazu, sind die verwirklichenden und vollbringenden Organe, welche das Tun *als Tun*, oder das Innre als solches an ihnen haben."[8] Dagegen sind die Jahrhunderte zuvor von höfischen Techniken und nicht zuletzt vom Krieg, von der Kavallerie und vom Fechten geprägt, von Menschen, aber auch von Pferden, die zu dopen in England schon im Jahre 1666 verboten werden musste.[9] Dies kommt deutlich zur Anschauung. Zugleich ist ein Ausgangpunkt markiert, von dem aus eine Kulturen vergleichende Bestandsaufnahme ausgehen muss, die den von Rebekka von Mallinckrodt zitierten Marcel Mauss in seinem Anspruch ernst nimmt. Das Projekt dieser Ausstellung und der Katalog macht damit einen erfreulichen Anfang und versteht sich ausdrücklich als Anregung zu weiterer Forschung. Dies wird insbesondere in der Einführung deutlich. Die wissensgeschichtliche Einbettung und die Hinweise auf die Forschungstraditionen, die für uns selbstverständlich sind, sollen jedoch nicht die Freude an dem Gezeigten, und schon gar nicht die Ermöglichung des neuen Blicks auf die Objekte verstellen. Über die Ausstellung hinaus soll dieser Katalog als Anregung dienen und zugleich als Beleg für die Vielfalt und den Reichtum der Zugänge zu den Wolfenbütteler Sammlungen. Nicht zuletzt sind Ausstellung und Katalog als intellektuelles Vergnügen gedacht. Der Mensch in seinen vielfältigen Möglichkeiten als sich bewegender, lachender, spielender und liebender, aber auch als handelnder Mensch lebt ja immer in einer Verknüpfung unterschiedlicher Sphären, die in einem Sinnzusammenhang stehen, der kulturell und nicht zuletzt auch religiös konfiguriert ist. Diese Sinnkonfigurationen in ihrer Geschichtlichkeit zu verstehen ist dem Menschen möglich und befähigt ihn zugleich, immer wieder neue Blicke auf sich und seine Kultur zu werfen und diese sich damit reflexiv anzueignen und sich selbst dabei immer wieder neu zu entwerfen.

5 Siehe James T. C. Liu: Polo and Cultural Change from T'ang to Sung China, in: Harvard Journal of Asiatic Studies 45 (1985), S. 203–224; Helmut Brinker: Laozi flankt, Konfuzius dribbelt. China scheinbar abseits: Vom Fußball und seiner heimlichen Wiege, Bern u. a. 2006.

6 Siehe Helwig Schmidt-Glintzer: Kleine Geschichte Chinas, München 2008, S. 199.

7 Andrew D. Morris: Marrow of the Nation. A History of Sport and Physical Culture in Republican China, Berkeley 2004.

8 G. W. F. Hegel (s. Anm. 2), S. 229.

9 Siehe Robert Jütte: Wunder im Sattel erleben. Der Pferdesport als Versuchung – Überlegungen zur Frühgeschichte des Dopings, in: Neue Zürcher Zeitung Nr. 51 (1./2. März 2008), S. 29.

Einführung: Körpertechniken in der Frühen Neuzeit

Rebekka von Mallinckrodt

Durch den Körper erfahren wir die Welt, schon im Mutterleib im Gefühl der Schwerelosigkeit sind Geräusche hörbar, Muskelkontraktionen spürbar und werden Stress- oder Glückshormone über das Blut weitergegeben. Es folgt mit jedem Tag und jeder Stunde nach der Geburt ein Erforschen dieser Welt durch Greifen, in den Mund nehmen, Schmecken, Riechen, Hören und Sehen. Der Gleichgewichtssinn als eine Wahrnehmung des eigenen Körpers entwickelt sich ebenso wie ein Gefühl für die Bewegung im Raum.

"Mein Leib ist die allen Gegenständen gemeinsame Textur, und zumindest bezüglich der wahrgenommenen Welt ist er das Werkzeug all meines 'Verstehens' überhaupt", so Maurice Merleau-Ponty in seiner "Phänomenologie der Wahrnehmung" von 1945.[1] Er stellte damit den erfahrenen und erfahrenden Leib als Erkenntnisquelle in das Zentrum seiner Forschungen, indem er Wahrnehmung des eigenen Leibes (das so genannte "Körperschema") und äußere Wahrnehmung als zwei Seiten desselben Aktes herausarbeitete.[2] Jean Piaget untersuchte ab den 1940er Jahren, wie sich aus sensomotorischen Erfahrungen abstrakte Konzepte entwickeln und wurde jüngst von der kognitiven Metapherntheorie wieder aufgegriffen und fortgeführt.[3] Die Forschungen der Neurowissenschaften zeigen, dass Intellektualität weder ausschließlich noch vornehmlich im Gehirn stattfindet, sondern durch eine ständige Kommunikation und Auswertung von über den ganzen Körper verteilten Prozessen, die zugleich eine Trennung zwischen physischen, emotionalen und rationalen Vorgängen nicht mehr sinnvoll erscheinen lassen.[4] Zugleich weisen Kognitionswissenschaftler darauf hin, dass das prozedurale Gedächtnis, das heißt das unter anderem als Körpergedächtnis automatisierte, vorbewusste, nicht-sprachliche Wissen, im Unterschied zum deklarativ-expliziten Gedächtnis eine weit größere Bedeutung einnimmt.[5] "Bewusstsein ist für das Gehirn ein Zustand, der tunlichst zu vermeiden und nur im Notfall einzusetzen ist", so Gerhard Roth.[6] Denn Bewusstsein ist nicht nur energietechnisch teurer, sondern auch weniger

1 Maurice Merleau-Ponty: Phänomenologie der Wahrnehmung, Berlin 1966 (OA Paris 1945), S. 275.

2 Ebd., S. 171 und 241.

3 Michael Kimmel: Kultur, Körper, Sinne. Embodiment als kognitives Paradigma, in: Wolfram Aichinger, Franz X. Eder, Claudia Leitner (Hrsg.): Sinne und Erfahrung in der Geschichte, Innsbruck 2003, S. 53–74, hier S. 70f.; George Lakoff und Mark Johnson: Philosophy in the Flesh, New York 1999. Vgl. hierzu auch Maren Lorenz: Leibhaftige Vergangenheit. Einführung in die Körpergeschichte, Tübingen 2000 (Historische Einführungen 4), S. 24f.

4 Antonio R. Damasio: Descartes' Irrtum. Fühlen, Denken und das menschliche Gehirn, München 2004, S. 239, 312.

5 Fertigkeiten und Gewohnheiten sind neben Priming, Kategorisierung, klassischer Konditionierung und nichtassoziativem Lernen zwei körperbezogene Arten des prozeduralen Gedächtnisses (vgl. Gerhard Roth: Fühlen, Denken, Handeln. Wie das Gehirn unser Verhalten steuert, Frankfurt a.M. 2003, S. 154–157). Kimmel, Embodiment (s. Anm. 3), S. 67.

6 Roth, Fühlen, Denken, Handeln (s. Anm. 5), S. 240.

verlässlich, schnell und effektiv.[7] Der Historiker Paul Connerton stellte deshalb die These auf, dass Gesellschaften die Werte und Kategorien, die ihnen am wichtigsten erscheinen, womöglich bevorzugt über körperliche Praktiken weitergeben, da diese gerade nicht objektiviert und damit anfällig für Zweifel und Kritik werden können.[8] Der Neurowissenschaftler Antonio Damasio wiederum spricht von durch Erfahrung erworbenen somatischen Markern, die in einer Entscheidungssituation als Alarmglocken oder aber Startsignal wirken, ohne diese Entscheidung zu determinieren.[9]

Dabei wird die Auswertung und Bewertung dieser Körper-Erfahrungen immer schon sozial-kulturell und damit auch historisch mitgesteuert und wirkt auf diese zurück.[10] Selbst die Heftigkeit einer physischen Reaktion kann sich unterscheiden, je nachdem wie ein Ereignis in einem kulturellen Umkreis bewertet wird.[11] Physische Prozesse sind also nicht einfach kulturellen vorgängig, sondern werden wiederum direkt durch diese beeinflusst und verändert.

Zahllos sind die Arbeiten zur kulturellen Prägung von Körperhaltungen und -bewegungen im Bereich der Ethnologie und Soziologie, von denen Pierre Bourdieus Untersuchungen zu "habitus" und "hexis" nur als bekanntestes Beispiel genannt sei.[12] In der Anthropologie geht seit einiger Zeit der "sensual turn" um, der durch eine Radikalisierung der "teilnehmenden Beobachtung" die Schriftbezogenheit der letzten Jahrzehnte relativieren will.[13] FeldforscherInnen sollen nicht nur zuschauen, sondern mitmachen, um Praktiken angemessen beschreiben und beurteilen zu können. Man spricht auch von "embodiment" als kognitivem Paradigma.[14]

Eine Beschäftigung mit dem historischen und wandelbaren Körper, der so zentral für unser Welt- und Selbstverständnis ist, erscheint deshalb heute mehr denn je ebenso nahe liegend wie zentral. Die Fragen, die sich hier stellen, sind vielmehr folgende:

1. Bedarf es nach dem Boom der körperhistorischen Publikationen und Tagungen seit den 1990er Jahren noch eines weiteren Sammelbandes über "Körpertechniken"? Was ist das Spezifische an diesem Zugriff? Und
2. So wenig Neurowissenschaftlern, Psychologen, Ethnologen und Soziologen der Körper unmittelbar gegeben ist, so können sie doch auf Anschauung und Nachah-

7 Ebd.

8 Paul Connerton: How Societies Remember, Cambridge 1989, S. 102.

9 Damasio, Descartes' Irrtum (s. Anm. 4), S. 237–240, 243–253.

10 Kimmel, Embodiment (s. Anm. 3), S. 60–62.

11 Lorenz, Leibhaftige Vergangenheit (s. Anm. 3), S. 29.

12 Pierre Bourdieu: Die feinen Unterschiede. Kritik der gesellschaftlichen Urteilskraft, Frankfurt a.M. 1992 (OA 1979), bes. S. 305–354, 575–580, 595–601; ders.: Sozialer Sinn. Kritik der theoretischen Vernunft, Frankfurt a.M. 1987 (OA 1980), v.a. Teil 1, Kap. 4. Bourdieu war wiederum von Marcel Mauss, Edmund Husserl, Maurice Merleau-Ponty und Claude Lévi-Strauss beeinflusst.

13 Wolfram Aichinger: Sinne und Sinneserfahrung in der Geschichte. Forschungsfragen und Forschungsansätze, in: ders., Franz X. Eder, Claudia Leitner (Hrsg.): Sinne und Erfahrung in der Geschichte, Innsbruck 2003, S. 9–28, hier S. 21; David Howes (Hrsg.): The Varieties of Sensory Experiences. A Sourcebook in the Anthropology of the Senses, Toronto 1991; ders.: Sensual Relations. Engaging the Sense in Culture and Social Theory, Ann Arbor 2003; Kimmel, Embodiment (s. Anm. 3), S. 66. Vgl. auch Judith Schlehe: Die Leibhaftigkeit der ethnologischen Feldforschung, in: Historische Anthropologie 3 (1996), S. 451–460.

14 Kimmel, Embodiment (s. Anm. 3).

mung als Erkenntnisquellen zurückgreifen. Was bedeutet es also für kulturhistorisch arbeitende Philologen, Kunsthistoriker und Historiker, dass uns lediglich Texte und Bilder, in wenigen Fällen außerdem Gegenstände aus der Frühen Neuzeit überliefert sind? Was bewirkt dieser Medienwechsel vom dreidimensionalen Körperraum zur zweidimensionalen Bild- bzw. Schriftüberlieferung für unser Verständnis vergangener Körpererfahrungen?

1. Was sind Körpertechniken?

Schaut man sich Marcel Mauss' Vortrag von 1934 an, auf den Titel und Konzept der Wolfenbütteler Ausstellung und des vorliegenden Kataloges zurückgehen, so erstaunt erst einmal, dass ein relativ schmuckloser, explorativer, über siebzig Jahre alter Text von rund zwanzig Seiten die Grundlage einer erneuten Beschäftigung mit dem Körper abgeben soll.[15] Zumal Mauss die "Körpertechniken" darin recht allgemein als "die Weisen, in der sich die Menschen in der einen wie der anderen Gesellschaft traditionsgemäß ihres Körpers bedienen" definiert.[16] "Traditionsgemäß" meint hierbei, dass dieser Gebrauch des Körpers sozial vermittelt wird; "Körper*techniken*" grenzt Mauss wiederum aufgrund ihrer instrumentellen Zielgerichtetheit von Ritualen ab, ohne selbst ausführlicher auf diese Unterscheidung einzugehen.[17] "Der Körper ist das erste und natürlichste Instrument des Menschen",[18] so Mauss. Es folgt eine Entwicklung des Begriffs der "Körpertechniken" auf Grundlage konkreter Beispiele: des Schwimmens, des Grabens, des Marschierens, des Gehens, Essens und Rennens, in deren Verlauf deutlich wird, dass Körpertechniken in der Regel unbewusst durch Nachahmung, aber auch durch explizite Anweisung erlernt werden, sich insofern kulturell unterscheiden, biologische, soziale und psychische Aspekte in sich vereinigen und aufgrund langer Gewöhnung nur schwer verändert werden können. Sie haben außerdem eine symbolische Dimension. In den nächsten beiden Kapiteln zählt Mauss Klassifikationsprinzipien der Techniken des Körpers nach Geschlecht, Alter, in Bezug auf den Grad der erfolgreichen Leistung, nach ihrer Überlieferung bzw. nach biographischen Stationen und Entwicklungen auf, die anhand der dargebotenen Beispiele kaum einen Lebensbereich auslassen: Techniken des Schlafens und des Ausruhens, der Bewegung, der Körperpflege, des Essens und der Sexualität usw. usf.

Deutlich wird an dieser Stelle, dass Mauss' Begriff der "Körpertechniken" weit über das hinausgeht, was wir heute unter Sport oder Leibesübungen verstehen. Sie sind aber auch enger gefasst als das, was Bourdieu – dieser anachronistische Vergleich sei hier erlaubt, da Mauss selbst den Terminus nennt – mit dem Begriff "habitus" bezeich-

15 Marcel Mauss: Die Techniken des Körpers, in: ders.: Soziologie und Anthropologie, Bd. 2, München 1975, S. 199–220 (vorgetragen vor der Société de Psychologie am 17.5.1934; zuerst erschienen in: Journal de Psychologie Normale et Pathologique 32 (1935) 3–4, S. 271–293).

16 Ebd., S. 199.

17 Ebd., S. 205f.

18 Ebd., S. 206.

net, da sich Mauss auf *körperliche* Haltungen und Bewegungen beschränkt (während im Bourdieuschen Sinn z.B. auch Geschmacksrichtungen zum habitus zählen). Körpertechniken sind aktiv, das unterscheidet sie zum Beispiel von Körpererfahrungen, die – wie Krankheiten – erlitten, wenn auch durchaus aktiv gedeutet werden können; sie sind zielgerichtet, instrumentell und in diesem Sinne intentional, insofern damit in der Regel ein konkreter physischer Effekt erreicht werden soll. Das unterscheidet sie von Ritualen, die dem Ausdruck und der Kommunikation von Bedeutung dienen bzw. diese performativ erzeugen. Sie sind im Vergleich zu letzteren weniger stark bedeutungsgeladen, sozusagen "symbolisch unterdeterminiert", ihre Form ist vielfach nicht explizit festgelegt, und sie werden häufig nicht bzw. nicht zwangsläufig im Rahmen einer bestimmten Institution noch unbedingt öffentlich vollzogen, noch sind sie aus dem Alltag herausgehoben.[19] Körpertechniken haftet gleichwohl eine symbolische Dimension an (wie zum Beispiel beim Gebrauch der rechten und der linken Hand).

Deutlich wird aber auch, dass Mauss' mit seiner Untersuchung der Körpertechniken einen bestimmten methodischen Ansatz verfolgt, insofern er induktiv-phänomenologisch von spezifischen Praktiken ausgeht, sich für deren konkrete Ausführung interessiert, bevor er nach weiteren Bedeutungsebenen bzw. übergreifenden Gruppierungen fragt. "Jedenfalls muß man vom Konkreten zum Abstrakten vorgehen und nicht umgekehrt",[20] so Mauss' Credo gleich zu Beginn seines Vortrages. Seine vielfachen Differenzierungen nach Geschlecht, Alter und Kultur erscheinen gerade heute – nachdem durch die neue Kulturgeschichte, die Geschlechtergeschichte, historische Anthropologie und die *cultural studies* universalistische und essentialistische Ansätze ebenso wie allgemeine Epochenklassifikationen in Frage gestellt wurden – wieder aktuell.[21] Damit ist Mauss' Forschungsansatz und -programm immer noch inspirierend und gerade, wenn solche Körpertechniken nicht einer spezifischen Institution oder einem übergreifenden Entwicklungsmodell zugeordnet wurden oder werden konnten, bis heute vielfach uneingelöst, wie ein Überblick über die bisherigen historischen Studien über Körperhaltungen und -bewegungen zeigen soll.

19 Vgl. zum Beispiel die Ritualdefinition von Edward Muir "a formalized, collective, institutionalized kind of repetetive action" (Ritual in Early Modern Europe, Cambridge 1997, S. 3), der damit den kleinsten gemeinsamen Nenner vielfältiger Ritualdefinitionen aufgreift, die ebenso Aspekte der Gemeinschaftsbildung, der Ausschließung und der Selbstdeutung enthalten können. Vgl. hierzu auch Andréa Bellinger und David J. Krieger (Hrsg.): Ritualtheorien. Ein einführendes Handbuch, Opladen 1998. Abgesehen von explizit formulierten, im Kontext religiöser bzw. politischer Institutionen vollzogener Rituale wird jedoch auch deutlich, dass der Übergang zwischen Körpertechniken und Ritualen bei weniger strenger Definition bzw. im Bereich des Alltäglichen durchaus fließend sein kann.

20 Mauss, Die Techniken des Körpers (s. Anm. 15), S. 199.

21 Die französische Zeitschrift 'Le Portique de philosophie et de sciences humaines' 17 (2006) widmete Marcel Mauss' Text jüngst eine Sondernummer, die allerdings keine Beiträge zu historischen Themen enthält.

2. *Bisherige Ansätze zu einer historischen Erforschung von Körpertechniken in der Frühen Neuzeit*

Maren Lorenz stellte bereits im Jahr 2000 über die Körpergeschichte fest: "Gerade in den letzten fünf Jahren ist international eine schier unübersehbare Flut von Arbeiten, Monographien wie Aufsätzen in den verschiedenen historisch arbeitenden Disziplinen erschienen und eine Ende nicht absehbar."[22] Insofern erscheint die obige Behauptung vermessen. Und doch lassen sich in dieser Flut von Publikationen deutliche Schwerpunkte und Lücken ausmachen. So existiert zum Beispiel mit dem Münsteraner Sonderforschungsbereich 496 "Symbolische Kommunikation und gesellschaftliche Wertesysteme" seit vielen Jahren ein umfänglicher Untersuchungsschwerpunkt ritueller Interaktion, aus dem zahlreiche Arbeiten hervorgegangen sind.[23] In diesen weiteren thematischen Kontext sind auch Studien zum kulturellen Gedächtnis zu zählen, die sich auf nicht-sprachliche Formen der *memoria* stützen.[24] Doch viele der von Marcel Mauss aufgezählten Körpertechniken sind in dieser Hinsicht als "unterkomplex" anzusehen und bleiben deshalb außen vor.[25]

Reichhaltig und seit Jahrzehnten etabliert ist auch die Forschung zur Hofkultur, man denke nur an die breite, kontroverse Rezeptionsgeschichte des 'Prozess der Zivilisation' von Norbert Elias, der u. a. auch Essgewohnheiten untersuchte, oder an die Literatur zum "idealen Hofmann".[26] Entsprechend kann der Tanz als zentraler Bestandteil dieser höfischen Festkultur als am besten erforschter Bereich der hier vorgestellten Themen gelten,[27] auch zum Turnier findet man durchaus noch körperorientierte Litera-

22 Lorenz, Leibhaftige Vergangenheit (s. Anm. 3), S. 9.

23 Hier nur stellvertretend: Barbara Stollberg-Rilinger: Symbolische Kommunikation in der Vormoderne. Begriffe – Forschungsperspektiven – Thesen, in: Zeitschrift für Historische Forschung 31 (2004), S. 489 – 527.

24 Jan Assmann: Das kulturelle Gedächtnis, München 1997 (OA 1992); Aleida Assmann: Erinnerungsräume. Formen und Wandlungen des kulturellen Gedächtnisses, München 1999; dies. und Dietrich Harth (Hrsg.): Mnemosyne. Formen und Funktionen der kulturellen Erinnerung, Frankfurt a. M. 1993 (OA 1991) sowie zahlreiche, davon inspirierte Arbeiten.

25 Mit Ausnahme des von einer Volkskundlerin geleiteten Teilprojekts C 2 "Symbole, Rituale und Gesten in frühneuzeitlichen Konflikten und alltäglichem Handeln".

26 Norbert Elias: Über den Prozeß der Zivilisation (1939), 2 Bde., Frankfurt a. M. 1984; Manfred Beetz: Frümoderne Höflichkeit. Komplimentierkunst und Gesellschaftsrituale im altdeutschen Sprachraum, Stuttgart 1990; Anna Bryson: From Courtesy to Civility. Changing Codes of Conduct in Early Modern England, Oxford 1998; Peter Burke: Die Geschichte des 'Hofmann'. Zur Wirkung eines Renaissance-Breviers über angemessenes Verhalten, Berlin 1996; Hasso Spode: Von der Hand zur Gabel. Zur Geschichte der Esswerkzeuge, in: Alexander Schuller und Jutta Anna Kleber (Hrsg.): Verschlemmte Welten. Essen und Trinken historisch-anthropologisch, Göttingen 1994, S. 20 – 46; ders.: Der Mensch ist wie er ißt? Zur Einführung der Eßgabel in den europäischen Oberschichten und ihrer kulturhistorischen Bedeutung, in: Historicum 2 (1995), S. 29 – 36.

27 Vgl. z. B. von den neueren Publikationen Ingrid Brainard: Der Höfische Tanz. Darstellende Kunst und Höfische Repräsentation, in: August Buck u. a. (Hrsg.): Europäische Hofkultur im 16. und 17. Jahrhundert, Hamburg 1981, Bd. II, S. 379 – 394; Rudolf Braun und David Gugerli: Macht des Tanzes – Tanz der Mächtigen. Hoffeste und Herrschaftszeremoniell 1550 – 1914, München 1993; Wolfgang Brunner: Städtisches Tanzen und das Tanzhaus im 16. Jahrhundert, in: Alfred Kohler und Heinrich Lutz (Hrsg.): Alltag im 16. Jahrhundert. Studien zu Lebensformen in mitteleuropäischen Städten, Wien 1987, S. 45 – 64; Gabriele Busch-Salmen: "Studenten-Tanz" und studentisches Tanzen vor 1650, in: Alois Mauerhofer (Hrsg.): Historische Volksmusikforschung, Graz 1985, S. 33 – 43; Mark Franko: Dance as Text. Ideologies of the Baroque Body, Cambridge 1993; Peter Großkreutz: Tanz und Politik am Renaissance- und Barockhof. Die höfische Gesellschaft im Spiegel ihrer Tänze, in: Archiv für Kulturgeschichte 71 (1989), S. 55 – 69; Vera Jung: Körperlust und Disziplin. Studien zur Fest- und Tanzkultur im

tur.[28] Erstaunlich ist es hingegen, dass es schon wesentlich schwerer fällt, Arbeiten zum Fechten zu finden,[29] und fast unmöglich, neuere Studien zum Reiten im deutschsprachigen Raum auszumachen,[30] obgleich beide als adelige Exerzitien doch zentrale Bereiche des höfischen Lebens darstellten, vom Voltigieren, das – weniger bekannt – ebenfalls zu den adligen Exerzitien zählte und im damaligen Sprachgebrauch das Turnen auf dem Holzpferd bezeichnete, ganz zu schweigen. Die wünschenswerte, aber nicht häufig zu findende Doppelkompetenz, d.h. einerseits Erfahrungen oder auch gründlichere, theoretische Kenntnisse des Reitens bzw. Fechtens, die beide in der Frühen Neuzeit komplexe Wissensfelder darstellten, und andererseits eine historische Ausbildung, stellten hier bestimmt öfter Hemmnisse dar, die aber vielleicht weniger hinderlich waren als das vornehmliche Interesse an der Institution "Hof", welches die konkrete Ausführung der Körperpraktiken zum Anhang werden ließ.

In anderen Fällen führte nicht der Fokus auf Institutionen, sondern die Orientierung an Entwicklungsmodellen dazu, dass – trotz des heuristischen Werts dieser Modelle – nicht passfähige Themen vernachlässigt wurden. Dies gilt zum Beispiel für den Bereich der internationalen Sportgeschichtsschreibung, die sich – abgesehen von der für beide Seiten unglücklichen institutionellen Trennung zwischen historischen

16. und 17. Jahrhundert, Köln 2001; Marie-Thérèse Mourey: Danser dans le Saint Empire: eloquence du corps, discipline des sujets, civilité des moers, 3 Bde., Habil.-Schrift Paris 2003; August Nitschke: Tänze im Hochmittelalter und der Renaissance. Methodische Überlegungen zur Rekonstruktion von Tänzen, in: Klaus Schreiner und Norbert Schnitzler (Hrsg.): Gepeinigt, begehrt, vergessen. Symbolik und Sozialbezug des Körpers im späten Mittelalter und in der frühen Neuzeit, München 1992, S. 263–287; Maria Richter und Uwe Schlottermüller (Hrsg.): Morgenröte des Barock. Tanz im 17. Jahrhundert, Freiburg 2004; Emmanuèle Rüegger: Le spectacle total à la Renaissance: Genèse et premier apogée du ballet de cour, Diss. Zürich 1995; Volker Saftien: Ars saltandi. Der Gesellschaftstanz in Europa vom 15. Jahrhundert bis zur Mitte des 18. Jahrhunderts, Hildesheim 1994; Walter Salmen (Hrsg.): Musik und Tanz zur Zeit Kaiser Maximilians I., Innsbruck 1992; ders.: Tanz und Tanzen vom Mittelalter bis zur Renaissance, Hildesheim 1999; Hellmut Thomke: Das Leben ist ein Bauerntanz, in: Wolfgang Brückner (Hrsg.): Literatur und Volk im 17. Jahrhundert, Wiesbaden 1985, Bd. I, S. 207–225; Dorion Weickmann: Der dressierte Leib. Kulturgeschichte des Balletts (1580–1870), Frankfurt a.M. 2002.

28 Pierre Béhar und Helen Watanabe-O'Kelly (Hrsg.): Spectaculum Europaeum. Theatre and Spectacle in Europe (1580–1750), Wiesbaden 1999, darin neben einem Abschnitt zum Ballett (S. 485–592) auch ein solcher zum Turnier (S. 593–642); Monika Fink: Turnier- und Tanzveranstaltungen am Hofe Kaiser Maximilians I., in: Walter Salmen (Hrsg.): Musik und Tanz im Zeitalter Maximilians I., Innsbruck 1992, S. 37–45; Michael Hörrmann: Leibesübungen in der höfischen Gesellschaft. Die Bedeutung von Ritterspielen und Exerzitia an der Residenz der württembergischen Herzöge im 16. und 17. Jahrhundert, in: Sportwissenschaft 19 (1989), S. 36–51; Helen Watanabe-O'Kelly: Triumphal Shews. Tournaments at German-Speaking Courts in their European Context 1560–1730, Berlin 1992.

29 Für spätmittelalterliche Zeit zumindest: Jan-Dirk Müller: Zwischen mündlicher Anweisung und schriftlicher Sicherung von Tradition. Zur Kommunikationsstruktur spätmittelalterlicher Fechtbücher, in: Helmut Hundsbichler (Red.): Kommunikation und Alltag in Spätmittelalter und Früher Neuzeit, Wien 1992, S. 379–400; nicht an Körpertechniken orientiert bzw. nicht näher daran interessiert: Ute Frevert: Ehrenmänner. Das Duell in der bürgerlichen Gesellschaft, München 1991, ebenso wie andere Arbeiten zum Duell. Für Frankreich vgl. dagegen: Pascal Brioist, Hervé Drévillon, Pierre Serna: Croiser le fer. Violence et culture de l'épée dans la France moderne (XVIe–XVIIIe siècle), Paris 2002; allgemein für Europa: Sydney Anglo: The Martial Arts of Renaissance Europe, New Haven 2000; William M. Gaugler: The History of Fencing. Foundations of Modern European Swordplay, Bangor/Maine 1998. Vgl. außerdem die Diskussion der Forschungsliteratur im Beitrag von Anselm Schubert.

30 Michaela Otte: Geschichte des Reitens von der Antike bis zur Neuzeit, Warendorf 1994, die allerdings wissenschaftliche Ansprüche nicht befriedigt; Karen Raber und Treva J. Tucker (Hrsg.): The Culture of the Horse. Status, Discipline, and Identity in the Early Modern World, New York 2005 (Early Modern Cultural Studies), sowie die Arbeiten von Pia F. Cuneo.

und sporthistorischen Seminaren – bis vor kurzem vornehmlich für die Entwicklung des "modernen Sports" interessierte.[31] Dieser Sportbegriff ist aber inhaltlich (als wettkampforientiert) und zeitlich (mit einem Auftakt im England des 18. Jahrhunderts und einem nachfolgenden Export in andere Länder im 19. und 20. Jahrhundert) so definiert, dass die Frühe Neuzeit in der Regel lediglich als Vorgeschichte dient. Außerdem bleiben zahlreiche Spiel- und Übungsformen, welche die Vormoderne prägten und auch heute einem weiteren Sportbegriff zugerechnet werden, außen vor. Aus diesem Grund sind Arbeiten zur frühneuzeitlichen Sportgeschichte außerhalb Englands ohnehin rar,[32] dies gilt um so mehr, wenn die bearbeiteten Themen keine Wettkampforientierung aufweisen, da das alternative Konzept der "Leibesübungen", das den gesundheitlichen Aspekt der Körperbewegung betont, längst nicht eine solche Fülle von Studien hervorgebracht hat.[33]

Allein in Frankreich hat sich im Anschluss an Georges Vigarello eine stärker anthropologisch-kulturhistorisch arbeitende Geschichte der Bewegungstechniken, die nicht ausschließlich auf das Sport-Paradigma bezogen ist, entwickelt.[34] Von Vigarello

31 Die klassische, noch heute gültige Definition nach Allen Guttmann (Vom Ritual zum Rekord. Das Wesen des modernen Sports, Schorndorf 1979 [OA 1978], S. 25f.) weist dem modernen Sport folgendes Merkmalbündel zu: Verweltlichung, Chancengleichheit im Wettkampf und hinsichtlich der Wettkampfbedingungen, Rollenspezialisierung der Funktionen, Rationalisierung, bürokratische Organisation, Quantifizierung und Jagd nach Rekorden. In diesem Sinne einer vornehmlich sozialhistorisch geprägten Sportgeschichte z. B. auch noch Christiane Eisenberg: "English Sports" und deutsche Bürger. Eine Gesellschaftsgeschichte 1800–1939, Paderborn 1999. Für neuere, davon abweichende Entwicklungen vgl. z. B. für den deutschen Sprachraum: Monika Fikus und Volker Schürmann: Die Sprache der Bewegung, in: dies. (Hrsg.): Die Sprache der Bewegung. Sportwissenschaft als Kulturwissenschaft, Bielefeld 2004, S. 29–68, bes. S. 40.

32 Als neuere, umfangreichere Publikationen zur frühneuzeitlichen englischen und anglo-amerikanischen Sportgeschichte sind zu nennen: Allen Guttmann: Women's Sports. A History, New York 1991, S. 53–84; Thomas S. Henricks: Disputed Pleasures. Sport and Society in Preindustrial England, New York 1991; Gregory M. Colón Semenza: Sport, Politics, and Literature in the English Renaissance, London 2003; Nancy L. Struna: People of Prowess. Sport, Leisure, and Labor in Early Anglo-America, Chicago 1996. Nicht (nur) auf England bezogen z. B.: Horst Bredekamp: Florentiner Fußball. Die Renaissance der Spiele, Berlin 2001; John Marshall Carter und Arnd Krüger (Hrsg.): Ritual and Record. Sports, Records, and Quantification in pre-modern Societies, Westport/Connecticut 1990; Heiner Gillmeister: Kulturgeschichte des Tennis, München 1990; Jeux, sports et divertissements au moyen âge et à l'âge classique, Actes du 116e congrès national des sociétés savantes Chambéry 1991, Paris 1993; Arnd Krüger und John McClelland (Hrsg.): Die Anfänge des modernen Sports in der Renaissance, London 1984; Rainer A. Müller: Fußballspiel in der Frühen Neuzeit. Soziokulturelle Voraussetzungen und sportliche Spezifika, in: Markwart Herzog (Hrsg.): Fußball als Kulturphänomen: Kunst – Kultur – Kommerz, Stuttgart 2002, S. 47–66. Nicht berücksichtigt wurden an dieser Stelle die zahlreichen, meist sehr knappen Beiträge zu sportwissenschaftlichen Tagungen, die schon aufgrund ihrer Kürze aus geschichtswissenschaftlicher Perspektive häufig unbefriedigend bleiben.

33 Zu dieser Unterscheidung vgl. auch Katalogteil, S. 303. Von den neueren Publikationen sind hier – neben Studien von Vigarello (s. Anm. 34) – die Arbeiten von Dominique Laty (Histoire de la gymnastique en Europe, Paris 1996), Franz X. Eder (Von der Geschichte des Körpers und den "Übungen des Leibes" in der Moderne, in: Hubert Ch. Ehalt und Otmar Weiß (Hrsg.): Sport zwischen Disziplinierung und neuen sozialen Bewegungen, Wien 1993, S. 45–54) und Helga Glantschig (Der fortschrittliche Umgang mit dem Körper. Zur Entstehungsgeschichte der Leibesübungen im 18. Jahrhundert, in: Das Achtzehnte Jahrhundert und Österreich 10 (1995), S. 45–54) zu nennen. Immer noch materialreich außerdem: Werner Körbs: Vom Sinn der Leibesübungen zur Zeit der italienischen Renaissance, 2. Aufl. hrsg. von Wolfgang Decker, Zürich 1988 (OA 1938).

34 Georges Vigarello: Le corps redressé. Histoire d'un pouvoir pédagogique, Paris 2004 (OA 1978); ders.: Techniques d'hier et d'aujourd'hui, Paris 1988; ders.: The Upward Training of the Body from the Age of Chivalry to Courtly Civility, in: Michael Feher (Hrsg.): Fragments of a History of the Human Body, New York 1989, Bd. II, S. 149–199; ders.: S'exercer, jouer, in: ders. (Hrsg.): Histoire du corps, Bd. I De la Renaissance aux Lumières, Paris 2005, S. 235–302.

gingen auch starke Impulse zur Erforschung der Körperhygiene,[35] von Michel Foucault zur Geschichte der Sexualität aus, die – trotz ihrer Umstrittenheit – bis heute anhalten.[36] Für die Erforschung der Gestik, die in Deutschland allerdings auch im Rahmen der Ritualforschung untersucht wurde,[37] legte außerdem Jean-Claude Schmitt für das Mittelalter wichtige Arbeiten vor.[38]

In Deutschland kümmerte sich hingegen ab den 1970er Jahren die so genannte "Historischen Verhaltensforschung", vertreten durch August Nitschke, Henning Eichberg, Volker Saftien und Harald Kleinschmidt, genau um solche von der allgemeinen und der Sportgeschichtsschreibung vernachlässigte Themen wie Gestik, Tanz, Exerzieren und Bewegungsdynamik.[39] Allerdings mag die durch die damalige französische Mentalitätsgeschichte beeinflusste Suche nach "epochentypischen Bewegungsformen", nach "Strukturverwandtschaften" zwischen unterschiedlichen Gesellschaftsbereichen mit ihren Analogiebildungen zwischen Bewegungsformen und Gesellschaftsformationen methodisch nicht mehr recht überzeugen. Differenzierungen zwischen Alter, Geschlecht und Stand bzw. Klasse interessierten die Historischen Verhaltensforscher in der Regel nicht. Auch wurden ihre Arbeiten nicht fortgeführt, sieht man einmal von der sich seit Jahren auch unabhängig davon entwickelnden Forschung zum Tanz ab.

---

35 Georges Vigarello: Wasser und Seife, Puder und Parfüm. Geschichte der Körperhygiene seit dem Mittelalter, Frankfurt a. M. 1992 (OA 1985); Philipp Sarasin: Reizbare Maschinen. Eine Geschichte des Körpers 1765–1914, Frankfurt a. M. 2001. Zur Gebärde des Ausspuckens in mittelalterlicher Zeit außerdem jüngst Steffen Patzold: Amalar, Guntard und die missglückte Messfeier. Ein methodischer Versuch über das Spucken im Frühmittelalter, in: Jürgen Martschukat und Steffen Patzold (Hrsg.): Geschichtswissenschaft und 'performative turn'. Ritual, Inszenierung, Performanz vom Mittelalter bis zur Neuzeit, Köln 2003, S. 55–82.

36 Michel Foucault: Sexualität und Wahrheit, 3 Bde., Frankfurt a. M. 1983 und 1988 (OA 1976 und 1984). Die Forschungsliteratur zur Geschichte der Sexualität ist so umfangreich, dass sie hier nicht annäherungsweise wiedergegeben werden kann. Vgl. z. B. unter den neueren Publikationen: Franz X. Eder: Kultur der Begierde. Eine Geschichte der Sexualität, München 2002; Thomas Laqueur: Solitary Sex. A Cultural History of Masturbation, New York 2003; Sara F. Matthews-Grieco: Corps et sexualité dans l'Europe d'Ancien Régime, in: Georges Vigarello (Hrsg.): Histoire du corps, Bd. I De la Renaissance aux Lumières, Paris 2005, S. 167–234; Jörn Steigerwald, Daniela Watzke, Stefania Zaun (Hrsg): Imagination und Sexualität. Pathologien der Einbildungskraft im medizinischen Diskurs der Frühen Neuzeit, Frankfurt a. M. 2004; Wayne R. Dynes und Stephen Donaldson (Hrsg.): History of Homosexuality in Europe and America, New York 1992.

37 Hier sind die Arbeiten des Mediävisten Gerd Althoff zu nennen, die seit dem Ende der 1980er Jahre um diesen Themenbereich kreisen. Vgl. z. B. jüngst ders.: Die Macht der Rituale. Symbolik und Herrschaft im Mittelalter, Darmstadt 2003.

38 Jean-Claude Schmitt: Die Logik der Gesten im europäischen Mittelalter, Stuttgart 1992 (OA 1990); ders.: The Ethics of Gesture, in: Michael Feher (Hrsg.): Fragments of a History of the Human Body, New York 1989, Bd. II, S. 128–147.

39 August Nitschke: Naturerkenntnis und politisches Handeln im Mittelalter. Körper, Bewegung, Raum, Stuttgart 1967; ders.: Historische Verhaltensforschung. Analysen gesellschaftlicher Verhaltensweisen. Ein Arbeitsbuch, Stuttgart 1981; ders.: Bewegungen in Mittelalter und Renaissance. Kämpfe, Spiele, Tänze, Zeremoniell und Umgangsformen, Düsseldorf 1987; ders.: Körper in Bewegung: Gesten, Tänze und Räume im Wandel der Geschichte, Stuttgart 1989; ders.: Fremde Wirklichkeiten, Bd. 2 Dynamik der Natur und Bewegungen der Menschen, Goldbach 1995; Henning Eichberg: Leistung, Spannung, Geschwindigkeit. Sport und Tanz im gesellschaftlichen Wandel des 18./19. Jahrhunderts, Stuttgart 1978; ders.: Die Veränderung des Sports ist gesellschaftlich. Die historische Verhaltensforschung in der Diskussion, hrsg. von Wilhelm Hopf, Münster 1986, 2. Aufl. 1990; Harald Kleinschmidt: Tyrocinium militare. Militärische Körperhaltungen und -bewegungen im Wandel zwischen dem 14. und dem 18. Jahrhundert, Stuttgart 1989; ders.: "Tragt die Spieß auff Englisch" Quellen zu den Heeresreformen der Oranier mit besonderer Berücksichtigung des Mannsexerzierens, in: Nassauische Annalen 102 (1991), S. 67–85; Saftien, Ars saltandi (s. Anm. 27); ders.: Rhetorische Mimik und Gestik. Konturen epochenspezifischen Verhaltens, in: Archiv für Kulturgeschichte 77 (1995), S. 197–216.

Neueren Studien zur Kulturgeschichte der Gestik von Jan Bremmer, Herman Roodenburg und Peter Burke stehen im deutschen Sprachraum Publikationen wie der Tübinger Ausstellungskatalog zum "Aufrechten Gang" von 1991, Kirsten Frielings Magisterarbeit über bürgerliche Körperpraktiken um 1800, zwei kunsthistorische Beiträge von Gabriele Groschner und Ulrich Rehm, aber auch solche Arbeiten wie Franziska Loetz Aufsatz über "körperliche Kommunikationsformen streitender Männer" gegenüber, wie überhaupt der Bereich der Geschlechter- und der Konfliktforschung als weiterer Schwerpunkt genannt werden kann.[40] Neue Impulse kommen außerdem immer wieder aus der europäischen Ethnologie beispielsweise mit Untersuchungen zur Geschichte des Spaziergangs und des Schlafes.[41] Allerdings können die Bereiche des alltäglichen Lebens und speziell der frühneuzeitlichen Arbeitstechniken[42] immer noch als wenig untersucht

40 Jan Bremmer und Herman Roodenburg (Hrsg.): A Cultural History of Gesture from Antiquity to the Present Day, Cambridge 1991; Peter Burke: Die Sprache der Gestik im Italien der Frühen Neuzeit, in: ders.: Eleganz und Haltung, Berlin 1998, S. 85–106; Herman Roodenburg: The Eloquence of the Body. Perspectives on Gesture in the Dutch Republic, Zwolle 2004; Robert Muchembled: Pour une histoire des gestes (XVe – XVIIIe siècle), in: Revue d'histoire moderne et contemporaine 34 (1987), S. 87–101; Bernd Jürgen Warneken (Hrsg.): Der aufrechte Gang. Zur Symbolik einer Körperhaltung, Tübingen 1990; Kirsten O. Frieling: Ausdruck macht Eindruck. Bürgerliche Körperpraktiken in sozialer Kommunikation um 1800, Frankfurt a. M. 2003; Gabriele Groschner (Hrsg.): Beredte Hände. Die Bedeutung von Gesten in der Kunst des 16. Jahrhunderts bis zur Gegenwart, Salzburg 2004; Ulrich Rehm: Stumme Sprache der Bilder. Gestik als Mittel neuzeitlicher Bilderzählung, München 2002; Francisca Loetz: Zeichen der Männlichkeit? Körperliche Kommunikationsformen streitender Männer im frühneuzeitlichen Stadtstaat Zürich, in: Martin Dinges (Hrsg.): Hausväter, Priester, Kastraten, Göttingen 1998, S. 264–293; Vgl. z. B. auch Elizabeth S. Cohen: Honor and Gender in the Streets of Early Modern Rome, in: The Journal of Interdisciplinary History 22 (1991/92), S. 597–625; Ralf-Peter Fuchs: Um die Ehre. Westfälische Beleidigungsprozesse vor dem Reichskammergericht (1525–1805), Paderborn 1998; Barbara Krug-Richter und Ruth-E. Mohrmann (Hrsg.): Praktiken des Konfliktaustrags in der Frühen Neuzeit, Münster 2004; Claudia Garnier: Injurien und Satisfaktion. Zum Stellenwert rituellen Handels in Ehrkonflikten des spätmittelalterlichen und frühneuzeitlichen Adels, in: Zeitschrift für Historische Forschung 29 (2002), S. 525–560, die damit schon wieder an den Bereich der Ritualforschung anschließt und den fließenden Übergang zwischen diesen Themenbereich aufzeigt.

41 Zum Spaziergang: Gudrun M. König: Eine Kulturgeschichte des Spazierganges. Spuren einer bürgerlichen Praktik 1780–1850, Wien 1996; Barbara Krug-Richter: "Gassatum gehen". Der Spaziergang in der studentischen Kultur der Frühen Neuzeit, in: Jahrbuch für Universitätsgeschichte 9 (2006), S. 35–51; Alain Montandon: Une pratique sociale/ Lieu de mémoire: La promenade, in: Francia 25 (1998), S. 49–67. Zum Schlaf: Christina Dorn: Der Schlaf – eine natürliche Konstante im kulturellen Wandel?, Magisterarbeit im Fach Kulturanthropologie/Volkskunde der Johannes Gutenberg-Universität Mainz Sommersemester 2002; Utz Jeggle: Schlaf und Ordnung. Unfertige Betrachtungen eines nächtlichen Kontinents, in: Netzwerk Volkskunde. Ideen und Wege. Festgabe für Klaus Beitl zum 70. Geburtstag, hrsg. von Franz Griehofer und Margot Schindler, Wien 1999, S. 495–510. Aus frühneuzeitlicher, historischer Perspektive jüngst auch: A. Roger Ekirch: Sleep We Have Lost: Pre-industrial Slumber in the British Isles, in: American Historical Review 106 (2001) 2, S. 343–386; Birgit Emich: Zwischen Disziplinierung und Distinktion: Der Schlaf in der Frühen Neuzeit, in: Werkstatt Geschichte 12 (2003), S. 53–76.

42 Dies bestätigt auch Lorenz, Leibhaftige Vergangenheit (s. Anm. 3), S. 132; zu den wenigen Arbeiten zählen z. B. Sabine Lorenz-Schmidt: Vom Wert und Wandel weiblicher Arbeit. Geschlechtsspezifische Arbeitsteilung in der Landwirtschaft in Bildern des Spätmittelalters und der frühen Neuzeit, Stuttgart 1998; Barbara Purrucker: Läufer – eine Dienersparte im 18. Jahrhundert, in: Waffen- und Kostümkunde (1999), S. 1–28; Susanna Stolz: Die Handwerke des Körpers. Bader, Barbier, Perückenmacher, Friseur. Folge und Ausdruck historischen Körperverständnisses, Marburg 1992, bes. Kap. 1; Bernward Deneke: Anleitungsliteratur für Handwerker, in: Wolfgang Brückner (Hrsg.): Literatur und Volk im 17. Jahrhundert, Wiesbaden 1985, Bd. II, S. 816–836. Vgl. auch die beiden noch nicht publizierten Konferenzen: Die Hand in den Alltagstechniken/The Hand in Everyday Technologies, eine Tagung des Euro-Asian Network for the Study of Everyday Technologies in Berlin-Wannsee, 15.–17. Mai 2003 mit einem Tagungsbericht unter http://www2.tu-berlin.de/~alltag-china/EANSET2_Protokoll.pdf [17.4.2008] und Die Hand. Elemente einer Medizin- und Kulturgeschichte, Interdisziplinäres Symposium im

gelten. Zugleich wird bei einer solchen Tour d'Horizon klar, dass nahezu jede Handlung als "Körpertechnik" betrachtet werden kann. Aus forschungspragmatischen Gründen stellte sich deshalb auch für diesen Band die Frage der Auswahl. Neben dem Wunsch ebenso zentrale, erwartbare, aber unter dem Aspekt der Körpertechniken zu wenig berücksichtigte Bereiche (wie Reiten, Fechten, Tanzen, Exerzieren) mit weniger bekannten Sujets (Akrobatik, Schwimmen, Arbeitstechniken) zu kombinieren, stehen deshalb im Folgenden solche Körpertechniken im Zentrum, die aufgrund ihrer Komplexität eine eigene Traktatliteratur zur Erlernung dieser Praktiken hervorgebracht haben.

3. *Medialität, Praktiken, Diskurse*

Damit soll aber die oben bereits formulierte Frage wiederaufgegriffen werden, was eigentlich bei einer Untersuchung dieser Anleitungsschriften erforscht wird. Frühneuzeitliche Körpertechniken sind uns in keinem Fall unmittelbar gegeben, auch nicht wenn Selbstzeugnisse die Hoffnung einer größeren Authentizität nähren. Stets hat ein Medienwechsel und damit auch eine Interpretation von der vierdimensionalen Körpererfahrung zur zweidimensionalen Vermittlung in Bild und Schrift stattgefunden.[43] Bisweilen findet man auch die Meinung, dass erst durch eine solche Versprachlichung und Bewusstmachung Körpererfahrung entsteht.[44] Bei Traktaten über frühneuzeitliche Körpertechniken kommt lediglich der Aspekt der Normativität mehr zur Geltung, entsprechend sind stärkere Überformungen und Idealisierungen zu erwarten, von denen allerdings auch Tagebucheinträge und Briefe nicht ganz frei sind, entstehen sie doch ebenso in einem sozialen Raum, werden von gesellschaftlichen Vorstellungen geprägt und richten sich mit Befürchtungen und Hoffnungen an ihre Mitwelt.

Beschrieben wird in den Traktaten, wie etwas sein soll. Vielfach wissen wir darüber hinaus kaum etwas über die zeitgenössische Wirklichkeit in dieser Hinsicht, d.h. weder über den (Motivations)Hintergrund der formulierten Norm noch über ihre praktische Umsetzung. Vorsicht ist z.B. angebracht, ob aufgeführte Negativbeispiele tatsächlich einer Wirklichkeit entsprachen oder nicht vielmehr fiktive Stereotypen darstellten, um das eigene Argument zu stützen. Zu fragen (aber nicht immer zu beantworten) ist auch, ob mit der Verschriftlichung eine bereits geläufige Praxis erläutert, systematisiert und normiert oder eine neue Praxis etabliert oder eine bestehende Praxis umkodiert werden sollte. Zu fragen ist weiterhin nach Bild- und Texttraditionen, die neben der zeitgenössischen Wirklichkeit durchaus eine eigene Dynamik entwickelten. Solche Übernahmen und Variationen erschweren zusätzlich den Blick über den Diskurs hinaus auf eine zeitgenössische Praxis. Erstaunlich ist auch, dass man keineswegs selbstverständlich davon ausgehen kann, dass diese Traktate aus einer Praxis heraus entwickelt und für eine

Alfried Krupp Wissenschaftskolleg Greifswald 28. bis 30. Juni 2007, Tagungsbericht unter AHF-Information. 2007, Nr. 136. URL: http://www.ahf-muenchen.de/Tagungsberichte/Berichte/pdf/2007/136-07.pdf. [17.4.2008].

43 Zur Quellenproblematik und -kritik vgl. auch Lorenz, Leibhaftige Vergangenheit (s. Anm. 3), S. 18.

44 Philipp Sarasin: Mapping the Body. Körpergeschichte zwischen Konstruktivismus, Politik und "Erfahrung", in: Historische Anthropologie 7 (1999), S. 437–451, hier S. 445f.

Praxis gedruckt wurden. Handelte es sich z.B. um relativ unabhängige literarisch-wissenschaftliche Publikationen, deren Autoren es gar nicht um Umsetzbarkeit ging? So hat man z.B. analog für frühneuzeitliche Maschinenbücher des 16. und 17. Jahrhunderts festgestellt, dass diese in erster Linie Erfindungsreichtum präsentieren und besonders schöne Darstellungen zeigen sollten, ohne dass die gezeigten Apparate unbedingt funktionstüchtig oder aber nachzubauen gewesen wären.[45] Welche Funktion erfüllten Anleitungsschriften für Körpertechniken? Handelte es sich um mnemotechnische Texte zur Erinnerung an praktisch Erlerntes oder möglicherweise um Hilfsmittel für den eigentlichen Unterricht? Konnte man mit Hilfe dieser Anleitungsbücher überhaupt die entsprechenden Bewegungen erlernen? Oder dienten sie dazu, die Belesenheit bzw. wissenschaftliche Reputation ihrer Autoren zu zeigen und zu stärken? Handelte es sich um repräsentative Bildbände oder um handliche, preiswert hergestellte Taschenbücher? Oder wurde vielleicht nur für den Unterricht durch den eigentlichen Praktiker (zumeist der Verfasser selbst) geworben, indem man einen ersten Vorgeschmack auf das zu Erwartende gab? Bedenkenswert erscheint schließlich Herman Roodenburgs Hypothese, dass mit Hilfe dieser Traktate eine zweistufige Öffentlichkeit geschaffen wurde: Einem weiteren Kreis wurden durch diese Publikationen Körpertechniken präsentiert und bekannt gemacht, die ihre Exklusivität gerade daher bezogen, dass sie nur mit Hilfe geeigneter Lehrer und Schulen durch praktische Anschauung und Nachahmung erworben werden konnten, die sich wiederum nur ein Bruchteil der potentiellen Traktatleser leisten konnten.[46] Endlich muss man auch fragen, ob diese Schriften möglicherweise ganz anders genutzt wurden, als man aufgrund ihres Titels und ihrer vordergründigen Intention vermuten würde, so wie es Christiane Küchler Williams zum Beispiel für wissenschaftliche Reiseberichte über die Südsee festgestellt hat, die letztlich als preiswerte und gut getarnte erotische Lektüre konsumiert wurden.[47]

Nach diesem Fragenkatalog, der zugleich die methodischen Fallstricke einer Beschäftigung mit Körpertechniken in der Frühen Neuzeit deutlich machen soll, sei so viel vorweggenommen: Die hier aufgezeigten Möglichkeiten entsprechen der Vielfalt der Ergebnisse der einzelnen Beiträger. Zugleich werden aber auch übergreifende Tendenzen sichtbar, die im letzten Abschnitt kurz vorgestellt werden sollen.

4. Erste Ergebnisse

Die hier vorgestellten Körpertechniken wurden auf Grundlage von Quellen aus dem 16. bis späten 18., ja frühen 19. Jahrhundert erarbeitet, sie umfassen diverse europäische Länder, obgleich der deutschsprachige Raum aufgrund der Präsentation der Wolfenbütteler Bestände einen deutlichen Schwerpunkt bildet, sie betreffen prestigeträchtige Körpertechniken wie Reiten, Fechten und Tanzen ebenso wie anrüchige (Akrobatik und

45 Ulrich Troitzsch: Technischer Wandel in Staat und Gesellschaft zwischen 1600 und 1750, in: Akos Paulinyi und Ulrich Troitzsch: Mechanisierung und Maschinisierung 1600–1840, Berlin 1991, S. 11–267, hier S. 257.

46 Roodenburg, Eloquence of the Body (s. Anm. 40), S. 75.

47 Christiane Küchler Williams: Erotische Paradiese. Zur europäischen Südseerezeption im 18. Jahrhundert, Göttingen 2004.

Schwimmen), althergebrachte wie Rhetorik und höfliche Umgangsformen ebenso wie neu formulierte (militärisches Exerzieren), nützliche (Arbeitstechniken) und vergnügliche (Jeu de la Paume), ja vermutlich auch gar nicht realisierte (Gymnastik).

Trotz dieser unterschiedlichen Kontexte und zeitlichen Epochen ist der legitimatorische Charakter vieler dieser Schriften ein hervorstechendes Merkmal. Immer wieder werden Körpertechniken gerechtfertigt, sei es aufgrund ihres möglicherweise sinnlichen oder gar "animalischen", vergnüglichen, handwerklichen, zeitverschwenderischen oder aber gefährlichen Charakters. Es gibt kaum einen Fall, in dem die Beschäftigung mit dem Körper nicht als problematisch und der Legitimation für notwendig erachtet wurde. So führten die Autoren und Lehrer der galanten Tanzkunst einen beständigen Kampf gegen weniger disziplinierte Formen der Bewegung, selbst das Reiten wird vornehmlich wegen seines Nutzens im Krieg und für die Gesundheit legitimiert, bevor es im 17. Jahrhundert eine gewisse Eigenständigkeit als Reitkunst entwickelt. Ebenso verteidigt Guarinonius das Jeu de la Paume aufgrund seiner gesundheitsfördernden Wirkung. Dagegen ist Anton Friedrich Kahn das Fechten im 18. Jahrhundert problematisch geworden, weil es ja letztlich eine kunstvolle Form des Tötens darstellt, weshalb er es durch die Unvollkommenheit der Welt und durch einen betont defensiven Charakter seiner Fechtschule rechtfertigt. Noch offensichtlicher ist dieser legitimatorische Charakter bei den wenig angesehenen Bewegungsformen, die gerade durch Publikationen geadelt werden sollen. Ähnlich wie in der Ingenieurkunst versucht Arcangelo Tuccaro durch eine Verwissenschaftlichung seiner Sprünge im 16. Jahrhundert, diese nicht nur aus dem sozialen Kontext der Jahrmärkte zu lösen, sondern auch aus dem eines Handwerks und in den Kanon der sieben freien Künste zu integrieren. Ebenso wollten Autoren von Traktaten über das Schwimmen, dieses – in Abgrenzung zu gängigen Praktiken des Volkes und der Seeleute – als nützliche und theoretisch fundierte Fertigkeit aufwerten. Im Falle der frühen Traktate über Gymnastik aus dem 16. Jahrhundert, deren Verfasser antike Werke übersetzten und kompilierten, ging es womöglich sogar um die Bewahrung eines durch die konfessionellen Auseinandersetzungen und Disziplinierungsbestrebungen der katholischen Kirche sonst verlorenen Wissens (Jacques Gleyse). Solche Praktiken der Aufwertung dienten aber immer auch dazu, eine kunstgemäße von einer nicht kunstgemäßen Körpertechnik zu unterscheiden und damit die Autoren als Professionelle auszuweisen, die nicht zuletzt ihr Geld mit diesem Spezialwissen verdienten.

Auf der anderen Seite zeigen die Traktate durch ihren Detailreichtum und ihren Umfang, und zwar unabhängig davon, ob die Autoren eine Praktik durch Verschriftlichung erst normieren und verwissenschaftlichen wollten, oder aber ob sie auf eine lange, auch literarische Tradition zurückgreifen konnten, welch großen Stellenwert diese Körpertechniken *de facto* hatten. Das ist für die Frühneuzeitforschung erst einmal kein überraschender Befund. Dennoch erstaunt die Detailversessenheit immer wieder aufs Neue. Wenig wird dem Zufall überlassen, zumindest wenn man von den Wünschen und Vorstellungen der Traktatschreiber ausgeht. Die Krümmung eines Fingers entscheidet über die Bedeutung einer Geste in der Rhetorik (Dietmar Till), die Tiefe einer Verbeugung oder der Abstand zu einer Person bemisst sich nach deren sozialem Status, das Tragen von Handschuhen oder der Verzicht darauf signalisieren eine Orientierung an französisch-aristokratischen Idealen oder deren bewusste Ablehnung (Marie-Thérèse Mourey), Soldaten wird jeder Handgriff vorgeschrieben und selbst bei einem gescheiterten Ladevorgang sollen sie die restlichen Schritte im Rhythmus mitvollziehen, im Fechten findet die Stellung des Fußes ebenso Beachtung wie beim Reiten der Blick, um nur einige Beispiele zu nennen. Es gibt nahezu kein Körperteil und keine Bewegung, die nicht bei der Vermittlung dieser Techniken mit berücksichtigt werden, selbst wenn der funktionale Nutzen im Bewegungsablauf modernen Lesern nicht immer unmittelbar einleuchtet. Reiten, Fechten und Tanzen waren deshalb ebenso wie die anderen erworbenen Körperfertigkeiten ausgefeilte Künste, um so mehr, als ihre Beherrschung mit vielfältigen religiösen und philosophischen Deutungen aufgeladen wurde. Der Körper war insofern Kommunikationsmedium, ja ein Objekt, das gestaltet werden konnte. Ein Reiter zeigte nicht einfach, dass er reiten konnte, sondern die vollkommene, seelische und körperliche Beherrschung seiner selbst und seines Pferdes und damit seine Herrschaftskompetenz in einem weiteren Sinne (Pia F. Cuneo). Der Salto galt Zeitgenossen wegen der kopfüber stürzende Bewegung als Aufhebung und Wiederherstellung der Weltordnung in einem gewagten, ja geradezu diabolischen körperlichen Akt (Sandra Schmidt). Allen Körpertechniken wurde über ihren eigentlichen instrumentellen Nutzen hinaus eine symbolisch-kommunikative und häufig auch ästhetische Funktion zugeschrieben. So begeisterte die Gleichförmigkeit der Bewegung ihrer Soldaten frühneuzeitliche Heerführer und ließ sie an Analogien zum Tanz bzw. an die Bewegung eines einzigen Körpers denken.

Eine in dieser Hinsicht überbordende Phantasie, wie Michael Sikora sie für die militärischen Exerzitien feststellt, indem nicht realisierbare, aber als ideal vorgestellte Positionen gezeigt wurden, muss man durchaus auch für die anderen Traktatschreiber in Rechnung stellen. Bezüglich der Frage nach dem Verhältnis zwischen Theorie und Praxis fällt außerdem auf, dass zahlreiche Autoren darauf verweisen, dass man die Praxis eigentlich nicht durch Lektüre, sondern nur durch angeleitete Nachahmung erlernen könne. Regelmäßig begegnet hierbei also das Paradox, dass scheinbar eine Praxis vermittelt werden soll, die gleichzeitig in einem solchen Medium nur unvollkommen weitergegeben werden kann. Die Autoren selbst lösen diesen Widerspruch nicht auf. Während in einigen Fällen bekannt ist, dass diese Texte tatsächlich als Anleitungsschriften benutzt wurden und – wie zum Beispiel bei der oranischen Heeresreform – große Wirkungen hatten, wurde das aufwendigste und teuerste Publikationswerk zum Fechten im 17. Jahrhundert – Girard Thibaults epochales Werk "Académie de l'Espée" von 1626 – als praktisch völlig unnütz verworfen. Bisweilen bilden die Traktate auch unerwünschtes, aber praktiziertes Verhalten ab, wie im Falle der Reitbücher, die Frauen gerade nicht im Damensattel, sondern rittlings reitend zeigen.

Auch wenn deshalb hinsichtlich der praktischen Umsetzung in vielen Fällen eine gewisse Skepsis angebracht ist, so schulten die Traktate in der Beurteilung von Körpertechniken. Sie veränderten außerdem die Wahrnehmung von Körperbewegungen, wie Janina Wellmann in ihrem Beitrag besonders eindrücklich zeigt, und insofern hatten sie eine historische Wirkung. Bewegungen wurden zergliedert und rhythmisiert, sie wurden in ihrem Vollzug normiert und Idealformen wurden definiert. Dass diese gereihten Bilder eine – von der technischen Entwicklung unabhängige – intellektuelle

Voraussetzung für die weitaus spätere Entwicklung von bewegten Bildern im Kino darstellen, gehört zu den faszinierendsten Ergebnissen dieser Sammlung von Beiträgen. Traktate schufen erstmals nicht nur schriftliche Beschreibungen, sondern auch Anschauungsmaterial, wie man sich eine bestimmte Haltung oder Bewegung ideal vorstellte, und durch den Buchdruck fanden solche Idealformen eine weite Verbreitung. Anleitungsschriften waren damit auch, aber als Gattung nicht ausschließliche Medien eines Kulturtransfers von Körpertechniken, wie Heiner Gillmeister am Beispiel des Jeu de la paume verdeutlicht: Denn das französische Spiel wurde in der Frühen Neuzeit vielfach über Sprachlehrbücher einem deutschen Publikum vermittelt.

Die Übernahme und Abgrenzung von anderen Kulturkreisen und sozialen Gruppen sind ein wichtiges Thema der Traktate. Vielfach operieren die Verfasser mit erfundenen Traditionen oder negieren vorhandene: Die häufig angeführte "deutsche Fechtschule" hat so wahrscheinlich nie bestanden (Anselm Schubert), die Höflichkeitsformen der Bürger unterschieden sich dem Anschein nach gar nicht so sehr von denen der Adeligen. Es brauchte geradezu einer erläuternden Literatur, um diese Differenzen klar zu stellen bzw. zu inszenieren (Kirsten O. Frieling). Und Schwimmpraktiken waren durchaus weiter verbreitet, als aufgeklärte Autoren suggerierten, nur entsprachen sie nicht ihrem utilitaristischen Ideal (Rebekka von Mallinckrodt).

Es bleibt deshalb immer mitzudenken, dass neben dieser Traktatliteratur eine Praxis bestand, die sich nicht unbedingt und nicht einmal wahrscheinlich nach diesen normativen Vorstellungen richtete. Doch diese Praktiken bleiben vielfach stumm. Die Traktatliteratur gibt nicht nur einen Widerhall von Abgrenzungsbestrebungen und Konfliktlinien, sie veränderte auch das Feld, indem Debatten angestoßen und Positionen formuliert wurden. Geht man von der eingangs formulierten Hypothese aus, dass eine solche Versprachlichung bzw. Verbildlichung die Voraussetzung für Körpererfahrung bildet, so wurde mit diesen Traktaten auch ein Zeichenrepertoire für die Abgleichung mit subjektiven Erlebnissen geschaffen.

Wünschenswert ist, dass Ausstellung und Katalog nicht nur ein breiteres Publikum für dieses Thema begeistern können, sondern auch die Forschung neue Impulse zu einer weiteren Auseinandersetzung mit "Körpertechniken" – insbesondere in anderen Quellengattungen – erhält. Dem Charm und der Faszination der zahlreichen Bilder, die bislang nur selten zu sehen waren, kann sich jedenfalls auch ein heutiger Betrachter kaum entziehen. Es bleibt nur, der Herzog August Bibliothek sehr zu danken. Ohne deren großzügige Unterstützung für Tagung, Ausstellung und Publikation und ohne die reichen Bestände der Bibliothek wäre ein solches Projekt nicht möglich gewesen.

Hand und Leib, Arbeiten und Üben. Instruktionsgraphiken der Bewegung im 17. und 18. Jahrhundert[1]

Janina Wellmann

Einleitung: Zur Geschichte einer Bildform

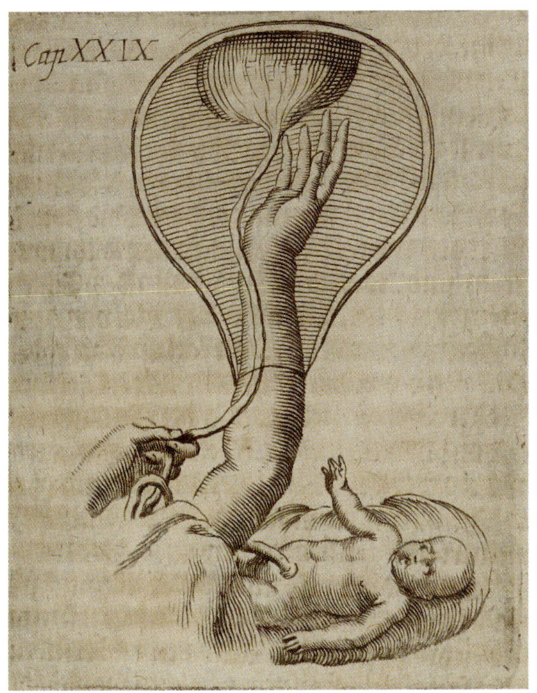

Abb. 1: Cosme Viardel, HAB: Xb 1897 (1)

Ein Kind ist gerade geboren, es liegt auf einem Tuch, noch ist es über die Nabelschnur mit der Mutter verbunden (Abb. 1). Während das Kind am unteren rechten Bildrand zu sehen ist, fehlt hingegen die Mutter. Von ihr sehen wir lediglich den Uterus – von ballonartiger Größe beherrscht er das Bild. Tief in die Gebärmutter vorgedrungen ist eine Hand. Eine zweite, die linke Hand hält die Nabelschnur leicht gestrafft, während die rechte mit ausgestreckten Fingern nach der Plazenta greift: "auff diese Weise nun pflege ich die Nachgeburt herauß zu ziehen / ohne einige Gewalt."[2] Der Kupferstich stammt aus einem Handbuch für Hebammen, aus dem Französischen übersetzt und im Deutschen unter dem Titel "Anmerckungen von der weiblichen Geburt" 1676 erschienen. Im Untertitel heißt es weiter "benebst einem kurtzen und leichten Unterricht denen Weibern in allerley Geburt zu helffen." Im Zentrum des Bildes steht nicht das Kind, noch weniger die Mutter, sondern die Hebamme. Genauer sind es ihre Hände, es sind die Handgriffe, die sie beherrschen muss, um einem Kind auf die Welt zu helfen.

Das Bild gehört zum Genre der Instruktionsgraphiken. Darunter sollen hier jene graphischen Repräsentationen verstanden werden, die so gestaltet sind, dass sie den Betrachter – visuell – an ein Objekt heranführen, ihn etwa den Gebrauch eines unbekannten Gegenstandes lehren, die Ausführung einer bestimmten Handhabung oder einer präzisen Körperbewegung. Instruktionsgraphiken prägen unseren modernen Alltag. Es gibt sie in allen Spielarten – als Gebrauchsanweisungen für Waschmaschinen und Kameras, als Anleitungen für den Zusammenbau eines Modellautos, die Montage eines Möbelstücks, die Verkabelung eines technischen Geräts oder auch als Verhaltens-

1 Siehe Janina Wellmann: Wie das Formlose Formen schafft. Rhythmus und die Organisation des Lebendigen 1760 bis 1830, Göttingen, erscheint 2008 im Wallstein-Verlag.

2 Anmerckungen von der Weiblichen Geburt/ So wohl der natürlichen/ als unnatürlichen/ wie auch Mißgeburt/: benebst einem kurtzen und leichten Unterricht denen Weibern in allerley Geburt zu helffen .../ Durch Cosmum Viardel, der Königin in Franckreich bestellten Wundartzt/ im Jahr 1671 in Frantzösischer Sprache beschrieben ... in die Teutsche übersetzet, Franckfurt: in Verlegung Johann Peter Zubrodt: Gedruckt bey Johann Andrä 1676, S. 121.

anordnungen für den Notfall – wie beim Anlegen einer Rettungsweste im Flugzeug oder eines Erste-Hilfe-Verbands. Auch die graphischen Techniken und zeichnerischen Mittel – Pfeile und Linien, Schattierungen, Kontraste, Symbole etc., die den Blick des Betrachters im Bild orientieren und seine Handgriffe anleiten sollen, sind zahlreich. Eine zentrale Form der Instruktionsgraphik ist neben der Darstellung einzelner Handgriffe – wie im Beispiel des Hebammenbuches – die Wiedergabe ganzer Bewegungssequenzen. Gemeint sind Instruktionsgraphiken, die aus einer Serie von Bildern bestehen, welche eine Folge von Körperbewegungen und Gesten zeigen, die – von Bild zu Bild und durch die Reihe der Bilder hindurch – den Betrachter in die jeweilige Körperbewegung einführen, ihn lehren sollen, die je spezifische Bewegung selbst auszuführen. In Abgrenzung zu anderen Formen der Unterweisung nenne ich diese Form der Instruktionsgraphik "sequentiell-performativ". Im Mittelpunkt dieses Genres steht die serielle Reihung der Bilder. Kennzeichen der Serie ist, dass das einzelne Bild der Reihe sich jeweils nur geringfügig von dem vorhergehenden bzw. nachfolgenden der Reihe unterscheidet. In der Regel sind diese Serien horizontal, von links nach rechts, angeordnet, so dass der Betrachter die zu erlernende Aktivität nachverfolgen und imitieren kann.

Die Geschichte der Instruktionsgraphiken im Allgemeinen sowie ihrer sequentiell-performativen Variante ist weder seitens der Geschichte noch der Kunstgeschichte bisher eingehend untersucht worden. Ursprung, Kontext und Geschichte dieses visuellen Genres sind daher heute kaum erforscht.[3] Das eingangs angeführte Beispiel zeigt jedoch, dass diese Form des Bildes nicht erst ein Phänomen der modernen, technischen Kultur ist, sondern weit in die Vergangenheit zurückreicht. Der Beitrag unternimmt im Folgenden zum einen den Versuch, die Geschichte der sequentiell-performativen Instruktionsgraphiken zu rekonstruieren und dieses Bildgenre vom 16. bis zum Beginn des 19. Jahrhunderts durch verschiedene Anwendungsbereiche, Handreichungen und Bewegungsformen zu verfolgen. Zum anderen stellt er eine These über das Funktionieren dieser Art der sequentiellen Graphik auf. Ich argumentiere, dass sich hinter der Repräsentation einer Bewegung mittels einer Bildsequenz entgegen einer ersten Vermutung nicht eine einfache lineare Logik verbirgt. Das Gesetz der Serie, nach dem die Instruktionsgraphiken der Bewegung aufgebaut sind, ist vielmehr, so meine These, ein rhythmisches. Damit meine ich, dass die Bewegungsserie nicht einfach eine Bewegung in eine aufeinander folgende Reihe sukzessiver Posen zergliedert, die zusammengenommen die zu erlernende Bewegung vermitteln. Stattdessen wird die Bewegung nach einem komplexen rhythmischen Muster in eine Folge von Posen und Leerstellen gegliedert, die erst in der körperlichen Performanz eine sinnvolle Bewegungsfolge ergeben.

Die Anfänge der Instruktionsgraphiken

Bereits von den frühen Hochkulturen, Ägypten und dem antiken Griechenland sind Bewegungsdarstellungen insbesondere auf Vasen und Reliefs überliefert. Das Mittelalter hatte dagegen den Körper weniger in seinen Bewegungen studiert, als vielmehr in seinen Proportionen vermessen und nach der exakten Norm seiner Darstellung gesucht. Ende des 15. Jahrhunderts jedoch kehrte die Wahrnehmung und Darstellung des be-

3 Eine ganze Tradition graphischer Bildkunst ist damit in ihrer historischen und epistemischen Bedeutung bisher kaum in den Blick der Forschung geraten. Ernst Gombrich hat als einer der ersten das ikonographische Potential der Instruktionsgraphiken untersucht, siehe Ernst H. Gombrich: Pictorial Instructions, in: Horace Barlow, Colin Blakemore, Miranda Weston-Smith (Hrsg.): Images and Understanding. Thoughts about Images, Ideas about Understanding, Cambridge 1990, S. 26–45. Zum Design von Gebrauchsanweisungen siehe Paul Mijksenaar und Piet Westendorp: Open here. The Art of Instructional Design, London 1999; zur Informationsgraphik und -technik siehe Edward R. Tufte: The Visual Display of Quantitative Information, Cheshire/Conn. 1984; Edward R. Tufte: Envisioning Information, Cheshire/Conn. 1990; Edward R. Tufte: Visual Explanations. Images and Quantities, Evidence and Narrative, Cheshire/Conn. 1997; Dominic McIver Lopes: Directive Pictures, in: The Journal of Aesthetics and Art Criticism 63 (2004), S. 189–196. Eine Ausnahme ist die Studie von Jörg Jochen Berns: Film vor dem Film. Bewegende und bewegliche Bilder als Mittel der Imaginationssteuerung in Mittelalter und Früher Neuzeit, Marburg 2000. Darin lokalisiert Berns "Bildreihungsverfahren" an der "Wende vom Mittelalter zur Neuzeit", Zitat ebd., S. 9. Seine Quellen sind die Meditationsikonographie des Arma

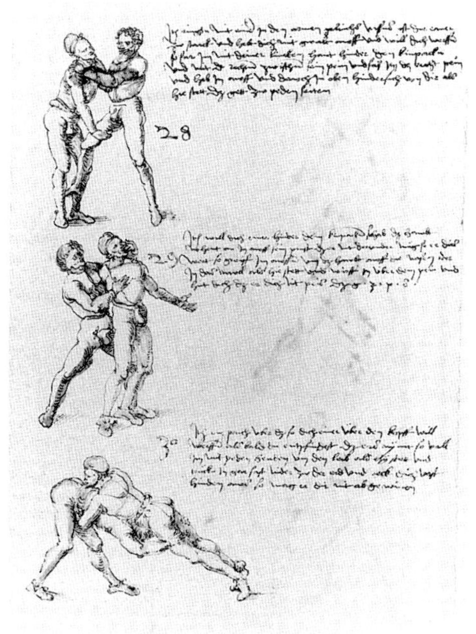

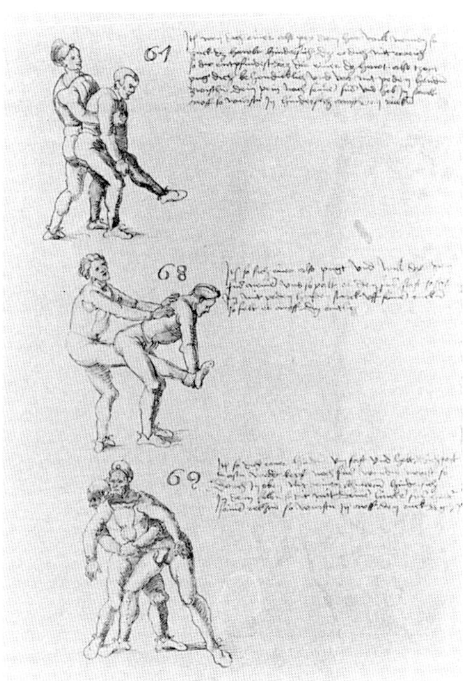

Abb. 2: Fechthandschrift, 1512

wegten Leibes in Kunst und Natur zurück – so in den anatomischen Studien Leonardos, den Skulpturen Michelangelos oder Botticellis Figur der Nympha.[4] Die bildliche Erfassung des bewegten Leibes wurde nun gleichbedeutend mit der Darstellung des Lebens selbst – Leonardo da Vinci (1452–1519) etwa sprach von der Bewegung als "Ursache jeden Lebens".[5] Physische Bewegtheit und seelische Ausdrucksbewegung wurden dabei zusammengebracht. Bewegung als innere Bewegtheit und deren äußere Ausdrucksformen vermittelten erst gemeinsam die Lebendigkeit der Gestalt. Leonardo unterschied drei Bewegungsformen: erstens die "Bewegung des Ortes, wenn sich das Tier von einem Ort zu einem anderen" bewegt, dazu gehören das "Aufstehen, Hinfallen und das Gehen in der Ebene"; zweitens die "Bewegung durch Aktion", die "das Tier an demselben Ort ohne Wechsel des Platzes macht". Sie ist "unbegrenzt, zusammen mit allen unbegrenzten Aktivitäten, denen sich der Mensch oft hingibt"; drittens schließlich die aus Orts- und Handlungsbewegung "zusammengesetzten Bewegungen". Auch sie sind "unbegrenzt, da unter ihnen das Tanzen, Fechten, Spielen, Säen, Pflügen, Rudern" zu finden sind.[6]

Zu den ersten Quellen, die bildliche Mittel einsetzten, um Bewegungen zu lehren, gehören Fechtbücher. Diese lehrten in Mittelalter und Renaissance nicht nur das Fechten im engen Sinne, das heißt mit diversen Schwertern. Vielmehr handelt es sich um umfassende Einführungen in verschiedene Kampftechniken – unbewaffnet, mit und ohne Rüstung, zu Fuß und auf dem Pferd, gegen einen oder mehrere Gegner oder auch mit mehreren Waffen.[7] Die ersten überlieferten Belege sind handschriftlich und gehen bis in das 15. Jahrhundert zurück. Zu den frühen Manuskripten gehören das "Flos Duellarum in armis, sine armis equester e pedester" des italienischen Waffenmeisters Fiore dei Liberi von 1409, das

Christi-Modells sowie die militärische Drill-Ikonographie. Die Serien begreift Berns hier als "Strategie der Imaginationslenkung", deren Entwicklung er vom 14. bis ins 19. Jahrhundert verfolgt. Beiden Bildwelten war laut Berns die Erziehung von Leib und Seele gemein, die sie ikonographisch mittels Komplexitätsreduktion durch Segmentierung erreichten. Für Berns entspricht daher die Bildreihung einer "ursprünglich theologisch gemeinten und mnemonisch angelegten Selbstbeeinflussungsstrategie", siehe ebd., S. 10. Im Vordergrund steht bei Berns der Aspekt der Manipulation, der Steuerung und Beherrschung durch Imaginationstechniken.

4 Zur antiken Bewegungsdarstellung vgl. Henriette A. Groenewegen-Frankfort: Arrest and Movement. An Essay on Space and Time in the Representational Art of the Ancient Near East, Cambridge/Mass. 1987 (1951); zur Renaissance vgl. aus der zahlreichen Literatur Alexander Perrig: Leonardo. Die Rekonstruktion menschlicher Bewegung, in: Freiburger Universitätsblätter 138 (1997), S. 67–100; Martin Kemp: Die Zeichen lesen. Zur graphischen Darstellung von physischer und mentaler Bewegung in den Manuskripten Leonardos, in: Frank Fehrenbach (Hrsg.): Leonardo da Vinci. Natur im Übergang. Beiträge zu Wissenschaft, Kunst und Technik, München 2002, S. 207–227; Pietro C. Marani: Von der Natur zum Symbol. Naturbeobachtung, Nach-

"Fechtbuch" des Hans Talhoffer aus dem Jahr 1443 sowie Albrecht Dürers "Fechtbuch" aus dem Jahr 1512 (Abb. 2).[8] Seit dem 16. Jahrhundert und mit Beginn des Buchdrucks nimmt diese Literatur allmählich zu: Andre Pauernfeindts "Ergrundung Ritterlicher Kunst der Fechterey", erschienen in Wien 1516, gilt als erstes gedrucktes Fechtbuch, das auch Abbildungen enthält.[9] Abbildungen zu körperlichen Ertüchtigungen, gymnastischen Übungen und Kampftechniken wie zum Beispiel dem Ringen finden sich auch in Hieronymus Mercurialis' "De arte gymnastica", dem ersten nachmittelalterlichen Buch, in dem neben der Gymnastik auch Fragen der Hygiene, Ernährung und Heilung von Krankheiten behandelt wurden (vgl. Abb. 88 und Kat.-Nr. 31). Bis zum Ende des 16. Jahrhunderts waren solche Traktate und Handbücher zu Kampftechniken allerdings sehr selten.[10] Eine Wende markierte der Beginn des 17. Jahrhunderts. Um 1600 formierte sich ein Feld, in dessen Zentrum die physische Bewegungslehre stand: der militärische Drill. Hier nun fand die bildliche Repräsentation körperlicher Bewegungsformen ein neues Anwendungsgebiet und ihre Ausformung zur sequentiellen Instruktionsgraphik der Bewegung. Keinem anderen Gebiet verdankte die Instruktionsgraphik der Bewegung mehr als dem militärischen *Exercitium.* Es brachte im frühen 17. Jahrhundert eine explosionsartige Vermehrung militärischer Handbücher und eine neue massenhafte Bildproduktion. Der Grund dafür ist in der Oranischen Heeresreform der Jahre 1590 bis 1620 zu suchen, die am Anfang der modernen Kriegspraxis stand (vgl. auch den Beitrag von Michael Sikora in diesem Band). Vorbild der Reformen unter Moritz von Oranien (1567–1625) war das Kriegswesen der Antike.[11] Im Rückgriff auf griechisch-römische Tugenden sollten die fehlende militärische Effizienz des freien Söldnertums sowie dessen drastischer sittlicher Verfall überwunden werden. Die wesentlichen Elemente der neuen Ordnung – das Exerzieren, die Kommandosprache, die Heeresordnung sowie die Art des Waffengebrauchs – gingen direkt auf antike Quellen zurück. Disziplin wurde zum wichtigsten Prinzip in diesem Gefüge. Übung, Ordnung, Selbstzucht und Vorbildhaftigkeit waren die neuen Stützen des Heeres.[12] Das kriegspraktisch neue Element der Heeresstruktur bildete die bis dahin nicht bekannte, systematische Truppenausbildung. In ihrem Zentrum stand das Exerzieren.[13] Das Exerzieren normierte den Soldaten. Historiker haben den militärischen Drill deshalb immer wieder als Machttechnik untersucht, als Instrument der Kontrolle, Unterwerfung und Manipulation.[14] Die Exerzierliteratur ist jedoch nicht nur unter diesem Blickwinkel interessant. Aufgabe der Exerzierliteratur war es nicht nur, den Adressaten zu normieren, sondern auch die *Art der Anleitung* und die *Repräsentation* der Bewegungen. Um die Soldaten in die Bewegungen einzuführen und deren Ausübung zu perfektionieren, entstanden Handbücher der Kriegskunst. Diese Handbücher lehrten die Soldaten den Umgang mit den wichtigsten Waffen – im Gebrauch der Infanterie zu Beginn des 17. Jahrhunderts etwa standen die Pike (Langspieß), die Muskete als schwere und die Arkebuse (Luntenrohr) als leichte Waffe sowie die Tartsche (Degen und Rundschild; zu den verschiedenen Waffen siehe die Abbildungen in Wallhausens "Kriegskunst zu Fuß" von 1615, Abb. 4 und Lavaters "Kriegs-Büchlein" von 1644, Kat.-Nr. 1).[15] Um beispielsweise eine niederländische Muskete zu laden, musste der Soldat nicht weniger als 43 Handgriffe beherrschen, die sich keineswegs von selbst erklärten.[16] Allein das Anzünden der Lunte beschreibt Johann Georg Wallhausens "Kriegskunst" aus dem Jahr 1615 so:

ahmung der Antike und Visualisierung der Bewegung im Werk Leonardos, in: Frank Fehrenbach (Hrsg.): Leonardo da Vinci. Natur im Übergang. Beiträge zu Wissenschaft, Kunst und Technik, München 2002, S. 371–390; Gottfried Schramm: Leonardo. Bewegung und Ruhe, Freiburg 1997; Franz-Joachim Verspohl: Die Entdeckung der Schönheit des Körpers – Von seiner maßästhetischen Normierung zu seiner bewegten Darstellung, in: Richard van Dülmen (Hrsg.): Erfindung des Menschen. Schöpfungsträume und Körperbilder 1500–2000, Wien 1998, S. 139–157.

5 Giuseppe Zamboni (Hrsg.): Leonardo da Vinci. Philosophische Tagebücher, Reinbek 1958, S. 48.

6 Martin Kemp (Hrsg.): Leonardo on Painting, New Haven 2001, S. 133. Diese und die folgenden Übersetzungen sind, soweit nicht anders angegeben, meine eigenen.

7 Die Literatur zur Geschichte des Militärwesens, der Kriegspraktiken, historischen Bewegungsformen oder des Sports etwa hat die Handbücher zur Instruktion von Bewegung sowie insbesondere die Instruktionsgraphik der Bewegung kaum als historische Quellen untersucht. Eine Ausnahme bildet die Studie von Sydney Anglo. Anglo jedoch beschränkt sich auf die Traktate der Waffenmeister in Mittelalter und Renaissance. Die Tradition späterer militärischer Traktate wird nur gestreift, andere Instruktionsgraphiken wie Tanz, Voltigieren etc. kommen nicht vor, vgl. Sydney

> "Wann dieses gethan /füge dich mit deiner rechten Hand nach der lincken mit Bogen weiß [bogenförmig] /und nemme ein End von der brennenden Lundten also strecke die 2. vördersten Finger auß /lege sie nechst an den andern Finger zu rühre an die Kohl innwendig in die Hand /also daß dein eusserst flach Theil an deiner Hand hinauß gekehret /und das innwendig zu deinem Leib sey /thue die zween Finger einen Finger breit von einander /fasse die Lundten und setze deinen Daum auff die Lundten /als ob du die Lundten mit deinem Daum durch die zween Finger woltest hindurch trucken /halte sie wol und bring sie zu deinem Mund /bücke mit dem Kopf ein wenig nach der Hand zu /als ob du woltest der Hand zu hülff kommen."[17]

In prinzipiell endlosem Detailreichtum versuchten Beschreibungen wie diese, eine Bewegung einzufangen, indem sie diese in verschiedene Elemente zergliederten und die Bestandteile einzeln beschrieben. Praktisch war eine derart wortreiche Anleitung indessen nicht. Vielmehr warf sie die Frage auf, auf welche Weise sich eine Bewegung am besten darstellen ließ, so dass sie eingängig, memorierbar und exerzierbar war. Die Lösung für dieses Problem wurde im Bereich des Bildes gefunden, genauer in der graphischen Zergliederung der Bewegung in einzelne Posen und deren serieller Reihung.

Pose und Serie

In den Fechtbüchern des 16. Jahrhunderts waren die zu erlernenden Bewegungen auf charakteristische Weise dargestellt: Die Handbücher versammelten auf je einer Seite oder über mehrere Blätter hinweg jeweils eine oder mehrere Stellungen des Fechtens, Ringens oder Kämpfens. Ein knapper, dem Bild zur Seite gestellter Text diente der Erläuterung und Kommentierung der dargestellten Position. Die Figuren der Kämpfer sind in der Regel vor leerem Bildhintergrund dargestellt, ein Hinweis auf den Ort des Kampfes oder die Umstände der Auseinandersetzung fehlt. Perspektive, Format und Anordnung der Bildelemente bleiben bei der Darstellung der verschiedenen Stellungen gleich. Der Blick konzentriert sich dadurch auf die einzelne Stellung oder Pose, die der Betrachter zu erfassen und nachzuvollziehen hatte. Die dem Bild beigefügte Erläuterung erlaubte zudem ein vertieftes Verständnis der einzelnen Pose durch den Abgleich zwischen dem Gesehenen und dem Beschriebenen. In den militärischen Handbüchern des 17. Jahrhunderts vollzog sich eine grundlegende Weiterentwicklung dieser Form der Darstellung physischer Bewegung. Die Bewegung wird darin nicht mehr allein in einzelne Posen zergliedert, sondern eine Reihe von Posen wurde in direkter Folge hintereinander gestellt. Beim Betrachter stellt sich dadurch der Eindruck einer kontinuierlichen Bewegung ein. Während die Bewegung in den frühen Fechtbüchern in der Isolation der einzelnen Posen verharrte, scheinen die Bilder nunmehr ineinander überzugehen und in eine zusammenhängende Bewegung zu fließen.[18] Außerdem wird die Bewegung nun nicht mehr im Abgleichen von Text und Bild präzisiert, sondern im Vergleichen der Bilder untereinander. Das Besondere der seriellen Anordnung liegt nämlich darin, dass die Bewegung in einzelne Momente zergliedert, optisch aber zugleich auch wieder zusammengesetzt wird: *Die Serie visualisiert die Bewegung als Analyse und Synthese zugleich.* Die Serie konstruiert die Bewegung somit als Relation der Bilder untereinander – jedes Bild der Reihe ist auf das vorhergehende bzw. nach-

Anglo: The Martial Arts of Renaissance Europe, New Haven 2000, insbes. Kap. 2.

8 Als erstes erhaltenes Fechtbuch gilt ein anonymes deutsches Manuskript vom Ende des 13./Anfang des 14. Jahrhunderts, vgl. Anglo, Martial Arts (s. Anm. 7), S. 21–27, bes. S. 22, Anm. 64.

9 Vgl. Anglo, Martial Arts (s. Anm. 7), S. 34, 46. Einen bibliographischen Überblick geben auch Carl A. Thimm: A Complete Bibliography of Fencing and Duelling as Practised by all European Nations from the Middle Ages to the Present Day. With a classified Gender, in Chronological Order, According to Languages. Ill. with Numerous Portraits, London 1896; Charles R. Cammell: Frühe Bücher über Fechtkunst, in: Philobiblon 9 (1936), S. 353–375: Hellmut Helwig: Die deutschen Fechtbücher. Eine bibliographische Übersicht, in: Börsenblatt für den deutschen Buchhandel. Frankfurter Ausgabe 2 (1966), S. 1407–1416; Chronik alter Kampfkünste. Zeichnungen und Texte aus Schriften alter Meister, entstanden 1443–1674, Berlin 5. Aufl. 1997; Carlo Bascetta: Sport e giuochi. Trattati e scritti dal XV al XVIII secolo, Mailand 1978.

10 Anglo zählt an bis heute erhaltenen gedruckten Handbüchern zum Schwert- und Lanzenfechten, zu Fuß und zu Pferd sowie zum Ringen, die bis 1620 erschienen, nicht mehr als etwa 100 Handbücher innerhalb Europas –

folgende bezogen, seine Stellung in der Folge der Bilder ist genau festgelegt. Für diese Relation der Bilder, in welche die Serie die Bewegung auflöst, ist die Leerstelle, das "Zwischen-den-Bildern" nicht weniger konstitutiv als die abgebildete Pose. Die Serie funktioniert erst als Abfolge von Darstellung und Auslassung, Bild und Bildzwischenraum, Fülle und Leere. Erst in der Serialisierung wird die Pose in die Bewegung, wird die Form in die Formation überführt, der tote Körper zum lebendigen. Die Serie wird so zum Gesetz der Abfolge von einer Pose zur nächsten; die Ordnung der Serie ist die Choreographie des Zusammenspiels, das kontrollierte, geregelte Verhältnis, in dem die Posen ineinander übergehen.

Für die Gestaltung solcher Bildserien wurden die zeichnerischen Mittel typischerweise so gewählt, dass von Bild zu Bild die Unterschiede kaum merklich sind. Die Bewegung steht im Fokus, alle anderen Bildelemente werden in den Hintergrund gedrängt. Der Übergang von einem Bild zum nächsten verschwindet gleichsam, es entsteht die Illusion einer fließenden Bewegung. Ein frühes Beispiel für die Anwendung dieses Bildverfahrens geben die Traktate des Johann Georg Paschen (1628–1678) zum Exerzieren, Ringen, Fechten, Fahnenschlagen und Voltigieren, die um die Mitte des 17. Jahrhunderts in zahlreichen Auflagen erschienen. Paschen verfolgte in seinen Schriften die Lehre der jeweiligen Bewegungen konsequent graphisch: Die Traktate

Abb. 3: J. G. Paschen, Vollständiges Fecht-, Ring- und Voltigier-Buch, 1664, HAB: Hn 4° 39 (3)

39 italienische, 23 deutsche, 16 spanische, 10 französische und 8 englische Bücher, vgl. Anglo, Martial Arts (s. Anm. 7), S. 322, Anm. 63.

11 Vgl. dazu Gerhard Oestreich: Der römische Stoizismus und die oranische Heeresreform, in: ders. (Hrsg.): Geist und Gestalt des frühmodernen Staates. Ausgewählte Aufsätze, Berlin 1969 (1953), S. 11–34; Werner Hahlweg: Die Heeresreform der Oranier und die Antike. Studien zur Geschichte der Niederlande, Deutschlands, Frankreichs, Italiens, Spaniens und der Schweiz vom Jahre 1589 bis zum Dreißigjährigen Krieg, Osnabrück 1987 (1941), insb. S. 140–190; Geoffrey Parker: The Military Revolution. Military Innovation and the Rise of the West 1500–1800, Cambridge 1988, S. 18–23; Max Jähns: Geschichte der Kriegswissenschaften vornehmlich in Deutschland, Hildesheim u.a. 1997 (1890), Bd. 2, S. 869–876. Zu Aufnahme und Durchsetzung der Reformen siehe Gerhard Oestreich: Geist und Gestalt des frühmodernen Staates. Ausgewählte Aufsätze, Berlin 1969 (1953); Jan Piet Puype: Van Maurits naar Munster. Tactiek en triomf van het Staatse leger. Koninklijk Nederlands Leger- en Wapenmuseum, Delft 1998. Siehe auch den Beitrag von Michael Sikora in diesem Band.

12 Vgl. Oestreich, Stoizismus (s. Anm. 11), S. 20.

13 Zu vereinzelten vorherigen Bemühungen in diese Richtung siehe Hahlweg, Heeresreform (s. Anm. 11), S. 26–28.

waren Tafelwerke, die nur jeweils knapp in einem Text kommentiert wurden; der Text fungierte hier als Beiwerk des Bildes, nicht umgekehrt. Darüber hinaus stellte er das Prinzip der Serialisierung der Instruktionsgraphiken über die Qualität der Darstellung der einzelnen Figur. Während Paschens Figuren äußerst simpel und roh abgebildet sind, ist das Prinzip der Serie graphisch mit größter Sorgfalt herausgearbeitet.[19] Tatsächlich liegt die Ästhetik der Bewegung hier in der *seriellen Form,* also im Bildtypus der *Serie,* nicht in der künstlerischen Qualität des Bildes selbst. Die Form tritt konsequent hinter die Reihung zurück.

Hier abgebildet ist das Fechten (Abb. 3, siehe auch Abb. 7 zum Voltigieren; zu Paschens Darstellung des Ringens siehe Kat.-Nr. 3). Die verschiedenen Bewegungsformen sind in Paschens Traktaten alle nach dem gleichen Prinzip dargestellt: Jede Tafel ist durch horizontale Linien in vier (Fechten und Ringen) bzw. drei (Voltigieren) Kompartimente gegliedert, von denen jedes eine Position der zu lernenden Bewegung repräsentiert. Die einzelnen Positionen sind fortlaufend über alle Tafeln hinweg nummeriert. Jedes Kompartiment zeigt die Figuren vor einem neutralen weißen Hintergrund. Der Boden, auf dem sie stehen, ist lediglich durch Schattierungen angedeutet. Größe, Ausschnitt, Perspektive und Platzierung der Figuren im Bild bleiben konstant. Von Tafel zu Tafel nun variieren die einzelnen Positionen der Arme und Beine bzw. des Körpers zum Pferd, die mittels dieser Bilder eingeübt werden sollen, nur geringfügig. So

Abb. 3

14 Vgl. prominent Michel Foucault: Überwachen und Strafen. Die Geburt des Gefängnisses, Frankfurt a. M. 1977, S. 173.

15 Vgl. Karl-Volker Neugebauer (Hrsg.): Grundzüge der deutschen Militärgeschichte, Freiburg i. Brsg. 1994, Bd. 1, S. 30.

16 Hahlweg, Heeresreform (s. Anm. 11), S. 33, vgl. auch W. Eckardt: Ladebewegungen von der Muskete bis zum Gewehr 98, in: Zeitschrift für Heeres- und Uniformkunde 94/96 (1936), S. 109–116.

17 Johann Jacob von Wallhausen: Kriegskunst zu Fusz. Darinnen gelehret und gewiesen werden: I. Die Handgrieff der Musquet und des Spiesses; II. Das Exercitium, oder wie man es nennet, das Trillen; III. Schöne neue Batailie, oder Schlachtordnungen; IV. Der Ungerischen biszhero geführten Regimenten Kriegs Disciplin zu Fusz, Gedruckt zu Oppenheim bey Hieronymo Gallero, in Verlegung Johann-Theod. de Bry 1615, Reprographischer Nachdruck Akademische Druck- und Verlagsanstalt Graz 1971, S. 37.

18 Formen der simultanen Bewegungsdarstellung finden sich schon bei Leonardo, vgl. Kemp, Zeichen (s. Anm. 4), S. 207–227. Eines der ersten Handbücher, das eine simultane Darstellung von vier Fechtpositionen auf einem Blatt gibt, ist Camillo Agrippa: Trattato di scientia d'arme con un dialogo di filosofia, Rom 1553, Parte III, D'una figure di geometria. Cap. II.

19 Künstlerisch wertvollere Darstellungen des Ringens oder Voltigierens

kann die Bewegungsänderung im Detail über die Abfolge der Bilder nachverfolgt werden. Die Serialisierung ist bei Paschen graphisch besonders konsequent herausgestellt. Nicht zuletzt die Bescheidenheit seiner graphischen Kunst trägt dazu bei, die Serialität des Bildeindrucks zu steigern: Die Vervielfachung der einzelnen Posen auf einer Tafel, die seitenweise Aufeinanderfolge der Tafeln, das immergleiche Schema: der leere Hintergrund, die Konzentration auf die Figuren, die Entfernung jedweden für die Demonstration der Bewegung unnötigen Beiwerks generieren einen neuen Bildeindruck: die Figur bewegt sich.

Die Traktate Paschens sind nur ein besonders eindrückliches Beispiel für die konsequent bildliche Lehre verschiedener Bewegungen mittels serieller Reihung. Bewegungsserien lassen sich nahezu in jedem wichtigeren Militärhandbuch finden. Handbücher zum militärischen Drill konstituierten eines der bildmächtigsten Felder, in dem die neue Ikonographie der Serie systematisch ausgebildet und zu einer neuen Konvention der bildlichen Lehre von Bewegungen weiterentwickelt wurde.

Das Gesetz des Rhythmus

Johann Jacob Wallhausen (ca. 1580–1627) war einer der fruchtbarsten Militärschriftsteller des 17. Jahrhunderts. Mit den Schriften Wallhausens, der selbst im Dienst für Moritz von Oranien gestanden hatte, verbreitete sich das oranische Heerwesen nach Deutschland.

In Tafel B (Abb. 4), sind die einzelnen Figuren von 1 bis 28 durchnummeriert (die Reihe wird auf Tafel C fortgesetzt bis 51); die Zahlen sind jeweils auf Höhe der Körpermitte der Figur platziert. Daneben gibt es eine weitere Zahlenreihe, aufsteigend von 1 bis 83 (bzw. 123 auf Tafel C), diesmal zur Linken und zur Rechten des Kopfes der Figur angebracht. Bei dieser zweiten Zahlenreihe variiert die Zuordnung zu den einzelnen Figuren im Gegensatz zur unteren Reihe erheblich: Während einigen Figuren lediglich eine einzelne Zahl zugeordnet ist, sind anderen 4, 5 oder gar 7 beigeordnet. Die untere Zahlenkolonne gibt lediglich Folge und Zahl der Posen an, wohingegen sich die Zahlenfolge in Kopfhöhe der Figuren auf die Anzahl der jeweils auszuführenden Bewegungen bezieht. Das bedeutet, dass die Anzahl der in einer Figur repräsentierten Handgriffe von einer einzelnen bis zu vier oder sieben verschiedenen variiert. Jede Figur repräsentiert mithin nicht eine Bewegung, sondern eine unterschiedliche Anzahl von Bewegungen. Bei der dargestellten Serie handelt es sich folglich nicht um eine einfache Abfolge – jeweils eine Bewegung folgt auf die nächste, getrennt durch eine Leerstelle. Dargestellt ist vielmehr ein komplexes Bewegungsmuster. Konkret heißt das im vorliegenden Fall beispielsweise für die fünfte Figur, die das Bereitmachen zum Schießen zeigt, dass sieben Bewegungen (20–26) in der Figur vereint sind:

> "20. Hebe deine rechte Hand auff// bringe sie bogenweiß zur lincken Schultern. 21. Fange an zu Schreiten mit dem lincken Fus. 22. Lasse die Fürquet [Stützgabel] in der hand sincken recht längs deinem Leibe. 23. Lasse die Musquet ein wenig herunter ritschen. 24. Drähe sie ein wenig nach der rechten hand zu. 25. Fasse die Musquet unter der Pfann. 26. Hebe von der Schulter hinweg."[20]

lieferten etwa um die gleiche Zeit Romeyn de Hooge mit den Kupferstichen für Nicolaes Petters: Klare Onderrichtinge der voortreffelijcke Worstel-Konst, 1674; vgl. dazu Anglo, Martial Arts (s. Anm. 7), S. 172–201, bes. 192–197; auch zum Voltigieren erschienen nur wenig vor Paschen hochwertigere Repräsentationen in Giocondo Baluda: Trattato del modo di volteggiare e saltare il cavallo di legno, 1630; vgl. Bascetta, Sport e giuochi (s. Anm. 9), z. B. Tafel 16, 18, 20.

20 Wallhausen, Kriegskunst zu Fusz (s. Anm. 17), S. 43–44.

Abb. 4: J. J. Wallhausen, Kriegskunst zu Fuß, Frankfurt a. M. 1620, HAB: Jb 4° 60 (1)

84.85. 86·87.
88.
89.
95.
96. 97.
98.
106. 107. 108.
109 110. III.
112 113
120. 121. 122.
143.
I.

91
92.
93. 94.
C
100
101
102. 103. 104.
115.
116
117 118. 119
2
2
3

Die achte Figur beinhaltet demgegenüber nur zwei Aktionen:

> "36. Zierlichen nimm die Lundten von der lincken hand mit zween Fingern und Daum. 37. Fange an zu schreiten mit dem rechten Fuß."[21]

Zu der darauf folgenden neunten Figur schließlich heißt es allein:

> "38. Blase die Lundten ab."[22]

In der Bewegungsserie folgt somit die Reihung der Bilder nicht einem einfachen Muster, einer metrischen Gliederung der Bewegung in gleich große Abschnitte. Stattdessen werden die Posen in einem komplexen Zusammenspiel von einzelner Pose und Gesamtbewegung zu einem rhythmischen Muster verwoben. Das militärische Exerzieren der frühen Neuzeit war eine *rhythmische Bewegungskunst*. Das Schlagen der Trommel, der Stoß der Fanfare, das Spiel der Flöte garantierte die harmonische Koordination der einzelnen Aktionen der Bewegung zu einer Gesamtbewegung (Abb. 5).

Abb. 5: Instructions Militaires, Paris 1792

Seine Ordnung erhielt das komplexe Bewegungsmuster aus dem Rhythmus der Ausführung. Der Rhythmus war Zeitgeber und Auslöser für das Halten und Wechseln von einer Position zur anderen, er legte eine jeweils unterschiedliche Zahl von Handgriffen auf eine bestimmte Zählzeit fest: "Wann du jetzundern in deiner Postur also mit den ersten dreyen Zeiten fertig bist so mußtu dich auch in dreyen Zeiten und Schritten fertig machen und schießen und dieses nun zierlich bequemlich und behändig zu thun verhalte dich also", heißt es etwa bei Wallhausen.[23] Die Instruktion der Bewegung im Militär war musisch in dem Sinne, dass sie einer Regel folgen musste: Die Bewegungen wiederholten sich, sie kehrten immer wieder. Zugleich variierten sie aber in dieser Wiederkehr in der Ordnung des Rhythmus. In jedem Fall mussten sie immer im Gleichklang erfolgen. Nach dem Rhythmus der Musik wurden einzelne Bewe-

21 Wallhausen, Kriegskunst zu Fusz (s. Anm. 17), S. 43–44.

22 Wallhausen, Kriegskunst zu Fusz (s. Anm. 17), S. 43–44.

23 Wallhausen, Kriegskunst zu Fusz (s. Anm. 17), S. 36.

gungssequenzen in den Exerzitien zu verschiedenen Übungen zusammengesetzt. Das ermöglichte, bestimmte Manöver nach Bedarf einzeln zu üben respektive die Exerzitien immer wieder zu neuen Mustern zusammenzusetzen. Der Serialität der Graphiken kam in diesem Zusammenhang eine zentrale Bedeutung zu: Dargestellte Figur und Leerstelle bildeten eine rhythmische Ordnung, das heißt der Zwischenraum, die unbekannte Größe, die die Bewegungen voneinander trennte, der kaum wahrnehmbare Fluss zwischen den Positionen, wurde zum Intervall, wurde gleichfalls eine geregelte, fassliche Größe. Das praktische Wissen, das der Soldat sich erst durch tätige, nachvollziehende Übung aneignete, ließ sich so in der Serie einfangen: Die Abfolge von Pose und Serie bildete den Rhythmus der Bewegungsfolge. Pose und Rhythmus, das Konstante und Variable der Bewegung fanden ihren kongenialen Ausdruck in der sequentiellen Ikonographie der Bewegungslehre.

Entwicklungen im 18. Jahrhundert

Im 18. Jahrhundert erfolgten grundlegende Veränderungen in der Kriegstechnik und Fortschritte in der Handhabung der Waffen. So verringerte sich beispielsweise mit der Einführung von Steinschlossflinte, Papierpatrone und Ladestock in den ersten Dekaden des 18. Jahrhunderts die Zahl der notwendigen Handgriffe zur Bedienung einer Waffe.[24] Auch erforderten die Kriege dieser Zeit neue Strategien und Taktiken, der Bedarf nach Einweisung wuchs, Soldaten mussten in immer größerer Zahl ausgebildet und diszipliniert werden. Insbesondere mit der Französischen Revolution trat an die Stelle des Berufskämpfers zunehmend der unausgebildete Soldat. Einfachere Kampfweisen mussten entwickelt und eine schnelle Einweisung der Soldaten möglich gemacht werden.[25] Das folgende Beispiel (Abb. 6) aus einem französischen Kriegshandbuch aus der Zeit der Revolutionskriege zeigt, dass die Anweisungen – auf das Nötigste reduziert, weniger ausführlich und umfangreich bebildert als noch Mitte des Jahrhunderts – sich in ihrem bildlichen Aufbau nicht veränderten. Die Instruktionsgraphik der Bewegung war eine der konstantesten Bildformen und findet sich in den militärischen Handbüchern im Europa des 17., 18. und sogar noch des 19. Jahrhunderts massenweise.

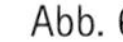
Abb. 6

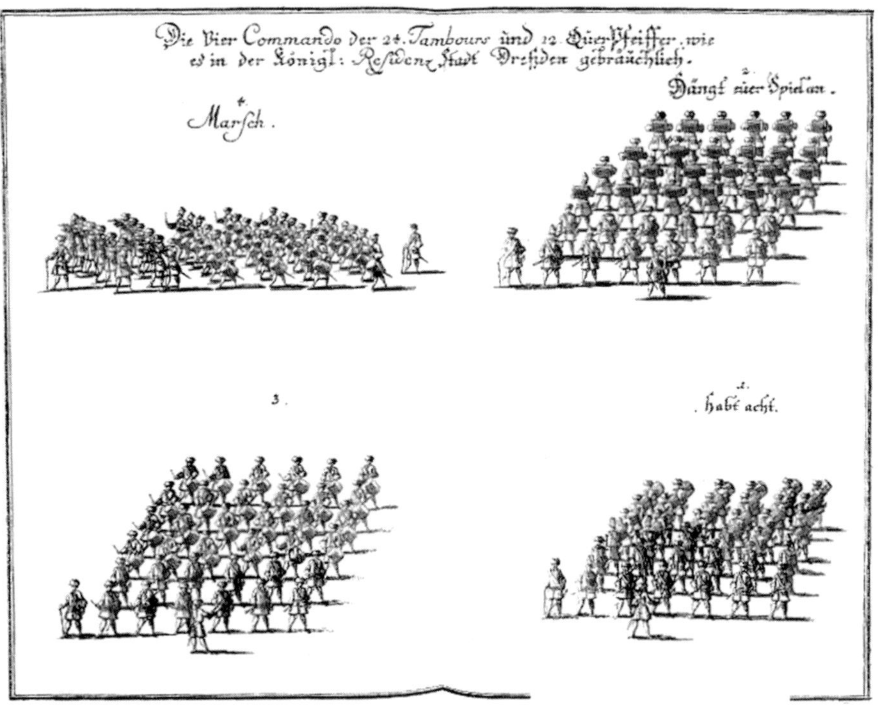

24 Zur Waffentechnik vgl. Eckardt, Ladebewegungen (s. Anm. 16), mit weiterführender Literatur Hans Delbrück: Geschichte der Kriegskunst im Rahmen der politischen Geschichte, Berlin 2000 (1929), S. 28–66, 342–373.

25 Vgl. dazu Delbrück, Geschichte der Kriegskunst (s. Anm. 24), S. 505–547; Eberhard Kessel und Johannes Kunisch (Hrsg.): Militärgeschichte und Kriegstheorie in neuerer Zeit. Ausgewählte Aufsätze, Berlin 1987; eine Diskussion der Literatur siehe bei Daniel Hohrath: Spätbarocke Kriegspraxis und aufgeklärte Kriegswissenschaften. Neue Forschungen und Perspektiven zu Krieg und Militär im 'Zeitalter der Aufklärung', in: Aufklärung 12 (2000), S. 5–47.

Das Exerzieren war indessen nicht allein Kennzeichen des militärischen Drills. Was den Drill auszeichnete, galt vielmehr auch für andere Formen der Bewegung. Alle "geregelten Bewegungen des Körpers, Sprünge & massvollen Schritte, die zum Ton eines Instruments oder der Stimme gemacht werden", erfasste die "Encyclopédie" von Diderot und d'Alembert 1754 in ihrem Eintrag "danse".[26] Sich im Europa der Frühen Neuzeit zu bewegen bedeutete folglich nicht, die Position seiner Gliedmaßen unwillkürlich zu wechseln. Bewegung war im Gegenteil gleichzusetzen mit geübter Bewegung. Der Gebrauch des Körpers, seiner Glieder und die Art der Bewegungen war eine zu erlernende Praxis. Nicht allein der Drill, die gesamte europäische Bewegungskultur dieser Zeit war eine Kultur der Exerzitien. Diese Auffassung von Bewegung als Form der geordneten, koordinierten und maßvollen Beherrschung des eigenen Körpers entsprach den Idealen des Hofes. Die höfische Kultur hatte seit dem 16. Jahrhundert zunehmend das mittelalterliche Kräftemessen verdrängt und an seine Stelle das Ziel der Geschicklichkeit gesetzt. "Die heutige galante Welt verlanget viel von einem jungen Menschen, den sie qualificirt nennen soll", heißt es bei Fleming in seinem "Vollkommenen teutschen Soldaten", "er muß nicht allein in den Wissenschaften, und guten Künsten, sondern auch in allerhand Exercitien und Leibes Ubungen versiret sey [sic]".[27] Das Bewegungsideal des *galant homme* umfasste Übungen an der Waffe ebenso wie die Beherrschung des Tanzens, Reitens, Voltigierens, Fechtens oder Turnens. Die "Encyclopédie" erfasste unter den Exerzitien entsprechend "die Übung des Pferdes, den Tanz, die Aktion, die Waffen zu ziehen & zu voltigieren, alle militärischen Übungen, die notwendigen Kenntnisse, um zu zeichnen & um Festungen zu konstruieren, die Zeichnung & im Allgemeinen alles, was man unterrichtet & alles, was man unterrichten muss."[28] Bewegungen wurden somit nicht einfach vollzogen, sie wurden eingeübt, wiederholt und in unzähligen Übungen eingeschliffen, bis sie den ästhetischen Kriterien der Zeit entsprachen. Die schöne Form bildete im 17. und 18. Jahrhundert den Maßstab, an dem die Bewegung des Körpers ausgerichtet wurde. Die Bewegungskultur der frühneuzeitlichen Exerzitien war eine *Bewegungsästhetik*. Sie machte aus dem Tanzen, Schießen und den Leibesübungen die *Kunst* des Bewegens, die es zu wissen, zu erlernen und mit Sorgfalt zu beherrschen galt.[29]

Körperbewegungen hatten folglich nicht nur akkurat zu sein, sondern ebenso zierlich, vergnüglich und schön anzuschauen – egal, ob sie sich auf dem Tanzboden oder dem Schlachtfeld abspielten. Dem Ideal von Harmonie, Proportion und Anmut korrespondierte die wohlanständige, maßvoll und lieblich ausgeführte Bewegung: So sollte der militärische Drill – seine endlose Wiederholung von Handgriffen, Schritten und Haltungen – dem Soldaten nicht weniger Formvergnügen bereiten als dem Edelmann der Tanz bei Hofe. Präzise wurden Winkel zwischen Armen und Beinen bzw. zum Körper in Fechtbüchern notiert, beim Reiten wurden die Hufschlagfiguren in Zirkeln, Geraden oder Diagonalen angegeben, und die Tanzmeister der Zeit verzeichneten den Weg des Menuett auf dem Tanzboden. Nicht zufällig gleichen die Beschreibungen des Schießens als "zierlich bequemlich und behändig"[30] denjenigen, wie sie sich etwa zum Voltigieren finden lassen (vgl. Abb. 7):

26 Denis Diderot und Jean le Rond d'Alembert (Hrsg.): Encyclopédie ou dictionnaire raisonné des sciences, des arts et des métiers, Nachdruck der Ausgabe Paris 1751 ff., Stuttgart 1966 ff., Bd. 4, Stichwort "*Danse*", S. 623–628, hier S. 623: "mouvemens reglés du corps, sauts & pas mesurés, faits au son des instruments ou de la voix".

27 Hans Friedrich von Fleming: Der vollkommene teutsche Soldat. Faksimiledruck der Ausgabe 1726, Osnabrück 1967, S. 22.

28 Diderot, Encyclopédie (s. Anm. 26), Bd. 6, Stichwort "*Exercices (Manège)*", S. 247–252, hier S. 247: "l'exercice du cheval, la danse, l'action de tirer des armes & et de voltiger, tous les exercices militaires, les connoissances nécessaires pour tracer & pour construire des fortifications, le dessein, & généralement tout ce que l'on enseigne & tout ce que l'on devroit enseigner".

29 Vgl. dazu insbesondere die Forschungen zur Geschichte des Sports und der historischen Anthropologie, etwa Horst Ueberhorst (Hrsg.): Geschichte der Leibesübungen, Berlin u. a. 1980–89, 6 Bde.; Henning Eichberg: Maß und Messen in der frühen Neuzeit. Der Sport als Beispiel, in: Rolf E. Vente (Hrsg.): Erfahrung und Erfahrungswissenschaft, Stuttgart 1974, S. 128–141; Henning Eichberg: Geometrie als barocke Verhaltensnorm. Fortifikation und Exerzitien, in: Zeitschrift für historische Forschung 4 (1977), S. 17–50; Henning Eichberg: Leistung,

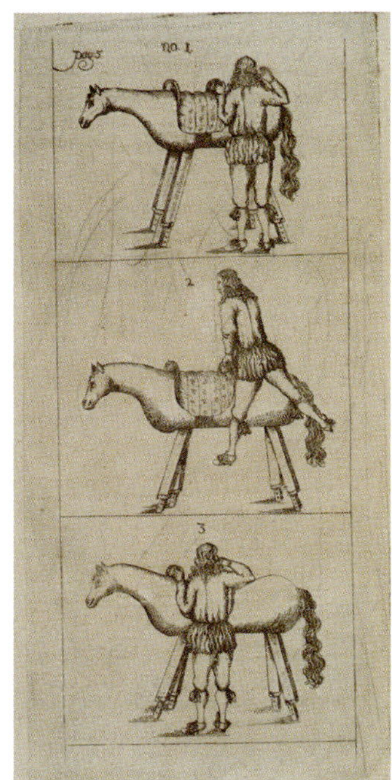

Abb. 7: J. G. Paschen, Beschreibung des Voltigierens, 1673, HAB: Hn 4° 39 (3)

> "Es besteht aber solches in dreierlei als im Heben, Springen und Schwingen, und mustu in acht nehmen, daß alles mit steifen Füßen gemacht werde, und wenn du am Pferde dich hebest, fein sachte auf die Zehen und wieder in die Höhe springest, welches fein zierlich stehet und auch dadurch kein Fuß verrenket wird. Deine Arme und der Leib müssen steif sein, und je weniger du das Pferd berührest, je zierlicher du springest."[31]

Im Zentrum der Bewegungsästhetik der Frühen Neuzeit stand der Rhythmus. Er bildete den Kern der ästhetischen Konzeption von Körperbewegungen, wie sie im 17. und 18. Jahrhundert das Bewegungsverhalten beherrschte. Das Turnen, Voltigieren, Reiten oder Schießen waren rhythmische Bewegungskünste: Bewegung folgte der Regel der rhythmischen Ausführung, sie war gleichbedeutend mit der Choreographie der erlernten, kontrollierten, minutiös definierten Positionen des Körpers. So war der Tanz in der frühneuzeitlichen Bewegungskultur nicht die Ausnahme für eine nach dem Rhythmus der Musik geordnete und ausgeführte Bewegung, sondern lediglich ihr auffälligstes Beispiel: Waren Rhythmus, Wohlgefälligkeit, Proportion, Regularität, Zierlichkeit und Grazie hier bereits eingeschliffen, so ließen sie sich auch für alle anderen Übungen leichter umsetzen. Die Choreographie des Tanzes begann mit dem eigenen Körper. Bevor die Bewegungen im Raum erfolgen konnten, musste der Tänzer zunächst seine Gliedmaßen 'choreographieren'. 1725 erschien Pierre Rameaus "Maître à danser", eines der einflussreichsten Tanzbücher des 18. Jahrhunderts. Auf nicht weniger als sechzig, von ihm selbst gezeichneten Tafeln erklärte Rameau (1674–1748), französischer Tanzmeister und selbst Tänzer, die Art, sich zu bewegen, die Position der Füße, Pliés, Schritte sowie die Haltung und Drehung der Arme. In kaum einer anderen Bewegung kam es mehr als beim Tanzen darauf an, die Bewegungen der einzelnen Glieder zu isolieren und im Rhythmus der Musik zu einer ästhetisch gesteigerten Performanz zu bringen.

Spannung, Geschwindigkeit. Sport und Tanz im gesellschaftlichen Wandel des 18./19. Jahrhunderts, Stuttgart 1978; Peter Kühnst: Sport. Eine Kulturgeschichte im Spiegel der Kunst, Dresden 1996. Aus der historischen Anthropologie vgl. Gunter Gebauer: Bewegung, in: Christoph Wulf (Hrsg.): Vom Menschen. Handbuch Historische Anthropologie, Weinheim und Basel 1997, S. 501–516; die Arbeiten von Rudolf zur Lippe: Naturbeherrschung am Menschen, Bd. 1: Körpererfahrung als Entfaltung von Sinnen und Beziehungen in der Ära des italienischen Kaufmannskapitals; Bd. 2: Geometrisierung des Menschen und Repräsentation des Privaten im französischen Absolutismus, Frankfurt a.M. 1974; Rudolf zur Lippe: Die Geometrisierung des Menschen, Oldenburg 1983; Rudolf zur Lippe: Vom Leib zum Körper. Naturbeherrschung am Menschen in der Renaissance, Reinbek 1988; Günther Lottes: Die Zähmung des Menschen durch Drill und Dressur, in: Richard van Dülmen (Hrsg.): Erfindung des Menschen. Schöpfungsträume und Körperbilder 1500–2000, Wien 1998, S. 221–238. Vor allem August Nitschke hat die Untersuchung des menschlichen Bewegungsverhaltens zum Mittelpunkt einer Forschung gemacht, welche den politischen, gesellschaftlichen und kulturellen Wandel ausgehend von historischen Körper- und Bewegungssystemen untersucht, vgl. August Nitschke: Fremde

Anstelle des tanzenden Körpers taucht der Körper in Rameaus Tanztraktat nur noch als Fragment auf, tritt er lediglich als Sammlung von Gliedmaßen vor Augen:

> "Man zählt in den Armen drei Bewegungen wie auch in den Beinen, & die gegenseitig aufeinander bezogen sind: nämlich jene des Handgelenks, jene des Ellbogens, & jene der Schulter; aber es ist nötig, dass sie sich mit zwei Beinen abstimmen [...], da man nicht den Ellbogen knicken darf, ohne dass seine Bewegung begleitet wird von derjenigen des Handgelenks: ebenso bei dem Sprunggelenk und dem Knie, das seine Bewegung nicht beenden kann, ohne dass man auf der Spitze des Fußes steht."[32]

Auf entsprechende Weise behandelt Rameau in dem gezeigten Beispiel auch die verschiedenen Bewegungen der Hände. Neben der absteigenden Folge der Haltungen versucht er, die räumlichen Drehungen der Hände durch die kreisförmige Schriftführung einzufangen (vgl. Abb. 8).

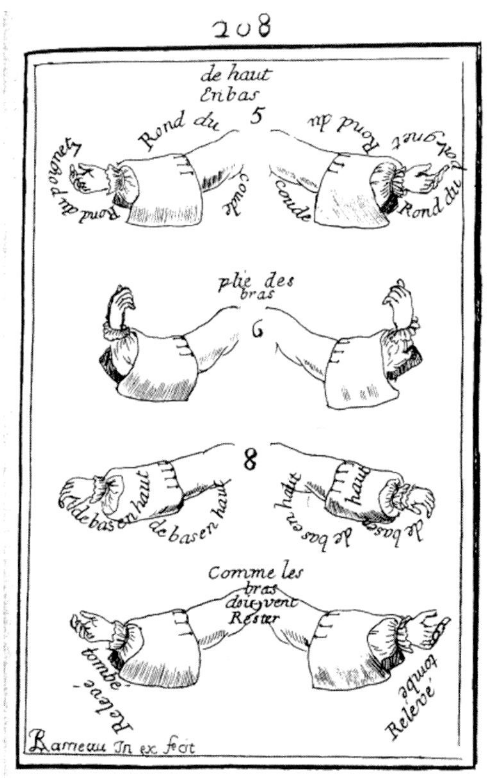

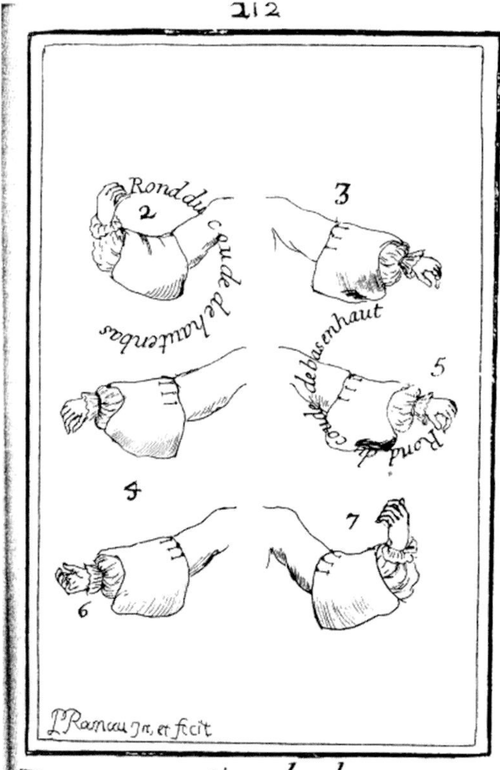

Abb. 8: Rameau, Le Maître à danser, 1725

Die höfische Kultur hatte den Typus der beherrschten, maßvollen, durch den Rhythmus der Musik koordinierten Bewegung hervorgebracht. Das 19. Jahrhundert gilt dagegen gemeinhin als Epoche eines völlig neuen Bewegungsverständnisses: "Leistungssteigerung, Spannung, Geschwindigkeit"[33] waren die Kennzeichen der neuen Zeit. Entsprechend entstanden neue Formen und Ideale der Körperertüchtigung und -erfahrung: Pferderennen, Schwimmen und Eislaufen oder der Walzer gehörten zu den im

Wirklichkeiten II: Dynamik der Natur und Bewegungen der Menschen, Goldbach 1995; August Nitschke: Körper in Bewegung. Gesten, Tänze und Räume im Wandel der Geschichte, Stuttgart 1989; August Nitschke: Der Ausgangspunkt menschlicher Aktivität, in: Dietmar Kamper und Volker Rittner (Hrsg.): Zur Geschichte des Körpers. Perspektiven der Anthropologie, München 1976, S. 67–90; August Nitschke: Revolutionen in Naturwissenschaft und Gesellschaft, Stuttgart-Bad Cannstatt 1979; August Nitschke: Historische Verhaltensforschung. Analysen gesellschaftlicher Verhaltensweisen. Ein Arbeitsbuch, Stuttgart 1981.

30 Wallhausen, Kriegskunst zu Fusz (s. Anm. 17), S. 36.

31 Das Voltigieren war ursprünglich aus dem Üben des Auf- und Absteigens am Pferd mit und ohne Waffen hervorgegangen. Es wurde von Fechtmeistern unterrichtet, unter anderem am Tisch geübt und entwickelte sich im Laufe der Zeit zu einer Kunst der zierlichen Sprünge und Figuren am Pferd. Zitat bei Johann Georg Paschen: Kurtze iedoch gründliche Beschreibung des Voltiger / so wohl auf den Pferde als über den Tisch. Darinnen gehandelt wird von allen Sprüngen/ als in Sattel zu springen/ wieder herauß/ Rever, Droicts, halben Pomaden, halben Pomaden mit der Rever, ganzen Pomaden, Verwechseln/ anderthalb Pomaden, Beinspringen/ etc. wie solches heutiges Tages in Gebrauch. Mit

19. Jahrhundert mit Enthusiasmus praktizierten körperlichen Betätigungen.[34] Die an der Ästhetik geschulte Bewegung und mit ihr das Bildgenre der Instruktionsgraphiken der Bewegung verschwand indessen auch dann nicht, als sich um 1800 diese neue Konfiguration in der europäischen Bewegungskultur anbahnte. Ein wichtiges Beispiel ist in diesem Zusammenhang die Übernahme der Exerzitien in Praktiken der Leibesübungen durch die Philanthropen und die Turnbewegung. Die pädagogische Reformbewegung des Philanthropismus entstand Ende des 18. Jahrhunderts. Ziel des mit reicher Publizistik verfolgten Unternehmens war die neue Erziehung des Menschen – geistig sowie körperlich durch Leibeserziehung. Die Philanthropen setzten in der neuen bürgerlichen Bewegungskultur des Turnens und der Gymnastik die maßvolle, an Präzision und Rhythmus geschulte Bewegungsästhetik noch bis Ende des 19. Jahrhunderts fort, indem sie die Exerzitienbewegungen in neue Übungen umformten. Entsprechend arbeitete auch die philanthropische Literatur mit Instruktionsgraphiken der Bewegung. 1774 erschien das vierbändige "Elementarwerk für die Jugend und ihre Freunde" von Johann Bernhard Basedow (1723–1790). Die einhundert Kupferstiche zu diesem Werk stammen von Daniel Chodowiecki (1726–1801).[35] In Chodowieckis Kupfern werden das Fechten, Spiele, Eislaufen, das Reiten, Sprünge etc. anschaulich vor Augen geführt. Die aufgeführte Tafel trägt den Titel "Außerordentliche Künste in Bewegung" und zeigt in ihrer ersten oberen Figur einen "Luftspringer" in den elf Phasen seines Sprunges.[36] (Abb. 9)

Abb. 9: Basedow, Elementarwerk, 1774, HAB: GE 44-0055

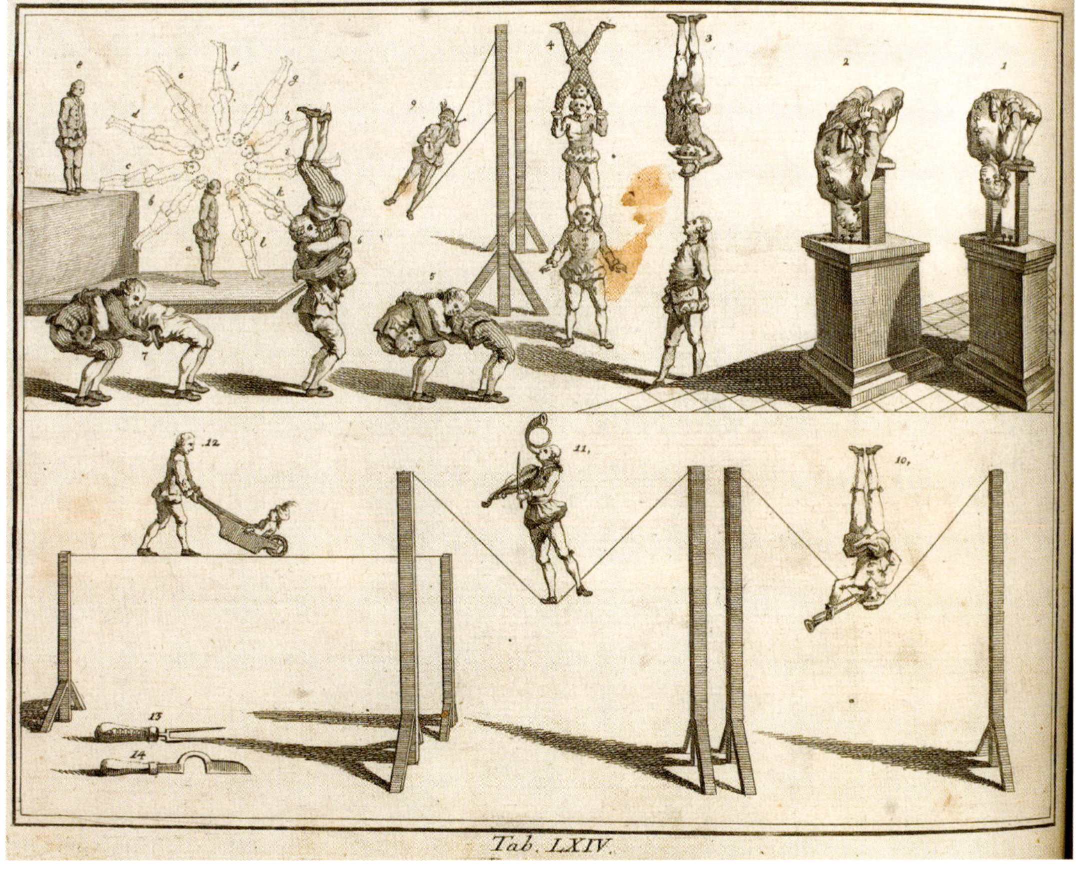

mehren Lectionen und sehr vielen Kupffern abgebildet von Johann Georg Paschen/ S.M. Pagen Hoffmeistern. Halle in Sachsen: eingedruckt von Melchior Oelschlegeln 1664; zitiert nach Eichberg, Leistung, Spannung, Geschwindigkeit (s. Anm. 29), S. 118.

32 Pierre Rameau: Le maître à danser. Qui enseigne la maniere de faire tous les differens pas de Danse dans toute la régularité de l'Art, & de conduire les Bras à chaque pas. Enrichi de Figures en Taille-douce, servant de démonstration pour tous les differens mouvemens qu'il convient faire dans cet exercice, New York 1967 (1725), S. 200: "On compte dans les bras trois mouvemens de même que dans les jambs, & qui sont rélatifs l'un à l'autre: Sçavoir, celui du poignet, celui du coude, & celui de l'épaule; mais il faut qu'ils s'accordent avec deux jambs [...] parce que l'on ne doit pas plier le coude, sans que son mouvement soit accompagné de celui du poignet: ainsi du cou-de-pied & du genou, qui ne peut finir son mouvement sans que l'on soit élevé sur la pointe du pied."

33 Eichberg, Leistung, Spannung, Geschwindigkeit (s. Anm. 29), S. 299.

34 Vgl. dazu die Literatur in Anm. 29.

35 Zu Chodowiecki vgl. Willi Geismeier: Daniel Chodowieski, Leipzig 1993; Ernst Hinrichs und Klaus Zernack (Hrsg.): Daniel Chodowiecki (1726–1801). Kupferstecher, Illustrator, Kaufmann, Tübingen 1997; siehe darin besonders den Aufsatz von Hanno Schmitt: Der

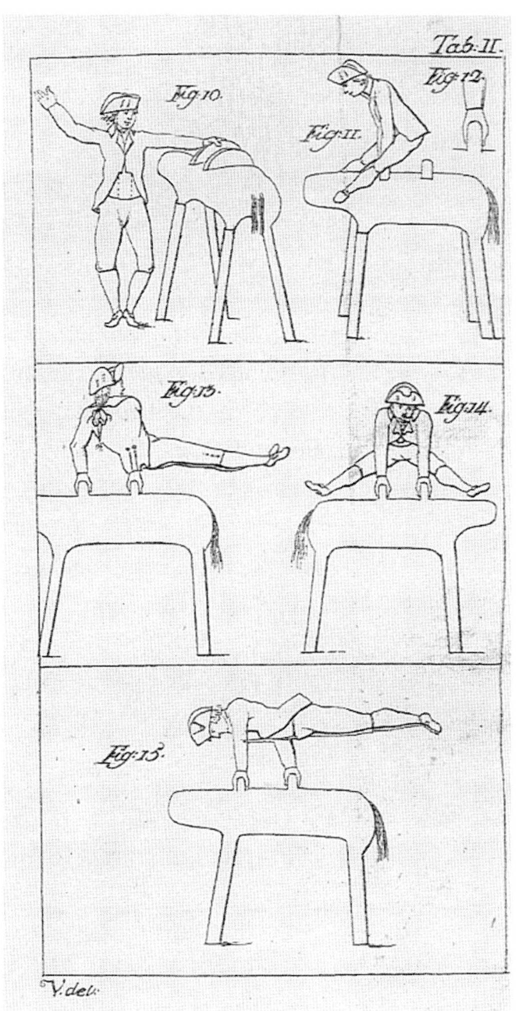

Abb. 10: Vieth, Versuch einer Enzyklopädie für Leibesübungen, 1794

Gerhard Ulrich Anton Vieth (1763–1836) ist der Autor zweier Werke, die Ende des 18. Jahrhunderts erschienen, des "Versuchs einer Enzyklopädie der Leibesübungen" aus dem Jahr 1794 und der "Oeconomischen Encyclopaedie" von 1796. In Fortführung der Exerzitienkultur zergliederte der Philanthrop Vieth in beiden Werken die Leibesübungen in eine Reihe von Elementarübungen, die zu verschiedenen Formationen zusammengesetzt werden konnten.[37] An Vieths Repräsentation des Voltigierens lässt sich der Wandel der Zeit nur an der Abstraktion ablesen, die aus Paschens Pferd mit Sattel und Schweif einen stumpfköpfigen Bock mit Griffen gemacht hat (Abb. 10). Wir finden die Tafel 1796 erneut reproduziert in Vieths "Oeconomischer Encyclopaedie" sowie nochmals 1797 in Johann Georg Krünitz' "Oekonomisch-technischer Enzyclopädie". Nur noch ein Hinweis auf das Turngerät ist die Darstellung in Johann Christoph Friedrich GutsMuths "Gymnastik für die Jugend", einem in ganz Europa einflussreichen Werk, das 1793 erstmals erschien (Abb. 11).[38]

Das Ziel der Leibesübungen, wie sie die Philanthropen propagierten, unterschied sich nicht wesentlich von den Zielen körperlicher Ertüchtigung seit dem 17. Jahrhundert. Noch immer sollten die Übungen GutsMuths' den Körper "robust, stark, flink und

Beitrag Chodowieckis zum Philanthropismus, in: ebd., S. 157–179.

36 Johann Bernhard Basedow und Theodor Fritzsch (Hrsg.): J. B. Basedows Elementarwerk: mit den Kupfertafeln Chodowieckis u. a.; kritische Bearbeitung in drei Bänden, Leipzig 1909, S. 39.

37 Zu Vieth vgl. Gerhard Lukas: Gerhard Ulrich Anton Vieth. Sein Leben und Werk, Berlin (Ost) 1964; Walter Kluehe: Ein technisch-methodischer Vergleich der Werke GutsMuths: "Gymnastik für die Jugend"; Vieth: "Versuch einer Enzyklopädie der Leibesübungen II. Teil" und Jahn-Eiselen "Deutsche Turnkunst", Berlin 1932.

38 Zu Gutsmuths vgl. Kluehe, GutsMuths (s. Anm. 37).

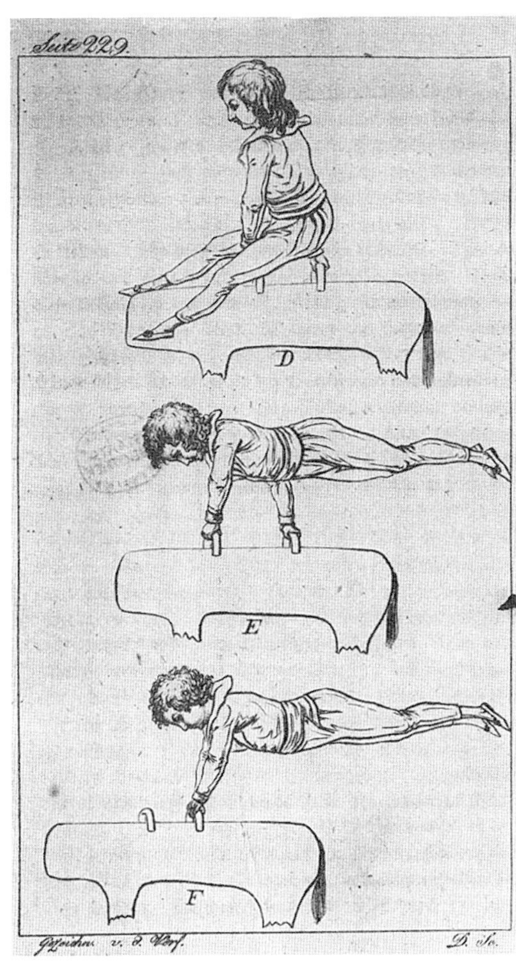

Abb. 11: GutsMuths, Gymnastik für die Jugend, 1804

gewandt"[39] machen, "alle Bewegungen geschehen ohne Geräusch, auf den Zehen" und "die Haltung des Körpers bleibt immer anständig".[40] Auch die neuen Bewegungsformen, die das späte 18. und frühe 19. Jahrhundert hervorbrachte, machten die Instruktionsgraphik nicht obsolet. Das Gegenteil war der Fall: Die Veränderungen in der Bewegungskultur der Jahrhundertwende wurden im Rhythmus der Serie vorweggenommen und vorbereitet. Die körperliche Rhythmik wurde in Sportarten wie dem Eislaufen und Schwimmen oder Tänzen wie dem Walzer, wie sie Ende des 18. Jahrhunderts in Mode kamen, keinesfalls aufgehoben, sondern neu akzentuiert (vgl. das Eislaufen in Vieths "Enzyklopädie der Leibesübungen", Abb. 12).

Hatten die Handbücher des 17. Jahrhunderts noch mit Hilfe von Zirkeln, Geraden, Diagonalen und präzisen Winkelangaben die Figuren beim Fechten, Reiten oder Menuett angegeben, zeigen die Gymnastikbücher am Ende des 18. Jahrhunderts nun kunstvoll geschwungene Linien und blütenartige Formationen. Der Rhythmus des Körpers wurde von der Form hin zur Formation, von der Pose hin zum Fluss der Bewegung verlagert, die ihren Ausdruck nun im Schwung des Walzers, in der Geschwindigkeit des Pferderennens oder des Eislaufs fand.

Abb. 12: Vieth, Leibesübungen, 1794

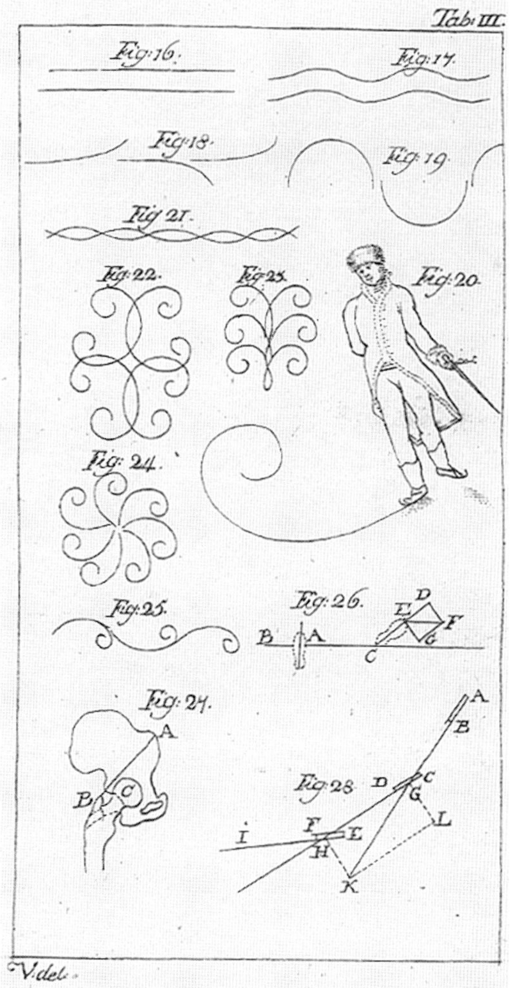

39 Johann Christoph Friedrich GutsMuths: Gymnastik für die Jugend, enthaltend eine praktische Anweisung zu Leibesübungen. Ein Beytrag zur nöthigsten Verbesserung der körperlichen Erziehung. Von J. C. F. GutsMuths Fürstlich N. W. Hofrath und Mitarbeiter an der Erziehungsanstalt zu Schnepfenthal. Zweyte durchaus umgearbeitete und stark vermehrte Ausgabe mit 12 von dem Verf. gezeichneten Tafeln. Schnepfenthal: in der Buchhandlung der Erziehungsanstalt 1804, S. 220.

40 GutsMuths, Gymnastik für die Jugend (s. Anm. 39), S. 224.

Von Hand-Kunst und Hand-Arbeit: Ein Ausblick

Den Anfang dieses Beitrags über die graphische Instruktion von Bewegung bildete die Darstellung von Handgriffen. Das erste Bild zeigte die Hand der Hebamme, wie sie im Uterus der Mutter die Plazenta entfernt. Das Bild aus dem Lehrbuch für Hebammen versuchte etwas darzustellen, was sich im Verborgenen abspielte. Es visualierte eine nicht mit dem Auge verifizierbare Handbewegung, mehr einen mit Gefühl und Tastsinn ausgeübten Griff, der sich erst im tätigen Nachvollziehen und durch Übung erlernen ließ. Die Darstellung von Handbewegungen bildet eine Schnittstelle zur Geschichte der Repräsentation der Hand in der Kunst, zu Kulturtechniken wie dem Schreiben, Zeichnen und Malen, genauso wie dem Abformen mit Gips oder Ton, dem Sticken, Nähen, Knüpfen, ganz allgemein dem Fertigen mit der Hand und damit nicht zuletzt zur visuellen Kultur der Handwerke und deren technischer Entwicklung. Darauf näher einzugehen, würde den Rahmen des vorliegenden Beitrags sprengen. Nach meinen bisherigen Recherchen sind Darstellungen von Handbewegungen weitaus seltener zu finden als andere Formen der Instruktionsgraphik, die in diesem Beitrag behandelt wurden. Das gilt insbesondere für serielle Darstellungen, also Bildreihen, in denen ein Handgriff in eine präzise Folge genau geschulter Aktionen differenziert wird, die erst zusammen eine erfolgreiche Handbewegung ergeben.

Abb. 13: W. Goerer, Reis- und Zeichenkunst, Hamburg 1669, HAB: Ug 82

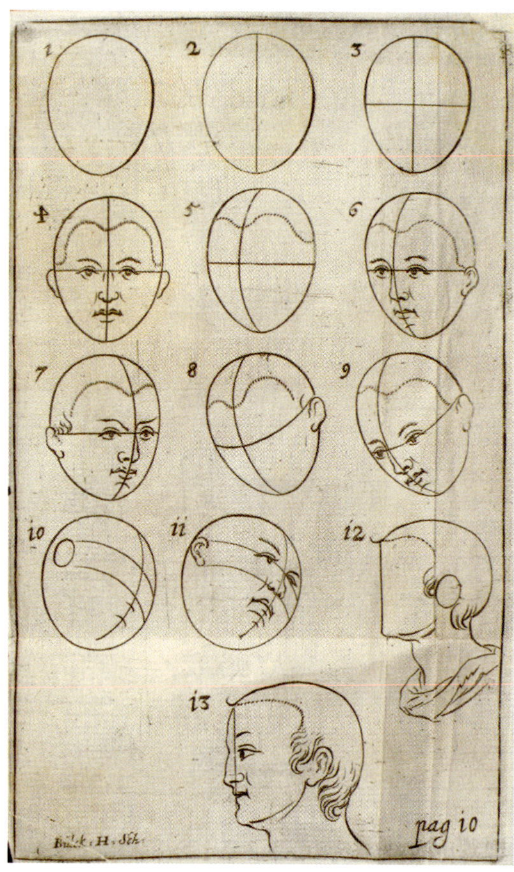

Das Zeichnen gehörte im 17. und 18. Jahrhundert zu den Kunstfertigkeiten, die in einer Fülle von Lehrbüchern vermittelt wurden. Vom Ende des 17. Jahrhunderts stammt Willem Goerers "Anweisung zur algemeinen Reis- und Zeichenkunst" (1669). Das Buch enthält eine Tafel, mit deren Hilfe der Schüler das Zeichnen eines Gesichts erlernen soll (Abb. 13). Zunächst ist das "Kreuz des Angesichtes" in einem Oval anzulegen.[41] Dafür wird das Oval mit einer vertikalen und einer horizontalen Linie in vier Teile gegliedert (Abb. 13, Figuren 1 bis 3). Durch Verschiebung dieses Kreuzes nun verändern sich die Position von Auge, Nase und Mund auf den Orientierungslinien und lassen sich die verschiedenen Ansichten des Gesichts erarbeiten. Goerer zeigt hier die einzelnen Schritte des Zeichnens nacheinander, die sukzessive zur fertigen Figur führen. Was er hingegen nicht zeigt, ist die ausführende Hand. Die Abwesenheit der Hand in den Zeichenbüchern dieser Zeit ist charakteristisch: Das Hauptaugenmerk liegt

41 Willem Goerer: Anweisung zur algemeinen Reis- und Zeichenkunst: darinnen die Gründe/ und Eigenschaften/ die man/ einen unfehlbahren Verstand in der Zeichenkunst zu erlangen/ nohtwendig wissen mus/ kurtzbündig/ doch klährlich angewiesen werden: nicht allein den anfahenden Zeichnern/ Kupferstechern/ ... / beschrieben durch den Kunsterfahrnen Wilhelm Goerer; und/ mit müglichstem fleisse/ in das Hochdeutsche versetzet durch Filip von Zesen, Hamburg: Naumann & Wolf 1669, S. 10.

auf der gelungenen Darstellung des Objekts, nicht auf der Unterweisung der nötigen Handgriffe. Diese stehen hingegen im Zentrum einer heute vergessenen Praxis: dem kunstvollen Zerlegen und Vorlegen von Speisen. Unter den außergewöhnlichen Traktaten des Johann Georg Paschen, dessen Abhandlungen zum Fechten, Exerzieren und Voltigieren wir bereits kennen gelernt haben (vgl. Abb. 3 und 7 sowie Kat.-Nr. 3), ist auch das "Neu vermehrte Trincier-Buch" aus dem Jahr 1665. Die hier ausgewählte Tafel zeigt ein Spanferkel (Abb. 14). Auf dem Bild sind neun Markierungen zu sehen, die anweisen, wie "das Spanförcklein [...] vorgelegt [wird] wie N. 48 zeiget."[42] Das Tranchieren geht im Einzelnen wie folgt vor sich:

> "Imbrochire [spieße] die Gabel in die Nasenlöcher/ wie im vorigen/ lege das Messer unter des Spanförckels Rückgrad/ und hebe solches auff/ daß der Kopf zu dir kömmt/ und das Hindertheil von dir/ der Rückgrad unten und der Bauch oben. 1. Schneide mit dem ersten Schnitt einen langen Schnitt den Bauch auff/ und schlage das Messer in deine R. Hand/ nim mit einem Löffel das Gefüllte herauß/ und schlage das Messer wiederum herauß/ lege das Messer unter die L. Seite des Spanförckels/ daß die rechte Seite oben kömmt."[43]

Auf diese Weise wird der Lernende in neun Schritten darin unterwiesen, wie er das Spanferkel kunstgerecht zu zerlegen habe. Paschens Bilder zeigen aber nicht nur das Parzellieren des Tieres, sie führen auch die verschiedenen Handgriffe vor. In ausführlichen Serien wird die Handhabung des Messers genau analysiert: Die Stellung des Handgelenks, die Position der einzelnen Finger und die Lage des Messers im Handballen werden je einzeln im Bild festgehalten (Abb. 15).

Abb. 14: Kat.-Nr. 5

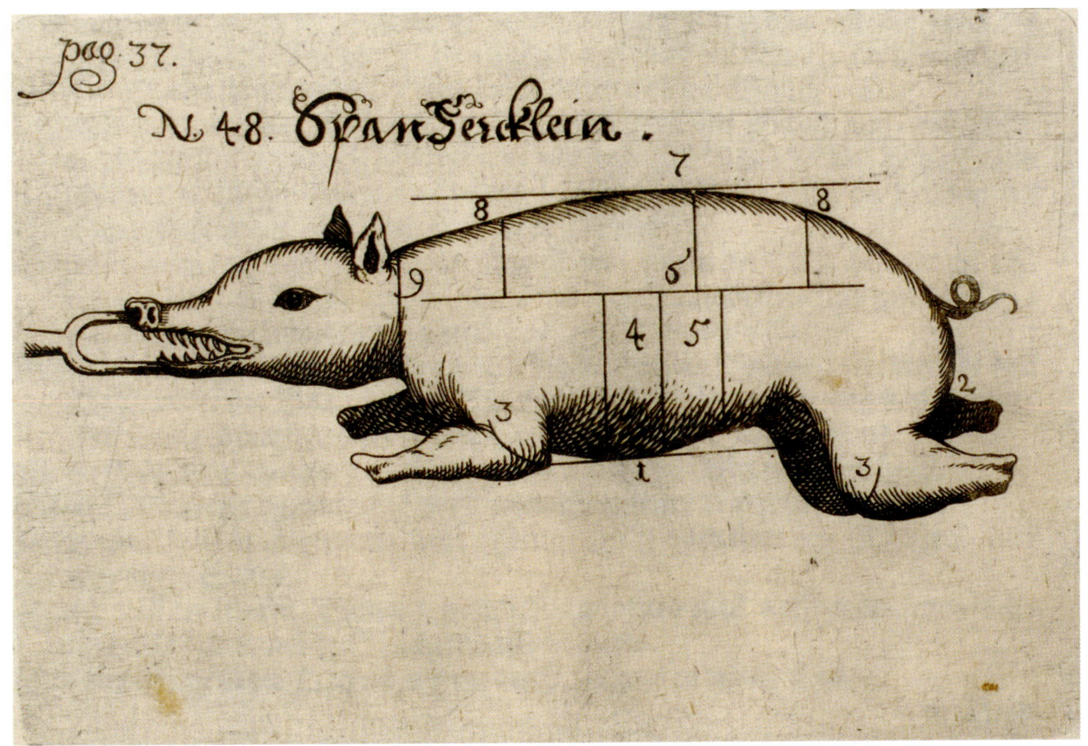

42 Johann Georg Paschen: Neu vermehrtes vollständiges Trincier-Buch: handlend I. Von Zerschneidung und Vorlegung der Speisen ... II. Von rechter Zeitigung aller Mundkoste ... III. Von den Schau-Gerichten/ sampt etlichen denckwürdigen Bancketten. Nach itziger Zeit üblicher Manier mit Fleiß beschribene/ verbessert und mit vielen nothwendigen Kupffern außgebildet Von Johann George Paschen. In Verlegung Martin Müllers/ Buchhändlers zur Naumburg. 1665, S. 37.

43 Paschen, Trincier-Buch (s. Anm. 42), S. 37.

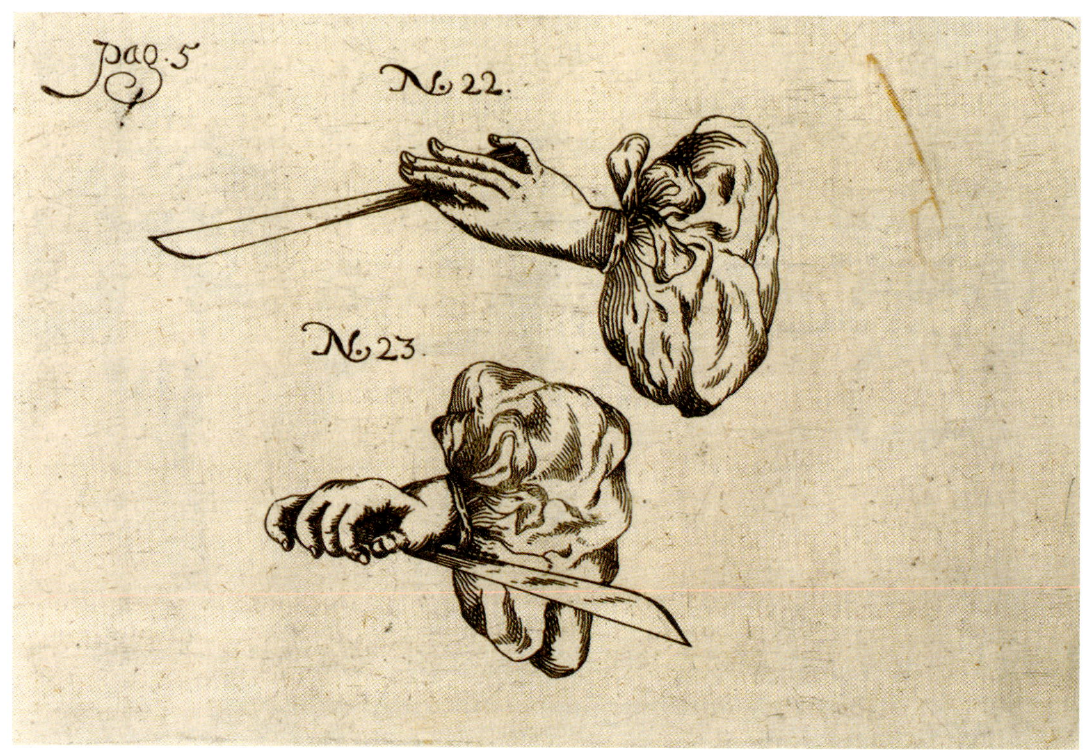

Abb. 15: Kat.-Nr. 5

In dem Maße, in dem die Anforderungen an die Präzision von Handgriffen wuchs, das Wissen um praktizierte Techniken professionalisiert und in eine rationale, für andere nachvollziehbare Sprache umgesetzt werden sollte, wurden auch die Handgriffe einer genauen Analyse unterworfen. Eine besondere, in ihrem Ausmaß kaum abzuschätzende Bedeutung kommt in diesem Zusammenhang der Darstellung der Handwerke in der "Encyclopédie" von Diderot und d'Alembert zu. Einige Überlegungen zur Rolle der Handgriffe in diesem ehrgeizigen Projekt der Aufklärung sollen deshalb den Abschluss des Beitrags bilden.

In der "Encyclopédie" nimmt die bildliche Repräsentation der Handwerke, von Werkstätten, Arbeitsgeräten und Produktionsmethoden im Frankreich des 18. Jahrhunderts einen großen Raum ein.[44] Zu den Hauptzielen, welche die Enzyklopädisten mit ihrem Projekt verfolgten, gehörte die Aufwertung der *arts et métiers*.[45] Das Wissen, das seit Jahrhunderten in den Zünften geheim gehalten und nur an Mitglieder tradiert wurde, sollte nunmehr öffentlich und einem breiteren Publikum zugänglich gemacht werden. Neben Geräten und Werkzeugen, Werkhallen und Läden, Menschen an Maschinen oder beim Verkauf ihrer Waren finden sich eine Anzahl Darstellungen arbeitender Hände. Der Arbeiter taucht auf diesen Darstellungen nicht auf, um so eingehender dagegen seine Hände. Besonders die Bilder, die Louis-Jacques Goussier (1722–1799) für die "Encyclopédie" anfertigte, zeigen ein besonderes Interesse für Handgriffe. Goussier gehörte zu einem der Hauptmitarbeiter der "Encyclopédie", zwischen 1747 und 1760 arbeitete er eng mit Diderot zusammen.[46] Von ihm stammt auch die Darstellung zur Fertigung von Baumwolle (Abb. 16).

44 Die Darstellung der Handwerke gehört zu den am besten untersuchten Gegenständen der Planches der Encyclopédie, vgl. unter anderem Roland Barthes: Les planches de l'Encyclopédie de Diderot et d'Alembert, Pontoise 1989; Jacques Proust: Marges d'une utopie. Pour une lecture critique des planches de l'Encyclopédie, Cognac 1985; Jacques Proust: L'Encyclopédie, Diderot et d'Alembert. Planches et commentaires, Paris 1985; Stephen Werner: Blueprint. A Study of Diderot and the Encyclopédie Plates, Birmingham 1993; Madeleine Pinault: Les planches de l'Encyclopédie. Catalogue des dessins gravés dans l'Encyclopédie. Mémoire de l'Ecole du Louvre, Paris 1972. Zu einzelnen Handwerken siehe auch Jacques Proust: L'article 'Bas' de Diderot, in: Michèle Duchet und Michèle Galley (Hrsg.): Langue et Langages de Leibniz à l'Encyclopédie, Paris 1977, S. 245–272; Georges Benrekassa: Didactique encyclopédique et savoir philosophique: l'ensemble épingle-épinglier dans l'Encyclopédie, in: L'Encyclopédisme. Actes du Colloque de Caen 12–16 janvier 1987. Sous la direction de Annie Becq, Paris 1991, S. 291–308; John R. Pannabecker: Representing Mechanical Arts in Diderot's Encyclopédie, in: Technology and Culture 39 (1998), S. 33–73.

45 Die Planches der Encyclopédie zeigen eine Utopie der Arbeit, nicht die Arbeitsrealität des 18. Jahrhunderts, vgl. etwa Proust, Marges d'une

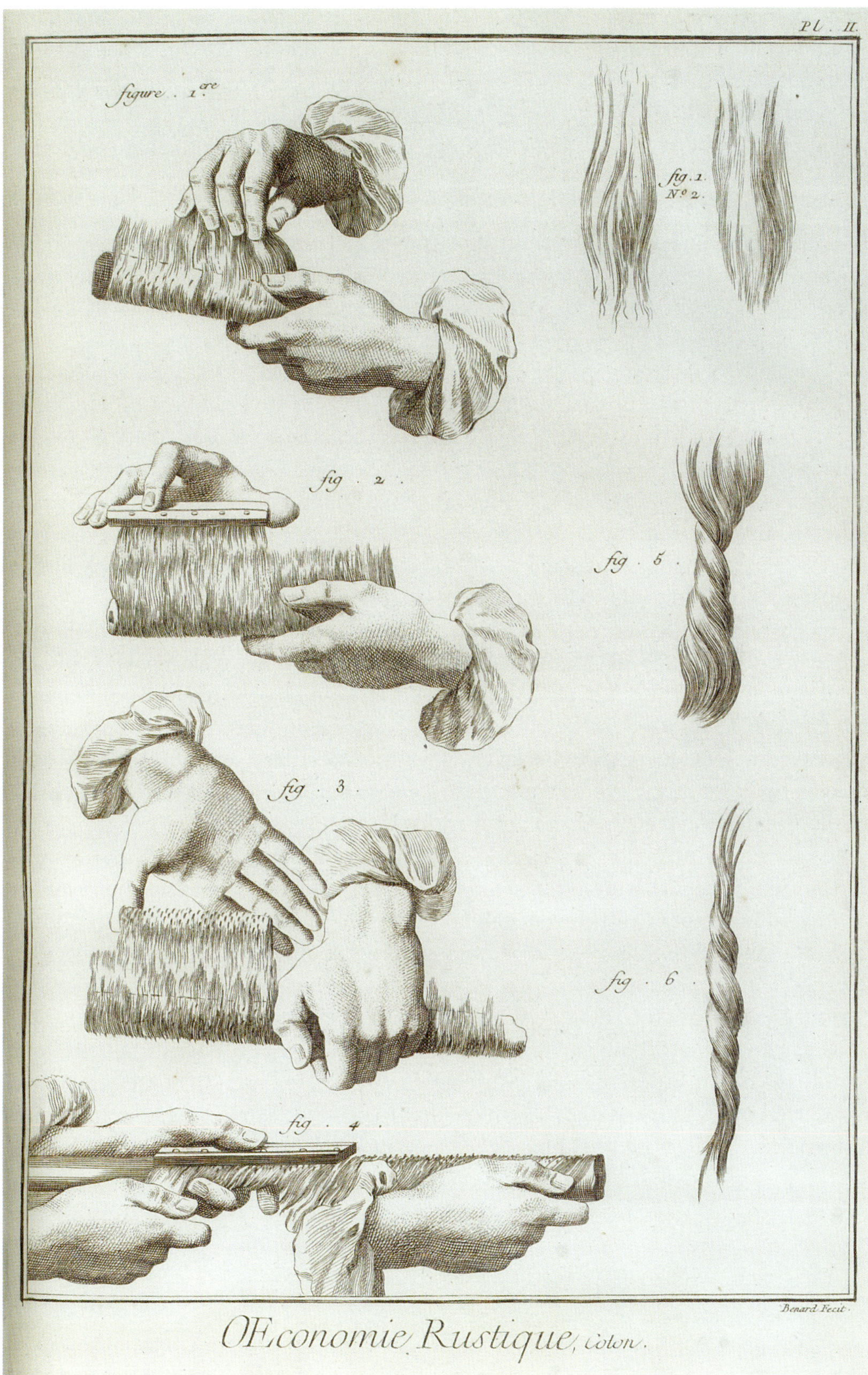

Abb. 16: Kat.-Nr. 6

utopie (s. Anm. 44); William H. Sewall: Visions of Labor. Illustrations of the Mechanical Arts Before, In, and After Diderot's Encyclopédie, in: Steven Laurence Kaplan und Cynthia J. Koepp (Hrsg.): Work in France. Representations, Organization, and Practice, Ithaca 1986, S. 258–286; Jacques Proust: L'Image du peuple du travail dans les planches de l'Encyclopédie, in: Images du peuple au dix-huitième siècle. Colloque Aix-en-Provence 25–26 octobre 1969, Paris 1973, S. 65–85.

46 Zu den Zeichnern und Stechern der Encyclopédie vgl. Georges Dulac: Louis-Jacques Goussier, encyclopédiste et 'original sans principes', in: Jacques Proust (Hrsg.): Recherches nouvelles sur quelques écrivains des Lumières, Genf 1972, S. 63–110; Frank A. Kafker und Madeleine Pinault-Soerensen: Notices sur les collaborateurs du Recueil de Planches de l'Encyclopédie, in: Recherches sur Diderot et l'Encyclopédie 18+19 (1995), S. 200–230.

Das Kämmen von Baumwolle zeigt Louis-Jacques Goussier in einer Abfolge von vier Handgriffen. Dargestellt ist, wie die Flocken der Baumwolle zunächst mit einer einzigen Karde (benutzt wurden ursprünglich die getrockneten, stacheligen Köpfe der Karde, einer Pflanze der Familie der Kardengewächse) gekämmt (Fig. 1), dann auf zwei Karden aufgeteilt (Fig. 2) und schließlich von der größeren auf die kleinere übertragen werden. Die vierte Figur zeigt das dabei abfallende Werg der Baumwolle ("l'étoupe du coton").

Während die Enzyklopädisten für ihre Tafeln auf Vorlagen und Repräsentationen zurückgriffen, wo sie sich ihnen anboten, und diese lediglich in größerem oder geringerem Maße bearbeiteten, ist im Falle der Darstellungen zum Kämmen der Baumwolle bekannt, dass Goussier die Studien und Vorzeichnungen für die Darstellung der einzelnen Handgriffe beim Kämmen der Baumwolle vor Ort direkt fertigte. Eine noch heute erhaltene Vorzeichnung dokumentiert, dass Goussier sich die einzelnen Handgriffe bei den Arbeitern absah und deren praktisches, performatives Wissen in eine Sequenz aufeinanderfolgender Bewegungen transformierte.[47] Von Goussier stammen auch die Abbildungen zum Eintrag "Pèches". Für das Netzflechten des Fischers nimmt Goussier die Darstellung der Handgriffe mittels einer Bildserie, wie er sie für das Kämmen der Baumwolle eingesetzt hatte, wieder auf.[48] Auch hier werden die Hände als *pars pro toto* des ausführenden Handwerkers inszeniert. Die Abfolge der einzelnen Handgriffe zeigt die Bewegung, die das Netz des Fischers weiter wachsen lässt (siehe Kat.-Nr. 6).

Die Instruktionsgraphik der Bewegung, das zeigen die Beispiele vom 17. bis zum 19. Jahrhundert, ist eine komplexe graphische Erfindung. Historisch ist sie eine bedeutende Quelle für die Untersuchung von Bewegungsformen, Körperwahrnehmung und Arbcitstechniken. Als Quellengattung ist sie aber auch epistemisch von größter Bedeutung. Performative Instruktionsgraphiken stellen eine der ersten Bildformen dar, die den Eindruck echter Bewegung erzeugten. Jenseits der an technischen Erfindungen reichen Geschichte verweisen sie daher auf die Ursprünge des Kinos als einer Bildform, einer zunächst graphischen Technik der visuellen Analyse und Synthese, und nicht allein einer Projektionstechnik. Sie zeigen außerdem, dass die Technik der Bildserie – bevor Photographie und Cinematographie die Produktion beliebig vieler Bilder in immer kürzeren Abständen erlaubten – an den Rhythmus der körperlichen Performanz geknüpft war. Erst wenn es gelang, den Rhythmus des Körpers, der Hände und Gliedmaßen visuell abzubilden, also ihn in der Folge von Posen und Leerstellen einzufangen und in eine intelligible Abfolge von Gezeigtem und Nicht-Gezeigtem, von Hervorhebung und Auslassung zu bringen, konnte eine Bildserie eine Bewegung nicht nur abbilden, sondern auch lehren.

47 Conservatoire national des Arts et Métiers, Musée national des techniques, Portefeuille industriel n° 174. Exp. Louvre 1984 n° S. 119–122. Für Pinault ist die Darstellung der Hände in der "Encyclopédie" Teil einer "Theatralisierung der Geste", vgl. Madeleine Pinault: Les mains dans l'Encyclopédie, in: Corps écrit 35 (1990), S. 27–32, hier S. 32.

48 Pinault hält auch diese Darstellungen für Goussiers Originalzeichnungen, siehe Pinault, Mains (s. Anm. 47), S. 30.

Haltung bewahren: Der Körper im Spiegel frühneuzeitlicher Schriften über Umgangsformen[1]

Kirsten O. Frieling

Einleitung

Seit einigen Jahren stehen so genannte bürgerliche Umgangsformen wieder hoch im Kurs. Eltern melden ihre Kinder zum Benimm-Unterricht an, damit sie dort lernen, wie man jemanden begrüßt, bei Tisch sitzt, Glas und Besteck hält oder sich eine Krawatte bindet. Junge Erwachsene zieht es vermehrt in die Tanzschulen, wo sie mitunter nicht nur Walzer, Foxtrott und Rumba, sondern auch das richtige Auftreten bei gesellschaftlichen Anlässen beigebracht bekommen. Der wachsenden Nachfrage nach Unterweisungen in gutem Benehmen tragen nicht zuletzt die zahlreichen Ratgeber Rechnung, die gegenwärtig zum Thema erscheinen.[2] Verblüffend viele der heutzutage propagierten Manieren fußen indes auf einem Verhaltensideal, welches sich in seinen wesentlichen Zügen bereits vor rund zweihundert Jahren herausgebildet hat, als sich im Laufe des allmählichen Wandels von der ständischen zur bürgerlichen Gesellschaft zwischen circa 1750 und 1850 eine bürgerliche Lebensführung formierte und sozial dominant wurde.[3]

Hält man aktuelle und historische Anstandsbücher[4] aus dem späten 18. und frühen 19. Jahrhundert nebeneinander, frappieren nicht nur die Übereinstimmungen in Repertoire und Sujet der zusammengestellten Anstandsregeln, sondern es fällt auch auf, dass damals wie heute ein besonderes Augenmerk auf Körperhaltungen und -bewegungen gerichtet wird. Verständlich wird diese Fokussierung erst, wenn man sich die zentrale Rolle, die der Körper in der sozialen Interaktion spielt, vor Augen führt.[5] Sie gründet vor allem darin, dass es sich bei körperlichen Verhaltensweisen größtenteils um habitualisierte Akte handelt: Die meisten Körperhaltungen und -bewegungen sind sozialisationsbedingt, also von klein auf erlernt und eingeübt, und deshalb hochgradig sozial determiniert. Als 'signifikante Unterscheidungsmerkmale' (Bourdieu) besitzen sie eine kaum zu überschätzende Bedeutung für die Formierung gesellschaftlicher Gruppen, die sich über einen gemeinsamen körperlichen Habitus ebenso definieren wie über ähnliche Wertvorstellungen und Lebensstile. Gruppenspezifische Haltungs- und Bewegungsarten zielen deswegen immer auch auf Ausgrenzungen ab, denn wer seinen Körper anders hält oder bewegt, gehört dezidiert nicht dazu.[6] Gilt dies schon für ganz banale, scheinbar belanglose Tätigkeiten wie das Gehen, Stehen oder Sitzen, so gilt es um so mehr für körpergebundene Umgangsformen, denen als unmittelbarer Ausweis der genossenen Erziehung die Signatur der sozialen Herkunft in besonderem Maße

1 Dieser Aufsatz stellt die gedankliche Weiterentwicklung meiner 2003 publizierten Studie zur Rolle des Körpers in der nonverbalen Kommunikation des Bürgertums um 1800 dar. Kirsten O. Frieling: Ausdruck macht Eindruck. Bürgerliche Körperpraktiken in sozialer Kommunikation um 1800, Frankfurt a. M. 2003. Aus Anlass der Tagung und Ausstellung in Wolfenbüttel wurden sowohl der zeitliche Rahmen als auch die Quellenbasis erweitert und die neueste Literatur ergänzt. Für Kritik, Anregungen und Korrekturen danke ich herzlich Volker Depkat (Regensburg), Rebekka von Mallinckrodt (Berlin) und Helge Frieling (Erlangen).

2 Das Feuilleton diskutiert dieses Phänomen unter dem Stichwort 'Neue Bürgerlichkeit'. Stellvertretend für die aktuell geführte Debatte sei an dieser Stelle nur auf Die Zeit Nr. 11 (9. März 2006) verwiesen, in der gleich mehrere Artikel zum Thema versammelt sind: Georg Diez: Sehnsucht nach dem Bürger, S. 49; Jens Jessen: Vergesst Adornos Krawatte nicht, S. 51; Wie sollen wir leben? Interview mit dem Historiker Manfred Hettling, S. 50. Ob das gegenwärtig zu verzeichnende Interesse an Etikette tatsächlich einem tieferen Bedürfnis nach Orientierung entspringt oder ob sich dahinter nicht eher ein utilitaristischer Gedanke verbirgt, der darauf setzt, durch das Beherrschen gewisser Umgangsformen die Chancen auf dem hart umkämpften Arbeits-

markt zu erhöhen, ist hier nicht zu diskutieren und sei dahingestellt.

3 Vgl. dazu Lothar Gall: Von der ständischen zur bürgerlichen Gesellschaft, München 1993; Thomas Nipperdey: Deutsche Geschichte 1800–1866. Bürgerwelt und starker Staat, München 1998.

4 Der Begriff des Anstandsbuches wird in dieser Arbeit weit gefasst und im Sinne einer generellen Bezeichnung für Schriften, die sich primär mit Umgangsformen beschäftigen, verwendet. Damit folge ich im Wesentlichen der Definition von Alain Montandon: Préface, in: ders. (Hrsg.): Bibliographie des traités du savoir-vivre en Europe du Moyen Age à nos jours. Bd. 1: France, Angleterre, Allemagne, Clermont-Ferrand 1995, S. VII–XI, hier S. VIII. Zu den verschiedenen Genres, in die sich die deutsche gesellschaftsethische Literatur des 17. und frühen 18. Jahrhunderts unterteilen lässt, vgl. Manfred Beetz: Frühmoderne Höflichkeit. Komplimentierkunst und Gesellschaftsrituale im altdeutschen Sprachraum, Stuttgart 1990, S. 31–70.

5 Zum Körper als Kommunikationsmedium aus der Perspektive der historischen Frühneuzeitforschung siehe den fundierten Beitrag von Rudolf Schlögel: Resümee. Typen und Grenzen der Körperkommunikation in der Frühen Neuzeit, in: Johannes Burkhardt und Christine Werkstetter (Hrsg.): Kommunikation und Medien in der Frühen Neuzeit, München 2005, S. 547–560,

Abb. 23

eingeschrieben ist und die daher als Erkennungszeichen par excellence unter Gleichgesinnten fungieren.[7]

Den Reiz der heute als trivial geltenden, oft belächelten Anstandsliteratur macht es aus, dass sie diese symbolische Dimension physischer Bewegungsformen sichtbar werden lässt. Konkrete Anleitungen zu Körperhaltungen und -bewegungen, wie sie in Anstandsbüchern formuliert werden, spiegeln eben nicht bloß die gültigen Normen eines schicklichen Körperverhaltens, sondern legen – auf einer normativen Ebene – immer auch den körperlichen Habitus einer klar identifizierbaren sozialen Gruppe offen, für den Exklusivität beansprucht und dessen distinktiver Charakter teils implizit, teils explizit für Abgrenzungen von anderen Gesellschaftsgruppen in Dienst genommen wird. Die Konzeption einer spezifisch bürgerlichen Haltungs- und Bewegungsweise, die sich in der Anstandsliteratur seit dem ausgehenden 18. Jahrhundert entfaltet, im Laufe des 19. Jahrhunderts weiter vorangetrieben wird und zum Teil bis heute im Erziehungsstandard der bürgerlichen Ober- und Mittelschicht nachwirkt, liefert hierfür ein eindrückliches Beispiel und zeigt zugleich, dass solche Texte auf ihre Weise dazu beitragen, gesellschaftliche Schranken zu verstetigen.

Wodurch sich die in Anstandsbüchern um 1800 entworfene bürgerliche Art, den Körper zu halten und zu bewegen, im Einzelnen auszeichnet, welcher Sozialformation sie zugeordnet wird und wie sie als Gegenentwurf zu den Bewegungsformen anderer gesellschaftlicher Gruppen konzipiert wird, ist Gegenstand der folgenden Ausführungen. Um zu prüfen, inwieweit dieser bürgerliche Körpercode tatsächlich bürgerliche Eigenheiten besitzt, wird zusätzlich zu den Beschreibungen von Körperhaltungen und -bewegungen in Anstandsbüchern aus dem späten 18. und der ersten Hälfte des 19. Jahrhunderts die Darstellung körperlicher Verhaltensweisen in älteren frühneuzeitlichen Schriften über höfisch-aristokratische Umgangsformen in den Blick genommen. Dabei geht es weniger um einen systematischen Vergleich als vielmehr darum, epochentypische Signaturen zu konturieren und im Kontext des fundamentalen gesellschaftlichen Wandels an der Schwelle von der frühen Neuzeit zur Moderne zu verorten.

Dabei wird im Folgenden wegen des begrenzt zur Verfügung stehenden Raumes die geschlechtsspezifische Dimension des körperlichen Habitus und mehr noch körpergebundener Umgangsformen außen vor gelassen. Auf welche Weise und in welchem Umfang Männer respektive Frauen ihren Körper in der sozialen Kommunikation einsetzen, wie sich die beiden Geschlechter in der Öffentlichkeit gegenseitig behandeln und mit welchen Gebärden-Arrangements der direkte Kontakt zwischen Mann und Frau zum Beispiel bei der Begrüßung oder beim Tanz choreographiert wird, verrät einiges über Konzepte von Männlichkeit und Weiblichkeit sowie das Verhältnis der Geschlechter zueinander. Auch wenn diese Dimension hier ausgeklammert wird, sei an dieser Stelle wenigstens grundsätzlich darauf hingewiesen, dass körperliche Anstandsregeln immer auch Auskunft über herrschende Geschlechterbilder und -ordnungen geben.[8]

Im Laufe der Untersuchung, die sich zunächst den Körperkonzepten in Anstandsbüchern aus dem 16. bis 18. Jahrhundert zuwendet und sich anschließend mit dem Entwurf eines bürgerlichen Körpercodes in Anstandsbüchern an der Wende vom 18. zum 19. Jahrhundert befasst, wird sich herausstellen, dass es sich bei den um 1800 als bürgerlich deklarierten Haltungs- und Bewegungsidealen keineswegs um gänzlich

besonders S. 547–552. Grundlegend ferner Katja Patzel-Mattern: Schöne neue Körperwelt? Der menschliche Körper als Erlebnisraum des Ich, in: Clemens Wischermann und Stefan Haas (Hrsg.): Körper mit Geschichte. Der menschliche Körper als Ort der Selbst- und Weltdeutung, Stuttgart 2000, S. 65–84, besonders S. 66–67; Hans Peter Dreitzel: Der Körper als Medium der Kommunikation, in: Arthur E. Imhof (Hrsg.): Der Mensch und sein Körper. Von der Antike bis heute, München 1983, S. 179–196; Axel Hübler: Das Konzept 'Körper' in den Sprach- und Kommunikationswissenschaften, Tübingen 2001; Alois Hahn und Rüdiger Jacob: Der Körper als soziales Bedeutungssystem, in: Peter Fuchs und Andreas Göbel (Hrsg.): Der Mensch – das Medium der Gesellschaft?, Frankfurt a. M. 1994, S. 146–188; jüngst auch Paula-Irene Villa: Der Körper als kulturelle Inszenierung und Statussymbol, in: Aus Politik und Zeitgeschichte 18 (2007), S. 18–26; Thomas Alkemeyer: Aufrecht und biegsam. Eine politische Geschichte des Körperkults, in: Aus Politik und Zeitgeschichte 18 (2007), S. 6–18.

6 Diesen Überlegungen liegt das Habitus-Konzept Pierre Bourdieus zugrunde. Vgl. Pierre Bourdieu: Die feinen Unterschiede. Kritik der gesellschaftlichen Urteilskraft, Frankfurt a. M. 1987; Pierre Bourdieu: Zur Soziologie der symbolischen Formen, Frankfurt a. M. 1974.

7 Generell für verbale und nonverbale Umgangs-

formen Alain Montandon: Einleitung, in: Alain Montandon (Hrsg.): Über die deutsche Höflichkeit. Entwicklung der Kommunikationsvorstellungen in den Schriften über Umgangsformen in den deutschsprachigen Ländern, Bern 1991, S. 5–20, hier S. 8.

8 Zur bürgerlichen Geschlechterordnung um 1800 und ihrer Manifestierung in Körperpraktiken vgl. Frieling, Ausdruck macht Eindruck (s. Anm. 1), besonders S. 77–110.

9 Christian Georg Bessel: Schmiede des Politischen Glüks. Mit allerhand Zum Hof- und Welt-Leben dienenden und auff gegenwärtige Zeiten absonderlich gerichtete heylsamen und höchstnöthigen Lehren, Frankfurt 1673, S. 7–8. Abgesehen von den Umlauten, die der heutigen Schreibweise angepasst werden, wird das Quellenmaterial – mit Ausnahme des Hofmanns von Castiglione – buchstabengetreu zitiert.

10 Johann Christian Wächtler: Commodes Manual oder Hand-Buch. Darinnen zu finden 1. Eine compendieuse Methode zu einer galanten Conduite, wie auch recommendablen Politesse in zierlichen Reden und wohlanständigen Gebehrden zu gelangen, 2. Ein vollkömmliches Dictionaire, in welchem die meisten in civili vita vorkomenden Termini und gewöhnliche Redens-Arten ordine Alphabetico eingerichtet, erkläret, und mit Exemplis illustriret seynd, nebst einem vollständigen Teutschen Indice, 3. Die vornehms-

Abb. 24

neue, sondern um ältere, höfisch-aristokratische Bewegungskonzepte handelt. Allerdings werden diese nicht einfach fortgeschrieben, sondern unter einem bürgerlichen Vorzeichen reformuliert. Die Transformationen, die weniger die Bewegungsabläufe selbst und mehr deren Art der Ausführung betreffen, heben darauf ab, über einen in Bildung gründenden bürgerlichen Körperhabitus soziale Barrieren aufrechtzuerhalten, die angesichts der Auflösung der ständischen Gesellschaftsordnung in der historischen Wirklichkeit obsolet werden. Offenbar wird in der Anstandsliteratur ab dem ausgehenden 18. Jahrhundert bewusst eine bürgerliche Andersartigkeit inszeniert, die einzig und allein dem Zweck dient, die Gebildeten gegenüber den Nicht-Gebildeten rigide abzuschotten und durch die Konstruktion neuer sozialer Distinktionen den gesellschaftlichen Wandel einzufrieren.

Die hohe Kunst, sich anmutig-natürlich zu bewegen: Der Körper in der Anstandsliteratur vom 16. bis zum ausgehenden 18. Jahrhundert

In Schriften über Umgangsformen, die aus dem 16., 17. oder frühen 18. Jahrhundert stammen, werden die Leser immer wieder auf die generelle Wichtigkeit eines anständigen körperlichen Betragens für das Fortkommen bei Hofe hingewiesen. "Fur allen Dingen aber muß ein Hof-Mann sich der Höfligkeit, welche so wol in angenehmen Mienen und Geberden als süssen Worten bestehet, befleissigen", rät beispielsweise Christian Georg Bessel (1636–1688) in seinem 'Schmiede des Politischen Glüks' 1673, "[d]ann ohn dieselbe ist einer zum Hof-Leben ungeschickt".[9] Auch Johann Christian Wächtler empfiehlt 1709: "Man befleißige sich einer manierlichen Geschickligkeit, und suche mit zierlichen, wohlanständigen Gebärden seine Dinge vermittelst sinnreicher Scherze und anderer Reden fürzubringen."[10] Dass es unter anderem auf "ein gut exterieur" ankommt, stellt er bereits in der Vorrede zu seinem 'Commoden Manual' fest.[11] Dieses enthält denn auch gleich zu Beginn "[e]ine compendieuse Methode zu einer galante[n] Conduite, wie auch recommendablen Politesse in zierlichen Reden und wohlanständigen Gebehrden zu gelangen."[12]

Zum Kern frühneuzeitlicher Anstandsregeln gehört das Ideal einer geraden, aufgerichteten Körperpose, die in den Schriften über Umgangsformen des 16. bis 18. Jahrhunderts omnipräsent ist.[13] Wie ein roter Faden zieht sich auch die Forderung nach einem bescheidenen, zurückhaltenden Auftreten in der Anstandsliteratur durch die Jahrhunderte. Sie wird in Baldassare Castigliones (1478–1529) 1528 erschienenem 'Libro del Cortegiano'[14] ebenso formuliert wie beispielsweise in der von Joachim Vollrath von Sittewald verfassten 'Gantz Neu-Allmodischen Sitten-Schule',[15] die im Jahre 1694 gedruckt worden ist. Auch Wächtler mahnt die Leser seines 'Commoden Manuals', Bescheidenheit an den Tag zu legen: "Äusserlich aber, an sich und seinen Gebärden, lasse man andern Leuten nichts spüren, dass man etwas auff seine eigene Person halte." Es sei, fährt er fort, "eine Thorheit, wenn einer von sich sehen läst, dass er gar zu wohl mit sich vergnügt wäre."[16]

ten heydenischen Nomina Proppria, so in Romänen, Operen, Poesie, Mahlereyen, und sonst gebrauchet werden, gleichfals nach dem Alphabet eingerichtet und erkläret, 4. Le secretaire d'Amour, oder ein Fascicul etlicher bey einer familieren correspondence gewechselten und aus einem vertraulichen Liebes-Cabinet genommenen Brieffe, nebst andern nach heutiger facon stylisirten wie wohl insgesamt promiscue gesetzten Missiven und unterschiedenen eingemischten Sorten derer so genannten Billets Doux, 5. Allerhand mündlichen Complimenten in Teutsch- und Frantzösischer Sprache, auff die gewöhnlichsten Fälle kürtzlich nach dem Alphabet ihrer Materie auffgesetzt, nebenst denen Beantwortungen darauff, auff inständiges Begehren also verfertiget, und ediret, 2. Aufl., Leipzig 1709, S. 6.

11 Wächtler, Commodes Manual (s. Anm. 10), Vorrede o. S.

12 Wächtler, Commodes Manual (s. Anm. 10).

13 Vgl. Herman Roodenburg: The Eloquence of the Body. Perspectives on gesture in the Dutch Republic, Zwolle 2004, vor allem zum 16. und 17. Jahrhundert. Dass die aufrechte Haltung des Körpers damals keineswegs nur in der Anstandsliteratur tradiert wurde, zeigt Georges Vigarello: The Upward Training of the Body from the Age of Chivalry to Courtly Civility, in: Michael Feher (Hrsg.): Fragments for a History of the Human Body, Bd. 2,

Als ein weiteres Leitmotiv kann das Ideal eines ungezwungenen, lässigen Benehmens betrachtet werden. Schon bei Castiglione ist es die Unangestrengtheit, die Anmut ausmacht:

> "Ich habe nun des öftern bei mir nachgedacht, woher die Anmut [...] eigentlich stamme, und eine Regel gefunden, die mir allgemein gültig zu sein scheint bei allen menschlichen Taten und Reden: man muß jede Ziererei gleich einer spitzigen und gefährlichen Klippe vermeiden und [...] eine gewisse Nachlässigkeit zur Schau tragen, die die angewandte Mühe verbirgt und alles, was man tut und spricht, als ohne die geringste Kunst und gleichsam absichtslos hervorgebracht erscheinen läßt. Davon leitet sich, glaube ich, am meisten die Anmut ab".[17]

Wahrhaft anmutige Körperhaltungen und -bewegungen sind folglich nur solche, denen die ihnen zugrunde liegende Anstrengung nicht anzumerken ist. Statt die Mühe, die er auf die Ausführung körperlicher Stellungen und Bewegungen verwendet, merken zu lassen, bewegt sich der Hofmann "mit einer solchen Leichtigkeit, dass sein Körper und alle seine Glieder ohne Mühe alles nur durch die natürliche Begabung zu leisten scheinen".[18] In späteren frühneuzeitlichen Texten, die sich mit Umgangsformen befassen, wird diese Vorstellung übernommen. So warnt Wächtler vor einem gekünstelten Gehabe, weil seiner Meinung nach "nichts heßlicher einem anstehet, als wenn alles so gezwungen heraus kömmt". Er plädiert dafür, "sich in allen [sic] seinem Wesen", das heißt auch bei den Haltungen und Bewegungen des Körpers, "[v]or alles affectiren" zu hüten und sich stattdessen "iederzeit einer freyen ungezwungenen und indifferenten Art" zu bedienen.[19]

Paradoxerweise gehen die Verfasser davon aus, dass Natürlichkeit ein Stück weit das Ergebnis von Kunst sei, mithin also bis zu einem gewissen Grade (an)trainiert werden könne. Castiglione ist sich dieses Widerspruchs offenbar durchaus bewusst, denn er schreibt: "[O]bwohl es beinahe sprichwörtlich ist, dass Anmut nicht gelernt werden kann, sage ich, dass der, der anmutig werden will, [...] zeitig anfangen und die Grundlagen bei den besten Meistern lernen muss."[20] Als eine hervorragende Möglichkeit, den Körper zu schulen und seinen Bewegungen und Stellungen eine gewisse Geschmeidigkeit zu verleihen, wird insbesondere das Tanzen betrachtet. Wächtler etwa ist der Auffassung, dass sich das Tanzen förderlich auf das körperliche Benehmen insgesamt auswirkt: "Hiernechst sey man beflissen, iederzeit [...] eine freundliche stellage und liebreiches Ansehen zu machen, ingleichen sich einen wohl-proportionirlichen Leib anzugewehnen, worzu denn die öfftere Ubung [sic] im Tantzen das meiste contribuiren kan".[21] Der in der Anstandsliteratur der Frühen Neuzeit erhobene Anspruch, dass anständige körperliche Verhaltensweisen natürlich zu sein haben, bezieht sich demnach weniger darauf, dass Körperhaltungen und -bewegungen frei von Kunst sind, sondern vielmehr darauf, dass man ihnen die Kunst, die es braucht, um sie gleichsam natürlich zu beherrschen, nicht ansieht.[22]

Hinter dem Verständnis von Natürlichkeit als 'nicht-merkbarer Kunst' scheint die Vorstellung auf, dass Körpersprache eine Technik, und zwar im Sinne einer ausgebildeten Fähigkeit, einer Kunstfertigkeit, darstellt und als solche erlern- und trainierbar ist. Doch die Fertigkeit, seinen körperlichen Stellungen und Bewegungen den Anschein einer unangestrengten Anmut zu verleihen, kann den Schriften über Umgangsformen

New York 1989, S. 148–199.

14 Baldassare Castiglione: Der Hofmann. Lebensart in der Renaissance, aus dem Italienischen von Albert Wesselski, mit einem Vorwort von Andreas Beyer, 2. Aufl.der Neuausgabe, Berlin 2004, S. 29–30.

15 Joachim Vollrath von Sittewald: Gantz Neu-Allmodische Sitten-Schule. Darinnen vollkommener Bericht, wie einer heut zu Tage bey Hohen und Niedrigen sich sittsam verhalten, mit Fürsten und Gemeinen löblich umbgehen und sich in jederman, sonderlich auch allerley Frauenzimmer, wes Standes es sey, schicken, oder der Gebühr nach rühmlich bezeigen müsse, welches besteht in lustigen Rätzel, politische Hoff-Reden, und Begebenheiten, in Historischen Erzählungen. Alles zu sonderbahrer Erbauung der Sitten- und Tugendliebenden gründlich und wohlgemeint ausgeführet, gewiesen und auf vieler vornehmer Leute inständiges Begehren zum Druck befordert, o. O. 1694, S. 38–39.

16 Wächtler, Commodes Manual (s. Anm. 10), S. 5–6. Vgl. auch ebd., S. 15.

17 Castiglione, Der Hofmann (s. Anm. 14), S. 35.

18 Castiglione, Der Hofmann (s. Anm. 14), S. 39.

19 Wächtler, Commodes Manual (s. Anm. 10), S. 13.

20 Castiglione, Der Hofmann (s. Anm. 14), S. 34.

21 Wächtler, Commodes Manual (s. Anm. 10), S. 6–7.

Abb. 25

22 Bei Castiglione, Der Hofmann (s. Anm. 14), S. 36, wird das explizit formuliert: "dort sei die wahre Kunst, wo man die Kunst nicht sieht, so dass es die Hauptsorge sein muß, sie zu verbergen."

zufolge nur in begrenztem Maße erworben werden, weil sie zu einem nicht unerheblichen Teil auf natürlicher Veranlagung beruht. Laut Castiglione kann nur derjenige ein anmutiges, ungezwungenes Auftreten lernen, der "von Natur überhaupt dazu tauglich ist".[23] Bemerkenswerterweise stellen die Autoren allerdings gerade dadurch, dass sie eine natürliche Begabung zur Bedingung anständiger Körperhaltungen und -bewegungen erklären, jene Ratgeber-Funktion zur Disposition, die sie für ihre Bücher reklamieren.[24]

Das Ideal eines anmutigen, unangestrengt-lässigen, aber dennoch hochgradig disziplinierten Körperverhaltens, das von Castiglione in Gestalt des Hofmanns gezeichnet wird, bestimmt auch knapp zweihundert Jahre nach Erscheinen des "Libro del Cortegiano" im Kern immer noch die Vorstellungen von anständigem körperlichen Benehmen. Ursprünglich in der höfisch-aristokratischen Lebenswelt verankert, findet es an der Wende vom 18. zum 19. Jahrhundert Eingang in das in Anstandsbüchern entfaltete bürgerliche Bewegungsprogramm, das bürgerliche Haltungs- und Bewegungsformen von den Haltungs- und Bewegungsformen anderer Gesellschaftsschichten abhebt, wird dort im Kontext einer bürgerlichen Lebenswelt aber neu ausgerichtet.

Anmutig, ungezwungen und aufrecht: Der Körper in Anstandsbüchern des späten 18. und frühen 19. Jahrhunderts

Anstandsbücher des ausgehenden 18. und beginnenden 19. Jahrhunderts widmen körperlichen Verhaltensweisen eine große Aufmerksamkeit, weil sie sie als essentiellen Bestandteil schicklichen Benehmens erachten. Johann Christian Dolz (1769–1843) etwa definiert 1810 zu Beginn seiner 'Anstandslehre für die Jugend' Anstand im engeren Sinne als "die Art und Weise seinen Körper in verschiedenen Lagen so zu halten, zu tragen und zu kleiden, dass man dadurch kein Mißfallen erwecke".[25] "[D]urch körperlichen Anstand" gebe man "zu erkennen, dass wir Achtung nicht nur für unsern eignen Leib, sondern auch gegen Andre haben".[26] Desgleichen rechnet Gilbert Bauer, der beim Verfassen seines 'Katechismus' ebenfalls junge Leute im Blick hat, "zur Höflichkeit und Artigkeit" unter anderem "[a]nständige Gebärden" und "[s]chickliche Leibsstellung [sic] und anständiger Gebrauch sämmtlicher Glieder beym Stehen, Gehen, Sitzen u.s.w.".[27] Infolgedessen enthalten diese Texte zahlreiche Anweisungen, wie man seine Mienen, seine Gesten und seinen Gang gestalten, seinen Körper beim Stehen, Sitzen und Tanzen halten oder sich verbeugen soll.

Wie die ältere Anstandsliteratur machen die Autoren des späten 18. und frühen 19. Jahrhunderts ein zwangloses, einfaches Auftreten zur Bedingung eines anständigen Benehmens überhaupt. Das "Bild eines wohlgezogenen Mannes", das August Rode (1751–1837) in seinen 'Anfangsgründen der feinen Lebensart und Weltkenntniß' 1799 entwirft, spiegelt die zeitgenössische Vorstellung eines anständigen Auftretens in Gesellschaft auf geradezu mustergültige Weise: "Ihn charakterisirt hauptsächlich das natürliche Wesen; die Abwesenheit alles [sic] Zwanges, und aller Spuren von Verlegenheit: die Leichtigkeit, ein Gespräch anzufangen; die anscheinende Gelassenheit und

23 Castiglione, Der Hofmann (s. Anm. 14), S. 34.

24 Diesen Widerspruch zwischen Erlernbarkeit von Eleganz und Veranlagung zur Eleganz bezeichnet Roodenburg als "Castiglione's Paradox". Siehe Roodenburg, The Eloquence of the Body (s. Anm. 13), bes. S. 10–11; dazu auch Vigarello, The Upward Training of the Body (s. Anm. 13), S. 156.

25 Johann Christian Dolz: Anstandslehre für die Jugend, Leipzig 1810, S. 13.

26 Dolz, Anstandslehre für die Jugend (s. Anm. 25), S. 32–33.

27 Gilbert Bauer: Katechismus. Oder Regeln der Höflichkeit in kurzen Fragen und Antworten, sammt schriftlichen Aufsätzen von Briefen, Titeln, Obligationen, Quittungen und Konto für die Schüler und Jugend auf dem Lande, Augsburg 1816, S. 5.

Abb. 26

Ruhe, auch bei der sorgfältigsten Achtsamkeit auf seine Worte, Geberden und Handlungen."[28] Wie unerlässlich "Leichtigkeit und Grazie" insbesondere für sich geziemende Körperbewegungen seien, betont Rode an anderer Stelle nochmals ausdrücklich. Der Körper (wie im Übrigen auch die Seele) müsse "ganz frei von Zwang sein, wenn" er "einen gefälligen Eindruck machen" solle. Eindringlich rät er dem Leser deshalb, vor allem "mit äußerster Sorgfalt alle Affectation a[m] Leib" zu vermeiden, da "jede Affectation [...] ein so gewaltiger Zwang" sei, "dass keiner dabei mit Anstand handeln, oder auf eine gefällige Weise unterhalten" könne.[29]

Die Überzeugung, dass Gebärden – mithin "iede Bewegung und Einrichtung derer Gliedmassen des Leibes"[30] – stets mit Bedacht, ohne Hast und ungezwungen zu erfolgen haben, um manierlich zu sein, schimmert auch in konkreten Anleitungen zu bestimmten Haltungen und Bewegungen des Körpers wie denen beim Stehen, Sitzen oder Gehen durch; das klassisch-höfische Bewegungs- und Haltungskonzept aufgreifend, erwarten die Verfasser insbesondere für derlei Tätigkeiten nicht nur, dass Körperhaltungen und -bewegungen maßvoll, ungezwungen und gleichmäßig ausfallen, sondern mahnen zusätzlich eine aufrechte Haltung des Körpers an. Wie eine "[a]nständige Haltung des Körpers bei dem Stehen" aussehen soll, beschreibt Dolz in dem gleichlautenden Paragraphen seiner "Anstandslehre für die Jugend" folgendermaßen: Er empfiehlt seinen Lesern eine gerade, aufrechte Stellung, wie sie der Körper erlangt, "wenn der Leib und die Kniee gestreckt, die Schultern eingezogen, die Brust herausgereckt, der Kopf gerade, das Kinn nicht allzuhoch gehalten, aber auch nicht eingezogen wird, so, dass Kopf und Hals frei sind; wenn ferner die Arme frei und natürlich herunterhängen und die Hände etwas gekrümmt erscheinen, kurz, wenn der Stehende nicht in Verlegenheit darüber ist, was er mit seinen Händen anfangen soll."[31] Die Füße sollen unterdessen in einem seitlichen Abstand von ungefähr einem Schritt parallel gestellt werden, wobei die Zehenspitzen nach außen weisen.[32] Es gilt, nicht zu lange in dieser Position zu verharren, "sondern sie leicht und ohne Zwang schicklich abzuändern". "Denn", so fährt Dolz fort, "wer in einer und derselben Stellung eine längere Zeit unverändert bleiben wollte, würde ein bildsäulenartiges Ansehn erhalten."[33]

Wie beim Stehen soll der Körper auch beim Sitzen aufrecht, aber nicht steif, ruhig, aber nicht starr gehalten werden. "Man sitze gerad" am Tisch "und mache ohne Noth keine Bewegung, um seinem Nachbar oder Andern nicht überlästig zu seyn", rät Bauer.[34] Sowohl "ein krummes, ganz steifes und unbewegliches" Sitzen als auch "ein stets unruhiges, geräuschvolles Sitzen" wird laut Dolz hingegen "[f]ür unanständig" gehalten.[35] Dass man "einen wohlgezogenen Menschen" allein schon "an seiner Art zu sitzen" erkenne, davon geht auch August Rode aus. Eindrücklich stellt er die 'richtige' und die 'falsche' Art zu sitzen gegenüber: Während "ein unmanierlicher Mensch steif und aufrecht wie ein Pfahl auf seinem Stuhle" sitze, sei "[d]em Mann von Lebensart [...] jede Stellung natürlich; anstatt sich auszustrecken oder schlotterig da zu sitzen, lehnt er sich zierlich an, und zeigt durch Abwechselung seiner Stellungen, dass er zu guter Gesellschaft gewöhnt ist."[36] Dolz weist ferner darauf hin, dass "das Niedersetzen und Aufstehen ohne Geräusch geschehen" müsse, "wenn man nicht für plump, ungeschliffen und ungezogen gehalten seyn will".[37] Uneinig sind sich die Autoren darüber, ob man sich beim Sitzen anlehnen dürfe. Im Gegensatz zu Bauer, der verlangt, dass man

28 August Rode: Anfangsgründe der feinen Lebensart und Weltkenntniß zum Unterricht für die Jugend beiderlei Geschlechts, auch zur Beherzigung für Erwachsene, Berlin 1799, S. 35. Eigentlich handelt es sich um die zweite Auflage eines von John Trusler verfassten und von Karl Philipp Moritz aus dem Englischen übersetzten Buches. Da August Rode den Text jedoch erheblich umgearbeitet hat, kann er mit einigem Recht als der eigentliche Autor dieser Ausgabe betrachtet werden. Umarbeitungen und Ergänzungen bei der Gestaltung von Neuauflagen, die massiv in den ursprünglichen Text eingreifen, sind in der Anstandsliteratur nicht ungewöhnlich, so dass mitunter ganz verschiedene Versionen ein und desselben Buches existieren. Aus diesem Grund wird jedes Anstandsbuch in seiner konkreten Fassung wie ein eigenständiger Text behandelt. Der Vergleich verschiedener Auflagen eines Buches wäre sicherlich ein lohnenswertes Unterfangen, ist aber nicht das Anliegen des vorliegenden Beitrags.

29 Siehe Rode, Anfangsgründe der feinen Lebensart (s. Anm. 28), S. 216–217.

30 So die Definition bei Johann Heinrich Zedler: Grosses Universal-Lexicon aller Wissenschafften und Künste, welche bißhero durch menschlichen Verstand und Witz erfunden und verbessert worden, Bd. 10. G–Gl, Halle und Leipzig 1735, Art. Geberde, Sp. 475.

Abb. 27

31 Dolz, Anstandslehre für die Jugend (s. Anm. 25), S. 46–47.

32 Siehe Dolz, Anstandslehre für die Jugend (s. Anm. 25), S. 48.

33 Beide Zitate bei Dolz, Anstandslehre für die Jugend (s. Anm. 25), S. 48.

34 Bauer, Katechismus (s. Anm. 27), S. 13.

35 Dolz, Anstandslehre für die Jugend (s. Anm. 25), S. 53.

36 Rode, Anfangsgründe der feinen Lebensart (s. Anm. 28), S. 36.

37 Dolz, Anstandslehre für die Jugend (s. Anm. 25), S. 53–54.

in jedem Fall sitze, "ohne sich mit dem Rücken an den Stuhl oder die Wand anzulehnen",[38] macht August Rode dies vom situativen Kontext abhängig. Er empfiehlt seinem Leser, "mit Annehmlichkeit dich zurückzulehnen, wo du befugt bist, dich dieser Freiheit zu bedienen, und in einer ehrfurchtsvollen Stellung gerade zu sitzen, wo jene Freiheit sich nicht geziemen würde".[39] Anders als seine Kollegen plädiert er generell dafür, "in verschiedenen Gesellschaften auf eine anständige Art sitzen zu lernen".[40]

Beim Gehen kommt es den Autoren zufolge nicht nur auf eine aufrechte Körperhaltung, sondern auch auf die korrekte Ausführung der Bewegung an.[41] Um "mit Anstande" zu gehen, soll man beispielsweise laut Bauer

> "1. die Füße etwas vorwärts setzen. 2. Nicht zu weite Schritte nehmen. 3. Die Füße beym Schreiten nur so hoch erheben, dass sie an dem Boden nicht anstreichen. 4. Mit den Ballen, und nicht mit den Fersen zuerst auftreten. 5. Die Kniee und Schienbeine [...] allzeit gerad und gestreckt halten."[42]

Als "Unartigkeiten im Gehen" listet er dementsprechend auf:

> "1. Wenn man die Füße nicht gehörig aufhebt, sondern dieselben nachläßig auf dem Boden daherschleppt. 2. Wenn man wankend dahergeht, so dass man, nachdem man rechts oder links auftritt, auch den Leib bald auf diese, bald auf jene Seite beugt. 3. Wenn man im Gehen den Kopf und Leib vorwärts neiget, als wenn man etwas Verlornes suchen wollte. 4. Wenn man mit Ungestümme auftritt, so, dass man bey jedem Schritte ein starkes Getöß macht."[43]

Für einen "leichten, hübschen Gang" spricht sich auch Jakob Glatz (1776–1831) im "Sittenbuechlein für die zarte Jugend" aus, ermahnt aber zugleich diejenigen, die ihn beherrschen, sich nichts darauf einzubilden.[44] In Bezug auf die Geschwindigkeit rät August Rode dem Leser: "Gehe langsam".[45]

Was sich hier zunächst als allgemeingültige Beschreibung eines gesitteten Körperverhaltens in Gesellschaft darstellt, entpuppt sich bei näherem Hinsehen als die Konturierung einer bürgerlich gedachten Bewegungsform. Aus der Verbindung von geschmeidigen, mühelos-leichten, gemäßigten Körperbewegungen und der aufrechten Haltung des Körpers erwächst in der Anstandsliteratur um die Jahrhundertwende ein spezifisch bürgerlicher Körpercode, der als Ausdruck der Bildung und Selbstbestimmtheit des Bürgers verstanden wird.

Bildung macht den Unterschied: Die Konstruktion eines bürgerlichen Körpercodes

Die Verfasser stellen eine aufrechte, ungezwungene, bedächtige Bewegungsweise und eine steife, gezwungene, hastige Bewegungsart nicht nur als 'anständig' und 'unanständig' gegenüber, sondern sie bewerten sie zugleich als 'gebildete' beziehungsweise 'ungebildete' Art, den Körper zu halten und zu bewegen: Während der gebildete Mensch runde, geschmeidige Körperbewegungen in maßvollem Tempo vollführt und seinen Körper aufrecht hält, offenbaren sowohl eckige, plumpe, grobe, maschinell-abgehackte Stellungen und Bewegungen als auch steife, affektiert-gekünstelte, exaltierte Körperhaltungen und -bewegungen einen Mangel an Bildung. Bildung, das heißt die Fähigkeit, sich selbständig verbessern und entwickeln zu können, wird zum

38 Bauer, Katechismus (s. Anm. 27), S. 13.

39 Rode, Anfangsgründe der feinen Lebensart (s. Anm. 28), S. 36.

40 Rode, Anfangsgründe der feinen Lebensart (s. Anm. 28), S. 36.

41 Gegen Ende des 18. Jahrhunderts entsteht eine bürgerliche Gehkultur, in der das Spazierengehen oder Wandern als gesundheitsfördernder Zeitvertreib verstanden wird. Diese neue Körperpraktik entspricht nicht nur dem Bedürfnis des mündigen Bürgers nach Selbständigkeit, sondern bringt auch die Abgrenzung des flanierenden Bürgers vom reitenden oder fahrenden Adel einerseits und den aus beruflichen Gründen laufenden Unterschichten andererseits zum Ausdruck. Dazu Gudrun M. König: Eine Kulturgeschichte des Spazierganges. Spuren einer bürgerlichen Praktik 1780–1850, Wien 1996; Bernd Jürgen Warneken: Biegsame Hofkunst und aufrechter Gang. Körpersprache und bürgerliche Emanzipation um 1800, in: Bernd Jürgen Warneken (Hrsg.): Der aufrechte Gang. Zur Symbolik einer Körperhaltung, Tübingen 1990, S. 11–23; Bernd Jürgen Warneken: Bürgerliche Gehkultur in der Epoche der Französischen Revolution, in: Zeitschrift für Volkskunde 85 (1989), S. 177–187.

42 Bauer, Katechismus (s. Anm. 27), S. 12.

43 Bauer, Katechismus (s. Anm. 27), S. 11–12.

44 Jakob Glatz: Kleines Sittenbüchlein für die zarte Jugend beyderlei Geschlechts, Leipzig 1809, S. 112.

entscheidenden Kriterium erhoben, das die bürgerliche Art, den Körper zu halten und zu bewegen, von anderen, nicht-bürgerlichen Bewegungsformen unterscheidet. In späteren Anstandsbüchern wie etwa Amalie von Wallenburgs "Anstandslehre für das weibliche Geschlecht" von 1824,[46] Albertis "Weltmann" aus dem Jahre 1830[47] oder Meyers "Neuem Complimentirbuch" in der Auflage von 1850[48] erwächst aus dieser Opposition eine Dreiteilung, die auf einer dreigliedrigen Gesellschaftsstruktur basiert: Übertriebene, gezierte und steife Bewegungsformen assoziieren die Autoren mit der höfischen Etikette und dem ihrer Ansicht nach ungebildeten Adel, ungehobelte und kantige körperliche Verhaltensweisen beziehen sie auf die sozialen Unterschichten, zu denen sie allerdings – ihrer eigenen Logik folgend – auch den nicht-gebildeten Teil des Bürgertums rechnen. Allein den Angehörigen des gehobenen bzw. gebildeten Bürgertums gestehen sie den nötigen Verstand und die erforderliche Bildung zu, um wohlgeordnete und wohlgeformte Körperhaltungen und -bewegungen ausführen zu können. Bürgerlichkeit, wie sie in Anstandsbüchern des ausgehenden 18. und vor allem der ersten Hälfte des 19. Jahrhunderts entworfen wird, deckt sich demnach nur bedingt mit der Sozialformation Bürgertum.[49]

Nicht unwesentlich spielt in diese Argumentation die schon in der älteren Anstandsliteratur formulierte Auffassung hinein, Natürlichkeit sei eine erlernbare, aber Begabung voraussetzende Kunst. Mit ihren Vorgängern teilen die Autoren des ausgehenden 18. und beginnenden 19. Jahrhunderts nämlich nicht nur die Ansicht, dass natürliche Körperbewegungen und -haltungen trainierbar sind und besonders durch den Tanz geübt werden können,[50] sondern auch, dass diese prinzipielle Lernbarkeit ihre Grenze in einer natürlichen Veranlagung findet. Ihrer Meinung nach liegt es einzig und allein in der Natur des vernunftbegabten, gebildeten Menschen, durch die Arbeit an sich selbst zu formvollendeten, scheinbar natürlichen Körperhaltungen und -bewegungen zu gelangen, ohne dass ihnen die aufgewendete Mühe anzumerken ist. Allen nicht-gebildeten Menschen sprechen sie diese Fähigkeit hingegen ab. Im Laufe des 19. Jahrhunderts werden solche Vorstellungen dahingehend weiter vorangetrieben, dass gebildete und nicht-gebildete Bewegungsarten in Beziehung zur Sozialstruktur gesetzt werden. Die Körperhaltungen und -bewegungen der ungebildeten sozialen Unterschichten fallen in den Augen der Verfasser deshalb eckig und plump aus, weil diese von Natur aus nicht in der Lage sind, den Körper durch Training so zu formen und ihm den für den gesellschaftlichen Umgang notwendigen Feinschliff zu geben, dass man dieses Training nicht merken würde; deren Art, sich natürlich, das heißt in diesem Falle frei von jeglicher Kunst, zu bewegen, wird in den Anstandsbüchern denn auch negativ konnotiert. Mit Blick auf den Adel unterstellen die Autoren indes ein Übermaß an Kunst. Da es ihm nicht gelingt, die Anstrengung, die ihn die Ausführung der Bewegungen kostet, zu verbergen, wirken seine Körperhaltungen und -bewegungen stets einstudiert, überformt und geziert. Die Fertigkeit, den Körper kunstvoll, aber nicht künstlich zu bewegen, erscheint somit als genuin bürgerliche Fertigkeit.[51] Durch das Postulieren einer in Verstand und Bildung gründenden natürlichen Begabung untergraben die Anstandsbücher der Jahrhundertwende im Übrigen ihren eigenen Anspruch als Ratgeberliteratur ebenso wie zuvor die älteren Anstandsbücher. Wenn zum Beispiel Dolz behauptet, dass "sich auch bei dem Sitzen die Lage des Körpers" nur "mit

45 Rode, Anfangsgründe der feinen Lebensart (s. Anm. 27), S. XVI.

46 Amalie von Wallenburg: Anstandslehre für das weibliche Geschlecht. Oder mütterlicher Rath für meine Tochter Julie über den sittlichen und körperlichen Anstand, Linz 1824. Bei dem Namen Amalie von Wallenburg handelt es sich um ein Pseudonym, hinter dem sich der Prediger und Schriftsteller Heinrich August Müller (1766–1833) verbirgt.

47 J. J. Alberti: Der Weltmann. Oder Handbüchlein der feinen Lebensart in allen Verhältnissen des gesellschaftlichen Verkehrs und praktische Anweisung zum richtigen Benehmen in den höhern Zirkeln, gegen Vornehme, Höhere und Große. Nebst Belehrungen über Blick und Miene, Haltung und Gang, Höflichkeit, Gesetztheit, richtiges Sprechen und Erzählen, Kleidung, Moden, Besuche, Gesang, Tanz und Bälle, Complimente, Theater, literarische und musikalische Abendgesellschaften, Reisen, Landpartien, Hochzeiten, Taufen, Begräbnisse, Spiele, Einrichtung der Gastmähler, Benehmen bei der Tafel, beim Frühstück, Tranchiren und Vorlegen, Wohnungen und Möblierung der verschiedenen Zimmer, Toilette, Schönheitsmittel, Gegenstände des Geschmacks, Bijouterien, über Harmonie der Farben im Anzuge, vom Reiten etc. Für junge und ältere Personen beiderlei Geschlechts, Quedlinburg und Leipzig 1830.

48 Fr. Meyer: Neues Complimentirbuch. Eine An-

weisung, in Gesellschaften höflich und angemessen zu reden und sich anständig zu betragen, Wünsche, Anreden und kleine Gedichte bei Neujahrs-, Geburts- und Hochzeitstagen, Glückwünsche bei Geburten, Kindtaufen und Gevatterschaften, Heirathsanträge, Condolenzen, Einladungen, Anreden beim Tanze und in Gesellschaften etc., mit den darauf passenden Antworten, die vorzüglichsten Regeln beim Briefschreiben, nebst den üblichen Titulaturen, und Schemata zu Einladungen auf Karten und Anzeigen in öffentlichen Blättern. Nebst den nöthigsten Anstands- und Benimmregeln, als 1. Ausbildung des Blicks und der Mienen, 2. Die Haltung und die Bewegungen des Körpers, 3. Von der Gesetztheit, 4. Über Höflichkeit, 5. Ausdruck, Ton und Vortrag, 6. Wahl und Reinlichkeit der Kleidung, 7. Verhalten bei Tafel und in Gesellschaften, 8. Benehmen beim Spiele, 9. Gesetze bei Abstattung von Visiten, 10. Vorschriften für den Umgang mit Vornehmen, 11. Regeln beim Umgange mit dem schönen Geschlechte, 12. Anstandsregeln im Concerte und im Theater, 13. Verhalten auf Reisen, ferner eine Blumensprache, eine Auswahl der vorzüglichsten Aufsätze in Stammbüchern, poetische Liebeserklärungen und Polterabendscherze. Ein Buch des guten Tons und der feinen Lebensart, 17. rechtmäßige Aufl., Quedlinburg und Leipzig 1850.

49 Vgl. Frieling, Ausdruck macht Eindruck

einer Art von Annehmlichkeit, die aber nicht gelehrt werden kann", abwandeln lasse,[52] stellt er – sicherlich ungewollt – den Nutzen seiner Anstandslehre als pragmatische Unterweisungsschrift in Frage. Aufgelöst werden kann dieser Widerspruch nur dann, wenn Anstandsbücher ohnehin ausschließlich an Leser gerichtet sind, die über Bildung verfügen und somit das für gefällige, formschöne Körperhaltungen und -bewegungen notwendige Talent besitzen.

Unter der Prämisse einer natürlichen Veranlagung erhält manierliches Körperverhalten zwangsläufig einen exklusiven Anstrich, bezieht jene ihren Sinn (und ihre Wirkung) doch gerade daraus, dass nicht allen Menschen die entsprechende Begabung zugestanden wird. Bezeichnenderweise verschiebt sich die Bezugsgruppe, für die eine derartige Exklusivität beansprucht wird, in der Anstandsliteratur just um 1800, als ein bürgerlicher Körperhabitus entworfen wird. Ist es bei Castiglione und den ihm folgenden frühneuzeitlichen Anstandsbüchern der Hofmann, der von Natur aus mit der Veranlagung ausgestattet ist, den Körper anmutig – und damit gesittet – zu bewegen, bedienen sich Autoren Ende des 18. und zu Beginn des 19. Jahrhunderts genau dieses Arguments, um die bürgerliche Exklusivität anständigen Benehmens zu begründen.

Ganz ähnlich wie das Ideal einer anmutig-natürlichen, ungezwungenen Bewegungsweise wird auch das Ideal einer aufrechten Körperhaltung von einem höfischen in ein bürgerliches Motiv transformiert. Nachdem das 'Prinzip Aufrecht' (Warneken) in der Anstandsliteratur des 16., 17. und 18. Jahrhunderts als unverzichtbare Komponente eines wohlanständigen Körperverhaltens dargestellt worden ist, avanciert es gegen Ende des 18. Jahrhunderts zur Chiffre eines neuen bürgerlichen Selbstbewusstseins. Die aufrechte Haltung des Körpers wird zunehmend als im wahrsten Sinne des Wortes Verkörperung einer Selbstbestimmtheit begriffen, die den mündigen, gebildeten Bürger auszeichnet – und zwar nicht nur in Anstandsbüchern. Vielmehr schält sich das aufrechte Körperprinzip als Ausdruck eines bürgerlichen Selbstverständnisses um 1800 in einer Diskussion heraus, die pädagogische, philosophische, medizinische und politische Ebenen enthält und ausdrücklich aufeinander bezieht.[53] Das gleiche Haltungsideal – wenn auch aus unterschiedlichen Perspektiven und Motiven heraus – propagierend, greifen die verschiedenen Diskurse fortwährend ineinander. Der Arzt Christoph Wilhelm Hufeland (1762–1836) etwa begründet 1795 im "Journal des Luxus und der Moden" sein Ansinnen, das Korsett und andere Haltungsapparaturen abzuschaffen, damit, dass derartige Stützkonstruktionen zu einer "üble[n] und unnatürliche[n] Haltung des Körpers" führen würden,[54] und folgt so demselben argumentativen Zusammenhang wie die Anstandsbücher, deren Verfasser ebenfalls darauf dringen, dass die Körperhaltung natürlich-aufrecht sein soll. Bedingt durch ein ähnlich gelagertes Anliegen, nämlich die Formung von (jungen) Menschen zu autonomen, wohl erzogenen, vollwertigen Mitgliedern der Gesellschaft, decken sich oftmals vor allem der pädagogische und der Anstandsdiskurs, wenn es um mustergültige körperliche Haltungen und Bewegungen geht. Die Beschreibung eines anständigen Ganges, die sich 1786 in einer Schrift des Pädagogen Johann Ignaz von Felbiger (1724–1788) findet, ähnelt stark den oben zitierten Anleitungen zum Gehen: Leib und Kopf aufrecht, die Beine gerade, soll man mit leicht auswärts gesetzten Füßen maßvollen Schrittes gehen, ohne die Sohlen beim

Schreiten in die Luft zu werfen.[55] Sie könnte ebenso gut einem Anstandsbuch entstammen. Als Verfechter einer aufrechten Haltung des Körpers liegen die Autoren demnach voll im Trend.

Indem die Verfasser dezidiert körperliches Benehmen und soziale Herkunft aneinander koppeln, gerinnt die Körpersprache zu einem zentralen, weil klar sichtbaren Distinktionsmerkmal, werden Körperhaltungen und -bewegungen zum Ausweis eines spezifischen, mit einer gesellschaftlichen Gruppe identifizierbaren Habitus. Dass der Zuordnung von Bewegungsformen und sozialen Gruppen, die in den Texten teils explizit, teils implizit erfolgt, dabei ein Gesellschaftsmodell zugrunde liegt, das in Teilen noch der ständischen Gesellschaftsordnung verhaftet ist, zeigt sich insbesondere in den Anleitungen zu körpergebundenen Umgangsformen. Diese unterliegen häufig einem an der sozialen Hierarchie orientierten Staffelungsprinzip, das heißt, das körperliche Verhalten ist auf den Rang des Gegenübers abzustimmen. Kündigt sich beispielsweise Besuch an, empfiehlt Bauer, "der Person, die Einen besuchen will, außer dem Zimmer entgegen" zu gehen, "und dieses desto weiter je vornehmer die Person ist."[56] Wohl in keiner Gebärde tritt die Ausrichtung des Körperverhaltens am Rang des Kommunikationspartners freilich so deutlich zutage wie beim Kompliment.[57] Während Dolz seine Leser schlicht und einfach darauf hinweist, dass die Begrüßung einer Person "durch eine, mit Entblößung des Hauptes begleitete, Verbeugung, deren Tiefe sich nach dem Stande der Person richtet, welcher der Gruß gilt", zu erfolgen habe,[58] buchstabiert Bauer dieses hierarchische Prinzip aus:

> "Wenn Einem geistliche oder weltliche Personen begegnen, denen man vorzüglichen Respekt und Ehrerbiethigkeit schuldig ist, was für Höflichkeit soll man selben erzeigen? Man soll schon in einer Entfernung das Haupt entblößen, und den Hut mit ausgetrecktem Arme bis an das Knie herabziehen; und sodann nach Stand und Würde der Personen mehr oder weniger sich neigen; eine mäßige Verbeugung mit dem Kopfe, bey Vornehmen auch mit dem Leibe machen, und den Hut so lange niederhalten, bis sie vorüber sind. Wenn aber Einem seine Obrigkeit, oder sein Landesherr begegnet, wie hat man sich da anständig zu verhalten? Man bleibt da schon in einer Entfernung mit entblößtem Haupte still stehen; machet, wenn selbe nahe kömmt, eine ehrfurchtsvolle Verbeugung; und bedecke sich nicht eher, als bis man wenigst einige Schritte weit derselben aus dem Gesichte ist."[59]

Zeugen schon solche Anweisungen von der Akzeptanz einer ständischen Gesellschaftsordnung seitens der Autoren, verstärkt sich dieser Eindruck, wenn man den Begründungszusammenhängen der hinter den abgestuften körpergebundenen Höflichkeitsbezeugungen liegenden sozialen Hierarchie nachgeht. Denn diese wird in Anstandsbüchern, die aus dem späten 18. und der ersten Hälfte des 19. Jahrhunderts stammen, bemerkenswerterweise nicht nur mit leistungs- und bildungsorientierten, sondern auch mit geburtsständischen Prinzipien legitimiert. Unter 'Vornehmen' verstehen die Autoren sowohl diejenigen, die sich durch Leistung und Verdienst hervortun, als auch diejenigen, die sich durch Geburt auszeichnen.[60]

Auf den ersten Blick scheinen die in der ständischen sozialen Ordnung ankernden körpergebundenen Umgangsformen, die – wie die körperliche Verkleinerung durch Abnahme der Kopfbedeckung[61] oder die demütig-untertänige Verbeugung – die Asymmetrie sozialer Beziehungen unmittelbar in Körperverhalten übersetzen, in eklatantem

(s. Anm. 1). Einen guten Überblick über die weitverzweigte Forschung zum Bürgertum bietet jetzt Andreas Schulz: Lebenswelt und Kultur des Bürgertums im 19. und 20. Jahrhundert, München 2005. Zur Forschungskontroverse um das Konzept 'Bürgerlichkeit' siehe ebd., S. 72 – 73. Aus der Fülle von Arbeiten zum Bürgertum des 18. und 19. Jahrhunderts sei an dieser Stelle nur der Abschlussband des entsprechenden, an der Universität Bielefeld angesiedelten Sonderforschungsbereiches hervorgehoben: Peter Lundgreen (Hrsg.): Sozial- und Kulturgeschichte des Bürgertums. Eine Bilanz des Bielefelder Sonderforschungsbereiches (1987–1997), Göttingen 2000.

50 So überantwortet Dolz wie bereits Wächtler dem Tanzlehrer eine wichtige Rolle für das Einüben ungeangestrengter, natürlicher Körperhaltungen und -bewegungen: "[W]em sich die Gelegenheit darbietet, von ihm [dem Tanzmeister, KOF] zu lernen, den Körper gerade und doch nicht steif zu halten, sicher und fest zu gehen, sich mit gefälligem, ungezwungenen [sic] Anstand zu bewegen und in allerlei nothwendige Stellungen ohne Schwerfälligkeit zu fügen, der wird wohlthun, diese Gelegenheit zu benutzen." Dolz, Anstandslehre für die Jugend (s. Anm. 25), S. 47.

51 Vgl. Frieling, Ausdruck macht Eindruck (s. Anm. 1).

52 Dolz, Anstandslehre für die Jugend (s. Anm. 25), S. 53.

Widerspruch zu einer bürgerlichen gerade-aufgerichteten Körperpose zu stehen, die im Verlauf des 19. Jahrhunderts zunehmend als Gegenentwurf zum höfisch-adeligen Körperverhalten mit seinen überformten Bewegungen (vgl. Abb. 23 – 27) und seinem unterwürfigen Duktus einerseits sowie zu den durch körperliche Arbeit deformierten, gebeugten Körperhaltungen von Handwerkern oder Bauern andererseits konzipiert wird.[62] Doch bei näherer Betrachtung wird dieser scheinbare Gegensatz in den Anstandsbüchern überwunden, und zwar durch Verweis auf die (nicht zuletzt in Bildung gründende) moralische Überlegenheit, die für die bürgerliche Bewegungsweise in Anspruch genommen wird. Auch wenn die Verfasser diese gedankliche Verknüpfung nicht ausdrücklich herstellen, geschweige denn die Widersprüchlichkeiten reflektieren, lassen sie keinerlei Zweifel daran, dass sie den bürgerlichen Körper-Habitus als moralisch überlegen betrachten. Eine Ausnahme stellt in dieser Hinsicht Bauer dar, der im Zusammenhang mit einer etymologischen Herleitung des Wortes 'Höflichkeit' auf besagtes Dilemma zu sprechen kommt. Nachdem er konstatiert hat, dass das Wort Höflichkeit "vom Hofe, dem Wohnsitze vornehmer Herren" herkomme, wendet er sich der Frage zu, ob "die Sitten der Hofleute nachzuahmen" seien, und beantwortet sie folgendermaßen:

> "Die Sitten der Hofleute, das Innere betreffend, sind gemeiniglich nicht nachzuahmen: denn der Beweggrund ihrer Handlungen ist insgemein Eitelkeit, Hoffart, Ehrsucht, Eigennutz, Neid u.d.gl. Ist aber das Aeußerliche der Hofleute nachzuahmen? Ja, insgemein. Denn das Aeußerliche ist ehrerbiethiges Bezeugen gegen Höhere; Leutseligkeit gegen Gleiche und Niedrige; Anständigkeit in Reden und Gebärden; Nettig- und Sauberkeit in standesmäßiger Kleidung, und in allem Dem, was Einem zugehört."[63]

Bauer unterscheidet also zwischen den körpergebundenen Umgangsformen und den ihnen zugrunde liegenden Motiven. Diese Abkoppelung ermöglicht es gewissermaßen, ständische Interaktionsrituale gedanklich aus ihrem eigentlichen Kontext herauszulösen und im bürgerlichen Sinne neu zu justieren. Allem Anschein nach passiert dies in der Anstandsliteratur um 1800, indem ursprünglich ständische körpergebundene Umgangsformen über das Konzept eines bürgerlichen Körpercodes sozusagen neu aufgeladen werden. Mit anderen Worten: Die Körperhaltungen und -bewegungen selbst bleiben konstant, aber der körperliche Habitus, mit dem sie ausgeführt werden, ist ein anderer. Wenn der moralisch integre, gebildete Bürger einer höherrangigen Person ein Kompliment macht, wird er in der Sichtweise der Autoren dabei zwar respektvoll, aber selbstbewusst auftreten; vollführt hingegen ein im Verständnis der Anstandsliteratur ungebildeter, moralisch verdorbener Adeliger ein Kompliment, offenbart sich in der Art und Weise, wie er es ausführt, seine kriecherisch-schmeichelnde Unterwürfigkeit.[64] In Bauers Antwort spiegelt sich jene auch in anderen Anstandsbüchern durchschimmernde Überzeugung, dass allein dem bürgerlichen Körpercode Tugendhaftigkeit eingeschrieben ist. Geht man wie die Verfasser von einer moralischen Überlegenheit des Bürgers aus, erklärt sich einmal mehr, warum nur die bürgerliche Bewegungsweise die richtige sein kann. Und unter dieser Prämisse sind selbst auf Unterwerfung abzielende körpergebundene Umgangsformen mit dem bürgerlichen Selbstbewusstsein kompatibel.

53 Vgl. Warneken, Biegsame Hofkunst und aufrechter Gang (s. Anm. 41).

54 Zitat bei Maria Burkard: Zur Geradheit verkrümmt. Die Orthopädie des Moritz Schreber, in: Bernd Jürgen Warneken (Hrsg.): Der aufrechte Gang. Zur Symbolik einer Körperhaltung, Tübingen 1990, S. 53 – 60, hier S. 58.

55 Markus Christian: Vom aufrechten Sitzen zum eingepferchten. Die Perversion eines Haltungsideals, in: Bernd Jürgen Warneken (Hrsg.): Der aufrechte Gang. Zur Symbolik einer Körperhaltung, Tübingen 1990, S. 61 – 67, hier S. 61. Felbiger tritt auch für eine gerade Körperhaltung beim Sitzen ein. Vgl. ebd.

56 Bauer, Katechismus (s. Anm. 27), S. 25.

57 Unter einem Kompliment kann sowohl eine verbale Äußerung als auch eine körperliche Referenzerweisung verstanden werden. In diesem Beitrag wird mit dem Begriff immer eine körperliche Verbeugung bezeichnet. Zum Compliment-Begriff im 17. und 18. Jahrhundert vgl. Beetz, Frühmoderne Höflichkeit (s. Anm. 4), S. 109 – 115.

58 Dolz, Anstandslehre für die Jugend (s. Anm. 25), S. 100.

59 Bauer, Katechismus (s. Anm. 27), S. 34 – 35.

60 Siehe Frieling, Ausdruck macht Eindruck (s. Anm. 1), S. 117 – 118.

61 Dass die Bedeckung beziehungsweise Entblößung des Kopfes eine wichtige Funktion im Hofzeremoniell erfüllte und diese Frage im Vorfeld von Verhandlungen sogar selbst zum Gegenstand von Verhandlungen werden konnte, zeigt

Die bewusste Inszenierung von Bürgerlichkeit

Die Anstandsbücher des späten 18. und frühen 19. Jahrhunderts stehen demnach stärker in der Tradition der älteren frühneuzeitlichen Schriften über Umgangsformen, als man angesichts des zeitgleich erfolgenden gesellschaftlichen Wandels zunächst vermuten würde. Sie befassen sich zwar nicht mehr mit dem richtigen Benehmen bei Hofe, sondern weisen den Leser an, wie er sich in Gesellschaft betragen soll, greifen dabei aber auf klassisch-höfische Verhaltensmuster zurück, wie sie im Anschluss an den 'Hofmann' immer wieder in der Anstandsliteratur der Frühen Neuzeit beschrieben worden sind. Dennoch sind sie mehr als bloße Spielarten oder Fortsetzungen ihrer älteren Vorläufer; dadurch, dass die Autoren Verstand und Bildung zu konstitutiven Merkmalen des höflichen Umgangs miteinander erheben, geben sie den Anstandsbüchern um 1800 eine neue, eigene Prägung, die sie von der bisherigen frühneuzeitlichen Anstandsliteratur signifikant unterscheidet – und die zumindest ihrem Anspruch nach dezidiert bürgerlich ist. Das gilt auch und besonders für die in ihnen propagierten körperlichen Haltungs- und Bewegungsideale bzw. körpergebundenen Umgangsformen. Zwar schimmern sowohl in konkreten Anleitungen wie denen zum Gruß als auch in der grundsätzlichen Betonung einer ungezwungenen, maßvollen Ausführung von Körperhaltungen und -bewegungen ältere, adlig-höfische Verhaltensideale durch, doch indem richtiges körperliches Benehmen an Verstand und Bildung gekoppelt wird, werden sie gewissermaßen bürgerlich gewendet.

Angesichts der Parallelen zwischen der älteren frühneuzeitlichen Anstandsliteratur und den Anstandsbüchern des späten 18. sowie frühen 19. Jahrhunderts drängt sich der Verdacht auf, dass auf der Suche nach einem körperlichen Habitus, der dem mündigen, selbstbestimmten, gebildeten Bürger angemessen erscheint, um 1800 bewusst eine bürgerliche Andersartigkeit in Szene gesetzt wird, die de facto gar nicht gegeben ist. Schließlich bleiben die Bewegungen ungeachtet ihrer Lesart praktisch die gleichen. Doch gerade der Umstand, dass die Verfasser an traditionell-höfischen Bewegungsidealen und ständischen körpergebundenen Umgangsformen festhalten, macht – der inneren Logik der Anstandsbücher folgend – deren bürgerliche Umdeutung zwingend erforderlich: Eben weil den Körperbewegungen selbst die geänderte Motivation nicht anzusehen ist, bedürfen sie eines entsprechenden Überbaus, um als spezifisch bürgerlicher Körpercode distinktive Wirkung entfalten zu können.

Über die Inszenierung des gängigen Körperverhaltens als typisch bürgerliche Bewegungsform wird eine Exklusivität hergestellt, deren Konturen in doppelter Hinsicht deutlich stärker zum Vorschein kommen, als es in der neuzeitlichen Anstandsliteratur ehedem der Fall ist. Zum einen belassen es die Autoren ab der Wende vom 18. zum 19. Jahrhundert im Unterschied zu ihren Vorgängern nicht mehr bloß dabei, durch die Erhebung einer natürlichen Veranlagung zur Vorbedingung schicklichen Körperverhaltens relativ allgemein auf die Exklusivität guten Benehmens und eine exquisite soziale Gruppe (dort der Hofmann, hier der gebildete Bürger) zu verweisen, sondern sie präparieren diesen vermeintlich elitären Zirkel weitaus schärfer heraus, indem sie ihn mittels seines körperlichen Habitus' ausdrücklicher von anderen Gesellschaftsgruppen abgrenzen. Zum anderen treibt die Inszenierung die Exklusivität durch die detaillierte

---

Mark Hengerer: Zur Konstellation der Körper höfischer Kommunikation, in: Johannes Burkhardt und Christine Werkstetter (Hrsg.): Kommunikation und Medien in der Frühen Neuzeit, München 2005, S. 519–546, hier S. 534, S. 536 mit Anm. 64.

62 Die Abgrenzung nach unten ist dabei wesentlich strikter als nach oben, das heißt, der eigentliche Gegenpol des bürgerlichen Habitus ist weniger die höfisch-adelige Bewegungsweise als vielmehr der körperliche Habitus der sozialen Unterschichten. Vgl. Frieling, Ausdruck machte Eindruck (s. Anm. 1), S. 111–129. Der These Silke Göttschs, dass vor allem die höfische Welt in der Anstandsliteratur als Gegenpol einer bürgerlichen Körpersprache herhalten musste, ist so pauschal daher nicht zuzustimmen. Silke Göttsch: Körpererfahrung und soziale Schicht, in: Paul Münch (Hrsg.): 'Erfahrung' als Kategorie der Frühneuzeitgeschichte, München 2001, S. 107–113, hier S. 111.

63 Bauer, Katechismus (s. Anm. 27), S. 5–6.

64 Dies entspricht eben jenem Adelstypus, wie er im bürgerlichen Trauerspiel, etwa in der Figur des Sekretärs Wurm in Schillers "Kabale und Liebe" oder in der Figur Marinelli in Lessings "Emilia Galotti", gezeichnet wird.

Festlegung der Körperhaltungen und -bewegungen offenkundiger hervor, denn diese höhlt das Prinzip der Lernbarkeit eines anständigen körperlichen Benehmens aus – mit gravierenden Konsequenzen für soziale Partizipation: Das Beherrschen des geltenden Körpercodes wird in der Anstandsliteratur als Voraussetzung für das Fortkommen in der Welt, sei es in der höfisch-aristokratischen oder in der bürgerlichen Gesellschaft, und für die Teilhabe an Geselligkeit erachtet. Seine Vermittlung stellt deshalb ein zentrales Anliegen der Anstandsbücher dar, deren Verfasser es als ihre vordringlichste Aufgabe ansehen, den Leser in die Lage zu versetzen, den gesellschaftlichen Verkehr zu meistern. Will man den Körpercode beherrschen, muss man ihn nach Auffassung der Autoren trainieren, und zwar entweder durch die Lektüre ihrer Texte oder in der Praxis durch die Beobachtung von Menschen aus dem gesellschaftlichen Umfeld, in dem er Usus ist. Erscheint die Körpersprache in der Anstandsliteratur also als Technik, die im Prinzip von jedermann erlernt werden kann, so ist diese prinzipielle Lernbarkeit doch nicht voraussetzungslos; denn nur diejenigen, die Zugriff auf die notwendigen Hilfsmittel, sprich Anstandsbücher, beziehungsweise ohnehin schon Zugang zu den entsprechenden Gesellschaftskreisen haben, können sich den dominierenden Körpercode aneignen. Wenn das Beherrschen bestimmter körperlicher Verhaltensweisen als Bedingung für gesellschaftliche Partizipation angesehen, zugleich aber der Zugang zum Erlernen der entsprechenden körperlichen Verhaltensweisen auf einen elitären Kreis beschränkt wird, bleibt einem Teil der Gesellschaft eben jene Partizipation verwehrt – wobei von dieser Ausgrenzung vor allem die sozialen Unterschichten betroffen sind, denen die Zugangsmöglichkeiten fehlen. Die Problematik, dass man Hilfestellungen benötigt, um den Körpercode zu lernen, diese Hilfe jedoch keinesfalls allen offen steht, verschärft sich in dem Maße, in dem der körperliche Anstand komplexer wird. Je stärker die Körpersprache normiert wird, je ausführlicher und genauer körperliche Stellungen und Bewegungen reglementiert werden, desto schwieriger wird es, sie sicher beziehungsweise richtig zu beherrschen, und desto mehr ist man für die Aneignung und Übung von Körpercodes sowie körpergebundenen Umgangsformen auf Hilfe angewiesen. Besonders die akribischen Beschreibungen sowohl des richtigen als auch des falschen körperlichen Benehmens beim Gehen, Stehen, Sitzen, Tanzen oder Grüßen in den Schriften um 1800, durch die der dominierende Körpercode erst umrissen wird, verleihen dem Bewegungsverhalten eine derartige Komplexität, dass dessen Aneignung ohne Anleitung kaum möglich scheint.

Obschon das Moment der Exklusivität der neuzeitlichen Anstandsliteratur per se inhärent ist, bricht es sich in den Texten letztlich erst um 1800 Bahn, als die Verfasser soziale Segregation nicht mehr nur mitdenken beziehungsweise voraussetzen, sondern offensiv thematisieren. Dass das restriktive Potential des Körpers ausgerechnet am Beginn der Moderne und somit paradoxerweise zu einer Zeit, die für die sukzessive Überwindung ständischer Schranken steht, erstmals explizit ausgeschöpft wird, unterstreicht erstens den restaurativen Zug der Texte und zweitens den stilisierten Charakter des bürgerlichen Körpercodes, da eine bürgerliche Andersartigkeit des Bewegungsverhaltens, wie sie in Anstandsbüchern ab der Wende vom 18. zum 19. Jahrhundert inszeniert wird, nicht nur auf der Ebene der Texte selbst, sondern – wie nun zu zeigen sein wird – auch in der historischen Wirklichkeit gar nicht gegeben ist.

Indem die Anstandsbücher um 1800 zwar viele ältere, klassisch-höfische Vorstellungen von anständigen körperlichen Verhaltensweisen aufgreifen, es häufig aber nicht dabei belassen, die Haltungs- und Bewegungsideale einfach zu übernehmen, sondern sie modifizieren und ihnen eine spezifisch bürgerliche Signatur geben, erweisen sie sich als Produkte der Übergangszeit von der ständischen zur bürgerlichen Gesellschaft. Denn in ihnen spiegelt sich jenes Nebeneinander von alten und neuen Mustern, welches diese Phase gesellschaftlichen Wandels kennzeichnet und daraus resultiert, dass die bürgerliche Emanzipationsideologie aus der ständischen Ordnung heraus entsteht.[65] Trotzdem wirken sie in ihrem Bestreben, anständige, richtige Haltungs- und Bewegungsformen in einer sozialen Schicht zu verankern, eher rückwärtsgewandt. Die Verfasser entwerfen bürgerliche Körperhaltungen und -bewegungen eben gerade nicht als nachahmenswerte Ideale für alle Menschen, sondern benutzen sie, um einen elitären Kreis zu schaffen, der vor allem nach unten abgeschottet ist. Statt die bürgerliche Bewegungsart im Sinne der Aufklärung als allgemein-menschliche zu entfalten, machen sie sie zu einem (Ausschluss-)Kriterium, das über die Teilhabe an Geselligkeit entscheidet.[66] Vom gesellschaftlichen Verkehr ausgeschlossen werden insbesondere die sozialen Unterschichten, denen somit die Partizipation an den Prinzipien und Errungenschaften der bürgerlichen Emanzipation überhaupt verwehrt wird.[67] Dabei ist es unerheblich, dass die Körperhaltungen und -bewegungen die für sie reklamierte bürgerliche Exklusivität eigentlich gar nicht besitzen; entscheidend ist vielmehr, dass die Autoren die von ihnen herausgearbeitete Bewegungsart als spezifisch bürgerliche postulieren.

Das Bemühen um strikte Abgrenzungen in Verbindung mit dem Festhalten an wenn auch erweiterten und/oder umgedeuteten, so doch letztendlich überwiegend traditionellen Haltungs- und Bewegungsidealen widerspricht indessen nicht nur den Idealen der Aufklärung, sondern steht auch in auffallender Diskrepanz zur historischen Wirklichkeit. Soziale Grenzen werden seit dem ausgehenden 18. Jahrhundert immer stärker hinterfragt und sind deshalb keineswegs so klar definiert beziehungsweise definierbar, wie die Verfasser suggerieren; Unterschiede zwischen Adel und Bürgertum einerseits sowie Bürgertum und sozialen Unterschichten andererseits verblassen mehr und mehr. Dementsprechend kommen auch herkömmliche ständische körpergebundene Umgangsformen wie das Kompliment oder das Ziehen des Hutes, die eine physische Verkleinerung bewirken, in der alltäglichen Kommunikation außer Gebrauch, denn solche Akte der Unterwerfung oder Selbsterniedrigung werden immer weniger als den geänderten gesellschaftlichen Verhältnissen angemessen erachtet.[68] Gleichzeitig vollzieht sich auf der Ebene der sozialen Praxis ein grundlegender Wandel im Bewegungsverhalten, den die Anstandsbücher ebenfalls größtenteils ausblenden; im Zuge der industriellen Revolution werden Körperbewegungen zusehends unter dem Gesichtspunkt der Effizienz geordnet, sei es in Fabriken, wo körperliche Tätigkeiten und Bewegungsabläufe zergliedert, rhythmisiert und in ein enges Zeitkorsett gezwängt werden, im modernen, dem Leistungs- und Steigerungsprinzip verpflichteten Sport, wie er sich um 1800 herausbildet, oder beim Militär, das den Körper als durch Willenskraft, Drill und Züchtigung bezwingbares Objekt betrachtet, ihn einer totalen Kontrolle unterwirft und im Dienst

65 Vgl. Lothar Gall: Liberalismus und 'bürgerliche Gesellschaft'. Zu Charakter und Entwicklung der liberalen Bewegung in Deutschland, in: Historische Zeitschrift 220 (1975), S. 324–356, oder in: Lothar Gall (Hrsg.): Liberalismus, Königstein im Taunus 1980, S. 162–186; auch Elisabeth Fehrenbach: Bürgertum und Liberalismus. Die Umbruchsperiode 1770–1815, in: Lothar Gall (Hrsg.): Bürgertum und bürgerlich-liberale Bewegung in Mitteleuropa seit dem 18. Jahrhundert, München 1997, S. 1–62.

66 Geselligkeit stellt ein zentrales Konstituens von Bürgerlichkeit dar. Siehe Thomas Maentel: Zwischen weltbürgerlicher Aufklärung und stadtbürgerlicher Emanzipation. Bürgerliche Geselligkeitskultur um 1800, in: Dieter Hein und Andreas Schulz (Hrsg.): Bürgerkultur im 19. Jahrhundert. Bildung, Kunst und Lebenswelt, München 1996, S. 140–154; Gisela Mettele: Der private Raum als öffentlicher Ort. Geselligkeit im bürgerlichen Haus, in: Dieter Hein und Andreas Schulz (Hrsg.): Bürgerkultur im 19. Jahrhundert. Bildung, Kunst und Lebenswelt, München 1996, S. 155–169.

67 Dazu Frieling, Ausdruck macht Eindruck (s. Anm. 1), S. 135–136.

68 Warneken, Biegsame Hofkunst (s. Anm. 41), S. 14–16.

der Nation auf Wehrhaftigkeit und Leistungsfähigkeit trimmt.[69] Weshalb die Autoren diese Prozesse weitgehend negieren, kann nur vermutet werden. Möglicherweise beharren sie auf dem Ideal einer klar hierarchisch strukturierten, im (Körper-)Habitus sichtbar werdenden Gesellschaftsordnung, gerade weil die soziale Ordnung und mit ihr das Bewegungsverhalten um 1800 tatsächlich im Umbruch begriffen sind. Da der Rückgriff auf altbewährte Normen angesichts einer sich rasch ändernden sozialen Wirklichkeit Stabilität und Halt verspricht, ist durchaus denkbar, dass Anstandsbücher in dieser Zeit aus der Motivation heraus geschrieben werden, eben diesem gesellschaftlichen Wandel entgegenzuwirken und ihn zu entschleunigen. Das Unterfangen, mittels körperlicher Haltungs- und Bewegungsformen ständische Schranken zu fixieren, die in der Realität so gar nicht mehr bestehen, und der Umstand, dass im gleichen Zuge die Position des gebildeten Bürgers innerhalb des sozialen Gefüges neu bestimmt und aufgewertet wird, deuten indes nicht nur auf ein neues bürgerliches Selbstbewusstsein, sondern auch auf ein gesteigertes bürgerliches Legitimations- und Abgrenzungsbedürfnis in Zeiten tiefgreifender gesellschaftlicher Veränderungen hin.[70] Aus einer körpergeschichtlichen Perspektive besitzen die Anstandsbücher demnach einen höchst ambivalent-schillernden Charakter.

Epilog

Trotz aller Veränderungen hat der skizzierte bürgerliche Körpercode in vielerlei Hinsicht bis heute Gültigkeit und Dominanz bewahrt. Eine aufrechte Haltung beim Stehen, das gerade Sitzen bei Tisch oder ein Gang, bei dem die Füße hoch gehoben statt schlurfend über den Boden gezogen werden, gelten immer noch als Kennzeichen einer bürgerlichen Erziehung. Auch gehören etliche der körpergebundenen Umgangsformen, die in Anstandsbüchern um 1800 beschrieben werden, nach wie vor zum guten Ton.[71] Bis auf den heutigen Tag fußt die bürgerliche Erziehung demnach in einem nicht unerheblichen Maße auf einer fast schon dressur-ähnlichen Trainierung von Körperhaltungen und -bewegungen. Wenn zahlreiche der um 1800 konturierten körpergebundenen Umgangsformen als Bestandteil eines bürgerlichen Erziehungsstandards mehr oder weniger ungebrochen auch heute noch Gültigkeit besitzen, wenn eben dieser Erziehungsstandard und mit ihm der entsprechende körperliche Habitus im Kern nach wie vor als Ausweis von Bürgerlichkeit und als Maßstab guten Benehmens schlechthin gilt, wenn also 'gute Manieren' immer noch mit 'bürgerlichen Manieren' gleichgesetzt werden, ist das zunächst ein Beleg für die Langlebigkeit normativer Vorstellungen anständigen (Körper-)Verhaltens. Es ist aber nicht minder ein Indiz dafür, wie tief der heute dominierende Körpercode in der Frühen Neuzeit wurzelt. Sein Distinktionspotential hat der Körper auch heutzutage nicht eingebüßt, im Gegenteil: Das Beherrschen der dominierenden Körpersemantik stellt nach wie vor die Bedingung für die Partizipation an gesellschaftlicher Macht dar.[72] Die soziale Brisanz, die in körperlichem Benehmen steckt, wird allzu häufig ausgeblendet.

Bei näherer Betrachtung weist die momentan zu verzeichnende Renaissance eines bürgerlichen Lebensstils erstaunliche Parallelen zur Konstruktion eines bürgerlichen

69 Dazu Henning Eichberg: Der Umbruch des Bewegungsverhaltens. Leibesübungen, Spiele und Tänze in der Industriellen Revolution, in: August Nitschke (Hrsg.): Verhaltenswandel in der industriellen Revolution. Beiträge zur Sozialgeschichte, Stuttgart 1975, S. 118–135; Ute Frevert: Das Militär als 'Schule der Männlichkeit'. Erwartungen, Angebote, Erfahrungen im 19. Jahrhundert, in: dies. (Hrsg.): Militär und Gesellschaft im 19. und 20. Jahrhundert, Stuttgart 1997, S. 145–173.

70 Vgl. Frieling, Ausdruck macht Eindruck (s. Anm. 1), S. 136–137.

71 Weil Anstandsbücher aus dem ausgehenden 18. und der ersten Hälfte des 19. Jahrhunderts indirekt auch die Reglementierung körperlichen Benehmens in der Gegenwart eindrücklich vor Augen führen, kann ihre Lektüre für den heutigen Leser regelrecht zu einem Aha-Erlebnis werden. Vielleicht ließe sich bei eingehenderer Untersuchung gar ein Kanon bürgerlicher Benimmregeln herausschälen, der eine bürgerliche Kultur und Lebensweise der letzten rund zweihundert Jahre epochenübergreifend verklammert.

72 In einigen Bereichen werden Stellenbewerber im Rahmen eines Assessment Centers nur zum Essen eingeladen, um zu prüfen, ob sie die geltenden Benimmregeln beherrschen. Das wirft noch einmal ein Licht auf die gegenwärtige Renaissance bürgerlicher Umgangsformen.

Körperhabitus' an der Wende vom 18. zum 19. Jahrhundert auf. Auch die aktuelle Rückbesinnung auf bürgerliche Werte erfolgt zu einer Zeit, in der bisherige Gewissheiten ins Wanken geraten sind: Mit dem Fall des Eisernen Vorhangs 1989/90 ist die vertraute Weltordnung weggebrochen, die Globalisierung hat einen ungezügelteren Kapitalismus freigesetzt, dem der Staat machtlos gegenüber zu stehen scheint, und hat gepaart mit neuen Kommunikationsmedien wie Internet, Email oder Handy zu einer zunehmenden Beschleunigung und Verdichtung der Arbeitswelt geführt, die allmählich auf andere Lebensbereiche ausgreift, traditionelle Familienstrukturen lösen sich immer mehr auf. Analog zu den Versuchen um 1800, eine physische Ausdrucksseite von Bürgerlichkeit zu kreieren und zu etablieren, kann das heutige Wiederaufleben bürgerlicher Umgangs- und Lebensformen als Reaktion auf fundamentale Veränderungen in der Lebenswelt gewertet werden. In ihm manifestiert sich die Sehnsucht nach einer übersichtlichen, geordneten und verlässlichen Welt mit klar überschau- und kalkulierbaren Risiken, als die sich die Zeit des Kalten Krieges im Nachhinein darstellt – mit dem Staat als Garanten für wachsenden Wohlstand, der Möglichkeit des sozialen Aufstiegs sowie einem gesicherten finanziellen Auskommen im Alter, ohne permanente Angst vor dem drohenden Verlust des Arbeitsplatzes und mit der im Vergleich zur diffusen Bedrohung durch den islamistischen Terrorismus vermeintlich berechenbareren Gefahr eines Atomkrieges, die zudem im Rückblick unwirklich und somit weniger beängstigend anmutet.

Gegenwärtig lässt sich demnach dasselbe Phänomen wie um 1800 beobachten. Resultierend aus einer als krisenhaft erfahrenen Gegenwart wird im einen wie im anderen Fall ein Zurück zu einem ideal gedachten Zustand propagiert, der durch reale Entwicklungen längst unterlaufen und überholt ist.

Rhetorik und Schauspielkunst

Dietmar Till

Wer über Schauspielkunst in der Frühen Neuzeit schreiben möchte, muss bei der antiken Rhetorik beginnen. Das scheint nur auf den ersten Blick paradox. Denn bei näherer Überlegung werden die Parallelen deutlich: Redner wie Schauspieler tragen einen Text vor einem Publikum vor, um bei den Zuhörern etwas zu bewirken. Vor dem Hintergrund, dass die Rhetorik "neben der Philosophie das zweite und wahrlich nicht weniger einflußreiche Bildungssystem der Antike"[1] war, ist es einleuchtend, dass auch die Schauspieltheorie von der Kunst der Rede nicht nur beeinflusst, sondern von ihr weitgehend abhängig war. Hinzu kommt, dass es in der Antike zwar eine ausgeprägte Praxis der Schauspielerei, aber keine korrespondierende Theoriebildung gab, sodass auch die Autoren der Frühen Neuzeit keine andere Wahl hatten, als für ihre Theorie der schauspielerischen Darstellung auf Konzepte und Kategorien der antiken Ars rhetorica zurückzugreifen. Das bedeutet, dass eine Darstellung der Schauspielkunst also weit zurückgreifen und mit einer Darstellung der antiken Rhetorik beginnen muss. Das ist kein Umweg, sondern liegt in der eminenten Wirkung der antiken Rhetorik auf das gesamte europäische Geistesleben begründet. Alle rhetorischen Lehrwerke der Frühen Neuzeit, ob in lateinischer Sprache oder der Volkssprache verfasst, setzen sich mit der Tradition der Alten auseinander, die als normativ aufgefasst wurde. Das in der Antike formulierte System der Bearbeitungsphasen der Rede prägte bis ins 19. Jahrhundert hinein den Aufbau der Lehrbücher bis in kleinste Details, und auch die in den antiken Rhetoriken niedergelegten Stilideale und kommunikativen Normen galten als weithin verbindlich.

Die Bedeutung rhetorischer Theoriebildung für die Schauspielkunst

Die antike Rhetorik ist die älteste Kommunikationstheorie Europas. Seit den Sophisten im Griechenland des 5. Jahrhunderts vor Christus wurde die Frage, wie ein Sprecher in einer kommunikativen Situation vor einer Zuhörerschaft wirkungsvoll, d. h. sachlich wie emotional überzeugend und persönlich glaubwürdig, reden kann, unter dem theoretischen Dach der Rhetorik verhandelt. In der "Rhetorik" des Aristoteles (4. Jahrhundert v. Chr.) lag das so genannte 'rhetorische System' in Grundzügen schon vor: Eine organisierte Abfolge von einzelnen Schritten und zugeordneten Normen, die ein Redner abarbeiten und befolgen muss, um am Ende einen geglückten kommunikativen Akt vollziehen zu können. Dieses System der Rhetorik besteht nach kanonischer Vorstellung aus fünf Schritten, den so genannten 'Aufgaben des Redners' (*officia oratoris*) oder 'Teilen der Rhetorik' (*rhetorices partes*): Auf die Analyse der Redesituation und das Finden von geeigneten Argumenten (die *inventio*) folgt die Anordnung der Argu-

1 Klaus Dockhorn: Rez. v. Heinrich Lausberg, Handbuch der literarischen Rhetorik, in: Göttingische Gelehrte Anzeigen 214 (1962), S. 177–196, hier S. 196.

mente (die *dispositio*) und schließlich die Herstellung des eigentlichen Rede-Textes, die *elocutio*. Der Redner muss dabei beachten, dass sein Text den gängigen Sprachnormen entspricht (also grammatisch und idiomatisch korrekt ist), der Sache und dem Publikum angemessen, verständlich (und nicht dunkel) und nicht zuletzt ästhetisch ansprechend ist. Gerade die sprachliche Schönheit oder Erhabenheit einer Rede dient nach Ansicht der Rhetoriker unmittelbar der Erzeugung von Überzeugung. Auf die ersten drei Arbeitsstadien folgt das Auswendiglernen der Rede unter Zuhilfenahme spezieller Techniken (*memoria*) und schließlich das Aufführen und Präsentieren der Rede vor dem Publikum (*actio/pronuntiatio*). Letzteres ist die Schnittstelle von Rhetorik und Schauspielkunst.[2] Die Forschung hat traditionell dem Komplex des Vortrags wenig Beachtung geschenkt,[3] weitaus weniger als dem zumeist von Philosophen beackerten Feld der Argumentationstheorie oder der rhetorischen Stiltheorie, die in der Literaturwissenschaft häufig sogar mit 'Rhetorik' überhaupt gleichgesetzt wird.

Das rhetorische System ist von zwei Differenzen durchzogen: Vom Unterschied zwischen den Dingen (*res*, dem 'Stoff') und den Wörtern (*verba*) einerseits – zuerst werden Argumente gesucht und in eine angemessene Ordnung gebracht, dann der eigentliche Text angefertigt – und von der Differenz zwischen dem *Text* als Endprodukt der *elocutio* und der *Performanz*, dem Memorieren und Aufführen des fertigen Redetextes, andererseits.

Letztere hatte in der Geschichte der Rhetorik in gewisser Weise eine prekäre Position inne, und dies erklärt zugleich die Vernachlässigung dieses Gebiets durch die Forschung. Denn zum einen gibt es in den Lehrbüchern eine ganze Reihe von Erzählungen, die von den Theoretikern immer wieder neu formuliert werden. Sie betonen – wie bereits Aristoteles im dritten Buch seiner "Rhetorik"[4] – die Wichtigkeit der Performanz für den kommunikativen Erfolg des Redners. Zum anderen nimmt dieses fünfte und letzte der *officia oratoris* in den Rhetoriken stets eine untergeordnete Rolle ein, wenn man den Umfang der Ausführungen als Maßstab nimmt. Der Vortrag wird in den Lehrbüchern geradezu zum Appendix einer auf den Text regelrecht fixierten Redelehre. In Ciceros Dialog "De oratore" (55 v. Chr.) heißt es: "Der Vortrag, sage ich, hat in der Redekunst allein entscheidende Bedeutung. Denn ohne ihn gilt auch der größte Redner nichts, ein mittelmäßiger, der ihn beherrscht, kann aber oft die größten Meister übertreffen."[5] Die Wertschätzung der Vortragskunst durch den Meisterredner Cicero hindert ihn aber im weiteren Verlauf der Argumentation nicht daran, die *actio* nur sehr knapp und auf wenigen Seiten, kurz vor dem Ende des Dialogs abzuhandeln.

Die antiken Anekdoten, welche die Bedeutung einer guten *actio* für den Erfolg des Redners herausstreichen, kreisen allesamt um die Figur des griechischen Meisterredners Demosthenes. Von ihm berichtet der römische Rhetorikprofessor Quintilian in seiner "Institutio oratoria" (um 95 n. Chr.) folgende Geschichte, auf die in späteren Zeiten immer wieder zurückgegriffen wurde: "Hat doch auch Demosthenes" – so der römische Rhetor über die Zentralstellung der *actio* – "auf die Frage, was bei der ganzen Aufgabe, die der Redner zu leisten hat, an die erste Stelle zu setzen sei, den Siegesplatz dem Vortrag verliehen und ihm auch weiter den zweiten und den dritten Platz [zuerkannt], bis man aufhörte, weiterzufragen, so daß es öffentlich war, daß er ihn nicht nur für die Hauptsache, sondern für das einzige, [was letztlich zählt] erkannt hatte."[6]

2 Ich nenne hier die wichtigsten Überblicksdarstellungen: Dene Barnett: The Art of Gesture: The Practices and Principles of 18th Century Acting, Heidelberg 1987; Alexander Košenina: Anthropologie und Schauspielkunst. Studien zur 'eloquentia corporis' im 18. Jahrhundert, Tübingen 1995; eine Vielzahl von Einzelstudien bietet Wolfgang F. Bender (Hrsg.): Schauspielkunst im 18. Jahrhundert. Grundlagen, Praxis, Autoren, Stuttgart 1992.

3 Karl-Heinz Göttert: Geschichte der Stimme, München 1998; Volker Kapp (Hrsg.): Die Sprache der Zeichen und Bilder. Rhetorik und nonverbale Kommunikation in der frühen Neuzeit, Marburg 1990; Georg Wöhrle: Actio. Das fünfte officium des antiken Redners, in: Gymnasium 97 (1990), S. 31–46. Vgl. auch Jan Bremmer/Herman Roodenburg (Hrsg.): A Cultural History of Gesture. From Antiquity to the Present Day, Cambridge 1991. Der Band greift insbesondere in die Kunstgeschichte aus, bietet rhetorikhistorisch aber nur wenig brauchbare Informationen.

4 Aristoteles: Rhetorik III,1,2; 1403b (Übers. Gernot Krapinger).

5 Cicero: De oratore III,213 (Übers. hier wie auch im Folgenden von Harald Merklin).

6 Quintilian: Institutio oratoria XI,3,4. (Übers. – wie auch in allen folgenden Zitaten – von Helmut Rahn).

Demosthenes brachte von Natur aus eine nur wenig Erfolg versprechende Anlage mit: Er stotterte nämlich, kurierte sich aber, wie Plutarch uns in seiner Biographie berichtet, durch eine extreme Form der körperlichen Selbst-Disziplinierung.[7] Demosthenes trainierte mit Kieselsteinen im Mund das Vortragen seiner Reden immer und immer wieder und schrie gegen das Tosen der Brandung der Ägäis an – bis er seinen artikulatorischen Defekt soweit im Griff hatte, dass ihm daraus kein rhetorischer Nachteil erwuchs. Seine offensichtlich rhetorisch wenig vorteilhafte Gestik und sein ständiges Hochziehen der Schulter soll er dadurch in den Griff gebracht haben, dass er bei Übungen eine Lanze über sich anbrachte, die ihn stechen sollte. Man sieht hier, wie 'richtiges' körperliches Verhalten in einen Rahmen eingepasst wird, der vom Prinzip der Wirksamkeit bestimmt wird und wie rhetorische Ausbildungstechniken den Körper – nicht in einem übertragenen Sinne, sondern in der Realität – disziplinieren.

Das Exempel des Demosthenes rückt einen Aspekt ins Zentrum, der im sprach- und stilfixierten Bild von Rhetorik, wie es heute immer noch populär ist, häufig ausgeblendet wird: Dass die Rhetorik nämlich nicht nur eine vielleicht etwas ästhetizistisch anmutende Kunst ist, Dinge, über die man reden möchte, in ansprechender sprachlicher Gestalt, mit rhetorischen Tropen und Figuren geschmückt, vorzutragen, sondern dass sie daneben auch eine handfeste körperliche Seite hat, welche die *ars rhetorica* in die Nähe des Sports rückt: Ständiges Training nämlich – also die *exercitatio* in rhetorischer Terminologie – kennzeichnet den Gang der Ausbildung zum Redner, der neben der Vermittlung der rhetorischen Theorie und der Auseinandersetzung mit Mustern immer auch einen hohen Grad an ganz praktisch ausgerichteter Perfektionierung beinhaltete. Die Ausbildung zum Redner gleicht also – so ein Vergleich, den wir insbesondere in der "Institutio oratoria" des römischen Rhetorikprofessors Quintilian allerorten finden – der eines Athleten, eines Sportlers, der seinen Körper täglich fordern muss, will er Höchstleistungen vollbringen.

Körperliche Beredsamkeit als Sprach-Gestus

Dabei hat sich die Lehre von der *actio* oder der *pronuntiatio* – bezeichnet Ersteres eher die körperliche Beredsamkeit, also die Gesten und Gebärden (*gestus*) und das Mienenspiel (*vultus*), so Letzteres den stimmlichen Vortrag der Rede – rhetorikhistorisch betrachtet erst recht spät entwickelt und dabei immer wieder entscheidende Impulse aus der zeitgenössischen Theaterpraxis erfahren. Die Schauspielkunst ist also nicht nur von der Rhetorik abhängig, sondern steht ihrerseits in einem fruchtbaren Austausch mit der Kunst der Rede.[8] Wiederum von Demosthenes wissen wir – Quintilian berichtet darüber (XI,3,7) –, dass er sich von Schauspielern in der Kunst des Vortrags hat unterrichten lassen. Vor einem Spiegel hat er alle Gesten sorgfältig einstudiert. Und auch Aristoteles weist in seiner Rhetorik auf die mögliche Vorbildfunktion der Schauspielkunst hin. Wie nämlich auch die Schauspieler – so führt er am Beginn des dritten Buches aus – durch ihre Vortragskunst größeren Ruhm erlangten als die Dichter, so auch jene Redner, die ihre körperliche Beredsamkeit als Überzeugungsmittel gekonnt einzusetzen vermögen. Nicht zuletzt die Semantik des griechischen Äquivalents von *actio*, *hypókrisis*, weist

7 Plutarch: Vitae X.

8 Zu diesem Komplex vgl. Franz-Hubert Robling: Redner und Rhetorik. Studie zur Begriffs- und Ideengeschichte des Rednerideals, Hamburg 2007, S. 35f.

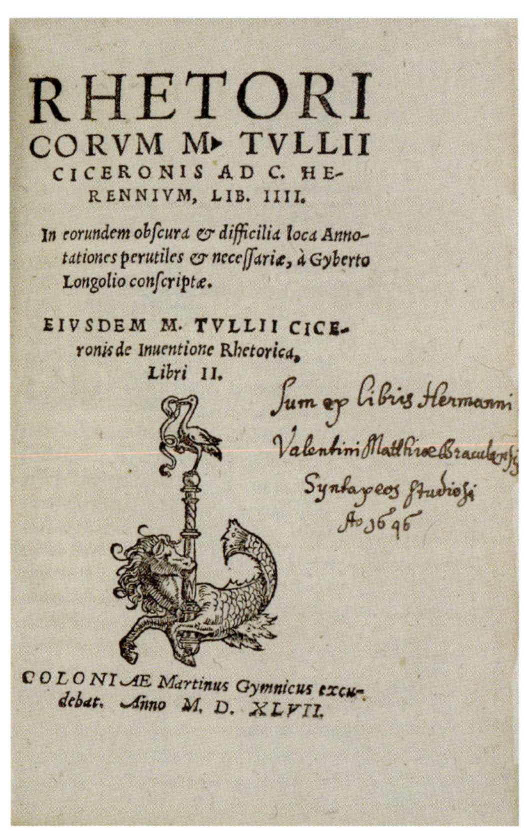
RHETORI
CORVM M. TVLLII
CICERONIS AD C. HE-
RENNIVM, LIB. IIII.

In eorundem obscura & difficilia loca Annotationes perutiles & necessariæ, à Gyberto Longolio conscriptæ.

EIVSDEM M. TVLLII CICEronis de Inuentione Rhetorica, Libri II.

COLONIÆ Martinus Gymnicus excudebat. Anno M. D. XLVII.

Abb. 35

auf die enge Verwandtschaft von rhetorischer Performanz und Schauspielkunst hin: Bei der *hypókrisis* geht es nämlich wie beim Spiel auf der Bühne um Darstellung. Da in Griechenland schon früh über das Schauspiel reflektiert wurde, bot es sich an, diese Überlegungen in die rhetorische Theorie zu integrieren.[9] Wir haben es bei der *hypókrisis/actio* also mit einem interessanten Scharnierbegriff zu tun, einer Schnittstelle zwischen zwei Wissensbereichen. Von dem römischen Meisterredner Hortensius, der als Vertreter des üppig-schwülstigen asianischen Stils eine extrem ausladende und exaltierte Form des Vortrags gepflegt haben soll, etwa wissen wir, dass Roscius und Äsop, zwei der größten Schauspieler ihrer Zeit, seinen Reden zugehört haben, um daraus für ihre Schauspielkunst zu profitieren.[10]

Eine theoretische Konzeptualisierung der *actio*-Lehre allerdings gelingt erst in römischer Zeit (ein entsprechendes Werk des Aristoteles-Schülers Theophrast ist uns zumindest nicht überliefert). Die erste Rhetorik, die alle Teile des rhetorischen Produktions-Systems abhandelt, ist die anonyme "Rhetorica ad Herennium", entstanden zwischen 86 und 82 v. Chr. Sie enthält auch die älteste überlieferte systematische Darstellung der rhetorischen Vortragslehre (Abb. 35). Wie schon in dem Demosthenes zugeschriebenen Diktum, so hält auch der anonyme Autor den Vortrag für die entscheidende Aufgabe, die ein Redner bewältigen muss. Eine kunstvoll ausgearbcitete Rede vermag ohne entsprechenden Vortrag wenig, ein mittelmäßiger Text dagegen kann, entsprechend überzeugend vorgetragen, durchaus beträchtliche Überzeugungskraft entfalten. Analogc Ausführungen finden wir auch bei Cicero und Quintilian, sie gehören zur Topik der Darstellung der Vortragskunst.[11] In der anonymen "Rhetorica ad Herennium" wird das Gebiet der Vortragskunst erstmals strukturiert: Gerade durch seine terminologische Unterscheidung von Stimmführung (*figura vocis*) und Körpersprache (*motus corporis*) als den zwei Teilgebieten der Vortragskunst wird das Lehrbuch einflussreich.[12] Auf das durchaus etwas dürre System soll im Folgenden nicht eingegangen werden. Spannender scheint die "Rhetorica ad Herennnium" vor allem deshalb, weil sie einen für die Rhetorik als Kunstlehre des wirkungsvollen Sprechens entscheidenden Punkt thematisiert, der das Nachdenken über den Vortrag von Anfang an geprägt hat: Die Schnittstelle von *natura* und *ars*, von Naturanlage, die der Redner durch die Geburt mitbringen muss, und den Möglichkeiten von Ausbildung und Schulung durch die *ars rhetorica*. Der Diskurs um die *actio* und *pronuntiatio* ist also immer ein Grenzdiskurs, und diese Grenze wird wesentlich durch den Körper, seine Leistungsfähigkeit, seine Trainierbarkeit und seine möglichen Defekte markiert. Das Thema des Verhältnisses von *natura* und *ars* ist eines der grundlegenden der Rhetoriktheorie überhaupt, geht es doch letztlich um die entscheidende Frage, ob man überhaupt zu einem guten Redner ausgebildet werden kann – oder dazu geboren werden muss. Kein Systembereich der Rhetorik führt diese Crux der Rhetoriktheorie aber mit größerer Entschiedenheit

9 Ursula Maier-Eichhorn: Die Gestikulation in Quintilians Rhetorik, Frankfurt a. M. 1989, S. 12.

10 Bernd Steinbrink: Actio, in: Historisches Wörterbuch der Rhetorik 1 (1992), S. 43–74, hier S. 45.

11 Steinbrink, Actio (s. Anm. 10), S. 47.

12 Rhetorica ad Herennium III,XI,19 (Übers. Theodor Nüßlein).

vor Augen als die *actio*-Theorie: Das zeigt letztlich auch das Beispiel des Demosthenes.

Der "Auctor ad Herennium" beantwortet die Frage nach der prinzipiellen Möglichkeit einer Verbesserung, wie es für die römische Rhetorikthcorie insgesamt typisch ist, durchaus positiv; anderes wäre ja auch in einem Lehrbuch der Rhetorik, einer *ars rhetorica*, kaum möglich gewesen. Die Anlagen sind zwar unverzichtbar, so der Auctor, aber bei entsprechender Schulung lässt sich einiges an Verfeinerung und Verbesserung der Vortragsfähigkeiten erreichen.

Die Ausführungen, die Cicero am Schluss seines Dialogs "De oratore" (um 55 v. Chr.) macht, ergänzen die Darstellung des Auctor ad Herennium. Auch Cicero wählt einen systematischen Ansatz. Er unterteilt das Gebiet der Vortragskunst in Stimme, Mimik und Gestik. Zu allen drei Teilbereichen der *actio* liefert er ausführliche Ratschläge, und auch er geht von der Denkfigur der *natura-ars*-Dialektik aus, nach der die Beherrschung der rhetorischen Kunst auf den natürlichen Anlagen aufsetzt, diese veredelt und verfeinert – und durch die Beherrschung der *ars* erst den wahren Redner macht.[13] Interessanter scheinen mir einige Überlegungen zur Differenz zwischen rhetorischer Vortragskunst und der Schauspielkunst zu sein, die Cicero – der wie Demosthenes selbst bei Schauspielern in die Schule gegangen war – im Verlauf der Argumentation immer wieder anstellt. Zentral dafür ist seine Beobachtung der Zeichenhaftigkeit von Stimme, Mimik und Gestik: Jede Regung des Gemüts, so schreibt Cicero,

> "hat von Natur ihren charakteristischen Ausdruck in Miene, Tonfall und Gebärde. Der ganze Körper eines Menschen, sein gesamtes Mienenspiel und sämtliche Register seiner Stimme klingen wie die Saiten eines Instruments, so wie sie jeweils die betreffende Gemütsbewegung anschlägt. Denn Stimmen sind gespannt wie Saiten, die entsprechend der jeweiligen Berührung reagieren, hoch und tief, schnell und gemessen, laut und leise."[14]

Cicero streicht besonders die Rolle des Seh-Sinnes heraus: Das Mienenspiel gilt ihm als universelle Zeichen-Sprache, die, da sie auf natürlichen Codes basiert, für alle verständlich ist – und aus dem damit verbundenen Gefährdungspotential für den Redner leitet er die Notwendigkeit ab, diese Sprache der Mienen und Gebärden auch beherrschen zu müssen:

> "Deshalb ist nächst der Stimme", so heißt es, "bei unserem Vortrag das Mienenspiel bedeutsam, das aber wird von unseren Augen bestimmt. Dabei wohnt auch all dem, was zum Vortrag gehört, eine gewisse naturgegebene Kraft inne. Deshalb werden auch durch sie die Laien, die breite Masse, ja selbst die Barbaren zutiefst beeindruckt. Denn Worte machen nur auf den Eindruck, der durch das Band derselben Sprache mit dem Redenden verbunden ist, und pointierte Formulierungen entgehen oft den Menschen, deren Aufmerksamkeit nicht geschärft ist. Der Vortrag, der die Regung des Gemüts zur Schau trägt, spricht sie alle an. Denn aller Menschen Herzen werden von denselben Regungen bewegt, und an denselben Zeichen, die sie bei ihnen selbst bezeichnen, erkennen sie sie auch bei anderen."[15]

Die *actio* ist also die 'Sprache des Körpers' (*sermo corporis*).[16]

In der Unmittelbarkeit, mit der sich alle Regungen des Inneren auf der Körperoberfläche unverstellt und, was schwerer wiegt, auch unverstellbar zeigen (oder zeigen könnten), liegt für Cicero eine der Gefahren der körperlichen Beredsamkeit, die

13 Vgl. auch Robling, Redner und Rhetorik (s. Anm. 8), S. 29–40.

14 Cicero: De oratore III, 216.

15 Cicero: De oratore III, 223.

16 Cicero: De oratore III, 222.

der Redner nur schwer zu bewältigen vermag. Er soll deshalb gerade nicht wie die Schauspieler jedes Wort durch eine besonders exaltierte und ausdrucksvolle Geste auf der Bühne unterstreichen, sondern in Mienenspiel und Körperbewegung zurückhaltend sein und es eher bei Andeutungen belassen. Körperbeherrschung ist dabei zentral, denn sie ermöglicht dem Redner ein wirkungsvolles Spiel von Emphase und Verbergen, setzt ihn also in die Lage, durch eine entsprechende Dosierung die natürlichen Zeichen strategisch so zu verwenden, als wären es künstliche Zeichen mit willkürlicher Bedeutung. Anders gesprochen: Mit der Kontrolle über Stimme, Gebärde und Mimik eröffnet sich für den Redner das Reich der Lüge, die Möglichkeit, sich zu verstellen oder zu simulieren. Deshalb markiert gerade jenes Spiel mit dem stärksten Affekt, dem Weinen, für die Theoretiker die Meisterschaft rhetorischer Vortragskunst. Diese heftigste Emotion muss vom Redner überzeugend simuliert werden, sodass sie vom Zuhörer als authentisch wahrgenommen und auf diese Weise ihre Wirksamkeit erst entfalten kann. Zugleich aber muss der Redner, vom Affektsturm selbst mitgenommen und in Gefahr, von seinen simulierten Affekten selbst affiziert zu werden, einen kühlen Kopf bewahren. Die Beherrschung einer solchen Affektkontrolle markiert die Krönung der Beredsamkeit. Anders als der Schauspieler, so Cicero, kann der Redner nicht dadurch Distanz gewinnen, dass er sich der Bühnensituation gewahr wird. Als Redner nämlich sei er ein Akteur, der mitten in der Realität agiert, während die Schauspieler nur nachahmten, also eine Distanz zu ihrem Gegenstand einnähmen.[17]

Diese Überlegungen finden sich in der Folgezeit auch in anderen Rhetoriken. Das mit Abstand umfangreichste Lehrbuch der Antike ist Quintilians 'Institutio oratoria'. Dort gibt es ein sehr einflussreiches Kapitel (XI,3) zur Kunst des Vortrags (Abb. 36). Quintilian nimmt darin zunächst Ciceros Argumentation auf, liefert aber zu allen Einzelfragen von *actio* und *pronuntiatio* ausführliche Ratschläge und Regeln, die in der Frühen Neuzeit nahezu Gesetzeskraft hatten. Auch Quintilian setzt mit seinen Ausführungen an der Schnittstelle von *natura* und *ars* an, betont aber besonders die Bedeutung rhetorischer Schulung:

> "Dennoch gibt es Kritiker, die den ungeschulten und vom Schwung der Stimmung des Augenblicks getragenen Vortrag für stärker und einzig für wahrer Männer würdig halten, jedoch sind das gewöhnlich die gleichen Leute, die auch bei der Rede gern die Sorgfalt, Kunst, den Glanz der Form und alles, was nur durch fleißige Studien erzielt werden kann, als gesucht [*adfectata*] und nicht natürlich genug mißbilligen, oder die gar schon durch das Bäuerische ihrer Worte und des Tones selbst, wie es nach Cicero [in: 'De oratore' III,42; D.T.] L. Cotta gemacht haben soll, die Art der Alten zu übertreffen suchen. Jedoch mögen diese Leute sich in ihrer Überzeugung gefallen, es genüge für die Menschen, um Redner zu sein, auf die Welt zu kommen; doch mögen sie mit Nachsicht die Mühe betrachten, die wir uns machen, die wir glauben, nichts sei vollkommen, wo nicht die Natur durch unsere Sorge und Mühe [*cura*] gefördert werde."[18]

Obwohl Quintilian, wie es für die "Institutio oratoria" überhaupt charakteristisch ist, programmatisch das Konzept einer Kunst-Rhetorik (*artificiosa eloquentia*) vertritt, gibt er doch unumwunden zu, dass es Fälle gibt, bei denen jeder Rhetorikunterricht aussichtslos sei ("Institutio oratoria" XI,3,13). Das wird besonders an seinen Ausführungen zur Stimme des Redners deutlich. Hier gibt es eine *natura*-Seite, die den Spre-

17 Cicero: De oratore III, 215.

18 Quintilian: Institutio oratoria XI,3,10–11.

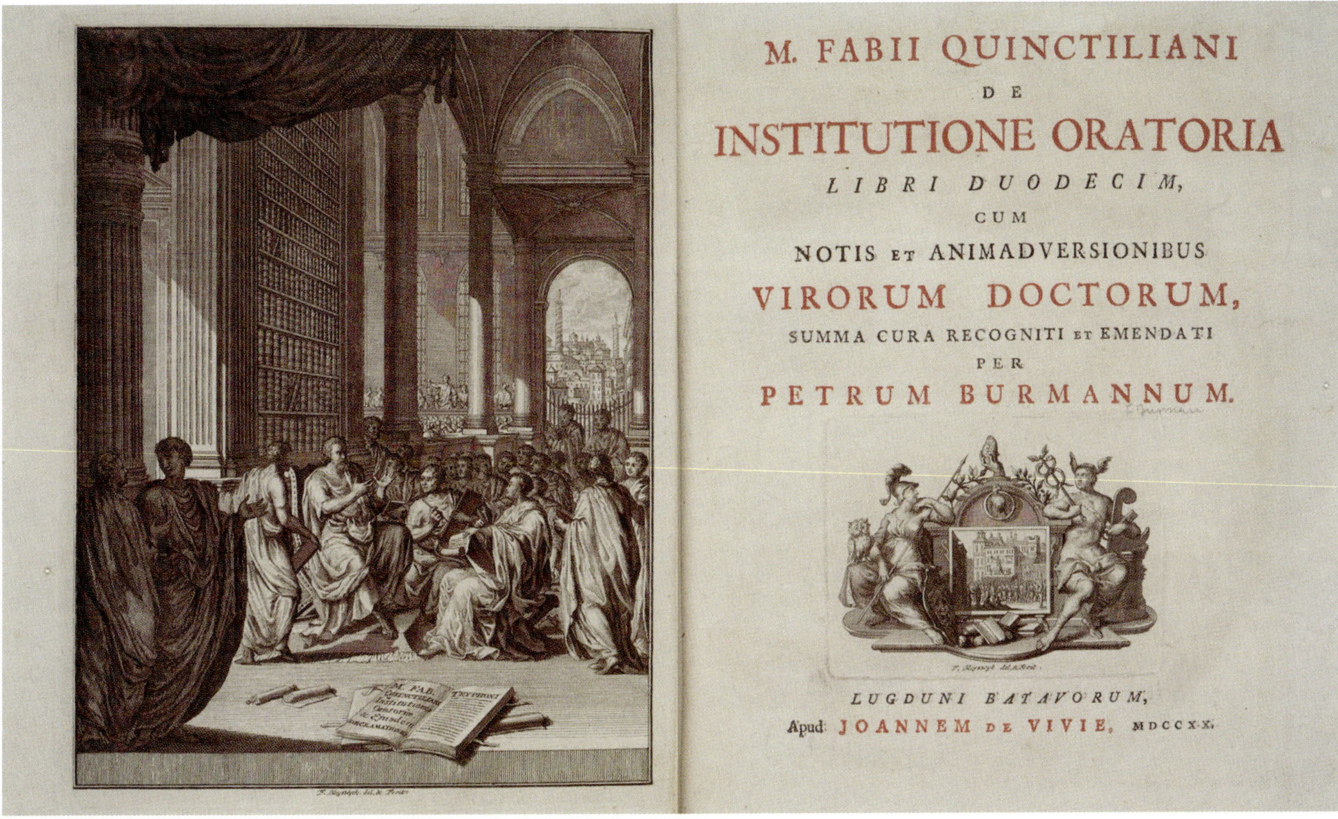

Abb. 36

cher in seinen Artikulationsmöglichkeiten limitiert, denn die Stimme ist durch Umfang (*quantitas*) und Klangform (*qualitas*) determiniert. Allerdings lässt sie sich durchaus trainieren, wie bei einem Sänger, auch wenn der Redner realistischere Übungen absolvieren muss: Quintilian empfiehlt das Auswendiglernen von Texten und das wiederholte laute Vortragen ("Institutio oratoria" XI,3,26).

Interessant sind vor allem Quintilians breite Ausführungen zu den Gebärden, und das aus zwei Gründen. Sie sind – erstens – theoriegeschichtlich bemerkenswert, weil er hier eine Verbindung zur Lehre von den Tropen und Figuren zieht. Die Art und Weise, wie Quintilian die Gesten definiert – nämlich pragmatisch: im Vollziehen der Gesten vollziehen wir zugleich eine Sprachhandlung – entspricht präzise der Definition der Figuren im entsprechenden Kapitel der "Institutio oratoria". Gesten sind also Sprachhandlungs-Gebärden, mit den Bewegungen der Hände

> "fordern, versprechen, rufen, entlassen, drohen, flehen, verwünschen, fürchten, fragen und verneinen wir, geben wir der Freude, der Trauer, dem Zweifel, dem Eingeständnis, der Reue, dem Ausmaß, der Fülle, der Anzahl und Zeit Ausdruck. Sind sie es nicht ebenfalls, die anspornen und verwehren, loben, bestaunen und die Achtung bekunden? Übernehmen sie zur Bezeichnung der Orts und der Person nicht die Rolle der Adverbien und Pronomina? So möchte ich, so verschieden die Sprachen bei allen Völkern und Stämmen sind, hierin die gemeinsame Sprache der Menschheit erblicken."[19]

Gesten repräsentieren einen universellen semiotischen Code jenseits einzelsprachlicher Konkretisierung. Sie sind, wie Quintilian im Anschluss an Cicero schreibt, natürliche

19 Quintilian: Institutio oratoria XI,3,85–86.

Zeichen, die von allen verstanden werden. Daneben unterscheidet Quintilian allerdings noch eine zweite Klasse von Gesten, die auf dem Prinzip der Konvention beruhen. Gerade solche Gesten soll der Redner sparsam einsetzen und nicht, wie die Theaterschauspieler, jedes einzelne Wort durch eine Geste noch zusätzlich unterstreichen.

Im Anschluss daran stellt sich – zweitens – die Frage, wie dieser universelle semiotische Code beschaffen ist. Dies ist die Frage nach dem Repertoire der Zeichen, dem Lexikon der Gebärden. Quintilian macht hier lange Ausführungen, die systematisch seinen Ausführungen zu den rhetorischen Figuren entsprechen. Wird dort die Frage nach dem Zusammenhang, der gegenseitigen Bedingung von sprachlicher Struktur und Funktion bzw. Wirkung durchgängig thematisiert (etwa in der Weise, dass eine bestimmte Figur einen bestimmten Affekt planmäßig hervorruft), so erörtert er im elften Buch die Frage, welche nonverbalen gestischen Zeichen bestimmten Affektlagen und Intentionen des Redners angemessen sind.

Quintilian geht von einer Art allgemeiner Geste aus, bei welcher der Mittelfinger mit dem Daumen kurzgeschlossen wird, und beschreibt in Abweichung davon alle möglichen Kombinationen von Fingern, immer mit der Perspektive auf die vom Redner intendierte Wirkung und das Verhältnis zum Text der Rede. Der irische Pädagoge Gilbert Austin hat 1806 in einem Werk mit dem Titel "Chironomia; or a treatise on rhetorical delivery" die Regeln der "Institutio oratoria" in Kupfertafeln gefasst, die Quintilians Ausführungen illustrieren (Abb. 37):

> "[1.] Die allgemeinste Gebärde aber, den Mittelfinger mit dem Daumen zusammenschließen, während die drei anderen Finger entfaltet bleiben, erweist sich sowohl für den Redeanfang als brauchbar und erfolgt dann durch gemächliches Vorstrecken mit einer leichten Bewegung nach beiden Seiten, wobei zugleich Kopf und Schultern sachte in die Richtung der Handbewegungen nachfolgen; sodann auch für den Erzählteil [= zweiter Teil der Rede, in dem der Sachverhalt dargelegt wird] zum Ausdruck der Bestimmtheit, jedoch dann weiter nach vorn ausholend; und schließlich auch beim Beschuldigen und Überführen zum Ausdruck der Schärfe des Angriffs; denn hier läßt man sie dann weiter und freier ausholen. [...] [2.] Auch zwei Mittelfinger kann man unter den Daumen schieben, und dann wirkt die Gebärde noch eindringlicher als die erstere, weshalb sie für den Anfangs- und Erzählteil [also den Beginn der Rede] nicht paßt. [3.] Wenn dagegen drei gekrümmte Finger vom Daumen festgeklammert werden, dann pflegt man den Finger [...] auszustrecken. Dieser kommt beim Anschuldigen und beim Anzeigen – woher er ja seinen Namen hat – zur Geltung; wird die Hand gehoben und zur Schulter gewandt, so dient er, leicht gebogen, zur Bekräftigung; erdwärts gewandt und gleichsam steil nach unten dient er zum Nachdruck; manchmal dient er auch zum Zählen. [4.] Wird der Zeigefinger von beiden Seiten an der Spitze leicht (von Daumen und Mittelfinger) erfaßt, während die zwei restlichen Finger mäßig gebogen werden, weniger jedoch der kleine Finger (als der Ringfinger), so ist die Gebärde zum erörternden Vortrag passend. Energischer erscheint jedoch die Beweisführung, wenn man mehr das Mittelglied (des Zeigefingers) festhält und die beiden letzten Finger um so mehr zusammenzieht, je stärker sich die beiden ersten gesenkt haben. [5.] Sehr passend für eine bescheidene Redeweise ist auch die Gebärde, die ersten vier Finger [also alle außer dem kleinen Finger] leicht nach oben gerichtet zusammenzuschließen, die Hand nicht weit vom Mund oder der Brust an uns zu ziehen und dann sie nach unten und ein wenig vorgestreckt zu lockern."[20]

Bestimmend ist also der Gedanke, dass es eine begrenzte Anzahl von Grundgesten gibt, die mit genau definierten Emotionen, die der Redner an besonderen Stellen sei-

20 Quintilian: Institutio oratoria XI,3,92–96. Zu den möglichen Interpretationsproblemen umfassend Maier-Eichhorn (s. Anm. 9).

Stellungen der Hände bey alten Rednern.
nach Quintilian l. n. c. 3.
43
44
45
46
47
48

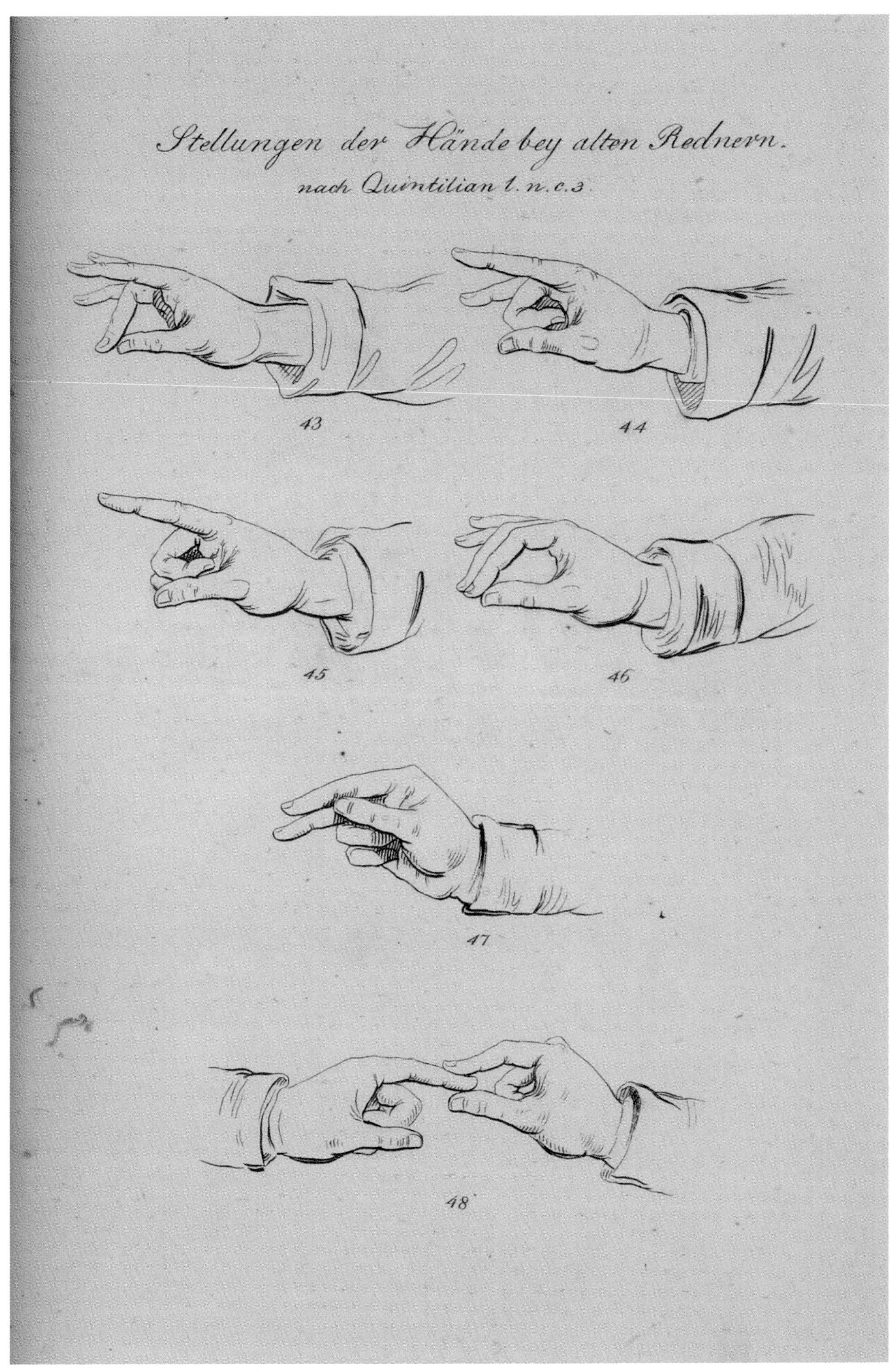

Abb. 37

ner Rede ausdrücken möchte, verknüpft sind: eine Grammatik der Gestik. Man staunt heute darüber, welch hohen Grad an Differenzierung diese Grammatik hatte. Kleinste Veränderungen der Fingerstellungen konnten bereits bedeutungsverändernd oder bedeutungstragend sein. So zumindest stellt es Quintilian in seinem Lehrbuch dar.

Rhetoriktheorie als Schauspieltheorie in der Frühen Neuzeit

Die antike Rhetorik ist für die frühneuzeitliche Schauspieltheorie von kaum zu unterschätzendem Einfluss. Eine antike Schauspieltheorie – im Sinne einer geschlossenen Lehre oder gar eines Lehrbuchs – gab es nicht, und alle Fragen der Körpersprache wurden im frühneuzeitlichen Unterrichtswesen innerhalb des Rhetorikunterrichts behandelt, zumindest an den protestantischen Gymnasien und Universitäten und den Jesuiten-Gymnasien (bzw. den Gymnasien, die vom jesuitischen Bildungswesen geprägt waren, wie die der Benediktiner). Rhetorikunterricht und Theater gingen im frühneuzeitlichen Bildungswesen Hand in Hand; sie sind funktional eng verzahnt und bilden eine Einheit. Insofern benötigte man bis zum 18. Jahrhundert auch keine ausgesprochene Schauspieltheorie: Alles stand bereits in den Rhetoriklehrbüchern.

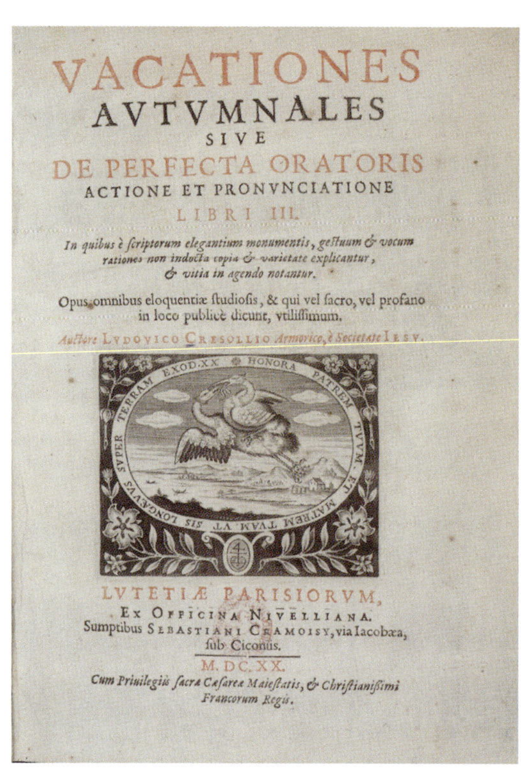

VACATIONES
AVTVMNALES
SIVE
DE PERFECTA ORATORIS
ACTIONE ET PRONVNCIATIONE
LIBRI III.

In quibus è ſcriptorum elegantium monumentis, geſtuum & vocum rationes non indocta copia & varietate explicantur, & vitia in agendo notantur.

Opus omnibus eloquentiæ ſtudioſis, & qui vel ſacro, vel profano in loco publicè dicunt, vtiliſſimum.

Auctore LVDOVICO CRESOLLIO *Armorico, è Societate* IESV.

LVTETIÆ PARISIORVM,
EX OFFICINA NIVELLIANA.
Sumptibus SEBASTIANI CRAMOISY, via Iacobæa, ſub Ciconiis.

M. DC. XX.

Cum Priuilegiis ſacræ Cæſareæ Maieſtatis, & Chriſtianiſſimi Francorum Regis.

Abb. 38

Schauspieltheorie und Rhetorik werden gleichgesetzt. Das bedingte allerdings durchaus ein Abgrenzungsproblem, vor das sich ganz ähnlich bereits die antiken Rhetoriker gestellt sahen. Cicero und Quintilian beziehen sich zwar häufig auf das Anregungspotential des Theaters, grenzen sich aber mindestens ebenso oft von einer allzu ausgeprägten Mimik und Gestik auf dem Theater ab. Schon der Humanist Jodokus Willich (1501–1552), der 1540 einen "Liber de pronunciatione Rhetorica doctus et elegans" veröffentlicht hatte, reagierte auf dieses Problem, indem er – vielleicht etwas einsilbig – forderte: "nos cum Quintiliano, non comoedum, sed oratorem volumus": "Wir wollen mit Quintilian keinen Komödianten, sondern einen Redner".[21] Der Redner sollte auf der Bühne sparsam mit seiner Mimik und Gestik agieren, eine Mahnung, die sich auch in zahlreichen frühen Schulordnungen findet.

Eigenständige Traktate, auch solche über die rhetorische *actio*-Lehre im engeren Sinne, sind vor dem Hintergrund einer Flut von Rhetoriklehrbüchern auf dem Buchmarkt seit dem Renaissance-Humanismus eher die Ausnahme, wenngleich es sie, wie das Beispiel Willichs zeigt, bereits im 16. Jahrhundert gegeben hat. Das vielleicht einflussreichste unter ihnen ist Louis de Cressolles' (1568–1634) 'Vacationes autumnales seu de perfecta oratoris actione et pronuntiatione' (der Titel bedeutet übersetzt 'Herbstferien oder über den vollendeten Vortrag des Redners'), zuerst 1620 in Paris erschienen (Abb. 38). Das Werk richtet sich in erster Linie an den Kleriker, der für Cressolles, der Jesuit war, ein Idealbild des Redners darstellt, erhebt aber durchaus auch einen über die geistliche

21 Alexander Rudin: Nachwort, in: Franz Lang: Abhandlung über die Schauspielkunst, Bern 1975, S. 326.

Rhetorik hinausgehenden, umfassenden Anspruch. Es ist mit stattlichen 706 Seiten zugleich das umfangreichste dieser Handbücher.[22]

Der Gang, den die *actio*-Theorie in den frühneuzeitlichen Lehrbüchern nimmt, soll an dieser Stelle nur kurz resümiert werden. Bedenkt man, dass die Rhetoriken wesentlich Kompilationen aus antiken und zum Teil auch frühneuzeitlichen Autoren darstellten, dann wird ihre relative inhaltliche Unselbständigkeit schon deutlich. Die knappen Ausführungen, die man etwa am Schluss von Cyprianus Soarez' (1524–1593) "De arte rhetorica libri tres", zuerst um 1560 erschienen und mit fast 200 Auflagen das Standardlehrbuch der Jesuiten, lesen kann, sind fast wörtlich den antiken Autoren entnommen.[23] Und Gleiches ließe sich auch am Beispiel der Kompendien etwa eines Gerhard Johannes Vossius (1577–1649), der das entsprechende Pendant zu Soarez für die protestantischen Schulen verfasst hatte, zeigen.[24] Ähnliches gilt für den *actio*-Teil in Johann Matthäus Meyfarts (1590–1642) "Teutscher Rhetorica oder Redekunst" von 1634, einem der ersten deutschsprachigen Rhetoriklehrbücher der Barockzeit.[25] Auch für den protestantischen Theologen, der sich hier Cicero anschließt, ist die Beherrschung der Aufführung das entscheidende Kriterium für den Erfolg des Redners:

> "Die schlimmeste Rede / wofern sie nicht wider die Ehrwürdige Väter / den Donaten vnd Priscianen [zwei wichtige spätantike Grammatiker, D.T.] sündiget / kan durch eine artige Außsprechung vnd vernünfftige Gebehrden ein solches Ansehen bekommen / daß man sich darüber verwundert. Dargegen kan die schöneste Rede / durch eine garstige Außsprechung dermassen verderbet werden / daß man sich dafür schewet."[26]

Meyfart behandelt in seiner Rhetorik nicht nur die einzelnen Gebärden und die Stimmführung, die zu den Teilen einer Rede und zu einzelnen rhetorischen Figuren und Tropen passt, sondern geht mit großer Detailfreude auch auf die einzelnen Teile des Körpers ein. Das Gesicht des Redners wird zum Text, in dem das Gegenüber lesen kann; der weise Redner muss deshalb den semiotischen Code kennen und beherrschen können, wie er am Beispiel der Augen und Wimpern ausführt:

> "Von den seltzsamen Geberden der Augen / ist zuwissen. Gar zuweit auffgesperrete Augen verrathen einen Narren / zugeschlossene einen Feind / halb zugeschlossene einen Schmeichler vnd Laurer / verstarrete einen Klotz / schläfferige einen Faulen / vnbeständige einen Hurer. Jedoch ist einem Redener erlaubet / wenn scharffsinnige Dinge vorfallen / vnd er sonsten auff etwas wartet / sich vber etwas verwundert / oder etwas verschmertzen vnd vbergehen wil / daß er mit den Augen zwintzele."[27]

Ähnliches gilt für die Stirn:

> "Wenn der Redener seine Stirn außhellet / vnd die Wimpern sittiglich streichen lesset / gibt er dem Zuhörer seyn freyes Gemüth vnd Freundschafft zuerkennen. Dargegen wenn der Redener seine Stirn runtzelet / die Wimpern eng zusammen zeucht / oder auch / in dem er ein Aug schleust / nur einen Wimper anzeucht / bedeutet solches Zorn vnd Grimmigkeit, Jedoch ist dem Redener erlaubet in trawrigen Zustande vnd betrübten Sachen die Stimm ein wenig zu halten / vnd die Wimpern ein wenig anzusehen."[28]

Wenn es in der Geschichte der rhetorischen *actio*-Lehre Innovation gab, dann in erster Linie auf dem Feld der Arrondierung und Systematisierung des Gebietes. Zentral

22 Kapp, Die Lehre von der actio (s. Anm. 3), S. 50; Göttert, Geschichte der Stimme (s. Anm. 3), S. 236 f.; Marc Fumaroli: Le corps éloquent: une somme d'actio et pronuntiatio rhetorica au XVIIe siècle, les Vacationes autumnales du P. Louis de Cressolles (1620), in: XVIIe siècle 33 (1981), S. 237–264.

23 Cyprianus Soarez: De arte rhetorica libri tres. Ex Aristotele, Cicerone et Quintiliano praecipue depromti, Köln 1577, S. 153–155.

24 Vgl. knapp Göttert, Geschichte der Stimme (s. Anm. 3), S. 227.

25 Johann Matthäus Meyfart: Teutsche Rhetorica (1634), hrsg. v. Erich Trunz, Tübingen 1977, II. Buch.

26 Meyfart, Teutsche Rhetorica (s. Anm. 25), II. Buch, S. 2.

27 Meyfart, Teutsche Rhetorica (s. Anm. 25), II. Buch, S. 43.

28 Ebd.

DE PRONVNTIATIONE.

LIBER NONVS.

Actio corporis eloquentia.

N ELOQVENTIÆ potiſſimùm exercitatione conformari ſolet actio, cuius vis maxima eſt, & ad omne momentum perſuaſionis efficaciſſima. Eſt enim corporis quædam eloquentia, quâ fit, vt animus optimis ſenſibus affluens in corpus emanet, eique ſui generoſam ſpeciem imprimat. Vt igitur lumen à ſole, ſic ab intima mente profluit actio, imò mens ipſa in actione ſe prodit, quaſi in ſpeculo, & per vultum, per oculos, per manus, per vocem, optimum eloquentiæ inſtrumentum, in exteriora ſeſe diffundit: cúmque ea, quæ interiora ſunt minus pateant multitudinis ingeniis, quæ omnia ex oculis metiri ſolet: contrà, quæ videntur, & audiuntur, vehementius animos per ſenſum transfuſa percellant, euenit, vt qui actione floruerint oratores, omne (quod aiunt) punctum ſemper retulerint: nec immeritò eandem eloquentiæ primariam, & penè vnam virtutem agnouit Demoſthenes.

Quamobrem, & ei, qui feriò decus affectat eloquentiæ, diligenter conformanda eſt, & omni ex parte perpolienda, quamquam ſuperuacaneum exiſtimo, de iis longam præceptorum ſeriem texere, qua potiùs è naturæ cuiuſque affectione, viua voce, & continuâ exercitatione petenda ſunt, quàm ex ſcriptorum monumentis expectanda: Qui enim hæc ſcrupuloſiùs inquirunt, ex libris, & exercitationi minimè inſiſtunt, idem mihi facere videntur, ac ſi quis, vt in ſtrenuum militem euaderet, gladiatorum dictata multa quamauidè colligeret, ludi verò gladiatorij aſpectum, & rudes, & petitiones, & declinationes nunquam digladiando experiretur. Eſt autem cuilibet promptius actionis vitia, & deformitates notare, quàm quid optimum ſit, in tanta corporum, & ingeniorum varietate definire.

Actio vſu potius diſcitur quàm præceptis.

AAaa ij

Abb. 40

hierfür ist die sehr umfangreiche Rhetorik "De eloquentia sacra et humana parallela" des Jesuiten Nicolas Caussin (1583–1651) in 16 Büchern, die zuerst 1619 in Paris erschien (Abb. 39).[29] Auch Caussin knüpft an die Autorität der antiken Rhetorik (vor allem an Quintilians ausführliche Darstellung der *actio*) an, systematisiert aber deren Aussagen, ordnet sie unter einzelne Rubriken und fasst Quintilians empirische Beobachtungen normativ auf (Abb. 40). Es entsteht ein regelhafter Katalog von Affekten mit zugeordneten gestischen und mimischen Ausdrucksmustern, eine, wie man dies in der Forschung genannt hat, "gestische [...] Kasuistik".[30] Im Kapitel über die Mimik geht Caussin die einzelnen Teile des Gesichtes durch und diskutiert ausführlich und unter

29 Zu Caussinus vgl. Barbara Mahlmann-Bauer: Nicolaus Caussinus' Affekttheorie im Vergleich mit Descartes' Traité sur les passions de l'âme, in: Johann Anselm Steiger (Hrsg.): Passion, Affekt und Leidenschaft in der frühen Neuzeit, Wiesbaden 2005, S. 353–390; Daniel M. Gross: Caussin's Passion and the New History of Rhetoric, in: Rhetorica 21 (2003), S. 89–112.

30 Rudin, Nachwort (s. Anm. 21), S. 325.

extensiver Zitation antiker und biblischer Schriftsteller deren Ausdruckspotential. Die sehr ausführlichen, bisweilen etwas hypertroph wirkenden Einlassungen haben ihrem Verfasser schon im 17. Jahrhundert Kritik eingebracht. Man sah, dass sich ein Feld wie das des Ausdrucks der Affekte aus dem Grund kaum in die Präzeptistik der Lehrbücher pressen ließ, weil dieses Wissen produktionsästhetisch kaum operationalisierbar scheint. In der ganzen Rhetorikgeschichte war die Vortragskunst immer dasjenige *officium* des Redners, das sich einerseits der Theoretisierung insofern entzog, als die Autoren übereinstimmend betonen, wie schwierig es sei, über den mündlichen Ausdruck in einem schriftlichen Text zu handeln. Andererseits relativiere die Rhetorik den Nutzen ausführlicher Regeln, weil gerade *actio* und *pronuntiatio* auf Naturanlagen basieren, die durch Übung nur verbessert werden können.

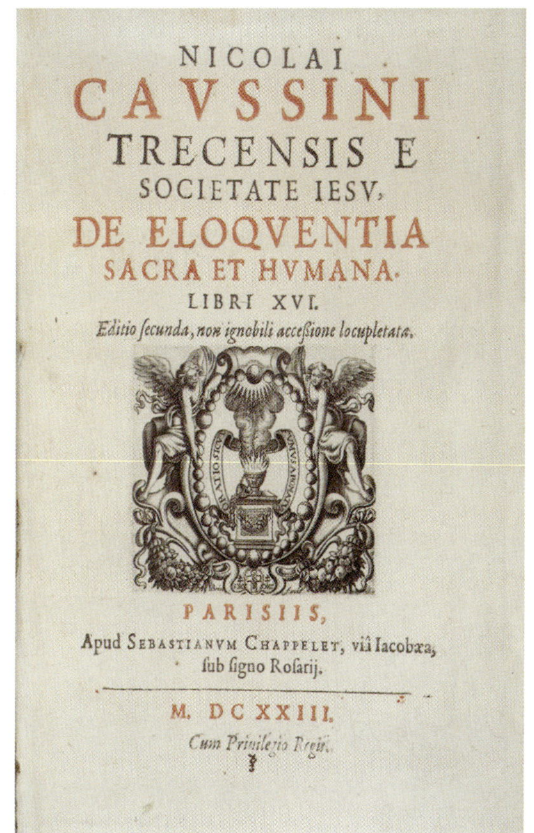
NICOLAI
CAVSSINI
TRECENSIS E
SOCIETATE IESV,
DE ELOQVENTIA
SACRA ET HVMANA.
LIBRI XVI.
Editio ſecunda, non ignobili acceſſione locupletata.
PARISIIS,
Apud SEBASTIANVM CHAPPELET, viâ Iacobæa,
ſub ſigno Roſarij.
M. DC XXIII.
Cum Priuilegio Regis.

Abb. 39

Mimik und Gestik – Neue Wissenschaften der Frühen Neuzeit

Ist Systematisierung des Wissens, wie bei Caussinus gesehen, die eine Stufe, so setzt sie sich mit der Ausdifferenzierung neuer Wissenschaften im 17. Jahrhundert auf einer höheren Stufe fort. 1644 erscheint in London ein Epoche machendes Werk zum Gebiet der Gestik, John Bulwers "Chirologia: or the naturall language of the hand [...] Whereunto is added Chironomia: or the art of manuall rhetoric". Das Buch gehört zu einer ganzen Reihe von Werken, in denen sich der Mediziner Bulwer (1606–1656), der auch Gehörlose unterrichtete, mit sprachtheoretischen und semiotischen Problemen beschäftigte. Die der Chiro*logie* korrespondierende Chiro*nomi*e fasst er als diejenige Disziplin auf, die Gesten und die ihnen zugehörige Bedeutung klassifiziert und wie in einem 'Orbis pictus' der Gestik bildlich in so genannten Chirogrammen festhält (Abb. 41). Bulwer glaubte, dass seine Gebärdensprache dadurch eine ähnliche Präzision erreichen könnte wie die mit verbalen Zeichen operierenden Einzelsprachen – und sie doch zugleich universell, also über die Einzelsprachen hinausgehend verstehbar sein könnte. Hierin besteht der Bezug zu den Universalsprachendebatten der Frühen Neuzeit, zu denen sein Werk ein gewichtiger Beitrag ist.[31] Bulwers Chirologie, die auf dem Weg zur heutigen Taubstummensprache einen Meilenstein darstellt, beruft sich dafür an vielen Stellen auf die "Institutio oratoria" Quintilians und bezeichnet sich selbst recht selbstbewusst als

31 Vgl. James Knowlson: Universal language schemes in England and France, Toronto 1975; Mary M. Slaughter: Universal language and scientific taxonomy in the seventeenth century, Cambridge 1982.

Abb. 41

eine "Neue Rhetorik".[32] Neben den beiden zusammengehörenden Werken zur Gestik hat Bulwer noch weitere Bücher vorgelegt, die ebenfalls in den skizzierten Zusammenhang gehören: In "Philocophus" (1648) geht es um das Lippenlesen für taube Menschen, in "Pathomyotomia" um die physiologische Basis des menschlichen Ausdrucks. In diesem Werk erscheint der Körper als ein System von Bedeutungen, das es zu lesen gilt. Alle Bücher Bulwers kreisen also um dieselben Grundprobleme einer Semiotik des Körpers.

Mit ähnlichem systematischen Anspruch agiert auch der Maler und Akademiedirektor Charles le Brun (1619–1690) in seiner Kunsttheorie (Abb. 42). Sie reagiert auf einen für das Frankreich der zweiten Hälfte des 17. Jahrhunderts charakteristischen Bedarf nach Verwissenschaftlichung, der Kunst wie Poesie gleichermaßen betrifft. Im Zentrum der zahlreichen Diskussionen steht die Frage, wie der Ausdruck der Gemütsbewegungen (*L'expression des passions*) systematisch erfasst, beschrieben und normativ gewendet werden kann. Der Katalog der Ausdrucksformen sollte den Malern nach dem Prinzip der Naturnachahmung als Vorbild dienen. Le Brun ist im 17. Jahrhundert der Erste, der das Thema auf einer wissenschaftlichen Grundlage angeht. Sein 1668 in der Académie Royale de Peinture et de Sculpture vorgetragener "Traité de passion", so der von ihm gewählte Titel, sollte dabei ganz bewusst auf sein methodisches Vorbild verweisen, Descartes' "Les passion de l'âme" (1649).[33] Le Brun übernimmt das "System seines Werkes, die Ordnung und Einteilung der Leidenschaften sowie ihre Beschreibung"[34] bis ins kleinste Detail aus Descartes' Werk, das erstmals eine systematische Beschreibung

32 Frey Roland Varwig: Chironomie, in: Historisches Wörterbuch der Rhetorik 2 (1994), Sp. 175–190.

33 Zu den Quellen ausführlich Jennifer Montagu: The Expression of the Passions. The Origin and Influence of Charles le Bruns' Conférence sur l'expression générale et particulière, New Haven 1994, S. 156–162.

34 Thomas Kirchner: L'expression des passions. Ausdruck als Darstellungsproblem in der französischen Kunst und Kunsttheorie des 17. und 18. Jahrhunderts, Mainz 1991, S. 35.

der Affekte des Menschen vorgelegt hatte. Descartes geht darin von dem Grundsatz einer unmittelbaren psychophysischen Wechselwirkung zwischen den Bewegungen der in der Zwirbeldrüse ("la glande pinéale") lokalisierten Seele und den Bewegungen des Körpers aus, die sich systematisch erfassen lassen. Dazu teilt er die Affekte in einfache und zusammengesetzte Leidenschaften ein, die sich korrespondierend in einfachen und zusammengesetzten Ausdrücken im Gesicht zeigten.[35] Es handelt sich um eine regelrechte Mechanik der Gesichtsbewegungen, die le Brun in seinem Werk formuliert, die auf individuelle Eigenheiten und kulturelle Prägungen keine Rücksicht nimmt. Dies wurde von den Zeitgenossen kritisiert, doch besteht in dieser Schematisierung gerade die Stärke von le Bruns Klassifikation menschlicher Mimik.

Abb. 42

Den Augenbrauen kommt bei le Brun eine zentrale Rolle zu, wie er sich überhaupt auf den Bereich der Mimik konzentriert, während die Gestik für ihn nicht so wichtig zu sein scheint. Sie sind der stärkste Ausdrucksträger im menschlichen Gesicht:

> "An ihrer Stellung läßt sich die grundsätzliche Richtung einer Leidenschaft ablesen: Handelt es sich zum Beispiel um ein *mouvement agréable* oder ist (körperlicher) Schmerz zu erkennen? Ergänzt werden ihre Bewegungen durch die des Mundes, der Nase, der Wangen, Augenlider, Augen und Pupillen. Hinzu kommen manchmal noch vergleichsweise nebensächliche Veränderungen wie die Bewegung der Stirn, der Haare oder die Verfärbung der Haut."[36]

Zur Veranschaulichung fertigt le Brun Zeichnungen der einzelnen mimischen Ausdrucksformen an, die sich heute in den Beständen des Pariser Louvre befinden.[37] Nach seinem Tod erschienen gedruckte Ausgaben des "Traité" in rascher Folge: 1696 wurde ein Teil der Illustrationen von Sébastien Le Clerc gestochen und in einer Pariser

35 Kirchner, L'expression des passions (s. Anm. 34), S. 34.
36 Ebd.
37 Abbildungen bei Montagu, The Expression of the Passions (s. Anm. 33), S. 128–140.

Edition publiziert, zwei Jahre später erschien in Amsterdam und Paris eine Oktav-Ausgabe mit Stichen von Bernard Picart. Beide Ausgaben erlebten eine Vielzahl von Editionen und Neuausgaben, die Bilder wurden teilweise auch in andere Werke und andere Kontexte übernommen.[38] Zu Beginn des 18. Jahrhunderts war der visuelle Mimik-Code le Bruns in weiten Teilen Europas bekannt; er hat nachweislich zahlreiche Maler beeinflusst.

Reden heißt Handeln: Der Körper in der Barockrhetorik

Daneben gab es im 17. Jahrhundert weitere Werke, die in konventionellerer Weise mit dem rhetoriktheoretischen Erbe der Antike umgingen. Das vielleicht am weitesten verbreitete, in verschiedenen Fassungen und Übersetzungen überlieferte Werk ist der "Traité de l'action de l'orateur, ou de la prononciation et du geste" des Michel le Faucheur (1585–1657), zuerst postum im vermutlichen Todesjahr 1657 erschienen. Das Werk wurde später häufig unter dem Namen seines Herausgebers, Valentin Conrart,

Abb. 43

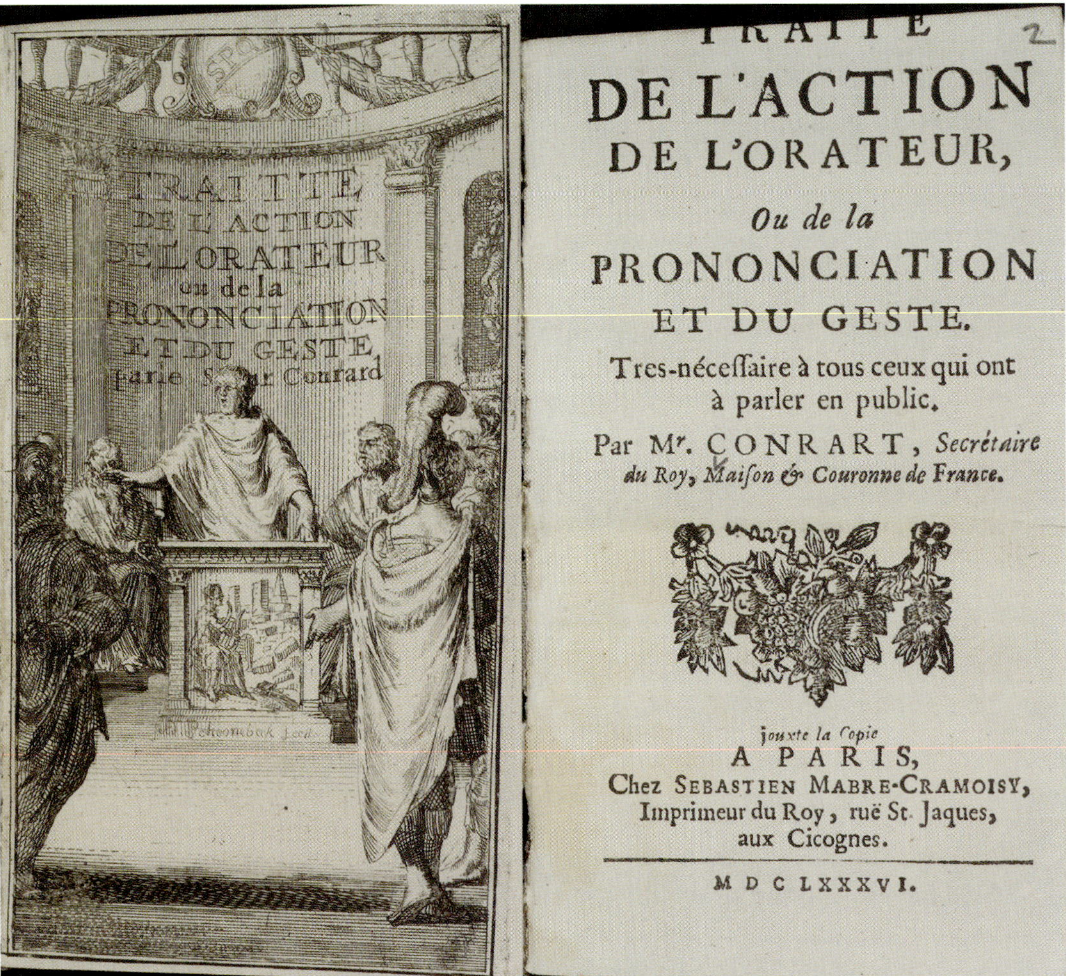

TRAITE
DE L'ACTION
DE L'ORATEUR,
Ou de la
PRONONCIATION
ET DU GESTE.
Tres-néceſſaire à tous ceux qui ont
à parler en public.
Par Mr. CONRART, *Secrétaire du Roy, Maiſon & Couronne de France.*

jouxte la Copie
A PARIS,
Chez SEBASTIEN MABRE-CRAMOISY,
Imprimeur du Roy, ruë St. Jaques,
aux Cicognes.
M D C LXXXVI.

38 Die einzelnen Ausgaben listet Montagu, The Expression of the Passions (s. Anm. 33), S. 175–187 auf.

publiziert (Abb. 43). Le Faucheur ist mit der antiken Darstellung der *actio*-Lehre unzufrieden, weil sich Quintilians Ausführungen, so heißt es in einer deutschen Ausgabe, die 1709 in Jena erschien, "nur vor Advocaten oder politische Oratores" schicken, nicht aber für Prediger, die er als Zielgruppe seines Werks im Blick hat.[39] Er verbindet dies mit einer sanften Kritik an der "Institutio oratoria" des Römers, deren Rezepte und Normen auf die heutige Zeit nicht mehr passten:

> "Uber dieß hat ietzt berührter Quintilianus unter vielen andern herrlichen Dingen dergleichen Lehren niedergeschrieben, welche ehedessen wohl üblich gewesen, aber heut zu Tage nicht mehr paßiren wollen, als zum Exempel: An die Stirne mit dem Finger zeigen, an den Kopff, Brust und Schenckel schlagen, mit dem Fusse auf die Erde stampfen etc."[40]

Solche Kritik gibt es schon in Philipp Melanchthons "Elementa rhetorices" vom Beginn des 16. Jahrhunderts. Melanchthon begründet mit einem analogen Argument, warum er die *actio* in seinem Lehrbuch übergeht.[41] Dies zeigt, dass der bisher skizzierte, affirmative Strang der Auseinandersetzung um Mimik und Gestik, der sie als eine Universalsprache begreifen möchte, um einen gegenläufigen, kritischen Strang zu ergänzen wäre. Von der Kulturabhängigkeit solcher Ausdrucksformen jedenfalls hatten die frühneuzeitlichen Theoretiker ein klares Bewusstsein. Sie folgten der antiken Norm nicht blind, jedenfalls trifft dies auf die reflektierten unter ihnen zweifellos zu.

Das Theater ist in dieses rhetorische Bildungsprogramm integral eingebaut. Schauspieltheorie und *actio*-Lehre sind im 17. Jahrhundert nicht zu trennen, Ersteres ist nur eine speziellere Anwendung des Letzteren. Das zeigt nicht zuletzt Christian Weises äußerst umfangreicher "Politischer Redner" (zuerst 1677). Der spätere Zittauer Schulrektor möchte den Rhetorikunterricht reformieren und auf die Erfordernisse der eigenen Zeit besser zuschneiden: Statt der langen monologischen Rede, die den Zeitgenossen häufig pedantisch erschien, möchte er den Schülern beibringen, wie man mit kürzeren und dialogischen Textsorten wie dem Kompliment situationsadäquat kommuniziert. Statt des häufig weltfremden lateinischen Schultheaters sollen deutschsprachige Schauspiele aufgeführt werden, die mehr Bezug zum späteren Leben haben. Dabei rückt auch die *actio* insgesamt stärker ins Zentrum der Ausbildung, denn die Beherrschung der körperlichen Beredsamkeit war für erfolgreiche Kommunikation im höfischen Kontext unabdingbar.[42]

Weises Programm bedeutet neben der Abkehr vom gelehrten Latein, zumindest teilweise, auch die Hinwendung zu aktuelleren Themen der Zeitgeschichte, die nun als würdiger Stoff für Reden gelten. Er erneuert das Anliegen der antiken Rhetorik, die Kunst der überzeugenden Rede lehren zu wollen, doch um den Preis einer Distanzierung von der antiken Systematik, die für seine zahl- und umfangreichen Lehrbücher nicht mehr die Struktur vorgibt.

Nicht überraschend ist deshalb, dass Weise der *actio* in seinen Lehrwerken keinen systematischen Ort zuweist und damit gegen den Strom der Rhetoriken des 17. Jahrhunderts schwimmt, welche die Ausführungen vor allem Quintilians immer feiner systematisiert hatten. Die umfangreiche Rhetorik des Jesuiten Cressolles sei dafür das beste Beispiel, und sie sei, so Weise in seinem "Freymüthigen und höfflichen Redner" (1693), komplett unbrauchbar.[43] Weise war nämlich zu der Erkenntnis gelangt, dass gerade im

39 [Johann Valentin Conrart:] Gründlicher Unterricht wie ein Geistlicher und Weltlicher ORATOR in der Aussprache und Gestibus sich manierlich und klug aufzuführen hat. [...], Jena 1709, S. 11.

40 Ebd.

41 "Actio uero longe alia nunc est, quam qualis apud ueteres fuit." (Philipp Melanchthon: Elementa rhetorices / Elemente der Rhetorik, hrsg., übers. u. komm. v. Volkhard Wels, Berlin 2001, S. 26). Die rechte *actio* lerne man deshalb ausschließlich durch die Nachahmung, *imitatio* (ebd.).

42 Wilfried Barner: Barockrhetorik. Untersuchungen zu ihren geschichtlichen Grundlagen, Tübingen 1970, S. 190ff.

43 Göttert, Geschichte der Stimme (s. Anm. 3), S. 241.

Falle der *actio* rein theoretische Unterweisungen bei den Schülern nicht viel ausrichten. Er lehrt die richtige Körpersprache deshalb praxisnah, nämlich durch das Theaterspielen. Nicht zu Unrecht geistert durch das gesamte 17. Jahrhundert der Topos vom Hof als Bühne des Lebens, von der Welt als Theater. Er zeitigte auch im Bereich der Rhetorik seine Wirkung, insofern er auf die enge Bindung von Sprache und Pragmatik hinwies: Reden sei Handeln, lautet ein viel zitierter Spruch.[44]

Weise wendet diesen Topos vom Welttheater radikal pragmatisch: Im "Politischen Redner" findet sich an zentraler Stelle ein langes Theaterstück, eine "Complimentir= Comödie".[45] Durch das Spielen sollen die Schüler die Erkenntnisse einüben, wobei Weise besonderen Nachdruck darauf legt, dass "die Personen alle Reden mit ihren gebührenden Gestibus vorbringen lernen."[46] Die praktische Übung verdrängt die Theorie der *actio*.

Schauspielkunst als Theorie und ihre Auflösung im Zeichen der 'Natürlichkeit'

Im Kontext der funktionalen Integration des Schauspielens in die Rhetorikausbildung ist auch die einzige im engeren Sinne theoretische Schrift über das Schauspielen zu sehen, die vor der Mitte des 18. Jahrhunderts in Deutschland erschien, die "Dissertatio de actione scenica" (Abhandlung über die Schauspielkunst) des Jesuiten Franz Lang (1654–1725) aus dem Jahre 1727 (Abb. 44). Es ist das Werk eines Theaterpraktikers: Lang war seit 1687 Rhetorikprofessor am Münchner Gymnasium und versorgte als *pater comicus* das Schultheater mit zahlreichen Stücken aus seiner Feder, die er gleich noch selbst inszenierte.[47] Die Schrift besteht formal aus zwei Teilen, die unterschiedliche Themenbereiche behandeln: Der erste Teil, der für unsere Fragestellung der einschlägige ist, befasst sich mit der Theorie des

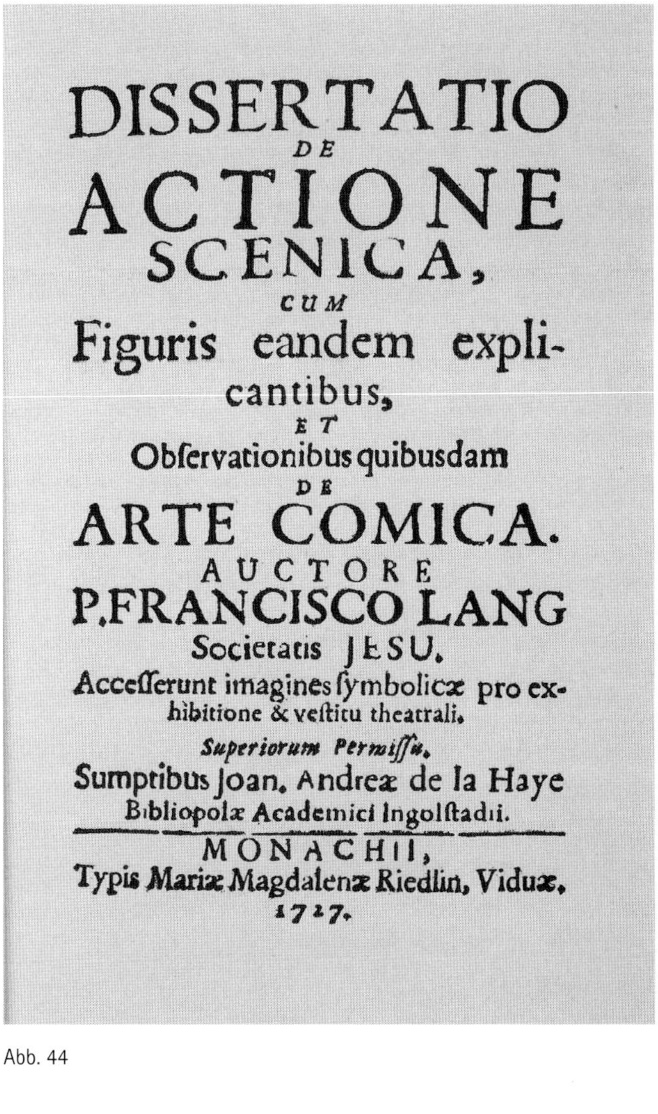

DISSERTATIO
DE
ACTIONE
SCENICA,
CUM
Figuris eandem explicantibus,
ET
Obſervationibus quibusdam
DE
ARTE COMICA.
AUCTORE
P. FRANCISCO LANG
Societatis JESU.
Acceſſerunt imagines ſymbolicæ pro exhibitione & veſtitu theatrali.
Superiorum Permiſſu.
Sumptibus Joan. Andreæ de la Haye
Bibliopolæ Academici Ingolſtadii.
MONACHII,
Typis Mariæ Magdalenæ Riedlin, Viduæ,
1727.

Abb. 44

44 Vgl. Barner, Barockrhetorik (s. Anm. 42), S. 86–93.

45 Christian Weise: Politischer Redner / Das ist / Kurtze und eigentliche Nachricht / wie ein sorgfältiger Hofemeister seine Untergebene zu der Wolredenheit anführen sol / [...], Leipzig 1681. Reprint Kronberg/Ts. 1974, S. 292–434. Die Erstausgabe erschien 1677.

46 Weise, Politischer Redner (s. Anm. 45), S. 292.

47 Rudin, Nachwort (s. Anm. 21), S. 313 f.

Schauspielens mit Fokus auf den Schauspieler als Akteur auf der Bühne (bzw. auf den Lehrer von schauspielernden Schülern), der zweite Teil behandelt allgemeine Fragen der Gattungspoetik des Dramas, wobei Lang den Verfasser solcher Texte (also im allgemeinen nicht die Schüler, sondern den Lehrer der Rhetorik-Klasse) im Blick hat. Die Differenz von Performanz und Text aus der antiken Rhetorik findet sich an dieser Stelle wieder.

Ansonsten beruft sich der Jesuit vor allem auf Cicero und Quintilian, deren Rhetoriklehrbücher für ihn die entscheidenden Autoritäten zum Thema sind. Gemessen an der Kritik, die zu Beginn des 18. Jahrhunderts an frühneuzeitlichen Theorien der Körpersprache, wie sie Cressolles und Caussin in ihren Rhetoriken vorgelegt hatten, auf breiter Front vorgebracht wurden, nimmt sich Langs Werk fast wie ein "Relikt" aus:[48] Die Wendung von den Bewegungen des Leibes und den Gebärden als der "Sprache des Körpers"[49] aus Ciceros "De oratore" (III, 222: *sermo corporis*) findet sich ebenso wie die kanonischen Überlegungen zur Rolle von *ars* und *natura* bei der Ausbildung der Schauspieler. Lang hat an dieser Stelle zweifellos auch seine eigenen Erfahrungen als Rhetorikprofessor verarbeitet. Wie auch für andere Jesuitenrhetoriken kennzeichnend, wird die Schauspielkunst in ein Programm einer religiös grundierten Moraldidaxe eingebaut, das wesentlich über die Erregung von Affekten funktioniert, die vom Schauspieler im Zuschauer erregt werden sollen – mit dem Endzweck einer moralischen Besserung.[50]

Der Aufbau von Langs Schauspieltheorie orientiert sich dabei am menschlichen Körper. Er wählt also eine ähnliche Disposition wie Quintilian in seiner "Institutio oratoria", doch gliedert er seine Darstellung stärker. Die Körpersprache (also Mimik und Gestik) werden wesentlich ausführlicher behandelt als die Stimmführung, bei der Lang das Problem sieht, sie angemessen in Form eines Lehrbuchtextes darzustellen. Das Training der Stimme sei mehr Frage praktischer Schulung als theoretischer Unterweisung, lautet sein Argument. Was die Körpersprache des Schauspielers betrifft, so geht Lang von den Schuhsohlen und Füßen aus – die Füße sollen auf der Bühne in Form eines Kreuzes stehen –, behandelt dann Knie, Hüfte, das Knien und Sitzen (mit geschlechtsspezifischen Unterschieden, so sollen die Mädchen die Knie stets geschlossen halten) und die Bewegungen von Armen, Ellenbogen und Händen.[51] Die Generalregel aus der antiken Rhetorik, wonach man die Hände nicht unter die Höhe des (heutigen) Gürtels senken und nicht über die Schultern erheben soll, gilt unverändert auch hier.[52] Einzig heftige Affekte, deren Körpersprache die Regeln des *decorum* bewusst verletzt und damit eine besondere Signalwirkung zu erzielen vermag, können es erfordern, dass der Schauspieler die Hände doch einmal höher hebt, wie dies etwa in dem Kupfer zur *tristitia* (Abb. 45) angedeutet ist. Auch über die Handschuhe, deren Verwendung Lang auf dem Theater nachdrücklich ablehnt, gibt es eine ausführliche Auseinandersetzung, die als Kritik an der Kostümpraxis der Hofbühnen zu werten ist.

Den Katalog der Gesten kompiliert der Jesuit aus den Lehrbüchern Ciceros, Quintilians, dem jesuitischen Lehrbuch "Ratio discendi et docendi" (1703) des Joseph Jouvancy und vor allem auch der umfangreichen Rhetorik des Caussinus mit ihren genauen Anweisungen. Ein längeres Zitat verdeutlicht, wie der Ausdruck der einzelnen

48 Göttert, Geschichte der Stimme (s. Anm. 3), S. 245.

49 Franz Lang: Abhandlung über die Schauspielkunst. Übers. u. hrsg. von Alexander Rudin, Bern 1975, S. 52 f.; dt. S. 201.

50 Lang, Abhandlung (s. Anm. 49), S. 11, dt. S. 163.

51 Lang, Abhandlung (s. Anm. 49), S. 27, dt. S. 178.

52 Lang, Abhandlung (s. Anm. 49), S. 28 f., dt. S. 279.

Affekte – von der Bewunderung über die Trauer hin zum Bereuen und Fürchten – an präzise definierte Gesten gebunden wird, mit denen der Redner handelt:

> "1. Wir bewundern, indem beide Hände erhoben werden und sich dem oberen Teil der Brust etwas nähern, wobei die Handflächen den Zuschauern zugekehrt werden. 2. Wir verschmähen mit nach links gewandtem Gesicht und stoßen die ausgestreckten und mäßig erhobenen Hände, welche die widrige Sache zurückweisen, zur anderen Seite hin. Dasselbe tun wir mit der rechten Hand allein, die leicht zum Handgelenk eingebogen ist und gleichsam ängstlich durch eine wiederholte Abwehrbewegung verscheucht, was wir verabscheuen. 3. Wir flehen, indem beide Hände mit einander zugekehrten Handflächen entweder erhoben oder gesenkt oder ineinander verschränkt werden. 4. Wir leiden und trauern, indem die Hände kammweise ineinander geflochten und entweder zur oberen Brust oder zum Gürtel gesenkt werden. Dasselbe bekunden wir mit der mäßig ausgestreckten und zur Brust gelenkten Rechten. 5. Wir schreien auf, indem die Arme schicklich nach oben gestreckt, beide Hände etwas ausgebreitet und einander zugekehrt, auch ein wenig nach außen gebogen werden, wodurch man die Bedeutung der Sache anzeigt. [...] 10. Wir fürchten uns, indem die rechte Hand an die Brust gedrückt wird, wobei die ersten vier Finger sich zu einer Spitze fügen; die Hand soll dann gesenkt und vorgestreckt hängen gelassen werden."[53]

Dieser semiotische Code wird durch eine Liste der häufigsten Fehler ergänzt, die einen negativen Code bilden.[54]

Die Behandlung des Kopfes des Schauspielers mit den Augen und schließlich der Stimme schließt die Darstellung Langs ab. Topisch ist dabei die Auffassung, das Gesicht des Redners sei ein Text, in dem man, "wie auf einer Tafel geschrieben, die Regungen der Seele"[55] lesen kann. Den Augen kommt dabei eine zentrale Rolle zu:

> "Ein einziger Lidschlag, auf richtige Art und zur richtigen Zeit, wirkt mehr auf das Gefühl, als es der Dichter mit noch so breiter Rede kaum je vermöchte. Daher ist es die erste Aufgabe der Augen, daß sie sowohl auf die Zuhörer als auch darauf, wovon auf der Bühne die Rede ist, gebührend gerichtet sind. [...] Alle Affekte sollen in den Augen erscheinen, die auch ohne Stimme, wenn sie ihre Aufgabe erfüllt haben, beredt genug sind."[56]

Die Augen sind der "Sitz der Affekte":

> "Durch die Augen wird dem Spiel die größte Kraft und Wirksamkeit verliehen, so daß es die Gemüter der Betrachter wunderbar ergreift. Ein mildes Gesicht bewegt zur Liebe, ein gespanntes zur Aufmerksamkeit, ein grausames zur Furcht, ein finsteres zum Unwillen, ein leidendes zur Traurigkeit. Mit einem Worte, die Augen sprechen auch ohne Worte, oft stärker als eine noch so kraftvolle Rede."[57]

Lang macht aufschlussreiche Ausführungen zur Interaktion von Schauspielern und Zuhörern auf der einen, und der Schauspieler auf der Bühne untereinander auf der anderen Seite. Es stellt sich nämlich für den Akteur auf der Bühne das Problem, dass er in Richtung des Bühnenraums, also der Zuschauer, sprechen muss, wenn er verstanden werden möchte, er zugleich aber seinen Körper dem Dialogpartner auf der Bühne zuwenden muss, damit die Illusion von Natürlichkeit erzeugt werden kann – der mimetische Charakter des Schauspiels ist für Lang die unbedingte Voraussetzung dafür, dass sich die moralische Wirkung entfalten kann. 'Realistische' Illusionsbildung und die Lesbarkeit des Gesichtes geraten dabei in ein Spannungsfeld. Einerseits muss der Schauspieler den Schein von Wirklichkeit erzeugen, indem er sich auf der Bühne mit

53 Lang, Abhandlung (s. Anm. 49), S. 36 f., dt. S. 186 f.
54 Lang, Abhandlung (s. Anm. 49), S. 38 f., dt. S. 187 f.
55 Lang, Abhandlung (s. Anm. 49), S. 39, dt. S. 188 f.
56 Lang, Abhandlung (s. Anm. 49), S. 39 f., dt. S. 189.
57 Lang, Abhandlung (s. Anm. 49), S. 41, dt. S. 191.

Abb. 45

Abb. 46

Abb. 47

dem Körper seinem Dialogpartner zuwendet, andererseits aber zum Zuschauerraum hin orientieren, damit die Besucher im Antlitz des Darstellers die Affekte ablesen können (Abb. 46):

> "Eine Vorstellung wird durch Abbildung V vermittelt, doch kann die Radiernadel weder die Absicht des Schreibenden noch die lebendige Geste des Schauspielers erfassen. Der Leser blicke dennoch auf das kunstlose Bild und beachte das Spiel des Gesichtes, der Hand und des Fußes, das hier kenntlich gemacht wird. Das Gesicht und die Augen in ihm sind den Zuschauern zugewandt; ihretwegen erfolgt nämlich die ganze Aufführung; und wie der Schauspieler vor den Augen der Zuhörer erscheint, hängt sehr von der Fußstellung ab. Die rechte Hand, die sich mit leicht gebogenen Fingern vorstreckt, zeigt an, daß ein lebendiger Mensch auftritt, keine unbeseelte Bildsäule."[58]

Dabei allerdings muss der Schauspieler zur gleichen Zeit auch auf sein Gegenüber fixiert sein (Abb. 47) – man kann sich vorstellen, dass dies in der Praxis den schauspielernden Schülern erhebliche Probleme bereitet haben dürfte:

> "Besonders lasse es sich der auf der Bühne Agierende angelegen sein, immer auf die Reden zu achten, die zwischen den Dialogpartnern gewechselt werden. Tut er das nicht, wird sein zerstreuter Geist zu anderem abschweifen, so daß sein Gesicht nicht ausdrückt, was die Schauspieler untereinander handeln. [...] Beim Sprechen muß man nämlich recht sehr darauf achten, daß der Mund des Redenden auf die Zuschauer gerichtet ist und nicht auf den Partner, mit dem man sich unterredet. Diesem ist zwar das Spiel zuzuwenden, nicht aber das Gesicht selbst, es sei denn, man hat zu reden aufgehört."[59]

Eine ganze Reihe ergänzender Vorschriften macht das Spiel noch komplizierter. So geht in der Aufführung die körperliche Beredsamkeit der sprachlichen voraus. Bevor auch nur ein einziges Wort gesprochen wird, soll mit dem Körper angedeutet werden, worum es geht. Lang legitimiert dies durch Verweis auf die menschliche Anthropologie. Der Geist verarbeitet nämlich sinnliche Eindrücke unmittelbar und ist in der Lage, ohne Verzögerung eine emotionale Reaktion auf äußere Reize zu produzieren. Verbale

58 Lang, Abhandlung (s. Anm. 49), S. 40, dt. S. 190.

59 Lang, Abhandlung (s. Anm. 49), S. 42 f., dt. S. 192 f.

Reaktionen aber brauchen Zeit, weil der Verstand des Menschen die passenden Wörter erst finden muss: "Es ist nämlich leichter, etwas durch ein Zeichen anzudeuten, als es mit Worten auszusprechen, weil hier der Geist mehr leisten muß als dort."[60] Diesen natürlichen Vorgang muss der Schauspieler nachahmen.

Langs lateinisches Werk zur Schauspielkunst, das lange vergessen war und erst in den letzten Jahrzehnten als bedeutendes theatergeschichtliches Dokument wiederentdeckt wurde, markiert in der Geschichte der Schauspieltheorie einen Übergang: Einerseits noch fest in der Tradition der Rhetorik verankert, aus der Lang alle wesentlichen *praecepta* bezieht, ist es andererseits doch das erste Werke der deutschen Literaturgeschichte, das sich explizit und ausschließlich als eine Schauspieltheorie versteht. Disziplinengeschichtlich betrachtet, wird also die Schauspielkunst als eigenständiges Wissensfeld ausdifferenziert. In diese Richtung wird die Entwicklung im 18. Jahrhundert weitergehen, das eine ganze Fülle von Werken zur körperlichen Beredsamkeit hervorbringt. Sie verbinden die Erörterung der Schauspielkunst mit der sich neu ausdifferenzierenden Psychologie und Anthropologie; deren Analyse der Empfindungen des Menschen wird für die Schauspielkunst grundlegend, löst die Tradition der Rhetorik aber nicht gänzlich ab, sondern modifiziert sie und passt sie den neuen Gegebenheiten an.[61]

Zentral ist dabei die Kritik am so genannten 'Deklamationsstil' der rhetorischen Übungen. Die Schauspieltheorie greift damit ein Thema auf, das für die aufklärerische Distanzierung von der Schulrhetorik der Frühen Neuzeit zentral ist. Unter dem Stichwort des 'Pedantismus' kritisiert man seit dem Ende des 17. Jahrhunderts Praxis und Theorie des schulischen Rhetorikunterrichts, der sich in der Vermittlung und Einübung dürrer und starrer Regeln erschöpfe.[62] In Johann Friedrich Löwens "Kurzgefasten [!] Grundsätzen von der Beredsamkeit des Leibes" (1755) wird der Wert rhetorischer Lehrbücher für gering geschätzt:

> "Die weitläuftigen Lehr=Bücher, oder die sogenannten Oratorien, leisten uns in diesem Stücke eine vergebliche Hülfe. Wir werden zwar hier mit einer Menge von Regeln überhäuft, aber wir sehen allemal bey dem Gebrauch die Unmöglichkeit derselben. Ein nach den Schul=Regeln gebildeter Redner ist wie ein an sich ungeschickter Liebhaber, der seiner Schönen tausend Romanen=Schwüre, die er nicht verstehet, mit kaltem Blute vorsaget. Die Erfahrung, das Herz des Menschen, kurz, unsere Empfindungen, sind die Quelle von demjenigen, was der Redner und der Schauspieler mit Anmut vortragen soll."[63]

In der Person Gotthold Ephraim Lessings kulminiert das um die Mitte des 18. Jahrhunderts stärker werdende Interesse an Fragen der Schauspieltheorie. Zunächst übersetzt er Francesco Riccobonis d.J. (1707–1772) "L'art du théâtre" (1750) ins Deutsche. Das Werk erscheint noch im Jahr seiner Erstpublikation im vierten Stück der "Beyträge zur Historie und Aufnahme des Theaters" (Abb. 48).[64] Riccobonis Schrift war eine Propädeutik zu einem Buch seines Vaters Louis Riccoboni (1676–1753), den "Pensées sur la Déclamation" (1738) (Abb. 49).

> "Beide Autoren entwickeln die Schauspielkunst jedenfalls aus der Sicht einer körperlichen Beredsamkeit, die auch die Stimme umfaßt. Francesco Riccoboni rechtfertigt dabei ausdrücklich den *positiven* Sinn der Deklamation gegen ihre Verwendung als Inbegriff des Künstlichen, wie man es

60 Lang, Abhandlung (s. Anm. 49), S. 46, dt. S. 195.

61 Diese Theorien können an dieser Stelle nicht mehr behandelt werden. Ich nenne nur: Johann Friedrich Löwen: Kurtzgefaßte Grundsätze von der Beredsamkeit des Leibes, Hamburg 1755; Johann Jacob Engel: Ideen zu einer Mimik, Berlin 1785/1786; Sigmund Heinze Wenzel: Von der Schauspielkunst, Wien 1780; Knud Lyne Rahbek: Briefe eines alten Schauspielers an seinen Sohn, Kopenhagen 1784; Hermann Heimart Cludius: Grundris der Körperlichen Beredsamkeit. Für Liebhaber Der Schönen Künste, Redner Und Schauspieler. Ein Versuch, Hamburg 1792; Friedrich Hildebrand von Einsiedel: Grundlinien zu einer Theorie der Schauspielkunst. Nebst der Analyse einer Komischen und tragischen Rolle: Falstaf und Hamlet von Shakespeare, Leipzig 1797. – Im 19. Jahrhundert nimmt die Frequenz der Veröffentlichungen zu diesem Thema sogar noch zu. Vgl. hierzu im einzelnen Kosenina, Anthropologie und Schauspielkunst (s. Anm. 2) und Wolfgang F. Bender: Vom "tollen Handwerk" zur Kunstübung. Zur "Grammatik" der Schauspielkunst im 18. Jahrhundert, in: Ders. (Hrsg.), Schauspielkunst im 18. Jahrhundert (s. Anm. 2), S. 11–50.

62 Dietmar Till: Transformationen der Rhetorik. Untersuchungen zum Wandel der Rhetoriktheorie im 17. und 18. Jahrhundert, Tübingen 2004, S. 146–181.

I.

Die

Schauspielkunst

an die

Madame * * *

durch

den Herrn Franciscus Riccoboni,

den jüngern.

Aus dem Französischen übersetzt.

Ji 3

Abb. 48

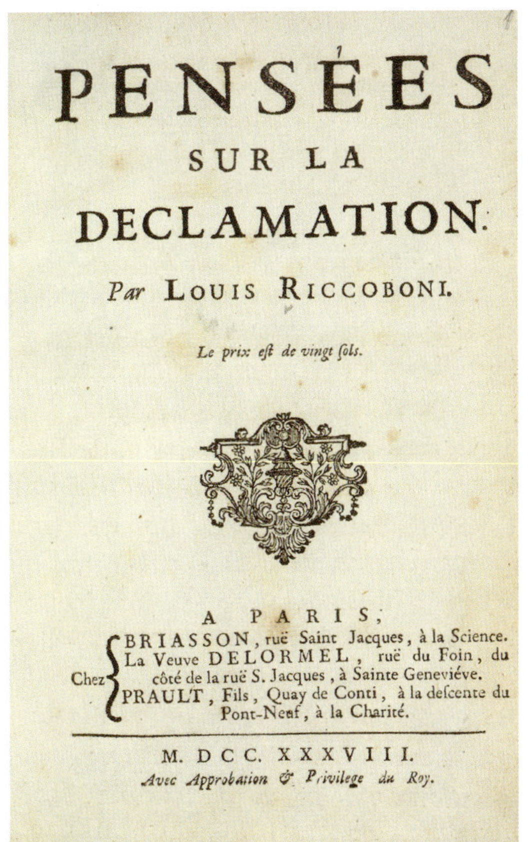

PENSÉES

SUR LA

DECLAMATION.

Par LOUIS RICCOBONI.

Le prix est de vingt sols.

A PARIS,

Chez BRIASSON, ruë Saint Jacques, à la Science.
La Veuve DELORMEL, ruë du Foin, du côté de la ruë S. Jacques, à Sainte Geneviéve.
PRAULT, Fils, Quay de Conti, à la descente du Pont-Neuf, à la Charité.

M. DCC. XXXVIII.

Avec Approbation & Privilege du Roy.

Abb. 49

> mit dem Gebrauch in der Antike und nicht zuletzt in der französischen Theaterkunst mit ihrer hoch entwickelten Theatralik verband. Natürlichkeit soll nun den Vortrag auszeichnen: 'Heftigkeit' und 'Monotonie', 'Schwerfälligkeit' und 'Gezwungenheit' gilt es somit zu bekämpfen und statt dessen den Ausdruck der 'Empfindung' zu suchen."[65]

'Natürlichkeit' lautet das Schlagwort der Epoche. Das heißt allerdings nicht, dass alle Gestik und Mimik völlig willkürlich sind. Der jüngere Riccoboni geht im Gegenteil davon aus, dass es feste Regeln gibt, welche die Verbindung von Affekt und Ausdruck steuern. Nur muss der Schauspieler diese Regeln nicht unbedingt kennen, will er überzeugend spielen. Es genügt schon, wenn er in seiner Aktion mit ihnen konform geht. Dazu gehört wesentlich, dass sich der Schauspieler in einen affekthaften Zustand bringen muss. Nur wenn er diejenige Empfindung, die er darstellen soll, selbst empfindet, kann er nach Ansicht der Aufklärer authentisch spielen – und dadurch beim Publikum wirken. Auch das ist ein alter rhetorischer Kernsatz, das Prinzip der so genannten 'Selbst-Affektation', über das Quintilian in seiner "Institutio oratoria" ausführlich schreibt. Schauspieler wie Redner müssen die Affekte beherrschen, mit ihnen souverän spielen können wie ein Musiker auf seinem Instrument. Das ist insofern die emotionale, regelrecht in den individuellen Körper verlagerte Gegenkonzeption zur Affekt-Kasuistik des 17. Jahrhunderts.

63 Löwen, Kurtzgefaßte Grundsätze (s. Anm. 61), S. 6.

64 Vgl. Monika Fick: Lessing Handbuch. Leben – Werk – Wirkung, Stuttgart 2000, S. 268.

65 Göttert, Geschichte der Stimme (s. Anm. 3), S. 246.

Lessing selbst diskutiert die Probleme der körperlichen Beredsamkeit nicht in theoreticis. Das von ihm geplante Werk über die körperliche Beredsamkeit, das er am Ende seiner deutschen Teilübersetzung von Pierre Rémond de Sainte-Albines Schrift "Le Comédien" (1747) ankündigt, hat er bekanntlich nie geschrieben, und dies ist durchaus charakteristisch für seine Auffassung, dass sich Probleme der *actio* und *pronuntiatio* eben nicht abstrakt, sondern nur in individueller Bezugnahme auf die jeweilige Situation diskutieren lassen. Diese Wendung zum Konkreten ist Zeichen einer Abkehr von der Kasuistik der rhetorischen Lehrbücher, auch wenn sich Lessing an vielen Stellen geradezu affirmativ auf die rhetorische Tradition beruft. Aufschlussreich ist deshalb die ausführliche Diskussion in der "Hamburgischen Dramaturgie" (1767–1769), die sich an konkreten Theaterstücken und an der Aufführungspraxis orientiert, und nicht zuletzt die dramatischen Texte Lessings selbst: "In *Miss Sara Sampson* (1755) hat man 150 Bühnenanweisungen dieser Art gezählt und 600 durch Gedankenstriche angedeutete Redepausen, in denen das 'stumme Spiel' gefordert ist. Übrigens war die Titelrolle der *Emilia Galotti* (1772) begehrt, obwohl es fast nichts zu sprechen gibt. All dies führt aus der alten Kunst heraus und will doch nicht auf deren Mittel verzichten."[66]

Riccobonis kleines Büchlein ist der wichtigste Referenztext der Aufklärungsepoche zur Theorie des Schauspiels. Er hat in der Übersetzung Lessings in Deutschland überaus stark gewirkt. Noch Goethe greift in seinen 91 "Regeln für Schauspieler" (1805), die sich aus dem Fundus der Tradition kräftig bedienen, auf dieses Werk zurück.[67] 'Natürlichkeit' ist für ihn die Richtschnur des Spiels, wie er unter dem 90. Paragraphen schreibt: "Alle diese technisch-grammatischen Vorschriften mache man sich eigen nach ihrem Sinne und übe sie stets aus, daß sie zur Gewohnheit werden. Das Steife muß verschwinden und die Regel nur die geheime Grundlinie des lebendigen Handelns werden."[68]

Entsprechend hatte schon der Famulus Wagner in Goethes "Faust" (1. Teil, 1808) kurz und bündig konstatiert: "Allein der Vortrag macht des Redners Glück".[69] Die Sentenz des Demosthenes von der Beherrschung der *actio* als Prüfstein wahrer Beredsamkeit wird hier dem Gelehrten in den Mund gelegt, der an der rechten *actio* regelrecht verzweifelt, weil er zuviel Gelehrsamkeit im Kopf hat, wie er im Folgevers zu dem eben zitierten auch einsieht: "Ich fühl es wohl, noch bin ich weit zurück."[70]

66 Göttert, Geschichte der Stimme (s. Anm. 3), S. 247. Zentral hierfür die Monographie von Košenina (s. Anm. 2).

67 Vgl. dazu ausführlich Bender, Vom "tollen Handwerk" zur Kunstübung (s. Anm. 61), S. 46–49.

68 Johann Wolfgang Goethe: Regeln für Schauspieler, in: Hamburger Ausgabe. Bd. XII. Hrsg. von Erich Trunz/Hans Joachim Schrimpf, München [12]1994, S. 261.

69 Johann Wolfgang Goethe: Faust. Frankfurter Ausgabe, Bd. 7/1. Hrsg. von Albrecht Schöne, Frankfurt a.M. 1999, S. 39, v. 546.

70 Ebd., v. 547.

Galante Tanzkunst und Körperideal

Marie-Thérèse Mourey

Galanterie und Tanzkunst

In der ersten Hälfte des 17. Jahrhunderts, und vor allem nachdem die heftigen politischen Unruhen ("la Fronde") nachgelassen hatten, entfaltete sich in Frankreich eine eigenartige, verfeinerte gesellschaftliche Kultur. Paris wurde zum geistigen Zentrum Frankreichs. Unter der Führung von gelehrten Frauen wie Madeleine de Scudéry oder der Marquise de Rambouillet entwickelten sich die aristokratischen "Salons" zu Begegnungsstätten zwischen den einflussreichsten Geistern der Zeit, zum paradigmatischen Ort nicht nur für literarische Diskussionen und für die Fixierung ästhetischer Maßstäbe – man denke an die preziöse Literatur –, sondern auch für die Modellierung und die Kultivierung neuer, vornehmer Umgangsformen, zumal zwischen den Geschlechtern.[1]

Ungeachtet ihrer Herkunft in den höfisch orientierten Pariser Salons war die Galanterie in Deutschland ohne Zweifel ein bürgerlich-städtisches Phänomen. Vor allem seit den 70er Jahren des 17. Jahrhunderts und an der Wende zum 18. Jahrhundert suchte das nach Ende des Dreißigjährigen Krieges wirtschaftlich erstarkte und sozial aufstrebende Bürgertum nach einem spezifischen Statusgebaren, nach Umgangsformen, die das neue Standesbewusstsein reflektieren und gleichzeitig Anerkennung in Aussicht stellen konnten. Trotz der zeitlichen Verzögerung in der Rezeption des französischen Ideals stellten galanter Diskurs und Galanterie[2] Begriffe und Verhaltenscodes bereit, die es erlaubten, dem Bedürfnis nach "sozialer Distinktion"[3] Rechnung zu tragen: Der Wunsch, sich vom gemeinen Volk, vom 'unartigen Pöbel' abzugrenzen und gleichzeitig die Demarkationslinie zum Hofadel zu verwischen, führte zur bewussten Wiederaufnahme, ja zur zweckmäßigen Aneignung von aristokratischen Verhaltensformen und Manieren sowie zur Übernahme des Bildungsideals des "galant homme". Die Galanterie stellte somit ein ständeübergreifendes Verhaltensideal dar. Dabei war die Frage, was eigentlich "galant" sei, eine der meistdiskutierten in Deutschland, wie Christian Thomasius um 1700 feststellte.[4]

Innerhalb des höfischen wie auch städtisch-galanten Kommunikationssystems erhielt die Körperlichkeit gegenüber Wort, Sprache und Schrift einen ausgeprägten Stellenwert. Nicht nur wurde die Komplementarität von verbaler und stummer Beredsamkeit hervorgehoben, wie etwa in der Komplimentierkunst,[5] sondern der körperlichen Gebärde wurde sogar häufig eine Überlegenheit zugeschrieben. Daher schloss die Darstellung einer spezifischen, respektablen Standeszugehörigkeit neben der modischen Kleidung und einer schicklichen äußeren Ausstattung das Gebaren ein, d.h. körperliche Ausdrucksformen, die zumal für den öffentlichen Auftritt bestimmend waren. Dies galt nicht nur für private wie offizielle Besuche, sondern auch und vor allem für Divertissements und Festlichkeiten wie Hochzeiten und Bälle, bei denen alle Blicke

1 Stellvertretend für die einschlägige Forschungsliteratur sei an dieser Stelle auf Emmanuel Burys Definition verwiesen, "Galanterie", in: Alain Montandon (Hrsg.): Dictionnaire raisonné de la politesse et du savoir-vivre, Paris 1995, S. 417–424.

2 Zum Phänomen der Galanterie in Deutschland, siehe Thomas Borgstedt und Andreas Solbach (Hrsg.): Der galante Diskurs. Kommunikationsideal und Epochenschwelle, Dresden 2001, sowie Dirk Niefanger: Galanterie. Grundzüge eines ästhetischen Konzepts um 1700, in: Hartmut Laufhütte (Hrsg.): Künste und Natur in den Diskursen der Frühen Neuzeit, Wiesbaden 2000, S. 459–472.

3 Pierre Bourdieu: La distinction. Critique sociale du jugement, Paris 1979.

4 Christian Thomasius: Discours Welcher Gestalt man denen Frantzosen im gemeinen Leben und Wandel nachahmen solle (1687) in: Werner Schneiders (Hrsg.): Christian Thomasius. Ausgewählte Werke. Bd. 22: Kleine Teutsche Schriften, Hildesheim 1994, S. 3–65. Dazu Manfred Beetz: Ein neuentdeckter Lehrer der Conduite. Thomasius in der Geschichte der Gesellschaftsethik, in: Werner Schneiders (Hrsg.): Christian Thomasius 1655–1728. Interpretationen zu Werk und Wirkung, Hamburg 1989, S. 199–222.

5 Manfred Beetz: Frühmoderne Höflichkeit. Komplimentierkunst und Gesellschaftsrituale im altdeutschen Sprachraum, Stuttgart 1990.

Abb. 58, Kat.-Nr. 20

der Zuschauer auf die Tänzer gerichtet waren. Das körperliche Erscheinungsbild, der "habitus corporis", wurde zum entscheidenden Kriterium für die soziale Bewertung in der Öffentlichkeit, das weltmännische Gebaren zum Maßstab für die angestrebte Wohlanständigkeit.

Somit rückte das Tanzen als eine der traditionellen "adeligen Exercitien" – neben Reiten und Fechten – allmählich auch in den Mittelpunkt der bürgerlichen Erziehung. Denn zur Beherrschung einer galanten, schicklichen Aufführung bildeten die Leibesübungen, die den Leib geschickt und angenehm machen, den besten Weg. Die spezifische Ausbildung des Körpers erfolgte insbesondere durch die französische "belle danse", eine ursprünglich italienische Kunst, die sich nicht zuletzt dank der Gattin des Königs Heinrich II., Katharina von Medici, in der zweiten Hälfte des 16. Jahrhunderts

6 Dazu Vf.: Tanzkultur am Wolfenbütteler Hof, in: Marie-Thérèse Mourey, Stephanie Schroedter, Giles Bennett (Hrsg.): Barocktanz. Quellen zur Tanzkultur um 1700, Hildesheim 2008, S. 173–197 (im Druck).

7 Johann Pasch: Beschreibung wahrer Tanz-Kunst, nebst einigen Anmerckungen über Herrn J.C.L.P.P. zu G. Bedencken gegen das Tantzen, Frankfurt 1707. Nachdruck Leipzig 1981 [= Documenta Choreologica, Studienbibliothek zur Geschichte der Tanzkunst, Bd. XVI], Vorrede von Borckmann (unpaginiert, <6>).

8 Louis Bonin: Die Neueste Art zur Galanten und theatralischen Tantz-Kunst, Frankfurt und Leipzig 1712. Nachdruck Berlin 1996: "man muß das Tanzen nicht bloser Dinges so betrachten/ als ob es nur aus Sprüngen und künstlicher Verstellung der Füsse bestünde [...] vielmehr gehet das Haubt-Absehen dahin/ daß man trachtet den ganzen Leib/ mit deßen Gliedern also ein zurichten/ daß er sich mit der gefälligsten Manier zu regieren und eine artige Stellage praesentiren könne." (S. 42).

9 Gottfried Taubert: Rechtschaffener Tantzmeister, oder gründliche Erklärung der Frantzösischen Tantz-Kunst, bestehend in drey Büchern [...], Leipzig 1717. Nachdruck München 1976 [= Documenta Choreologica, Studienbibliothek zur Geschichte der Tanzkunst, Bd. XXII,

in Frankreich etablierte und dort allmählich erweitert, verfeinert, präzisiert und vor allem systematisiert wurde. Ihre höchste Legitimation erhielt die Tanzkunst schließlich durch das gesetzgeberische Werk des tanzfreudigen Königs Ludwig XIV., der 1661 eine Königliche Tanzakademie gründete, mit dem Ziel, die Grundprinzipien der Kunst zu kodifizieren, und der außerdem Patentbriefe ("Lettres Patentes") zum Schutz der Tanzmeisterzunft erließ. Bald sollte sich die französische Tanzschule europaweit eines gewaltigen Prestiges erfreuen; die französischen Tanzsitten wurden einhellig bewundert und überall nachgeahmt. De facto bildeten die französischen Tanzmeister, die im Laufe des 17. Jahrhunderts und später noch durch ganz Europa zogen und nicht selten unter den befreundeten bzw. verwandten Fürstenhöfen ausgetauscht wurden, die bevorzugten Vermittler der höfisch-galanten Umgangsformen und Manieren. Sie waren somit auch Verfechter der damit verbundenen Körperideale. In Deutschland (dem Heiligen Römischen Reich deutscher Nation) bildeten sich überall Tänzerdynastien, die wiederum ganze Künstlergenerationen ausbildeten und vor allem ihren sozialen Umkreis nachhaltig beeinflussten.[6]

Die ethische Dimension der "belle danse" ist unverkennbar. Sie umfasst die Kodierung und Normierung der Körper in sämtlichen Bereichen des Lebens und nach bestimmten, als verbindlich geltenden Werten und Maßstäben. Die körperlichen Haltungen und Bewegungen werden nicht mehr nur als naturgegeben aufgefasst, sondern erhalten gerade durch die Kunst ein soziales, kulturelles und ethisches Gepräge: Ziel ist die Erwerbung eines "tugendmässigen habitus".[7] Zugleich hat das galante Gebaren eine ästhetische Dimension: Letztendlich geht es auch und vor allem darum, bei seinem Gegenüber Gefallen und Wohlwollen zu erwecken.[8] Das Körperbild soll durch die Anmut und Eleganz der "wohlregulierten" Gesten und der ganzen Person, durch die Geschmeidigkeit der Bewegungen, die "wohlgefällige Air" und "bonne grâce"[9] veredelt werden (Abb. 58, Kat.-Nr. 20). Dem Tanzunterricht werden somit eine propädeutische Funktion und ein sozialethischer Wert zugesprochen.

Der Diskurs über den Körper

Angesichts der tief greifenden gesellschaftlichen Wandlungen, die sich im Zuge des allgemeinen Wiederaufbaus nach dem Dreißigjährigen Krieg vollziehen,[10] ist es kein Zufall, wenn sich an der Wende zum 18. Jahrhundert theoretische Reflexionen über die neuen sozialen Verhaltensideale verstärkt kundtun. Bekanntlich wurden seit der Renaissance zahlreiche Anstandsbücher, Erziehungstraktate und Verhaltenslehren[11] gedruckt; dazu gehören auch die Tanzlehrbücher, die einen technischen wie ästhetisch-ethischen Diskurs über den Körper entfalten.

Die ersten Tanztraktate waren im Italien des Quattrocento und Cinquecento verfasst worden – jedoch bleiben sie in Deutschland weitgehend unberücksichtigt, wie übrigens auch die später entstandenen, französischen Werke eines Thoinot Arbeau,[12] François de Lauze[13] oder Michel de Pure;[14] lediglich der Jesuit Claude-François Ménestrier wird als Autor einer Abhandlung über das Ballett in Deutschland rezipiert.[15] Die Autoren der

1–2]: "Es bedeutet die bonne Grace und wolgefällige Air [...] eigentlich das decorum corporis, oder die äusserliche Zierlichkeit des Leibes und der Geberden durch alle Glieder." (S. 532).

10 Zum allgemeinen Kontext siehe Heinz Schilling: Höfe und Allianzen. Deutschland 1648–1763, Berlin 1989.

11 Emilio Bonfatti: Verhaltenslehrbücher und Verhaltensideale, in: Horst Albert Glaser (Hrsg.): Deutsche Literatur. Eine Sozialgeschichte, Bd. 3: Zwischen Gegenreformation und Frühaufklärung. Späthumanismus, Barock. 1572–1740, hrsg. von Harald Steinhagen, Reinbeck 1985, S. 74–87.

12 Thoinot Arbeau (= Jean Tabourot): Orchésographie, Langres 1588. Faksimile-Nachdruck Hildesheim 1989.

13 François de Lauze: Apologie de la danse et la parfaite méthode de l'enseigner tant aux Cavaliers qu'aux dames, Paris 1623. Faksimile-Nachdruck Genf 1977.

14 Michel de Pure: Idée des spectacles anciens & nouveaux, Paris 1668. Faksimile-Nachdruck Genf 1972.

15 Claude-François Ménestrier: Des Ballets Anciens et Modernes selon les règles du théâtre, Paris 1682. Faksimile-Nachdruck Genf 1972. Für eine Rekonstruktion der europäischen Quellen zum Tanz, siehe Volker Saftien: Ars Saltandi. Der europäische Gesellschaftstanz im Zeitalter der Renaissance und des Barock, Hildesheim 1994.

deutschsprachigen Tanztraktate[16] sind fast durchweg bürgerliche Tanzmeister, verfügen meistens aber auch über Erfahrungen im höfischen Milieu, zumal im Bereich des Balletts und der theatralischen Tänze. Dies gilt für Samuel Behr (1670–nach 1715), dem das Verdienst zukommt, 1703 das erste Tanzlehrbuch in deutscher Sprache veröffentlicht zu haben. Wenn Behr sich hauptsächlich an das Leipziger studentische Publikum wendet (wie die Widmungen und Lobgedichte auf ihn eindrücklich belegen), so beruft er sich ebenfalls wiederholt auf seine Erfahrung bei der Inszenierung von Balletten und Opern an sächsischen Fürstenhöfen wie Naumburg. Johann Pasch (1653–1710), dienstältester Tanzmeister in Leipzig, entnimmt sein ganzes Wissen direkt dem französischen Vorbild, hat er sich doch persönlich in Paris, bei dem großen Lehrmeister und königlichen Tanzmeister Pierre Beauchamp ausgebildet; von seinen Kollegen wird er wegen seiner regelmäßigen, beruflichen Frankreich-Reisen einhellig gelobt und als Autorität anerkannt. Der gebürtige Franzose Louis Bonin (ca. 1645–1716) blickt auf eine lange Karriere als professioneller Tänzer auf den berühmtesten Bühnen Europas zurück (darunter Wien und Berlin), hat ferner Erfahrung als Hoftanzmeister in Sachsen-Eisenach und an der Universität Jena; sein unverrückbares Ideal bleibt aber nach wie vor die Praxis in Frankreich, zumal am königlichen Hof in Versailles.[17] Gottfried Taubert (1673–nach 1728) hält zwar die Reise nach Paris für überflüssig, lässt sich jedoch von in Deutschland ansässigen französischen Tanzmeistern fortbilden und über die neuesten Entwicklungen der Kunst in Frankreich aufs Genaueste unterrichten.[18] Aber auch aufgeklärte 'Laien' sind um die Förderung der Kunstprinzipien bemüht, wie etwa Meletaon (d.h. der spätere Astronom und Mathematiker Johann Leonhard Rost, 1688–1727), ein Schüler von Louis Bonin und außerdem Verfasser zahlreicher galanter Romane – kein Wunder also, wenn gerade er für ein galantes Gebaren eintritt und in seinem Traktat ein entsprechendes Körperideal vertritt.[19]

Der Inhalt der Tanzlehrbücher ist durch das anvisierte Publikum, hauptsächlich den Kleinadel, die Hofbeamten bzw. das wohlhabende Bürgertum Mitteldeutschlands (Sachsen und Thüringen) bedingt: Die Ausführungen drehen sich vor allem um den Gesellschaftstanz, wenn auch die theatralische Praxis teilweise mitberücksichtigt wird. Den Autoren geht es in erster Linie darum, durch die Erstellung einer Poetik der Tanzkunst[20] diese vorerst noch minderwertige "ars mechanica" (die "saltatio") zu rehabilitieren und sogar als vollwertige "ars liberalis" zu etablieren. Das, was verfochten wird, ist demnach eine "wohlgeregelte" bzw. "wohlregulierte" Kunst, eine Wissenschaft der exakt kodifizierten und normierten Körperbewegungen und -gesten, gegen Unordnung, Willkür und Chaos (sog. "unförmliche Geberden"). Die Theoretiker sind um den Aufbau von präzisen, objektiven, vernünftigen und allgemeingültigen Regeln bemüht. So führt Paschs Vorredner, ein gewisser Monsieur Borckmann, ein Pierre Beauchamp zugeschriebenes Motto an: "früher tanzte man nach Willkür und Laune, heutzutage aber nach Regeln und nach der Vernunft",[21] was auf die Entstehung eines ästhetischen Regelwerkes im Zuge der klassizistischen "esthétique régulière" hinweist. Für Pasch ist Regellosigkeit gleichbedeutend mit Hässlichkeit. Aber diese prinzipielle Dimension schließt eine pragmatische, ja utilitaristische Ausrichtung der Traktate nicht aus. Zum Erreichen von sozialer Gunst gehört nämlich ein angenehmes äußeres Erscheinungsbild, das "Ansehen" verschaffen, ein schönes Benehmen, das den Erfordernissen etwa

16 Zu den deutschen Tanzlehrbüchern, siehe Vf.: Danser dans le Saint Empire du XVIe au XVIIIe siècle. Eloquence du corps, discipline des sujets, civilisation des mœurs, Habilitationsschrift, Paris IV-Sorbonne 2003, insbes. Teil II.: "Ecrire sur et pour la danse".

17 Bonin, Die Neueste Art zur Galanten und theatralischen Tantz-Kunst (s. Anm. 8), Vorrede von Meletaon: "Sonderlich aber/ immitierte er die Frantzösischen Opern in Pariß/ weilen man schwehrlich dergleichen in Teutschlande praesentiret/ und weilen daselbst das Tantzen excoliret wird/ kunte er keine bessere als die Frantzösichen Exempla anziehen." (unpaginiert, <16>). "Bey denen Frantzosen und in deren Opern werden sie [= die Ballette, Vf.] am meisten excoliret/ dann weilen diese Nation, dem Tantzen gar zu sehr ergeben/ auch die besten Maîtres, dahero kann man darinnen ihre Geschicklichkeit am besten sehen/ wie dann sonderlich in Paris ein Extract hievon/ wo auch manchmalen in Königlichen Opern zu Versailles fürnehme Standes-Personen/ Fürsten und Graven/ sich auf dem Theatro praesentiren." (S. 163).

18 Taubert, Rechtschaffener Tantzmeister (s. Anm. 9): "Kommts nun aber bey denen tantzenden Nationen und Personen [...] hauptsächlich auf die gute Information und kluge Unterweisung in dieser Kunst an; so irren ja diejenigen gar sehr, welche sprechen: Es mögen meine Kinder und Unmündigen ihr Tanz-erlernen

des auf Diplomatie bedachten, modern verwalteten Hofs entsprechen soll;[22] daher stellen die verschiedenen Vorschriften im Tanzen und im Gebaren Erfolg und soziale Integration des Menschen in Aussicht sowie selbstverständlich die erstrebte Vornehmheit.[23] Diese Position wird in Meletaons Werk, "Von der Nutzbarkeit des Tantzens" betitelt, ganz offen und unverhohlen vertreten,[24] wobei die französischen Tänze – wie Menuett, Courante oder Passepied – zum Prüfstein einer überzeugenden Selbstpräsentation in der galanten Gesellschaft avancieren.

Die Haltung der Autoren ist zugleich präskriptiv-normativ und höchst defensiv. Dies verdankt sich der doppelten Gefährdung, die einerseits aus den erbitterten Angriffen der Gegner der Tanzkunst (vor allem die Pietisten), andererseits aus der illegalen Konkurrenz der "Pfuscher" und "Stümper" (meistens tänzerisch begabte, wohl aber anspruchslose Handwerksgesellen, die billige Tanzlektionen erteilten) für ihren sozialen und beruflichen Status erwächst. Das enorme Legitimationsbedürfnis bedingt daher die rhetorischen Argumentationsstrategien: Die Autoren pochen alle auf die absolute Ehrbarkeit und sogar die Nutzbarkeit dieser Kunst, aber auch auf die Notwendigkeit, sich den geltenden Normen und Vorschriften strengstens zu unterziehen. Denn es geht nicht bloß um die technische Beherrschung französischer Tanzformen, sondern um den Grad ihrer kunstmäßigen Ausführung, ihrer perfekten, 'galanten' Darbietung. Dabei beanspruchen sie für sich selber eine wesentliche Rolle als Erzieher ihrer Mitbürger.

Körperideal und Schreckbilder

Das von den Tanzlehrbüchern propagierte Körperideal ist kontrastiv angelegt; den Schreckbildern einer 'wilden' und daher verwerflichen Körperlichkeit wird das Idealbild einer durch die Selbstdisziplinierung verfeinerten, 'schönen' und harmonischen Gestalt entgegengestellt.

Mit den 'garstigen' Körperbewegungen und -haltungen wird das abschreckende, widerwärtige Bild des "rusticus", des Wilden und Barbaren im eigenen Lande heraufbeschworen (Abb. 59). Der gleichsam obsessiv wiederkehrende Begriff des "Garstigen" wird für die Leser, d.h. meist Angehörige des gehobenen Bürgertums, zum Menetekel; er erfasst alle allzu freien, unordentlichen, unbeherrschten, zu spontan-unbeholfenen Manieren ("unbesonnene Sprünge, Minen und Gebärden"),[25] die als ungehobelt und primitiv abgewertet und disqualifiziert werden. Diese

Abb. 59: Albrecht Dürer, Tanzendes Bauernpaar, Kupferstich. Kupferstichkabinett. Staatliche Museen zu Berlin, Inv. 77-2. Foto: Volker-H. Schneider

sparen, biß sie nach Franckreich kommen, es hat doch bey uns keine rechte Art. Allermassen man bey dieser Zeit allenthalben, so wol in Teutschland, als andern Ländern, so wol in den Städten auf Universitäten, als auch an den Königlichen, Chur- und Fürstlichen Höfen, nicht allein galante Französische von Geburt, sondern auch andere brave Maitres, welche ihre Kunst und Experienz aus Paris, als von der hohen Tantz-Schule herholen, findet, und sie daher nicht so weit suchen dürfte." (S. 1010).

19 Von der Nutzbarkeit des Tantzens. Wie viel selbiges zu einer Galanten und wohlanständigen CONDUITE bey einem jungen Menschen und Frauenzimmer beytrage: Auch wie man dadurch sowol die Kinder als erwachsene Leute von beederley Geschlechte/ zur Höflichkeit/ Artigkeit und Freymüthigkeit anweisen solle/ verfasset von MELETAON, Frankfurt und Leipzig 1713. Nachdruck Berlin 1996.

20 Stephanie Schroedter: Vom "Affect" zur "Action". Quellenstudien zur Poetik der Tanzkunst vom späten Ballet de Cour bis zum frühen Ballet en Action, Würzburg 2004.

21 Pasch, Beschreibung wahrer Tanz-Kunst (s. Anm. 7): "autrefois on dansait par caprice & par grimace, mais presentement par regles et par raison" (unpaginierte Vorrede <28>).

22 Eine solche Position war schon in den siebziger Jahren des 17. Jahrhunderts vertreten worden, etwa im Werk von Mer-

ungezähmte, hässliche Körperlichkeit, die an "Pickelheringspossen"[26] erinnert, soll ein Merkmal des "niederen Pöbels" sein, womit sowohl die Bauern als auch die städtischen Handwerker, aber auch das Gesinde gemeint sind (Abb. 60). Der Bauer bildet das Paradigma eines sozial niederen, d.h. vermeintlich minderwertigen und daher fast immer lächerlichen Menschen, der neben seiner Dummheit durch Schwerfälligkeit, Plumpheit und Rohheit seines Körpers charakterisiert wird. Den Horizont der Betrachtungen bildet aber auch die durch Reiseberichte vermittelte, zwiespältige Körperlichkeit der 'wilden' Völker im Orient oder in Amerika,[27] welche jedes Gefühl des Anstands zu vermissen scheinen und dennoch die in Europa seit dem 16. Jahrhundert etablierten, potentiell unzüchtigen Paartänze nicht

Abb. 60: Urs Graf, Couple de paysans dansant presque de face et la jambe levée. École nationale supérieure des beaux-arts, Paris

Abb. 61

44 ❈ ❈ ❈

als daß er ihr zu seinem Spotte nur länger in dem Gesichte bleibet / dann es ist ganz gewiß / daß er alsdann nur verlachet / und den Titul eines ungeschickten Menschen davon träget.

Man darf sich aber nicht einbilden / als ob der Nutzen des Tanzens auch hierinnen bestünde / einig und allein ein Frauenzimmer zu bedienen / sondern es ist noch weit mehrers / welches diesem erst nachfolget.

Die Bedienung eines Frauenzimmers / kan wohl bey einem honêten Tanz geschehen / wann aber einer nicht mehr verstehet / als die Figur von Menuet, Paspied, oder einem andern Tanz / wann es auch gleich schon was zierlich heraus käme / der mag ja zu Hauße bleiben / weilen dieses eine Kunst / welches Schuster und Schneider in etlichen Stunden erlernen können.

Es ist ja gar was leichtes / wann ich von einem Orth zu dem andern gehe / und manchmal einen krummen Fuß darzu mache / alleine / wo man solchen Leuten zusiehet / und ihre Posituren betrachtet / mögte man sich über die absurden Stellagen zu Tode ärgern.

Da tritt einer auf / der weis nicht wie er die Füße setzen / oder ob er das Reverenz mit dem rechten oder linken Fuß machen soll / der andere weis nicht / ob der Hut in die linke / oder rechte Hand / oder gar unter den Arm gehöret / dieser machet einen Buckel / der andere hinket / der dritte stehet wie ein geschnitztes Bilde / der vierdte reißet Maul und Augen auf / der fünffte gucket in die Höhen und sie-

❈ ❈ ❈ 45

het / ob keine gebratene Taube geflogen komme / der sechste / giebt auf seine Füße Achtung / damit er sie auch zu finden weis / der siebende arbeitet mit den Händen / als ob er auf der Ruderbank säße / oder schwimmen lernen wollte.

Ja es giebt wohl etliche / die singen und pfeiffen darzu / fast als ob die Music nicht vollkommen / bis sie ihren Ton dazu gegeben / und manche führen den Tact mit dem Kopff / gleich als ob dieses noch so künstlich heraus käme / daß sie zugleich mit dem Kopff und Füssen tanzen können / anderer Eitelkeiten und verächtlicher Fehler zu geschweigen.

Hieraus erhellet nun sattsam / daß der fürnehmste Nutzen des Tanzens hierinnen bestehe / wann ich weis / wie ich meinem ganzen Leib / nebst allen Gliedern / ihre gehörige Anmut geben / und mich so geberden kan / daß es nicht affectiret heraus komme / ich muß wißen / den Leib gerade / und dem Kopff gleich zu halten / die Arme darff ich nicht hängen lassen / die Füße müssen rechte Tritte und Schritte tuhn / mit einem Worte / nicht nur Hände / Füsse / Kopff und Leib / müssen ihre rechtmässige Figur halten / sondern ich muß auch die Augen selbsten mit einer solchen Manier zu regieren wißen / daß nicht ein Blick oder Mine, welcher was mißfälliges mit sich führe.

Wer so beschaffen / und sich also qualificiret / welches einig und allein durch das Tanzen geschehen muß / der wird auch wissen / wie er sich bey Hohē und

---

curius (der anonyme Autor war wohl kein professioneller Tanzmeister, sondern Hofbeamter): Der von dem Mercurius neugebaute Schauplatz der Dantzenden, Nürnberg 1671: "Und wer heute zu Tage einen Hofman will abgeben/ der muß nothwendig dantzen können: Denn es geschiehet an Höfen zum öfftteren/ daß Däntze und Ballet angestellet werden/ wer denn da nicht mit machen kan/ der wird veracht/ und muß sich schämen. Stehet es also sehr schöne/ nach der Französischen Art wohl dantzen können/ und darbey auch etwas von der Music verstehen." (S. 42). "Weil das dantzen an grosser Herren Höfe [!] so beliebet ist/ werden an allen denen/ wo es recht Politisch zugehet/ wackere und künstliche Dantz-Meister gehalten/ die zu vörderst die jungen Herrlein und Fräulein/ und dann auch andere Damen und Cavalier/ in dieser Kunst unterrichten und geschickt machen müssen. [...] denn da muß man kühn/ unerschrocken und behertzet seyn/ doch also/ daß man nach Gelegenheit der Person/ Zeit und Dinge/ jedem wisse mit gebührender Höfligkeit/ und mit Manier zu begegnen." (S. 71 f.).

23 So zum Beispiel auch bei Dieterich Hermann Kemmerich: Neu=eröffnete Academie der Wissenschaften, zu welchen vornemlich Standes=Personen nützlich können angeführet, und zu einer vernünfftigen und wohlanständigen Conduite geschickt gemacht werden, Leipzig

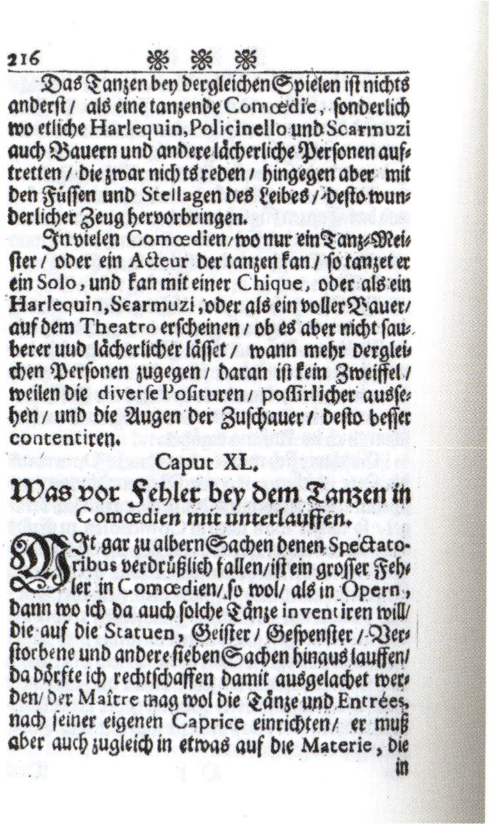
216

Das Tanzen bey dergleichen Spielen ist nichts anderst / als eine tanzende Comœdie, sonderlich wo etliche Harlequin, Policinello und Scarmuzi auch Bauern und andere lächerliche Personen auftretten / die zwar nichts reden / hingegen aber mit den Füssen und Stellagen des Leibes / desto wunderlicher Zeug hervorbringen.

In vielen Comœdien / wo nur ein Tanz-Meister / oder ein Acteur der tanzen kan / so tanzet er ein Solo, und kan mit einer Chique, oder als ein Harlequin, Scarmuzi, oder als ein voller Bauer / auf dem Theatro erscheinen / ob es aber nicht sauberer uud lächerlicher lässet / wann mehr dergleichen Personen zugegen / daran ist kein Zweiffel / weilen die diverse Posituren / possirlicher aussehen / und die Augen der Zuschauer / desto besser contentiren.

Caput XL.

Was vor Fehler bey dem Tanzen in Comœdien mit unterlauffen.

Mit gar zu albern Sachen denen Spectatoribus verdrüßlich fallen / ist ein grosser Fehler in Comœdien / so wol / als in Opern, dann wo ich da auch solche Tänze inventiren will / die auf die Statuen, Geister / Gespenster / Verstorbene und andere sieben Sachen hinaus lauffen / da dörfte ich rechtschaffen damit ausgelachet werden / der Maître mag wol die Tänze und Entrées, nach seiner eigenen Caprice einrichten / er muß aber auch zugleich in etwas auf die Materie, die in

Abb. 62

kennen, aber auch viel und völlig unordentlich hüpfen und springen, 'wie die Tiere'. Das wiederkehrende Leitmotiv des 'bestialischen Herumspringens' ist folglich Ausdruck einer ängstlichen Furcht vor dem Rückfall in eine ursprüngliche, triebhafte Natürlichkeit. In der 'gemeinen Aufführung' wie bei den geselligen Assembléen und Bällen wird ein Kampf gegen Tölpelhaftigkeit und Ungeschicklichkeit geführt, gegen die von Bonin verachtungsvoll aufgezählten, ärgerlichen, "absurden Stellagen" (Abb. 61, 62),[28] die unter das Verdikt der Lächerlichkeit fallen und Ekel bewirken, sowie gegen komisch-groteske Körperhaltungen,[29] die allzu sehr an die professionellen Gaukler erinnern und den Bühnentänzen vorbehalten sind.

In dieser Hinsicht fällt der erbitterte Streit auf, der gegen das Deutsche Tanzen, die englischen Tänze ("Country Dances") und überhaupt gegen volkstümliche Unterhaltungen und Bräuche geführt wird (Abb. 63). Die "Teutsche Führung" bzw. der Deutsche Tanz zieht auf Grund der wohl dafür charakteristischen, unordentlichen Gebärden (das Stampfen mit dem Fuß!), des daraus entstehenden Lärms, der ungebändigten, manchmal gewaltigen Springlust der männlichen Tänzer und letztendlich der "Hässlichkeit" des gesamten

Abb. 63

1711: "Dieses [= das Tanzen, Vf.] ist heutiges Tages fast eine nothwendige Qualität einer Standes-person, ohne welcher man weder bey Hofe noch in andern vornehmen Gesellschaften vor ein galant homme passiren kan: insonderheit auch deswegen, weil es fast das beste mittel ist, sich eine artige stellung des leibes anzugewöhnen, eine manierliche Reverence zu machen, und mit angenehmen und zierlichen minen ein compliment oder andere rede abzulegen." (S. 515).

24 Meletaon, Von der Nutzbarkeit des Tantzens (s. Anm. 19): "heut zu Tage [tauget] keiner recht in die Welt/ wo er zum wenigsten nicht etwas von den Qualitäten eines galanten Menschens (!) an sich." (S. 9).

25 Pasch, Beschreibung wahrer Tanz-Kunst (s. Anm. 7), unpaginierte Vorrede <33>.

26 Ebd., S. 29.

27 Dazu Vf.: Le corps de l'Oriental(e). Perceptions et images en Allemagne au XVIIe siècle, in: Philippe Alexandre und Sylvie Grimm-Hamen (Hrsg.): L'Orient dans la culture allemande aux XVIIIe et XIXe siècles, Nancy 2007, S. 15–27.

28 Bonin, Die Neueste Art zur galanten und theatralischen Tanz-Kunst (s. Anm. 8): "dieser machet einen Buckel/ der andere hincket/ der dritte stehet wie ein geschnitztes Bild/ der vierdte reißet Maul und Augen auf/ der fünffte gucket in die Höhen und siehet/ ob keine gebratene Taube geflogen komme/ der sechste/ giebt auf seine Füße Achtung/ damit er sie auch

Abb. 63

Erscheinungsbildes den ganzen Unmut und Groll der Autoren auf sich. Dies gilt selbstverständlich an erster Stelle für den Franzosen Louis Bonin:

> "dann wer wollte dasjenige Tanzen nicht mit unter die Auslachenswürdigkeiten rechnen/ welche mehr dem Herumspringen unvernünfftiger Thiere/ als der sittsamen Bewegung verständiger Leute/ gleich kommet/ ich selbsten/ bin hiervon ein abgesagter Feind/ und kan mich nicht mehr/ als über die gemeine/ oder so genannte teutsche Art zu tanzen/ ärgern/ dabey man alle civilité und moralité auf die Seiten setzen/ und mit verwerflichsten Geberden/ den Zuschauern Anlaß giebt/ daß sie auch von ihren Neben-Menschen urteilen müssen/ sie hätten ihr natürliches Wesen abgeleget [...]."[30]

Dieses Urteil wird von dem 'galanten' Nürnberger Meletaon durchaus geteilt:

> "Man nennet es teutsch getantzet/ wenn einige als unsinnige Leute herum springen und ohne Ordnung/ Zierlichkeit und douceur [...] vielmehr gestehe öffentlich/ daß es eine recht garstige Manier zu tantzen/ die man künfftig nicht mehr so erlauben sollte [...]."[31]

Aber die Vertreter der wohlgeregelten, französischen "belle danse" nehmen ebenfalls Anstoß an der zu großen Freiheit und an der potentiell gefährlichen Gleichheit aller Beteiligten, welche die bei den "Privatbällen" des Bürgertums recht beliebten englischen Tänze kennzeichnen:

> "Ungefehr fallen mir die Englischen Täntze bey/ die heunt [!] zu Tage bey Baellen sehr gebräuchlich; Wer sie jemahls tantzen gesehen/ den [!] wird beobachtet haben/ daß man dabey an keine zierliche oder künstliche Pas gebunden/ sondern daß es viel auf teutsche Springe ankomme/ wobey man weiter nichts als eine gewisse Tour beobachtet; diese Freyheit extendiren aber einige zu weit/ und springen gar zu ärgerlich herum/ da verursachen sie mit dem Füsse stampfen einen solchen Lermen als ob Hanns und Michel mit der Cret und Andel/ ihren Kirmeß-Tantz auf dem Tantz-Boden angestellet."[32]

Allmählich entsteht eine äußerst ausgeprägte, paradigmatische Opposition zwischen dem "deutschen, gemeinen Tanzen" und der "französischen, galanten Tanzkunst". Die

zu finden weis/ der siebende arbeitet mit den Händen/ als ob er auf der Ruderbank säße/ oder schwimmen lernen wollte." (S. 44 f.).

29 Dazu Vf.: Körperrhetorik und -semiotik der volkstümlichen Figuren, in: Thomas Borgstedt, Dirk Niefanger et al.: Lustige Körper, witzige Texte. Zur Anthropologie und Medialität des Komischen im 17. Jahrhundert, Amsterdam 2008 (Chloe), S. 105–141.

30 Bonin, Die Neueste Art zur galanten und theatralischen Tanz-Kunst (s. Anm. 8), S. 29.

31 Meletaon, Von der Nutzbarkeit des Tantzens (s. Anm. 19), S. 208 f.

32 Ebd., S. 201.

Bezeichnung "gemein" verrät eine zugleich ästhetische und ethische Verurteilung einer angeblich minderwertigen, weil volkstümlichen Körperlichkeit. Ähnlich geht es zu bei der Unterscheidung zwischen der unentbehrlichen "französischen, galanten Reverence", die eine langsame, tiefe und geschmeidige Beugung des Leibes erfordert, und dem vollkommen verworfenen, im galanten Kommunikationssystem lächerlich gewordenen "altfränkischen Gruß", bei dem man "mit dem einen Bein als ein hungeriger Hahn auf dem Mist-Haufen hinter sich hinaus kratzet".[33]

Ex positivo entwickeln die Tanzbuchautoren das ideale Bild einer noblen Körperlichkeit höfischer Herkunft und Prägung, deren Anwendungsbereiche sowohl die öffentlichen Bälle sind als auch die "civile Conversation", wie man sie in Salons oder auch auf der Straße führt.[34] Diese noble Körperlichkeit ist zugleich auch eine resolut 'moderne' Körperlichkeit, die sich von den traditionellen, mitunter jedoch als altmodisch empfundenen Sitten und Gebräuchen deutlich abhebt (Abb. 64).

Schon Mercurius (Pseudonym eines aus Nürnberg gebürtigen, in Sachsen-Gotha tätigen Hofbeamten) hatte 1671 die These von der 'Zivilisierung der Sitten' in Deutschland durch das Ideal der "honnêteté" und der "courtoisie", welche ausgerechnet durch die französische "belle danse" vermittelt seien, aufgestellt.[35] Das fremde Vorbild wurde dabei als positiver Ansporn gesehen und nicht etwa als Hindernis zur Bildung eines eigenen Standesbewusstseins, geschweige denn einer nationalen Identität. So empfahl Mercurius ausdrücklich die französische Art, der Dame beim Tanzen die Hand zu halten: Der Mann solle seine Hand über diejenige der Dame legen, im Gegensatz zum deutschen Brauch, bei dem die Hand des Mannes unter derjenigen der Dame ruht. Dabei hielt der Autor das Tragen von Handschuhen, wie bei Franzosen üblich, für unentbehrlich. Ein ausländischer "habitus" erschien also als Zeichen sozialer Distinktion – weil französischer und aristokratischer Herkunft – als nachahmenswert und wurde auf Grund eines neuen Begriffs von Höflichkeit höher eingestuft als die einheimische Sitte, die der Autor schonungslos als "närrische Meynung"[36] entwertete.

Der Begriff der 'Zivilisierung' beruht aber vorrangig auf einem theologisch-anthropologischen Ansatz, dem Postulat von der gefallenen Natur des Menschen, insbesondere seines Körpers, von seiner ganzen Verderbtheit nach dem Sündenfall.[37] Fast fünfzig Jahre nach Mercurius wird dieses Postulat von den professionellen Vertretern der Kunst wieder aufgenommen, sei es stillschweigend oder explizit: So behauptet Taubert, das gemeine und undisziplinierte Tanzen werde "nach der gefallenen Natur auf eine unförmliche und fast viehische Weise verrichtet".[38] Ein durch zielgerichteten Zwang und Selbstdisziplin moralisierter und zivilisierter Körper erscheint daher als ein willkommenes Korrektiv zur gefallenen Natur, also als eine Befreiung von der Sünde: Durch Tanzübungen arbeitet der Mensch an sich selber und lernt, seinen Leib, seine Haltung, seine Bewegungen unablässig zu berichtigen und zu verbessern. Da der im Tanz wieder aufgerichtete Menschenleib analogisch auf die moralische "rectitudo" und die Redlichkeit verweist, versteht sich die Tanzkunst ausdrücklich als eine "äußerliche Sittenlehre", so Pasch.[39]

Der Wille, die ursprüngliche, vollkommene "Statur" zu erlangen, damit der Mensch wieder am Göttlichen teilhat, erklärt das Unterfangen der "correctio", die Aufwertung der "Geradigkeit" und den erbitterten Kampf gegen alles Bucklige, Verdrehte, Ver-

33 Taubert, Rechtschaffener Tantzmeister (s. Anm. 9), S. 434.

34 Ebd.: "unter dem Perorieren" (S. 541).

35 Mercurius, Schauplatz der Dantzenden (s. Anm. 22). Dazu Vf.: Mercurius' "Schauplatz der Dantzenden" (1671) oder von der Zivilisierung der Sitten durch die französische "belle danse", in: Uwe Schlottermüller und Maria Richter (Hrsg.): Morgenröte des Barock. Tanz im 17. Jahrhundert, Freiburg i. B. 2004, S. 105–116.

36 Mercurius, Schauplatz der Dantzenden (s. Anm. 22), S. 178.

37 Vf.: Affektdiskurse in den deutschen Tanzlehrbüchern, in: Johann Anselm Steiger (Hrsg.): Passion, Affekt und Leidenschaften in der Frühen Neuzeit, Wiesbaden 2005, Bd. 2, S. 787–801.

38 Taubert, Rechtschaffener Tantzmeister (s. Anm. 9), S. 310.

39 Pasch, Beschreibung wahrer Tanz-Kunst (s. Anm. 7): "So ist der erste End-Zweck zur äusserlichen Sitten-Lehre/ den menschlichen Leib und Glieder so geschickt und agil nach guten Kunst-Regeln zu machen (dann gleichwie das Gemüthe Regeln braucht; also auch noch mehr der Leib) damit der Leib äusserlich zeige, wie discipliniret sein Gemüthe sey." (S. 18).

40 Bonin, Die Neueste Art zur galanten und theatralischen Tanz-Kunst (s. Anm. 8): "die Brust [darf] nicht eingezogen werden/ denn sonsten dörfte ein artiger Buckelomini heraus kommen." (S. 126). "ein Frauenzimmer/ muß continuirlich/ [...] die Schultern zurück gezogen haben/ damit sie nicht bucklicht aussiehet/ welches eine eingezogene Brust verursachet." (S. 129).

41 Pasch, Beschreibung wahrer Tanz-Kunst (s. Anm. 7): "Dann corpus est machina, und also kann er regulirter Weise nimmer anders als per regulas Mathematicas wohl regieret werden." (S. 433).

42 Girard Thibault d'Anvers: L'Académie de l'Espée, où se demonstrent par reigles mathematiques sur le fondement d'un cercle mysterieux, la théoric ct pratique des vrais et jusqu'à présent incognus secrets du maniement des armes à pied et à cheval, Leiden 1628. Nachdruck Paris 2005.

43 Rudolf zur Lippe: Vom Leib zum Körper. Naturbeherrschung am Menschen, Frankfurt a. M. 1974, Nachdruck Hamburg 1988, insbes. "Exkurs I. Die Geometrisierung der Erscheinung des Menschen insgesamt", S. 195 f., sowie "Fechtkunst als Wissenschaft", S. 205–213.

44 Bonin, Die Neueste Art zur galanten und theatralischen Tanz-Kunst (s. Anm. 8), S. 126.

45 Pasch, Beschreibung wahrer Tanz-Kunst (s. Anm. 7): "Die Schritte alle nun werden mathematice und regulariter durch Linien/ Winckel

Abb. 64

wachsene: Den Kopf darf man nie hängen lassen und die Brust nie einziehen,[40] auch die Knie müssen immer steif und die Beine gerade gehalten werden. Hauptkriterium ist die Vertikalität des Körpers. Der aufrechte Körper wird anschließend nach abstrakten mathematisch-geometrischen Regeln und philosophischen Prinzipien normiert,[41] auch in den Proportionen der einzelnen Glieder untereinander. Wie übrigens auch in der Fechtkunst[42] ist die Tendenz zur Geometrisierung des Körpers[43] unverkennbar: Er besteht aus Linien, die wiederum während der Bewegung geometrische (meist völlig symmetrische) Figuren bilden. Zum Beispiel muss bei der Reverence der Kopf "mit der Spitze des rechten Fusses perpendicular"[44] stehen, die Schultern müssen eine waagerechte, transversale Linie bilden usw. Nicht nur die Positionen, auch die Tanzschritte werden durch die Geometrie bedingt.[45] Denn erst durch die Einhaltung der Perpendikularlinie mit den Füßen erhält der Leib seine Balance.[46] Nach dem Gebot der Geradheit ist die Festigkeit und Hurtigkeit der Glieder das wichtigste Kriterium. Dadurch gewinnen die Bewegungen an Flexibilität, an Weite und Ausdehnung.

Neben dieser peinlich genauen, mathematisch-geometrischen Normierung der Körper setzt sich aber auch das Ideal der Eleganz, der Zierlichkeit, der Leichtigkeit und Annehmlichkeit durch, kurz: das Ideal der Natürlichkeit. Als Folie dazu dient das schlimme Laster der Affektiertheit, die aus einer übertriebenen Befolgung der Regeln resultiert. So warnt Bonin ausdrücklich vor der Lust an "trigonometrischen Schritten":

> "Die Füsse müssen auswarts stehen/ aber nur nicht gar zu mathematisch/ als ob der Fuß und das Bein einen Angulum rectum praesentiren müste [...]."[47]

Taubert erweitert den Katalog der Verstellungen und "übelständigen Geberden" auf den ganzen Körper:

> "Dieses geschieht, wenn ein Scholair die Füsse allzu weit und mathematisch auswärts forciert, den Rücken allzu hol einziehet, und den Podex allzu sehr hinter sich hinaus strecket, den Kopff gar zu frech und affectiret in die Höhe hält [...] manche runzeln die Stirn [...] Andere spitzen das Maul, falten und runtzeln es zusammen [...] noch andere rüpffen und sitzen die Nase, wetzen die Zähne und ziehen dabey das Kinn von einer Seite zu der andern. Wieder andere zucken die eine Schulter, oder ziehen sie beyde vorwarts in die Höhe. Viele strotzen ihren Ameisen-Bauch gewaltig vor sich weg, hängen den Kopff oder Ober-Leib auf eine Seite, werffen die Arme hin- und her, zwingen sie dicht an den Leib [...]."[48]

Über die technische Normierung hinaus will der galante Körper ein ästhetisierter Körper sein. Allerdings fallen die differenzierten Akzentsetzungen bei den jeweiligen Autoren auf. Während der Lutheraner Pasch die strengste Linie vertritt, d.h. ein höchst diszipliniertes und moralisiertes Tanzen, heben die Galanten Meletaon und Bonin sowie Taubert eher das notwendige Naturell und die anmutsvolle Ungezwungenheit des Auftretens hervor. Der Grund dafür ist leicht zu erraten: Gewährsmann von Bonin und Meletaon ist kein anderer als der galante Dichter par excellence und Theoretiker der "civilité moderne" Menantes, d.h. Christian Friedrich Hunold (1681–1721).[49]

und Circkul/ welche in der Geometrie enthalten sind/ formieret" (S. 29). Samuel Rudolf Behr: L'Art de Bien danser. Die Kunst wohl zu tantzen, Leipzig 1713. Nachdruck Leipzig 1977 [= Documenta Choreologica, Studienbibliothek zur Geschichte der Tanzkunst, Bd. II]: "die Weite solcher einfachen und schlechten Schritte [muss] aus der Geometria dergestalt genau observiret werden, damit accurat nach der Grösse, Länge und Stärcke des Menschen die Distanz und ordentliche Mensur heraus kömmt [...] Muß der Tänzer darbey eine Positur wohl gestrecket von Füssen an durch den gantzen Leib formiren, und zwar wieder aus dieser Raison, weil Linea perpendicularis die feinste und geschickteste ist auf alle Oerter [...]." (S. 22f.).

46 Behr, L'Art de Bien danser (s. Anm. 45): "auf denen Füssen erhält der Leib per lineam rectam vel perpendicularem seine Balance." (S. 113).

47 Bonin, Die Neueste Art zur galanten und theatralischen Tanz-Kunst (s. Anm. 8), S. 118f.

48 Taubert, Rechtschaffener Tantzmeister (s. Anm. 9), S. 538.

49 Hunold hatte insbesondere Antoine de Courtins Traktat: Nouveau traité de la civilité qui se pratique en France parmi les honnêtes gens (1671) ins Deutsche übersetzt: La civilité moderne, od. Höflichkeit der heutigen Welt, Hamburg 1705. Hunold-Menantes wird in Louis Bonin, Die Neueste Art zur galanten und theatralischen Tanz-Kunst (s. Anm. 8) mehr-

Ein solches Körperideal wird konsequenterweise durch bestimmte "Körpertechniken" in die Tat umgesetzt. Mit diesem Begriff ist eine Reihe von musterhaften Bewegungen und Positionen gemeint, welche eine spezifische, soziale Idiosynkrasie bilden und dabei einen allgemeingültigen, exemplarischen Wert beanspruchen.[50] Bei dieser überindividuellen Körperlichkeit geht es um die Erwerbung von technischen Fertigkeiten durch den Körper, der nichts anderes ist als das erste, natürlichste Instrument, das dem Menschen vorgegeben ist. Die im und durch den Tanz entwickelten Körpertechniken, die bis zum regelrechten Drill gehen können, tragen maßgeblich zur erstrebten Zweckrationalisierung des gesellschaftlichen Verhaltens, zur Einbindung des Individuums in das Kollektiv und somit zur Stabilisierung der sozialen Interaktionen bei.[51]

Wie so viele andere Gebiete in der Frühen Neuzeit, so ist auch die Körperlichkeit durch die Rhetorik geprägt, zumal durch die übergreifenden Kriterien des "aptum" und des "decorum": Neben der richtigen, technisch einwandfreien Ausführung der jeweiligen Bewegungen und Gebärden kommt es vor allem auf ihre praktische Anwendung an, die möglichst genau an die jeweiligen konkreten Situationen und auf den Stand der Adressaten angepasst sein soll, um nicht Missfallen bzw. Verachtung zu erregen. Diese stumme Redekunst beruht daher auf einem ausgeklügelten System von strengen, akribischen Anweisungen, von körperlichen Codes und Konventionen mit normativem und präskriptivem Charakter, übrigens nach dem Vorbild der rhetorischen "actio".[52] Verbote und Vorschriften gehen damit einher. Es gibt zum Beispiel 'richtige' und 'falsche' Stellungen, 'saubere' und 'garstige' bzw. 'ekelhafte' Bewegungen bzw. Gebärden. Das Bewegungsvokabular umfasst sowohl die Fußstellung und die Grundschritte als auch die Bewegungen der Arme, der Hände bzw. der Handgelenke und die Haltung des Kopfes (Abb. 65).

Schon seit Beginn des 17. Jahrhunderts wird gegen die parallele Fußhaltung bzw. gegen die einwärts gekehrten Beine ein dezidierter Kampf geführt. Während bei Thoinot Arbeau (1588) die Füße noch parallel zueinander gehalten wurden, verlangte François de Lauze (1623) schon eine klare, leicht geöffnete Fußposition, bei welcher die Bewegungen von der Hüfte her erfolgten. Dieses Postulat wurde dann im Laufe der Zeit verallgemeinert und die Auswärtsdrehung der Beine und Fußspitzen (das sog. "en dehors") zum Grundprinzip des vornehmen Gangs erklärt. So heißt es bei Mercurius (1671):

> "Aber dieses will ich allhier alle/ die da dantzen/ wohl erinnert haben/ daß sie die Füsse jederzeit im dantzen/ und auch in ihrem gehen/ wacker auswarts/ und niemals einwarts setzen/ welches letzere vor andern sehr garstig und unzierlich stehet [...] Und wenn einer noch so wohl und fertig dantzen könte/ und setzte die Füsse einwarts/ oder nur gleich vor sich/ so wird dieses einige [!] dem andern allen eine Unzierde geben."[53]

Bonin zufolge gehört die parallele Fußhaltung zur Reitkunst, bedeutet aber im gesellschaftlichen Kontext "eine unanständige Manier"; das Gleiche gilt für "eingerückte Füsse", die den Eindruck erwecken, als habe man "krumme Beine".[54] Im Gegensatz zu den Tänzen der Frührenaissance, bei denen der ganze Fuß flach auf den Boden gesetzt

---

fach als Autorität angeführt (Vorrede <15>, sowie S. 180, 189 & 227), sowie von Meletaon, Von der Nutzbarkeit des Tantzens (s. Anm. 19), S. 40. Zu Menantes siehe Wilhelm Vosskamp: Das Ideal des Galanten bei Christian Friedrich Hunold, in: August Buck et al. (Hrsg.): Europäische Hofkultur im 16. und 17. Jahrhundert, Hamburg 1981, Bd. II, S. 61–66.

50 Die Definition nach Marcel Mauss: Les techniques du corps, in: Sociologie et anthropologie, Paris 1950 ([3]1989), S. 365–386.

51 Zur Geschichte des Körpers überhaupt, insbesondere der Körperdisziplinierung, siehe Georges Vigarello: Le corps redressé. Histoire d'un pouvoir pédagogique, Paris 1978, sowie neuerdings Alain Corbin, Jean-Jacques Courtine, Georges Vigarello (Hrsg.): Histoire du corps, Paris 2005, Bd. 1: De la Renaissance aux Lumières.

52 Volker Kapp: Die Lehre der actio als Schlüssel zum Verständnis der Kultur der Frühen Neuzeit, in: Volker Kapp (Hrsg.): Die Sprache der Zeichen und der Bilder: Rhetorik und nonverbale Kommunikation in der Frühen Neuzeit, Marburg 1990, S. 40–64.

53 Mercurius, Schauplatz der Dantzenden (s. Anm. 22), S. 161 f.

54 Bonin, Die Neueste Art zur galanten und theatralischen Tanz-Kunst (s. Anm. 8), S. 116 f.

4
Paysane.
Diese Figur stellet den ersten Bauern Pas vor, auf
welchen ein gleicher, jedoch mit den andern
fuß Verkehrter pas folget, wie die Figur zeiget,
darauf seÿnd Pas di Contra-temps, u: rigaudon
mit hin und wieder-Ziehung der Armen Knie und
beinen zu machen jedoch alles mit veränder,
unge auf Bauern Arth.

Abb. 65a

Abb. 65b

55 Meletaon, Von der Nutzbarkeit des Tanzens (s. Anm. 19): "Unter dem Reverence verstehe aber kein Bauernhafftes Füssekratzen; sondern die nach den Character und Stand der vorhabenden Person/ manierlich eingerichtete Neigung des Leibes auch ohne das sonderliches [!] Geräusch gehörige Fußstreifen [...]." (S. 121).

56 Bonin, Die Neueste Art zur galanten und theatralischen Tanz-Kunst (s. Anm. 8): "ehe ich noch anfange/ sollen die Arme hinten/ die Schultern gleich liegen/ diese aber müssen zurück gezogen/ und die Hände nebst der Brust auswärts gesetzet seyn/ dieweilen sonst bey eingebogener Brust/ der Rucken nohtwendig in die Höhe steiget/ und die Figur/ einer acht und neunzig jährigen Bauers

wurde, muss man der Leichtigkeit und "élévation" wegen auf der Fußspitze schreiten bzw. die Fußspitzen strecken; das Stampfen mit dem Fuß oder die stark in den Boden eingesetzte Ferse verraten hingegen eine bäuerliche Abstammung und werden aufs Strengste verurteilt. Die verschiedenen Körperhaltungen und -bewegungen (das Biegen der Knie), die Bewegungsabläufe (Gehen, Stehen, Sitzen), die – lautlosen! – Reverenzen und Verbeugungen,[55] das Hutabnehmen, alles ist sorgfältig einkalkuliert: Bis ins kleinste Detail werden die Länge der Schritte (überdehnte Schritte signalisieren Überheblichkeit, Dünkel und überzogene Ambitionen, zu kleine Schritte wirken lächerlich), die Entfernung der Füße voneinander, die Stellung der Schultern und des Rückens,[56] die Höhe der Arme und Hände,[57] die Stellung der Finger[58] und Ellenbogen, die Kopfhaltung, ja der Blick fixiert. Die absolute Unbeweglichkeit des Rumpfes (zwischen Schultern und Becken) bildet ein Grundgesetz.

Über den Körper hinaus sollen die menschlichen Affekte modelliert bzw. gezügelt und beherrscht werden. Dies gilt für das Gesicht, das den Ausdruck der Freude, der Furcht, der Verlegenheit, des Hochmuts, aber auch das helle Lachen – eine Grobheit! – unterdrücken muss;[59] es gilt auch für spontane Gesten wie das Fuchteln mit den Händen bzw. das Ballen der Finger zur Faust, die allzu leicht Zorn oder Aggressivität verraten und folglich die Stabilität der sozialen Ordnung gefährden könnten. Es gilt für den ganzen Körper, der nichts als Würde und "douceur" (z.B. beim Beugen und Biegen) an den Tag legen soll.

Im Hinblick auf ein solches Programm der Körperdisziplinierung werden bestimmte Tanzarten französischer Herkunft (vor allem Courante und Menuett) als "Fundamentaltänze" aufgewertet. Bonin zufolge sind sie "zwo Säulen/ darauf das ganze Tanzen beruhet".[60] Dies geht weit über das bloße Erlernen von vorgeschriebenen Tanzschritten und -figuren hinaus: Ihnen kommt durch das Einüben in bestimmte, zu empfehlende Körperhaltungen eine propädeutische Funktion zu. Obwohl sie mittlerweile völlig altmodisch geworden ist, empfiehlt Taubert ausdrücklich noch das Erlernen der Courante, eines langsamen, gravitätischen Präsentationstanzes, der die vollkommene Beherrschung aller Körperglieder während der Bewegung lehren soll.

Zu den Körpertechniken gehört auch die Differenzierung der Körperlichkeit unter den Geschlechtern, welche zur Konstruktion einer spezifischen Weiblichkeit (wie auch einer Männlichkeit ...) im und durch den Tanz führt. Denn obwohl das "Frauenzimmer" grundsätzlich denselben Grundregeln und Codes beim Tanzen und im Gebaren unterworfen ist, gelten für sie die Regeln in stärkerem Maße; denn es gilt, ihre Ehrbarkeit und Tugendhaftigkeit, ihre angeborene "Modestie" und Zurückhaltung ständig darzulegen. In allem soll die Frau sich weit ruhiger, beherrschter und gezähmter verhalten. Ein "affectiertes Wesen" ist unbedingt zu vermeiden, wie etwa die Augen "verdrehen/ dass man nur das Weisse siehet", "den Mund krümmen" oder einziehen oder sich in die Lippen beißen.[61] Beim Tanzen werden geschlechtsspezifische Bewegungskonventionen erstellt:[62] Bei den Tänzen der Dame kommen keine virtuosen Schrittkombinationen zum Einsatz, auch keine Verzierungen der Schritte durch "battus" bzw. Kapriolen, sondern ihre Tanzweise ist durch breite Raumwege und die Wiederholung derselben einfachen Grundschritte gekennzeichnet. Taubert zufolge hat ein honettes Frauenzimmer beim Tanzen nichts anderes mit den Händen zu tun als ihren Rock mit den Fingerspitzen zu

Frauen praesentiret." (S. 146).

57 Taubert, Rechtschaffener Tantzmeister (s. Anm. 9): "Arme und Hände soll man zu regieren und zu führen wissen, und zwar sowohl zu rechter Zeit und auf eine gute Manier als auch nach den mathematischen Regeln" (S. 541f.).

58 Bonin, Die Neueste Art zur galanten und theatralischen Tanz-Kunst (s. Anm. 8): "Die Hände/ soll ich dabey so halten/ dass die Finger nicht ausgestrecket sind/ sondern natürlich/ etwas gegen die Höle eingebogen/ der Daume ruhet zwar auf dem Zeige Finger/ die andern aber/ müssen alle aneinander liegen/ und ja nicht ausgestrecket seyn." (S. 147).

59 Dazu Jean-Jacques Courtine und Claudine Haroche: Histoire du visage: exprimer et taire ses émotions. XVIe– début XIXe siècle, Paris 1988.

60 Bonin, Die Neueste Art zur galanten und theatralischen Tanz-Kunst (s. Anm. 8), S. 93.

61 Ebd., S. 130.

62 Dazu Stephanie Schroedter: "Also kann nichts frecher und verwegener aussehen, als wenn ein Frauenzimmer viel Sprünge und Capriolen machet" – Genderspezifische Bewegungskonventionen im Gesellschafts- und Theatertanz um 1700, in: Die Stadt – Ort kulturellen Handelns von Frauen in der frühen Neuzeit. Interdisziplinäres musik- und kulturwissenschaftliches Symposion, Hochschule für Musik und Theater Hannover, 29. Juni bis 1. Juli 2006 (in Vorbereitung).

halten; sie muss "douce und modest gewöhnet seyn", dies setzt voraus, dass sie "die wilden Geberden lernet erkennen und ablegen".[63] Alles Springen ist daher den Frauen absolut untersagt, selbst die ganz kleinen Sprünge:

> "Also kann nichts frecher und verwegener aussehen, als wenn ein Frauenzimmer viel Sprünge und Capriolen machet."[64]

Schon Bonin hatte davor gewarnt:

> "Einem Frauenzimmer stehet es eben am garstigsten an/ wo sie wieder die Eigenschaften ihres Geschlechts/ ohne Ziel und Maas herumspringet/ es schicket sich nicht vor sie/[...] noch weniger/ wo sie gar bey dem Teutschen Tanz ohne Form und Gestalt nur in den lieben Tag hinein springet."[65]

Männer haben dagegen einen größeren Freiraum, sie dürfen ihre Tanzschritte durch hohe Sprünge bzw. Battus oder sonstige Variationen zieren und ihre Kraft und "Caprice" an den Tag legen – wenn auch in Maßen und immer im Rahmen des zu beachtenden Anstands. Die sozialen Anstandsnormen, die Pasch sorgfältig auflistet,[66] erklären die vorgenommene Distanzierung der Körper zueinander, und das heißt auch die Neutralisierung ihres gefährlichen erotischen Potentials.

Folgen und Implikationen

Genauso wie der Raum der Galanterie eine bewusste soziale Konstruktion ist (die Salons bzw. Assembléen als Ort der eigenen Selbstvergewisserung dienen zur Bestätigung des sozialen Status im öffentlichen Beziehungsnetz), so ist das galante Körperideal ein soziales Konstrukt, dem ein hohes Maß an Formelhaftigkeit anhaftet. Das höfische Zeremoniell aristokratischer Herkunft und Prägung findet im höchst ritualisierten Gebaren bei den Bällen und Zusammenkünften des Bürgertums ein Pendant.[67] Die Tänze sind primär repräsentative Veranstaltungen, bei denen die Lust oder das Vergnügen des Einzelnen nicht zur Debatte steht,[68] eine Kunst der Selbstinszenierung in der Öffentlichkeit. Die jeweiligen Körperbewegungen und -haltungen sind kulturell codiert:[69] Das neue, galante Ideal der "urbanitas", das vollends dem städtischen Raum entspricht und Anspruch auf absolute Verbindlichkeit erhebt, hebt sich vom Schreckbild der "feritas" entschieden ab.[70] Will er seine soziale Integration und seine Aufstiegschancen nicht gefährden, sieht sich der Einzelne vor die Notwendigkeit gestellt, sich bewusst und gezielt eine gesellschaftsfähige Fassade eben durch eine wohlkontrollierte Körperlichkeit zu errichten.

Diese Fassade ist dennoch keine starre Maske. Denn der öffentliche Raum ist auf Kommunikation angelegt; außer der Mitteilung durch die Sprache soll auch der Körper etwas kommunizieren und dies nicht nur über die Kleidung. Gerade der Tanz erlaubt eine optisch wirksame Kommunikationsform: Ähnlich den rhetorischen Redefiguren sind die Gesten mit Bedeutung ausgefüllte, ikonische Zeichen, die auf einen bestimmten affektiven Inhalt hinweisen (Freundlichkeit, Respekt, Bewunderung, Gleichgültigkeit usw.) und durch den "ornatus" zur Kunst des Überredens beitragen. Das Grundpostulat einer gleichnishaften 'Lesbarkeit' aller materiellen Erscheinungsformen erklärt die

63 Taubert, Rechtschaffener Tantzmeister (s. Anm. 9), S. 562 ff.

64 Ebd., S. 960.

65 Bonin, Die Neueste Art zur galanten und theatralischen Tanz-Kunst (s. Anm. 8), S. 242.

66 Pasch, Beschreibung wahrer Tanz-Kunst (s. Anm. 7): "Es ist incivil, im Vorbey-Tantzen der Dame näher als eines Schrittes weit zu nahen/ und wann man sie bey der hand fasst/ soll es nicht lange/ und bey dem äussersten der Finger geschehen/ und sollen auch die Täntzer beyderseits Handschuh anhaben. Daß man im Tantzen einander das Gesichte zuwendet/ ist eine Höflichkeit/ und würde das Abwenden des Gesichts eine Verachtung seyn [...] Hierbey sollen die Gesichter weder lachen/ noch sauer sehen/ sondern sich modest und indifferent erweisen." (S. 22).

67 Davon zeugen nicht zuletzt die als Diptychon angelegten Werke von Julius Bernhard von Rohr: Einleitung zur Ceremoniel-Wissenschafft der Privat-Personen, Berlin 1728, sowie: Einleitung zur Ceremoniel-Wissenschaft der großen Herren, Berlin 1733 (Nachdruck Leipzig 1990). Im ersten Werk, X. Cap.: "Vom Dantzen und Bällen" (S. 466–492) bezieht sich Rohr wiederholt auf die Gewährsmänner der galanten Tanzkunst, Pasch, Meletaon und Taubert. Zum Zeremoniell, siehe Jörg Jochen Berns und Thomas Rahn: Zeremoniell und Ästhetik, in: dies. (Hrsg.): Zeremoniell als höfische Ästhetik in Spätmittelalter und

Abb. 65c

früher Neuzeit, Tübingen 1995, S. 650–665.

68 Vera Jung: Körperlust und Disziplin. Studien zur Fest- und Tanzkultur im 16. und 17. Jahrhundert, Köln 2001, insbes. Kap. 6: "Die Zivilisierung des Körpers durch den 'gelehrten' Tanz", S. 321–349.

69 Siehe Alain Montandon (Hrsg.): Sociopoétique de la danse, Paris 1998, insbesondere die Einleitung: "Du code, du plaisir et des signes", S. 1–12.

70 Bonin, Die Neueste Art zur galanten und theatralischen Tanz-Kunst (s. Anm. 8): "Civilisirte Leute/ dergleichen man in den Städten suchen soll/ die wollen mit Bauern/ und ungezogenen Landleuten nichts gemeines haben." (S. 30).

71 Volker Kapp: Le corps éloquent et ses ambiguïtés: l'action oratoire et le débat sur la communication non-verbale à la fin du XVIIe siècle, in: Wolfgang Leiner (Hrsg.): Le corps au XVIIe siècle, Paris 1995, S. 87–99.

72 Ingo Stöckmann: Die Orte des Gestischen. Galanterie und Gestik, in: Margreth Egidi (Hrsg.):

Erstellung eines ausgeklügelten Zeichenvorrats, d.h. einer subtilen, völlig künstlichen Körpersemiotik, die erst erlernt und dann möglichst perfekt beherrscht werden musste. Allerdings stellt sich sofort das Problem einer möglicherweise eintretenden Störung der Kommunikation,[71] entweder durch eine Diskrepanz zwischen Wort und Gebärde, durch die "nicht bewussten Fehlleistungen und sprechende Irregularitäten der Gestik",[72] d.h. die ungewollten, verräterischen Gesten, oder durch eine etwaige, zu grobe Verstellung[73] bzw. "Unaufrichtigkeit"[74] des Subjekts. Die absolute Lesbarkeit der Körpersprache ist dann nicht mehr gewährleistet. Darüber hinaus kann diese Körpersemiotik bei aller Universalität des Phänomens eine geographische und soziale Variabilität erfahren, welche die geltenden Codes ins Schwanken bringt; über einen solchen Vorfall berichtet Meletaon.[75] Der Anspruch der Galanten auf eine Zuverlässigkeit und Verbindlichkeit ihres Kommunikationssystems kollidiert vielfach mit der Erkenntnis der Relativität der Werte. Deshalb entfaltet sich eine Pragmatik, die eng mit der Kunst der privaten Klugheit verbunden ist.

Der Begriff der Natur erfährt in der galanten Tanzkunst eine Umwandlung; gepriesen wird eine neue, ästhetisch verfeinerte Natürlichkeit, die durch die Kunst rekonstruiert und kultiviert wird. Das Ideal eines galanten Gebarens wirkt wie eine Aktualisierung und Reaktivierung des Cortegiano-Modells aus der Renaissance, mit der "sprezzatura", einer natürlich wirkenden, eigentlich aber sorgfältig einstudierten Lässigkeit. Gegen die Ansprüche des Adels auf eine angeborene erhabene Körperlichkeit wird jedoch das Ideal der Perfektibilität, der Vervollkommnung des Körpers durch zielstrebige Erziehung und Selbstzwang behauptet. Das Angelernte und Angeeignete tritt an die Stelle des Angeborenen, wobei diese zweite, künstlich konstruierte Natur dermaßen verinnerlicht wird, dass sie schließlich wie eine ursprüngliche Natur wirkt.[76] Allerdings ist zu Beginn des 18. Jahrhunderts der Begriff der Harmonie rein immanent geworden; er bezieht sich nur noch auf die innerweltliche, soziale Sphäre, so dass man in der Galanterie zu Recht eine säkularisierte Übertragung des neuplatonischen Cortegiano-Vorbildes erblicken kann oder, gemäß Tauberts Formulierung, "die veritable Harmonie der Politesse".[77]

Über die bloße Ehrbarkeit und Sittsamkeit hinaus setzen sich allmählich das Ideal der "civilité" und der Begriff des "zivilisierten" Gebarens im Bürgertum durch. Ein gesellschaftlicher Wandlungsprozess durchzieht Deutschland, der eine neue Auffassung von der Geschichte, aber auch eine neue Haltung gegenüber der "Kultur" impliziert: "derowegen muß man sich in die Zeit und Leute schicken, weil sich weder die Zeit noch Leute nach uns schicken".[78] Trotz aller punktuell auftretenden Schwierigkeiten erlaubt der optimistische Glaube an einen 'Fortschritt' eine moderne, offene und flexible Haltung. Allmählich wird sich das Gebaren nicht mehr nur nach den überindividuellen Regeln der sozialen Ethik richten, sondern auch nach der individuellen Vernunft.

Dennoch darf man die Widerstände und Reibungen bei der Durchsetzung des neuen Körperideals nicht unterschätzen. Vielfache Konfliktlinien lassen sich ziehen:[79] zwischen den überkommenen Traditionen und der neuen Mode, zwischen den einheimischen, identitätsstiftenden Praktiken und fremden Sitten, zwischen Repräsentationspflicht und privatem Vergnügen. Johann Michael Moscheroschs bissige Satire gegen die "närrischen Geberden bey der französischen Reverence", die Taubert mehr als siebzig Jahre später anführt, bleibt anscheinend aktuell, wenn man dem Hinweis auf heftige

Gestik. Figuren des Körpers in Text und Bild, Tübingen 2000, S. 103–115, Zitat S. 113.

73 Ursula Geitner: Die Sprache der Verstellung. Studien zum rhetorischen und anthropologischen Wissen im 17. und 18. Jahrhundert, Tübingen 1992.

74 Vf.: Gibt es eine Aufrichtigkeit des Körpers? Zu den deutschen Tanzlehrbüchern des späten 17. Jahrhunderts, in: Claudia Benthien und Steffen Martus (Hrsg.): Die Kunst der Aufrichtigkeit im 17. Jahrhundert, Tübingen 2006, S. 329–341.

75 Meletaon, in: Bonin, Die Neueste Art zur galanten und theatralischen Tanz-Kunst (s. Anm. 8): "ich muste von mir/ wie per Tertium erfahren/ raisonniren lassen/ ich möchte ja zuvor die Maniern recht lernen/ ehe ich mit Frauen-Zimmer tanzete/ und dieses darum/ weilen/ wie sie in Gewonheit/ bey Reichung der Hand/ den Hut nicht abgezogen/ und das Reverenz anderst als sie gemacht [...] Man hat mir es als eine Grobheit ausgeleget/ daß ich den Hut aufbehalten/ und ich nennete es einen Fehler/ daß sie selbigen/ wie es ihnen nach der Alten Welt gewiesen worden/ herunter genommen." (S. 36). Das 7. Kapitel aus Bonins Traktat wurde von Meletaon verfasst; dies geht aus dem Text eindeutig hervor.

76 Pasch, Beschreibung wahrer Tanz-Kunst (s. Anm. 7): "Cavalierement-Tantzen heist/ wenn ein Cavalier nach allen Tantz-Regeln sauber und sehr wol tantzet/ und zwar, als

Widerstände seitens einiger Pädagogen und Präzeptoren Glauben schenkt.[80] So wird sich das Menuett als Paradigma der körperlichen Selbstbeherrschung im Tanzen zwar in den gehobenen Gesellschaftsschichten dauerhaft durchsetzen, aber die traditionellen deutschen Tänze nie gänzlich verdrängen. Die Tanzmeister und Tanztraktatautoren spielen in dieser Hinsicht eine zentrale Rolle, hämmern sie doch ihren 'Scholaren' (und deren Eltern) die Grundsätze des neuen, galanten Körperlichkeitsideals und dessen sozial-ethische Legitimation unablässig ein. Norbert Elias' These von der gewaltsamen Veränderung des "Affekthaushaltes" im Zivilisationsprozess scheint sich zu bestätigen. Damit erhellen sich die Ambivalenzen im sozial-psychischen Transformationsprozess, vom autoritär auferlegten Zwang zum Selbstzwang.[81]

Die vielen Widerstände innerhalb der deutschen Gesellschaft, die auffallenden Widersprüchlichkeiten und Übertreibungen in der Realisierung der "galanten, manierlichen Conduite" erklären nicht zuletzt, warum die Galanterie als eine historische Übergangsphase nur von kurzer Dauer war: Nach der Hochschätzung durch Christian Thomasius im letzten Jahrzehnt des 17. Jahrhunderts wird die Galanterie um 1730 von Johann Christoph Gottsched diskreditiert. Soll man daraus auf ein Scheitern des sozialethischen Unterfangens schließen? Jedenfalls wird die wirkliche große Revolution der Körperlichkeit im Tanz erst ungefähr achtzig Jahre später ausbrechen, mit dem Siegeszug des Walzers, der eine radikale Befreiung aus dem engen Korsett der Vorschriften und somit einen ersten Schritt zur Autonomie des Körpers signalisierte.[82]

hätte er es nicht gelernet/ sondern/ als wäre es eine rechte Operation von dem Adelichen Geblüthe/ und wäre ihm mit demselbigen zugleich angebohren." (S. 74).

77 Taubert, Rechtschaffener Tantzmeister (s. Anm. 9), S. 306.

78 Ebd., S. 428; Johann Michael Moscherosch: Anderer Theil der Gesichte Philanders von Sittewalt, Straßburg 1643, Erstes Gesichte.

79 Vf.: Antagonistische Körperbilder und -konzepte. Tanzen als kulturelle Konstruktion von Identität, in: Jean-Marie Valentin (Hrsg.): Germanistik im Konflikt der Kulturen, Bd. 7, Bern 2007 (Jahrbuch für Internationale Germanistik, Reihe A: Kongressberichte, Bd. 7/83, im Druck).

80 Taubert, Rechtschaffener Tantzmeister (s. Anm. 9), S. 434.

81 Norbert Elias: Über den Prozeß der Zivilisation. Soziogenetische und psychogenetische Untersuchungen, Bern 1969, insb. das Kapitel "Entwurf zu einer Theorie der Zivilisation. Der gesellschaftliche Zwang zum Selbstzwang".

82 Rudolf Braun und David Gugerli: Macht des Tanzes – Tanz der Mächtigen. Hoffeste und Herrschaftszeremoniell 1550–1914, München 1993, insb. Kap. III. 1. "Die Tanzenden Bürger. Der große Umbruch in der Tanz-, Bewegungs- und Körperkultur", S. 166–202. Siehe auch Vf.: Danser en Allemagne aux XVIIe et XVIIIe siècles. Pratiques, discours et représentations, in: Le Texte et l'idée, Nancy, N° 20 (2005), S. 113–138.

Zur Historischen Anthropologie des Sprungs: Die 'inventio' der Kubistik durch Arcangelo Tuccaro (ca. 1530 – vor 1616)

Sandra Schmidt

Die "Trois dialogues de l'exercice de sauter et voltiger en l'air", zu deutsch: "Drei Dialoge über das Springen und Wenden in der Luft", veröffentlicht 1599 in Paris, sind die erste überlieferte Verschriftlichung der Bewegungstechnik des Salto vorwärts (Abb. 75). Der Autor, Arcangelo Tuccaro, berichtet in seiner kurzen Ansprache "An den Leser", er habe die Dialoge bereits 1588 fertig gestellt, sie seien allerdings im Zuge der Pariser Barrikadenkämpfe, nachdem er sie einem Freund anvertraut hatte, verloren gegangen, und er habe sie dann, immerhin elf Jahre später, erneut niedergeschrieben.[1] Als Quelle für Sprünge um die Breitenachse des Körpers sind die "Trois dialogues" im 16. Jahrhundert singulär. Im Unterschied zu zahlreichen Texten, die es über den Tanz, das Fechten oder die verschiedenen Ballspiele gibt, stellen sie höchstwahrscheinlich europaweit die einzige Publikation dar, die sich dieser Bewegungstechnik annimmt. Die nächstfolgende Abhandlung über derartige Sprünge, die uns erhalten ist, stammt aus dem Jahre 1753, verfasst von Giustiniano Borassatti: "Il gimnasta in pratica ed in teorica", zu deutsch etwa "Der Turner in Praxis und Theorie". Auch dieser Text ist in Form eines Dialogs – zwischen den "alten Direktoren der Schulen von Paris und London" Giovanni Restier, Pietro Dubroqc sowie Enrico Gherman – verfasst und folgt in der Darlegung der Sprünge der Systematik Tuccaros.[2]

In Deutschland nimmt die Beachtung der "Trois dialogues" ihren Anfang mit Friedrich Ludwig Jahn (1778–1852): Er hatte in der "Deutsche[n] Turnkunst" 1816 den Titel mit "Kopfübern oder Luftspringen" (unvollständig) übersetzt, auf 1589 (falsch) datiert und folgendermaßen kommentiert: "Die Gespräche werden oft lange Waschreden, halten sich lange bei unnützen Eingängen auf, und überfluthen mit einem unausstehlichen Wortschwall. Die würklichen guten Körner muß man erst mit großer Mühe von der Spreu sondern."[3] In der Folge Jahns äußerten sich im 20. Jahrhundert weitere Sport- bzw. Turnhistoriker – von Erwin Mehl über Werner Körbs bis hin zu Carl Diem und Joseph Göhler – über die "Trois dialogues", wobei alle den historischen Kontext der Entstehung weitestgehend vernachlässigten und Tuccaros Springkunst als historischen Vorläufer des Bodenturnens definierten.[4] Die Mehrzahl der sporthistorischen Betrachtungen kümmert sich bis heute primär, wenn nicht ausschließlich um die Bewegungstechnik und ignoriert, wie das Beispiel der "Trois dialogues" zeigt, den historischen Zusammenhang. Auf der anderen Seite haben Geistes- und Kulturwissenschaftler, wenn sie sich in den vergangenen Jahrzehnten mit Körpern beschäftigt haben, konkrete Bewegungsformen und -techniken selten betrachtet. Der vorliegende Beitrag möchte deshalb dem Gedanken Rechnung tragen, dass die Berücksichtigung der konkreten Bewegungstechnik nicht nur für die sporthistorische Rekonstruktion unerlässlich ist,

1 "Ie bien voulu advertir qu'estant absent de ceste ville de Paris, à cause de quelques miennes affaires que i'avois au dehors un peu auparavant la iournee des Barricades, & n'y pouvant sevrement retourner à cause de la guerre qui s'y estoit enflammee, sinon que lors que sa Maiesté s'en rendit le maistre & paisible possesseur [...] les presens Dialogues, les figures & autres choses y contenuës que i'avois laissees chez un mien amy perduës & égarees, si bien qu'il me fallut tout de nouveau les rabiller & remettre à leur ordre & en leur suitte". Arcangelo Tuccaro: Trois dialogues de l'exercice de sauter et voltiger en l'air, Paris 1599, 'Au lecteur', o. S. (Übersetzungen, wenn nicht anders gekennzeichnet, von mir).

2 Der Titel lautet vollständig: "Il gimnasta in pratica ed in teorica dialogo tra' professori dell'accademia Gimnastica de' gran saltatori di Parigi e Londra colla spiegazione di tutti i salti, tanto antichi che moderni, rappresentati ne' più riguardevoli Teatri dell'Europa; ed ultimamente per intermezzo con l'opera nel carnevale 1753 nel teatro Giustiniano di S. Mosè di Venezia. Opera di Giustiniano Borassatti dedicato a Sua Eccellenza la Sig. Duchessa di Bracciano." Venedig 1753. Bascetta konstatiert, der Text sei "in der Atmosphäre zwischen Turnhalle und Zirkus" entstanden, vgl. Carlo Bascetta (Hrsg.): Sport e giuochi. Trattati e scritti dal XV al XVIII secolo, Milano 1978, S. 108.

sondern erst durch eine solche die Bedeutungspotentiale von Bewegungen in ihrem spezifischen kultur- und sozialhistorischen Kontext in den Blick geraten.[5]

Informationen über den Autor der "Trois dialogues", Arcangelo Tuccaro, sind sehr rar: Er wurde um 1530 in L'Aquila in den Abruzzen geboren und ist im italienischsprachigen Raum als Springer in volkstümlich-populären Kontexten berühmt geworden; Thomaso Garzoni (1549–1589) nannte ihn 1586 in seiner Auflistung aller bekannten Berufe unter den Springern:

> "Es gibt eine andere Form des Springens, sehr verbreitet in unserer Zeit [...] In dieser sind viele berühmte Männer tätig, wie Mancino aus Bologna mit seinem Sohn Stefano, genauso der Moretto und Tonino aus Bologna, Alfonso Spagnuolo, Battistone aus Padua, Giuntino und Grillo Siciliani, Arcangelo d'Abruzzo, Girolamo aus Foligno, Marino, Gasparo, Capo und Scaramucia Venetiani, Giammaria Romano, Riccio aus Verona, Pino und Soldino aus Florenz, Nicolò Sanese und andere mehr."[6]

Tuccaro selbst war seit 1564, in diesem Jahr wurde er erstmals mit der Berufsbezeichnung "Springer" als "Johann Archangelo" in den Hofstaatsakten geführt, am Wiener Hof tätig. In den Innsbrucker Pfennigmeisterrechnungen findet man ihn als "Der Römischen Kay. Mt. ec. Springer Arcangelo Saltari", in den Hoffinanzprotokollen als "Archangelus Saltarius bzw. Archangelo Saltarino" und schließlich in den Hofzahlamtsbüchern als "Hanns Arch, Röm. Kay. May. Springer."[7] Tuccaro erhielt als Mitglied des Hofstaats in diesen Jahren neben seiner regulären Hofbesoldung von 15 bis 20 Gulden eine Reihe von Extrabelohnungen. Mit kurzen Unterbrechungen ist seine Tätigkeit am Hof Maximilians II. bis 1570, dem Jahr der Vermählung Elisabeths mit Karl IX. beim Reichstag zu Speyer, nachgewiesen. In den Akten des französischen Hofes wird er lediglich zwei Mal genannt: 1580 als Angehöriger des Herzogs von Alençon, dem vierten Sohn Katharinas von Medici, und 1588 als Mitglied des königlichen Marstalls.[8] In zahlreichen zeitgenössischen Quellen, welche königliche Einzüge und Feste zum Teil sehr detailliert beschreiben, wird Tuccaro nicht namentlich genannt; für das Jahr 1572 liegt ein Kommentar des Comte von Lincoln, damals Botschafter der englischen Krone in Paris, vor, der am 18. Juni zu einer Aufführung im Louvre notierte: "Nach dem Abendessen brachte uns seine Exzellenz und sein Bruder in einen Raum, in dem es sehr viel exzellente Musik zu hören gab, und danach in einen anderen großen Raum, wo es ein italienisches Spiel gab und verschiedene Springer, sehr exzellent."[9] 1588 widmet ihm der Dichter Vincenzo Belando ein Sonett und nennt ihn hierin den "Springer des Königs".[10] In der königlichen Autorisation, dem 'Privilège du Roi', das den "Trois dialogues" vorangestellt ist, wird Tuccaro als "Unser geliebter Archange Tuccaro, Springer des Königs" bezeichnet.[11]

Durch seine Publikation nimmt Tuccaro eine Sonderstellung unter den Schaustellern ein, die er auch selbst in seinem Dialog thematisiert: Zwischen den getrennten Welten der Gelehrten und der Springer ist er der einzige, der "gut zu reden und auch gut zu springen" vermag, er ist "der Prinz der seltensten Übungen des Jahrhunderts", er ist "der Erste, der die Mittel gefunden hat, diese wunderbaren Sprünge in Regeln und sichere Maße zu fassen", und er sagt von sich selbst: "Das ist niemandem vor mir gelungen."[12] Er allein besitzt Autorität in zweifacher Hinsicht: als Erfinder und Architekt der

3 Friedrich Ludwig Jahn und Ernst Eiselen: Die Deutsche Turnkunst zur Einrichtung der Turnplätze, Berlin 1816, S. 256. Ferdinand Maßmann, Zeitgenosse und Freund Jahns, hatte eine Übersetzung der 'Trois dialogues' mit dem Titel 'Drei Gespräche des Tuccaro' begonnen, die allerdings zu Beginn des zweiten Dialogs abbricht. (Das handschriftliche Manuskript aus Maßmanns Nachlass liegt in einer Mikrofiche-Fassung in der 'Zentralbibliothek der Sportwissenschaften, Köln' vor.)

4 Mehl lobt die "vernünftigen Ansichten" Tuccaros aus turnspezifischer Sicht, Erwin Mehl: Das älteste Werk über das Bodenturnen, in: Die Leibesübungen 2 (1928), S. 33–41, hier S. 36. Göhler bemerkt lobend, dass Jahn durch den deutschen Begriff Kopfübern das Fremdwort Salto ersetzt; Josef Göhler und Rudolf Spieth: Die Geschichte der Turngeräte, o.O. 1989, S. 14. Körbs, der den Titel anders als Jahn, (aber ebenfalls falsch) mit 'Trois dialogues sur l'art de sauter en l'air' wiedergibt, zitiert in seiner Renaissance-Studie Tuccaro ein einziges Mal, indem er konstatiert, dieser wolle "Gesundheitsübungen auch für Kinder, die noch im Mutterleib sind". Werner Körbs: Vom Sinn der Leibesübungen in der Renaissance, Hildesheim 1988[2] [1938], S. 51. Diem schließlich urteilt über "das Buch des Sportlehrers Archange Tuccaro", es sei "weitschweifig und eitel", und über die verschiedenen Abhand-

Abb. 75

lungen des 16. Jahrhunderts über die Bewegungstechniken: "Alle diese Schriften waren nur der Niederschlag der allgemeinen Körperfreude". Carl Diem: Weltgeschichte des Sports, Stuttgart 1971, S. 464.

5 Die Verschriftlichung von Bewegungen ist ein methodisches (und ungelöstes) Problem der Wissenschaften: Dynamik und Gleichzeitigkeit von Bewegungen stehen der Linearität der Schrift gegenüber, das Ausmaß von Bewegungsweiten und -dynamiken zum Beispiel unterliegt immer der subjektiven Wahrnehmung und scheint bislang, sieht man von Notationssystemen ab, nicht in Schrift fassbar. Geht es wie im vorliegenden Fall um Bewegungstechniken, die im 16. Jahrhundert verschriftlicht wurden, kommen bei der Rekonstruktion dieser Bewegungen weitere Probleme, zum Beispiel terminologischer Art, hinzu. Eventuell setzt eine solche Rekonstruktion voraus, dass die Quellen uns Anhaltspunkte liefern, die wir mit heutigen, uns bekannten Bewegungen vergleichen können. Vor diesem Hintergrund ist die hier behandelte Quelle sehr 'dankbar', da fast alle in den "Trois dialogues" beschriebenen Sprünge auch im heutigen Repertoire der Sportart Kunstturnen existieren. Betont sei allerdings, dass die Parallelen nicht über diese Annäherung der konkreten Bewegungsformen hinausgehen. Zur methodischen Orientierung siehe Philipp Sarasin: Geschichtswissenschaft und

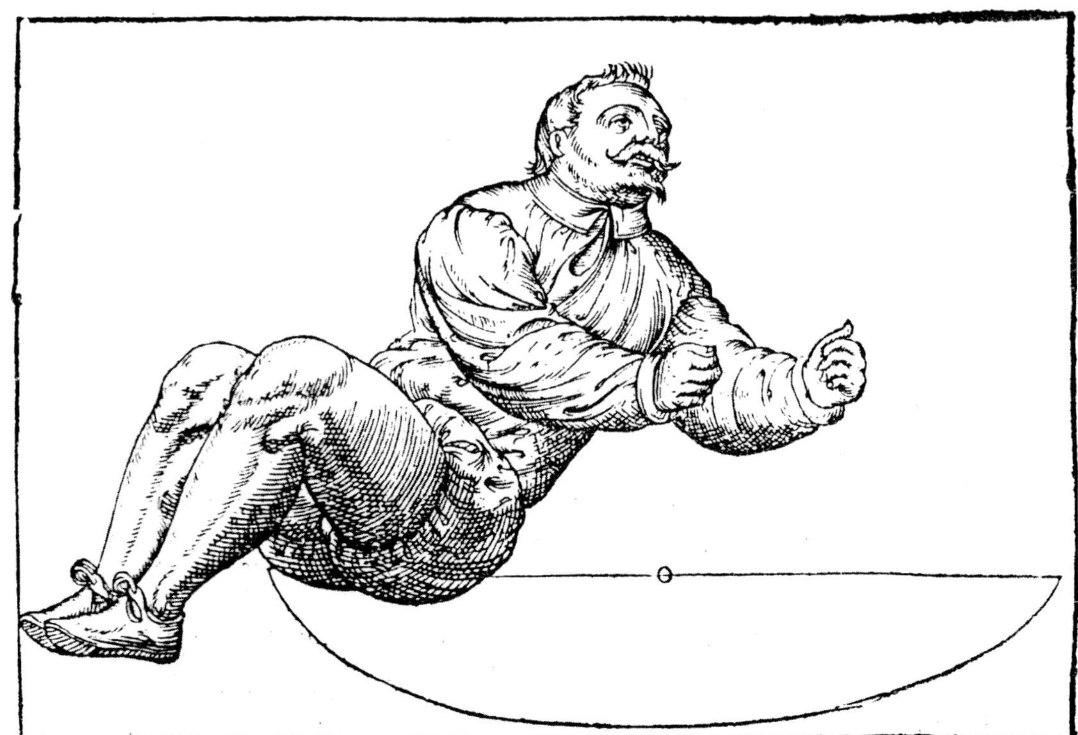

Abb. 76

Diskursanalyse, Frankfurt a.M. 2003.

6 "Vi è un'altra saltatione usata molto al tempo nostro [...] In questa son fioriti al nostro tempo, e fioriscono ancora molti valent'huomini, come il Mancino da Bologna con Stefano suo figliuolo, cosi il Moretto, e Tonino da Bologna, Alfonso Spagnuolo, Battistone da Padoa, Giuntino, e Grillo Siciliani, Arcangelo d'Abruzzo, Girolamo da Foligno, Marino, Gasparo, Capo, e Scaramucia Venetiani, Giammaria Romano, Riccio da Verona, Pino, e Soldino da Fiorenza, Nicolò Sanese, e altri assai." Thomaso Garzoni: La piazza universale di tutte le professioni del mondo, e nobili et ignobili, Venedig 1586, S. 463. Dass der hier genannte Pino mit dem Springer Pino in den "Trois dialogues" identisch ist, liegt nahe, kann aber nicht durch andere Quellen bewiesen werden.

7 Otto Schindler: Zan Tabarino, 'Spielmann des Kaisers'. Italienische Komödianten des Cinquecento zwischen den Höfen von Wien und Paris, in: Römische Historische Mitteilungen 43 (2001), S. 411–544, hier S. 418.

8 Vgl. die Quellen des 'Archive Nationale' in Paris, für 1580 Série KK 238 (comptes royaux), S. 184V° und für 1588 Série KK 143 (Maison et autres services du roi), S. 14R°, zitiert nach Jacqueline Boucher: Société et mentalités autour de Henri III., 4 Bde., Paris 1981, hier Bd. 4, S. 1064.

9 "At aftar dyner Monsr and his brother brought us to a chambre wheare was vearie many sorts of excelent musicke; and after that, he has us to another large chambre wheare there was an Italian playe, and dyvars vantars and leapers of dyvars sorts, vearie excelent", John Nichols: The Progresses and Public Processions of Queen Elizabeth, London 1823, S. 303f.

10 "Dedicato al signor Arcãngelo tuccaro, Saltarino del Re, christianissimo Suo conpare osservandissimo." Vincenzo Belando: Lettere e facete chiribizzose in lengua antiga, [...], Paris 1588, S. 124.

11 "Henry par la grace de Dieu, Roy de France & Navarre, a nos amez & feaux conseillers [...]. Nostre amé Archange Tuccaro Saltarin du Roy, nous a humblement remonstré que avec peine & labeur, il a faict & compose, Trois dialogues [...] Car tel est nostre plaisir, nonobstant quelsconque lettres à ce contraires. Donné à Paris le vingt troisième iour de Avril mil cinq cens quatre vingts dixneuf: Et de nostre regne le diexième." Diese Druckprivilegien, vergeben durch die königliche Kanzlei, sind nur in einigen der von mir eingesehenen Exemplare zwischen der Ansprache an den Leser und den ersten Dialog eingefügt, hier zitiert nach dem Exemplar der 'Biblioteca Apostolica Vaticana': Stampate Barberini N.II.10.

12 Vgl. "le Prince des plus rares exercices de siècle" und "La seconde chose qui me fait remercier le Ciel si benin en moin endroit, est de ce que i'ay trouvé le moyen de reduire ce saut merveilleux soubs regles & mesures certaines: Ce qui n'avoit point esté faict devant moy." Tuccaro, Trois dialogues (s. Anm. 1), 2r, Êpistre.

13 Baschet vermerkt für das Jahr 1571: "Charles IX était en ses déplacements de chasse és provinces d'Orléanais et Touraine, vers lesquelles il était parti, à la mi-août, après un séjour d'un mois à Fontainebleau." Armand Baschet: Comédiens italiens à la cour de France sous Charles IX, Henri III, Henri IV, et Louis XIII, Paris 1882, S. 22f.

Sprünge und als der außergewöhnlichste Springer. Hierin liegt denn auch seine besondere Rolle begründet: Als erfahrener und gelobter Praktiker formuliert Tuccaro erstmals eine Theorie der Sprünge, welche die Praxis als Wissenschaft und Kunst fundiert.

Tuccaro beschreibt in seinem Dialog neben dem Salto über fünfzig weitere akrobatische Elemente und Kombinationen von Elementen detailliert und lässt sie mit insgesamt 88 Holzschnitten illustrieren. Dazu gehören zum Beispiel Bewegungstechniken wie das Radschlagen, der Flickflack und der Salto rückwärts, akrobatische Reihen wie Radwende-Flickflack-Salto rückwärts und komplizierte Elemente, welche der Breitenachsendrehung Drehungen um die Körperlängsachse hinzufügen; sie werden in der heutigen Sportterminologie als Schrauben bezeichnet (Abb. 76). Nach ausführlichen Debatten um Begriffsbestimmungen und einer Auseinandersetzung über den Tanz im ersten Dialog, die einer Einordnung in das bisherige Feld der Bewegungen dienen, werden im zweiten und längsten die einzelnen Techniken detailliert beschrieben. Diese Beschreibungen sind, so die einführende Erläuterung, Erklärungen der Gelehrten, die von Vorführungen des Meisterspringers Pino vor dem Festpublikum begleitet werden. Die eingefügten Holzschnitte, auf die in den Beschreibungen Bezug genommen wird, markieren, so die Erläuterungen, den Moment der praktischen Vorführung Pinos. Im dritten Dialog geht es um den Wert der Sprünge für die Förderung der Gesundheit des Menschen sowie um den Begriff der Übungen und die idealen Gegebenheiten, diese zu praktizieren. Die Dialoge werden von sechs männlichen Protagonisten geführt, davon drei ausgewiesen als Gelehrte in der Materie des Sprungs und drei als Springer, darunter der Autor Tuccaro selbst, der allerdings nur einige wenige Male in die Dialoge eingreift. Einige der Protagonisten sind aufgrund der gegebenen Informationen als historische Figuren identifizierbar, so zum Beispiel der Gelehrte Cosme Roger aus Florenz, dessen Figur auf Cosimo Ruggiero, den legendenumwobenen Astrologen der Königinmutter Katharina von Medici, anspielt. Ort der Dialoge ist das Schloss des Herren von Fontaine in der Provinz Touraine, und Anlass sind die Feierlichkeiten im Rahmen der Hochzeit Karls IX. mit Elisabeth, Tochter des Wiener Kaisers Maximilian II. Der französische Hof hatte anderen Quellen zufolge nach der Vermählung tatsächlich im August 1571 eine Reise in die Touraine unternommen.[13]

Die Einordnung der 'Kunst des Springens' in die gängigen Kategorien ist bereits unter den Protagonisten der Dialoge umstritten. Eine solche Einordnung ist allerdings in zweifacher Hinsicht von zentraler Bedeutung: Zum ersten gilt es, das Springen an etablierte Diskurse anzunähern, zum zweiten aber auch, durch Abgrenzungen einen Raum zu schaffen, der es erlaubt, das Springen als eigenständige Kunst zu definieren. Deshalb werden hier die begrifflichen Diskussionen um die Zugehörigkeit der Sprünge Tuccaros zur Akrobatik, zur Gymnastik oder zur Kubistik skizziert.

In historischen Abhandlungen zum Zirkus wird Tuccaro als "Verfasser des ersten Lehrbuches der Akrobatik" genannt,[14] dabei kam der Begriff selbst in den "Trois Dialogues" gar nicht vor. Allerdings ist er schon in der Frühen Neuzeit als ein Überbegriff für Künste, die bei volkstümlichen Unterhaltungsveranstaltungen vorgeführt wurden, überliefert. Der heute gebräuchliche Begriff der Akrobatik stammt aus dem Griechischen und ist eine Zusammensetzung von ἄκρος, äußerst, oberst, höchst, an der Spitze befindlich bzw. ἄκρα, das äußerste Ende, Spitze, Höhe, Vorgebirge und dem Verb βαίνω oder βαιδίξω, gehen, das heißt, er bezeichnete ursprünglich den Seiltanz.[15] 'Akrobatik' wird seit dem 19. Jahrhundert in Zirkusbeschreibungen als Überbegriff für die verschiedensten Übungen des Körpers verwendet. Heutige Begriffsbestimmungen sind denn auch eher allgemein gehalten, so bei Ernst Kiphard: Er definiert die Akrobatik als "eine hochspezialisierte Kunstfertigkeit in Körperübungen, die sich durch Schwierigkeit, Einmaligkeit und Gefährlichkeit von gewöhnlichen Körperübungen abhebt und deshalb beim Zuschauer Erstaunen und Bewunderung auslöst."[16] Obgleich Tuccaro den Begriff der Akrobatik anscheinend bewusst mied, stand er durch seine Praxis doch in einer Tradition volkstümlicher Unterhaltungsveranstaltungen.

Der zweite Sammelbegriff, mit dem Tuccaros Bewegungstechnik – diesmal auch explizit in seinem Werk selbst – in Verbindung gebracht wurde, ist jener der 'Gymnastik', abgeleitet aus dem Griechischen γυμνὸσ, nackt. Platon formuliert im Siebten Buch der "Nomoi" zur Einteilung und zum Zweck der Gymnastik: "Die Lehrgegenstände dürfen wohl sozusagen doppelter Art für den Gebrauch sein, in Bezug auf den Körper die Gymnastik, in Bezug auf das Seelengedeihen aber die Musik. Die Gymnastik zerfällt wieder in zwei Gattungen, den Tanz und das Ringen." (795e) Die antiken Texte nimmt im 16. Jahrhundert Hieronymus Mercurialis (1530–1606) auf: Der Arzt aus Padua, auch Leibarzt Maximilians II., aktualisierte 1569 in seiner "Artis gymnasticae", bekannter in der zweiten, mit zahlreichen Abbildungen versehenen Auflage von 1573 mit dem Titel "De arte gymnastica", das antike Wissen um alle körperlichen Übungen, für die er den Überbegriff 'Gymnastik' wählte und sie folgendermaßen definierte: "Die Gymnastik ist die Wissenschaft über den Wert aller Übungen, oder vielmehr: die Gymnastik ist die Wissenschaft darüber, was alle Übungen bewirken."[17] Er teilte die Gymnastik in drei Arten: die 'gymnastica medica', die ihm als wahr und legitim galt, da sie die Gesundheit fördere; die 'gymnastica bellica' als militärisch-kriegerische, die er im Rückgriff auf Platon als unvermeidbar definierte, und schließlich die 'gymnastica atletica'. Ziel der letzteren sei es, Wettkämpfe und Spiele zu gewinnen, sie sei motiviert durch ein Streben nach Stärke und Kraft statt nach Gesundheit, deshalb verurteilte er sie als lasterhaft.[18] Bemerkenswert an dieser Gliederung ist, dass das Kriterium der Beurteilung nicht in der Form oder Art und Weise der Körperbewegungen liegt, sondern in ihrem Zweck und im weiteren Sinne auch in ihrer sozialen Funktion. Nicht zuletzt deshalb finden verschiedene Varianten von Sprüngen in allen drei Formen der Gymnastik Platz.

In den "Trois dialogues" wird im ersten Dialog der Begriff "gymnasiarcha" diskutiert. Die Protagonisten kommen zu dem Schluss, Tuccaro sei als "gymnasta" und die Übungen als "exercices gymnastiques" zu bezeichnen, wobei auf Platons oben zitierte

14 Zum Beispiel bei Waldemar Otto [auch: Saltarino]: Das Artistentum und seine Geschichte, Offenbach 1971, S. 203. Hier wird ein methodisches Problem offensichtlich, dass Henning Eichberg mit Blick auf die Sportgeschichtsschreibung folgendermaßen beschrieben hat: "Es ist nicht der einzige Fehler, dieser 'Schon'-Historie, daß sie einseitig zur Rechtfertigung (statt zur Relativierung) aktueller Positionen führt. Die Feststellungen, daß man in der Antike schon boxte, im England des 12. Jahrhunderts schon Fußball spielte und im 17. Jahrhundert schon über das Holzpferd sprang, daß Montaigne schon Körperübungen im Rahmen einer allseitigen Erziehung empfahl und in den Ritterakademien durch Leibesübungen schon sittliche Werte wie Ausdauer und Energie gefördert wurden, – sie alle helfen als solche der historischen Erkenntnis nicht weiter." Henning Eichberg: Leistung, Spannung und Geschwindigkeit. Sport und Tanz im gesellschaftlichen Wandel des 18. und 19. Jahrhunderts, Stuttgart 1978, S. 302. Canguilhem formuliert zum gleichen Problem: "Die Neigung Vorläufer zu suchen, zu finden und zu feiern, ist das deutlichste Symptom der Unfähigkeit zur epistemologischen Kritik. Bevor man zwei Wegstrecken nahtlos ineinander übergehen läßt, sollte man sich zuerst vergewissern, ob es sich wirklich um ein und denselben Weg handelt." Georges Canguilhem: Wissenschaftsge-

Einteilung in Tanz und Kampf zurückgegriffen wird und die Sprünge des Tuccaro als der Bewegungsform des Tanzes zugehörig bestimmt werden.[19] Diese Gleichsetzung von Tanz und Sprung ist vor allem deshalb erstaunlich, weil seit Mitte des 15. Jahrhunderts mehrere Traktate vorliegen, in denen die Praktiken des Tanzens genau beschrieben werden, so zum Beispiel in den Abhandlungen von Domenico da Piacenza, Guglielmo Ebreo oder Fabritio Caroso. Kriterien für die Abgrenzung der Sprünge à la Tuccaro gegenüber dem Tanz lagen demnach bereits vor: erstens das Fehlen musikalischer Begleitung und zweitens die Drehungen um die Breitenachse des Körpers, denn alle Drehungen im Tanz sind Drehungen um die Längsachse des Körpers. Zwar kennen verschiedene Tanzformen 'Sprünge', doch bei diesen findet nicht – wie bei den Sprüngen, die in den "Trois dialogues" verhandelt werden – eine Umkehrung des Oben und des Unten, also der Füße und des Hauptes, statt; vielmehr weisen auch bei den Sprüngen im Tanz die Füße gen Boden und das Haupt gen Himmel. Im ersten Dialog Tuccaros wird ausführlich und sehr kontrovers der Wert des Tanzes debattiert, wobei hier explizit von 'bal' und 'dance', zwei Begriffen für den Tanz, und nicht etwa von 'saut', dem Sprung, die Rede ist.[20] Aus diesen Debatten geht klar hervor, dass sich die Protagonisten der 'Trois dialogues' der Differenz zwischen den Formen des Tanzes und der Art und Weise des Sprungs, wie sie Tuccaro praktizierte, durchaus bewusst waren.

Der zentrale Begriff, mit dem in den "Trois dialogues" selbst die Bewegungspraxis bezeichnet wird, ist deshalb der des 'Sprungs'. Alle Protagonisten der Dialoge sprechen von der "Kunst des Sprungs" bzw. der "Kunst des Springens" und ganz explizit auch von der "neuen Kunst, die nur Sie [Tuccaro] ausüben".[21] Im ersten Dialog leitet Ferrand das Wort vom lateinischen Substantiv "saltator" ab und unterscheidet die Verbformen "salto, saltas", was er mit "baler", also dem Tanzen, übersetzt, einerseits und "salio, salis", welches das Springen des Tuccaro bezeichnet, andererseits.[22] Des Weiteren werden vier Formen des Sprungs unterschieden, wobei die "erste und wichtigste die Kunst und die Übung unseres Tuccaro" ist, die auch "Cubistica" genannt werden kann.[23] Kubistik ist etymologisch betrachtet denn auch der korrekteste Ausdruck für Tuccaros Sprünge: Abgeleitet von ἡ κυβή, das Haupt, und dem davon stammenden Verb κυβιστάω wird es mit "kopfüber stürzen", "sich überschlagen", "das Rad schlagen", "mit dem Kopf voran herabstürzen" übersetzt. Es benennt daher exakt die dynamische Bewegung, mit der fast alle in den "Trois dialogues" vorgestellten Sprünge eingeleitet werden und die sich in dem wenig gebräuchlichen deutschen Verb 'kopfübern' spiegelt.[24]

Bei Mercurialis heißt es, über die Kubistik sei wenig geschrieben worden, er ordnet sie der 'wahren und legitimen', also der medizinischen Gymnastik zu, nicht ohne hinzuzufügen, diese Kunst werde von "solchen Umherziehenden, die, um Geld zusammen zu scharren, in den Städten die Menschen mit ihren Komödien oder anderem unterhalten" praktiziert, und das Kopfüber-Stehen habe negative Auswirkungen auf die inneren Organe.[25] Damit ist Mercurialis' Einschätzung ambivalent: Nach seinen eigenen Beschreibungen ist die Kubistik nicht gesundheitsfördernd, trotzdem ordnet er sie der von ihm positiv konnotierten Kategorie zu.

Die "Trois dialogues" beziehen sich denn auch explizit auf die Autorität des Mercurialis, indem dessen Verortung innerhalb der medizinischen Gymnastik mehrfach zitiert wird.[26] Die naheliegenden Konnotationen mit der Tradition des Kopfüber-Stürzens

schichte und Epistemologie. Gesammelte Aufsätze, Frankfurt a.M. 1979, S. 34.

15 Vgl. hierzu die Wortgeschichten bei Arthur Pougin: Dictionnaire historique et pittoresque du théâtre et des arts qui s'y rattachent. Poetique, musique, danse, pantomime, décor, costume, machinerie, acrobatisme, Paris 1885, S. 9 und Georges Strehly: L'acrobatie et les acrobates, Paris 1977, S. 14. Zur Etymologie Hjalmar Frisk: Griechisches etymologisches Wörterbuch, Heidelberg 1960–61, Bd. I, S. 59f., 208.

16 Ernst Kiphard, zitiert nach Gisela und Dietmar Winkler (Hrsg.): Allez hopp durch die Welt. Aus dem Leben berühmter Akrobaten, Berlin 1987[2], S. 181.

17 Girolamo Mercurialis: L'arte ginnastica Libri sei, tradotti nel 1856 da Giovanni Rinaldi da Forlì. Edizione commentata e rivista da Renata Freccero, Turin 2000, S. 39 (Buch I, III).

18 Mercurialis, L'arte (s. Anm. 17), S. 99–104.

19 Cosme zitiert Platon folgendermaßen: "le divin Platon [...] à très bien mis au premier rang de la division gymnastiques l'art de sauter, & au second celuy de la luicte." Tuccaro, Trois dialogues (s. Anm. 1) 10v. Platons Begriff Tanz wird also hier mit "saut" – Sprung, übersetzt.

20 Die in der Forschung vereinzelt zu findende Einordnung der "Trois dialogues" als 'Tanztraktat' zeigt, dass die detaillierten Beschreibungen der Bewegungstechnik im zweiten Dialog nicht be-

werden dergestalt vermieden, dass Tuccaro die Kubistik von dem Wort "cube", also dem Würfel, herleitet und explizit auf die Tradition der Würfelspiele in der griechischen Antike verweist.[27] Diese definitorische Diskussion, wie sie sich insbesondere im ersten Dialog zwischen Ferrand und Cosme entfaltet, weist auf zwei für die Bewegungstechnik des Sprungs zentrale Momente hin: Zum einen werden die Bemühungen Tuccaros sichtbar, seine Sprünge in eine bestimmte Traditionslinie einzuordnen bzw. von einer bestimmten Traditionslinie abzugrenzen, zum anderen und damit in engem Zusammenhang stehend wird gerade und erst durch diese Begriffsbestimmungen deutlich, dass es in den "Trois dialogues" darum geht, eine 'neue Kunst' zu etablieren.

achtet worden sind. Zwar ist hier von den Formen des Tanzes die Rede, die Bewegungstechnik, welche in den "Trois dialogues" formalisiert wird, ist hingegen eine völlig andere. Vgl. die Debatte um den Tanz: Tuccaro, Trois dialogues (s. Anm. 1), 16v–27v; zur Einordnung als Tanztraktat z. B. Paul Bourcier: Naissance du ballet, St. Etienne 1995.

21 Vgl. zum Beispiel in der Ansprache an den Autor: "Vrayment, sieur Archange, vous estes arrivé tout à propos, car vostre absence rendoit imparfaicte ceste compagnie, laquelle vous voyez remplie de tant de nobles personnages, qui attendent à ouyr discourir de vostre vertu, & du nouvel art, duquel vous seul facites maintenant profession", Tuccaro, Trois dialogues (s. Anm. 1), 6v–7r, siehe auch 2r.

22 Ferrand führt aus: "Il faut donc remarquer, que de ce verbe latin *salto, saltas,* qui proprement pris signifie baler, fut formé ce nom *saltator,* qui signifie baladin; & non pas du verbe *salio, salis,* lequel emporte la vraye signification de sauter proprement, comme fait fort bien nostre S. Archange," Tuccaro, Trois dialogues (s. Anm. 1), 26r.

23 "La premiere & principale sera celle de l'Art & exercice de nostre Archange," Tuccaro, Trois dialogues (s. Anm. 1), 26r. Zum Begriff der Kubistik vgl. Anmerkung 15, Tuccaro, Trois dialogues (s. Anm. 1), 52v.

24 Vgl. Ilias, XVI, 749 und XVIII, 590–606. Deonna führt Homers Gebrauch des Verbs und des entsprechenden Substantivs κυβιστητήρ auf die minoische Tradition zurück. Waldemar Deonna: Le symbolisme de l'acrobatie antique, Brüssel 1953, S. 29. Chantraine definiert den Springer als "celui qui saute la tête la première, acrobate que fait la roue"; Pierre Chantraine: Dictionnaire etymologique de la langue grecque. Histoire de mots, Paris 1970, S. 594. Frisk führt die Entstehung auf thrakische oder makedonische Gaukler zurück, erwägt auch eine Verbindung zu κύβος, der Würfel, der allerdings von Chantraine vehement widersprochen wird; vgl. Frisk, Griechisches (s. Anm. 15), S. 38 f. Der 'Thesaurus Graecae Linguae' bestätigt die Ableitung von κυβιστάω "Etymologo derivanti a κυβη quod est κεφαλη, Caput", Henricus Stephanus: Thesaurus Graecae Linguae, Vol. V, Z–K, Graz 1954, S. 2059.

25 Mercurialis, L'arte (s. Anm. 17), S. 239.

26 Vgl. Tuccaro, Trois dialogues (s. Anm. 1), 52v, 60v, 179v, hier zum Beispiel: "le tres-docte Mercurial avec un grand iugement".

27 Mit Bezug auf Mercurialis heißt es: "le substantif de la Cubistique qu'il met pour la premiere espece de l'exercice du saut; D'autant qu'ayant iceluy veu & consideré que les Grecs avoient pris ceste similtude du tour que font les dez qui sont jettez lors qu'on ioué au tablier, ou à autre jeu de dez, & que du mesme nom des dez, que les Grecs appellent κυβοι, ils en formerent le nom de sauteurs qui font le tour & volte Cubistique, il voulut parlant Latin pour mieux les imiter, prendre mesmes le nom de dés, qui ont la forme d'un Cube, & en composer le suddit nom Cubistique." Tuccaro, Trois dialogues (s. Anm. 1), 52v.

Die inventio der Kubistik als Funktion der "Trois dialogues"

Der Gedanke der 'inventio' der Kubistik in den 'Trois dialogues' erfordert einen näheren Blick auf die Tradition ähnlicher Bewegungen, also all jener, die durch ein 'Kopfübern' eingeleitet bzw. eine Rotation um die Breitenachse des Körpers vollendet werden.[28] Bereits auf Hieroglyphen des Alten Ägyptens sind Menschen in kopfüber stehenden Positionen überliefert, welche die Reise in die andere Welt, in die Welt der Toten symbolisieren. Aus dem vorhellenistischen Griechenland um das 17. Jahrhundert v. Chr. stammen Abbildungen ritueller Stiersprünge, bei denen der Springer sich, den heiligen Stier bei den Hörnern greifend, mit einer Salto-Bewegung auf dessen Rücken katapultiert. Aus der klassischen Antike ist das Neigen des Kopfes gen Boden außerdem als rituelle Bewegung bei Leichenspielen und Begräbnisfeiern überliefert. Es steht dabei symbolisch für den kopfüber stürzenden Toten, für das In-den-Tod-Stürzen, eine Körperbewegung, die Waldemar Deonna folgendermaßen interpretiert:

> "Diese Position ist anormal, und die Wesen, Menschen oder Tiere, welche sie einnehmen, beweisen damit, dass sie zu einer anderen Welt gehören. Darin, in dieser Umkehrung des Körpers, liegt ein pathologischer, ekstatischer Zustand, jener der 'Besessenen', der antiken Mänaden, die von unbewussten, übernatürlichen, okkulten Kräften bewegt werden. Sie evoziert das Jenseits, die infernalische Welt."[29]

Aus dem 12. Jahrhundert wird von dem Akrobaten Barnabé von Nôtre Dame berichtet, der kopfüber die Füße in der Luft balancierte und mit Bällen und Messern vor dem Altar der Heiligen Jungfrau jonglierte, um ihr so die Ehre zu erweisen.[30] Die christliche Kirche verurteilte diese Bewegungspraktiken, die ihr als heidnische Tradition galten, als infam und blasphemisch. Mit Aufkommen der Stadtrepubliken fand die Gruppe der Gaukler, Jongleure, Akrobaten, Saltimbanchi, Histrionen – die Bezeichnungen sind extrem vielfältig – dann ein neues Betätigungsfeld. Sie blieben aber als soziale Gruppe geächtet, insbesondere weil sie mit ihren Körperkünsten Geld verdienten. Im Laufe des 15. und im 16. Jahrhundert setzten sich zwei Gruppen zunehmend von der Vielzahl der Schausteller ab: zum einen die Sänger und Rezitatoren des entstehenden Sprechtheaters sowie die Vorläufer der 'Commedia dell'Arte', zum anderen die höfischen Tanzmeister. Diese Abgrenzung wurde durch die schriftliche Fixierung der Libretti bzw. die ersten Traktate über den höfischen Tanz, so von Domenico da Piacenza, Guglielmo Ebreo und Antonio Cornazaro, ermöglicht. In diesen Texten werden die tänzerischen Bewegungstechniken erstmals detailliert beschrieben und somit systematisiert und kodifiziert. In der Aufführungspraxis bleiben die Übergänge zwischen den vielfältigen Unterhaltungsformen von Sprechtheater über Gesang bis hin zu Aufführungen von 'Körperkünsten' meist fließend.[31] Kurze Notizen über kubistische Sprünge als Teil von Aufführungen finden sich bereits Mitte des 13. Jahrhunderts, wobei es hier nicht um die Darlegung der Bewegungstechnik oder gar eine Systematik verschiedener Sprünge geht, sondern vielmehr berichtet wurde, dass Gaukler sich springend um sich selbst drehten.[32]

Baldassare Castiglione (1478–1529), der in seinen Ausführungen über den perfekten Hofmann auch auf die verschiedenen Körperpraktiken einging und einige, so die Jagd oder das Schwimmen, explizit als notwendige Fertigkeit nannte, riet von

28 Der Begriff der 'inventio' soll sowohl an die Rhetorik Ciceros erinnern, der damit das Erfinden oder die "Auffindung des Stoffes" bezeichnet hatte, als auch auf den italienischen Terminus 'invenzione' als einem Schlüsselkonzept der Kunsttheorie der Renaissance anspielen. Von Leon Battista Alberti und Giorgio Vasari entscheidend geprägt, steht die 'invenzione' den Begriffen der Idee, der Phantasie und der Vorstellung nahe. Sie knüpft die Verbindung zur 'istoria', also der Geschichte und Erzählung eines Gegenstandes, sie bildet die Basis "unbegrenzter Perfektibilität", und sie ist in der Vorstellung der Renaissance-Gelehrten nicht ohne ein umfassendes Wissen zu haben. Vgl. das Glossar in Giorgio Vasari: Kunsttheorie und Kunstgeschichte. Eine Einführung in die Lebensbeschreibungen berühmter Künstler anhand der Proemien, Berlin 2004 [1568], hier S. 208.

29 "Cette position est anormale, et les êtres, humains ou animaux qui la prennent, attestent par elle qu'ils appartiennent à un autre monde que celui de la réalité courante. En celle-ci déjà, ce renversement du corps en arrière témoigne d'un état pathologique, extatique, celui des 'possédés', des Ménades antiques, mus par des forces inconcientes, surnaturelles, occultes. Il évoque l'au-delà, le monde infernal." Deonna, Le symbolisme (s. Anm. 24), S. 89.

30 Deonna, Le symbolisme (s. Anm. 24), S. 78ff.

31 Vgl. Catherine Ingrassia: Danseurs, acrobates et

Übungen, "wie sich auf dem Boden drehen, über das Seil gehen und solche Dinge, die fast etwas vom Gaukler haben," ab, da sie sich nicht ziemen.[33] Auch Michel de Montaigne (1533–1592) verurteilte in den "Essais" jene, die den "saut perilleux", also den Salto mortale, vorführen:

> "Es gehet hier eben so wie bey unsern Bällen, bey welchen sich dieienigen Leute von schlechtem Stande, welche im Tanzen Unterricht geben, weil sie die Geberden und die geschickten Stellungen unsers Adels nicht nachahmen können, durch gefährliche Sprünge, und andere seltsame und poßierliche Bewegungen beliebt zu machen suchen."[34]

Diese Beispiele zeigen, dass die kubistischen Sprünge eine Bewegungspraxis waren, die auch im 16. Jahrhundert gering geschätzt oder gar verachtet wurde, wobei sich die Motive für diese Geringschätzung über die Jahrhunderte gewandelt hatten: Der Kirche galten sie als Element volkstümlicher Festkulturen als heidnisch und damit verdammenswert, in der höfischen Welt des 16. Jahrhunderts fanden sie unter anderem deshalb keine Zustimmung, weil die springenden Gaukler, oft aus niederen sozialen Schichten stammend, mit ihren Vorführungen Geld verdienten. Auch Tuccaro selbst entstammte den niederen sozialen Schichten: Thomaso Garzoni leitet die Aufzählung berühmt gewordener Springer, in der Tuccaro als "Arcangelo d'Abruzzo" genannt wird, folgendermaßen ein:

> "Es gibt eine andere Form des Springens, die den Körper auf wundersame Weise übt, ihn so flink, beweglich, stark und wendig macht, wie man es sich nur vorstellen kann; sie wird in unserer Zeit häufig von den Spielleuten genutzt; sie ist ebenso eitel wie die anderen [Formen des Sprungs], obschon sie von Personen niederer Herkunft ausgeführt, und – wie wir sehen – auch von solchen besucht wird."[35]

Auch Tuccaro selbst lässt gleich zu Beginn der "Trois dialogues" seine Herkunft resümieren. Tetti, einer der Gelehrten, formuliert:

> "[...] diese noble Kunst des Springens ist immer verdorben und niemals verbessert worden: Sieht man, dass selbst er [Tuccaro] mit den Gauklern und Farcenspielern gemeinsam aufgetreten ist, die ihn so nieder und verächtlich gemacht haben, indem sie sich seiner für die Märkte, Wirtshäuser und Gewerbe bedient haben, so dass ich großes Bedauern empfinde, zu sehen, wie sie töricht und unwürdig die Feinheit dieser noblen Übung benutzt haben."[36]

Hält man sich diesen historischen Hintergrund vor Augen, so wird deutlich, dass die zentrale Intention Tuccaros in seiner Position als Gelehrter und Springer in einer Aufwertung der Kubistik lag. Dabei galt es vor allem, einen Unterschied zwischen den 'unwürdigen' Vorführungen des Sprungs und der 'Kunst' des Sprungs zu etablieren, wobei dem Begriff 'noble', adelig, nobel eine entscheidende Rolle zukam. Historisch betrachtet war das kubistische Springen im 16. Jahrhundert, anders als zum Beispiel das Fechten oder die Jagd, welche sich von der ritterlichen zu einer höfischen Tugend entwickelt hatten, keine Bewegungstechnik, der sich die höfische Gesellschaft annahm. Die "Trois dialogues" sind auf dieser Folie als der Versuch der Nobilitierung einer traditionell gering geschätzten Bewegungstechnik und damit auch der sozialen Gruppe der Springer, Tuccaro selbst inbegriffen, zu sehen. Für dieses Ziel setzt Tuccaro eine Vielzahl von Strategien ein.

saltimbanques dans l'art du Moyen Age. Recherches sur les representations ludiques, choreographiques et acrobatiques dans l'iconographie medievale, Paris 1984, S. 209f.

32 So in der 'Histoire de Saint Louis' von Joinville, wo es heißt: "Ils fesoient trois merveillous saus, car on lour metoit une touaille dessous les piez, et tournoient tout en estant, si que lour pié renoivent tout en estant sur la touaille. Li dui tournoient les testes arrieres, et li ansnez aussi; et quant on li fesoit tourner la teste devant, il se seignoit, car il avoit paour que il ne se brisast le col au tourner." Zitiert nach Ingrassia, Danseurs (s. Anm. 31), S. 228.

33 "[...] come volteggiar in terra, andar in su la corda e tai cose, che quasi hanno del giocolare, e poco sono a gentiluomo convenienti." Baldesar Castiglione: Il libro del Cortegiano, Turin 1998, S. 54 (I, 22).

34 Michel de Montaigne: Essais, Zürich 1992, Bd. I, S. 817. Im Original heißt es: "Tout ainsi qu'en nos bals, ces hommes de vile condition, qui en tiennent escole, pour ne pouvoir representer le port e la decence de nostre noblesse, cherchent à se recommander par des sauts perilleux et autres mouvemens estranges et bâteleresques." Michel de Montaigne: Les Essais. Édition de Pierre Viley, Paris 1992², S. 412 (II, X). Montaigne soll zwischen 1572 und 1576 mehrmals vermittelnd zwischen Charles IX. bzw. Henri III. und Henri de Navarre tätig gewesen sein. Zwi-

Zum einen zitieren die Protagonisten der "Trois dialogues", besonders im ersten und im dritten Dialog, zahlreiche antike Texte, so von Aristoteles, Homer, Vitruv, Platon, und integrieren deren Aussagen zum Sprung dergestalt, dass die Art und Weise des kubistischen Sprungs, wie sie von Tuccaro praktiziert wird, autoritativ abgesichert als positiv konnotiert erscheint. Nicht zuletzt durch die oben bereits erwähnte Bezugnahme auf Mercurialis' 'wahre und legitime' Gymnastik vollziehen die "Trois dialogues" eine Loslösung von der Traditionslinie der kopfüber stürzenden Gaukler und volkstümlichen Saltimbanchi, um in einem nächsten Schritt die 'neue' Kunst zu 'erfinden'. Die Verknüpfung der Sprünge mit dem Adjektiv 'noble' wird von allen Gesprächsteilnehmern stetig wiederholt – "die sehr noble und exzellente Gymnastik", "diese noble Kunst des Sprungs", "solcherart noble Übungen" etc. – und ebenso häufig wird, der Anlage der Dialoge entsprechend, betont, dass man hier vor einem noblen Publikum über diese Bewegungstechnik spricht und sie aufführt.[37]

Zum anderen verknüpft Tuccaro in den "Trois dialogues" die kubistische Praxis mit den etablierten Wissensdiskursen des 16. Jahrhunderts, das heißt mit den 'Sieben Freien Künsten', allen voran der Geometrie, aber auch der Musik sowie mit der Architektur und der Malerei.[38] Die Begriffe der Geometrie dienen ihm als die Sprache, in der er die Sprünge beschreibt und mit deren Hilfe er ein rational nachvollziehbares System der Sprünge entwirft. Tuccaro bedient sich eines Begriffsfeldes, das einem etablierten Wissensdiskurs entstammt, um so auch seine Sprünge auf die Ebene der angesehenen 'Sieben Freien Künste' zu heben. Explizit verweist er auf die "geometrische Vernunft" und gibt an, dass sich die Springer von der Mathematik "die Mehrzahl der Namen, die wir in unserer Kunst haben und die wir für jeden Sprung benutzen, entleihen".[39] In den Darlegungen der Sprünge im zweiten Dialog handelt es sich denn auch nicht um eine Anwendung der Gesetzmäßigkeiten der Geometrie, sondern um Beschreibungen in den Worten der Geometrie, welche nicht zuletzt den Nachvollzug der Bewegungen erleichtern. Eindrücklicher noch vollzieht sich die Zuhilfenahme der Geometrie bei den Holzschnitten, die mehrheitlich durch Kreise und senkrechte Linien die rechte Haltung des Springers oder auch die Bewegungsrichtungen verdeutlichen (Abb. 77). Es geht dem Autor dabei um eine 'Verwissenschaftlichung' der Bewegungstechnik, das heißt vor allem um die Etablierung eines nachvollziehbaren, rationalen Systems der Sprünge. Dazu gehört auch eine adäquate Sprache, für die Kunst des Sprungs eben die der Geometrie:

> "Alle Berufe haben gewisse besondere Worte, die einige die Worte der Kunst nennen und die nur von jenen verstanden werden, die sie ausüben. Wenn wir also davon sprechen, dass jemand einen guten Rücken hat, der geeignet ist für den Sprung, dann heißt das, dass er nicht zu hart und nicht zu kräftig ist, um sich zu beugen [...] Es ist vollkommen gewiss, dass derjenige, der seinen Beruf nicht mit der Kunst der Regeln und der Vernunft gelernt hat, dann, wenn er darüber sprechen will, immer die Worte der Kunst durcheinander bringt."[40]

Die Beschreibungen der verschiedenen kubistischen Sprünge in den Worten der Geometrie hinterlassen zum einen den Eindruck, dass es sich um eine jederzeit kontrollierte Bewegung handelt, indem sie fixierte Stellungen im Raum – aufrechter Stand, Vertikale, Horizontale – benennen. Zum anderen erscheinen die Sprünge als kontrollierbare

schen ihm und dem späteren Henri IV., der ihn 1577 zu seinem Kammerherrn ernannt hatte, ist ein Briefwechsel überliefert. Die ersten beiden Bücher der 'Essais' erschienen 1580, so dass die zitierte Passage durchaus auch Tuccaro gegolten haben könnte, stammte er doch aus unwürdigen Verhältnissen und versuchte, sich durch "sauts perilleux" dem Hof zu empfehlen.

35 "Vi è un'altra saltatione usata molto al tempo nostro da' Bagattellieri, laquale esercita il corpo mirabilmente, & lo fa agile, destro, forte, & gagliardo quanto dir si possa; ne porta seco tanta vanità quanto le prime, benche sia soggetto di persone ignobili, come per lo più vediamo esser da tali frequentata." Garzoni, La piazza universale (s. Anm. 6), S. 463.

36 "[...] ce noble art de sauter eut esté tousiours abastardi & ne se fut iamais relevé: veu mesme qu'il avoit pris place avec les bastelleurs & ioueurs de farces, qui l'ont tellement rendu vil & contemptible, en se servant d'iceluy parmy les marchez, cabarets & hostelleries, que j'ay grande compassion de voir comment ils usent sotement & indignement de la gentillesse de ce noble exercice." Tuccaro, Trois dialogues (s. Anm. 1), 2v.

37 Tuccaro, Trois dialogues (s. Anm. 1), 5v, 2v, 6r, 50v.

38 Vgl. hierzu ausführlich John McClelland: Leibesübungen in der Renaissance und die Freien Künste, in: ders. und Arnd Krüger (Hrsg.): Die Anfänge des modernen

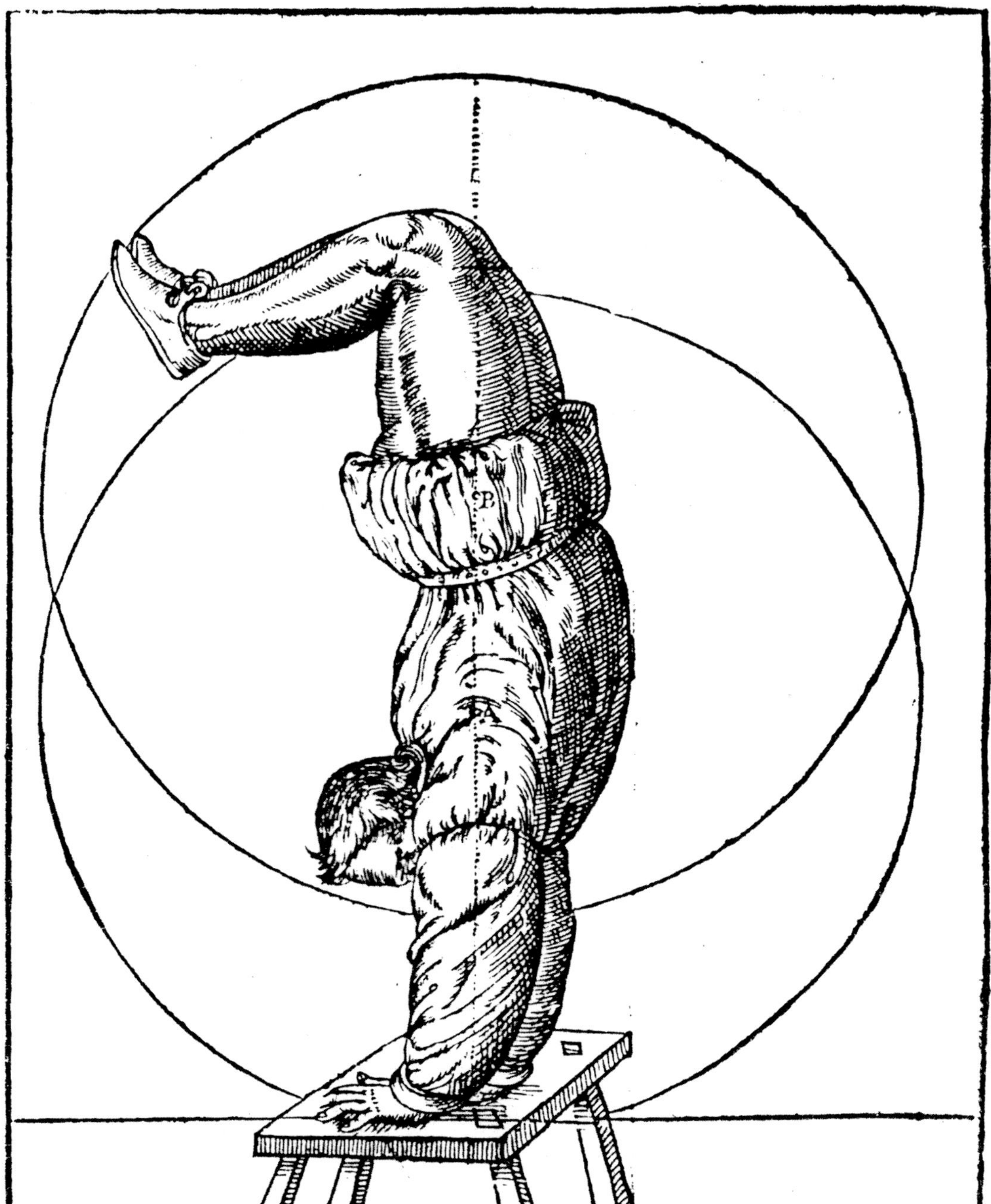

Abb. 77

Sports in der Renaissance, London 1984, S. 85–110.

39 "suyvant la raison Geometrique aucune veulent conclure que la proportion", "Et faut que nous empruntions des Mathematiques la plus part des noms que nous avons en nostre Art, & duquels nous usons en chacun saut", Tuccaro, Trois dialogues (s. Anm. 1), 87v, 68r.

40 "Toutes les professions ont certains termes particuliers, que plusieurs nomment termes de l'art, & sont seulement entendus de leurs professeurs. Quand doncques nous disons avoir bonne eschine propre à l'exercice du saut, cela s'entend lors qu'elle n'est point trop dure, ny trop forte à se ployer [...]. Étant tout certain que celuy qui n'a sçeu apprendre avec Art les reigles & raisons de sa profession, lors qu'il en veut discourir, confond tousiours les termes de l'Art", Tuccaro, Trois dialogues (s. Anm. 1), 60/2r.

Bewegungen, denn die Beschreibungen liefern (erstmalig) eine detailgenaue Fixierung der Idealbewegung und erlauben somit, Abweichungen, also Fehler in der Ausführung der Bewegungstechnik, zu benennen. Im zweiten Dialog werden die Sprünge dem (auch heute gültigen) methodischen Prinzip 'vom Leichten zum Schweren' folgend aufgeführt. Tuccaro differenziert isolierte Bewegungen einzelner Körperteile, so zum Beispiel "kennt der Kopf vier Bewegungen", und "die Arme haben sechs Bewegungen".[41] Er ordnet die 54 beschriebenen Sprünge in sieben Gruppen, teils nach Bewegungsrichtung, teils nach Art der zur Hilfe genommenen Geräte (Abb. 78), und unterteilt jeden Sprung nach den Momenten Absprung, Flugphase und Landung, kurzum er systematisiert, klassifiziert und kodifiziert die Bewegungstechnik.

Schließlich gründet Tuccaro seine 'Wissenschaft und Kunst' des Sprungs auf drei zentralen Begriffen: "In diesen Regeln, Maßen und Proportionen für die Bewegung des Körpers besteht die ganze Kunst des Sprungs."[42] In 'Regeln', 'Maßen' und 'Proportionen' lässt sich die Kunst fassen, sie machen das Wissen aus, welches den Sprung zur Kunst und Wissenschaft erhebt. Das heißt, auch der Springer selbst muss dieses Wissen besitzen; er muss, so der Springer Pino,: "die Regeln, Maße und Proportionen jedes einzelnen Sprungs verstehen, denn es ist klar, dass allein die Praxis und Erfahrung, ohne das Wissen um die Kunst, keinen perfekten Springer hervorbringt."[43] Genau hier liegt denn auch das entscheidende Kriterium der Abgrenzung zu jener Tradition kubistischer Sprünge, die ohne das Wissen um die Regeln der Kunst vollführt worden sind. Es geht hier jedoch nicht um unser heutiges Verständnis der genannten Begriffe, es geht nicht um eine 'Methode' im Sinne moderner Trainingsmethodik oder -didaktik, und es geht auch nicht um 'Proportionen' und 'Regeln' im Sinne der Biomechanik der Sportarten. Die 'Regel' besteht in der detaillierten Beschreibung der Bewegung, wie sie im zweiten Dialog gegeben wird. Das rechte Maß ist, wie auch die Proportion, eine schwierig zu bestimmende Kategorie, die Tuccaro mit der Perfektion und der Schönheit des Sprungs verbindet. Dieser Umstand mag aus heutiger Perspektive als Defizit erscheinen, er tut der Originalität der 'Trois dialogues' jedoch keinen Abbruch, sind diese Begrifflichkeiten doch zuvor in Bezug auf die kubistischen Sprünge niemals benutzt worden.

Die durchgängige Verwendung dieser Begriffe ist es, welche das Band zwischen der Praxis und der 'Wissenschaft' knüpft; 'Wissenschaft' wohlgemerkt, die dem Wissenschaftsverständnis der Zeit entspricht. Ganz ähnlich wie der Mathematiker Luca Pacioli (ca. 1445–1517) die Geometrie als Praxis und Kunst gleichermaßen entworfen hat, nutzt Tuccaro die Geometrie spielerisch zur Bestimmung seiner Praxis 'als' Kunst. Ernst Cassirer formuliert zur Bedeutung des Begriffs 'Proportion':

> "Aber die Proportion ist nicht nur ein logisch-mathematischer, sie ist vor allem auch ein ästhetischer Grundbegriff. [...] In ihrem Begriff durchdringen sich nunmehr die spekulativ-philosophischen, die technisch-mathematischen und die künstlerischen Tendenzen der Zeit – und ebendiese Durchdringung ist es, kraft derer das *Problem der Form* zu einem der Zentralprobleme der Renaissancekultur wird."[44]

Auch in formaler Hinsicht bedient sich Tuccaro diverser Strategien zur Nobilitierung des kubistischen Sprungs. Allein die Verwendung des Genres "Dialog" hat Schlüs-

41 "[...] car la teste a quatre muovements, à sçavoir, s'avancer en avant au premier eslancement du saut en avant [...] Les bras ont six mouvements. Le premier, se mettre estendu en avant, [...]." Tuccaro, Trois dialogues (s. Anm. 1), 69v–70r.

42 "Et en ces reigles, mesures & proportions avec le mouvement du corps consiste tout l'Art du saut." Tuccaro, Trois dialogues (s. Anm. 1), 165r.

43 "[...] comprendre les reigles, mesures & proportions de chaque saut, puis qu'il est notoire que la seule pratique & experience, sans la cognoissance de l'art, ne le pourroit rendre parfait sauteur." Tuccaro, Trois dialogues (s. Anm. 1), 153v.

44 Ernst Cassirer: Individuum und Kosmos in der Philosophie der Renaissance. Gesammelte Werke, Hamburger Ausgabe, hrsg. von Birgit Recki, Bd. 14, Hamburg 2002, S. 60.

Abb. 78

45 Klaus W. Hempfer: Lektüre von Dialogen, in: ders. (Hrsg.): Möglichkeiten des Dialogs: Struktur und Funktion einer literarischen Gattung zwischen Mittelalter und Renaissance in Italien, Stuttgart 2002, S. 19.

46 Vgl. zur Funktion des Dialogs in der Renaissance z. B. Klaus W. Hempfer: Probleme traditioneller Bestimmungen des Re-

selcharakter. Der Dialog als "schriftliche Inszenierung mündlicher Kommunikation" ist einerseits die zentrale Gattung des theoretischen Diskurses im 16. Jahrhundert.[45] Tuccaro folgt hierin dem Vorbild Castigliones bis in den Aufbau der "Trois dialogues" hinein: Ähnlich wie Castiglione 1528 den Hof von Urbino als paradigmatisches Abbild einer perfekten Hofgesellschaft skizziert hatte, um den perfekten Hofmann zu beschreiben, so bindet auch Tuccaro seinen Entwurf der perfekten Springkunst in eine Skizze der idealisierten höfischen Hochzeitsgesellschaft, innerhalb derer das Springen als geschätztes und akzeptiertes (Körper-)Verhalten erscheint. Die Offenheit des Dialogs als Genre, welches die Möglichkeit bietet, verschiedene Meinungen nebeneinander zu präsentieren, erweist sich angesichts der Tradition der Akrobatik als strategisch wichtig, da es Tuccaro eben in der dialogischen Auseinandersetzung gelingt, die Intertexte autoritativer Instanzen so zu integrieren, dass sie seinen Entwurf stützen.[46] Die Dialogform ist umso bemerkenswerter, als die meisten Texte über körperliche Praktiken dieser Jahre der Form des klassischen Traktats folgen, so Scainos "Traktat über das Ballspiel" von 1555 oder auch Bardis "Rede über das Spiel des florentinischen calcio".[47] In den "Trois dialogues" hingegen weisen der erste und der dritte Dialog ein hohes Maß an Dialogizität auf, in den offenen Dialogen entsteht eine spannungsreiche Interaktion unterschiedlicher Positionen. Der zweite Dialog hingegen, also jener, in dem das 'neue' – zuvor nicht schriftlich fixierte – Wissen formalisiert wird, ist als traktathaft zu bezeichnen.[48]

Tuccaro griff aber auch auf inhaltlicher Ebene auf Castiglione, dessen Werk bereits 1537 ins Französische übersetzt worden war, zurück. Der Begriff des 'rechten Maßes' nimmt dessen Konzept der 'Grazia' auf, verschiebt dabei allerdings leicht die Bedeutung derselben. So ist der perfekte Sprung nach Tuccaro nicht ohne "bonne grace", die gute Grazie, zu haben.[49] Im Unterschied zu Castiglione, der die Grazie in erster Linie an die noble Abstammung des Höflings knüpft und erst in zweiter an die Übungen, welche die Haltungen und Praktiken perfektionieren, findet bei Tuccaro eine Umwertung dergestalt statt, dass das Wissen um das rechte Maß und die Proportion des Sprungs zum zentralen Kriterium für eine Ausführung "avec bonne grace" wird; so insistiert Baptiste:

> "Und wissen Sie, dass der Unterschied zwischen dem Sprung, der richtig und mit Sicherheit und guter Grazie vollführt wird, und jenem, der wenig angemessen, wenig gelungen und von schlechter Grazie ist, von dem mehr oder weniger gelehrten Springer abhängt, was bedeutet, ob er seinen Körper in den drei Phasen mit der rechten Proportion und dem rechten Maß, die es zu beachten gilt, beherrschen und führen kann."[50]

Problematisch bei dieser 'Adaptation' des Grazia-Konzeptes ist, dass Castiglione ausdrücklich eine spezifische Haltung, die jede Bewegung begleitet, in anderen Worten also eine bestimmte Bewegungs*qualität*, verlangte. Tuccaro hingegen steht in erster Linie vor der Aufgabe, ganz konkrete Bewegungen zu definieren, also Bewegungstechniken. Die mit der 'guten Grazie' verbundene Perfektion des Sprungs – hier des Salto vorwärts – wird in den "Trois dialogues" denn auch explizit mit der Form, welche die Bewegung vollzieht, also dem Bewegungsverlauf im Raum, begründet, womit Tuccaro wiederum an die Geometrie anknüpft. Idealerweise vollzieht der Springer bei "jedem

naissancebegriffs und die epistemologische Wende, in: ders. (Hrsg.): Renaissance. Diskursstrategien und epistemologische Voraussetzungen, Stuttgart 1993, S. 9–45.

47 Antonio Scaino: Trattato del giuoco della palla, Venedig 1555; Giovanni Bardi: Discorso sopra il giuoco del calcio fiorentino, Florenz 1580. Vgl. die Kurzdarstellungen zahlreicher Quellen bei Bascetta, Sport (s. Anm. 2).

48 Vgl. zur Dialogizität und der Unterscheidung zwischen offenen und geschlossenen Dialogen: Wolfgang G. Müller: Dialog und Dialogizität in der Renaissance, in: Bodo Guthmüller und ders. (Hrsg.): Dialog und Gesprächskultur in der Renaissance, Wiesbaden 2004, S. 17–31.

49 In den Erläuterungen der Bewegungstechniken im zweiten Dialog ist die Formulierung der "guten Grazie" häufig zu finden, insbesondere bei der Beschreibung der Landung: "en fin droit & de bonne grace en cette sorte", "tout le corps retourne droit de bonne grace", Tuccaro, Trois dialogues (s. Anm. 1), 125v, 132r.

50 "Et sçachez que la difference qui est entre le saut iustement fait, & avec toute asseurance & bonne grace, & celuy qui est mal propre, peu resolu, & de mauvaise grace, procede du plus ou moins docte sauteur, qui est, suyvant l'occurence de sçavoir regir & conduire son corps és trois fondements avec la proportion iuste & la mesure, que l'on y doit observer." Tuccaro, Trois dialogues (s. Anm. 1), 70v.

gedrehten Sprung mit dem Kopf einen sehr perfekten Kreis in der Luft", die ideale Bewegungsform des Salto ist

> "[...] nichts anderes als ein perfekter Kreis in der Luft, dessen Umfang am selben Punkt beginnt und aufhört, dort, wo der Springer vom Boden abhebt, wenn er sich emporschwingt, um den Sprung zu vollführen: Das Zentrum des Umfangs muss von der richtigen Proportion des Sprungs sein, in der Mitte des Raums, den der Körper eben jenes Springers einnimmt, und genau auf diesen Punkt zurückkehren."[51]

Der Kreis seinerseits ist das wichtigste geometrische Symbol der Epoche, er steht für die Einheit und Harmonie des Universums und gilt als die vollkommenste aller denkbaren Formen. Die Bewegung der Kreisform ist allerdings der klassischen Renaissance-Kosmologie folgend den Himmelskörpern vorbehalten, weshalb Tuccaros Vergleiche der kubistischen Praxis mit der Perfektion der Himmelskörper im ersten Dialog auch angegriffen werden. So formuliert zum Beispiel Ferrand: "Wer wüßte denn nicht, dass es unmöglich ist, jemals springend, ob mit Drehungen oder ohne, einen perfekten Kreis zu vollziehen?"[52]

Der kubistische Sprung ist somit in seinem dynamischen Vollzug ambivalent: Das 'Kopfübern' bedeutet als eine Umkehrung der Raumkoordinaten von Oben und Unten eine verwerfliche, frevlerische Bewegung, denn die Abwärtsbewegung des Hauptes widerspricht der gedachten Mittelstellung des Menschen zwischen Himmel und Erde. Giannozzo Manetti (1396–1459) hatte in seinem Traktat über die Menschenwürde 1452 in der aufrechten, das Haupt Gott zugewandten Haltung des Menschen den "sichtbaren Ausdruck seiner Verbindung zum Himmel" gesehen und davon dessen Gottähnlichkeit und die Abgrenzung zu allen anderen Lebewesen abgeleitet.[53] Ganz ähnlich hatte Pico della Mirandola (1463–1494) 1496 formuliert: "Sicherlich ist der Fuß der am meisten zu verachtende Teil der Seele, mit dem sie sich auf die Materie wie auf den Erdboden stützt."[54] Zu diesen philosophischen Argumenten, welche die aufrechte Position des Menschen in der Welt thematisierten, kamen die sozialen Implikationen, die in der französischen Gesellschaft des 16. Jahrhunderts von zunehmender Bedeutung waren: Hier fand sich die gleiche Bewertung von Raumpositionen wieder: Dem schweren, qua seiner Arbeit dem Boden zugeneigten, gekrümmten Bauern steht der freie und leichte, dem Himmel offen zugewandte Adelige gegenüber.[55]

Tuccaro war sich wohl der symbolischen Ambivalenz der Sprünge bewusst, er selbst bemerkte, Zuschauer der kubistischen Springkunst hätten wohl den Eindruck, dies könne sich nur "durch teuflische Kunst" ereignen.[56] Eine solche Lesart erklärt auch, weshalb der Landung in den "Trois dialogues" besondere Bedeutung zukommt: Obschon bewegungstechnisch der 'einfachste' Part des kubistischen Sprungs, wird der Landung in der aufrechten Körperposition größtmöglicher Raum gegeben und der entsprechende Holzschnitt, welcher den Springer in der aufrecht stehenden Landeposition abbildet, elf Mal in identischer Form eingefügt (Abb. 79). Der mit der Landung vollendete Kreis nimmt symbolisch die vollzogene Umkehrung zurück, er stellt die Ordnung wieder her. Er steht deshalb zusammen mit der perfekten Ausführung, in der ein völlig beherrschter und kontrollierter Körper vorgeführt wird, symbolisch für die Schönheit und die Vollkommenheit des kubistischen Sprungs und damit des Menschen.

51 "chaque saut tourné descrit tousiours avec la teste un cercle tres-parfaict en l'air", "[...] n'est autre chose qu'un cercle parfait en l'air, dont la circonference commence & finit au mesme lieu, d'où le sauteur est party de terre lors qu'il s'est eslancé pour faire ledit saut: Il faut doncques que le centre de la circonference formee de la iuste proportion du saut se trouve en la moitié de l'espace occupé par le corps du mesme sauteur retourné à poinct nommé." Tuccaro, Trois dialogues (s. Anm. 1), 67r, 66v.

52 "Qui est celuy qui ne sçait qu'il est impossible de former iamais en sautant, soit retournant, ou non, un cercle parfait?" Tuccaro, Trois dialogues (s. Anm. 1), 67v.

53 "Er [der Mensch] allein ist es nämlich, der als denkendes und vernünftiges Wesen Gott erkennen kann, der seine Werkzeuge zu bewundern, seine Kraft und seine Macht wahrzunehmen vermag. Deswegen ist er nämlich mit Einsicht, mit Geist und mit Klugheit ausgerüstet; darum hat nur er unter allen Geschöpfen einen aufrechten Körperbau bekommen." Gianozzo Manetti: Über die Würde und Erhabenheit des Menschen. De dignitate et ecellentia hominis, Hamburg 1990, S. 93.

54 Pico della Mirandola: De hominis dignitate. Über die Würde des Menschen, Hamburg 1990, S. 15.

55 Pointiert formuliert Muchembled für das 16. Jahrhundert: "Le corps parle assurément. Ses postures disent l'appartenance sociale." Ro-

Abb. 79

bert Muchembled: Société et mentalités dans la France moderne XVI–XVIII siècle, Paris 1990, S. 165. Vgl. auch die Ausführungen zur sozialen und symbolischen Ordnung bei Arlette Jouanna: La France du XVIe siècle, 1498–1598, 2e édition corrigée, Paris 1977, bes. Kap. VII: 'Le langage symbolique de la société'.

56 "Aussi ceux qui le voient faire, n'ont point aure opinion d'iceluy, sinon qu'il se fait par art diabolique." Tuccaro, Trois dialogues (s. Anm. 1), Èpistre, o. S.

57 Ich habe keine Hinweise auf eine zeitgenössische Rezeption der "Trois dialogues" finden können, weshalb diese These sich lediglich auf 'Indizien' stützt, die sich aus dem Text selbst und den kultur- und sozialhistorischen Rahmenbedingungen der Zeit ergeben.

58 Der Selbstbeschreibung folgend war Tuccaro auch Lehrmeister der Sprünge für König Karl IX., es gibt jedoch weder zeitgenössische Quellen, die darauf hindeuten, Karl IX. habe kubistische Sprünge vollzogen, noch Nennungen Tuccaros als Lehrmeister. Über die körperlichen Übungen des Königs berichtet Champion: "[...] sa passion était la chasse, avec d'autres exercices physiques, où il se trouvait sous l'influence du maréchal de Damville, deuxième fils du connétable." Auch angesichts der Komplexität der Sprünge ist es eher unwahrscheinlich, dass Tuccaro die Könige kubistische Sprünge gelehrt hat. Pierre Champion: Chatherine de Médicis présente à Charles IX son royaume 1564–66, Paris 1937, S. 440.

59 "[...] noble exercice, lequel il [Archange] a mostré en plusieurs endroits fort à propos & au contentement d'un chacun, l'ayant veu saulter maintesfois en presence de l'Empereur, & de plusieurs autres Princes, avec un grand & merveilleux applaudissement." und "[...] dict que le Roy avec grande compagnie parloit avec Archange, son maistre, & que sans doute sa Maiesté le vouloit voir sauter apres souper." Tucca-

Abb. 80

Nimmt man die semifiktionale Verortung der "Trois dialogues" als ein Gespräch über und eine Aufführung der Bewegungspraxis im Rahmen einer königlichen Hochzeit um 1570 ernst, können daraus Schlüsse über den Verfasser und die Adressaten des Textes gezogen werden. Wie dargestellt, war der Autor und Springer Arcangelo Tuccaro aus einem volkstümlichen Kontext heraus an den Wiener und dann an den Pariser Hof gelangt und hatte dort, zumindest zeitweise, als Springer in bezahlter Anstellung gearbeitet. Die "Trois dialogues", verstanden als ein Text, der die kubistische Bewegungstechnik zu nobilitieren und als 'Kunst und Wissenschaft' zu erfinden trachtet, richten sich somit vordergründig an die Herrschenden, welche dem Autor selbst, aber auch anderen Springern eine Anstellung am Hofe bieten können.[57]

Darüber hinaus bietet die oben skizzierte Interpretation der konkreten Bewegungsform als einer symbolisch ambivalenten Bewegung eine Folie für mögliche Motive der Aufführung kubistischer Sprünge im konkreten Kontext der Festpraxis des französischen Hofes am Ausgang des 16. Jahrhunderts. Denn die Attraktivität der Bewegungstechnik könnte ein Grund dafür sein, dass diese Sprünge überhaupt Eingang in das höfische Leben gefunden haben.[58] Über das Verhältnis zwischen den Springern und ihrem Publikum enthalten die "Trois dialogues" einige wenige Anmerkungen: So heißt es über Tuccaro, er habe seine noble Übung "zu mehreren Gelegenheiten zur großen Freude eines jeden gezeigt, jene, die seine Sprünge jetzt in Anwesenheit des Herrschers und mehrerer anderer Fürsten mit einem großen und wunderbaren Beifall bedenken", und auch, dass "der König mit großer Gesellschaft mit Archange, seinem Lehrer, gesprochen hat und dass seine Majestät ihn nach dem Essen springen sehen will."[59] Im Laufe des 16. Jahrhunderts wandelten sich die Feste am französischen Hof zu imposanten Demonstrationen von Reichtum, Macht und Stärke. Die oft monatelang und minutiös geplanten Festtage wurden zunehmend durch aufwendige Inszenierungen, allegorische Schauspiele, mythologische Maskenspiele, prächtige Kostüme und Dekorationen sowie zahlreiche Auftritte verschiedenster Akteure geprägt.[60] Im letzten Drittel des Jahrhunderts war es vor allem der tanzende Körper, der als eines der wichtigsten Elemente die höfischen Inszenierungen bestimmte, denn das Ballett wurde explizit als politisches Mittel eingesetzt, durch die "choreographische Zelebrierung wird die Gesellschaftsordnung visuell bestätigt."[61] Neben den die Perfektion der Himmelskörper nachahmenden Balletten bildeten auch fremde und befremdliche Elemente Höhepunkte der Feste, so waren Auftritte von Zwergen oder von Menschen mit körperlichen Deformationen häufig Bestandteile des Programms. Die Überraschung und das Staunen über das Wundersame, das Gefährliche, das Befremdliche galten insbesondere Katharina von Medici als wichtige Momente, welche die Außergewöhnlichkeit und Extravaganz des Festes steigerten.[62] Wirft man einen Blick auf festtheoretische Überlegungen und nimmt an, dass das Fest "aus seiner 'Differenzqualität' zum Nicht-Fest [lebt]", hat es potentiell entweder die Funktion einer Affirmation der bestehenden Ordnung, welche die Herrschaft bestätigt und erhöht, oder einer Entgrenzung und Transgression, welche die Herrschaft in Gefahr bringt und theoretisch auch in einem Umsturz kulminieren kann.[63] Ist dieses Aussetzen des Alltags "ein Aussetzen alltäglicher Konventionen, sozialer

ro, Trois dialogues (s. Anm. 1), 2v, 44r.

60 Vgl. zur Entwicklung der Festkultur z. B. Roy Strong: Arte e potere. Le feste del rinascimento 1450–1650, Mailand 1987 oder Giovanni Attolini: Teatro e spettacolo nel Rinascimento, Rom 2000⁴.

61 Rudolf Braun und David Guggerli: Macht des Tanzes. Tanz der Mächtigen, München 1993, S. 37. Vgl. auch Vera Jung: Körperlust und Disziplin. Studien zur Fest- und Tanzkultur im 16. und 17. Jahrhundert, Köln 2001.

62 Sie wird beschrieben als "[...] aware that power and show were considered largely synonymous and that their reputation in foreign courts was, in part, dependent on their ability to astonish visiting dignitaries by the richness, variety and extravagance of their court and its divertissements." Gaston Hall: Italian participation in French court ballet, comédie-ballet and opera 1581–1674, in: James R. Mulryne und Margaret Shewing (Hrsg.): Italian Renaissance Festivals and their European Influence, New York 1992, S. 213–232, hier S. 218.

63 Josef Kopperschmidt: Zwischen Affirmation und Subversion. Einleitende Bemerkungen zur Theorie und Rhetorik des Festes, in: ders. und Helmut Schanze (Hrsg.): Fest und Festrhetorik. Zu Theorie, Geschichte und Praxis der Epideiktik, München 1999, S. 9–21, hier S. 9.

Rollen und Machtverhältnisse bis zur (gelegentlich exzessiven) Etablierung einer 'verkehrten Welt'", bietet sich eine Folie, auf welcher die räumlichen Bewegungsvollzüge der springenden Körper interpretiert werden können.[64] Dabei sind drei unterschiedliche Momente zu sehen, die den Phasen des Sprungs entsprechen: Der Absprung evoziert als Andeutung eines Fluges in die Luft Staunen und Bewunderung, hierin liegt das Moment der Überraschung durch die außergewöhnliche Bewegung des Körpers. Auf den Flug folgt zwangsläufig das gefährliche Moment: Der Sturz, wie er sich in der Bewegung des 'Kopfüberns' andeutet, kann symbolisch als eine Gefahr für die bestehende soziale Ordnung interpretiert werden. Die (sozialen) Koordinaten kollabieren in der Erfahrung einer (räumlichen) Bewegung, nämlich der Verkehrung all dessen, was die soziale und die räumliche Ordnung aufrechterhält. Für einen Moment steht der Mensch Kopf, die Füße richten sich gen Himmel und das Haupt gen Boden. In dieser Transgression der Ordnung, die auch eine Überschreitung der sozial akzeptierten Körperlichkeit ist, führt die Springkunst das Fest in eine instabile Situation, die jedoch dann ihr Gleichgewicht in jedem gelungenen, wieder auf die Füße, also in die richtige Position des Körpers in der Welt, gebrachten Salto wiederfindet. Der nach der Landung aufrecht stehende Springer hat zudem einen perfekten Kreis in der Luft beschrieben, der – hier den Balletten gleich – die Harmonie des Universums spiegelt. Damit reetabliert der gelungene Sprung letztlich die herrschende Ordnung und kann demnach symbolisch die Perfektion, Vollkommenheit und Schönheit der aktuellen Situation bestärken und nicht zuletzt als symbolische Stärkung der Macht des Herrschers gelesen werden (Abb. 80).

64 Kopperschmidt, Zwischen Affirmation (s. Anm. 63), S. 11.

Gymnastik als Gestaltung des Körpers in der Frühen Neuzeit: Diskurse, Praktiken oder Transgressionen?

Jacques Gleyse

Einleitung

Erforscht man die alten Bestände einiger französischer Bibliotheken, insbesondere derjenigen von Montpellier, so fällt auf, dass die Anzahl der Werke bzw. der Kapitel, die der Gymnastik, Übungen (*exercitatio*), Bewegungen, Gebärden und Spielen gewidmet sind, von der Mitte bis zum Ende des 16. Jahrhunderts einen exponentiellen Aufstieg erlebt. Dies ist umso auffälliger, als man einerseits auf klassische griechische und lateinische (Hippokrates, Galenus) oder aber arabische Autoren (Avicenna, Averroës) zurückgreifen muss, um ausführlichere Informationen zu diesen Themen zu finden, andererseits diese Tradition erst an der Schwelle vom 18. zum 19. Jahrhundert mit der Erneuerung der Gymnastik wieder aufgenommen wird. Dieses Aufblühen der Gymnastikliteratur in der zweiten Hälfte des 16. Jahrhunderts erscheint deshalb erklärungsbedürftig.

Der Anfang des 16. Jahrhunderts wird sowohl von Max Weber, Alexandre Koyré oder Michel Foucault als auch von Norbert Elias als eine radikale Wende in der Auffassung der Wissenschaften gedeutet.[1] Letztere wird von einigen dieser Autoren der Reformation zugeschrieben. Zwar ist der große Umschwung, den die Reformation herbeigeführt hat, nicht zu unterschätzen; allerdings wäre es ratsam, nach den Gründen der Reformation zu fragen, um die Ursachen dieser epochalen Änderung der Mentalitäten im Bürgertum – manchmal sogar auch in der Aristokratie – und dann im Volk besser zu verstehen. Die unmittelbare Lektüre der Bibel, die von der Buchdruckerkunst ab 1454 fortschreitend ermöglicht wird – der Autorität der Kirche zum Trotz, die eine Lektüre in der Volkssprache auf der Lateransynode (1512–1517) verurteilt hatte –, ist ein nicht zu unterschätzender Faktor, so wenig wie die explosionsartige Vermehrung wissenschaftlicher Werke durch den Buchdruck.

Indem diese Veränderungen die Vermittlerrolle der kirchlichen Institution zwischen Mensch und Gott letztendlich aufheben, bringen sie den Menschen näher zu sich selbst. Diesem Wandel in der religiösen Sphäre entspricht ein Wandel in der Betrachtung des Körpers, dessen Ausdruck *par excellence* Vesalius' "De humani corporis fabrica" ist, das 1543 erscheint. Die rationale, anatomische Erkenntnis des Körpers – im Gegensatz zur altertümlichen Leichenöffnung, die nach Vesalius an Schweinen oder Affen vollzogen wurde – ermöglicht diesem Arzt, den Status des Körpers zu ändern: Aus einer von der Natur (*rerum opifex Natura*) oder von Gott gestalteten, unveränderlichen Kreatur wird

1 Norbert Elias: Über den Prozeß der Zivilisation. Soziogenetische und psychogenetische Untersuchungen, Bd. 1: Wandlungen des Verhaltens in den weltlichen Oberschichten des Abendlandes; Bd. 2: Wandlungen der Gesellschaft. Entwurf einer Theorie der Zivilisation, Basel 1939; Michel Foucault: Les Mots et les choses, Paris 1966; Alexandre Koyré: Du monde clos à l'Univers infini, Paris 1962; Max Weber: Die protestantische Ethik und der Geist des Kapitalismus, Tübingen 1920.

ein Objekt, das von Menschenhand (im gegebenen Fall von der Hand des Arztes) konstruiert oder zumindest verändert werden kann, beinahe ein Instrument.[2]

Diese Idee einer möglichen Veränderung des Körpers liegt auch manchen anderen Werken der Zeit implizit zugrunde, die im Folgenden vorgestellt werden sollen: Der Körper kann durch physische Übung (*exercitatio*) sowie durch Gymnastik umgestaltet werden. Bewegungen und Gebärden können den Leib läutern; somit eignet sich der Mensch den eigenen Körper an. Was Vesalius für die Anatomie ist, ist Mercurialis (1569) für die Gymnastik. Sein "De Arte gymnastica" ist zwar vor allem eine Summe altertümlicher Werke – von Hippokrates bis zu Galenus –, aber gleichzeitig der wahrscheinlich vollkommenste Ausdruck der zur Zeit der Renaissance entstandenen neuen Betrachtungsweise des menschlichen Körpers.

Der Humanismus spielt in dieser Hinsicht eine entscheidende Rolle, ebenso die Aufwertung des griechischen und römischen Altertums sowie die Entdeckung der Originaltexte des Hippokrates und des Galenus. In pädagogischer Hinsicht erscheint innerhalb der Erziehung die neue Gewichtung zwischen Körper und Geist als ein wesentlicher Faktor dieser Höherbewertung der Turnkünste. Der Rationalisierung der Arbeitsgänge, also der körperlichen Gebärden, wie sie später auch in die königlichen Manufakturen eingeführt wurden,[3] entsprechen außerdem zweifellos analoge Phänomene in anderen Bereichen, wie etwa die Rationalisierung der körperlichen Tätigkeit beim Turnen sowie in der Fecht- und Reitkunst.

Die meisten Werke, die der vorliegenden Studie zugrunde liegen, sind in der alten Abteilung der Bibliothek der Medizinischen Fakultät von Montpellier zu finden, einer der ältesten Europas. Einige äußerst seltene arabische Werke – die hier nicht behandelt werden – sind vielleicht die letzten übrig gebliebenen Bestände der Bibliothek der Freistadt Lunel, zwanzig Kilometer von Montpellier entfernt, die vom 10. bis zum 14. Jahrhundert eine sehr produktive jüdische wissenschaftliche Schule beherbergte, welche eine Brücke des Wissens zwischen Orient und Okzident schlug.[4] Das Vorhandensein einer *Geniza*, d. h. eines Raumes für ausgediente liturgische Schriften und Kulturgegenstände, zeugt von dieser Möglichkeit. Neben dem veränderten Verhältnis zum Körper in Humanismus und Renaissance war es deshalb möglicherweise auch das Verlangen, diese arabischen und griechischen Texte durch Neuauflage und Übersetzung trotz des im 16. Jahrhundert erscheinenden "Index librorum prohibitorum" zu bewahren und durch die Zeit zu retten, so auf jeden Fall die Hypothese des Verfassers für den südeuropäischen Raum, die im Folgenden diskutiert werden soll.

Texte und Praktiken

Von der tatsächlichen Turnpraxis in dieser Zeit wissen wir so gut wie nichts. Zwar begegnet man bei Autoren wie Erasmus von Rotterdam,[5] François Rabelais[6] oder sogar Michel Eyquem de Montaigne[7] dem Wunsch, durch ihre Werke dem Hof, dem Adel, vielleicht selbst dem damals aufsteigenden Bürgertum diese Praxis zu empfehlen. Die Umsetzung ist aber sehr schwer nachweisbar. Dagegen wissen wir, dass das Ballspiel

2 Jacques Gleyse: L'Instrumentalisation du corps, Paris 1997.

3 Jacques Gleyse: La Fabrication du corps ? Le discours de l'Age classique sur le mouvement et l'exercice, in: STADION, International Journal of the History of Sport 23 (1997), S. 60 – 82; André Rauch: Le Souci du corps, Paris 1983.

4 Thomas Millerot: Histoire de la ville de Lunel, Nîmes (1. Ausgabe 1981) 1993.

5 Erasme de Rotterdam: De Civilitate morum puerilium, Basel, Froben, 1530.

6 François Rabelais: Les grandes et inestimables croniques: du grant et enorme geant Gargantua: Contenant sa genealogie/ La grandeur & force de son corps. Aussi les merveillieux faictz darmes quil fist pour le roy Artus/ comme verrez cy apres, Lyon 1534. Autor und Buch werden 1559 vom Index verboten.

7 Michel de Montaigne: Les Essais, Bordeaux 1580.

8 Jeu de Paume, roi des jeux, in: La France pittoresque, 20 (octobre, novembre, décembre 2006), Paris: "L'Estoile raconte pour sa part que, après l'entrée d'Henri IV dans Paris, on retrouva le roi, dès le lendemain, au jeu de la Sphère". C'était le 15 septembre 1594: "Il était tout en chemise, encore était-elle déchirée sur le dos, et il avait des chaussures grises, qu'on appelle à jambes de chien". "Le 27 octobre, le roi avait gagné quatre cents écus à la paume." (Ebd., S. 28). S. auch die Archive des Tenniseum in Paris (Musée du Tennis et du Jeu de Paume, Roland Garros, Paris). S. auch:

(*jeu de paume*) in Frankreich im gleichen Zeitraum als das königliche Spiel *par excellence* galt. Ein am 9. November 1527 von Franz I. erlassenes Patent erlaubte sogar dessen berufliche Ausübung. Bekannt ist auch, dass Heinrich IV. am 23. März 1594, also am Tage nach seinem Einzug in Paris, sich an einem Ballspiel im Ballhaus "La Sphère" beteiligte. Dieses öffentliche Spiel trug erheblich zu seiner Popularität in der Hauptstadt bei. Zahlreiche Spielfelder lassen sich außerdem bei königlichen oder adligen Schlössern nachweisen.[8]

Rabelais befürwortete Spiele und Turnübungen, insbesondere das Ballspiel, das dem jungen Gargantua von seinem Lehrer Ponocrate empfohlen wird, damit "auch der Körper, dem Beispiel des Geistes folgend, durch vornehme Übungen gestaltet wird".[9] In seiner "Histoire critique des doctrines de l'éducation en France depuis le XVIe siècle" schreibt Gabriel Compayré:

> "Reit- und Ringkunst, Schwimmen, allerlei physische Spiele, Gymnastik unter all ihren Formen: Alles praktiziert Gargantua, um seine Glieder gelenkiger und seine Muskeln stärker zu machen. Der Text bietet eine schillernde Beschreibung der Vielfalt dieser Übungen. Das Spiel der Muskeln und Glieder, die Gebärden des Körpers bietet der empfindlichen, von den materiellen Formen faszinierten Phantasie des Rabelais eine unerschöpfliche Quelle verschiedenster Beschreibungen: Sie wird dabei regelrecht entfesselt (...). Mit dieser Überschwenglichkeit scheint Rabelais den Körper an der Askese des Mittelalters rächen zu wollen."[10]

Am 17. September 1530, vier Jahre vor der Veröffentlichung seines "Gargantua", immatrikulierte sich Rabelais an der Medizinischen Fakultät Montpellier. Dort erlangte er die Würde eines Baccalaureus, gab Kurse über Hippokrates und Galenus, was von seiner Kenntnis der antiken Texte über körperliche Übungen zeugt, die er unter anderem in der griechischen Originalfassung rezipierte (seine griechischen Exemplare sollten ihm nach Erasmus' Veröffentlichung des griechischen Urtextes der Evangelien 1523 konfisziert werden).[11]

Erasmus wiederum mag in einem der zahlreichen Säle von Paris Ball gespielt haben, vielleicht auch in Montpellier, wo ebenfalls ein Ballhaus stand (heute gibt es dort immer noch einen "Boulevard du Jeu de Paume"). Zahlreich sind seit dem Ende des 15. Jahrhunderts die Adeligen und Bürger, die diesen Sport treiben. Selbst Erasmus widmet dem Spiel im Allgemeinen und dem Ballspiel im Besonderen einige Zeilen: "Der Charakter der Kinder soll sich nirgends so gut wie im Spiel enthüllen."[12] Eventuell hat auch er das Ballspiel während seiner Studien an der Sorbonne entdeckt; davon verrät er aber nichts.[13]

Obwohl in dieser Periode, insbesondere im medizinischen Bereich, zahlreiche Abhandlungen über Gymnastik und körperliche Übungen im Allgemeinen erscheinen, ist es nicht möglich, mit Ausnahme einiger Hofspiele, den Beweis ihrer praktischen Ausübung zu erbringen. Allerdings deuten die durch das ganze Mittelalter hindurch veranstalteten Turniere sowie die Ausübung der Fechtkunst beim Adel darauf hin, dass die physische Tätigkeit im Sinne von Kampfübungen nicht nur tradiert, sondern zur Zeit der Renaissance sogar aufgewertet wurde. Reit- und Fechtkunst sind das Privileg der Akademien und damit des Adels. Es ist nicht auszuschließen, dass sie von der Gymnastik infolge einer "Euphemisierung"[14] der Techniken abgelöst wurden. Dennoch fehlt

Jean-Michel Mehl: Les Jeux au royaume de France du XIIIe au début du XVIe siècle, Paris 1990.

9 Rabelais, Gargantua (s. Anm. 6). Rabelais (Kap. XXIII) lässt Gargantua Ball spielen: "Ce faict, yssoient hors, tousjours conférens des propoz de la lecture, et se desportoient en Bracque [Le Grand Bracque, berühmtes Ballhaus in Paris, Place de l'Estrapade, 1] ou ès préz, et jouoient à la balle, à la paulme, à la pile trigone [Ballspiel zu dritt], galentement se exercens les corps comme ilz avoient les âmes auparavant exercé." (Rabelais: Œuvres complètes, hrsg. von Jacques Boulenger et Lucien Scheler, Paris 1965, S. 70).

10 Gabriel Compayré: Histoire critiques des doctrines de l'éducation en France depuis le XVIe siècle, Paris 1883[4], Bd. I, S. 45: "Équitation, lutte, natation, toute espèce de jeux physiques, la gymnastique sous toutes ses formes, il n'est rien que Gargantua ne fasse pour dégourdir ses membres et fortifier ses muscles. Il faut lire, dans le texte même, la description étincelante de cette variété d'exercices. Le jeu des muscles et des membres, les mouvements du corps, c'était pour une imagination comme celle de Rabelais, imagination sensible, volontiers éprise des formes matérielles, une inépuisable mine à descriptions. Aussi, Rabelais s'en donne-t-il à cœur joie [...] après cette orgie de gymnastique, où Rabelais, non sans excès, semble avoir voulu donner au corps une re-

uns auch hier die letzte Gewissheit. Zwar ist es möglich, die Spuren mancher Ballspiele, sei es mit Schlägern (*pila*) oder mit der Hand (*globus*), aufzufinden, aber Spiel- oder Turnhallen sind in den Inventaren der mittelalterlichen Burgen nicht aufgelistet, so wenig wie in den Städten, wo von anderen Einrichtungen zur Körperpflege, wie etwa Dampfbädern (in Montpellier gibt es immer noch eine "rue des étuves", Stobenstraße) durchaus berichtet wird.

Aus diesen Gründen kann man sich die berechtigte Frage stellen, ob die überlieferten Texte des 16. Jahrhunderts programmatisch aufgefasst wurden – um die Turnkünste zu fördern –, oder im Gegenteil lediglich als gelehrte Diskurse zu verstehen sind, als Studien über die Bräuche des Altertums. Die Quellen ermöglichen keine Entscheidung. Der Inhalt dieser Abhandlungen verleitet eher zu der Annahme, dass die Gymnastik zur Zeit der Renaissance wesentlich als Heilpraxis getrieben wurde, seltener zu prophylaktischen Zwecken. Zu Kampfzwecken diente sie wahrscheinlich nicht. Die beschriebene Art Gymnastik ist damit diejenige, die Platon, Hippokrates oder Galenus als eine "hygienische Gymnastik" definierten, in ihren Augen die einzige, die zur Erziehung des Körpers beitrug und die Bezeichnung "Gymnastik" verdiente.

Eine neue Welt

Denkt man an das Ende des 15. Jahrhunderts, so taucht unmittelbar die Vorstellung einer neuen Welt auf; aber mehr als durch die größten Entdeckungsreisen gewinnt diese neue Welt ihre Gestalt durch die Werke eines Kopernikus oder eines Vesalius sowie auf religiöser Ebene derjenigen eines Luther und eines Calvin. Allerdings hatte wahrscheinlich die Entdeckung einer realen "neuen Welt", gleichzeitig ein Symbol des reinen Urzustandes der Menschheit und ein Hindernis auf dem Seeweg nach Indien, das christliche Abendland zur Rückbesinnung veranlasst,[15] gerade zu der Zeit, da dieses durch die Eroberung Granadas, die Vertreibung der Juden und später der Araber, seine Vereinheitlichung zu verwirklichen versuchte. Die bei dem Fall Granadas veranstalteten Autodafés und insbesondere das von Sevilla im Jahre 1559 vernichten fast zur Gänze den zwischen 771 und 1492 angesammelten arabischen Bücherschatz. Spaniens arabisches Vermächtnis geht verloren. Dabei verschwinden mit einiger Sicherheit auch griechische Werke.

Deshalb liegt die Vermutung nahe, dass in Südeuropa manche Ärzte, vornehmlich reformierte, sich bemühten, der Kirche zum Trotz das Wissen ihrer griechischen Vorgänger (deren Werke ebenso wie auf Griechisch abgefasste Kommentare zu diesen Werken oft verboten und beschlagnahmt wurden), aber auch jüdische und arabische[16] medizinische Werke (wie etwa die des Moses Maimonides, die zu gleicher Zeit wie die des Averroës entstanden) durch Übersetzungen in das Lateinische oder gar die Volkssprache zu retten.

Ein weiterer Grund zu dieser Annahme ist das Verbot einiger Abhandlungen über den Körper (allerdings nicht aller, da z.B. die des Vesalius erlaubt bleiben) durch die Synoden. Der "Index livrorum prohibitorum" – auch "Index expurgatorius, Index librorum prohibitorum juxta exemplar romanum jussu sanctissimi Domini nostri" ge-

vanche sur l'ascétisme du Moyen Âge [...]."

11 Erste Ausgabe von Erasmus' Übersetzung der Evangelien: Novum Instrumentum omne ab Erasmo Roterodamo recognitum et emendatum [...], Basileae, Johannes Frobenius, 1516.

12 Zit. in: Erika Rummel: Les "Colloques" d'Érasme Renouveau spirituel et Réforme, Paris 1998, S. 48.

13 Léon E. Halkin: Érasme parmi nous, Paris 1997.

14 Die "Euphemisierung" ("euphémisation") ist ein von Georges Vigarello in 'Le Corps redressé' (Paris 1978) geschaffener Neologismus, um den Übergang von der wirklichkeitsbezogenen zur symbolischen körperlichen Anstrengung, von einem von außen aufgezwungenen, physischen Zwang zum freiwilligen Selbstzwang zu bezeichnen.

15 Jacques Attali: 1492, Paris 1991, S. 235.

16 Avicenna: Abu 'Ali al-Husayn ibn 'Abd Allah ibn Sina, Averroës: Abu l-Walid Muhammad ibn Ruschd. 1512 werden seine Werke von der 5. Lateransynode verboten.

nannt – ist eine Liste der "verderblichen" Werke, deren Lektüre den Katholiken verboten bleibt, nebst der Regeln der Kirche diese Bücher betreffend. Der erste "Index" wurde von der Pariser theologischen Fakultät 1544 veröffentlicht; darauf stehen Erasmus, Calvin, Luther, Dolet, alle Werke über das fünfte Buch Moses und öfter auch über das Lachen. Der römische "Index" wird seinerseits von Pius IV. 1559 auf Bitte der Inquisition hin promulgiert und am 24. März 1564 bestätigt. 1571 wurde die Index-Kongregation gegründet. Sevillas Autodafés erfolgen im selben Jahr wie die Veröffentlichung des ersten römischen "Index". Ihre Verbote gelten natürlich nur im katholischen Raum, was die Veröffentlichung zahlreicher von der Kirche verbotener Werke im Norden Europas, wie etwa in Amsterdam, erklärt.

Man kann also annehmen, dass die Ärzte und Gelehrten Südeuropas, und vor allem die protestantischen (noch vor dem Edikt von Nantes),[17] manchmal auch jüdischen, sich gegen den Verlust dieses Wissens wehrten, indem sie dieses mit Hilfe des Buchdrucks zu retten versuchten. Diese Hypothese würde die konkreten Hintergründe dieser plötzlichen massiven Buchproduktion erklären. Darüber hinaus spürt man bei einigen Autoren geradezu den Willen, den "Index" zu missachten und seine Hüter herauszufordern. Eine Rezeption dieser verbotenen Texte konnte so gleichermaßen als Vehikel der Kritik einer Vernachlässigung des Körpers gegenüber der Seele dienen als auch als Kritik am Index selbst gelesen werden.

Klassifizieren oder praktizieren?

Einer der ersten Autoren, der versuchte, das Wissen der griechischen und arabischen Autoren über die körperlichen Übungen zu retten bzw. wieder ins Leben zu rufen, war Ioannes Valverdus Hispanus (Juan Valverde de Amusco, 1525–1588). Aus Amusco gebürtig, einem Dorf im Königreich Kastilien und Leon, studierte er Anatomie in Padua bei Vesalius. Er wird für einen Erneuerer der Anatomie in der Renaissance gehalten. In Padua hörte er auch bei Colombi, dessen Assistent er an der Universität Pisa wurde. Er setzte Vesalius' Werk fort, kritisierte es aber aufgrund empirischer Experimente. Er widersetzte sich dem Verbot der Leichenöffnung sowie allen Hindernissen, die in Spanien den empirischen Wissenschaften entgegenstanden. Er unterstützte außerdem andere Erneuerer der Anatomie wie Pedro Gimenez und Luis Collado und bewies die Funktion der Lunge. Nach Spanien kehrte er selbst hingegen nicht mehr zurück.

Seine Werke erschienen nicht nur auf Latein, sondern auch in Volkssprache. Valverdes Abhandlung, wie man die Gesundheit der Seele und des Körpers erhalten könne,[18] 1552 beim Pariser Verleger Charles Estienne erschienen – dessen Interessen der Anatomie galten, da er selber Arzt war –,[19] gab griechische und arabische Werke, die womöglich in seinem Besitz waren und die er vor der Inquisition gerettet hatte, in der lateinischen Sprache wieder; vielleicht handelt es sich auch um Werke, in die er während seiner Aufenthalte in Rom und Pisa bei Vesalius und Colombi Einsicht bekommen hatte.

Obwohl Valverdus vornehmlich anatomische Studien veröffentlichte, mitunter auch seinen Meister Vesalius kritisierte, machte er hier den Versuch, verfügbare Kenntnisse

17 Henri Dubief, Jacques Poujol, Henri Vassaux: La France protestante: histoire et lieux de mémoire, Paris 2005. S. auch Jean-Pierre Willaime und Denis Cusenier: Histoire des religions, Tome 1 Le protestantisme, Paris 1998. Quentin Ludwig: Les religions. Catholicisme, orthodoxie, protestantisme, judaïsme, kabbale, islam, bouddhismes, Paris 2006.

18 Ioannis Valuerdi Hamusensis: De animi et corporis sanitate tuenda libellus, Lutetiæ: apud Carolum Stephanum, typographum Regium, 1552. Zu den biographischen Informationen s. Dictionnaire biographique général de la médecine, Paris 1868, Bd. 23, S. 431. S. auch: Francisco Guerra: Juan Valverde de Amusco, in: Clio Medica 4 (Novembre 1967), S. 339–362 und Ludwig Choulant: History and bibliography of anatomic illustration. Trans. and annotated by Mortimer Frank, New York 1962 (Übersetzung von Geschichte und Bibliographie der anatomischen Abbildung nach ihrer Beziehung auf anatomische Wissenschaft und bildende Kunst, Leipzig, Weigel 1852, neugedruckt Sändig 1971, unter Hinzufügung der 1858 erschienenen Erg. d. Verf.), S. 205–208. Juan Riera: Juan Valverde de Amusco y la medicina del renacimiento, Madrid 1986.

19 Charles Estienne (1504–1564) wurde als dritter Sohn des großen Druckers Henri Estienne geboren und erwarb somit eine vom Humanismus geprägte Bildung in alten Sprachen, aber auch in Medizin, die er in Paris

über die Gesundheit und die Sinne, aber auch über die Bewegung und Übung zu sammeln. Sein "De Animis et corporis sanitate tuenda" gibt die Kenntnisse des Hippokrates und des Galenus über körperliche Übungen wieder. Dabei beruft er sich auch auf Aristoteles ("Nikomachische Ethik"), Avicenna und Averroës, deren Texte zum Teil in Spanien, außerdem von der Lateransynode und später vom Konzil zu Trient verboten wurden.

Die Bewahrung dieses antiken und arabischen Vermächtnisses ist vielleicht auch eines der Anliegen von Jérôme de Monteux de Méribel (oder Mérybel) (1518–1559). Aus dem Delphinat gebürtig, absolvierte er sein Medizinstudium in Montpellier und wurde, dem Beispiel seines Vaters Sébastien de Monteux folgend, Arzt in Lyon. Er pflegte Catharina di Medici während ihrer ersten Schwangerschaft, blieb dann im Dienste des Thronfolgers Franz und wurde zum Rat Heinrichs II. in medizinischen Angelegenheiten. Dieser geschickte Praktiker wies als Hygieniker einen großen Menschenverstand auf.[20] In seinem 1559 veröffentlichten, in Volkssprache verfassten Werk "Commentaire de la conservation de la santé et de la prolongation de la vie" ist ein bedeutendes Kapitel über "de l'exercice et de l'oisiveté et de leurs différences" – also über die körperliche Übung und den Müßiggang sowie ihre Unterscheidung – enthalten. Dabei stand der Arzt nicht nur in der antiken (Hippokrates, Galenus), sondern auch in der arabischen (Avicenna, Averroës) und jüdischen medizinischen Tradition.

Die Autoren des 16. Jahrhunderts beschränkten sich jedoch nicht auf eine Wiedergabe älterer Texte. Neu ist vielmehr das, was von Michel Foucault "*taxinomania*" genannt wird, mit anderen Worten der Wille zur Klassifizierung als einer ersten Stufe der wissenschaftlichen Einordnung der Phänomene.[21] Jérôme de Monteux de Mérybel bemüht sich so zunächst um eine Unterscheidung zwischen Übung und Nicht-Übung:

> "Nicht alle Bewegungen sind Übungen, sondern lediglich die gewollten, mit einer gewissen Anstrengung durchgeführten. Das Ende der Anstrengung wird durch eine Veränderung des Atmens gekennzeichnet: so dass Galenus diejenigen zu den Müßiggängern zählt, deren ganze Übung sich auf die üblichen Bewegungen und das Spazieren beschränkt."[22]

Hiermit weist Monteux' Werk Züge auf, die Vesalius' Studien bereits ein paar Jahre zuvor gekennzeichnet hatten. Letzterer hatte solche Klassifizierungen auf Lateinisch[23] für den unbeweglichen Körper durchgeführt; Monteux aber unternimmt den entsprechenden Versuch, diesmal in der Volkssprache, für den beweglichen Körper – wobei er sich selbstverständlich auf die antiken Quellen bezieht. Dabei versucht er, die verschiedenen Bewegungsarten nach Wirkung, Krafteinfluss (von außen oder selbst verursacht) und Ort der Ausübung zu unterscheiden:

> "Alle absichtlichen, mit Anstrengung und Schnelligkeit durchgeführten Bewegungen fördern die Nerven und die Muskeln, so wie sie auch indirekt den Hauptadern dienlich sind, mit welchen sich gleichzeitig die Knochen, die Adern, das Fleisch, die Muskelbänder sowie weitere Körperteile bewegen. Die von außen bewirkten Bewegungen resultieren aus dem Umstand, dass man von einem Pferd, in einer Kutsche, in einer Sänfte oder auf einem Schiff oder auch auf eine sonstige Weise getragen wird. Die Übungen unterscheiden sich darüber hinaus noch durch den Ort, an dem sie getrieben werden: unter einem Dach oder im Freien, oder auf die eine oder andere Weise an einem warmen oder kalten oder temperierten Ort; an einem trockenen oder feuchten oder halbtrockenen, halbfeuchten Orte."[24]

gleichzeitig mit Vesalius bei Jacobus Sylvius studierte. 1542 wird er zum "Docteur Régent" der medizinischen Fakultät von Paris. Er machte mehrere wichtige anatomische Entdeckungen, die er in seinen 'De dissectione Partium Corporis Humani Libri Tres' (Paris, apud S. Colinaeum, 1545) veröffentlichte. Er musste die medizinische Laufbahn 1550 aufgeben, um nach der Flucht seines Bruders Robert nach Genf das Familienunternehmen der Druckerei zu übernehmen. Obwohl er ab 1552 zum königlichen Drucker avancierte, verschuldete er sich, wurde 1561 im Châtelet eingesperrt, wo er 1564 starb.

20 Henri de Terrebasse: La Vie et les livres de Jérôme de Monteux, médecin et conseiller des rois Henri II et François II, seigneur de Miribel et de la Rivoire en Dauphiné, Brun, Lyon 1889.

21 Michel Foucault: Les Mots et les choses, Paris 1966.

22 "Tous les mouvements ne sont pas exercice, mais seulement le mouvement volontaire et un peu véhément. Et la fin et termination de la véhémence est le changement d'alaine: de manière que Galien tient ceux là en nombre des oisifs lesquelz pour tout exercice ont seulement en usage licts bralans et le promener." (Jérôme de Monteux de Mérybel: Commentaire de la conservation de santé, et prolongation de vie, Lyon 1559, S. 119).

23 Vesalius schreibt: "Quanquam alioquin & his quibus inspectio denegatur, minime futuri sint inutiles, quum cuiusque hu-

Der Unterschied zwischen den Werken von Monteux und denen von Valverde (zumindest in deren früheren Fassungen) besteht nicht nur darin, dass ersterer sich der Volkssprache bedient, sondern auch darin, dass Monteux uns nicht verrät, woher er seine Kenntnisse hat, ob er sie selbst erprobt oder den Texten griechischer oder lateinischer Autoren entnommen hat. Sehr seltene Hinweise auf Galenus oder Hippokrates sind im Laufe der Abhandlung verstreut. Obwohl sich kein Zitat aus einem verbotenen Buch nachweisen lässt, ist dennoch höchst wahrscheinlich, dass gerade diese, vornehmlich in griechischer Sprache abgefassten Werke die Hauptquellen von Monteux an der Fakultät Montpellier oder gar in Lunel bildeten.[25] Galenus' Text war nämlich bereits 1490 in einer unvollständigen Fassung veröffentlicht worden und lag 1525 vollständig in der griechischen Urfassung vor, was nicht ohne Wirkung auf die Ausbildung der Ärzte blieb, die häufig des Griechischen mächtig waren.

Die langwierigen Klassifizierungen von Monteux können moderne Leser in ihrer Ausführlichkeit befremden, zumal der Autor zwischen dem biomechanischen und dem bioenergetischen Aspekt der Bewegung und der Übungen kaum einen Unterschied macht. Seine Unterscheidungen richten sich vielmehr nach dem bloß Sichtbaren. Als Beispiel seien seine Bemerkungen zu den Praktiken des "Kampfes" angeführt:

> "Die Unterschiede zwischen den Übungen rühren von ihren Ursachen her, ob die Bewegungen vom ganzen Körper herkommen oder von Teilen desselben oder von einer äußerlichen Ursache. Die aus dem ganzen Körper herrührenden Bewegungen sind etwa die Kämpfe zwischen bewaffneten Gegnern, der Kampf auf Leben und Tod, die antiken Kämpfe, die mit Faustschlägen durchgeführt wurden, bei denen die Hände in dicken doppelten Handschuhen eingewickelt waren, und im allgemeinen alle Bewegungen, die mit Schwert oder anderen Waffen ausgeführt werden. Alle Fechtarten verlangen Bewegungen, die den Armen und den Händen eigen sind; so wie dieses Ringen der Alten, bei dem lediglich von den Händen und Fingern Gebrauch gemacht wurde, ohne den Körper anzufassen. Auf ähnliche Weise ermüden sich die Arme und die Hände beim Werfen der Wurfscheibe oder beim Tragen der Bleigewichte, die die Alten bei den Springübungen trugen. So ergeht es auch dem Menschen, der sich unaufhörlich bückt und aufrichtet, und der sich dabei das ganze Rückgrat stärkt. Brustkorb und Lungen entwickeln sich durch starkes Atemholen. Laufen, Rennen, Tanzen exerzieren erheblich die Beine. Der Tanz drückt durch seine Gebärden und Rhythmen das Gesungene aus (...)."[26]

Wie man sieht, enthält der Text auch zahlreiche Anspielungen auf Praktiken, die der Arzt Catharinas di Medici und Rat Heinrichs II. in den Werken antiker Autoren gefunden hat. Eindeutig sind z. B. die Hinweise auf den Streithandschuh und die Pancratie.

Bei den Betrachtungen über die Wirkungen der Bewegung vertieft Monteux seine Anschauungen; diese könnten beinahe im Rahmen einer bioenergetischen Auffassung der physischen Übung stehen, die allerdings erst nach den im 19. Jahrhundert von Sadi Carnot formulierten Theorien der Thermodynamik entstand:

> "Darüber hinaus ist jegliche Bewegung wärmeerzeugend, mit andern Worten bewirkt jede Gebärde Wärme in uns. Somit ist die lokale Bewegung (also von einem Ort zum andern) wärmeerzeugend, vielleicht dadurch, dass die Wärme bewirkende Elemente mit sich bringt, sowie die Bewegung des Himmelsgewölbes die Gestirne und die Planeten über unsere Erdhalbkugel bringt, die die Tugend besitzen, uns zu erwärmen (...). Die Übung und Arbeit erwärmt zwar auf die Weise, aber nicht von

mani corporis particulæ numerum, situm, formam, magnitudinem, substantiam, ad alias partes connexum, usum, munus, ac eiusmodi permulta, quæ in partium natura dissecantes rimari consueuimus, una cum mortuorum uiuorumque resectionis artificio, satis diffuse persequantur, & partium omnium imagines sermonis contextui insertas ita contineant, ut ueluti dissectum corpus operum Naturæ studiosis ob oculos collocent." (Andreæ Vesalii Bruxellensis, scholæ medicorum Patauinæ professoris, de Humani corporis fabrica Libri septem, Basileæ [1543], [Vorrede:] Ad diuum Carolum Quintum..., Fol. * 3v). Ferner: "Vtcunque uero sit, toto opere id unice studui, ut in negocio longe reconditissimo, neque minus arduo, quamplurimis prodessem, humanique corporis fabricæ non decem, aut duodecim (uti obiter spectanti apparet) sed aliquot mille diuersis partibus extructæ historiam, quam uerissime & absolutissime pertractarem [...]." (Ebd., Fol. * 4r).

24 "Tous mouvements volontaires forts avec vehemence et vitesse sont propres aux nerfs, et aux muscles, combien qu'ils exercent aussi par accident les artères, avec lesquelles les os, les veines, la chair, les ligaments et autres parties se mouvent en semble. Les mouvements de cause externe sont comme se faire porter à cheval, en chariot, en litières, en bateaux et navires, et toute autre manière que ce soit. Les différences d'exercice

selbst, wie einige Gelehrte gemeint haben: Sie können auch erkälten und infolgedessen indirekt trocknen, wenn sie die Feuchtigkeit und die natürliche Wärme des Körpers durch unmäßige Übertreibung zur Verdünstung bringt".[27]

In dieser Passage beruft sich Monteux einerseits auf die antiken Autoren, kritisiert sie aber auch. Damit verhält sich Monteux ähnlich wie Vesalius, der die Thesen des Galenus einerseits bestätigt und andererseits widerlegt, indem er ihm vorwirft, nie menschliche Leichen seziert zu haben. Monteux versucht seinerseits, eine kritische Synthese der Ansichten der Alten zustandezubringen. Dabei findet man die seltenen expliziten Hinweise auf Galenus:

> "Dieser Meinung [Platons] zufolge, behauptet Galenus, diese Übung sei überaus nützlich, da sie nicht nur den Körper trainiert, sondern auch den Geist vergnügt und erfreut, besonders wenn es sich um eine solche Übung handelt, die den ganzen Körper gleichmäßig in Bewegung bringt und die sowohl eine extreme Anstrengung als auch winzige Bewegungen verlangt, was beim kleinen Ballspiel ("*petite paume*") der Fall ist: In diesem Spiel steht es uns frei, entweder von großer Kraft und Gewalt Gebrauch zu machen, oder so langsam, wie es beliebt, zu handeln."[28]

Kennzeichnend ist in diesem Auszug das Interesse für das kleine Ballspiel ("*petite paume*"). Zu dieser Zeit entwickeln die Zeitgenossen Monteux', insbesondere die damals aufblühende Bourgeoise, eine regelrechte Leidenschaft dafür. Die hygienischen Auswirkungen der Übung werden von Monteux aus ärztlicher Perspektive betrachtet:

> "Die Übung ist in dreierlei Hinsicht unserem Körper nützlich. Durch das Reiben der Körperteile aneinander macht sie zum einen die Glieder härter, stärker und widerstandsfähiger: Sie vermehrt die natürliche Wärme und weckt mit starker Erschütterung die Lebensgeister. Durch die somit gewonnene Härte und Kraft vergrößern die Glieder ihre Ausdauer und können mehr Arbeit leisten (...). Aus der Erhöhung der natürlichen Wärme erfolgt eine bessere Verdauung; die harten Lebensmittel werden besser verschmolzen, die dickflüssigen Säfte verdünnen sich, die Poren werden zahlreicher, weicher und offener. Durch die starke und plötzliche Erschütterung der Lebensgeister werden die Poren und andere Rohre notwendigerweise gereinigt, was ihnen erlaubt, die Exkremente auszudrücken, ohne jede Verdünnung noch Auflösung der fleischlichen Elemente, noch Verminderung der harten Teile – lauter Unannehmlichkeiten, die sonst die üblichen Folgen einer Diät oder von Laxativmitteln sind. Zusammenfassend kann behauptet werden, dass die Übung zweierlei Hauptvorteile bietet: Einerseits verringert sie die Exkremente, andererseits trägt sie zur gesunden Komplexion des Körpers bei."[29]

Bewahrung der Vergangenheit, Kritik im Rahmen der konfessionellen Auseinandersetzungen oder Analyse tatsächlicher Praktiken? Der Status des Textes lässt sich schwerlich bestimmen. Allerdings wird es zur Zeit der Renaissance üblich, sowohl bei religiösen[30] als auch bei weltlichen Feiern körperliche Spiele zu veranstalten. Zweifellos wird das Bürgertum von diesen angezogen. Durch solche Übungen, die sich von der Fecht- und Reitkunst des Adels unterscheiden, versucht das Bürgertum, sich gleichzeitig von den bäuerlichen Spielen des Volkes abzugrenzen.[31] Für diese allmählich entstehende Klasse der Bourgeoisie kann auch das praktische Interesse eine Rolle in der Rationalisierung der körperlichen Übungen gespielt haben.

prinse au lieu et place où il se font sont, comme s'exercer sous un couvert ou à découvert, ou bien moitié l'un moitié l'autre: Item s'exercer en lieu chaud, ou froid, ou tempéré: en lieu sec ou humide, ou moyen entre les deux." (Monteux: Commentaire [s. Anm. 23], S. 121).

25 Charles Dulieu: La médecine à Montpellier, Montpellier 1975–1999, hier Bd. II, 1979.

26 "Les différences de l'exercice sont prinses de leur cause efficiente, pourtant les mouvements procèdent de tout le corps, ou des parties, ou quelque cause externe. Des mouvements procèdans de tout le corps sont, comme les combats qui se font entre ceux qui sont armez, la luitte qui se fit à outrance, le combat que faisoient les anciens à coup de poing avec gros gands doubles, et généralement tous les mouvements qui se sont au jeu d'espée et de toutes autres. Tous jeux d'escrime, ont mouvements propres aux bras et mains, aussi ont les luttes qui se faisoient anciennement de l'extrémité des mains et du bout des doigts, sans s'empoigner ny accrocher. Semblablement se lassent les bras et mains à getter le palet ou à porter contre poix aux mains comme boule de plomb que portoient les anciens pour mieux sauter. Pareillement celui qui se courbe et se redresse continuellement, s'exerce fort le rable et toute l'épine du dos. Idem la poitrine et les poumons sont exercés par fortes respirations. Le marcher, le courir et la

Der berühmteste Name dieser Zeit ist selbstverständlich der des Hieronymus Mercurialis (Forli 1530 – Bologna 1606). Wie die meisten der bereits genannten Autoren studiert er Medizin und Philosophie in Padua, und über die zwei klassischen Gelehrtensprachen hinaus ist er auch des Hebräischen und des Arabischen mächtig. 1552 kehrt er nach Forli zurück, wo er sich als Arzt niederlässt. Er steht unter dem Schutz des Kardinal Farnese, dem Neffen des Papstes Paul III.; dieser große Mäzen der Künste und der Wissenschaften lud ihn zu sich ein, damit er seine Studien unter günstigeren Umständen fortsetzen könne. Mercurialis begleitete Alexander Farnese auf seinen Reisen. Von 1562 bis 1569 erwirbt er in Sizilien kostbare Manuskripte (die Titel sind uns nicht bekannt, aber man vermutet, dass es sich vornehmlich um Texte des Galenus und Hippokrates handelt), die nebst den Beständen der Bibliothek des Kardinals die Quellen seines Werkes bilden werden. Am 31. Oktober 1569 wird er Professor der Medizin zu Padua. Er begibt sich nach Wien, um Maximilian II. zu heilen, was ihm einen immensen Reichtum einbringt. Nach Beendigung seiner Karriere an der Universität Pisa zieht er sich nach Forli zurück. Als Gründe für seinen Tod diagnostiziert er selber Nierensteine, was sich durch seine Obduktion bewahrheiten wird.

Sein Werk, das 1569 erscheint (eine der zahlreichen Neuauflagen 1672, Abb. 88 und 89), ist im Gegensatz zu dem Monteux' nicht in Volkssprache verfasst und wen-

danse exercent fort les jambes. La danse exprime par gestes et certaines mesure ce que l'on chante [...]." (Monteux: Commentaire [s. Anm. 23], S. 120).

27 "Outreplus tout mouvement est calefactif, c'est à dire qu'on acquiert chaleur par mouvement quel qu'il soit. Et premièrement qu'ainsi soit le mouvement local (qui est d'un lieu en l'autre) est calefactif, ou par ce qu'il amene la chose eschauffante, comme le mouvement du ciel qui amène les astres et planettes sur notre hémisphère, qui ont vertu de nous eschauffer [...] L'exercice et travail echauffe en ces dernières manières, non toutefois de Soy, comme aucun

Abb. 88

HIERONYMI MERCVRIALIS
FOROLIVIENSIS
DE
ARTE GYMNASTICA
LIBRI SEX:
In quibus exercitationum omnium vetuſtarum genera, loca, modi, facultates, & quidquid denique ad corporis humani exercitationes pertinet diligenter explicatur.
Editio noviſſima, aucta, emendata, & figuris authenticis CHRISTOPHORI CORIOLANI *exornata.*
OPTIMI CONSULTORES MORTUI
AMSTELODAMI,
Sumptibus ANDREÆ FRISII.
CIↃ IↃ C LXXII.

Abb. 89

doctes l'ont estimé: il réfrigère aussi et desseiche par accident, quand il vient à resoudre et dissiper l'humidité et chaleur naturelle par la violence et excès." (Ebd., S. 122).

28 "Galien suivant cette opinion [de Platon] dit ce labeur estre tresutile, qui non seulement exerce le corps mais qui peult aussi par mesme moyen délecter et réjouir l'esprei, principalement si c'est exercice qui puisse mouvoir également tout le corps, et qui puisse, aussi eslever en supreme véhémence, et s'abaisser en très petit mouvement, ce qui se trouve au jeu de la petite paume: car en celui vous pouvez faire travail de telle force et violence comme vous voudrez: et au contraire tant lentement comme il vous plaira." (Ebd., S. 123–124).

29 "L'exercice apporte trois singulières commoditez à notre corps. Car premièrement par celle attrition et frottement d'une partie contre l'autre il rend les membres plus durs, plus forts et robustes: il augmente la chaleur naturelle, et esveille avec grand'emotion tous les esprits. Par la dureté et force des membres, il en sont plus patiens au labeur et au travail, en font mieux leur office. [...] De l'augmentation de la chaleur naturelle, il s'en suit meilleure nourriture, avec une fusion ou relaxement de chacune partie au moyen de laquelle des parties solides se ramollissent, l'humeur grosse s'attenue, et les pores se raréfient davantage, et se font plus laxes et ouverts. Et par la forte et subite emotion des

det sich somit eher an die Gelehrten als an das breite bürgerliche Publikum. Handelt es sich um eine gelehrte Sammlung antiker Texte aus Sizilien oder um die Bestände der Bibliothek der Farnese, die er ins Leben zu rufen versucht? In einer Zeit des großen Umbruchs geboren – gekennzeichnet vom Konzil zu Trient und dem Vertrag von Cateau-Cambrésis –, steht Mercurialis, ähnlich wie Monteux, mitten in der Welt des Vesalius, des Kopernikus, des Tizian und der Reformation, mit andern Worten in der Welt des religiösen Umsturzes und einer radikalen Infragestellung des herkömmlichen Weltbildes überhaupt.

Die Alten, von Hippokrates bis Avicenna über Homer, Herodot, Aristoteles, Lukrez, Plinius, Tertullian oder Seneca (Mercurialis zitiert über 120 Namen), stehen nicht so sehr für konkrete Einzelerkenntnisse, sondern dienen mit ihren Werken vielmehr als Elemente einer möglichst umfassenden Taxonomie von Turnübungen, denen hygienische und heilende Wirkung zugeschrieben wird. Zahlreiche der explizit zitierten Werke stehen auf dem "Index librorum prohibitorum". Diese Zitate tragen also zu ihrer Überlieferung bei, bedeuten aber auch eine Missachtung des Verbotes. Darauf beschränkt sich allerdings Mercurialis' Absicht nicht. Sein Hauptanliegen ist primär das eines Arztes und Hygienikers, der nach den besten Rezepten zur Erhaltung des Körpers sucht.

Deshalb schließt Mercurialis aus den Inhalten einer hygienischen Gymnastik alle so genannten athletischen Übungen – die sich ausschließlich die Erlangung einer außergewöhnlichen Kraft zum Ziel setzten, was den heutigen Sportwettbewerben entspricht – aus, und ebenso die militärischen Exerzitien, die lediglich kämpferische Zwecke verfolgten. Damit unterscheiden sich die von ihm vorgeschlagenen Übungen aber von denen des Kriegs- und Hofadels.

Die Bücher IV bis VI des "De Arte gymnastica" sind den Übungen gewidmet, die sich zur Erhaltung oder Verbesserung der Gesundheit am besten eignen. Infolgedessen wird die Gymnastik eine Art Medizin, ein Wundermittel für Gesunde oder Genesende. Gerade hierin zeigt sich Mercurialis als ein Mensch seiner Zeit. Statt der Vollstreckung des göttlichen Willens passiv zuzusehen, greift er in die göttliche Weltordnung durch seine prophylaktische Tätigkeit ein:

> "Die Übung ist die absichtliche, energische Bewegung des menschlichen Körpers, gekoppelt mit einer Veränderung des Atemholens. Sie fördert die Erhaltung der Gesundheit und ist eine in Anbetracht ihrer Wohltaten gute Gewohnheit."[32]

Diese Art, die Übung von der Nicht-Übung zu unterscheiden, steht zugleich der von Monteux sehr nah.

Die ersten Kapitel des "De Arte gymnastica" bieten eine ausführliche Sammlung aller Übungen. Ihr Zweck ist eine bessere Kenntnis durch Aufzählen, Sammeln, Einordnen. Diese Erkenntnis erlaubt dem Menschen wiederum seine Selbstgestaltung. Dies ist wahrscheinlich der Kern von Mercurialis' Vorhaben. So soll auch im Titel "De Arte gymnastica", "Über die Kunst der Gymnastik", "ars" nicht im künstlerischen, sondern im handwerklichen Sinn verstanden werden. Es handelt sich um eine praktische Gestaltung des Körpers, und sein Werk ist in diesem Sinne mit dem "De Humani corpore fabrica" des Vesalius verwandt, das wortwörtlich den Anspruch hegt, zu erklären, wie der menschliche Körper "fabriziert", gestaltet wurde.

In jedem Falle wird die Gymnastik als einer der Pfeiler der medizinischen Wissenschaft geschildert, so wie in Monteux' "Commentaire": Als Bestandteil der Arzneikunst setzt sie sich zum Ziel, die Krankheit zu vertreiben und die Gesundheit zu erhalten, indem sie dem Menschen Gewohnheiten beibringt, die diese fördern.[33]

Alle Aspekte des "De Arte gymnastica" können hier unmöglich erläutert werden, da diese wahre Enzyklopädie versucht, die gesamten Wirkungen aller praktizierten Exerzitien sowohl im Altertum als auch in der Neuzeit zu klassifizieren und zu erklären. Nacheinander werden Handball (*globus*), Ballspiel (*pilæ*, Abb. 90), Ringen (*De pugilatus et pancratio et cestibus*, Abb. 91 und 92), Rennen, Springen, Tragen, Diskuswerfen und Hantelheben (*De disco et halteribus*, Abb. 93 und 94), Speer- und Gewichtwerfen, Klettern (Abb. 95) und Seiltanz (*funambulum*) sowie Schwimmen behandelt. Auch solche Praktiken, die im Altertum als Übungen galten, heute aber nicht mehr als solche wahrgenommen werden, werden beschrieben: Schreien und Lachen (*De vociferatione et de risu*), passive Bewegungen wie Schaukeln (*oscillæ*), Getragenwerden in einer Sänfte oder einer Trage, schließlich als halbpassiv definierte Übungen, wie Schifffahrt oder Reitkunst. Ebenso gilt die Jagd (*De veneria*) als Exerzitium. In ihrer Ausführlichkeit und in der Weite des Übungsspektrums blieb "De Arte gymnastica" bis ins 19. Jahrhundert unerreicht.

Abb. 90

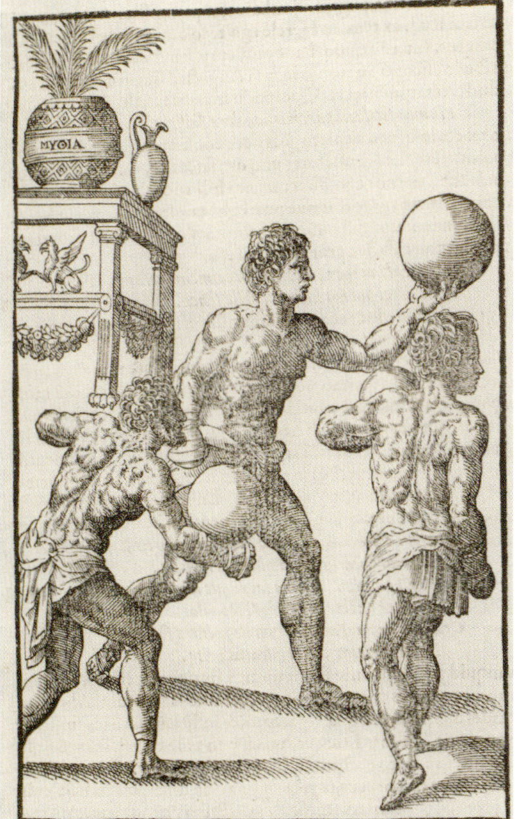

Abb. 91

esprits, les dits pores et autres conduits sont nécessairement purgez et par iceux les excrements expulsez, et le tout sans colliquation ni dissolution de la partie carneuse, et sans attenuation des parties solides: lesquelles incommoditez, succèdent volontiers à la diete, et aux médecines laxatives. Parquoy s'il est besoing de colliger les différences de l'exercice par ses commoditez, vous en trouverez deux principales l'une ser d'amoindrir et diminuer les excrements, et l'autre à la bonne habitude et disposition du corps." (Ebd., S. 120).

30 Encyclopédie des sports, publiée sous le patronage de l'Académie des Sports et du Comité National des Sports C.O.F., Paris 1924 et Philippe Daryl: Encyclopédie des sports, Paris 1892.

31 Jacques Defrance: L'Excellence corporelle, Rennes 1987; Jacques Gleyse: L'Instrumentalisation du corps, Paris 1997.

32 "Exercitatio [...] proprie est motus corporis humani vehemens, volontarius, cum anhelitu alterato vel sanitatis tuendæ, vel habitus boni comparandi gratia factus." (Hieronymi Mercurialis De arte Gymnastica, libri sex..., Parisiis, 1577 (3. Ausgabe; Erstausgabe, Venedig 1569), Buch 2, Kap. I, Fol. 52ʳ B).

33 "[...] Gymnastica a medicina distinguatur: medicina enim sanitatem, atque morbum in corpore humano considerans, alterum expellere, alterum comparare, & conservare nititur: at gymnastica in corpore sano bonum ha-

Abb. 92

Abb. 93

Abb. 94

Abb. 95

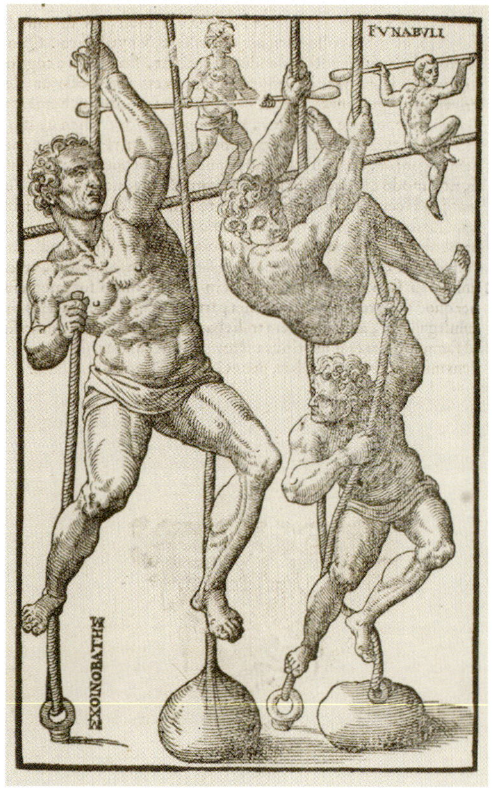

bitum generare, eumque tamquam sanitatis vel partem, vel causam conservantem retinere conatur […]" (Ebd., Buch I, Kap. IV, Fol. 8r).

34 Für die biographischen Angaben s. Jean Guillemain: Recherches sur l'antiquaire lyonnais Guillaume du Choul, Ecole des Chartes, Paris

Zwei Jahre vor dem Werk des Mercurialis erschien in Lyon, bei Guillaume Rouille, die Abhandlung von Guillaume du Choul (1496–1560).[34] Das wie eine Kunst- und Wunderkammer – oder, in bescheidenerem Sinne, als Kuriositätenkabinett – konzipierte und entsprechend bebilderte Werk trug in der Volkssprache den Titel "Discours sur la castrametation et discipline militaire des Romains, escript par Guillaume du Choul, gentilhomme Lyonnois, ... Des bains & antiques exercitations Grecques & Romaines. De la religion des anciens Romains, A Lyon: de l'imprimerie de Guillaume Rouille, 1555". Die Illustrationen spiegeln dabei aller Wahrscheinlichkeit nach den Reichtum der Sammlungen des Autors wieder. Neben zahlreichen Münzen und Medaillen werden allerdings auch Thermen, Bäder sowie Orte, an denen Leibesübungen praktiziert wurden, gezeigt.

Der Autor erhielt nach seinem an der Universität Valencia absolvierten Jurastudium durch ein Patent vom 11. April 1522 das Amt des Vogtes der Gebirge im Delphinat ("Bailli des Montagnes du Dauphiné"). Am 15. Oktober 1523 zum juristischen Rat des Thronfolgers ernannt, wurde er später zum königlichen Rat Heinrichs II. Großer Literat und Sammler, soll er in seiner Kunst- und Wunderkammer hunderte von Medaillen und Münzen aufbewahrt haben, die in einigen seiner Werke abgebildet sind. In seinem ersten Werk blieb die Gymnastik unerwähnt; darauf folgten Studien über die Militärdisziplin, die Religion und die Bäder der Römer.[35] Diese Studien wurden zu einem Werk verschmolzen. Du Choul muss über eine ansehnliche Bibliothek antiker Werke verfügt haben: Die von ihm aufgeführten Autoren sind fast so zahlreich wie bei Mercurialis. Häufig sind die Hinweise auf verbotene bzw. griechische Werke, und wiederum sind Galenus und Hippokrates die meistzitierten Autoren.

Ein auffallender Unterschied zum "De Arte gymnastica" besteht natürlich darin, dass das Kapitel über die Gymnastik nur einen Teil des Werkes ausmacht (allerdings ist sein Werk mit 493 Seiten auch wesentlich umfangreicher als das Buch von Mercurialis, das nur 308 Seiten zählt); vor allem beschreibt er die Wirkung der Bewegungen nicht so ausführlich wie Mercurialis oder Monteux, da du Choul kein medizinisches Traktat verfasste, sondern eine Sammlung römischer und griechischer "Kuriositäten". Sein Anliegen ist es daher nicht, nach Heilmitteln zu suchen, sondern die Kultur des Altertums wieder zu beleben. Zugleich handelt du Choul im Rahmen einer Kultur, die eher "bürgerlich" als adelig oder aristokratisch zu bezeichnen ist. In diesem bürgerlichen Kontext und als wahrscheinlicher Anhänger der Reformation nimmt er sich – ganz im Geiste der protestantischen Ethik – vor, die arbeitsame Tätigkeit zu rehabilitieren oder zumindest aufzuwerten:

> "Nichts trägt so sehr zur Erhaltung der Gesundheit bei wie die Tätigkeit (...). Zwar ist eine übertriebene Arbeit schädlich, und es reicht manchen ein Spaziergang, der sie aus der Stadt aufs Land führt. Der Müßiggang macht aber den Körper lahm (...), während die Arbeit ihm eine lange Jugend sichert (...). Ab und zu soll man sich erholen, sich aber meistens betätigen."[36]

Hinzufügen muss man allerdings, dass diese Bekämpfung des müßigen Lebens auch ein Hauptthema der französischen Aufklärung sein wird, und sogar eines der Leitmotive

2002, sowie Richard A. Cooper, L'antiquaire Guillaume Du Choul et son cercle lyonnais, in: Lyon et l'illustration de la langue française à la Renaissance (dir. Gérard Defaux), Lyon, ENS, 2003, S. 261–286. S. auch Myra Dickman Orth: Lyon et Rome à l'antique: les illustrations des Antiquités romaines de Guillaume Du Choul, in: ebd., S. 287–308.

35 Des antiquités romaines (Handschrift, Biblioteca Reale, Turin, ms. varia 212). (1547 ?)
Des bains et de la palestre (Handschrift, Bibliothèque nationale, Paris, ms. fr. 1314). (1547 ?)
Discours sur la castrametation et discipline militaire des Romains, escript par Guillaume du Choul, gentilhomme Lyonnois, ... Des bains & antiques exercitations Grecques & Romaines. De la religion des anciens Romains, A Lyon: de l'imprimerie de Guillaume Rouille, 1555.

36 "Il ne se trouve chose, qui tant entretienne la bonne santé que l'exercitation [...] le labeur trop grand est mauvais. Par quoy suffit à plusieurs personnes le pourmener, aller doucement à pié depuis la ville jusqu'aux champs. Il ne se trouve chose, qui tant rende hébété le corps que la paresse [...] le labeur rend la longue jeunesse [...] il est necessaire de reposer quelque fois mais le plus souvent s'exerciter." Guillaume du Choul: Discours de la religion des anciens Romains; de la castrametation et discipline militaire d'iceux; des bains et antiques excercitations Grecques et romaines, Lyon 1592, S. 153–154.

der französischen Revolution: Dem untätigen Adel werden die "arbeitsamen" Bürger gegenübergestellt. Zahlreiche Pamphlete gegen den Adel werden dieses Thema behandeln.

Pierre du Faur de Saint Jory (1540–1600), in der Gelehrtenwelt als "Petrus Faber" bekannt, war ebenfalls Jurist, dessen Interesse vornehmlich Pindar galt und somit dem Spiel im Allgemeinen und den olympischen Spielen im Besonderen. Dieser Protestant absolvierte sein Jurastudium in Bourges und kehrte dann in seine Heimatstadt Toulouse zurück, wo er Rat im "Grand Conseil" der Stadt und später Richter wurde. Während der religiösen Unruhen zog er sich nach Castelsarrazin zurück; nach dem Edikt von Folambray und der Unterwerfung des Herzogs von Mayenne wurde seine Rückkehr nach Toulouse als Triumph gefeiert, wo er von Heinrich IV. zum Vorsitzenden des Gerichtshofes ernannt wurde.[37] Den König kannte er wahrscheinlich persönlich; bezeichnet wird er als königlicher Rat auf dem Frontispiz seines 1592 veröffentlichten Werkes "Agonisticon, sive de re athletica ludisque, veterum gymnicis, musicis atque circensibus spicilegiorum tractatus",[38] einer Art Blütenkranz der athletischen Spiele sowie der Gymnasten, der Musiker und der Zirkusspiele des Altertums.

Das Werk, umfangreicher als das des Mercurialis, umfasst mit seinen Anhängen 363 Seiten. Die Bezeichnung als "Blütenkranz" betont seine Verwandtschaft mit den Kuriositätenkabinetten. Inhaltlich ist es umfassender als die Studie des Mercurialis, da es auch die olympischen und Zirkusspiele sowie die Leichtathletik betrachtet. Das Interesse des Autors gilt nicht nur den gesundheitsfördernden, sondern allen Exerzitien des Altertums. Obendrein bleibt er nicht bei der Erwähnung der Sportpraktiken, sondern beschreibt mit einer Fülle von Details die Gebäude, in denen diese stattfanden. Buch II bildet letzten Endes eine vollständige Abhandlung über die Leichtathletik bei den Griechen und Römern. Im Gegensatz zu Mercurialis erwähnt du Faur aber kaum die hygienischen oder heilenden Wirkungen der verschiedenen Sportarten. Als Literat begnügt er sich mit Hinweisen auf Pindar, Plutarch, Horaz, Galenus und natürlich Cicero.

Gymnastik und Transgression

Laurent Joubert, ein Schüler von Guillaume Rondelet (1507–1566), wurde am 16. Dezember 1529 in Valence geboren. Vielleicht hatte er bereits dort seine medizinischen Studien begonnen; fest steht, dass er sich am 1. März 1550 an der Medizinischen Fakultät der Universität Montpellier immatrikulieren ließ. Nachdem er am 27. Februar 1552 die Bakkalaureuswürde erlangt hatte, absolvierte er ein Praktikum in Aubenas und Montbrizon und besuchte in Italien die Universitäten Padua, Ferrara und Bologna sowie die Stadt Turin – fast zur gleichen Zeit wie du Choul. Nach Montpellier zurückgekehrt, erlangt er am 5. Juli 1558 die Doktorwürde. Sofort darauf bekam er den Lehrstuhl von Honoré Castelan, und seine Vorlesungen erfreuten sich eines solchen Erfolges, dass nach dem Tode von Rondelet die Studenten eine Bittschrift verfassten, damit er zu dessen Nachfolger ernannt würde. Auch bei seinen Patienten war er beliebt. Allenthalben wandte man sich an ihn: sowohl Mitglieder des Heeres als auch Marguerite de Valois, die junge Gemahlin des Königs von Navarra, der ebenfalls zu seinen Patienten zählte.

37 S. Biographie universelle, Michaud, Bd. 39, Paris 1825, Art. "Saint-Jorri". Er war eine der Persönlichkeiten, die vom König mit der Durchführung des Edikts von Nantes in Toulouse beauftragt wurde. S. auch Emile Léonard: Histoire générale du protestantisme, Paris 1964.

38 Petri Fabri Agonisticon: De Re Athletica Ludisque, Veterum Gymnicis, musicis at que circencibus Spicilegiorum tractatus, tribus libris comprehensi, Lugduni (Lyon) 1592, 363 S.

Später beriet er Louise de Savoie, die Gattin Heinrichs IV., die keine Kinder bekommen konnte. Darüber hinaus Leibarzt Heinrichs II. und Heinrichs III. wurde er im Dezember 1573 zum Kanzler der Medizinischen Fakultät ernannt und übte dieses Amt bis 1582 mit Strenge aus. Sein Leben lang blieb er dem Kalvinismus treu.[39]

Sein Werk, so wichtig und berühmt wie seine Persönlichkeit, bestand in einer ständigen Auseinandersetzung mit den Anschauungen der katholischen Kirche. Im Wesentlichen besteht es aus einem kritischen Kommentar zu Aristoteles und Theophrastes. Auch über das verbotene Thema des Dionysischen hat er geschrieben.[40] In manchen Biographien erscheint er als revolutionärer, provokativer Geist, ja sogar als Häretiker.[41] Sein Haus beherbergte eines der bedeutendsten Kuriositätenkabinette der Stadt Montpellier, dessen Beschreibung uns in mehreren Zeugnissen erhalten blieb.[42] Seine Wissbegierde erstreckte sich auf alle Gebiete (so widerlegte er zum Beispiel falsche Annahmen über die Geburt von Kindern, die in der Stadt Montpellier und Umgebung im Volk verbreitet waren),[43] vornehmlich galt sein Interesse aber dem Altertum.

Ein wichtiges Buch seiner 1599 in Frankfurt bei den Erben des Andreas Wechel erschienenen "Opera latina" (es handelt sich um die zweite Ausgabe, die erste wurde 1582 veröffentlicht) ist "der Gymnastik sowie den Exerzitien bei den Alten" gewidmet. Die Kapitel I bis IV beschreiben anhand antiker Zeugnisse mit einer Fülle von Details die Turnplätze des alten Griechenland. Vom sechsten Kapitel an vollzieht der Autor eine beinahe vollständige "*taxinomia*" der körperlichen Exerzitien, von den in der Palästra getriebenen bis hin zur Jagd, und zwar über das Schreien und den Kampf, das Springen und das Werfen, die "Spheromachie" (d.h. das Ballspiel), die "Hoplomachie" (d.h. der Waffenkampf) usw.: kurz, mehr als zwanzig physische Tätigkeiten. Das 27. und letzte Kapitel erläutert die gesundheitlichen Vorteile, die man von einer tagtäglichen Übung erwarten kann (*Quænam commoditas ex quotidianis exercitationibus expectatur*). Ein Satz dieses Kapitels fasst Jouberts Lehre ganz im Sinne der Renaissance zusammen:

> "Zu der Zeit, da diese höheren Exerzitien geboten wurden, waren die Jünglinge an Anstrengungen gewöhnt; sie wussten, wie ein Hieb pariert wird, und scheuten sich nicht vor den Wunden. Bei solchen Übungen entbrannte die Glut in ihrer Seele, so dass sie ihre Körper nicht schonten und sich den Gefahren aussetzten. Dabei sicherten sie sich eine gesündere Komplexion und gewannen an Kraft und Ausdauer. (...) Die somit ausgebildeten jungen Menschen, ob heller, ob dunklerer Hautfarbe, wurden alle von der Sonne gleichmäßig leicht gebräunt; mit durchaus männlichen Gesichtszügen wiesen sie Kraft, Energie und Männlichkeit auf, weder zu dick noch zu mager und trocken, ohne übermäßiges Gewicht. Ganz im Gegenteil, waren ihre Körper wohl proportioniert, da sie durch ihren Schweiß eine so unnütze wie überflüssige beträchtliche Masse weichen Fleisches eliminierten. So wie die Bauern den Weizen dreschen, so drücken die Gymnasten die leeren Hülsen aus ihrem Körper aus, sondern die reinen Körner ab und häufen sie an. Dies verschaffte notwendigerweise solchen jungen Menschen eine hervorragende Gesundheit und eine möglichst große Ausdauer."[44]

Diesem Text liegt eine Auffassung des menschlichen Körpers zugrunde, die diesen als eine arbeitende, funktionierende Maschine betrachtet.[45] Bezeichnend ist das Bild des "reinen Korns" als Wesen des Leibes. Dem Arzt geht es darum, dieses Korn von den Hülsen zu befreien und zu reinigen. Dabei ist es immer noch nicht möglich, die am Anfang gestellte Frage zu beantworten. Entspricht Jouberts Interesse für die Gymnastik-

39 S. Nicolas Belmont: Corps savant et corps populaire dans l'œuvre de Laurent Joubert 'Erreurs populaires au fait de la médecine et régime de santé' (1578), in: Le corps humain: Nature, Culture, Surnaturel. Congrès international des sociétés savantes (CTHS), Paris 1985, S. 83–91; Louis Dulieu: Laurent Joubert, chancelier de Montpellier, in: Bibliothèque d'Humanisme et Renaissance 31 (1969), S. 139–167.

40 Laurent Joubert: Opera Latina, Lyon 1571.

41 Dulieu, Laurent Joubert (s. Anm. 40), S. 139–167.

42 Pierre-Joseph Amoreux: Notice historique et bibliographique sur la vie et les ouvrages de M. Laurent Joubert, chancelier en l'Université de médecine de Montpellier au XVIe siècle, Genève 1971.

43 Laurent Joubert: Erreurs populaires au fait de la médecine et régime de santé, Bordeaux 1579.

44 Laurent Joubert: Operum latinorum Tomus II: Liber unus De gymnasiis et generibus exercitationum apud antiquos celebricum, Francofurti 1582, S. 219.

45 Jacques Gleyse: L'Instrumentalisation du corps, Paris 1997, S. 104.

arten der Logik des Kuriositätenkabinetts? Oder dem Wunsch, Erkenntnisse zu retten? Oder einer Provokation gegen die Religion der Mehrheit seiner Landsleute? Zehn Jahre nach der Bartholomäusnacht würde eine solche Tat Mut verlangen, an dem es Joubert nicht fehlte, setzte er sich doch seit Beginn seines Werkes mit vom "Index" verbotenen Autoren auseinander.

Einer der ersten Didaktiker unter den Ärzten

In der Tradition von Erasmus, Rabelais und Montaigne hegt Simon de Vallambert den Anspruch auf eine vollständige Erziehung der Kinder. Er ist Leibarzt der Herzogin von Savoyen und, wie aus dem Frontispiz seines Werkes hervorgeht, auch des Herzogs von Orléans, des künftigen Heinrich III. Er wundert sich über die Praktiken seiner Zeit, vor allem über seine Kollegen, die, im Gegensatz zu den alten Griechen und Römern, die Behandlung der Kinder in zartem Alter vernachlässigen:

> "Die Bewegung, sagt Galenus, soll vermieden werden, wie etwa die, die von einer Kutsche, einem Schiff oder einer Sänfte bewirkt wird; sie ist zu stark für ein noch schwaches Kind, und kann sein Gehirn abstumpfen, sein Blut erschüttern und seine Glieder brechen (...). Die Ärzte sollten bedenken, dass die in Frankreich und im Ausland heute geläufigen Bräuche, die dem Rat des Galenus und des Avicenna zuwiderlaufen, ruhig betrieben werden können (...)."[46]

Auch Vallambert ist Kalvinist. Auch er ist ein Vertrauter Heinrichs II. und Karls IX. Auch er scheint sich um die Verbote des "Index" nicht zu kümmern, da er sich auf Galen und Avicenna beruft. Sein umfangreiches Werk "De la manière de nourrir et de gouverner les enfants" erschien 1565 in Poitiers. Es empfiehlt Kindern körperliche Übungen. In seinem ersten Alter – also von der Geburt bis zur Entwöhnung – solle das Kind "die Bewegungen lernen und das Gefühl seines Körpers entwickeln."[47] Vom zweiten Alter an – also von der Entwöhnung bis zum Beginn der Erneuerung der Zähne – sei es angebracht, "das Kind sich tummeln und üben zu lassen".[48] Mit dem dritten Alter – während des Wechsels der Zähne – verdienen die Übungen eine eingehendere Betrachtung. Sie sollen zu systematischen Exerzitien werden:

> "Die Übung und Erholung des Kindes durch die Reibung und Bewegung seiner Glieder und seines ganzen Körpers genügt nicht mehr: es ist ratsam, in ihm die Lust zu deren Betätigung zu wecken, damit, genauso wie der Körper stärker und gesünder durch die Turnübungen wird, auch die Handlungen und Sinne des Körpers durch eben diese Exerzitien vollkommener und besser werden."[49]

Damit wird ein doppeltes Ziel verfolgt: Zum einen soll das angenommene Bewegungsbedürfnis des Kindes befriedigt werden – was wiederum die These von Philippe Ariès widerlegt, die "Kindheit" sei eine Erfindung des 17. oder 18. Jahrhunderts –,[50] zum andern soll das Kind an die regelmäßige Tätigkeit einer Arbeit gewöhnt werden. Diese Ansicht beruft sich wiederum auf Galenus:

> "Es ist notwendig, das Kind sich tummeln und üben zu lassen. Über die Vorteile für den Körper hinaus – wie die Stärkung der Glieder, die Reinigung und Austreibung des Überflüssigen, die Erhaltung und Förderung der Gesundheit – wird es obendrein von der Natur geradezu verlangt. In diesem

46 "Le mouvement, dit Galien, est a eviter, lequel est fort et violant, comme d'un charriot, d'un bateau, ou d'une littiere, et tout autre mouvement de semblable qualite, qui est trop fort pour l'enfant, qui est encore bien foible, de peur d'etonner ou faire tourner son cerveau, esmouvoir son sang et rompre son corps. [...] Sur quoy on donne a disputer aux Medecins, A savoir que ce qui se fait aujourd'huy en France et ailleurs, contre le conseil de Galien et d'Avicenne se peut commodement faire. [...]" (Cinq livres, De la manière de nourrir et gouverner les enfans dès leur naissance par M. Simon de Vallambert, Medecin de madame la Duchesse de Sauoye et de Berry, et depuys peu de temps, de monseigneur le Duc d'Orleans. A Poictiers, par les de Marnefz, & Bouchetz, freres. 1565, S. 116).

47 "De l'exercice et récréation des sentimens corporels de l'enfant". (Ebd., S. 118).

48 Ebd., S. 170.

49 "Ce n'est assez d'exercer et recréer l'enfant par le frottement et mouvement de ses membres, et de tout son corps: il est expédiant pareillement l'accoustumer avec plaisir es operations et sentimens d'iceux, à fin que comme les parties sensitives sont rendues plus fortes et plus saines par exercice, aussi leurs actions et les sens soyent plus parfaicts et meilleurs par iceluy." (Ebd., S. 118).

50 Philippe Ariès: L'enfant et la vie familiale sous l'ancien régime, Paris 1960.

> Alter, sagt Galenus, soll der Mensch die Beziehung zwischen seiner Natur und den Bewegungen seines Körpers erkennen. Würde man die Kinder dieses Alters an einem umzäunten Ort eingesperrt halten, so könnte man sie nicht davon abhalten, dass sie laufen und springen und sich tummeln wie Kälber oder junge Fohlen: Denn jedes Tier begeht von Natur aus die zur Erhaltung seiner Gesundheit geeignete Tätigkeit."[51]

Hier finden wir also den Willen zur Rehabilitierung der körperlichen Übung wieder; aber nicht in der Form eines an die Erwachsenen gerichteten Diskurses, sondern in der Gestalt pädagogischer Ratschläge, die sich an die Erwachsenen richten, aber die Kinder betreffen. Ein Umweg, der bei Erasmus und Rabelais geläufig war. Die früheren Werke konnten als "Kuriositätenkabinette" betrachtet werden, die keine konkrete Wiedereinführung der gymnastischen Praktiken verlangten. Hier aber handelt es sich um das Werk eines Leibarztes fürstlicher und königlicher Geschlechter. Es ist durchaus möglich, dass er versuchte, diese von ihm empfohlenen Erziehungsmethoden am königlichen Hof in die Praxis umzusetzen.

Dabei bleibt festzuhalten, dass Vallambert für die Kinder nicht die Ausübung der Gymnastik der Alten empfiehlt, sondern eher eine Art natürlicher Übung. Hier stoßen wir auf eine Doppeldeutigkeit, die für die Auffassung des Körpers im 16. Jahrhundert kennzeichnend ist. Der Körper ist gleichzeitig Schöpfung Gottes und Objekt der Selbstgestaltung des Menschen.

Nach diesen Werken werden an der Wende des 16. zum 17. Jahrhundert Texte über die Übung des Körpers seltener, zumindest in den von uns erforschten Beständen. Zahlreiche Hypothesen können aufgestellt werden: Nachlassen des Einflusses und der Ausstrahlung der Medizinischen Fakultät Montpellier (die Zahl der Immatrikulationen nimmt bekanntlich ab),[52] Nachlassen der Auseinandersetzung mit dem katholischen Index (Montpellier wird 1598 im Edikt von Nantes als protestantische Stadt bezeichnet), Interessenwechsel zur Botanik, Kräuterkunde und Pharmazie (1592 wird der botanische Garten gegründet). Der zweite Religionskrieg, mit der 1622 erfolgten Belagerung Montpelliers durch das Heer Ludwigs XIII., war außerdem alles andere als förderlich für die kulturelle und wirtschaftliche Entwicklung der Stadt.

Schlussbemerkung

Am Ende dieser kurzen Untersuchung der möglichen Ursachen und der praktischen Inhalte der Rehabilitierung der hygienischen Gymnastik im 16. Jahrhundert bleiben viele Fragen offen. Während das neu erwachte Interesse an antiken Texten über Leibesübungen deutlich ist, bleibt die Frage der praktischen Umsetzung ungeklärt; eine gewisse Skepsis, ob diesen Texten eine Praxis – jenseits der Ballspiele – entsprach, scheint jedoch angebracht. Auch Ziele und Motive der Autoren bleiben mehrdeutig: Der Humanismus der Renaissance ist sicher ein fördernder Faktor gewesen. Die protestantische Ethik war ein weiterer. Der Wille, ein Vermächtnis zu retten, das verloren zu gehen drohte, hat ebenso eine Rolle gespielt[53] wie die "*taxinomania*" und die Leidenschaft für Kuriositätenkabinette. Nicht zu übersehen ist die Bemühung um die Rehabilitie-

51 "Il est necessaire de le faire ébatre et prendre exercice: car outre les commoditez qui en aviennent, comme la fortification des membres, le nettoyement et purgation des menues superfluitez, la conservation et entretenement de santé, il semble que nature l'appete: et a la vérité, il est aisé à congnoistre par cest eage, dit Galien, quelle société, il y ha de nostre nature avec l'exercice et mouvement du corps: par ce que quand on tiendroit les enfans en un lieu, enclos et enfermez, on ne les sçaurait engarder qu'ils ne courent ou sautent et s'esgayent, comme les veaux et les ieunes poulains: car chacun animal appete naturellement son propre et convenable exercice pour conserver sa santé." (Vallambert: Cinq livres [s. Anm. 47], S. 171).

52 Vgl. Dulieu, Laurent Joubert (s. Anm. 40).

53 Soweit uns bekannt ist (alle Fassungen des Index librorum prohibitorum waren uns leider nicht zugänglich), wurden die in dieser Studie betrachteten Werke nicht von der katholischen Kirche verboten; verboten waren aber die Werke von Montaigne, Erasmus und Rabelais.

rung der griechischen Tradition auf dem Gebiet der Gymnastik sowie des hygienischen Vermächtnisses der arabischen und griechischen Ärzte, insbesondere des Avicenna, Averroës, Galenus und Hippokrates. Doch es ging um mehr: Die gewollte, vielleicht bürgerliche, ja sogar gewerbetreibende Gestaltung des Körpers bedeutet zweifelsohne einen Bruch mit den früheren Auffassungen des Menschen und der Welt. Spätestens seit Vesalius hat sich der Mensch erlaubt, an der Stelle des Schöpfers oder der Natur selbst in den menschlichen Körper einzugreifen, um ihn zu reparieren oder zu heilen.

Auch die Gymnastik erfüllte diese Funktion. Sie setzte sich zum Ziel, einen Körper zu gestalten, zwar den natürlichen Bedürfnissen entsprechend, aber nach den Vorstellungen des Geistes. Die Kultur stand im Dienste der Natur. Dieser Prozess der "*autopoiesis*" scheint einem tiefen Wunsch im Menschen zu entsprechen, der, seitdem er sich zu einem *homo sapiens* entwickelt hat, danach trachtet, sich durch kulturelle Verfahren zu gestalten bzw. neu zu gestalten.[54] Wie Max Weber gezeigt hat, hat die Einführung einer Religion, die die kirchliche Vermittlung zwischen Gott und dem Menschen aufhebt, letzterem ermöglicht, diese Dynamik dank einer größeren Beachtung des weltlichen Lebens zu beschleunigen.

Aus diesem Wunsch – aber auch dem komplexen Zusammenwirken von Sammelleidenschaft, Rettungswunsch eines Vermächtnisses und Missachtung eines Verbotes – entstanden die Werke von Monteux de Mérybel, Joubert, du Faur, du Choul, Mercurialis, Vallambert und einiger anderer. Die Entstehung einer neuen Wissenschaft im 17. Jahrhundert, der Biomechanik, wäre nicht möglich gewesen, wenn diese humanistischen Ärzte der Renaissance nicht dank der Lehrsätze ihrer arabischen und antiken Vorgänger die Fundamente zur Selbstgestaltung des menschlichen Körpers gelegt hätten – auch wenn die Biomechanik wiederum einen Bruch mit ihren Grundsätzen bedeutete.

54 André Leroy-Gourhan: L'Homme et la matière, Paris 1943.

Die Mechanisierung des Kriegers

Michael Sikora

Keine andere soziale Gruppe wird so eng mit eingeübten, an sich künstlich erscheinenden Körperbewegungen in Verbindung gebracht wie das Militär. Gewiss wird auch von Tänzern oder bestimmten Sportlern eine ganz besondere Körperbeherrschung erwartet. Aber im Falle der Soldaten gelten diese Formen kontrollierter Bewegung nicht als Sonderleistung, sondern als alltägliche Verrichtung. Denn schließlich gehört der körperliche Drill zu den Wesensmerkmalen des Militärs. Das kann sich auch in einem spezifisch militärischen Habitus niederschlagen: Soldaten treten stramm auf. Allerdings zerfällt das Bild des modernen Soldaten in zwei fast gegensätzliche Erscheinungsformen. Auf der einen Seite soll er sich durch körperliche Fitness auszeichnen, die es ihm erlaubt, große Strapazen zu ertragen. Seine Bewegungen müssen behände und geschmeidig sein, um sich im Gefecht den Bedingungen des Geländes und den Umständen der Geschehnisse anpassen zu können. Er muss sich flexibel der Natur anpassen. Auf der anderen Seite werden dem Soldaten streng normierte Handgriffe und Bewegungen antrainiert. Das gilt für die Handhabung des Geräts und dient in dieser Hinsicht noch dem Gefecht. Das gilt aber auch für Bewegungen des ganzen Körpers, die dann kollektiv in vorgeschriebenem Takt und vorgeschriebenen Formen zu vollziehen sind und die Soldaten wie Automaten wirken lassen. Diese Bewegungen dienen nicht dem Gefecht, sie finden nur auf dem Kasernenhof statt oder aber öffentlich, vor dem Wachhäuschen oder auf dem Paradeplatz. Gerade in der Öffentlichkeit aber repräsentieren diese Bewegungen den militärischen Körper, sie sind sein eigentliches Symbol.

Die Verbindung von Militär und Drill mag aus heutiger Sicht denn auch als ganz selbstverständlich erscheinen. Und zweifellos verlangte bisher jede Form des organisierten Kampfes bestimmte körperliche Fähigkeiten und bestimmte körperliche Übungen, um ihn mit Aussicht auf Erfolg beginnen zu können. Die Art und Weise aber, wie sich Gesellschaften für den Kampf organisieren und vorbereiten, kann sehr unterschiedlich ausfallen. Es handelt sich mithin um kulturell geformte, historisch entwickelte Praktiken, die eng mit den sozialen Strukturen verknüpft sind. Insofern sagen schon die Körperbewegungen des Soldaten eine Menge über die Gesellschaft aus, der er angehört.

In mehrfacher Hinsicht ist der Drill ein typisches Produkt der europäischen Frühen Neuzeit. Sein Ursprung wird üblicherweise in den Niederlanden um die Wende zum 17. Jahrhundert verortet. Im Zentrum der folgenden Beobachtungen steht daher die Entstehung dieser spezifischen Form militärischer Ausbildung, die nicht zufällig in einer besonderen Formung militärischer Körperbewegungen ihren charakteristischen Ausdruck gewonnen hat. Um diesen voraussetzungsvollen und vielschichtigen Prozess begreiflich zu machen, soll er zunächst in mehrere Schichten zerlegt werden, deren Zusammenspiel aber erst das konkrete Ergebnis ermöglicht hat. Einige Bemerkungen werfen erstens Licht auf die Träger dieser Bemühungen und ihren historischen Zusammenhang. Die körperlichen Ausdrucksformen dieses Prozesses schlugen sich zweitens in der Handhabung der Waffen nieder und darüber hinaus, drittens, im Zusammenwirken der Soldaten. Die vierte Schicht betrifft die ideelle Grundlage dieses Entwicklungsschubes, die fünfte schließlich die Strukturen des Militärs. Im Lichte dessen gilt es daran anknüpfend das spezifische Profil der Reformen als Produkt dieser verschiedenen Elemente zu zeichnen. Es erschließt sich, wie zu zeigen sein wird, am sinnfälligsten durch seine Bilder. Auf diese Weise soll plausibel gemacht werden, dass diese Praktiken einerseits aus einem ganz bestimmten Kontext erwuchsen, andererseits aber Lösungen hervorbrachten, deren Wirkungsmacht teilweise bis in die Gegenwart reichen. Dementsprechend werden einige knappe Bemerkungen zur Fortentwicklung dieser Prinzipien den Abschluss bilden.

Die Reformer in ihrer Zeit

Wie so oft, kann man heute die Reformen nur noch durch die Brille der Reformer sehen.[1] Ihre Briefe, Notizen und Entwürfe sind, wenigstens zum Teil, in den Archiven erhalten geblieben. So erfährt man viel über ihre Ideen und Experimente, auch einiges über die Praxis der Übungen, aber eben nur aus ihrer Perspektive, nicht aus der Sicht der einfachen Soldaten. Im Zentrum der militärischen Reformüberlegungen in den Niederlanden standen drei hochadlige Vettern aus dem Haus Nassau. Dessen Stammlande erstreckten sich eigentlich vom Siegerland bis zum Taunus, aber aufgrund von Erbschaften gewann eine Linie der Familie im 16. Jahrhundert große Bedeutung in den Niederlanden. Wilhelm von Nassau-Dillenburg (1533–1584) wurde dort Statthalter; er erbte zudem das kleine provenzalische Fürstentum Orange, woraus sich der Name Oranier für seinen Familienzweig ableitete, weshalb wiederum die militärischen Innovationen der nächsten Generation gemeinhin als oranische Heeresreform bezeichnet werden; nebenbei bemerkt führte Wilhelm mit dem Fürstentum Orange auch dessen Wappenfarbe in den Niederlanden ein.

Die Niederlande standen zu dieser Zeit unter der Herrschaft der spanischen Könige aus dem Hause Habsburg. Gerade in Wilhelms Amtszeit fallen aber auch die Auseinandersetzungen zwischen den nördlichen Provinzen der Niederlande und den spanischen Statthaltern über die Konfession und über die Rechte insbesondere des Adels. Diese Konflikte eskalierten in den sechziger Jahren zu offenem Aufstand und mündeten in einen Unabhängigkeitskrieg. Wilhelms Sohn Moritz von Oranien (1567–1625) amtierte auf Seiten der aufständischen Provinzen ebenfalls als Statthalter und überdies als Generalkapitän der Streitkräfte und stand daher im Zentrum der militärischen Anstrengungen. Ihm zur Seite stand unter anderem sein Vetter Wilhelm Ludwig von Nassau-Dillenburg (1560–1620), auch er Statthalter niederländischer Provinzen. Großen Einfluss übte schließlich dessen jüngerer Bruder Johann von Nassau-Dillenburg (1561–1623, später regierend als Graf Johann VII. von Nassau-Siegen) aus. Er hatte als Truppenführer an den niederländischen Kriegshandlungen teilgenommen und bemühte sich später intensiv um Verteidigungsvorkehrungen in seiner heimatlichen Grafschaft.

1 Das Standardwerk zum Thema, allerdings ganz auf die theoretische Konzipierung der Reformen konzentriert, ist Werner Hahlweg: Die Heeresreform der Oranier und die Antike, Berlin 1941, erw. Nachdruck Osnabrück 1987; im Wesentlichen daran anknüpfend: Wolfgang Reinhard: Humanismus und Militarismus. Antike-Rezeption und Kriegshandwerk in der oranischen Heeresreform, in: Franz-Josef Wortsbrock (Hrsg.): Krieg und Frieden im Horizont des Renaissancehumanismus, Weinheim 1986, S. 185–204; anschaulicher und differenzierter Überblick mit zahlreichen Verweisen auf die ältere Forschung: Hans Ehlert: Ursprünge des modernen Militärwesens. Die nassau-oranischen Heeresreformen, in: Militärgeschichtliche Mitteilungen 38 (1985), S. 27–56; jüngste Gesamtdarstellung mit weitem Horizont und zahlreichen weiterführenden Hinweisen: Bernhard Sicken: Die oranische Heeresreform, in: Horst Lademacher (Hrsg.): Onder den Oranje Boom. Niederländische Kunst und Kultur im 17. und 18. Jahrhundert an deutschen Fürstenhöfen, Textband zur Ausstellung in Krefeld, Oranienburg und Apeldoorn 1999/2000, München 1999, S. 103–116, 435–438. Chronologisch weiter gefasst, thematisch dagegen eng auf die Variationen der Bewegungsvorschriften konzentriert, gestützt auf die penible Auswertung zahlreicher Exerzierbücher: Harald Kleinschmidt:

Die Siegener Grafen hatten in ihrem Territorium den Calvinismus eingeführt und betrieben mit anderen Grafen der Region eine dezidiert antikatholische Politik. Sie sahen sich allerdings mit zahlreichen Truppen Spaniens, der katholischen Führungsmacht dieser Zeit, konfrontiert, die infolge der Kämpfe in den nahegelegenen Niederlanden und anderen Konflikten in bedrohlicher Nähe konzentriert wurden.[2]

Alle drei Vettern waren also selbst unmittelbar in militärische Organisationsarbeit und in Kriegshandlungen verwickelt. Überdies betrieben sie intensive Buchstudien und entwickelten, im regen Austausch untereinander, angetrieben durch die unmittelbare Konfrontation mit einem übermächtig erscheinenden Gegner, aus Theorie und Praxis Vorstellungen zur Optimierung ihrer militärischen Strukturen. Graf Johanns über Jahre angelegten Aufsätze, Notizen und Skizzen sind heute sogar durch eine gewissenhafte Edition allgemein zugänglich.[3] Die Grafen korrespondierten auch mit verbündeten Fürsten über ihre militärischen Konzepte. Für mehrere Jahre bildeten sie so etwas wie eine Denkfabrik. Relativ bald bereits fanden die Reformkonzepte Eingang in die militärische Publizistik. Probleme militärischer Taktik und Technik gehörten schon in der Antike zu den Themen, die systematischer Aufzeichnungen für wert erachtet wurden. Seit der Durchsetzung des Buchdrucks sind nun auch im 16. Jahrhundert immer wieder Traktate zu militärischen Themen veröffentlicht worden, spezielle Abhandlungen oder Rechtsbücher ebenso wie allgemeine, auf vollständige Anleitung bedachte Kompendien.[4] Es existierte also bereits ein Markt für entsprechende Fachbücher, die nun auch zum Diskussionsforum für die neuen Praktiken wurden.

Der Gebrauch der Waffen

Das gilt in besonderem Maße für die Anleitungen zur Handhabung der Waffen. Ihre Anwendung ist wohl der elementarste Faktor, dem sich die Bewegungen und Verhaltensweisen der Soldaten anzupassen hatten. Den Kriegern des späten 16. Jahrhunderts stand eine ganze Palette von Blank- und Schusswaffen zur Verfügung.[5] Die entscheidende Rolle spielte in dieser Zeit aber der massenhafte Einsatz von Gewehren und Langspießen, den so genannten Piken. Das Gewehr hatte sich nach einer jahrhundertelangen Entwicklung als so handhabbar, zuverlässig und wirksam erwiesen, dass es andere Fernwaffen wie den Bogen und die Armbrust verdrängt hatte. Seine Bedienung war zwar immer noch relativ aufwendig, aber im Gegensatz zu den Bogenwaffen erforderte das Gewehr weniger Körperkraft und weniger körperliche Geschicklichkeit für seinen wirksamen Einsatz. Es handelte sich nach wie vor um Vorderlader, die also für jeden einzelnen Schuss abgesetzt werden mussten, um sie durch das Rohr neu laden zu können. Die Ladung bestand immer noch aus losem Pulver und der einzelnen, tatsächlich noch kugelrunden Kugel, die nacheinander in das Rohr zu geben waren und mit einem Ladestock ans Ende des Laufes gestopft werden mussten. Eine gewisse Vereinfachung bestand darin, dass der Schütze mittlerweile an einem quer über die Brust getragenen Schulterband diverse Röhrchen hängen hatte, in denen die Pulvermenge für einen Schuss bereits abgemessen eingefüllt war.

Tyrocinium Militare. Militärische Körperhaltungen und -bewegungen im Wandel zwischen dem 14. und dem 18. Jahrhundert, Stuttgart 1989.

2 Zu den politischen und konfessionellen Verwicklungen der Grafen Ende des 16. Jahrhunderts vgl. im Überblick Georg Schmidt: Der Wetterauer Grafenverein, Marburg 1989, vor allem S. 339–372.

3 Werner Hahlweg (Bearb.): Die Heeresreform der Oranier. Das Kriegsbuch des Grafen Johann von Nassau-Siegen, Wiesbaden 1973.

4 Nach wie vor ein unverzichtbarer und unerschöpflicher Wegweiser, nicht nur für die deutschsprachige Produktion: Max Jähns: Geschichte der Kriegswissenschaften vornehmlich in Deutschland (Geschichte der Wissenschaften in Deutschland, Bd. XXI), hier Teil I: Altertum, Mittelalter, 15. und 16. Jahrhundert, München und Leipzig 1889, Nachdruck New York und Hildesheim 1966.

5 Der Gebrauch der Waffen erschließt sich nicht zuletzt aus der im Folgenden vorzustellenden zeitgenössischen Literatur. Nützlich zur Orientierung die populäre Einführung von Georg Ortenburg: Waffe und Waffengebrauch im Zeitalter der Landsknechte (ders. [Hrsg.]: Heerwesen der Neuzeit, I.1), Koblenz 1984. Nicht zufällig zieren den Schutzumschlag zwei Stiche von Jakob de Gheyn, von dessen Bildserie im Folgenden noch die Rede sein wird.

Die Zündung der Ladung erfolgte dann von außen durch ein in das Rohr gebohrtes Zündloch. Deshalb musste auch außerhalb des Rohres auf Höhe dieses Loches Pulver in ein kleines Pfännchen geschüttet und bis zum Schuss mit einem Deckel bewahrt werden. Dieses Pulver wurde schließlich mit einer glühenden Lunte gezündet. Die Lunte musste allerdings nicht mehr wie vordem von Hand an das Pulver geführt werden, sondern war in einen gespannten Hahn geklemmt, den man mit einem Abzug auf die Pfanne schnellen lassen konnte. Wegen der Ähnlichkeit dieses Hahns mit einem Vogelkopf soll sich in der zweiten Hälfte des 16. Jahrhunderts die Bezeichnung 'Muskete' etabliert haben, abgeleitet aus dem spanischen Wort für 'Sperber'.[6] Trotz der einen oder anderen praktischen Verbesserung hatte der Schütze also immer noch einiges an seinem Kriegsgerät zu nesteln, ehe der Schuss losging. Während der ganzen Zeit musste er überdies darauf achten, dass die Glut der Lunte erhalten, aber vom Pulver an seinem Leib auf Abstand blieb. Und weil viele Gewehre um ihrer Wirksamkeit willen noch ziemlich schwer waren und nur mit einer Auflage halbwegs sicher auf das Ziel ausgerichtet werden konnten, hatten diese Schützen auch noch mit einer Gabel zu hantieren, die ihnen bis knapp an die Schulter reichen musste.

Man muss sich, gemessen an modernen Schusswaffen, diese Umständlichkeit vor Augen halten, um die Probleme zu ermessen, auf welche die Heeresreformer Antworten anboten. Planmäßig teilten sie die Benutzung der Musketen in verschiedene separate Handgriffe auf. Das diente nicht nur der schnelleren Bedienung, sondern war auch geeignet, den richtigen Gebrauch überhaupt erst zu erlernen. Und indem die Bedienung des Gewehrs zerlegt wurde, legte man sich zugleich auf eine bestimmte Reihenfolge der Verrichtungen fest. Was dabei als einzelner Schritt angesehen wurde, ergab sich keineswegs von selbst, sondern war letztlich Ergebnis einer willkürlichen Einteilung.

Die Anleitungen der Reformer und der militärwissenschaftlichen Buchautoren waren denn auch keineswegs einheitlich. Oft sahen die Konzepte eine zweigliedrige Einteilung vor, indem einzelne Verrichtungen zusätzlich in zwei oder drei Handgriffe unterteilt waren, so genannte 'Tempi', was soviel wie 'Zeiten' bedeutet. Man sah also für manche Bedienungsschritte mehr Zeit vor, die nach einzelnen Bewegungen getaktet wurde. Einige Autoren entwarfen zusätzlich noch unterschiedlich eingeteilte Abläufe für Anfänger und für geübte Schützen. Die Zergliederung erlaubte es schließlich auch, den einzelnen Schritten bestimmte Befehlswörter zuzuordnen. Diese Kommandos waren aus sich heraus verständlich, beispielsweise "Tut Pulver auf eure Pfanne!" oder "Ziehet den Ladstock heraus!", waren also zugleich Anleitung und Anordnung.[7] Sie wurden aber offenbar erst jetzt systematisch aufgelistet und damit selbst normiert.

Indem die Kommandos auf die vorgesehenen Handgriffe abgestimmt waren, konnte der Ausbilder oder Befehlshaber damit zumindest theoretisch den Takt angeben, was nicht nur die Steuerung des individuellen Waffengebrauchs, sondern auch die Synchronisierung aller Soldaten untereinander erlaubte. Es ist die These aufgestellt worden, dass erst dieser Drill den Boden bereitet habe für die endgültige Durchsetzung der Schusswaffen. Denn trotz aller technischen Verfeinerung waren diese Waffen doch noch so grob, dass damit nur ganz vage gezielt werden konnte. Erst der massenhaft koordinierte Einsatz erhob die Musketen demnach zur allein entscheidenden Waffe.[8]

6 Ortenburg, Waffe (s. Anm. 5), S. 55.

7 Listen von Kommandowörtern finden sich ab diesem Zeitraum in zahlreichen militärischen Druckwerken, so auch in allen ausgestellten Bänden. Dokumente aus der Frühzeit bei Hahlweg, Heeresreform (s. Anm. 1), S. 279–301; Hahlweg, Kriegsbuch (s. Anm. 3), S. 120–125.

8 Vgl. Harald Kleinschmidt: Using the Gun. Manual Drill and the Proliferation of Portable Firearms, in: The Journal of Military History 63 (1999), S. 601–630. Kleinschmidt hebt diese europäische Entwicklung ab von den Praktiken in Japan und China, wo das Gewehr zwar bekannt war, sich aber vorläufig nicht als militärisch dominierende Waffe durchsetzte.

Vorläufig aber mussten die Schützen noch mit den Pikenieren zusammenwirken. Was für die Bedienung der Muskete nach heutigen Gewohnheiten im Umgang mit Technik wie selbstverständlich vorkommt, scheint auf den ersten Blick für den Umgang mit dem Langspieß entbehrlich gewesen zu sein. Gegenüber der Muskete mutet die Pike noch geradezu archaisch an. Ihre Benutzung erscheint unproblematisch und jedenfalls nicht erklärungsbedürftig. Dennoch enthalten die militärischen Kompendien ebenso Bildfolgen und Beschreibungen zur Verwendung der Pike, mitunter sogar mit mehr einzelnen Handgriffen als im Falle der Musketen. Immerhin musste zwischen verschiedenen Halteweisen des Spießes unterschieden werden, je nachdem, ob der Soldat marschierte, in einer Ruheposition oder in Bereitschaft stand, ob er die Pike gegen angreifende Reiter richtete – dann wurde sie im Ausfallschritt mit dem hinteren Fuß in der Erde abgestützt und schräg nach oben gerichtet – oder zum Kampf gegen andere Fußsoldaten – dann wurde die Pike mit teilweise ausgebreiteten Armen in Brusthöhe waagerecht gehalten. Man muss sich überdies vergegenwärtigen, dass die Piken bei einer Länge von oft über fünf Metern ziemlich sperrig waren und einen koordinierten Einsatz erforderten. Ebenso wie die Muskete war die Pike keine Waffe für den Einzelkampf, sondern nur im Pulk sinnvoll. Von daher mussten die Pikeniere ohnehin darauf achten, sich nicht ins Gehege zu kommen. Der Aufwand, mit dem den Schützen die Bedienung ihrer Waffen eingetrichtert werden sollte, diente bei den Pikenieren dem Ziel, trotz der unhandlichen Waffen ein Höchstmaß an Beweglichkeit herzustellen und mit einem Höchstmaß an Geschlossenheit in Einklang zu bringen.

Die Formierung eines Truppenkörpers

Die Koordination der Soldaten untereinander berührt aber bereits eine andere Dimension militärischer Praktiken. Die Gefechtsweise der Landkriegsführung hatte sich schon lange davon entfernt, sich jeweils in Einzelgefechte Mann gegen Mann aufzulösen. Zwar waren viele Soldaten nach wie vor mit Kurzwaffen für den Nahkampf ausgerüstet; das Üben mit dem Schwert fand gelegentlich auch noch Erwähnung in den militärischen Traktaten, verselbständigte sich aber immer mehr zu einer besonders vom Adel gepflegten Form des Wettkampfs, zur Fechtkunst. Auf dem Schlachtfeld zählten andere Fertigkeiten, und vor allem zählte das Zusammenwirken großer Massen von Soldaten. Zwei Entwicklungen hatten maßgeblich auf die Praxis der Gefechtsführung am Ende des 16. Jahrhunderts hingewirkt:[9]

Zu den Grundkonstellationen des Kriegs in vorindustrieller Zeit gehörte das Aufeinandertreffen von Reitern und Fußvolk. Aufgrund ihrer Wucht und ihrer erhöhten Position galten die Reiter lange Zeit als überlegen. Sie wurden zwar von zahlreichem Fußvolk begleitet, das aber nur unterstützend in Erscheinung trat. Im Laufe des späten Mittelalters haben allerdings vor allem die Schweizer in ihren Kämpfen gegen die Ritterheere der burgundischen Herzöge und der Habsburger Techniken entwickelt, die dem Fußvolk auf Dauer die dominierende Rolle auf den Schlachtfeldern Europas sicherten. Das Rezept der Schweizer bestand darin, den Schwerpunkt des Gefechts auf den

9 Die großen Linien der Kriegs- und Militärgeschichte sind immer wieder dargelegt worden, aber die unterschiedliche Gewichtung und Interpretation der kriegerischen Beispiele ziehen auch immer wieder widersprüchliche Thesen nach sich; vgl. unter anderem Jeremy Black: European Warfare, 1494–1660, London 2002; großer Einfluss ging aus von Geoffrey Parker: Die militärische Revolution. Die Kriegskunst und der Aufstieg des Westens 1500–1800, Frankfurt a. M. und New York 1990 (engl. Originalausg. 1988); immer noch ergiebig, wenn auch in manchem überholt, ist Hans Delbrück: Geschichte der Kriegskunst im Rahmen der politischen Geschichte, hier: Bd. 4: Neuzeit, Berlin 1920, Neudrucke u. a. Berlin 1962 und Berlin 2000, auf CD-ROM Berlin 2002.

massenhaften Einsatz von Spießträgern zu legen. Mit ihren langen Spießen konnten sie, so lange sie beisammen blieben, Reiter auf Distanz halten. Und wenn es gelang, die Spießer geschlossen in Bewegung zu setzen, entwickelten sie eine Wucht, die nur schwer aufzuhalten war. Dieses Zusammenwirken auch im Angriff war der Schlüssel zum Erfolg. Damit konnte nun auch das Fußvolk auf dem Schlachtfeld entscheidend agieren. Die Reiterei behielt zwar eine große Bedeutung, aber sie war nun auf das Zusammenwirken mit dem Fußvolk angewiesen. Entscheidende Reiterattacken waren immer noch möglich, erforderten aber besonders günstige Umstände. Weiterhin genoss die Reiterei besonderes Ansehen, zumal sich bis ins 17. Jahrhundert hinein viele Adlige unter den einfachen Reitern befanden. In den militärischen Traktaten fand die Kavallerie immer noch mitunter sehr ausführliche Würdigung. Von den oranischen Heeresreformen gingen aber kaum Impulse aus, Praxis und Aufgaben der Reiterei neu zu gestalten. Es handelte sich in erster Linie um eine Infanteriereform.

Die zweite maßgebliche Entwicklung bestand in der wachsenden Effektivität der Pulverwaffen. Auch sie kam erst in der massenhaften Verwendung zur vollen Entfaltung. Indes brachte es die umständliche Handhabung mit sich, dass zwischen den einzelnen Schüssen längere Pausen entstanden. Noch waren die Schützen daher anfällig gegen Reiterangriffe. Die vorläufige Lösung bestand in der Kombination von Schützen und Pikenieren. Ein großer Haufen Pikeniere wurde von Schützen umgeben, die rundherum agierten und sich bei Bedarf unter den Schutz der Piken begeben konnten. Und während die Schützen früher meist eher aus statischen, oft leicht befestigten Positionen agierten, wurden sie durch die Kombination mit den Piken selbst mobilisiert.

Diese Taktik hat in den Schlachtenbildern des 16. Jahrhunderts ihren ganz eigenen ikonographischen Ausdruck gefunden. Die Massenhaftigkeit der Spießer setzte sich nicht mehr aus Einzelfiguren zusammen, sondern beinahe abstrakt nur noch aus Würfeln, deren Seiten durch Schraffuren und deren Oberseite durch Punkte dargestellt wurden und den Pikenwald symbolisierten. Rundherum ordnete sich ein Kranz von Wimmelfiguren, aus denen igelartig kurze Striche herausragten – die Schützen mit ihren Gewehren (Abb. 104). Für einige Jahrzehnte reduzierte sich militärischer Fortschritt darauf, dass sich ganz allmählich der Anteil der Schützen vergrößerte und dass die Anordnung ein wenig raffinierter wurde. In der zweiten Hälfte des 16. Jahrhunderts perfektionierten die Spanier diese Taktik in Gestalt der gefürchteten Tercios, den Eliteeinheiten der spanischen Truppen. Der Begriff 'Tercio' bezeichnete zugleich die organisatorische Einheit, ungefähr vergleichbar mit einem Regiment, und die taktische Formation, in der die komplette Einheit auf dem Schlachtfeld geschlossen agierte. Das Zentrum bildete ein tiefgestaffeltes Rechteck von mehreren hundert Pikenieren, umgeben von einem Kranz leichter Schützen. Die Schützen mit den schweren Gabelmusketen waren in kleinen, vorspringenden Karrees an den Ecken konzentriert, sodass das äußere Erscheinungsbild vage an den zeitgenössischen Festungsbau erinnerte. Zusammengenommen umfasste ein Tercio gegen Ende des 16. Jahrhunderts planmäßig rund 1500 Soldaten, deren aus den Spießern gebildeter Kern immer noch bis zu 30 Mann tief aufgestellt war. Solche laufenden Festungen waren auf Unüberwindlichkeit angelegt; einmal in eine Richtung geschickt, konnten sie kaum noch gelenkt, aber auch kaum noch aufgehalten werden. Auf dem Schlachtfeld bildeten sie keine geschlossene Front,

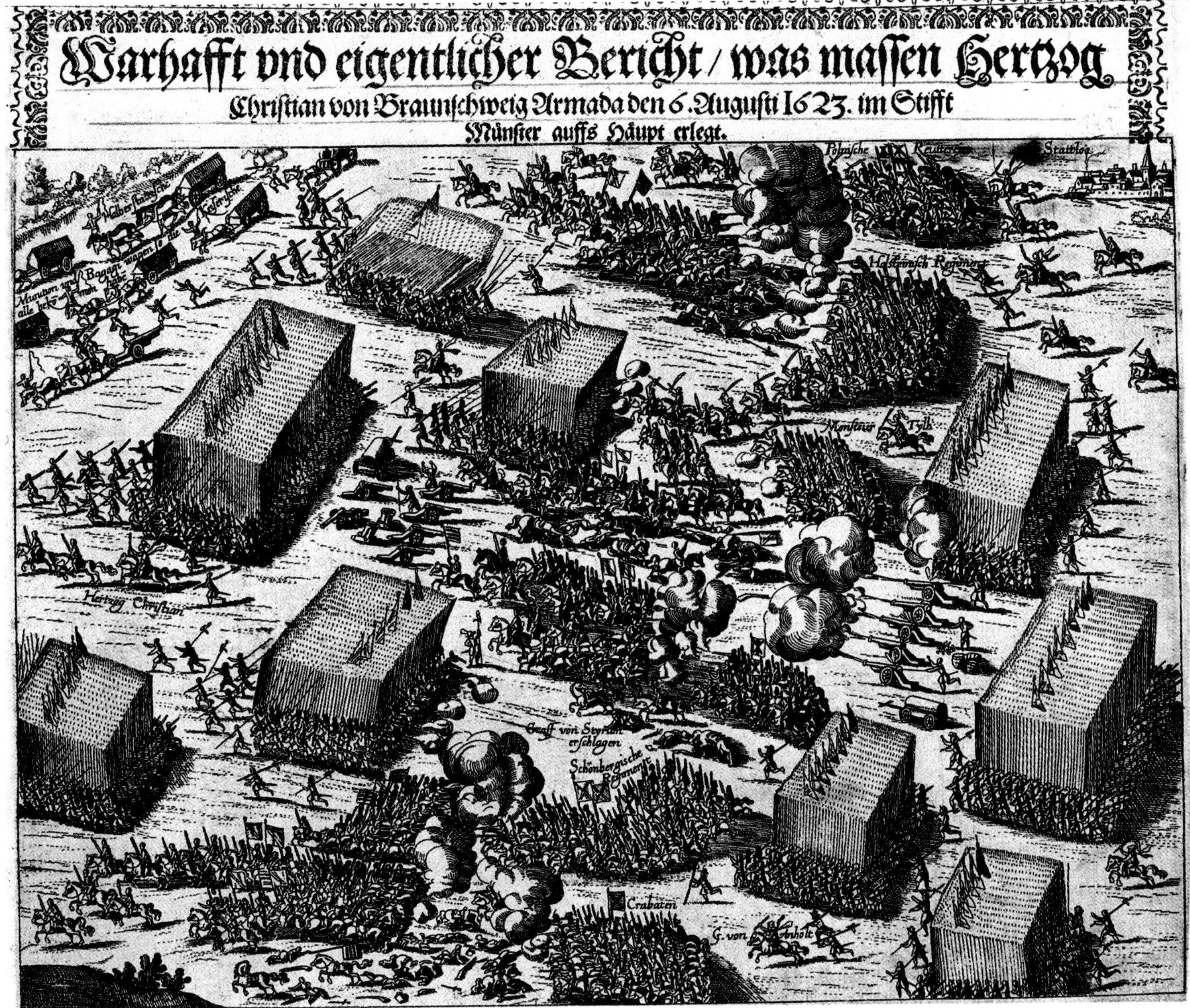

Abb. 104: Schlacht von Stadtlohn, 6.8.1623. Aus: 30jähriger Krieg, Münster und der Westfälische Frieden, Ausstellungskatalog Stadtmuseum Münster 1998, Bd. 1: Krieg, S. 51, unsignierter Kupferstich, 1623, Stadtmuseum Münster.

sondern waren schachbrettartig versetzt als jeweils in sich geschlossene Einheiten angeordnet.

Eben diese Spanier waren die furchterregenden, an Zahl und Erfahrung überlegenen Gegner der aufständischen Niederländer.[10] So musste es das Ziel der Reformer sein, dieser Überlegenheit neue und effizientere taktische Varianten entgegen zu stellen. Zu den wesentlichen Merkmalen der Reformen zählen daher nicht nur die intensivere Ausbildung der einzelnen Soldaten, sondern auch neue Möglichkeiten kollektiver Aktionen. Die Fragmentierung und Taktung der einzelnen Handgriffe war dazu die Voraussetzung. Indem die Handlungen der einzelnen Soldaten zerlegt wurden, konnte man sie durch Zuruf synchronisieren und dadurch zu kollektiven Handlungen zusammensetzen. Es entstand ein künstlicher Körper.

10 Zur spanischen Präsenz in den Niederlanden und den Bedingungen der Kriegsführung vgl. Geoffrey Parker: The Army of Flanders and the Spanish Road 1567–1659, Cambridge 1972.

Dessen Vorzüge bestanden nicht allein darin, alles gleichzeitig zu tun. Durch einen zusätzlichen Kunstgriff konnte man ihm ganz neue Bewegungen beibringen. Der Kunstgriff bestand darin, konsequenter als vordem darauf zu achten, dass die Soldaten nicht nur als Haufen agierten, sondern dabei in rechtwinkligen Achsen angeordnet blieben, mit zwei Worten: In Reih und Glied, Begriffe, die nun schlagartig als elementare Matrix jeder taktischen Bewegung ins Zentrum des militärischen Denkens und Übens rückten. Ende des 16. Jahrhunderts klang das noch neu, die Bedeutung dessen musste sich erst erschließen, die Soldaten mussten mit Nachdruck darauf getrimmt werden.[11] Und es war auch gar nicht so einfach, eine solche Ordnung aufrecht zu erhalten, hing doch alles davon ab, dass die einzelnen Soldaten auch noch in der Hitze des Gefechts die Abstände zu den anderen vor, hinter und neben sich ungefähr einhielten.

Umso verblüffender schienen die damit verbundenen Möglichkeiten. Noch der simpelste Effekt bestand darin, dass sich eine solche Formation schon allein durch die Bewegung jedes Einzelnen auf seinem Platz schlagartig drehen und wenden konnte. Mit einem Wort ließ sich Front wechseln, ohne dass die Formation durcheinander geriet. Wer im letzten Glied stand, bildete im nächsten Moment die Frontlinie, während das vormals erste Glied nun ganz hinten stand. Schon davon muss eine große Faszination ausgegangen sein, denn das Drehen und Wenden spielte eine große Rolle, vor allem in den Richtlinien für die Pikeniere, die dabei in der Tat mit ihren Spießen geordnet umgehen mussten. Anscheinend entwickelte sich von dort aus auch der Inbegriff des Exerzierens, denn der Begriff 'Drillen', den die Zeitgenossen Anfang des 17. Jahrhunderts bereits synonym mit 'Exerzieren' benutzten, steht in seiner ursprünglichen Bedeutung eben schlicht für 'Drehen' oder 'Umdrehen'.[12]

Die Formationen konnten aber noch ganz andere Kunststücke hervorbringen. Zu den Drehungen am Platz traten die nicht weniger intensiv geübten Schwenkungen der ganzen Formation. Die Einheiten konnten auch ihre innere Anordnung variieren. Indem man beispielsweise die Hintermänner jeweils in die Lücken zwischen den Vordermännern treten ließ, konnte man die Kopfstärke der Frontlinie von einem Augenblick auf den nächsten verdoppeln. Besonders verlockend schienen die Möglichkeiten des so genannten Kontremarsches, also des Zurücklaufens zwischen den Reihen entgegen der Ausrichtung der Formation. Denn damit verband sich die Hoffnung, Kontinuität und Intensität des Gewehrfeuers zu optimieren. Nach dem Schuss konnte das erste Glied durch die Reihen ins letzte Glied laufen und dann wieder Schritt für Schritt nach vorne rücken. Bis es wieder ins erste Glied trat, sollte der komplizierte Ladevorgang abgeschlossen werden. Das alles funktionierte nur dann, wenn alle Soldaten sich an das Raster von Reihen und Gliedern hielten, so dass sie einerseits gleichzeitig vorrückten und andererseits die Zwischenräume wie durchgehende Korridore offen hielten.

Schließlich veränderten sich mit der neuartigen militärischen Ausbildung auch die Formationen auf dem Schlachtfeld. Es scheint, als hätte der Drill kleinere Einheiten und dünnere Aufstellungen ermöglicht, wobei dadurch umgekehrt auch die komplizierten Manöver einfacher geworden sein dürften. Schützen und Pikeniere operierten nun in selbständigen Einheiten, die unabhängig voneinander aufgestellt und angeordnet werden konnten. Immer noch bildeten die langen Spieße den sichersten Schutz vor einem Reiterangriff. Um einem Durchbruch vorzubeugen, wurden immer noch mehrere

11 Hahlweg, Heeresreform (s. Anm. 1), S. 54–57.

12 Vgl. dazu Jakob und Wilhelm Grimm: Deutsches Wörterbuch, Bd. 2, Leipzig 1854, Sp. 1410 f.; bemerkenswerter Beleg bei Kleinschmidt, Tyrocinium (s. Anm. 1), S. 121, hier in der offenbar einleuchtenden Kombination von "Trillen und Brillen", im Sinne von 'brüllen'.

Einheiten hintereinander aufgestellt, so dass auch die Lücken von hinten geschlossen werden konnten. Die Tendenz ging aber nun in die Richtung, die einzelnen Truppen einerseits in einer geschlossenen Frontlinie nebeneinander aufzureihen und andererseits dahinter eine zusätzliche zweite Linie zu bilden. Und indem die Tiefe der Aufstellung verringert wurde, auf zwölf, zehn oder noch weniger Mann, ließ sich mit der gleichen Anzahl von Soldaten eine umso breitere Front bilden. Schließlich nahm in diesem Prozess auch der Anteil der Schützen weiter zu.

Inspirationen

So praktisch naheliegend alle diese Veränderungen anmuten, so waren sie doch keineswegs das Ergebnis willkürlicher Experimente. Zunächst war es ja auch nicht so, als ob erst die Heeresreformer auf die Idee gekommen wären, Soldaten zu trainieren. Übungen mit Waffen wurden von vielen Gruppen betrieben, von Adligen, städtischen Bürgerwehren, Söldnern, gespeist aus unterschiedlichen Traditionen. Die verschiedenen Praktiken dienten in erster Linie dazu, dass sich einzelne Krieger, oft wohl mehr oder weniger aus eigener Initiative, Kraft und Geschicklichkeit aneigneten. An der Schwelle zum 16. Jahrhundert sind besonders in England Anstrengungen beobachtet worden, für regelmäßige Übungen Sorge zu tragen, zunächst für die charakteristischen Langbogenschützen, eine Spezialität der englischen Kriegführung, später auch für die Lanzenträger. Inwieweit die königlichen Anordnungen tatsächlich umgesetzt worden sind, ist nicht zu ermessen. Bei den Kontingenten, die Ende des 16. Jahrhunderts in den Niederlanden eingesetzt wurden, war solches Exerzieren aber wohl üblich. Übung erforderte auch das Kämpfen in geschlossenen Haufen, wie es mehr oder weniger kunstvoll von den Schweizern, den deutschen Landsknechten und dann den Spaniern entwickelt worden ist. Anscheinend wurde das aber selbständig und pragmatisch in den Verbänden selbst gehandhabt, indem die Altgedienten die ungeübten Rekruten mit den notwendigen Kenntnissen vertraut machten.[13]

Den niederländischen Reformern werden diese Praktiken vor Augen gestanden haben, aber das waren noch nicht Lösungen für die Herausforderungen, denen sie sich gegenüber sahen. Gebildete Landesherren und Offiziere wussten aber, wo sie nach Antworten auf ihre Probleme suchen konnten, nämlich in den Schriften der Antike. Das gilt im Prinzip für die ganze Vormoderne. Am Ende des 16. Jahrhunderts kann eine solche Adaption antiker Praktiken aber noch als Ausläufer der Renaissance im engeren Sinne gedeutet werden. Im Zuge dieser Bewegung hatte die Autorität antiken Wissens noch einmal eine kräftige Aufwertung erfahren, verbunden mit der Erschließung zahlreicher bis dahin vergessener Texte. Das schloss auch militärische Texte ein. An den Aufzeichnungen und Korrespondenzen kann man ablesen, wie eng und unmittelbar die Suche nach neuen Lösungen mit der Lektüre antiker Autoren verbunden war. Daraus entstanden erste Pläne auf dem Papier (Abb. 105), mitunter wurden sie mit Bleifiguren auf dem Tisch nachgestellt,[14] bis sie schließlich im Truppenlager in praktische Übungen umgesetzt wurden. Eben diese konsequente Systematik, mit der die oranischen Kriegsherren am Büchertisch die Ausbildungsprogramme selbst konzipierten und als nor-

13 Auf die älteren Formen der militärischen Übungen hat Harald Kleinschmidt nachdrücklich aufmerksam gemacht, vgl. ders., Tyrocinium (s. Anm. 1), S. 20–94; vgl. auch ders.: "Tragt die Spieß auff Englisch". Quellen zu den Heeresreformen der Oranier mit besonderer Berücksichtigung des Mannsexerzierens, in: Nassauische Annalen 102 (1991), S. 67–85, mit Bibliographie zu den Heeresreformen im Anhang; ders.: Disziplinierung zum Kampf. Neue Forschungen zum Wandel militärischer Verhaltensweisen im 15., 16. und 17. Jahrhundert, in: Blätter für deutsche Landesgeschichte 132 (1996), S. 173–199, bes. 175–182.

14 Hahlweg, Heeresreform (s. Anm. 1), S. 129.

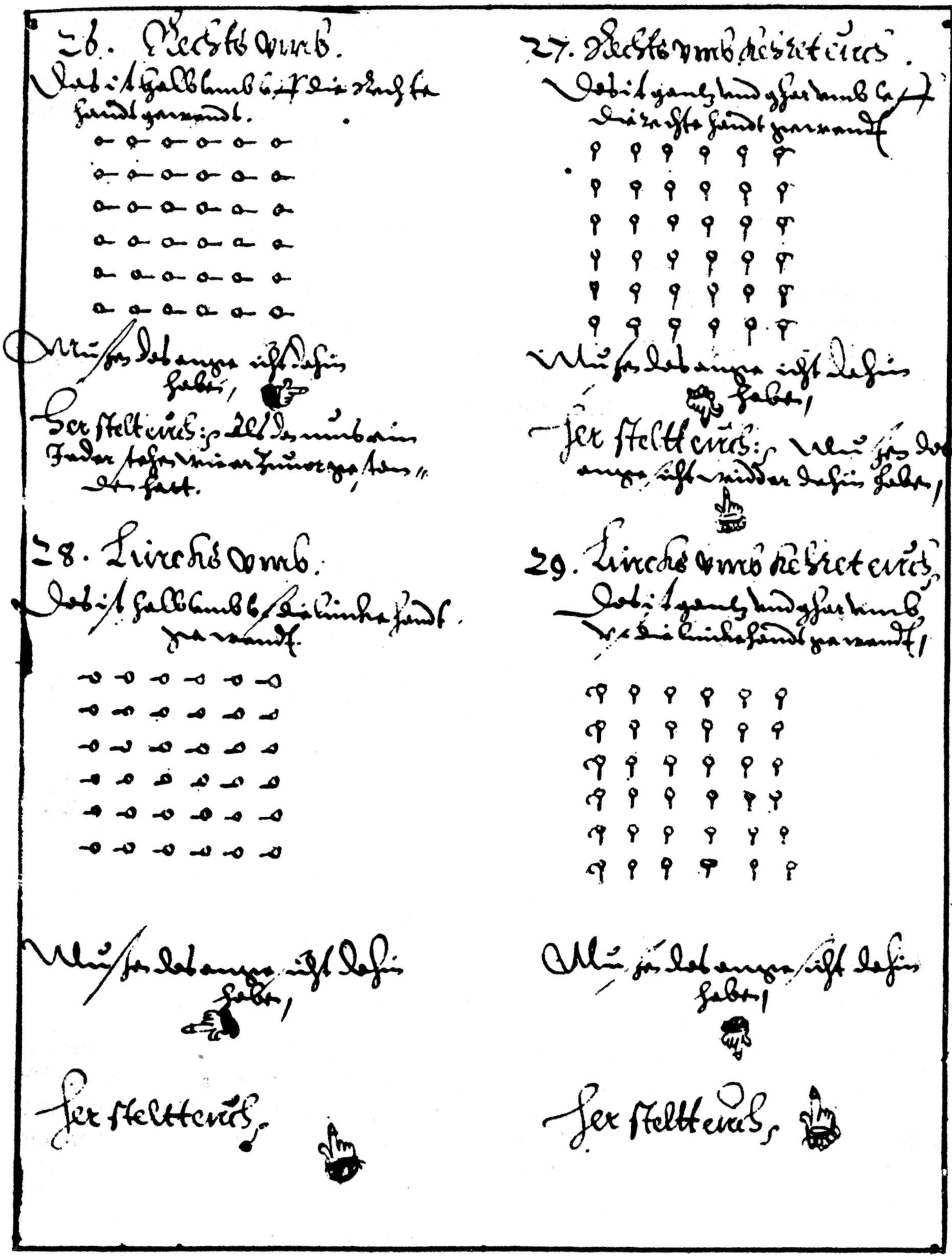

Abb. 105: Varianten zum Wenden und zum Kontremarsch, handschriftlich mit eigenhändigen Notizen Johanns von Nassau-Siegen, in: Werner Hahlweg (Hrsg.): Die Heeresreform der Oranier. Das Kriegsbuch des Grafen Johann von Nassau-Siegen, Selbstverlag der Historischen Kommission für Nassau, Wiesbaden 1973, S. 238–239, nach: Kon. Bibl. Den Haag, 73, J 25, Bl. 87–107, hier 101v und 102r.

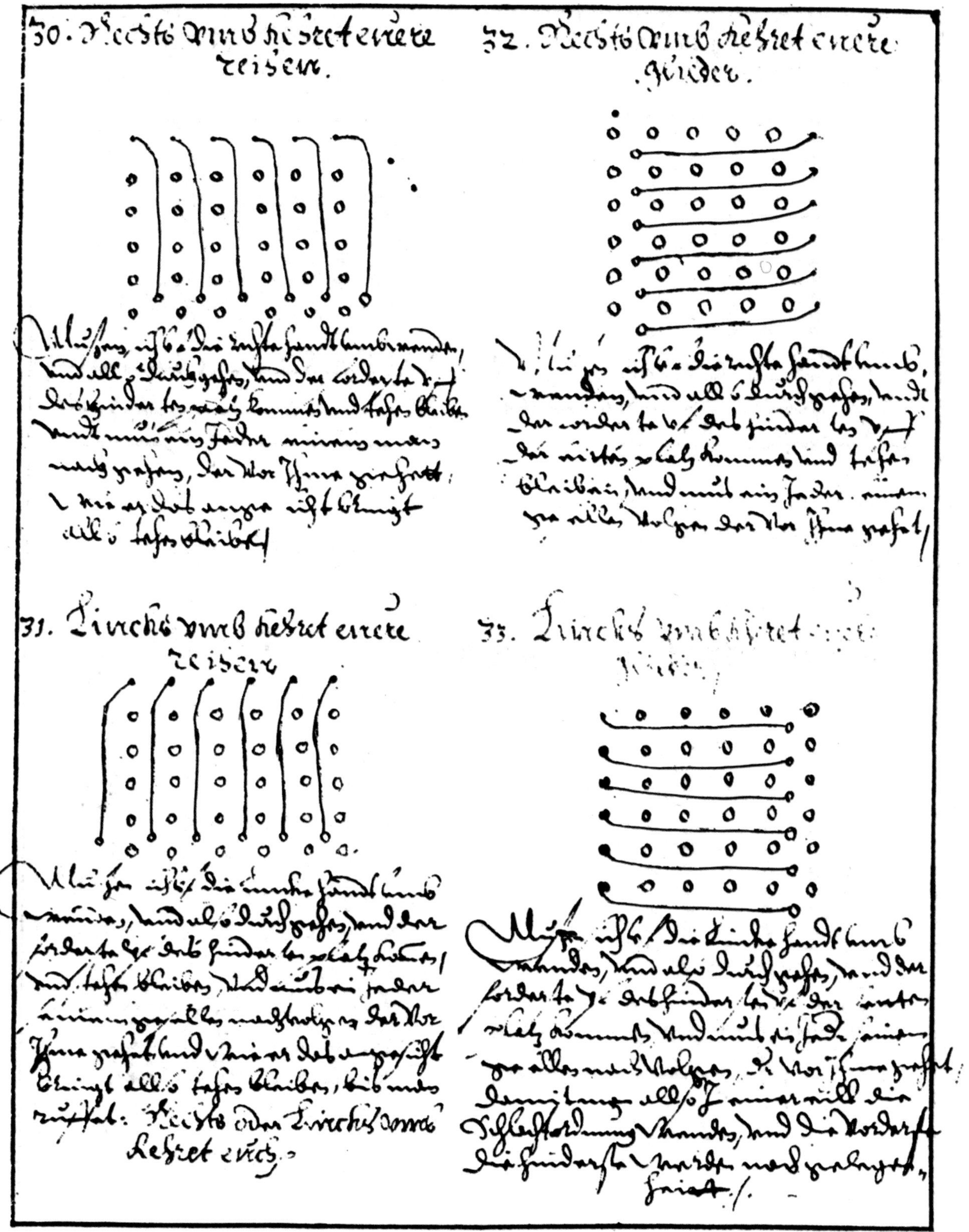

mierte Handlungsanweisungen von oben nach unten durchzusetzen versuchten, hob sich signifikant von den älteren Praktiken ab und begründete eine neue Qualität der militärischen Ausbildung.

Voraussetzung für solche Adaptionsprozesse waren allerdings auch strukturelle Ähnlichkeiten zwischen den taktischen Optionen über die Jahrhunderte hinweg. Der Krieg, den die antiken Vorbilder der Reformer porträtierten, war in diesem Sinne ebenfalls davon geprägt, dass die in geschlossenen Formationen operierenden Fußvölker den Schwerpunkt bildeten, sei es als griechische Phalanx oder als römische Kohorte. Gerade die so charakteristische Aufstellung in Reihen und Gliedern und die damit verbundenen Bewegungen der Formationen konnten beinahe unmittelbar aus einer Art Handbuch zur militärischen Taktik übernommen werden, das um 100 n. Chr. verfasst worden war und selbst wiederum auf ältere Texte zurückgriff.[15] Autor war ein Grieche, der in Anlehnung an sein Werk meist als Ailianus Tacticus benannt wird. Gegenüber anderen militärischen Kompendien der Antike zeichnete es sich vor allem durch konkrete Anweisungen zur Praxis aus und empfahl sich daher für die Reformer. Das Buch wurde 1487 in Rom erstmals in einer lateinischen Ausgabe gedruckt und bis zum Ende des 16. Jahrhunderts mehrmals auch auf Griechisch, Italienisch und Französisch neu herausgegeben. Daneben genoss ein Traktat, das dem byzantinischen Kaiser Leo VI. zugeschrieben wird, große Beliebtheit unter den Reformern. Die "Tactica" war um 900 entstanden und fasste wiederum ältere Literatur zusammen. Der Text erschien erstmals 1541 in Venedig in einer italienischen Fassung.[16]

Der ideelle Hintergrund der Reformen beschränkte sich allerdings nicht auf solche Ratgeber und reichte über die eigentlichen militärtheoretischen Klassiker der Antike wie Polybios (2. Jahrhundert v. Chr.), Frontinus (1. Jahrhundert n. Chr.) oder Vegetius (Ende 4. Jahrhundert n. Chr.) hinaus. Inspirationen gingen offenbar wesentlich von einer einflussreichen Schule der zeitgenössischen Philosophie aus, dem Neostoizismus. Ihr *spiritus rector* war der Philologe, Politiktheoretiker und Moralphilosoph Justus Lipsius (1547–1606), der in den 1580er Jahren in Leiden gelehrt hatte und seit 1592 Professor in Löwen war.[17] Er war Autor einer sehr verbreiteten, aus einer Fülle antiker Textstellen entwickelten politischen Klugheitslehre, die dem Fürsten als abgewogener und abwägender Leitfaden zwischen Machterhalt und Moralität dienen sollte.[18] Er veröffentlichte überdies einen ebenfalls populären Moraltraktat, der in Anlehnung an das stoische Ideal der 'constantia' eine Lebenshaltung propagierte, die den Wirren und Konflikten der Zeit mit Verstand, Selbstbeherrschung, Mäßigung und entschlossener Tatkraft entgegentreten sollte. Deutsche Übersetzer wählten meist das Wort 'Beständigkeit', im Sinne von Gleichmut und Unbewegtheit.[19] Auf dieser Grundlage publizierte Lipsius 1595 eine Studie über das antike römische Militär, das er als Vorbild für geordnete und geübte, dem stoischen Ideal entsprechende Truppen bis hin in die Einzelheiten der Schlachtordnung vorstellte.[20]

Lipsius entwarf geradezu eine Ethik der militärischen Erziehung, antike Quellen reproduzierend.[21] Die rechte militärische Haltung sah er auf vier Fundamente gestützt, exercitium, ordo, coercitio und exempla. 'Exercitium' meint eben jene regelmäßigen Übungen mit den Waffen und den Formationen, die dann auch im Zentrum der Reformbemühungen standen. 'Ordo' meint die innere Ordnung der Truppen, ihre systema-

15 Zu diesem Abschnitt grundlegend Hahlweg, Heeresreform (s. Anm. 1), S. 41–48, dort auch S. 302–307 zu den verschiedenen Ausgaben. Ailianus erschien meist unter dem Titel "De instruendis aciebus" oder "De militaribus ordinibus instituendis"; als griechisch-deutsche Ausgabe erschienen in Hermann Köchly und Wilhelm Rüstow: Griechische Kriegsschriftsteller, 2. Teil, erste Abteilung, Leipzig 1855.

16 Eine 1613 in Leiden erschienene Doppelausgabe beider Texte liegt als moderner Reprint vor: Claudii Aeliani et Leonis Imperatoris Tactica sive de instruendis aciebus, Osnabrück 1981 (Bibliotheca rerum militarium, 23).

17 Die Bedeutung von Lipsius hat vor allem Gerhard Oestreich herausgestrichen, vgl. ders.: Antiker Geist und moderner Staat bei Justus Lipsius (1547–1606), Göttingen 1989 (Habil.-Schrift Berlin 1954), außerdem eine Reihe von Aufsätzen, die wichtigsten gesammelt in ders.: Geist und Gestalt des frühmodernen Staates. Ausgewählte Aufsätze, Berlin 1969. Kritische Vorbehalte gegen einige von Oestreichs weitreichenden Deutungen bei Martin van Gelderen: Holland und das Preußentum. Justus Lipsius zwischen niederländischem Aufstand und Brandenburg-Preußischem Absolutismus, in: Zeitschrift für Historische Forschung 23 (1996), S. 29–56.

18 Justus Lipsius: Politicorum sive Civilis Doctrinae Libri Sex, qui ad principatum maxime spectant,

tische Einteilung und ihre ebenso systematische Führung durch eine klare Hierarchie der Truppenführer und Befehlshaber. 'Coercitio', Selbstzucht, meint eine Haltung ganz gemäß den Idealen der stoischen Philosophie, die gerade für das Militär eine besondere Herausforderung darstellten: Standhaftigkeit und Gleichmut in allen Lebenslagen, Maß und Sittlichkeit in der Lebensführung, nicht zuletzt Gehorsam und Pflichterfüllung. 'Exempla', Beispiele, schließlich meint die Art und Weise, die Soldaten zu solchen Eigenschaften anzuleiten, indem man Wohlverhalten durch Belohnungen auszeichnet und alle anderen dadurch anspornt und indem man Fehlverhalten bestraft, aber in differenzierter, dem Vergehen angemessener Weise.

Durch diese vier Elemente erst verwirklicht sich die für Lipsius grundlegende Bedingung für ein vorbildliches Heer: die 'disciplina militaris'. Der Begriff der Disziplin war nicht neu, erfuhr aber nun gerade in diesem Zusammenhang jene Aufwertung und Aktualisierung, die ihn dem modernen Militär bis in die Gegenwart als Leitmotiv einbrannte.[22] Lipsius versteht darunter die 'severa conformatio militis', die strenge Formung, Ausbildung oder Abrichtung der Soldaten.[23] Deren Ziel ist eben mehr als bloße Fertigkeit und Fügsamkeit, mehr als bloße militärische Funktionalität, vielmehr entwirft Lipsius eine neue moralische Fundierung des Militärs. Wahrscheinlich ist er dazu auch durch seine Erfahrungen als Jesuitenschüler inspiriert worden, zählten doch exercitia, strenge Hierarchien und Pflichtauffassung, durchaus in Analogie zum Militär, zu den Grundpfeilern des Ordens und seines Erziehungsauftrags.

Ideale Soldaten

Diese Ideale standen zweifellos in deutlichem Gegensatz zur Wirklichkeit der zeitgenössischen Söldnerheere – jedenfalls zu dem Bild der Wirklichkeit, dass in unterschiedlichsten Quellen gezeichnet worden ist.[24] Auch innerhalb der militärischen Traktate selbst ist immer wieder über die Gewinnsucht, Lasterhaftigkeit, Zügellosigkeit und Unzuverlässigkeit der Söldner Klage geführt worden, besonders nachhaltig schon von niemandem geringeren als Niccolò Machiavelli (1469–1527), vor allem in seinem 1521 erschienenen Traktat über die Kriegskunst.[25] Lipsius' ziemlich idealistisches Programm einer moralischen Rundumerneuerung suchte daher neue Antworten auf ein seit langem diskutiertes Problem. Von Anfang an sind zur Lösung dieses Problems aber auch alternative Heeresstrukturen diskutiert worden. Machiavelli wollte die Söldnertruppen durch Bürgermilizen ersetzt sehen. Auch Lipsius zog die Heranziehung von Untertanen der Anwerbung von Söldnern vor.[26] Einen besonderen Akzent setzte er mit dem Vorschlag einer Kerntruppe aus Berufssoldaten, also einem kleinen stehenden Heer, neben dem eine größere Reserve in Bereitschaft gehalten werden sollte.

An diesem wichtigen Punkt gingen die Reformer durchaus unterschiedliche Wege. Die Reformer im Reich, also Johann von Nassau-Siegen etwa oder, in engem Austausch mit Johann, Landgraf Moritz von Hessen-Kassel,[27] suchten nach Modellen, dienstverpflichtete Untertanen durch regelmäßige Übungen militärtauglich zu machen, ohne aus ihnen eine dauerhaft besoldete Truppe zu bilden. Solche Milizsysteme, damals in der Regel als Landesdefensionen bezeichnet, wurden in dieser Zeit, angesichts der wach-

Leiden 1589; Nachdruck der Ausgabe Leipzig 1704, hrsg. von Wolfgang Weber, Hildesheim u.a. 1998 (Historia Scientiarum). Vgl. generell auch Justus Lipsius: Opera omnia, Wesel 1675, 4 Bde., Nachdruck Hildesheim u.a. 2003.

19 Justus Lipsius: De Constantia libri duo qui alloquium praecipue continent in publicis malis, Leiden 1584; Nachdruck der Ausgabe Frankfurt 1704, hrsg. von Wolfgang Weber, Hildesheim u.a. 1998 (Historia Scientiarium); dt. Übersetzung: Andreas Viritius: Von der bestendigkeit, Leipzig 1599; Nachdruck der 2. Aufl., Leipzig 1601, hrsg. von Leonard Forster, Stuttgart 1965.

20 Justus Lipsius: De militia romana libri quinque. Comm. ad Polybium, Antwerpen 1596; Nachdruck der Ausgabe Antwerpen 1605, hrsg. von Wolfgang Weber, Hildesheim u.a. 2002 (Historia Scientiarium).

21 Anschaulich, aber auch unkritisch ausgeführt bei Gerhard Oestreich: Soldatenbild, Heeresreform und Heeresgestaltung im Zeitalter des Absolutismus, in: Schicksalsfragen der Gegenwart [einem vom Bundesministerium der Verteidigung herausgegebenen Handbuch zur politischen Bildung], Bd. I, Tübingen 1957, S. 295–321, hier S. 306–311; vgl. Sicken, Heeresreform (s. Anm. 1), S. 108–110.

22 Deshalb nimmt auch eine kritische historische Soziologie der Disziplin zu Recht von hier ihren Ausgang: Ulrich Bröckling: Disziplin. Soziologie und Geschichte militärischer

senden Spannungen, in mehreren deutschen Territorien erprobt.[28] Sie empfahlen sich schon deshalb, weil dort meistens das Geld für den Unterhalt teurer Söldnerverbände fehlte. Solche Institutionen erforderten allerdings permanente Durchsetzungskraft bei der Bevölkerung und verfielen meist wieder, wenn der äußere Druck nachließ.

Auch die aufständischen niederländischen Provinzen hatten die Militärdienstpflicht der männlichen Bewohner 1579 in ihrer Bündnisurkunde verankert.[29] Überdies pflegten die Städte die Tradition ihrer Bürgerwehren, deren Stolz im 17. Jahrhundert noch in berühmten Gemälden wie Rembrandts Nachtwache zum Ausdruck kam. Es gibt Hinweise, dass diese bürgerlichen Schützen auch die militärischen Reformen rezipierten.[30] Der Kampf gegen die Spanier auf offenem Feld wurde aber letztlich doch freiwillig verpflichteten Söldnern überlassen. Immerhin verfügten die reichen Provinzen über genügend Mittel, um eine schlagkräftige Truppe unterhalten zu können. Auch das zählte schließlich zu den unerlässlichen Voraussetzungen, die einen solchen Prozess wie die oranische Heeresreform überhaupt ermöglichten. Das Geld konnte regelmäßig ausgezahlt werden; Meutereien, wie sie in anderen Armeen aufgrund häufigen Soldmangels verbreitet waren, musste man nicht befürchten, stattdessen durfte man von den Soldaten als Gegenleistung für den ordnungsgemäßen Unterhalt auch besondere Leistungsbereitschaft erwarten.[31] Das Geld ermöglichte es schließlich auch, einen relativ höheren Anteil an Offizieren und Unterführern zu besolden, was einerseits den kleineren Einheiten entsprach und andererseits einen Stab schuf, der zahlreich genug war, um die Durchsetzung der Ausbildungsziele zu gewährleisten.

Denn immerhin darin glichen sich die Defensionswerke der deutschen Territorien und die reformierten niederländischen Söldner: Die militärische Ausbildung wurde nun als permanente Aufgabe begriffen, die sich nicht erst mit Beginn des Feldzuges und auch nicht erst mit Beginn des Krieges stellen sollte. Die deutschen Landesherren versuchten so etwas wie eine permanente Bereitschaft der Untertanen herzustellen, was sich dort allerdings nicht auf Dauer aufrechterhalten ließ. Das niederländische Modell dagegen wurde selbst erst im Krieg geboren und zunächst durch den Druck des Krieges aufrechterhalten. Aber von ihren Ansprüchen her strebten auch die niederländischen Reformer permanente Übungen an und damit auch eine substantielle Fortentwicklung der bisherigen Söldnerpraktiken.

Denn hier liegt eine Wurzel der stehenden Heere, deren Dauerhaftigkeit sich allerdings erst in den Friedensphasen im letzten Drittel des 17. Jahrhunderts europaweit ausbreitete. Die oranische Heeresreform bedeutete in diesem Sinne einen signifikanten Professionalisierungsschub. Aus historisch-soziologischer Perspektive ist argumentiert worden, dass dies nicht zufällig im Kontext einer für frühneuzeitliche Verhältnisse eher untypischen, bürgerlich dominierten, sich noch dazu republikanisch organisierenden Gesellschaft geschehen sei, wo kaufmännisches Denken vorherrschte und die militärischen Traditionen einer adligen Kriegerschicht weitgehend fehlten.[32] Nun waren es allerdings gerade Hochadlige, welche die Heeresreformen forcierten. Aber es ging ja auch keineswegs um republikanische Prinzipien in der Armee, sondern um eine von ständischem Herkommen losgelöste Rationalisierung militärischer Strukturen. In diesem Sinne delegierte diese Gesellschaft ihre Verteidigungsanstrengungen, indem sie Mittel und Möglichkeiten für eine neue Qualität militärischer Organisation bereitstellte.

Gehorsamsproduktion, München 1997, zu Lipsius und der oranischen Heeresreform S. 38–51.

23 Vgl. hier und zum folgenden Gerhard Oestreich: Der römische Stoizismus und die oranische Heeresreform, in: ders., Geist (s. Anm. 17), S. 11–34, hier 19–22.

24 Freilich muß zwischen unterschiedlichen Perspektiven und Kontexten unterschieden werden. Im Vordergrund steht meistens das Verhältnis zwischen Bevölkerung und Militär, vgl. zum populären Söldnerbild, in mancher Hinsicht durchaus ambivalent, u. a. Peter Burschel: Söldner im Nordwestdeutschland des 16. und 17. Jahrhunderts, Göttingen 1994, vor allem S. 27–37; Jan Willem Huntebrinker: 'Fromme Knechte' und 'Garteteufel'. Söldner als soziale Gruppe im 16. und 17. Jahrhundert, noch unveröffentlichte Dissertation, TU Dresden 2007; im Hinblick auf Gewalt gegen Zivilisten, ebenfalls differenzierend, Michael Kaiser: Die Söldner und die Bevölkerung: Überlegungen zu Konstituierung und Überwindung eines lebensweltlichen Antagonismus, in: Stefan Kroll und Kersten Krüger (Hrsg.): Militär und ländliche Gesellschaft in der frühen Neuzeit, Münster 2000, S. 79–120; schon klassisch als sozialgeschichtliche Einordnung und Erklärung mancher Missstände Bernhard Kroener: Soldat oder Soldateska? Programmatischer Aufriß einer Sozialgeschichte militärischer Unterschichten in der ersten Hälfte des 17. Jahrhun-

Diese Form der Organisation stellte in ihrer Praxis wie in ihrer moralphilosophisch unterfütterten Theorie zugleich das Profil für einen neuen militärischen Habitus bereit.

Die Ikonographie der Reformen

Dieser neue Habitus kam gerade in seiner Körperlichkeit besonders sinnfällig in den Bildserien zum Ausdruck, mit denen das neue Exerzieren in den militärischen Druckwerken illustriert worden ist und deren symbolischer Mehrwert sich erst vor dem Hintergrund dieser vielfältigen Bedingungen erschließt. Unter den ersten in den Niederlanden selbst publizierten Bildfolgen erlangte die des Malers und Kupferstechers Jakob de Gheyn (1565–1629) die größte Bedeutung. Einzelne Bilder daraus werden bis heute, geradezu als Ikonen der oranischen Heeresreform, immer wieder reproduziert. Die Wirkung verdankt dieses Werk sicher seiner künstlerischen Qualität. Die Bilder entstanden im Auftrag der Reformer selbst und waren ursprünglich anscheinend für eine größere militärwissenschaftliche Materialsammlung gedacht, mit der Johann von Nassau-Siegen die Studien und Maßnahmen der Reformer dem militärischen Publikum vorstellen wollte. Dann ist das Projekt verschoben worden, vermutlich um sich nicht vom Gegner in die Karten schauen zu lassen; lediglich eine Bildfolge über die Reiterei ist allem Anschein nach schon 1599 gedruckt worden.[33] Schließlich wurden auch die Exerzierbilder für sich publiziert, nur mit einem relativ knappen Begleittext mit den wichtigsten Anweisungen zur Ausbildung der Soldaten, einschließlich der Abfolge von Befehlswörtern.[34] Den größten Raum des großformatigen Bandes nehmen die Abbildungen ein, deren repräsentative Qualität sich umso mehr aufdrängt. Jedes Bild füllt eine ganze Seite aus, so dass eher die einzelne Pose akzentuiert wird, die richtige Haltung eher als der Bewegungsablauf.

Das für die Reformen nicht weniger typische Gegenstück zu Gheyns Tafeln bilden viel einfachere Bildfolgen, die zur selben Zeit in der militärischen Literatur zu erscheinen begannen. Dabei handelte es sich um graphisch sehr viel schlichter gestaltete Exerzierbilder, die zudem noch so klein gestaltet wurden, dass mehrere von ihnen auf einer Druckseite platziert werden konnten. Diese Bildserien wirken erstaunlich modern und erinnern an eine Mischung aus Gebrauchsanweisung, Comicstrip und Daumenkino. Mit dieser Form der Präsentation rückte der Bewegungsablauf in den Vordergrund. Ohne größeren künstlerischen Anspruch gehören solche Bildfolgen von nun an zu den selbstverständlichen Medien, um im Rahmen der immer breiter gefächerten militärischen Fachliteratur Grundprinzipien des Drills zu illustrieren.

Was in beiden Fällen dargestellt wurde, sind an sich Übungen, aber deren Ziel war eben nicht bloße Körperertüchtigung oder Geschicklichkeit. Marschieren, Schwimmen oder Gewichtetragen, was etwa für Vegetius, den schon im Mittelalter hochgeschätzten spätantiken Militärschriftsteller, als selbstverständliche Mittel zur Stärkung der Soldaten galten, spielen in diesen Büchern nur ganz am Rande eine Rolle. Es geht vielmehr darum, die neu entwickelte Abfolge einzelner Handgriffe Schritt für Schritt nachvollziehbar zu machen, nicht nur theoretisch, sondern auch praktisch. Im Hinblick auf das Medium verwirklicht sich darin auch eine neue Konzeption des militärischen

derts, in: Militärgeschichte. Probleme – Thesen – Wege, Stuttgart 1982, S. 100–123; im Kontext prinzipieller Überlegungen zum Söldnerwesen: Michael Sikora: Söldner – historische Annäherung an einen Kriegertypus, in: Geschichte und Gesellschaft 29 (2003), S. 210–238.

25 Niccolò Machiavelli: Die Kriegskunst in sieben Büchern nebst den kleinen militärischen Schriften, Karlsruhe 1833 (Sämmtliche Werke aus dem Italienischen übersetzt von Johann Ziegler, Bd. 3); Neudruck in einem Band: Machiavellis Werke, hrsg. von Alexander Ulfig, Frankfurt a.M. 2007; bedeutendster Beiträger aus dem Reich war der kaiserliche Feldherr Lazarus von Schwendi, vgl. dazu die Textsammlung von Eugen von Frauenholz (Hrsg.): Lazarus von Schwendi. Der erste deutsche Verkünder der allgemeinen Wehrpflicht, Hamburg 1939 (Der Titel ist zumindest sachlich verkürzend). Die Verwurzelung der Heeresreformer in einem breiten und weit zurückreichenden Söldnerdiskurs betont Huntebrinker, 'Fromme Knechte' (s. Anm. 24).

26 In der militärischen Praxis der Zeit stammten allerdings oft, je nach Kontext, auch viele Söldner aus dem eigenen Land. Insofern tendieren solche Entgegensetzungen zum Klischee und werden zusätzlich kompliziert durch eine Terminologie, die Söldner per se mit Ausländern gleichsetzt, dazu grundsätzlich Sikora, Söldner (s. Anm 24), mit Blick auf die niederländische Republik in

der Frühen Neuzeit Hans Laurentz Zwitzer: 'De militie van den staat'. Het leger van de Republiek der Verenigde Nederlanden, Amsterdam 1991, vor allem S. 39–46.

27 Gunter Thies: Territorialstaat und Landesverteidigung. Das Landesdefensionswerk in Hessen-Kassel unter Landgraf Moritz (1592–1627), Darmstadt 1973.

28 Vgl. u.a. Winfried Schulze: Landesdefension und Staatsbildung. Studien zum Kriegswesen des innerösterreichischen Territorialstaates (1564–1619), Wien 1973; ders.: Die deutschen Landesdefensionen im 16. und 17. Jahrhundert, in: Johannes Kunisch (Hrsg.): Staatsverfassung und Heeresverfassung in der europäischen Geschichte der frühen Neuzeit, Berlin 1986, S. 129–149; Helmut Schnitter: Volk und Landesdefension, Berlin [Ost] 1977; Martin P. Schennach: Tiroler Landesverteidigung 1600–1650. Landmiliz und Söldnertum, Innsbruck 2003.

29 Marjolein C. 't Hart: The making of a bourgeois state. War, politics and finance during the Dutch revolt, Manchester 1993, S. 35.

30 Vgl. David Kunzle: From Criminal to Courtier. The Soldier in Netherlandish Art 1550–1672, Leiden 2002, zu den Bürgergarden S. 573–588, zum Niederschlag der Reformen S. 206f.

31 Dazu zählte auch, dass die Söldner zu Schanzarbeiten herangezogen wurden, eine Tätigkeit, die Söldner bis dahin verachtet hatten, die nun aber nicht nur als militärisch nützlich, sondern im

Abb. 106, Kat.-Nr. 39

Serienbildes. Das Thema älterer militärischer Bildserien aus dem 16. Jahrhundert waren vielmehr noch unterschiedliche Soldatentypen und -ämter,[35] ganz analog zu den gleichzeitigen Ständebüchern, in denen einzelne Figuren mit typischen Attributen die Vielfalt der sozialen Hierarchie und der Berufsstände abbildeten. In den neuen Exerzierbüchern hingegen bilden die Serien keine sozialen Stufen mehr ab. Durch das Medium der Bildserie werden nun Bewegungsabläufe visualisiert.

Der Befund ist allerdings ambivalent. Während die Kette der Bilder Bewegung zu visualisieren sucht, nehmen die Figuren in den einzelnen Bildern auffällig statische Positionen ein. Das wirkt umso verblüffender, als es ja eigentlich um Posen und Haltungen geht, die genau so auch im Gefecht eingenommen werden sollen. Und selbst die durch die Abfolge der Bilder tatsächlich beschriebenen Bewegungen beschränken sich auf engsten Raum, auf Drehungen oder Ausfallschritte. Allenfalls sind noch Marschpositionen angedeutet. Die Bildreihen für die Schützen führen ohnehin fast ausschließlich die Bedienung der Waffen vor. Sie richten sich auch gegen keinen sichtbaren Feind, anders als in Fechtbüchern oder auch in Bildreihen, etwa im Kriegsbuch von Wilhelm Dilich (um 1571–1655),[36] wo noch der Kampf mit Hellebarden vorgeführt wird (Abb. 106). In diesen Fällen werden mindestens zwei Figuren abgebildet, die miteinander kämpfen und deren Aktionen aufeinander bezogen sind. Im Falle der Bildserien zur Handhabung der Piken und Gewehre aber rücken die Feindbilder zwangsläufig aus dem Rahmen der einzelnen Illustrationen. Damit sind auch die Bewegungsabläufe ganz auf sich gestellt. Die Figuren reagieren nicht auf Gegner, sondern auf Befehle. Deshalb bleibt es auch ununterscheidbar, ob Übungshandlungen oder Kampfhandlungen dargestellt werden sollen. Das eine soll mit dem anderen identisch sein. Das wirkt geradezu absurd, wenn, wie in der 'Kriegskunst zu Pferde' von Johann Jakobi von Wallhausen (um 1580–1627),[37] ein Reiter mit Lanze auf einen Pikenier mit gefällter Pike zureitet. Völlig ungerührt schauen die Figuren aneinander vorbei, während die Spitzen ihrer Waffen einen Fingerbreit vor der Brust des jeweiligen Gegenübers eingefroren sind (Abb. 107). Der Effekt war wahrscheinlich gar nicht intendiert, denn anscheinend sind nur die beziehungslosen Vorlagen aus den entsprechenden Serien in ein Bild gesetzt worden. Um so deutlicher wird deren isolierte Haltung.

In ihrer Statik wirken die Figuren standhaft, im wörtlichen Sinn, aber sie verführen zu dem Gedankenspiel, darin auch die philosophische Standhaftigkeit, die 'constantia', verkörpert zu sehen. Welchen Wert die Reformer auf die Haltung an sich gelegt haben, kommt in der immer wiederkehrenden Forderung nach "zierlichen" Stellungen zum Ausdruck.[38] 'Zierlich' meint im damaligen Sinn weder niedlich noch künstlich, sondern ordnungsgemäß und angemessen. Deshalb finden sich in vielen Bildserien auch Standfiguren, die jenseits des Umgangs mit den Waffen eine ausgewogene Körperhaltung an sich repräsentieren, mit offener Fußstellung im Gleichgewicht. In

Abb. 107, HAB: 17 Bell. 2°

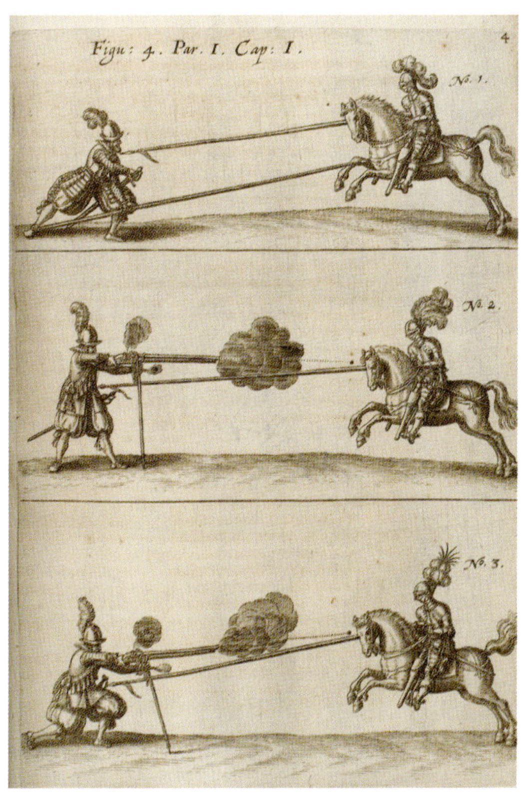

Sinne regelmäßiger Beschäftigung auch als erzieherisch wertvoll galt. Diese Praxis ist daher auch als markantes Indiz für den von den Oraniern ausgehenden Disziplinierungsschub bewertet worden, vgl. Burschel, Söldner (s. Anm. 24), S. 138 f.; ders.: Krieg, Staat und Disziplin. Die Entstehung eines neuen Söldnertypus im 17. Jahrhundert, in: Geschichte in Wissenschaft und Unterricht 48 (1997), S. 640–652.

32 Maury D. Feld: Middle-Class Society and the Rise of Military Professionalism: The Dutch Army 1589–1609, in: ders.: The Structure of Violence. Armed Forces as Social Systems, Beverly Hills 1977, S. 169–203. Zu den ökonomischen Bedingungen vgl. 't Hart, Making (s. Anm. 29).

33 Vgl. zur Verschiebung der Publikation Johan Quiryn van Regteren Altena: Jacques de Gheyn. Three Generations, Den Haag u. a. 1983, Vol. I [Textbd.], S. 54, unter Verweis auf einen Brief Johanns von Siegen (wie in Anm. 43), zu den Reiterbildern ebd. Vol. I [Textbd.], S. 54, Vol. II [Katalogbd.], S. 62, Vol. III [Tafelbd.], Tafeln 63–70.

34 Jacob de Gheyn: Wapenhandelinghe van Roers, Musqueten ende Spiessen [...], s'Gravenhage 1607. Die Bildreihe wurde gleich in mehreren Sprachen veröffentlicht, so zeigt die Ausstellung eine deutsche Ausgabe.

35 Matthias Rogg: Landsknechte und Reisläufer: Bilder vom Soldaten. Ein Stand in der Kunst des 16. Jahrhunderts, Paderborn 2002, S. 260–270.

diesem Sinne verdichtet sich die Kontrolle über den Körper zu einem neuen Habitus. Nicht zufällig stand die niederländische Armee in dem Ruf, mit ihrer strengen Ordnung auch einen neuen Grad an Sittlichkeit durchgesetzt zu haben.[39] Und ebendieser Habitus kam in den Stichen de Gheyns so mustergültig zum Ausdruck, gerade weil in diesem Fall der Bewegungsablauf hinter dem kunstvoll gestalteten, ganzseitigen Einzelbild zurücktrat.

Diese unerschütterlichen Krieger sind keine heroischen Einzelkämpfer. Dem steht schon die massenhafte Gleichförmigkeit ihrer Handlungen entgegen. Eine Uniformierung der Soldaten ist zu dieser Zeit noch nicht allgemein üblich. Aber die Extravaganz, mit der in den Bildmedien des frühen 16. Jahrhunderts die Landsknechte ausgeschmückt wurden,[40] ist verschwunden. Schon vor der Kleidung sind die Bewegungen uniform geworden. Die Praxis, die Aktionen der Soldaten zu fragmentieren und zu synchronisieren, bringt es daher mit sich, dass Heldenmut und besondere körperliche Fähigkeiten entbehrlich werden. Der Kampf wird auf ein Set von Handlungen reduziert, die zwar eingeübt werden müssen, aber keine besondere Geschicklichkeit erfordern. Jedermann kann sie lernen, sie sind beliebig reproduzierbar, und in diesem Sinne bewirken auch die veröffentlichten Bildfolgen eine immer weiterreichende Wiederholbarkeit. Die Heeresreformen sind daher auch als früheste industrielle Revolution, als Industrialisierung des militärischen Verhaltens bezeichnet worden,[41] mithin als Vorboten künftiger Fabrikdisziplin. Nicht zuletzt bewirkten diese Praktiken, die Soldaten bis in die einzelnen Handgriffe der Kontrolle der Befehlshaber zu unterwerfen. In vielen Facetten veranschaulichen die Bildserien des niederländischen Exerzierens daher vor allem eines: Disziplin.

Theorie und Praxis

In welchem Maße sich das in die Praxis umsetzen ließ, steht auf einem ganz anderen Blatt. Schon angesichts der Bildreihen entsteht der Eindruck, dass in den vorgeschriebenen Haltungen ein Überschuss an disziplinierender Phantasie steckte. Von dem freundlich winkenden Schützen wurde schließlich erwartet, dass er nur um der zierlichen Pose willen die Muskete mit einer Hand auf der Gabel balancieren konnte, um eine Hand für den Gruß frei zu haben (Abb. 108). War es tatsächlich realistisch, dass die Musketiere beim Laden des Gewehres mit der einen Hand den Ladestock ins Rohr stießen, während die andere Hand zugleich das Gewehr, die Lunte und die Gabel halten sollte, ohne dabei das Gewehr wenigstens abzusetzen? Solche Zweifel dürfen auch gegenüber der dynamischsten dieser Positionen angemeldet werden, nämlich der gegen Reiter gefällten Pike, die meist mit einem gleichzeitigen Griff zum Schwert dargestellt wird (Abb. 109). Das ist immerhin eine der wenigen übrig gebliebenen Andeutungen auf die Rolle des Schwerts. Einer der Autoren notierte aber selbst zu dem Bild: "Ist aber [das Ziehen des Schwertes, M.S.] mehr zur Zierde und Hurtigkeit, als Stärcke angesehen, und im Ernste zu practiciren gefährlich, und fast nicht wohl müglich".[42] Immerhin diskutierten auch die Reformer untereinander über die Zweckmäßigkeit der verschiedenen Posen,[43] wie sich ja auch keine allgemein gültigen Regeln ausbildeten. Jede Ar-

36 Wilhelm Dilichii: [...] Hochvernünfftig gegründet- und auffgerichtete, in gewisse Classen eingetheilte, bißher verschlossen gelegen, nunmehr aber eröffnete Krieges-Schule [...], Frankfurt a. M. 1689. Jähns, Kriegswissenschaften (s. Anm. 4), hier Teil II: 17. und 18. Jahrhundert bis zum Auftreten Friedrichs des Großen 1740, München und Leipzig 1890, Nachdruck New York und Hildesheim 1966, S. 959, hält daran fest, dass diese über 30 Jahre nach Dilichs Tod erschienene Ausgabe auf eine von Dilich um 1647 im Manuskript vollendete Überarbeitung und Erweiterung älterer Schriften zurückgeht. Nach Kleinschmidt, Tyrocinium (s. Anm. 1), S. 313, stammen aber Einzelheiten aus dem letzten Drittel des 17. Jahrhunderts, so dass mindestens von Eingriffen eines unbekannten Autors ausgegangen werden muss.

37 Johann Jacobi von Wallhausen: Kriegskunst zu Pferdt Darinnen gelehret werden, die initia und fundamenta der Cavallery, aller vier Theilen: Als Lantzierers, Kühtissierers, Carbiners und Dragoens, [...], Frankfurt a. M. 1616.

38 Kleinschmidt, Tyrocinium (s. Anm. 1), S. 146 f. und öfter.

39 In "Der Abenteüerliche Simplicissimus Teütsch", dem berühmten, 1668 erschienenen Schelmenroman von Hans Jakob Christoffel von Grimmelshausen über den Dreißigjährigen Krieg, erzählt einer der Protagonisten spöttisch: "... trabte fürders in holländische

Abb. 108, Kat.-Nr. 37

Abb. 109, Kat.-Nr. 37

mee und im Grunde jeder Theoretiker entwickelte in der Folge eigene Handgriffe und Stellungen. Natürlich mussten dabei immer dieselben Aufgaben gelöst werden. Aber im Detail variierten die Vorschriften in vielen Punkten.[44]

Nicht zuletzt haben die Möglichkeiten des kollektiven Drills die Phantasie der Reformer und Autoren in besonderer Weise angeregt. Jedenfalls sind einige der Kriegsbücher voll von komplizierten Skizzen für komplexe Bewegungen und diffizile Muster, welche die Soldaten ausführen sollten. Es darf bezweifelt werden, dass sie alle tatsächlich Eingang in die militärische Praxis gefunden haben. Umso eindrucksvoller aber belegen sie die Faszination, die von dem Gedanken ausgegangen sein muss, eine Masse Mensch wie ein Kriegsballett dirigieren zu können. Und wenn auch manche Raffinesse eher als Phantasiegeburt anmutet, so sind doch Manöver möglich geworden, die auch von Zeitgenossen als neue Qualität wahrgenommen werden konnten. Ein Teilnehmer des Dreißigjährigen Krieges, als sich die Neuerungen weiter ausbreiteten, schwärmt davon, welchen Eindruck ein gut diszipliniertes Regiment hinterlassen würde, in dem die Truppen ihren Offizieren ergeben sind, denn dann würde man meinen, "ein ganzes Regiment, diszipliniert wie dieses, wäre wie ein Körper und eine Bewegung, die Ohren folgen dem Kommando eines wie das andere, die Augen wenden sich zugleich, beim ersten Zeichen, die Hände handeln wie eine Hand, indem sie einen Hieb austeilen, sind es viele zugleich, immer bereit zu schlagen oder zu halten, wie es dem Befehlshaber gefällt".[45]

Noch viel schwieriger ist es, den Effekt der Reformen in den unmittelbaren Kampfhandlungen nachzuweisen, zumal gerade der niederländische Unabhängigkeitskampf eher von Belagerungen als von offenen Feldschlachten bestimmt wurde. In den ersten Jahrzehnten, als es noch eher um die Bekämpfung eines Aufstandes ohne klare

Dienste, allwo ich zwar richtigere Bezahlung, aber einen langweiligen Krieg für mein Humor fand, denn da wurden wir eingehalten wie die Mönche und sollten züchtig leben als die Nonnen", 4. Buch, 21. Kapitel, zit. auch bei Sicken, Heeresreform (s. Anm. 1), S. 438.

40 Es ist darauf aufmerksam gemacht worden, dass die Kleidung der Landsknechte keine eigenen Formen entwickelt hat, sondern an die nichtmilitärische Kleidung angelehnt blieb, daraus aber, zur Demonstration der eigenen Gruppenidentität, die eher extremen Formen aufgriff, vgl. Matthias Rogg: "Zerhauen und zerschnitten, nach adelichen Sitten". Herkunft, Entwicklung und Funktion soldatischer Tracht des 16. Jahrhunderts im Spiegel zeitgenössischer Kunst, in: Bernhard R. Kroener und Ralf Pröve (Hrsg.): Krieg und Frieden. Militär und Gesellschaft in der Frühen Neuzeit, Paderborn 1996, S. 109–135. Die Kleidung in den Bildserien des reformierten Militärs ist noch keine Uniform, aber ihr militärischer Charakter kommt nun eher durch funktionale Elemente als durch modische Distinktion zum Ausdruck.

41 Feld, Society (s. Anm. 32), S. 191.

42 Wilhelm Dilich: Hochvernünfftig gegründet- und auffgerichtete [...] Krieges-Schule, Teil I, Frankfurt a.M. 1689, S. 118.

43 Geradezu kleinlich kritisierte Johann von Nassau-Siegen am Ende unpraktische Details an den

Grenzen gegangen war, dominierten Aktionen im Stil eines irregulären Kleinkriegs. Erst um 1600 stabilisierte sich die Abgrenzung zwischen den gegnerischen Parteien, so dass die Reformen auch mit einer Regulierung der Kriegführung zusammenfielen.[46] Zum Symbol für den Erfolg der Reformen wurde schließlich die Schlacht bei Nieuwpoort, an der Mündung der Yser in die Nordsee, am 2. Juli 1600.[47] Moritz hatte sich dort von einer sich überraschend annähernden spanischen Armee unter Erzherzog Albrecht von Österreich in die Ecke drängen lassen, und der Ausgang des Kampfes war durchaus ungewiss. Am Ende konnten sich die Niederländer aber doch behaupten und die Spanier zum Rückzug zwingen. Was dabei den Ausschlag gegebenen hat, ist angesichts eines so komplexen Geschehens und nur begrenzter Quellenlage schwer zu entscheiden. Eine große Rolle spielte offenbar die Reiterei, die eigentlich das Stiefkind der Reformer war. Moritz von Oranien aber soll selbst mehrfach bekundet haben, "das er dem Verstandt der Exercitien nechst Gott den Sieg in der Schlacht bei Neuport zuegemessen".[48] In bedrängter Situation habe sein Volk nämlich auf Zuruf halb links machen und sich dadurch neu entfalten können. Die Wendungen wären es demnach also gewesen.

Der Erfolg an sich aber beglaubigte schon den Nutzen der Reformen und beförderte die Verbreitung dieser Praktiken in Europa. In Deutschland standen die Reformer selbst schon in Kontakt mit einigen anderen Landesfürsten, etwa dem schon erwähnten Landgrafen Moritz von Hessen-Kassel. Der Dreißigjährige Krieg, ausgebrochen rund zwei Jahrzehnte nach den oranischen Reformen, forcierte mit der militärischen Konkurrenz einmal mehr den Mut zu Neuerungen. Hier war es vor allem der schwedische

Abb. 110

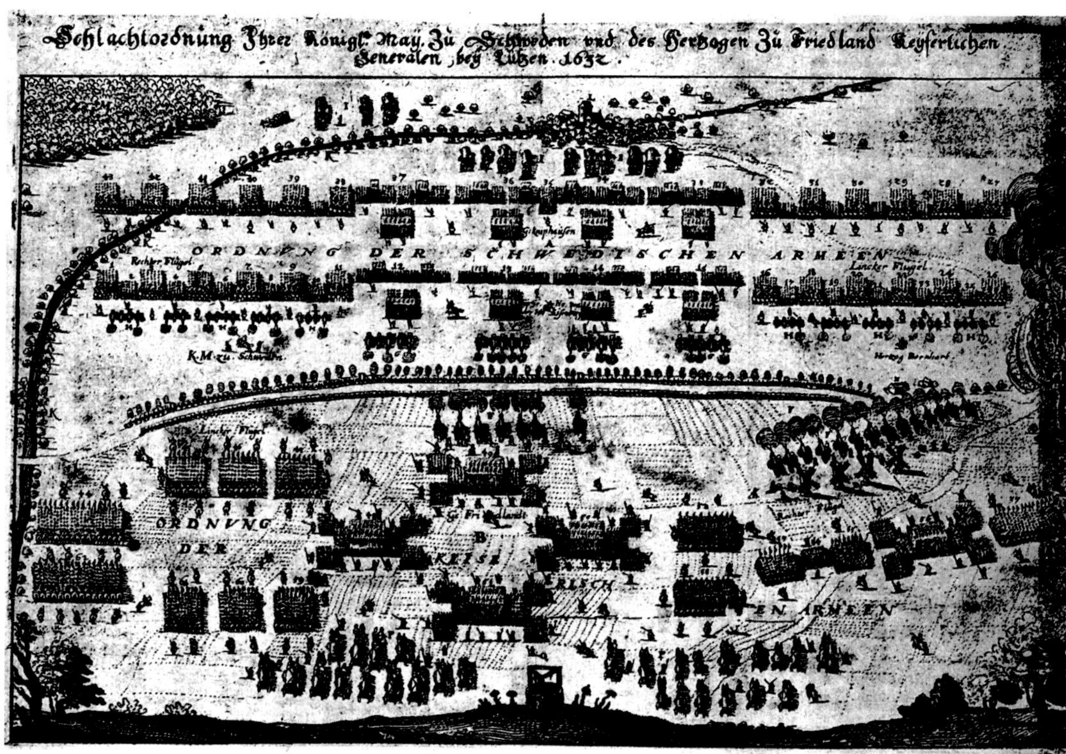

Exerzierbildern de Gheyns, vgl. dazu einen Brief vom 10.12.1608, ed. bereits bei Johan Quiryn van Regteren Altena: Jacques de Gheyn. An Introduction to the Study of his Drawings, Amsterdam 1935, S. 125–128, dann auch bei Hahlweg, Kriegsbuch (s. Anm. 3), S. 613–616.

44 Dem hat sich Kleinschmidt, Tyrocinium (s. Anm. 1), passim, mit aller Akribie gewidmet.

45 Aus den Erinnerungen und Reflexionen eines schottischen Offiziers, nach William S. Brockington (Hrsg.): Monro, his expedition with the Worthy Scots Regiment called Mac-Keys, London 1999, S. 49.

46 Vgl. skizzenhaft Parker, Army (s. Anm. 10), S. 10–18.

47 Zuletzt dazu Jan Piet Puype: Victory at Nieuwpoort, 2 July 1600, in: Marco van der Hoeven (Hrsg.): Exercise of Arms. Warfare in the Netherlands, 1568–1648, Leiden 1997, S. 69–112.

48 Aus einem anonymen zeitgenössischen Manuskript über Exerzieren, zit. nach Hahlweg, Heeresreform (s. Anm. 1), S. 137.

König Gustav Adolf, der sich von den Anregungen der Niederländer inspirieren ließ, sie aber anhand eigener Erfahrungen fortentwickelte.[49] Ein zeitgenössischer Stich, der die Aufstellung zur Schlacht von Lützen 1632 wiedergeben will, stellt stark vereinfachend und geradezu idealtypisch zwei Epochen der Militärgeschichte gegenüber (Abb. 110). Wenn man einige Komplikationen und Differenzierungen beiseite lässt, zeigt die Darstellung im unteren Teil, auf kaiserlicher Seite, immer noch große Tercios, schon in die Breite gedehnt, aber noch als isolierte Einheiten im Raum gruppiert. Die schwedische Aufstellung in der oberen Bildhälfte dagegen setzt sich aus deutlich kleineren Einheiten zusammen, die sich an zwei parallelen, hintereinander angeordneten Linien ausrichten. Die schwedischen Truppen standen nur noch sechs Mann tief. Deutlich wird aber auch, dass Gustav Adolf noch an zahlreichen Pikenieren festhielt und sie als offensive Speerspitzen voranstellte.

Ausblick

Die weitere Entwicklung folgte für wenigstens zwei Jahrhunderte der Logik, die in der Konstellation von 1600 angelegt war. Die geschlossenen, koordiniert agierenden Formationen der gedrillten Fußsoldaten standen im Zentrum der militärischen Ausbildung, ausgerichtet auf den Moment der Schlacht. Ihre Visualisierung in zahlreichen Gemälden und Drucken wurde zur Signatur dieser Epoche der Kriegsgeschichte. Gegenüber den oranischen Reformen veränderte sich nur die äußere Gestalt. Binnen eines Jahrhunderts verschwindet die Pike vom Schlachtfeld, das Gewehr, immer leichter und schneller zu bedienen, beherrscht das Kriegsgeschehen. Mit der rascheren Schussfolge

Abb. 111

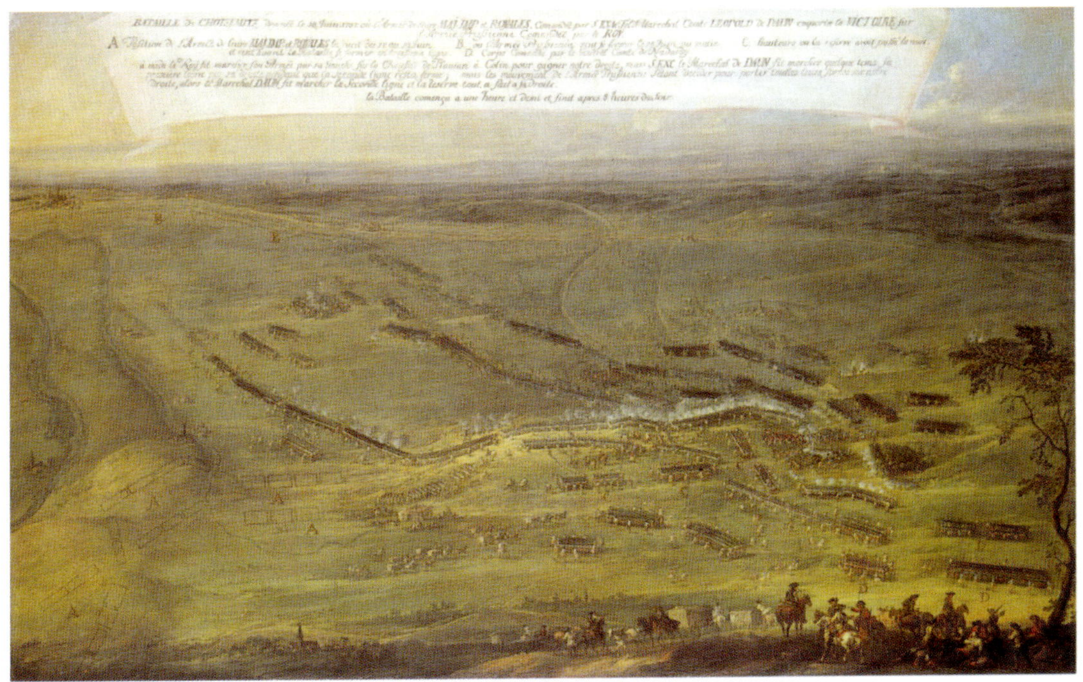

kann auch die Zahl der Glieder verringert werden, im 18. Jahrhundert stehen die Truppen nur noch drei Mann tief, so dass jeder von seiner Position aus direkt zum Schuss kommen kann, wenn sich das erste Glied hinkniet. Dafür wird die Aufstellung immer breiter, zumal die Armeen Ende des 17. Jahrhunderts noch einmal einen Wachstumsschub erfahren. Am Ende kann die Front einer Schlachtordnung mehrere Kilometer lang sein (Abb. 111). Ein solcher Anblick macht unmittelbar anschaulich, warum man diese Praxis als 'Lineartaktik' bezeichnet.

Auch die Übungen der Soldaten wurden in diesem Sinne fortgeschrieben. Tendenziell schwoll im Zuge der Entwicklung die Zahl der einzelnen Handgriffe an, wurden die Bewegungsabläufe immer weiter fragmentiert. In der Praxis setzten im 17. Jahrhundert viele Befehlshaber noch ihre eigenen Vorschriften auf, um die Lücke zwischen den noch eher generellen Vorgaben und dem ganz konkreten Bewegungsablauf zu schließen.[50] Auch dafür konnten die publizierten Bildfolgen Vorgaben liefern. Allmählich aber nahmen die Bemühungen um zentrale Regulierung zu. Um jedoch die gewünschte Vereinheitlichung herstellen zu können, mussten die Bewegungen immer genauer beschrieben werden, bis hin zur Ausrichtung einzelner Körperteile. Die wachsende Komplizierung des körperlichen Drills erschöpfte sich erst im Laufe des 18. Jahrhunderts. Vielerorts wurden nun die Abläufe gestrafft, allerdings nur um der Effektivität willen, ohne neue Bewegungsspielräume für den einzelnen zu schaffen.

Die militärische Relevanz des Drills ist nicht zu bestreiten. Die Schlacht im 18. Jahrhundert war ein höchst komplexes und voraussetzungsvolles Geschehen. Es ist eine heikle Aufgabe, mehrere tausend oder zehntausend Menschen aus Marschkolonnen heraus in eine lückenlose und halbwegs gerade Frontlinie zu überführen und ihrer auch noch im Gefecht Herr zu bleiben. Es ist auch nichts Geringes, den Soldaten das nötige Zutrauen in die Haltbarkeit dieser dünnen Linien einzuflößen. Wo sich die Formation auflöste, blieben wehrlose Einzelfiguren übrig. Geschlossenheit galt nicht zuletzt als Gebot für das Schießen. Vorteile versprach sich, und zwar nicht zu Unrecht, wer seine Soldaten möglichst einheitlich und möglichst schnell schießen lassen konnte. Selbst bei Pannen, wenn etwa der Schuss versagte, sollte die weitere Folge der Handgriffe bis hin zum nur noch fingierten Schießen durchgeführt werden, um mit den anderen im Takt zu bleiben.[51]

Diese Praktiken folgten aber letztlich alle aus der Prämisse, den Kampf in Formation als optimale Entfaltung der Kräfte anzusehen. Daraus folgte dann aber auch, beim Schießen eher auf Schnelligkeit als auf Zielen zu achten. Dabei war es nicht so, dass keine Alternativen bestanden hätten. Von der technischen Seite her gab es mittlerweile hochwertige und treffsichere Gewehre, die zum Beispiel für die Jagd verwendet wurden. Sie waren allerdings aufwendiger in der Herstellung und vor allem aufwendiger in der Bedienung. Das ließ sich aber mit dem kollektiven Drill nicht ohne weiteres vereinbaren. Im Krieg fanden diese Gewehre daher nur bei Spezialisten Verwendung, oft rekrutierte Jäger, die im Zusammenspiel mit leichten Reitern und Freikorps Scharmützel und Kleinkrieg betrieben. Dieser Kleinkrieg war allerdings viel alltäglicher als die Schlachten, die sich nur an wenigen Tagen eines Feldzugs ereigneten. Schließlich wurden die europäischen Mächte auch in ihren kolonialen Konflikten mit andersartigen Kulturen des Krieges konfrontiert.

---

49 Michael Roberts: Gustavus Adolphus. A History of Sweden 1611–1632, Bd. 2, London u.a. 1958, vor allem S. 238–270.

50 Kleinschmidt, Tyrocinium (s. Anm. 1), S. 182f.

51 So lautet etwa die Anordnung im preußischen Infanteriereglement von 1743, hier nach dem Reprint: Reglement für die Königl. Preußische Infanterie, mit einem Vorwort von Hans Bleckwenn, Osnabrück 1976, S. 78.

52 Vgl. zu diesen Überlegungen Michael Sikora: Disziplin und Desertion. Strukturprobleme militärischer Organisation im 18. Jahrhundert, Berlin 1996, S. 46–53; John A. Lynn: Battle. A History of Combat and Culture, Boulder 2003, S. 111–144, der den Zusammenhang zwischen kulturellen Werten und militärischen Praktiken in einem universalhistorischen Vergleich ausgewählter Epochen überprüft; Jürgen Luh: Kriegskunst in Europa 1650–1800, Köln 2004, der die repräsentative Qualität des Militärs im Ancien Régime sehr pointiert als Hemmnis militärischer Innovation begreift.

53 William H. McNeill: Keeping Together in Time. Dance and Drill in Human History, Cambridge (Mass.) 1995, entwirft eine Art Anthropologie

Die Faszination aber, die für die militärisch-politischen Eliten Alteuropas von den Linien und Formationen ausgegangen ist, erwuchs offenbar auf ihre Weise aus dem Umstand, dass diese Praktiken so vollkommen mit ihren eigenen kulturellen Idealen zu harmonieren schienen.[52] Das gilt nicht nur für die gelehrten Diskurse über antike Kriegsführung, die weiterhin gepflegt wurden. In der Forschung sind verschiedentlich mit dem Drill auch die strengen Formen des höfischen Tanzes assoziiert worden.[53] In einem abstrakteren Sinn mochten die Zeitgenossen in dieser Form der Kriegsführung auch die im Zuge der wissenschaftlichen Revolution entwickelten Prinzipien der mathematischen Rationalität wiedererkennen. Der Krieg der Linien erschien aus dieser Perspektive als geometrisch geordnet und berechenbar und wurde deshalb im ästhetischen Sinne auch als schön wahrgenommen. Aus der Sicht der Eliten konnte eine wohlgeordnete Armee schließlich auch wie ein Abbild der soziopolitischen Herrschaftsverhältnisse anmuten, indem ein allmächtiger Monarch und Feldherr die Geschicke lenkte, gestützt auf ein adliges Offizierkorps, das über eine gefügig gemachte Menschenmasse verfügte.

Für einen solchen Zusammenhang spricht, dass das militärische Exerzieren, folgt man seinen Normen, sozusagen einen Überschuss an Disziplin produzierte, der über die Rationalität der Gefechtsführung hinauswies. Denn die wachsende Kontrolle über die einzelnen Körperteile kulminierte schließlich in der Erwartung, den ganzen Körper permanent unter Kontrolle zu halten, indem auch Körperhaltungen zum Gegenstand der Normierung wurden. In der ersten Hälfte des 18. Jahrhunderts brachte der Drill der preußischen Armee diese Tendenzen besonders konsequent zum Ausdruck. In den Reglements kommt der disziplinierende Mehrwert immer wieder zum Vorschein. Der Soldat sollte "sich ein gutes Air" geben, den Bauch einziehen, den Rücken gerade halten, eine gespannte Haltung einnehmen, und das "Schönste" wäre, wenn er sein Gewehr gut trägt. Damit verband sich die Forderung, den Bauern aus ihm herauszubringen.[54] Das Ziel war also eine Art Umerziehung. Nicht nur der Truppenkörper, sondern auch der einzelne Soldat wurde sozusagen aus den fragmentierten Handgriffen und Bewegungen neu zusammengesetzt. Mit seiner ganzen Existenz wurde er in den militärischen Körper eingefügt und damit zugleich zu dessen Repräsentanten. Schließlich sollte er diese Haltung nicht nur auf dem Exerzierplatz und dem Schlachtfeld, sondern auch in der Freizeit beibehalten.

Selbstverständlich dürfen solche obrigkeitlichen Phantasien nicht als Abbild der Wirklichkeit missverstanden werden. Das Verhalten der Soldaten im Dienst, im Gefecht und erst recht in der Freizeit folgte noch ganz anderen Regeln, Gewohnheiten und Empfindungen. Aber es liegen auch Aussagen von Zeitzeugen vor, die belegen, dass die Disziplinierungsmaßnahmen nicht spurlos blieben. Ein Deserteur aus der preußischen Armee bekannte immerhin: "Mein Aeusseres hatte sich ziemlich verschönert. Ich gieng nicht mehr so läppisch daher, sondern hübsch gerade".[55]

Das intendierte Verhältnis zwischen dem Körper des Soldaten und dem Körper der militärischen Formation wurde dagegen von einem zeitgenössischen Beobachter mit der zeitgemäßen Metapher der Maschine zugespitzt: "Kein Glied, keine Zückung, keinen Blick, keinen Gedanken muß er [der Soldat, M.S.] dann für sich selbst haben. Alles, sein Körper und seine Seele, seine ganze Achtsamkeit und Anstrengung, gehören der

der rhythmischen Bewegung als Medium gesteigerter Effizienz und Gemeinschaftsbildung; dort S. 127–132 im Überblick zu den oranischen Reformen, anschließend S. 132–134 knappe Bemerkungen zur Rolle des höfischen Tanzes für die Disziplinierung der Eliten; Harald Kleinschmidt, Using (s. Anm. 8), S. 618–621, sieht im Menuett die Wurzeln für eine Disposition der Aristokratie zur Ausübung des militärischen Drills.

54 Eine kleine Blütenlese aus dem Preußischen Infanteriereglement von 1743, S. 37f., und 1726, S. 40, zum folgenden auch Sikora, Disziplin (s. Anm. 52), S. 37–53. Vgl. die subtilen Beobachtungen bei Michel Foucault: Überwachen und Strafen, Frankfurt a.M. 1997 (frz. Originalausg. 1975), S. 173–201, als Teil einer umfassenden, hier nicht zu diskutierenden Theorie der Macht.

55 Ulrich Bräker: Lebensgeschichte und natürliche Abentheuer des Armen Mannes im Tockenburg, hier zit. nach: ders.: Sämtliche Schriften, 4. Band: Lebensgeschichte und vermischte Schriften, bearb. von Claudia Holliger-Wiesmann u.a., München und Bern 2000, S. 519.

Maschine, davon er ein Theil ist. Diese unnennbare Simmetrie, dies Stillstehen und sich Bewegen nach einem Wink macht eine von den eigenthümlichen Schönheiten unsers Standes aus".[56] Diese Metapher deklarierte den einzelnen Soldaten nicht nur zum willenlosen Bauteil. Indem die Maschine geradezu als bewegte Geometrie erschien, gipfelten darin die Verheißungen mathematischer Rationalität. Nicht zufällig konnte mit der Metapher der Maschine aber auch die visionäre Ordnung des Fürstenstaats beschworen werden.[57] Wenn überhaupt, so wurde der Absolutismus gerade auf dem Exerzierfeld Wirklichkeit. Nirgendwo sonst konnte der Landesherr seine Untertanen auch nur entfernt so uneingeschränkt dirigieren wie als Generalissimus, nirgendwo sonst war der Untertan so untertänig wie als Musketier.

In annähernder Perfektion verwirklichte sich diese obrigkeitliche Utopie ohnehin nur auf dem Exerzierplatz oder dem Manöverfeld. Dort verkörperte die ganze Armee dann auch einen symbolischen Mehrwert als repräsentative Ausdrucksform von Macht und Herrschaft. Im 18. Jahrhundert erhoben sich dagegen aber auch schon kritische Stimmen, die das militärische Exerzieren als Puppenspiel oder Marionettentheater verspotteten und für welche die Maschinenmetapher nur Seelenlosigkeit bedeutete.[58] Der Reduktion von Disziplin auf bloßes Funktionieren stellten die Kritiker die Beseelung der Soldaten mit neuen patriotischen Tugenden entgegen. Die Freiwilligen der französischen Revolution kombinierten ihre Begeisterung tatsächlich mit neuen, aufgelockerten Gefechtsweisen, die freilich auch einem Mangel an Übung geschuldet waren. Später verschwanden die geschlossenen Formationen tatsächlich von den Schlachtfeldern. Der militärische Drill aber blieb dennoch erhalten. Nur noch begrenzt von unmittelbarem Nutzen für das Gefecht, produziert er Gehorsam und verkörpert bis heute die Disziplin als Leitwert des Militärs. Sein symbolischer Mehrwert kann nach wie vor auf dem Paradeplatz besichtigt werden.

56 [Friedrich Eckard:] Versuch über die Kunst junge Soldaten zu bilden, Prag 1782, S. 19f.

57 Vgl. Barbara Stollberg-Rilinger: Der Staat als Maschine. Zur politischen Metaphorik des absoluten Fürstenstaats, Berlin 1986.

58 Vgl. u.a. als Fallstudie mit weiterführenden Hinweisen Johannes Kunisch: Das "Puppenwerk" der stehenden Heere, in: ders.: Fürst -Gesellschaft – Krieg, Köln 1992, S. 161–201.

Das Reiten als Kriegstechnik, als Sport und als Kunst: die Körpertechnik des Reitens und gesellschaftliche Identität im frühneuzeitlichen Deutschland[1]

Pia F. Cuneo

Einleitung

In gewisser Hinsicht erscheint das Reiten als ein zeitloses Phänomen: Stets hat sich der Mensch unter Entwicklung geeigneter Techniken des Körpers, eines Pferdes zu bemächtigen gewusst, um so die Stärke und Geschwindigkeit des Tieres zu beherrschen. Ob wir an den mythischen Held Perseus und an sein geflügeltes Pferd Pegasus aus der klassischen Antike oder an den berühmten Cowboy Roy Rogers und sein Wunderpferd Trigger aus Hollywood denken, das Ziel des Zusammenspiels zwischen Mensch und Pferd ist in beiden Fällen identisch: die besonderen Gaben des Tieres dem Willen des Menschen dienstbar zu machen. Gleichzeitig ist das Reiten sehr wohl zeitgebunden und historisch bedingt. Welche Mittel beispielsweise bei der Zäumung benutzt oder welche Erwartungen an das Pferd bzw. an seinen Reiter bei der Zusammenarbeit gestellt werden bzw. welche Funktionen das Reiten erfüllt, das alles unterliegt dem Wandel.

Die Funktionen des Reitens in der Frühen Neuzeit sind in zeitgenössischen Quellen des 16. und 17. Jahrhunderts, die sich ausdrücklich mit der Zucht, Verpflegung und Ausbildung und mit dem Reiten von Pferden befassen, ausführlich dokumentiert. Im Allgemeinen, aber nicht ausschließlich, gehörte der Adel zu den Autoren und zu der Leserschaft dieser Bücher. Explizit werden drei Hauptfunktionen des Reitens genannt und erklärt: Reiten als Kriegstechnik, Reiten als Sport wie z.B. bei der Teilnahme an Turnieren und Reiten als Kunst. Liest man die Texte aufmerksam, erkennt man jedoch, dass implizit immer eine zusätzliche Funktion mitschwingt: die Repräsentation einer bestimmten gesellschaftlichen Rolle. Diese Rolle basiert wesentlich auf Idee und Praxis des (Be)Herrschens. In erster Linie muss der Körper des Tieres dominiert und kontrolliert werden. Aber um dieses Ziel zu erreichen, muss der Reiter auch seinen eigenen Körper und seine eigenen Emotionen beherrschen. Er muss in jedem Augenblick wahrnehmen, wie sein eigener Körper sich gerade bewegt, und er muss diese Bewegungen auch beurteilen und korrigieren können (das gilt gleichermaßen für seine Empfindung und sein Wissen über die Bewegungen des Pferdekörpers). Der Reiter darf starken Emotionen wie Zorn, Ungeduld und Frustration nicht nachgeben, wenn ihn zum Beispiel das Pferd nicht versteht oder wenn es physisch nicht in der Lage ist, seine Anweisungen nachzuvollziehen. Stattdessen muss der Reiter stets ruhig, geduldig und freundlich bleiben, auch wenn es sich als nötig erweisen sollte, dass er das Pferd bestrafen muss. Ferner muss der Reiter ein weites Wissensgebiet praktischer und theoretischer Art überblicken, wie zum Beispiel bestimmte Krankheiten eines Pferdes behandelt werden können oder

1 Der Schwerpunkt dieses Aufsatzes liegt aufgrund des Oberthemas der Ausstellung auf dem berittenen Pferd und klammert z.B. das Arbeitspferd aus. Damit ist aber durch die Quellenlage eine Konzentration auf die ökonomischen und gesellschaftlichen Eliten verbunden, die nicht das gesamte Spektrum des Umgangs mit Pferden in der Frühen Neuzeit repräsentieren.

wie ein individuelles Pferd beschlagen oder gezäumt werden soll, welche Beschläge oder Gebisse am besten auf seine Hufe bzw. in sein Maul passen, um gewisse körperliche Schwächen und damit Trainingshindernisse auszugleichen bzw. zu überwinden. Richtiges Reiten wird deshalb in Büchern des 16. und 17. Jahrhunderts sowohl der Kunst als auch der Wissenschaft zugeordnet.

Eine solche Rolle, welche die Beherrschung seiner selbst und der anderen beinhaltet, wird herkömmlich als spezifisch adelig verstanden. Seit dem Mittelalter gehörten diejenigen, die Macht innehatten und ausübten, zu den verschiedenen Gruppierungen des Adels, vom Ritter bis zum Kaiser.[2] Aber eben diese adelige Identität wurde im Verlauf der Frühen Neuzeit instabil. Seit dem Mittelalter widmete sich der Adel vornehmlich der Kriegsführung und der Güterverwaltung einschließlich der Steuereintreibung.[3] Im Laufe des 15., 16. und 17. Jahrhunderts aber nahm der Adel immer seltener selbst an der Kriegsführung teil und wurde stattdessen immer stärker in die Hofkultur eingebunden. Am Hof konkurrierte er – auch mit ausgebildeten Nicht-Adeligen – um Ämter und Einfluss.[4] Aber auch in diesem neuen gesellschaftlichen Kontext blieb das Pferd für den Adel von großer Wichtigkeit. An den Höfen inszenierte Turniere und Rennen boten weiterhin Profilierungsmöglichkeiten.[5]

Ebenso wie Funktionen des Adels nicht mehr ausschließlich an der Herkunft, sondern auch an Bildung und Tugend festgemacht wurden,[6] waren der Besitz edler Pferde und das Reiten *per se* kein Privileg des hohen Adels mehr. Da diese Zeichen instabil und multivalent geworden waren, wurde die unterschiedlich ausgeprägte Kompetenz wichtiger denn je zuvor. Alte Adelsfamilien sollten zwar wie eh und je ihre Herrschaftskompetenz reitend zur Schau stellen, mussten hierbei jedoch verstärkt besonderes Können zeigen. Niederer Adel, Neu- und Nicht-Adel konnten hingegen durch besonders gute Performanz ihre niedrige Herkunft überwinden bzw. verschleiern. Wenn wir also das Reiten in der Frühen Neuzeit an Hand der Quellen betrachten, erkennen wir, dass die damit verbundenen Körpertechniken als Instrument dargestellt werden, um eine gewisse gesellschaftliche Identität zu manifestieren und zu konstruieren – und zwar eine, die den Adel repräsentiert bzw. ihm annähernd gleich kommt.

Dabei haben wir keinen unmittelbaren Zugang zu diesen körperlichen Praktiken, wir haben nur ihre Beschreibung in Wort und Bild. Das Schreiben, Lesen und Besitzen von Reitbüchern konnte zugleich ganz unterschiedliche Funktionen erfüllen, die weit über die Präsentation spezifischer Techniken und Praktiken hinausgingen. Reitbücher konnten die Bildung und Erfahrung des Autors bzw. des Lesers/Besitzers demonstrieren. Über das Vehikel des Reitens konnten aber auch ganz andere gesellschaftliche, politische und theologische Werte und Themen dargestellt bzw. rezipiert werden. Ferner gilt es, sprachliche und bildliche Topoi und Traditionen in diesen Werken zu erkennen und nicht naiv als Abbild der Wirklichkeit zu deuten. Andere Bilder wiederum zeugen deutlicher von Stil und Gestaltungswillen des Künstlers als von den Praktiken, die sie – laut Text – eigentlich darstellen sollen. Der Zugang zum Reiten ist also in keiner Weise unmittelbar. Man konnte sich sogar über bestimmte Werte und Ideale des Reitens verständigen und diese teilen, ohne selbst je zu reiten. Das bedeutet aber, dass die gesellschaftliche Funktion dieser Reitbücher auch unabhängig von der Vermittlung spezifischer Praktiken bestand.

2 John H. Kautsky: Funktionen und Werte des Adels, in: Peter Uwe Hohendahl und Paul Michael Lützeler (Hrsg.): Legitimationskrisen des deutschen Adels 1200–1900, Stuttgart 1979, S. 1–16, hier S. 9 und 11 f.

3 Kautsky, Werte des Adels, ebd., S. 5–6; und im selben Sammelband Dietrich Gerhard: Der deutsche Adel bis zum 18. Jahrhundert, S. 17–27.

4 Karin Plodeck: Hofstruktur und Hofzeremoniell in Brandenburg Ansbach vom 16. bis zum 18. Jahrhundert. Zur Rolle des Herrschaftskultes im absolutistischen Gesellschafts- und Herrschaftssystem, Ansbach 1972, besonders S. 59–60 und 114–116; Gerhard, Der deutsche Adel (s. Anm. 2), S. 22; als konkretes Beispiel dafür Dieter Lohmeier: Heinrich Rantzau und die Adelskultur der frühen Neuzeit, in: Dieter Lohmeier (Hrsg.): Arte et Marte. Studien zur Adelskultur des Barockzeitalters in Schweden, Dänemark und Schleswig-Holstein, Neumünster 1978, S. 67–84.

5 Grundlegend hierfür Helen Watanabe-O'Kelly: Triumphal Shews. Tournaments at German-speaking Courts in their European Context 1560–1730, Berlin 1992.

6 Lars Gustafsson: Dienstadel, Tugendadel und Politesse mondaine, in: Dieter Lohmeier (Hrsg.): Arte et Marte. Studien zur Adelskultur des Barockzeitalters in Schweden, Dänemark und Schleswig-Holstein, Neumünster 1978, S. 109–127; vgl. auch Lohmeier,

Obgleich Form und Technik variierten, bestand der Hauptzweck des Reitens seit der Antike und durch das Mittelalter hindurch den Quellen nach in Krieg und Sport.[7] Zwar spielten bis in das 17. Jahrhundert hinein mit Lanzen bewaffnete Ritter sowohl bei Turnieren als auch bei Schlachten noch eine gewisse Rolle, insgesamt veränderten sich jedoch die Formen des Krieges und des Wettkampfes insofern, als nun viel leichter bewaffnete und gekleidete Reiter wie auch feinere und wendigere Pferde dominierten. Erfolg wurde nicht mehr durch bloße Stärke und Wucht gesichert, sondern durch Mobilität und genaues Zielen. Die Bewaffnung der Reiter änderte sich, und sie trugen nunmehr gepanzerte Teile statt ganzer Rüstungen. Beim Turnier zeigte der einzelne Reiter sein Geschick beim Quintan- oder Ringrennen, wobei er nun seine Waffen auf ein bestimmtes Objekt (statt auf einen anderen Reiter) richtete.

Gerade diese kriegerischen und sportlichen Funktionen des Reitens wurden von Federigo Grisone in seinem "Gli ordini da cavalcare" ("Die Reitordnungen", Neapel 1550) betont.[8] Grisone ist für die frühneuzeitliche Hippologie von großer Bedeutung, denn er scheint erstmals Xenophon aufgegriffen zu haben. Xenophon (um 430 – um 354 v. Chr.) war ein athenischer Reiterführer, dessen Schrift "Peri Hippikes" ("Über die Reitkunst", um 360 v. Chr.) bis heute als "Grundstein der europäischen Hippologie" gilt.[9] Grisone übernahm sowohl die Sitzhaltung und die rationale, leidenschaftslose Einstellung des Reiters als auch die Auffassung der Hilfen und deren Anwendung von Xenophon. In seinem Buch findet man aber auch die Erwähnung mancher Techniken, die an Tierquälerei grenzen, wie zum Beispiel den Gebrauch brennender Fackeln oder auch lebender, auf einer Stange festgebundener Katzen, die – zwischen den Hinterbeinen angebracht – das Pferd zum Lauf zwingen sollten. Grisone lässt jedoch keinen Zweifel, dass er nicht viel von solchen Methoden hält.

Abb. 118

Von der Gestüterey/
Das ist Ein gründtliche beschreibung
wie vnnd wa man ein Gestüt von guten edlen Kriegsrossen auffrichten / vnderhalten / vnd wie man die jungen von einem Jar zu dem andern erziehen soll/ biß sie einem Bereitter zum abrichten zuvndergeben/ vnnd so sie abgericht in langwiriger Gesundhait zuerhalten:
Allen liebhabern der Reutterey hoch vnnd nidern Stands zu ehren vnnd gefallen gestellet vnd an tag geben/ durch den wolgebornen Herren Marxen Fuggeren/ Herren von Kirchberg vnnd Weissenhorn.
Dergleichen noch nie im Truck außgangen.
Sampt einem ordenlichen Register vnnd Verzeichnus der Capitel.
Mit Keyserlicher Maiestat Gnaden vnnd Freyheit nicht nach zutrucken.
Getruckt zu Franckfurt am Mayn/ in Verlegung Sigmund Feyrabends.
Anno M. D. LXXXIIII.

Grisone hatte großen Einfluss auf die deutsche Hippologie. Sein Buch wurde 1566 ins Deutsche übersetzt und erschien im Laufe der zweiten Hälfte des 16. Jahrhunderts in mehreren deutschsprachigen Editionen.[10] Grisone wurde außerdem von deutschen Autoren häufig zitiert, Informationen aus seinem Buch wurden manchmal auch übernommen und als eigenes Wissen ausgegeben. Grisones Ideen

Rantzau (s. Anm. 4), S. 67 – 84.

7 Sydney Angelo: The Martial Arts of Renaissance Europe, New Haven 2000; Bert Hall: Weapons and Warfare in Renaissance Europe, Baltimore 1997.

8 Michaela Otte: Geschichte des Reitens von der Antike bis zur Neuzeit, Warendorf 1994, S. 58 – 63; die Herzog August Bibliothek besitzt mehrere Exemplare von Grisone, wie zum Beispiel Ordini di cavalcare, et modi di conoscere le nature de' cavalli, emendare i vitii loro, & ammaestrargli per l'uso della guerra, & commodità de gli huomini, Venezia 1552.

9 Otte, Geschichte des Reitens (s. Anm. 8), S. 60.

10 Grisones Text wurde zuerst von Hans Fröhlich und Veit Tufft ins Deutsche übersetzt: Des edlen ... Friderici Grisonis Neapolitani künstlich Beschreibung und gründliche Ordnung die Pferdt ... zu Ernst und Kurzweyl geschickt und volkommen zu machen, Augsburg 1566. Eine zweite Übersetzung folgte vier Jahre später von Johann Fayser von Arnstein: Künstlicher Bericht und allerzierlichste Beschreybung des edlen... Friderici Grisonis neapolitanischen hochlöblichen Adels/ Wie die streitbarrn Pferdt ... zum Ernst und ritterlicher Kurtzweil geschickt und volkommen zu machen, Augsburg 1570. Weitere Auflagen von Faysers Übersetzung folgten 1573, 1580, 1599 und 1623. Siehe auch Pia Cuneo: (Un)Stable Identities. Hippology and the Professionalization of

waren also in deutschen hippologischen Kreisen weit verbreitet. Angesichts der Vielfalt der deutschen Reitbücher wäre eine Überschätzung Grisones und seiner Schüler allerdings ebenso verfehlt.

In Deutschland wurde die Verbindung zwischen Pferd und Krieg in Marx Fuggers "Von der Gestüterey: Wie und wa man ein Gestüt von gutten edlen Kriegsrossen auffrichten [...] soll [...]" (Worms 1578) vorgebracht.[11] Die Abbildung (Abb. 118) zeigt das Titelblatt der zweiten Auflage aus der Sammlung der Herzog August Bibliothek. Das Buch wurde mit Holzschnitten von Jost Amman (1539–1591) versehen, und die Illustration des Titelblatts zeigt die Pferdezucht als ein Hauptthema des Buches.[12] Marx (oder Markus) Fugger (1529–1597) war der Großneffe des berühmten Jakob des Reichen (1459–1525), der die engen finanziellen Verbindungen mit dem Hause Habsburg initiiert und ausgebaut hatte und der als erster der Familie nobilitiert wurde (1511).[13] Nach Jakob Fuggers Tod übernahm sein Neffe Anton (der Vater von Marx) die Leitung der Firma Fugger. Nach dessen Tod 1560 wurde die Firma wiederum durch die Söhne Antons und die seines Bruders Raymund geleitet. Seit 1569 leitete Marx die Firma, die jetzt "Antoni Fugger und Brüders Söhne [sic]" hieß, allein. Marx Fugger fungierte ab 1576 auch als Augsburger Stadtpfleger.

All seiner wichtigen politischen und geschäftlichen Betätigungen zum Trotz fand der humanistisch gesinnte Fugger noch Zeit, seinem Interesse an Pferden, das er selbst als leidenschaftlich und fortdauernd bezeichnete, nachzugehen. Es wird sogar behauptet, dass Fuggers persönliche Devise lautete: "Nichts Angenehmeres ist auf der Erd' als eine schöne Dame und ein schönes Pferd."[14] In der auf den 1. Dezember 1577 datierten Vorrede seines Buches "Von der Gestüterey" erklärt "der wolgeborne Herr [...] von Kirchberg und Weissenhorn", dass er seit seiner Jugend eine besondere Liebe zum Reiten habe. Als die Ärzte ihm fünf Jahre zuvor empfohlen hatten, aus gesundheitlichen Gründen seine geschäftliche Arbeit einige Zeit ruhen zu lassen, entschied Fugger "für meine Recreation dieses Büchlein von der Roßzucht unnd was derselbigen anhängig [ist] zuschreiben."[15] Fuggers eigene Erfahrungen mit seinem Gestüt im Allgäu und die Lektüre antiker hippologischer Schriften lieferten den Stoff für sein Buch. Dem Vorwort nach hatte Fugger sein Buch "nicht [...] für grosse Herren und Potentaten" geschrieben, "welliche selbst Leut haben so dieser Sachen verständiger seind als ich sondern für meine Kurtzweil unnd Lust auch sunst vielen guten Gesellen zugefallen die etwan eine Naigung zu der Reutterey unnd Gelegenhait haben etliche Stuten zu halten (Dann es kan nicht ainem jeden gebüren ein groß Gestüt zuhalten) daß sie dannocht ein wenig Bericht möchten haben wie sie darmit sollen umbgehen umb etwas gutes unnd recht geschaffens zuziehen [...]."[16] Damit beschränkte Fugger seine zu erwartende Leserschaft nicht auf den Kreis der Adeligen, sondern hatte vielmehr einen größeren Kreis von Interessierten vor Augen, die sich gleichwohl die Anschaffung von Pferden leisten können mussten.

Aber die Liebe zum Reiten und seine Leidenschaft für Pferde waren nicht die einzigen Gründe für Fugger, ein Gestüt zu unterhalten. In seiner Vorrede klagt er, dass die Qualität der Pferde, die man seinerzeit kaufen konnte, sehr schlecht geworden sei, während die Preise völlig überzogen wären. Solche Zustände seien auch deshalb problematisch, weil sie dazu führten, dass es den Deutschen an guten Kriegspferden

---

Scholarship and Horsemanship in Early Modern Germany, in: Karl Enenkel und Paul J. Smith (Hrsg.): Early Modern Zoology. The Construction of Animals in Science, Literature and the Visual Arts, Leiden 2007, S. 339–359, besonders S. 344–346.

11 Fuggers Buch erschien 1584 und 1611 in weiteren Editionen. Für diesen Aufsatz wurde die Edition von 1584 benutzt: Marx Fugger: Von der Gestüterey, Frankfurt a. M. 1584.

12 Ilse O'Dell: Jost Ammans Buchschmuck-Holzschnitte für Sigmund Feyerabend. Zur Technik der Verwendung von Bild-Holz-Stöcken in den Drucken von 1563–1599, Wiesbaden 1993.

13 Für Informationen über Marx Fugger vgl. Reinhard Hildebrandt: Die 'Georg Fuggerischen Erben.' Kaufmännische Tätigkeit und sozialer Status 1555–1600, Berlin 1966.

14 Götz Freiherr von Pölnitz: Die Fugger, Frankfurt a. M. 1960, S. 317.

15 Fugger, Gestüterey (s. Anm. 11), S. ii r – iv v; Zitat S. ii v.

16 Ebd., S. iv r – v.

mangele, und das zu einer Zeit, als die Türken mit ihren schnellen und standhaften Pferden ganz Europa bedrohten: "Dieses alles vermeld ich aber auß keiner anderen ursache dann allain daß man augenscheinlich darauß sehen solle wieviel an der Roßzucht gelegen sey [...] daß man nämlich dahin solle dencken unnd trachten daß man gute ringe [d. h. leichte, bewegliche, P.F.C.] aber doch starcke Kriegsrossz unnd solliche ziehe welliche man wider diesen unseren Erbfeinde den Türken gebrauchen möge dann es taugen nicht alle Rossz darzu."[17] Das Problem bei den deutschen Pferden sei, dass sie viel zu schwer und langsam wären, und die deutschen Soldaten von den Türken genau so überritten würden wie die alten Römer einst von Hannibal.[18]

Indem sie – dank Fuggers Schrift und ihrer eigenen Mittel – in die Lage versetzt wurden, Pferde von hoher Qualität zu züchten, die ideal zum Kriegsdienst taugten, konnten sich Fuggers Leser eine wichtige Rolle aneignen: Durch ihre Bemühungen konnten sie wesentlich zur Sicherheit des Landes beitragen. Weil ihre Pferde schnell, stark und wohl trainiert waren, würden die Tiere und damit auch ihre Züchter dabei helfen, das Land gegen den "Erbfeind den Türken" zu verteidigen. Die Rolle der Landesverteidiger, die Fuggers Lesern somit angeboten wurde, war aber einst mit der Rolle der Adeligen identisch. Auch wenn Leser ihre Pferde dem Heer nicht zuführten, auch wenn andere nicht einmal finanziell in der Lage waren, ein Gestüt zu unterhalten, musste allein die Vorstellung reizvoll sein.

Diese Rolle war auch für Fugger selbst von Interesse, denn als "wohlgeborener Herr" stand er in der Adelshierarchie ziemlich weit unten. Als er das Buch schrieb, stand er zudem in schwierigen Verhandlungen mit den Söhnen seines Vetters Georg II., Philipp Eduard und Octavian Secundus, die Marxs Leitung der Firma bestritten und schließlich ihr eigenes Unternehmen ("Georg Fuggerischen Erben") aufmachten und somit die Firma Fugger entzweiten.[19] Diese Verhandlungen kamen wegen der wachsenden finanziellen Instabilität der spanischen Krone (ein Hauptkunde Fuggers) und Unsicherheiten im internationalen Handel zu einem sehr ungünstigen Zeitpunkt. Man kann sich deshalb gut vorstellen, dass Fugger mit seinem Pferdebuch ein wenig Ablenkung suchte, wie er selbst in seiner Vorrede andeutet. Gleichzeitig ermöglichte ihm das Werk mit zahlreichen Zitaten aus antiken hippologischen Quellen und ausführlichen Informationen über das Gestütwesen und den Pferdemarkt in ganz Europa seine humanistische Bildung, sein praktisches Wissen und seine internationale Vernetzung zu demonstrieren.

Fugger kommt in seinem Buch immer wieder auf die grundlegende Verbindung zwischen Krieg und Pferden zu sprechen. Seiner Ansicht nach wurde das Reiten nur wegen des Krieges so hoch geachtet: "Dann in Schlachten Scharmützeln und dergleichen sache ist höchlich von nöhten daß einer ein guts wolabgerichtes und Zaumgerechts Pferdt habe auch daß er selbst wol reytten und sein Waffen zugebrauchen wisse."[20] Sogar neue Kriegstechniken, wie der Gebrauch von Geschützen, minderten nicht die fundamentale Rolle von berittenen Soldaten im Krieg: "Wir sehen auch noch bey unseren zeitten (unangesehen alles Geschütz) das dann gewöhnlich der den Sieg erhelt der dem anderen mit dem Raysigen Zeug überlegen dann man kan nicht überall das grobe Geschütz gebrauchen unnd gleich als nach dem Ziel schiessen sonder es gibet auch gutte starcke mächtige Scharmützel ab wer als dann die meisten unnd besten

17 Ebd., S. iv r.
18 Ebd., S. iii v – iv r.
19 Hildebrandt, Die 'Georg Fuggerischen Erben' (s. Anm. 13), S. 55 – 57.
20 Fugger, Gestüterey (s. Anm. 11), S. 59r.

Reutter hat der behelt das Feldt."[21] Offensichtlich erkannte Fugger, dass sich die Rolle der Kavallerie ändern musste. Anstelle von schwer bewaffneten Soldaten auf großen, stark gebauten Pferden brauchte man schnelle und bewegliche Reiter. Dennoch sah er den berittenen Soldaten immer noch als wichtigen Teil der Streitkraft.

Genau das erkannte auch Johann Jacobi von Wallhausen (ca. 1581–1627).[22] Als ältester Sohn des evangelischen Pfarrers zu Wallhausen, Justus Jacobi, geboren, begann Johann Jacobi im Jahr 1600 seine bewegte militärische Laufbahn. Er diente zuerst unter dem Statthalter der Niederlande, Prinz Moritz von Oranien-Nassau (1567–1625), wurde 1613 "Capitain" der Stadt Danzig, dann kurze Zeit (1616–1617) Direktor der neuen Kriegsschule in Siegen unter Graf Johann VII. von Nassau-Siegen (1561–1623) und trat 1617 in den kurmainzischen – und damit katholischen – Dienst. Johann Jacobi war aber nicht nur professioneller Soldat, er war auch mehrfacher Autor. Seine zahlreichen Bücher handeln von verschiedenen Aspekten der frühneuzeitlichen Kriegskunst. 1616 erschien sein Buch "Kriegskunst zu Pferdt" in Frankfurt, in dem er die vier Teile der Kavallerie[23] gemäß ihrer Waffen und Funktionen definierte und in dem er auch zweckmäßige Übungen und tatsächliche Kriegshandlungen beschrieb. Das Titelblatt zeigt Reiter aller vier Divisionen, einzeln an den Seitenrändern und gruppenweise in der unteren Kartusche (Abb. 119).

Jacobis berittene Soldaten sehen aus, wie Fugger sie hätte sehen mögen. Die Pferde sind stark gebaut, aber nicht zu schwer, und sie sind klein genug, damit die Soldaten ohne Hilfe von Steigbügeln oder Händen auf- und abspringen können, eine Übung, die auch in Jacobis Buch beschrieben und illustriert wird. Pferd und Reiter sind meist nur leicht und teilweise gepanzert, und der berittene Soldat lernt den Gebrauch von Schießwaffen ebenso wie die Verteidigung gegen solche.

Im Übrigen überwiegen jedoch die Unterschiede zwischen Jacobi und Fugger. Jacobi sagt kaum etwas über die Pferde selbst, die für Fugger im Mittelpunkt stehen. Auch das anvisierte Publikum unterscheidet sich: Während Fugger für sich und für einige an der Pferdezucht Interessierte schrieb, wandte sich Jacobi an junge Soldaten, die am Anfang ihrer militärischen Laufbahn standen. Man könnte fast meinen, dass der Krieg Fugger eigentlich nur als Vorwand diente, um das teure Vergnügen des Züchtens und Trainierens zu rechtfertigen. Aber Jacobis Buch macht – ebenso wie die Geschichte des Krieges im 17. Jahrhundert – deutlich, dass die Kavallerie immer noch sehr wichtig war.

Jacobi geht es hauptsächlich um die Effektivität der berittenen Soldaten, es geht ihm um die Kunst des Kriegens, nicht die Kunst des Reitens. Um diese Effektivität zu sichern und um sie zu vermitteln, beschreibt Jacobi sehr detailliert, wie der Soldat seinen Körper halten und bewegen soll. Jacobi erklärt, wie der Soldat üben, wie er seine Waffen handhaben, auf was er zielen und wie er sich in den verschiedenen Kampfsituationen verhalten soll. Er unterweist ihn zum Beispiel darin, wie er seine unterschiedlichen Waffen auf den Feind richten soll, um ihn am sichersten zu töten bzw. wie er dessen Pferd stürzen oder umbringen kann. Wenn der Soldat gegen den Reiter nichts auszurichten vermag, soll er sich nach Jacobi gegen das Pferd wenden:

> "Er richtet oder helt die Pistol dem Pferde/ wann er an dem armirten Mann nichts haben mag in die linke Brust an Halß: also daß die Kugel scheunst abwerts hinein nach dem Hertzen deß Pferds

21 Ebd., S. 36r.

22 Für Information über Wallhausen: Winfried von Borell: Die Familie Tautphoeus im Dienst des Mainzer Kurstaates, in: Mainzer Zeitschrift. Mittelrheinisches Jahrbuch für Archäologie, Kunst und Geschichte 73/74 (1978/1979), S. 158–166.

23 Die vier Divisionen bestanden aus 'Lanzierern, Kührissierern, Carbinern, und Dragöns' d. h. aus berittenen Soldaten, die entweder mit Lanzen bewaffnet, mit Kürassen versehen, mit Karabinern oder aber mit Musketen und Piken bewaffnet waren: Johann Jacobi von Wallhausen: Kriegskunst zu Pferdt, Frankfurt a. M. 1616, S. 1–2. Mein Dank für die Präzisierung dieses Vokabulars gilt Dr. Michael Sikora.

Kriegskunst zu Pferdt.
Darinnen gelehret werden / die initia vnd fundamenta der Cavallery / aller vier Theilen: Als Lantzierers / Kührissierers / Carbiners vnd Dragoens / was von einem jeden Theil erfordert wirdt / was sie præstiren können / sampt deren exercitien.
Newe / schöne Inventionen etlicher Batailien mit der Cavallerey ins Werck zustellen.
Mit dargestelten Beweistumben / was an den edelen Kriegskünsten gelegen: Vnd deren Fürtrefflichkeiten / vber alle Kunst vnd Wissenschafften.
Vormals alles nie an Tag gegeben.
Gepracticiret / beschrieben vnd mit schönen künstlichen Kupfferstücken angewiesen
von
Johann Jacobi von Wallhausen / der löblichen Statt Dantzig bestelten Obristen Wachtm: vnd Hauptman.
Mit Röm. Keys. May. Freyheit nicht nachzutrucken / stechen / ätzen oder nachzumachen / begnadet.
Gedruckt zu Franckfurt am Mayn / bey Paull Jacobi / In verlegung Johann-Theodori de Bry.
M DC XVI.

Abb. 119

gerichtet sey [...] wie wol wann er den Kopf des Pferdes haben kan so ist es viel besser dann du das Pferd durch das Hirn oder Kopff schiessest so hastu es am gewissesten Ort: Dann er stracks darnider zu Boden fellt."

Kämpft er mit der Lanze, so soll er

"die linke Brust oder den Halß des Pferdes [suchen] gleichwie mit der Lanze durch zustechen da du dann gute Achtung affgibest daß du deß Feindes Pferd wol dieff genug stechest damit es desto eher fällig werde; habe acht drauff daß du alle deine Stiche mit gebogenem unnd nicht außgestrecktem Arm verrichtest beides umb die Zierligkeit und Gewißheit deß Stosses so wol auff den Mann als das Roß."[24]

"Zierlich" meinte im damaligen Sprachgebrauch nicht nur ordnungsgemäß und angemessen und entsprach deshalb der nüchternen Beschreibung Jacobis, wie die tödlichen Stöße mit größtmöglicher Effektivität ausgeführt werden sollten, "Zierligkeit" evozierte auch die höfische Welt der Eleganz und der adeligen Kriegs-Kunst.

Man kann zu Recht die Frage stellen, ob Jacobis Leserschaft tatsächlich aus Rekruten, die sich am Anfang ihrer Ausbildung befanden, bestand, wie Jacobi in seinem Vorwort behauptet.[25] Für die Lektüre im Feld oder im Lager war das umfangreiche Buch auf jeden Fall nicht geeignet und für einen einfachen Soldaten zudem kaum erschwinglich, falls er denn lesen konnte. Zumindest in einem Fall fand sich das Buch im Bestand eines Offiziers.[26] Aber Buchbesitz bedeutete nicht unbedingt Lektüre, der Besitz konnte auch einfach einen bestimmten Bildungsstand repräsentieren oder Kenntnis der Neuerscheinungen und Moden demonstrieren, und über die Umsetzung in die Praxis wissen wir schon gar nichts. Zumal die Kupferstiche nicht immer die Informationen der dazugehörigen Texte illustrierten und somit selbst als Gedächtnisstütze nur bedingt hilfreich waren. Jacobi selbst hatte auch Leser vor Augen, die sich lediglich für Kriegskunst interessierten, ohne unbedingt hauptamtlich damit zu tun zu haben: So richtete er sein Vorwort "An den günstigen der edelen Kriegskunst liebhabenden Leser". Damit schuf er aber allein durch die Wortwahl ("edel") einen Bezug zur Welt des Adels, auch wenn der Krieg in Zeiten der Söldner- und beginnenden stehenden Heere längst kein Privileg des Adels mehr war.

Womöglich hatte Jacobi sogar einen bestimmten Leser im Blick, denn nur wenige Wochen nach der Publikation seiner "Kriegskunst" (das Vorwort datiert vom März 1616) unterzeichnete er am 20. Mai desselben Jahres einen Vertrag mit dem Grafen Johann VII. von Nassau Dillingen, um als Direktor der neu gegründeten Kriegsschule in Siegen zu fungieren.[27] Wie hätte er besser für sich werben können als mit einem gerade erschienenen, umfangreichen Werk über die Kriegskunst?

Reiten war in der Frühen Neuzeit aber nicht nur mit dem Ernst des Krieges verbunden, obwohl es oft damit legitimiert wurde. Viele Autoren hippologischer Texte priesen das Reiten als besonders vorteilhaft für Körper und Geist. Marx Fugger erläuterte zum Beispiel, dass

"die Rossz nicht allewegen zum nutz oder der noth sonder auch zu einem lust und kurtzweil zugebrauchen: Dann ich vermaine diese sey dem Menschen nicht ein geringer nutz wann einer etwan viel unnd schwere Kopffs arbeyt gethan gar Melancholish und verdrossen worden [...] daß er sein

24 Beide Zitate aus Jacobi von Wallhausen, Kriegskunst (s. Anm. 23), S. 11.

25 Jacobi von Wallhausen: "An den günstigen der edelen Kriegskunst liebhabender Leser", unpaginiertes Vorwort zu Jacobi von Wallhausen, Kriegskunst (s. Anm. 23).

26 Von Borell, Familie Tautphoeus (s. Anm. 22), S. 165.

27 Ebd., S. 161.

gemüth und Geist widerumb erquicke erlustige und erfreuwe; Das aber gedünkt mich [...] könne gar wol unnd schier nicht baser geschehen als wann einer auff einem schönen fraidigen muttigen unnd wolabgerittenen Rossz spatzieren reytet [...] allda einer die schönen grünen Wiesen unnd lustige Brunnenflüß sehen mag und sich also erfreuwen daß wann er wider zu Hauß kompt gleichsam auch wider ein neuwer Mensch ist."[28]

In seinem Buch, das verschiedene Arten von Trensen abbildet und deren jeweiligen Gebrauch und Wirkung erklärt, präsentiert der Sporenmacher Hans Creutzberger (Abb. 120) 1591 auch einige Exemplare, die "vor einen grossen Herrn spazieren zu reiten" dienen.[29] Diese Trensen gehören zu den dekorativsten und am feinsten gearbeiteten der über 300 illustrierten Gebisse. Die Betonung der Schönheit – des Pferdes in Fuggers Text und der Trense in Creutzbergers – macht deutlich, dass bei jedem Ausritt – neben dem Vergnügen – auch der Aspekt der Repräsentation nie zu vernachlässigen war.

Abb. 120

Jedoch brachte diese eher informelle Funktion des Reitens zunächst keine Beschreibung spezifischer Körpertechniken hervor. Um solche zu finden, müssen wir uns den Sportarten zuwenden, die sich aus dem mittelalterlichen Turnier entwickelten.[30] Die deutschsprachigen Reitbücher der zweiten Hälfte des 16. und des beginnenden 17. Jahrhunderts beschreiben die Körpertechniken des Reitens offenkundig deshalb sehr genau, damit die Leser effektiv und erfolgreich am Krieg, aber auch an Turnieren, Rossballetten, Paraden, Ring- und Quintanrennen teilnehmen konnten. Dabei machten die Autoren keinen Unterschied zwischen dem kriegerischen und dem sportlichen Reiten. Offensichtlich wurde angenommen, dass die gleichen Prinzipien für beide Betätigungsbereiche gelten. In der Regel beschreiben die Reitbücher das Training und oft auch die Zäumung des Pferdes, gehen aber auf die einzelnen Turnierarten nicht weiter ein. Solche Informationen findet man vielmehr in anderen Büchern, wie zum Beispiel Georg Rüxners "Thurnierbuch" von 1530.[31] Anscheinend waren diese Informationen also nicht von primärem Interesse für die Leser, die vielfach nicht zu den (hochadeligen) Teilnehmern und Veranstaltern solcher Festivitäten gehörten. Damit deutet sich aber eine Tendenz an, die sich in der Folgezeit noch verstärken sollte: Die Loslösung des Reitens von den spezifischen Kontexten des Krieges und des Turniers.

28 Fugger, Gestüterey (s. Anm. 11), S. 23r.

29 Hans Creutzberger: Eygentliche wolgerissene Contrafactur und Formen der gebiß [...], Wien 1591, Nr. CXCI; eine frühere Auflage des Buches: Hans Kreuzberger: Warhafftige und Eygentliche Contrafactur und Formen der Zeumung und gebiß, Lauingen 1562. Für Informationen über frühneuzeitliche Trensen siehe Alex Gelbhaar: Mittelalterliches und frühneuzeitliches Reit- und Fahrzubehör, Hildesheim 1997; Pia F. Cuneo: Just a Bit of Control. The Historical Significance of Sixteenth- and Seventeenth-Century German Bit-Books, in: Karen Raber and Treva Tucker (Hrsg.): The Culture of the Horse. Status, Discipline, and Identity in the Early Modern World, New York 2005, S. 141–173.

30 Für das Rennen und Jagen wurden keine Bücher geschrieben, die auf die Körpertechnik des Reitens näher eingehen und sie zu lehren versuchen.

31 Georg Rüxner: Thurnierbuch, Siemern 1530; das Buch wurde im Laufe des 16. Jahrhunderts mehrmals aufgelegt: 1532, 1566, 1578 und 1579. Eine Ausnahme stellt Georg von Loehneysens: Della Cavalleria (Remlingen 1609/1610) dar, der über Turniere berichtet.

Im Laufe des 17. Jahrhunderts tritt die Legitimation des Reitens durch den Kriegsdienst und durch das Turnier in den Hintergrund. Zwar werden beide bisweilen noch im Vorwort erwähnt, aber das Reiten tritt immer deutlicher als Selbstzweck ins Zentrum des Interesses. Ein typisches Beispiel für ein solches Reitbuch stellt die "Practica et arte di cavalleria" ("Übung und Kunst des Reitens") (Dresden 1616) von Christof Jacob Lieb dar. Der Autor bezeichnet sich als ehemaligen "Bereutter" (Bereiter, das heißt Pferdetrainer) für den sächsischen Kurfürsten Christian II. (1583–1611) und widmet sein Buch dem Bruder des inzwischen verstorbenen Christian, dem Kurfürsten Johann Georg I. (1585–1656). Möglicherweise wollte Lieb mit seinem Buch die Aufmerksamkeit Johann Georgs auf sich lenken, um damit seine Position am Dresdner Hof, die er einst unter dessen Bruder innehatte, wieder erlangen zu können. Liebs sozialer Status ist bislang ungeklärt. Obwohl das Amt des Stallmeisters bei einem Hof wie in Dresden meist von einem Adeligen bekleidet wurde, war nicht jeder, der im Stall arbeitete, von edler Geburt. Besonders wenn die Position des Bereiters nicht vom Stallmeister selber, sondern von einem ihm Untergebenen eingenommen wurde, dürften eher Nicht-Adelige diese recht anstrengende und gefährliche Tätigkeit ausgeübt haben.[32]

In seiner auf den 25. Juli 1616 datierten Widmung hebt Lieb die Pferde wegen ihrer Schönheit und ihrer Nützlichkeit "in Fried und Kriegszeiten" vor allen anderen Tieren hervor. Lieb hatte sich offensichtlich nicht nur praktisch mit Pferden beschäftigt, sondern war auch mit hippologischer Literatur vertraut. Für allgemeine Informationen über Pferde empfahl Lieb dem Leser Fuggers Buch "Von der Gestüterey" und äußerte sich kritisch über manche Information, die man bei Grisone lesen konnte, wie zum Beispiel über die Bedeutung der Farbe des Fells oder der Stelle von Haarwirbeln für das Gemüt und den Charakter eines Pferdes. Das Buch gliedert sich in zwei Teile; der erste handelt "vom Anfang und erster Unterweisung der Pferdt", der zweite "von vollkommener Unterweisung und Abrichtung der Pferdt", die auch die Arbeit in der Manege und Sprünge einschließen.[33] Spezifische Turnierarten oder Kriegssituationen werden hingegen gar nicht berührt. Im Zentrum steht die Körpertechnik selbst.

Abbildung 121 zeigt beispielsweise drei verschiedene Positionen, um die Zügel zu halten. Jede Position ist richtig, aber nur unter bestimmten Bedingungen, wie Lieb erklärt.[34] Alle drei Positionen dienen dazu, dass das Pferd seinen Kopf in einer optimalen Stellung hält. Aber für manche Pferde ist diese Aufgabe leichter als für andere. Wenn diese Stellung einem Pferd leicht fällt, wenn es auf Grund seiner Proportion diese Stellung natürlich und von sich aus einnimmt, soll der Reiter seine Hand "neutral" halten, auf gleicher Höhe des Sattelknopfes (Position C). Hält das Pferd den Kopf zu niedrig, soll der Reiter seine Hand hingegen etwas höher halten (Position A), um dem Pferd zu helfen, seinen Kopf zu erhöhen; hält das Pferd den Kopf zu hoch, so senkt der Reiter im Gegenzug seine Hand etwas (Position B). In diesem Fall hilft das Bild, die Informationen im Text genau zu veranschaulichen. Indem das Bild lediglich die Hand des Reiters zeigt, verhilft es auch ihm, seine Aufmerksamkeit auf dieses Körperteil zu richten und es in seinen Bewegungen zu isolieren. Um korrigierend eingreifen zu können, muss der Reiter nun nicht nur die ideale Kopfhöhe verinnerlicht haben, er muss auch den

32 Plodeck, Hofstruktur (s. Anm. 4), S. 109–111; für eine faszinierende Diskussion über den Stallbau am Dresdner Hof siehe Esther Münzberg: Repräsentationsräume und Sammlungstypologien. Die kurfürstlichen Gemächer im Stallbau, in: Barbara Marx (Hrsg.): Kunst und Repräsentation am Dresdner Hof, München 2005, S. 131–155, bes. S. 131–133.

33 Christof Jacob Lieb: Practica et arte di cavalleria/Übung und Kunst des Reitens, Dresden, 1616. Über Lieb ist in der Sekundärliteratur nichts bekannt. Seine Widmung ist nicht paginiert. Seine Zitierung von Fugger und auch seine Auseinandersetzung mit Grisone, den er aber nicht beim Namen nennt: Erster Teil, S. 1–2.

34 Lieb, cavalleria (s. Anm. 33), Teil 1, S. 14–15.

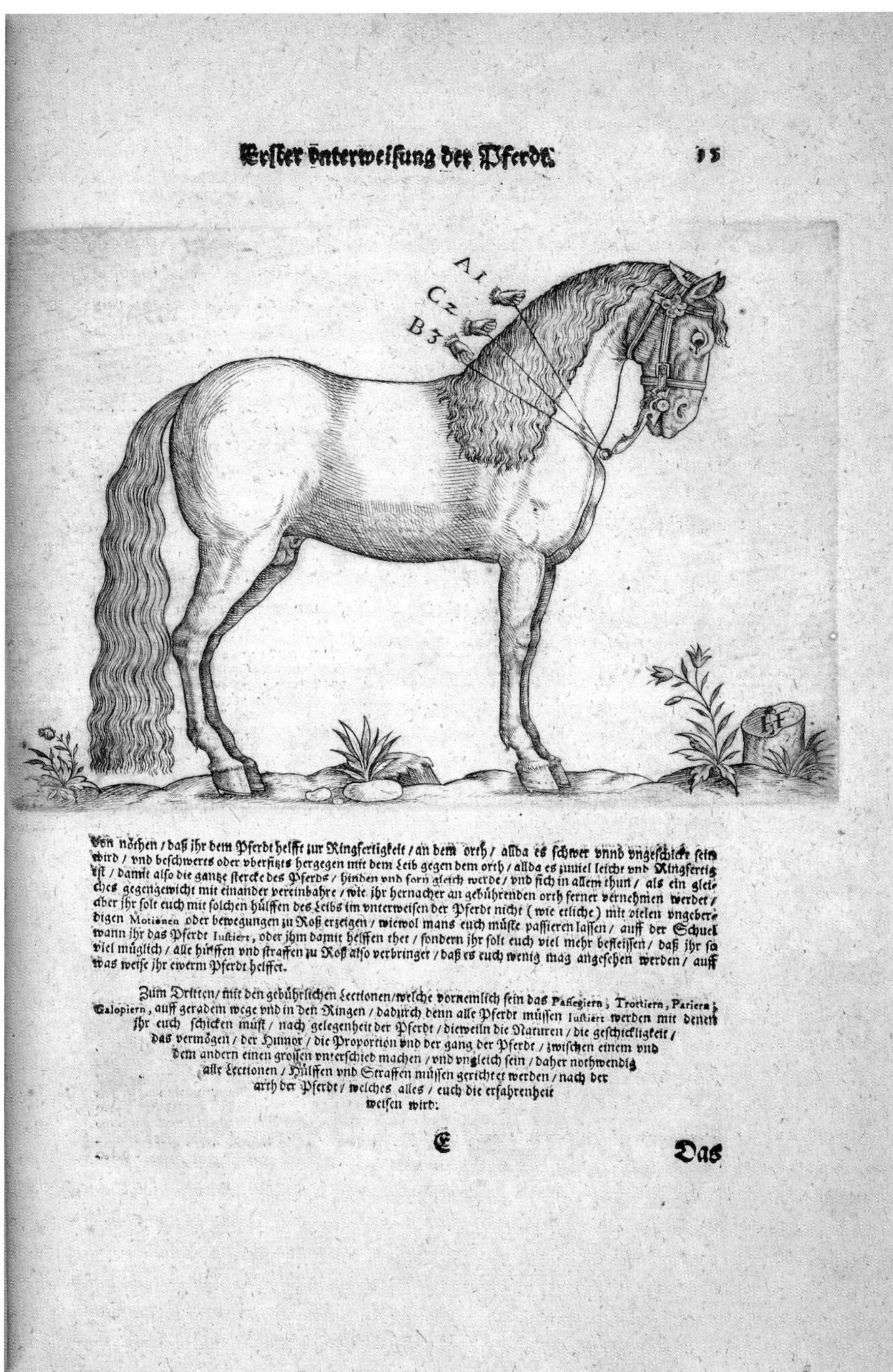

Von nöthen / daß ihr dem Pferdt helfft zur Ringfertigkeit / an dem orth / allda es schwer vnnd vngeschickt sein wird / vnd beschweres oder vbersitzts hergegen mit dem Leib gegen dem orth / allda es zuviel leicht vnd Ringfertig ist / damit also die gantze stercke des Pferds / hinden vnd forn gleich werde / vnd sich in allem thun / als ein gleiches gegengewicht mit einander vereinbahre / wie ihr hernacher an gebührenden orth ferner vernehmen werdet / aber ihr solt euch mit solchen hülffen des Leibs im vnterweisen der Pferdt nicht (wie etliche) mit vielen vngeberdigen Motionen oder bewegungen zu Roß erzeigen / wiewol mans euch müste passieren lassen / auff der Schuel wann ihr das Pferdt Iustiert, oder jhm damit helffen thet / sondern ihr solt euch viel mehr befleissen / daß ihr so viel müglich / alle hülffen vnd straffen zu Roß also verbringet / daß es euch wenig mag angesehen werden / auff was weise ihr ewerm Pferdt helffet.

Zum Dritten / mit den gebührlichen Lectionen / welche vornemlich sein das Passegiern, Trottiern, Pariera, Galopiern, auff geradem wege vnd in den Ringen / dadurch denn alle Pferdt müssen Iustiert werden mit denen jhr euch schicken müst / nach gelegenheit der Pferdt / dieweiln die Naturen / die geschickligkeit / das vermögen / der Humor / die Proportion vnd der gang der Pferdt / zwischen einem vnd dem andern einen grossen vnterschied machen / vnd vngleich sein / daher nothwendig alle Lectionen / Hülffen vnd Straffen müssen gerichtet werden / nach der arth der Pferdt / welches alles / euch die erfahrenheit weisen wird.

E   Das

Abb. 121

Körperbau seines Pferdes kennen und schließlich selbst kontrolliert auf seinen eigenen Körper einwirken. Die Rolle des Reiters ist bei alldem, wie Lieb betont, die eines konstruktiven Helfers, um die erwünschten, aber zugleich auch die dem Pferd möglichen Fähigkeiten beizubringen.

Eine ähnliche Einstellung findet sich im "Pferdt-Schatz" (Frankfurt am Main 1664), der Johann Christoph Pinter von der Aue zugeschrieben wird. Wir wissen leider nichts über den Mann, der dieses hochinteressante, umfassende und detaillierte Kompendium der Hippologie verfasst hat. Die Widmung des Buches wurde von dem Buchhändler Thomas Matthias Götzen verfasst und an Anton Günther, Graf zu Oldenburg und Delmenhorst (1583–1667), selbst ein sehr bedeutender Pferdekenner und -züchter, gerichtet. Der erste Teil beinhaltet die üblichen Themen wie Zucht, Verpflegung, Natur und Gestalt sowie die Behandlung kranker Pferde. Im zweiten Teil findet man Anweisungen, wie man ein Pferd trainieren kann, aber auch – und das ist in dieser expliziten Form neu – wie man angehende Reiter unterrichtet.

So beschreibt Pinter, welche Position der Reiter einnehmen soll, um das Pferd optimal zu führen.[35] Wie Lieb (und wie man bis heute in modernen Reitbüchern lesen kann) erklärt auch Pinter, dass der Körper des Reiters im Sattel genauso aussehen soll wie im Stand auf der Erde:

> "Die gute Gestalt deß Reuters wird ins gemein in der Zuseher Gesicht am zierlichsten erscheinen/ als wann er auf der Erden stünde anzusehen seyn wird. Dann allein in dieser Gestalt stecket die beste Sicherheit seines gantzen Leibes/ in den allergrössten Bewegungen deß Pferdes; die rechte Entledigung desselben und deren Gliedern/ welche in den Hülffen und Straffen bewegt werden müssten; vornehmlich aber das gerechte LeibsGewicht/ durch welches die Gestalt zu erlangen beständig zu erhalten/ das einige und beste Mittel ist."[36]

Um sich diese Position richtig vorzustellen und auch zu erlangen, soll der Reiter seinen eigenen Körper als aus drei verschiedenen, aber verbundenen Teilen bestehend wahrnehmen:

> "Denn 1. ist der Grund und mittlere Theil/ welcher im Sattel allezeit unbeweglich vest und stät verbleiben soll/ in Erwegung/ derselbe dem gantzen Leib zum Grund gesetzet wird/ den obern Theil [den Torso, P.F.C.] auf solchen zu setzten/ und den unteren [die Beine, P.F.C.] an denselben zu hengen."[37]

Es folgt eine exakte Beschreibung der richtigen Haltung jedes Körperteils, von den Fersen und Zehen über die Waden und Oberschenkel, Rücken, Bauch und Arme über Ellbogen, Hände, Finger, Schultern und Hals bis hin zum Kopf und den Augen (!).

Um all diese Körperteile richtig zu halten, auch wenn sich das Pferd heftig unter dem Reiter bewegt, ist starke Konzentration und vor allem viel Übung erforderlich, damit der Körper diese Position natürlich und ungezwungen einnimmt und beibehält. Pinter ist sich darüber im Klaren, wie schwer die Aneignung der richtigen Position ist, besonders für Knaben, die früh anfangen, das Reiten zu lernen, da es solchen jungen Reitern an der erforderlichen Stärke als auch an Koordination fehlt, um diese Stellung zu halten und aus dieser Haltung heraus konsequent zu arbeiten. Um dieser natürlichen körperlichen Schwäche entgegenzukommen, empfiehlt Pinter "das zugerichtete Pferd"

35 [Johann Christoph Pinter von der Aue:] Vollkommener ergänzter Pferdt-Schatz [...], Frankfurt a. M. 1664, 2. Hauptteil, S. 3–29.

36 Ebd., S. 20.

37 Ebd.

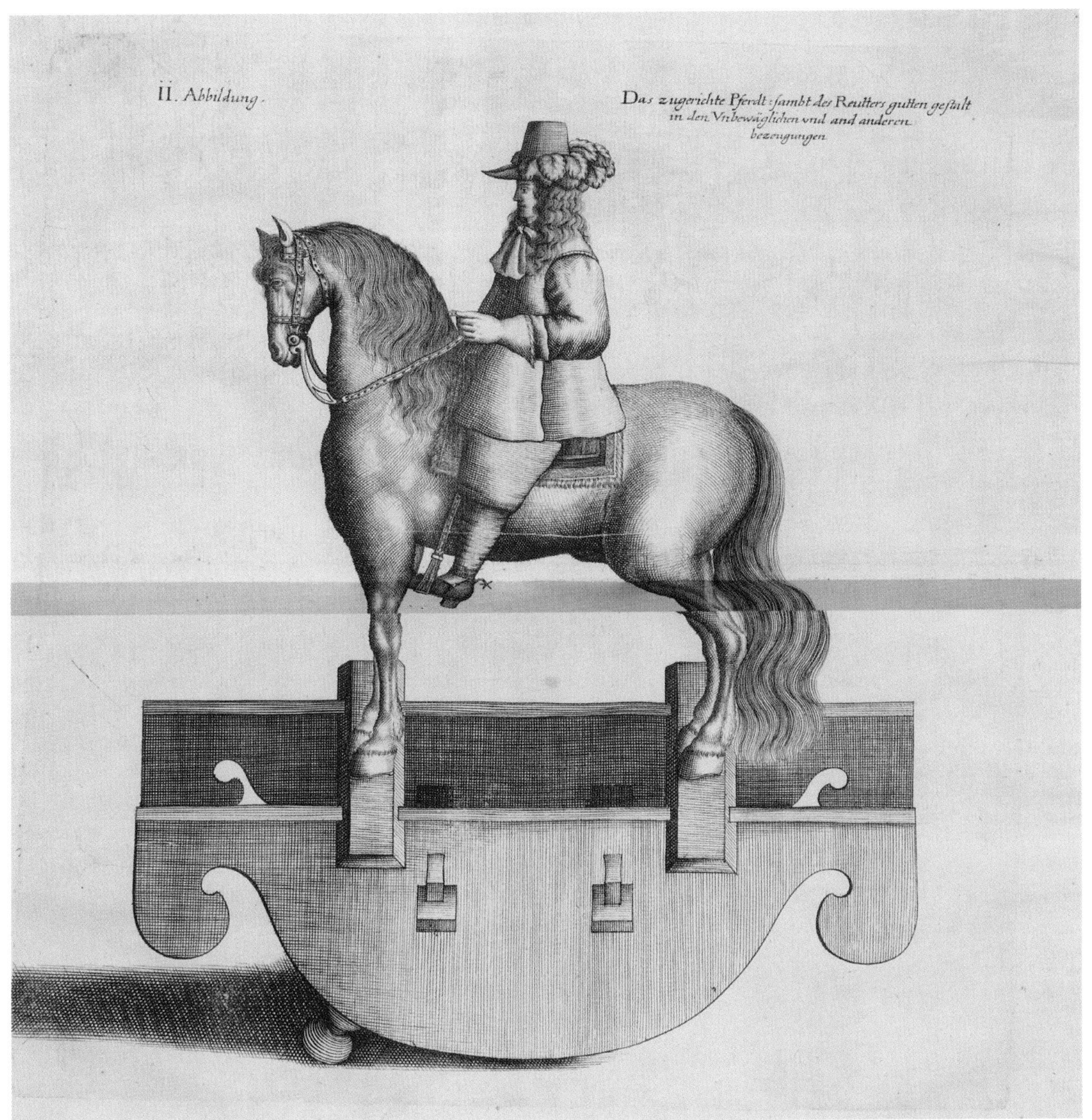

Abb. 122

(Abb. 122). Dabei handelte es sich um ein Holzpferd, das – ähnlich einem Schaukelpferd – mit Hilfe von Schnüren bewegt werden konnte.[38] Indem man den Pferdeleib durch verschiedenartiges Ziehen bewegte, konnten laut Pinter sogar die verschiedenen Gangarten und das Springen eines wirklichen Pferdes imitiert werden. Das Gerät sei von großem Nutzen, damit

> "auch unerwachsenen/ junge/ schwache Liebhaber/ vom 10. oder höchst 12. Jahr an in der besten Gestalt [...] alle nothwendige Hülffen und Straffen/ in rechter Arth/ Ordnung/ Zeit und Maß/ auch am rechten Orth/ ausser allem Schmerzen/ Verdruß/ Beschwerung/ Gefahr und Schaden/ in kurzer Zeit fassen/ solches können mit sich auff die lebendigen Pferd bringen [...]."[39]

Die Illustration soll "des Reutters gutten gestalt" zeigen und gleichzeitig verdeutlichen, "wie dasselbe [ein solches Holzpferd, P.F.C.] gemacht werden und beschaffen

38 Pinter beschreibt die Benutzung dieses "Pferdes" in einem Abschnitt im 2. Hauptteil, S. 10–29, in dem Pinter auf dieses Gerät auch als "das Pluvinell Pferd" verweist; die Illustration befindet sich zwischen den Seiten 20 und 21. Die Bezeichnung bezieht sich auf Antoine de Pluvinel (1552–1620), Reitmeister des französischen Königs Ludwig XI-II. (1601–1643) und Autor der posthum erschienenen "Le Maneige Royal" (Paris 1623), die bald in einer zweiten verbesserten Auflage als "L'Instruction du Roy en l'exercice de monter a cheval" (Paris 1625) erschien. Maria Platte: Die 'Maneige Royal' des Antoine de Pluvinel, Wiesbaden 2000. Es ist mir aber nicht bekannt, dass Pluvinel tatsächlich ein solches Gerät empfahl. Zu Pluvinels Bedeutung für Pinter, vgl. Kat.-Nr. 48.

39 Pinter, Pferdt-Schatz (s. Anm. 38), 2. Hauptteil, S. 10.

seyn kan."[40] Es ist jedoch fraglich, ob man ein solches Gerät tatsächlich aufgrund der Vorlage hätte konstruieren können, da weitere Konstruktionszeichnungen völlig fehlen. Auch im Hinblick auf die komplexen Funktionen sollte man eine gewisse Skepsis vorwalten lassen. Es wäre vielmehr naiv zu glauben, dass die Illustrationen stets das zeigten, was der Text bzw. die Wirklichkeit vorgaben.

Genau das, was die Übungen auf Pinters "zugerichtetem Pferd" verhindern sollten, nämlich dass der Reitschüler die harten und gefährlichen Konsequenzen eines Fehlers erleidet, findet man in Georg Simon Winters "Wolberittene[m] Cavallier" (Nürnberg 1678) geschildert. Die fünfte Illustration im ersten Teil seines Buches zeigt einen Kavalier, der eben nicht wohlberitten ist und vom Pferd stürzt (Abb. 123).[41] Laut Text resultiert ein solcher Unfall aus der Unfähigkeit des Reiters, seinen eigenen Körper so zu halten und zu bewegen, wie Winter es genauestens beschreibt. Wenn der Reiter beispielsweise auf dem Sattel wie auf einem Stuhl sitzt und sich dadurch zu weit am hinteren Rand befindet oder wenn er die Steigbügel zu lang stellt und dadurch den Bauch zu weit im Sattel nach vorne schiebt oder die Arme zu weit vom Körper streckt, dann kommt der Leib des Reiters "in eine Disordre", erklärt Winter. Wenn der Reiter sich in diesem Zustand befindet, "so würde er auch auf die geringste Bewegung des Pferds wanns auch nur im Schritt wäre/ alsbald herabfallen."[42] Damit illustriert das Bild das Ergebnis fehlerhafter Körpertechniken. Wie gefährlich ein solcher Sturz ist,

40 Ebd., S. 23.

41 Georg Simon Winter: Eques Peritus et Hippiater Expertus oder Wolberittener Cavallier und wohlerfahrner Roß-Arzt, Nürnberg 1678, Ill. 5, zwischen S. 26 und 27.

42 Für die Beschreibung der richtigen Position Winter, Wolberittener Cavallier (s. Anm. 41), S. 19–21; Zitate S. 21.

Abb. 123

wird durch die Darstellung des herabfallenden Reiters gezeigt. Er fliegt rücklings durch die Luft und verliert dadurch nicht nur gänzlich die Kontrolle, sondern steht auch in Gefahr auf den Kopf zu fallen und sich durch den Sturz oder durch die Hufschläge des nachfolgenden Pferdes gefährlich oder gar tödlich zu verletzen.

Der gesamte erste Teil ist explizit für Reitmeister geschrieben, die anderen das Reiten beibringen sollen.[43] Somit zielten Pinter und Winter auf eine ähnliche Leserschaft. Dabei bleibt der Ort der Unterweisung in Winters Darstellung eher vage umrissen, da er lediglich von der "Reitschul" spricht. Zumindest in den Illustrationen wird diese jedoch häufig in imposanter Architektur situiert. Winter ist hingegen sehr genau, wenn es um die Beschreibung eines "rechtschaffene[n] Bereuter[s]/" geht, "welcher [...] grossen Herren/ Cavaliern/ als Lehrjungen/ Lection zu geben [...]" hat.[44] Die Betonung der ehrlichen Geburt und der handwerklichen Aspekte rund um die Reiterei deuten ebenso wie die resolute Zurückweisung alles schändlichen Benehmens (wie Trinken, Lügen, Spielen, Schlägerei und "Hurerey") eher auf ein prekäres soziales Umfeld als auf den Adel, auch wenn sich die Reitmeister gleichzeitig in gehobenen Kreisen bewegten.[45]

Georg Simon Winters Leben weist darauf hin, dass solche Erwartungen nicht immer erfüllt wurden.[46] In kurpfälzischem Dienst war er zwischen 1672 und 1674 Hof- und Stutenmeister in Marbach, Grafeneck und Urach. Seine Erfahrungen in diesen Jahren dienten ihm wohl als Material für sein Werk "Stuterey und Fohlenzucht" (Nürnberg 1672 und 1673), das er dem Kaiser widmete. Als Dank dafür gab ihm der Kaiser den Beinamen "von Adlersflügel". Aber Winter durfte nicht lange in seinem Amt bleiben und wurde bald entlassen; angeblich konnte er danach keine dauerhafte Stelle mehr finden, was ihm aber Zeit ließ, mehrere Bücher über die Hippologie zu schreiben, wobei der zweisprachig (auf deutsch und lateinisch) erschienene "Wolberittene Cavallier" auch für eine gewisse Bildung Winters spricht. Winters Buch und auch sein Leben deuten ebenso wie die Werke Fuggers und Wallhausens an, dass die Kreise derjenigen, die Pferde besaßen, ritten und trainierten, in der Frühen Neuzeit erheblich weiter als im Mittelalter und nicht auf den Adel beschränkt waren. So erklärt Winter beispielsweise, wie sich ein Bereiter verhalten soll, wenn "ihme von grossen Herren/ Cavalieren/ *Kauffleuten/ oder andern Personen/* Pferde zum abrichten vertraut werden [...]. [Hervorhebung P.F.C.]"[47]

Winters Buch zeigt uns weiter, dass wir es auch nicht nur mit männlichen Reitern zu tun hatten, denn das 46. (und letzte) Kapitel des ersten Teils handelt davon, "Wie man eine Dame hohen Stands im Reiten unterrichten soll/ daß sie nicht allein zierlich zu Pferd sitze/ sondern auch ohne alle Lebens-Gefahr sowol spacieren/ als über Land reiten könne."[48] Winter erklärt den Damensattel, bei dem beide Beine zu einer Seite des Pferdes platziert wurden, und kritisiert gleichzeitig eine frühere Form des Damensattels, bei dem Frauen wie auf einem seitwärts auf das Pferd gesetzten Stuhl saßen, als ebenso unbequem wie gefährlich (Jost Ammans Holzschnitt in Fuggers "Von der Gestüterey" illustriert genau diesen Sitz, vgl. Kat.-Nr. 43). Ebenso lehnt er die Möglichkeit ab, dass Frauen rittlings, das heißt, wie die Männer reiten. Allerdings gibt er zu, dass er diese männliche Reitweise von Frauen "an vielen Orten auch gesehen" habe und lässt sie bei manchen Frauen gelten, nämlich "bey ledigen Standspersonen und die sich nicht übel dabey befinden", aber "mit schwangern Frauen/ fetten oder schwachen Personen [...]/

43 Winter: "Erster Theil deß Reit-Buchs/ Von Unterweisung eines grossen Herrns/ oder Cavaliers, auf der Reit-Schul/ wie derselbe in allem solle tractirt werden", Wolberittener Cavallier (s. Anm. 41), S. 1–68.

44 Ebd., S. 2–11.

45 Cuneo, (Un)stable Identities (s. Anm. 10), S. 348–357.

46 Für die eher dürftige Information über das Leben und Wirken von Winter siehe Georg Wilhelm Schrader: Biographisches-literarisches Lexikon der Tierärzte aller Zeiten und Länder, Stuttgart 1863, Nr. 1957.

47 Winter, Wolberittener Cavallier (s. Anm. 41), S. 11.

48 Ebd., S. 65–68; für Informationen über Reiterinnen in der Geschichte siehe Gaby Hermsdorf: Frauen zu Pferde, Hamburg 1998.

wird sich solches nicht thun lassen/ und [...] so ist solches Reiten eine grosse Ursach der Unfruchtbarkeit."[49]

Ganz offensichtlich fließen in Winters Urteil hier Vorstellungen von Geschlecht, Sexualität und Reproduktion ein. Eine unverheiratete Frau, die nicht den sexuellen und reproduktiven Bedürfnissen eines Ehemannes verpflichtet war, durfte rittlings reiten. Aber eine nicht verheiratete, schwangere, als schwach angesehene und/oder auf ihre Fruchtbarkeit bedachte Frau stellte im 17. Jahrhundert die Ausnahme dar. Eine ähnliche Vorstellung schwingt auch in seiner Diskussion über das geeignete Pferd für eine Reiterin mit. Winter besteht darauf, dass eine Frau niemals einen Hengst reiten darf, und es wäre auch besser, wenn ihr keine Stute gegeben würde; das Beste für sie sei ein Wallach. Als Wallach bezeichnet man aber ein männliches Pferd, das kastriert worden ist, das heißt ein weitgehend geschlechtliches Neutrum. Abgesehen davon galt ein Hengst seit dem Mittelalter als Kriegs- und Ritterpferd, als ein Pferd, das nur von den mächtigsten und stärksten Männern geritten werden konnte und sollte und das deshalb für Frauen als vollkommen unangemessen galt. Allerdings gelten Wallache allgemein auch heute noch als folgsamer, ruhiger und deshalb einfacher und leichter zu reiten als Stuten oder Hengste.

Winter beschreibt den Ausritt einer solchen hohen Dame folgendermaßen: "Erstlich reitet der Stallmeister oder Bereuter voran/ dem folget die Dame hernach/ auf jeder

49 Winter, Wolberittener Cavallier (s. Anm. 41), S. 66.

Abb. 124

Seiten gehet ein Laquei/ darmit wo ohnegefehr das Pferd stutzen und nicht fortgehen wolte/ dieselbe das Pferd sittsam beym Zaum ergreiffen können und hiemit alle Gefahr abgewendet werde. Also wird sie [die Dame, P.F.C.] ohn alle Sorg und Gefahr mit dem gantzen Frauenzimmer hinreiten können wo sie hin will."[50] Eine Illustration veranschaulicht diese Beschreibung (Abb. 124).[51] In diesem Bild finden wir links den führenden Reitmeister zu Pferd, gefolgt von einem dunkelhäutigen Lakaien, der die Dame und ihre weibliche Gefolgschaft zu Fuß begleitet. Während die Dame im Zentrum des Bildes im von Winter empfohlenen Damensitz reitet, sitzt eines ihrer 'Frauenzimmer' rechts im Bild rittlings zu Pferd. Damit werden Ideal und Abweichung auch sozial in der Gegenüberstellung von Herrin und Gefolgschaft abgebildet. Dass der Lakai anscheinend in der Lage war, die Partie zu Fuß zu begleiten und im Notfall einzugreifen, deutet an, dass man nicht allzu schnell ritt, was wahrscheinlich ebenfalls nicht als damenhaft galt. Auch Winter spricht lediglich von "stutzen und nicht fort*gehen* [Hervorhebung durch P.F.C.]". Die Sorgfalt, die in der Abbildung bei der Darstellung der schönen Bekleidung der Frau, ihres dekorativen Pferdes und ihrer Gefolgschaft an den Tag gelegt wird, erweckt sogar den Eindruck, dass bei solcher Gelegenheit das Reiten ohnehin weniger wichtig war als eine angemessene Präsentation in der Öffentlichkeit, in voller Schönheit und umgeben von Untergebenen. Das galt natürlich auch für den männlichen Reiter, der gleichwohl stärker auf die Darstellung seiner Kompetenz achten musste. Im Folgenden möchte ich deshalb untersuchen, was eigentlich durch die Präsentation in der Öffentlichkeit dargestellt und welche Ideale durch das Reiten verkörpert werden sollten.

Die Kunst des Reitens als Repräsentation

In den Reitbüchern, die im Laufe des 17. Jahrhunderts geschrieben wurden und zu denen die oben besprochenen Werke gehören, tritt die Zweckmäßigkeit des Reitens bezüglich des Krieges und des Turnierens immer mehr in den Hintergrund. Stattdessen tritt die Kunst des Reitens in das Zentrum des Interesses. Das Reiten wird nicht mehr primär durch Dienst an der Obrigkeit und durch die Landesverteidigung legimitiert, obwohl solches manchmal noch im Vorwort erwähnt wird. Immer mehr geht es in diesen Bücher um die körperlichen und geistigen Schwierigkeiten des korrekten Reitens, also um eine Auffassung des Reitens als Kunst, die nicht jedermann ausüben kann, um das Verhältnis zwischen Reiter und Pferd, wobei der Reiter moralisch verpflichtet wird, fürsorglich und mitfühlend mit seinem Tier umzugehen, und um die öffentliche Erscheinung des Reiters.

In dem schön illustrierten Titelblatt von Christoph Liebs "Practica et arte de cavalleria" (1616) beispielsweise wirken Text und Bild zusammen, um Mitleid mit dem Reitpferd zu erwecken (s. Kat.-Nr. 46). Lieb plädiert dafür, dass der Reiter das Tier nicht bloß als Instrument seiner eigenen Darstellung benutzt, sondern dass er das Feingefühl besitzt, sich in das Tier hineinzuversetzen, und auch bereit ist, die Verantwortung für die Leistung des Pferdes zu übernehmen (statt dem Tier die Schuld für eine mangelhafte Ausführung zu geben). Schon im ersten Kapitel seines Buches

50 Ebd., S. 68.

51 Die Illustration befindet sich in Winter, Wolberittener Cavallier (s. Anm. 41), zwischen S. 68 und 69. Die Künstler, die für die Illustrationen im Buch verantwortlich zeichnen, waren Peter Troschel und Cornelius Nicolaes Schurtz; hierzu siehe Giulia Bartrum (Hrsg.): Hollstein's German Engravings, Etchings and Woodcuts 1400–1700, Bde. LIII und LIV, Rotterdam 2000 und 2001; Hans Vollmer (Hrsg.): Nachdruck von Ulrich Thieme und Felix Becker (Hrsg.): Allgemeines Lexikon der bildenden Künstler von der Antike bis zur Gegenwart, Leipzig 1999, S. 431–432.

erklärt der Verfasser, wie grundlegend es sei, dass der Reiter sein Pferd im Hinblick auf dessen individuelle Fähigkeiten genau kenne und nur innerhalb dieser von der Natur gesetzten Grenzen arbeite. Diese Kompetenz des Reiters nennt Lieb "die gröste Kunst", die nur aus körperlicher Übung und Erfahrung und aus "fleissiger Observation und Nachdenken" gewonnen werden könne.[52] Es ist also eine Kunst, die gleichermaßen auf Körper und Geist basiert und in der Theorie und Praxis notwendigerweise vereint sind. Darin liegt die Schwierigkeit einer solchen Kunst, und da sie so viel – an Erfahrung, Zeit, körperlicher Geschicklichkeit, Wissen und Erkenntnisvermögen – erfordert, kann sie nur von den Menschen erreicht werden, die sich das Erforderte auch leisten können.

An Liebs Ermahnung an Reiter, besonders auf sich Acht zu geben, wenn sie in der Öffentlichkeit reiten, erkennen wir wieder den Wert, der auf die Erscheinung des Reiters vor einem Publikum gelegt wurde:

> "[W]ann er [der Reiter, P.F.C.] in der stadt/ oder sonst an offentlichen orthen/ beydes vor verstendigen und unverstendigen reittet/ so sol er mehr in acht nehmen sich wolstendg mit einer schönen Postur zu Roß zu presentiren/ als uff die iustezz des Pferdts [...] dieweil von den unverstendigen davon allerley iudiciert und ihm vor einen grossen unverstand gehalten werden köndte/ wann er uff der gassen oder sonsten ausserhalb der schuel/ seinem Pferdt [...] Lectiones geben thet [...]."[53]

Eben weil es Leute gibt, welche die Kunst des Reitens nicht verstehen, die "Unverstendigen" in Liebs Text, werden sie auch nicht die Körpertechniken des Reiters verstehen, die er gebrauchen muss, um das Pferd zu korrigieren ("Lectiones geben"). Sie werden die Bewegungen des Reiters also missdeuten und ihn (fälschlicherweise) für einen unfähigen Reiter halten. Stattdessen werden sie, wenn ein Reiter einfach schön zu Pferd sitzt, gleichgültig ob das Pferd hinten krumm geht oder sich zu schwer auf das Gebiss lehnt, meinen, einen kompetenten Reiter vor sich zu haben. Das Allerwichtigste am Reiten in der Öffentlichkeit (und hier wurde weder vom Krieg noch vom Turnier gesprochen, sondern einfach davon "in der stadt oder [...] uff der gassen" zu reiten) besteht deshalb darin, einen guten Eindruck zu machen und negative Urteile von sich fern zu halten.

Pinters "Pferdt-Schatz" von 1664 betont durchweg, dass das Reiten nicht nur eine Frage der Praxis sei, sondern auch einer theoretischen Fundierung bedürfe. Derjenige, der das Reiten richtig lernen möchte, muss deshalb auch in der Theorie des Reitens unterrichtet werden. Ein solches Konzept macht das Reiten für andere Künste und Wissenschaften anschlussfähig und wertet es gleichzeitig auf:

> "Ob gleich unterschiedene Künste und Wissenschafften auf unterschiedene weise zuerlernen [...]: so wird doch unter allen/ [...] kein gewissere Unterweisung zuerwehlen seyn/ als welch auß einer vorgehenden grundlegenden Theorie herkommet. [...] Denn es ist je unwidersprechlich/ daß alle freye Künste (auch von den berühmteste Professoren) allen denen/ so derselben gleicher gestalt geniessen und mächtig werden wollen [...] ohne Unterschied/ erstlich Theoretice vorgetragen/ erkläret und beygebracht werden [...]."[54]

Pinter fährt fort, indem er weiter behauptet, dass das Reiten tatsächlich als eine der "freye[n] Künste" betrachtet werden solle.[55]

52 Lieb, cavalleria (s. Anm. 33), Teil 1, S. 1.

53 Lieb, cavalleria (s. Anm. 33), Teil 2, S. 56.

54 Pinter, Pferdt-Schatz (s. Anm. 38), 2. Hauptteil, S. 1.

55 Ebd.

Auch die Körperideale selbst sind von theoretischen Konzepten durchdrungen: Pinter ermahnt seine Leser immer wieder, die Extreme zu vermeiden. Beine und Ellbogen sollen beispielsweise weder zu weit zurück noch zu weit nach vorne gestellt, die Waden und Füße weder einwärts noch auswärts gebogen, die Zehen weder zu hoch erhoben noch die Fersen zu tief gesenkt werden, der Torso weder vorwärts noch rückwärts geneigt, die Schulter weder hochgezogen noch hängend sein. Stattdessen ermutigt Pinter den Reiter immer, "das rechte Mittel" zu treffen. Die Position, die so beschrieben wird, stimmt im Großen und Ganzen tatsächlich damit überein, was man noch heute als einen korrekten Sitz bezeichnen würde. Aber die refrainartige Wiederholung, nach einer Mittelstellung zu streben, die auch als "recht" beschrieben wird, erweckt den Eindruck, dass es hier noch um etwas anderes geht. Ohne dass es explizit benannt würde, erinnert dieses Ideal an Aristoteles Konzept des rechten Maßes, wie er es im zweiten Buch seiner "Nikomachischen Ethik" formuliert. Allein das rechte Maß in allen Dingen führe zur menschlichen Glückseligkeit und Tugendhaftigkeit.[56] Wenn sich der Körper des Reiters also wohlbalanciert zwischen den physischen Extremen bewegen soll, so kann dies auch als Sinnbild für dieses Ideal verstanden werden. Gleichzeitig kann über diese ausgewogene Körperhaltung auch die Tugend des rechten Maßes und in einem umfassenderen Sinne die Glückseligkeit erstrebt werden.

Pinter bietet weitere Beispiele dafür, wie ethischen Werten physischer Ausdruck verliehen wird. Immer wieder betont Pinter, dass Pferde ein Geschenk Gottes an die Menschheit seien. Er führt mehrere Bibelzitate an, um zu beweisen, dass Gott eine besondere Liebe zu den Pferden hat, indem er sie zu seiner Verherrlichung und zu seinem Dienst auserwählte.[57] Dass Menschen die Pferde gleichermaßen gebrauchen dürfen, ist eine besondere Gnade. Eben deshalb ist der Mensch moralisch verpflichtet, mit diesen Tieren auf einer Art und Weise umzugehen, die seiner Verantwortung als Verwalter der Schöpfung Gottes Rechnung trägt:

> "Wann der allmächtige grosse GOTT von dem Vieh/ so auff den Bergen und auff den Feldern lebet/ bezeuget/ daß er sich deren Eygenthums nicht begeben/ ob er gleich deren Gebrauch/ dem Menschlichen unterworffen/ sol er damit außer allem Zweifel/ lehren/ daß der Mensch in dessen Gebrauch/ nicht ohn alle Verantwortung sey/ wie er damit umgehe/ sonder daß er ihme (als dem rechten Eygenthums Herrn) eben so viel Rede und Antwort zu geben schuldig sey/ als ein leiblicher Knecht seinem Herrn zu thun verpflichtet ist [...]."[58]

Deshalb war auch der Missbrauch von Pferden besonders schlimm. Indem ein Mensch ein Pferd übel behandelte, sah Gott, "wie sich der Mensch dem Göttlichen geoffenbarten Willen nit regieren lassen [...] will."[59] Missbrauch war auch ein Zeichen menschlicher Vermessenheit, von Ehrgeiz und Unbarmherzigkeit und wurde deshalb von Pinter implizit sogar in den Bereich der sieben Todsünden gerückt. Ein kompetenter Reiter hingegen verhielt sich durch sein verantwortungsvolles Handeln, das die Grenzen der Natur anerkannte, zugleich gottgefällig.

Auch wenn Pinter die Nutzung von Pferden als weit verbreitet in den verschiedensten sozialen Gruppen und zu unterschiedlichsten Zwecken beschreibt, macht er gleichzeitig klar, dass der eigentliche und höchste, zugleich auch von Gott gewollte

56 Aristoteles: Nicomachean Ethics, in Richard McKeon (Hrsg.): Introduction to Aristotle, New York 1947, S. 300–543, hier S. 331–347.

57 Pinter, Pferdt-Schatz (s. Anm. 38), 1. Hauptteil, S. 146–147.

58 Ebd., S. 3.

59 Ebd., S. 140.

Gebrauch von Pferden in den Kreisen der "hohen Potentaten" zu finden sei. Wenn man die Pferde und ihren möglichen Gebrauch bedenkt, sagt Pinter, sei es doch offensichtlich,

> "wie Gott die Pferde/ mit ihren unterschiedenen/ sonderlich aber hohen Gebrauch und übung/ dem hohen Regierstand/ forderst zum besten erschaffen/ zugeeignet und geschencket: Weil in allem Gebrauch der Pferde und derselben unterschiedlichen Art/ nichts ist/ welches nicht eigentlich zur Zierde/ Erhebung/ Vermehrung/ Erleichterung und Versicherung oder beständiger Erhaltung desselben angesehen/ bequem/ nötig und dienstlich wär [...]."[60]

Winters "Wolberittener Cavallier" (1678) funktioniert in ähnlicher Weise, obwohl die theoretischen und moralischen Dimensionen, die wir in Pinters Buch finden, hier keine Rolle spielen. Das Titelblatt informiert, dass Winters Buch der Absicht dient, "jungen Cavallieren" das Reiten zu lehren und zwar mit dem Ziel, dass die jungen Herren die Exerzitien zu Pferd "mit rittermäßiger Zier- und Wolständigkeit" werden vervollkommnen können. Eben deshalb ist die Illustration, die den hinfallenden Reiter darstellt, so schockierend, denn sie zeigt genau das Gegenteil (s. Abb. 123). Wir haben oben schon auf die Gefährlichkeit der geschilderten Situation für einen rückwärts fallenden Reiter hingewiesen. Die Illustration schildert implizit aber auch noch eine zweite Gefahr, nämlich die, in Verlegenheit gebracht zu werden. Der fallende Reiter sieht nicht nur erbarmungswürdig, sondern auch lächerlich aus: Seine Finger sind vor Angst gespreizt und starr, sein Mund steht offen (vielleicht schreit er gerade), seine Augen sind weit aufgerissen, und seine Perücke fliegt vom Kopf. Hier wird ein Mensch dargestellt, der die innere und äußere Kontrolle verloren hat und der durch sein Fehlen an körperlichen Fähigkeiten und vielleicht auch an innerlicher Tapferkeit in eine peinliche Situation geraten ist und sich lächerlich gemacht hat. Etwas Schlimmeres konnte einem jungen Höfling kaum geschehen!

Auch Pinter sieht die Gefahr, sich zu blamieren. In seinem Buch beschreibt er deshalb nicht nur, was der Reiter mit seinem Körper machen soll, sondern auch, was er mit seinem Körper eben nicht machen darf:

> "Sonderlich aber wird er sich von Anfang an wol in acht zu nehmen haben/ daß er keine ungebärdige gezwungene Bezeigungen an sich nehme [...] unter welche die übelständigste und schädlichste den Kopff/ und Leib/ unmässig von einer Seiten zu der andern zu wenden/ in den Paraden [...] auf einer Seiten hänget/ die Schenckel außeinander wirffet/ mit den Füssen webert/ [...] Grimassen mit dem Gesichte machet/ die Leffzen einziehet/ das Maul auffsperret."[61]

Pinter verurteilt diese Bewegungen nicht wegen ihrer negativen Auswirkungen auf das Reiten. Wenn wir uns aber einen Reiter vorstellen, der mit offenem Mund oder mit wackelnden Füßen reitet, der seinen Körper unkontrolliert herumwirft und Grimassen schneidet, dann haben wir eine äußerst unelegante Figur vor uns, einen Körper, der die Schwierigkeit des kunstvollen Reitens preisgibt und dadurch die Unvollkommenheit des Reiters entblößt. Seit Castigliones "Buch vom Hofmann" (Il libro del cortigiano, erstmals 1528 gedruckt) gilt aber "sprezzatura", d.h. der Eindruck von Unbezwungenheit und Unbeschwertheit in allen Handlungen, als sichtbarer Beweis für einen berechtigten höfischen Rang.

60 Ebd., S. 143.
61 Ebd., 2. Hauptteil, S. 20.

Diese Beispiele deuten an, wie komplex das Verständnis des Reitens in der Frühen Neuzeit war. Effektives Reiten bedeutete den Unterschied zwischen Sieg und Niederlage, zwischen Leben und Tod im Krieg. Bei anderen Gelegenheiten – wie beim Turnier, aber auch beim Lernen, Trainieren oder Spazierenreiten – bedeutete das Reiten eine wichtige Möglichkeit, Aufmerksamkeit und Lob auf sich zu ziehen, indem man seine Geschicklichkeit öffentlich zeigen konnte. Die Reitbücher erklärten dem Reiter, wie er sich diese Geschicklichkeit aneignen, wie er sie üben und vorzeigen konnte. Die Bücher machten aber auch dem Laien klar, wie er das Reiten eines anderen beurteilen konnte, denn, wie die Bücher andeuten, gehörten eben zwei Fähigkeiten zum öffentlichen Reiten: die des Reiters, der sein Pferd präsentiert, und die der Zuschauer, die den Reiter beurteilen.

Diese Beurteilung war wesentlich, denn man verstand das Reiten als Ausdruck des Charakters, aber auch der gesellschaftlichen Rolle des Reiters. Insgesamt betrachtet stellen die Reitbücher den idealen Reiter als gottesfürchtig, barmherzig, großzügig, geduldig, innerlich und äußerlich balanciert, empfindsam, kunstreich und gebildet dar. Er verfügte über die Zeit, sowohl seinen Übungen in der Manege als auch seinen Studien und der Lektüre von Reitbüchern nachzugehen. Er besaß die entsprechenden Pferde, die für solch kunstvolles Reiten gezüchtet wurden, er stellte das notwendige Reit- und Stallpersonal ein, das die Pferde bewachte und betreute, und er baute einen angemessenen Stallkomplex, um die Pferde und das Personal zu beherbergen. Offensichtlich mussten einem solchen Mann bedeutende finanzielle Mittel zur Verfügung stehen. Und wenn wir die traditionsreiche Verbindung zwischen Adel und Pferd, die Aussage der Bücher über die Reitkunst als besonders dem Adel zugehörig, das hohe Bildungsniveau, die charakterliche Feinheit und die hohe Moralität, die traditionsgemäß dem Adel zugeschrieben wurden, dazu nehmen, dann müssen wir daraus schließen, dass durch das Reiten der habitus eines Adeligen verkörpert werden sollte.

Weil aber Bildung und ökonomischer Status in der Frühen Neuzeit nicht mehr an den Adel gebunden waren, weil Kaufleute in den Städten und bürgerliche Universitätsabsolventen an den Höfen mit dem Adel konkurrierten, galten die traditionellen Verbindungen nicht mehr als gegeben und unzweideutig. Das Reiten konnte deshalb von diversen Gruppen genutzt werden, um ökonomische, politische, soziale, charakterliche oder intellektuelle Erhabenheit und Überlegenheit öffentlich körperlich zu demonstrieren. Durch physischen Ausdruck, wie es das Reiten darstellte, versuchte man so, schwankende soziale Identitäten zu befestigen und neu zu definieren.

Aufgeklärtes Fechten. Anton Friedrich Kahns "Anfangsgründe der Fechtkunst" (1739) und die ältere deutsche Fechtschule

Anselm Schubert

Für Jan-Philipp Hoffmann in Erinnerung an Göttingen

I.

Die Geschichte des Fechtens in Deutschland ist noch nicht geschrieben. Das hat seinen Grund zum einen darin, dass die Geschichte des europäischen Fechtens insgesamt bislang kaum Gegenstand wissenschaftlicher Forschung gewesen ist:[1] In den langen Jahrhunderten, in denen das Fechten in Europa die am intensivsten betriebene Kampfkunst darstellte, war es zwar stets Objekt technischer, militärischer und pädagogischer, auf jeden Fall aber *aktueller* Diskussion, jedoch nicht Gegenstand historischer Forschungen.[2] Nachdem es durch den Niedergang der alteuropäischen Adelskultur und den fundamentalen Wandel der modernen Militärtechnik seit dem Ersten Weltkrieg seine sozial privilegierte Stellung verloren hatte, rückte das Fechten schließlich ganz aus dem Blickfeld der Historiker.

Die wenigen Studien zur Geschichte des europäischen Fechtens sind deshalb vor allem im 19. Jahrhundert und bis auf wenige Ausnahmen von historisch interessierten Fechtmeistern vorgelegt worden, die zwar zum Teil eine historische Ausbildung besaßen, deren Arbeiten aber keinen im engeren Sinne wissenschaftlichen Anspruch erheben können.[3] Immerhin liegen heute zur Geschichte des Fechtens in Italien, Frankreich und England einige wenige Studien vor, die als Ausgangspunkt weiterer Forschung dienen können.[4] Dass eine solche Studie zur Geschichte des Fechtens in Deutschland bis heute fehlt, hat seinen Grund in einer Besonderheit der deutschen Fechtgeschichte.[5]

In Deutschland war im Laufe des späten 16. und 17. Jahrhunderts das spätmittelalterliche Hieb- und Stoßkämpfen mit verschiedenen Formen des Schwertes durch das aus Italien kommende reine Stoßfechten mit leichteren Waffen wie Rapier, Degen oder Florett ersetzt worden.[6] Träger dieser neuen Fechtkunst waren zunächst städtische, zünftisch organisierte Fechtergesellschaften, dann zunehmend auch die Fürstenhöfe und Ritterakademien. Ihre Rolle als Ort der Pflege der Fechtkunst übernahmen im Laufe des 17. und 18. Jahrhunderts im Reich das territorialstaatliche Militärwesen und die Universitäten.[7] Seit dem Siebenjährigen Krieg ging das preußische Militär jedoch zum schweren Infanteriesäbel über, der sich nicht zum Stoßfechten eignete. Als zudem seit dem Ende des 18. Jahrhunderts immer mehr Universitäten im Reich ihren Studenten das bis dahin übliche Stoßfechten mit dem Degen als zu gefährlich untersagten und stattdessen das ungefährlichere Hiebfechten einführten,brach (anders als in Italien oder Frankreich) zu Beginn des 19. Jahrhunderts im Reich die frühneuzeitliche Tradi-

1 Die wichtigsten älteren Bibliographien zur Geschichte und Technik des Fechtens von Jacopo Gelli: Bibliografia Generale della Scherma con Note Critiche, Biografiche e Storiche, Florenz 1890, und Carl Albert Thimm: A Complete Bibliography of the Art of Fence Comprising That of the Sword and of the Bayonet, and Duelling as Practised by all European Nations, From the earliest Period to the Present Day, London 1891, sind neuerdings ersetzt worden durch Henry William Pardoel: The Complete Bibliography of the Art and Sport of Fencing, Ontario 1996 (auch online unter www.fencingbibliography.com). Keines der Werke ist lückenlos, vor allem die deutsche Literatur zur Geschichte des Fechtens ist in diesen Werken so gut wie gar nicht aufgenommen worden (am vollständigsten, aber auch bibliographisch unzuverlässigsten bei Gelli, S. 231–297).

2 Das Standardwerk zur Geschichte des europäischen Fechtens ist nach wie vor Egerton Castle: Schools and Masters of Fence. From The Middle Ages to the Eighteenth Century with a sketch of the Development of the Art of Fencing with the Rapier and the small Sword and a Bibliography of the Fencing Art During that Period. Illustrated with Reproductions of old Engravings and Carbon-Plates of ancient swords, London 1885. Die Studie von Sydney Anglo: The Martial Arts in Renaissance Europe, New Haven 2000, beschäftigt

tion des Stoßfechtens mit Degen und Florett praktisch ab. Bis zum Beginn des Ersten Weltkrieges bestand die deutsche Fechttradition deshalb vor allem im akademischen Bestimmungs- und Mensurfechten mit dem Säbel, über das wir in einer Fülle von Studien recht gut unterrichtet sind.[8]

Das moderne Sportfechten auf Hieb und Stoß mit leichten Waffen, wie es seit 1890 in Deutschland Eingang fand, stellte dem gegenüber eine prononcierte Neuerung dar: Es hatte sich aus der Tradition der italienischen Militärfechtschulen entwickelt und wurde von dort her importiert, zunächst jedoch ausschließlich von bürgerlichen Sport- und Turnvereinen übernommen.[9] Nach einigen Richtungsstreitigkeiten setzte sich das moderne Fechten der italienischen Schule seit ungefähr 1900 schließlich international als Sportfechten durch, während sich das korporative Mensurfechten zu einer rein deutschen akademischen Sondertradition entwickelte. Das hatte zur Folge, dass sich die deutsche Fechtgeschichte bis heute fast ausschließlich mit der Geschichte des korporativen Fechtens beschäftigt,[10] während die Geschichte der Fechttradition vor 1800 und seit ca. 1920 kaum Berücksichtigung findet.

II.

Die wohl wirkmächtigste These zur deutschen Fechtgeschichte vor 1800 ist die in praktisch allen Darstellungen wiederholte Behauptung, es habe, bevor das frühneuzeitliche Stoßfechten in Deutschland zugunsten des akademischen Hiebfechtens aufgegeben wurde, eine eigene deutsche Fechtschule gegeben – einen nationalen Fechtstil, vergleichbar den zeitgenössischen italienischen und französischen Schulen.[11] Demnach habe die sagenumwobene Fechtmeisterdynastie der Familie Kreußler, die von Mitte

sich weniger mit der Geschichte Fechtens als vor allem mit text- und bildtheoretischen Fragen seiner Darstellung in Fechtbüchern.

3 Eine Ausnahme bildet die Studie von Anglo, Art (s. Anm. 2), dem erkennbar das Verständnis selbst für elementare technische Vorgänge und sportliche Probleme beim Fechten fehlt.

4 Die Historiographie des italienischen Fechtens beschränkt sich bis heute auf die positivistische Zusammenfassung verschiedener Fechtbücher, so beim älteren Werk von Gustav Hergsell: Die Fechtkunst im XV. und XVI. Jahrhundert. Mit 18 Lichtdrucktafeln und 48 Textillustrationen en Facsimile, Prag 1896, und der neueren Darstellung von William M. Gaugler: The History of Fencing. Foundations of Modern European Swordplay, Bangor/Maine 1988. Als Ausgangspunkt der französischen Fechtgeschichte vgl. noch immer Émile Merignac: Histoire de L'Escrime dans tous les Temps et dans tous les pays, 2 Bde., Paris 1883/1886, der dem frühneuzeitlichen und modernen Fechten allerdings nur wenige Seiten widmet. Eine weniger sport- als sozial- und kulturgeschichtliche Studie zum Fechten im Frankreich der Frühen Neuzeit bieten Pascal Brioist, Hérve Drévillon, Pierre Serna: Croiser le fer. Violence et culture dans la France moderne (XVIe–XVIIIe siècle) (= Epoque), Champ Vallon 2002. Eine exzellente Darstellung des europäischen Fechtens insgesamt mit einem Schwerpunkt auf dem englischen Fechten bietet Richard Cohen: By the Sword. A History of Gladiators, Musketeers, Samurai, Swashbucklers, and Olympic Champions, New York 2002.

5 Einen kurzen aber zuverlässigen Überblick vor allem zur deutschen und österreichischen Fechtgeschichte bietet Karl E. Lochner: Die Entwicklungsphasen der europäischen Fechtkunst, Wien 1953. Den besten Überblick über die ältere deutsche Fechtgeschichte bietet die unveröffentlichte Dissertation des Göttinger Sportwissenschaftlers Wilhelm Henze: Das Fecht- und Duellwesen an der Universität Göttingen 1734–1940, Diss. masch. phil., Göttingen 1942; zu Henze selbst vgl. Wolfgang Buss und Arnd Krüger (Hrsg.): Sportgeschichte. Traditionspflege und Wertewandel. Festschrift zum 75. Geburtstag von Prof. Dr. Wilhelm Henze, Hoya 1985; Arnd Krüger (Hrsg.): Aus Biographien Sportgeschichte lernen. FS zum 90. Geburtstag von Prof. Wilhelm Henze, Hoya 2000.

6 Die beste Darstellung der Waffentechnik und ihrer Entwicklung bietet Heribert Seitz: Blankwaffen. Geschichte einer Typenentwicklung im europäischen Kulturbereich, Braunschweig 1965/68; vgl. auch A. V. B. Norman: The Rapier and Small Sword, 1460–1820, London 1980.

7 Zur allgemeinen Entwicklung der Fechttechnik vgl. den Katalogbeitrag im vorliegenden Band.

8 Das studentische Fechten wird auch Mensur-Fechten genannt, da hier beide Fechter in einem festen und unveränderlichen Abstand ("mensura") zueinander stehen. Vgl. die ausführliche Bibliographie zum studentischen Fechten in Henze, Fechtwesen (s. Anm. 5). Einen neueren Überblick aus der Perspektive des korporativen Fechtens bieten die nicht unproblematischen Werke von Henner Huhle: 500 Jahre Fechtmeister in Deutschland. Ältester privilegierter Berufsstand, Kelkheim 1987 (Kleine Schriften des Historischen Museums 34); ders.: Geschichte des studentischen Fechtens, in: Coburger Convent-Blätter 3/4 (1978), ohne Paginierung.

9 Vgl. Lochner, Entwicklungsphasen (s. Anm. 5), S. 31–35.

10 Anders als über das Fechten als Kampfsport, sind wir über die Sozialgeschichte des Duells in Deutschland recht gut unterrichtet, vgl. z. B. Ute Frevert: Ehrenmänner. Das Duell in der bürgerlichen Gesellschaft, München 1991.

des 17. Jahrhunderts bis Mitte des 18. Jahrhunderts über mehrere Generationen hinweg an verschiedenen deutschen Universitäten die Fechtmeister stellte, einen eigenen Fechtstil begründet, der den nationalen französischen und italienischen Fechtschulen Anfang des 18. Jahrhunderts sogar überlegen gewesen sei.[12] Die Inbrunst, mit der die Existenz dieser nationalen Fechttradition beschworen wird,[13] steht dabei in merkwürdigem Kontrast zur Tatsache, dass die Historizität dieser durchaus weitreichenden These bislang noch niemals untersucht worden ist.[14] Problematisch ist dabei allerdings, dass die Fechtmeister der Familie Kreußler selbst keinerlei schriftliche Aufzeichnungen über ihre Fecht- und Lehrweise hinterlassen haben und sich auch kein anderweitiges zeitgenössisches Material erhalten hat – anders als man es bei einer vermeintlich so maßgeblichen Fechterschule eigentlich erwarten sollte. Die historisch zuverlässigen Informationen über die Kreußler beschränken sich auf einige Fechtmeisterpatente, sowie Namen und Daten aus Geburts-, Tauf- und Sterberegistern des 17. Jahrhunderts:[15] Praktisch alles, was wir über die Familie selbst wissen, geht auf einige Anekdoten zur Jenaer Universitätsgeschichte zurück, die Karl Wilhelm Göttling 1826 in seinem Tagebuch zusammengestellt hatte.[16] Allerdings existieren aus dem 18. Jahrhundert zwei berühmte Fechtbücher, die sich explizit auf die Kreußlersche Schule berufen: Friedrich Anton Kahns “Anfangsgründe der Fechtkunst”[17] von 1739 und Siegmund Carl Friedrich Weischners “Uebungen auf dem Fürstl. Sächß. Hoffechtboden zu Weimar”[18]

11 Vgl. Paul Roux: Die Fechtmeisterfamilien Kreußler und Roux. Ein geschichtlicher Überblick über die deutsche Fechtkunst vom Mittelalter bis zum Anfang des gegenwärtigen Jahrhunderts, Jena 1912; Christian Seemann-Kahne: Die Kreußler in Jena, Jena 1912; ders.: Was ist Kreußler'sche Schule? Ein Beitrag zur Geschichte der Fechtkunst, in: Deutsche Fechterzeitung 1, Nr. 3 (1913), S. 6–11, ebd., S. 8–10; ders: Die Entwickelung der Fechtkunst in Deutschland aus der Kreußlerzeit heraus, in: Der Hochschulsport 5 (1926), S. 269–273, ebd., S. 269; Henze, Fechten (s. Anm. 5), S. 20; zuletzt Hule, Fechtmeister (s. Anm. 8), S. 60–63. Lochner, Entwicklungsphasen (s. Anm. 5), S. 27, nimmt zwar einen überragenden Einfluss der ital. und frz. Schulen in Deutschland an, konzediert aber immerhin, es habe "einige Ausnahmen vom Formate der Kreussler" gegeben.

12 Diese These geht zurück auf eine knappe Aussage in Anton Friedrich Kahn: Anfangsgründe Der Fechtkunst nebst einer Vorrede Von dem Nutzen der Fechtkunst Und den Vorzügen dieser Anweisung herausgegeben von Anton Friedrich Kahn Fechtmeister auf der Georgius Augustus Universität zu Göttingen, Göttingen Gedruckt bey Johann Christoph Ludolph Schultzen Universitäts= Buchdrucker 1739, Anhang S. 30, zu Anfang des 18. Jahrhunderts sei "in Paris niemand zum Fechtmeister erwehlt worden, er habe denn mit diesen Herren [zwei 'Cavaliers', die in Jena bei Kreußlers studiert hatten, A.S.] gefochten, und ihren Beyfall verdient." Castle, Schools (s. Anm. 2), S. 183, übernimmt diese Aussage Kahns ebenso ungeprüft wie die weiteren Studien zur alten deutschen Fechtgeschichte.

13 Dennoch oder vielleicht gerade deswegen war diese These so wirkmächtig, dass die Lehrbücher, die im 19. Jahrhundert in Deutschland noch zum Stoßfechten erschienen, sich fast alle mit dem vermeintlichen Qualitätssiegel "nach Kreußlerschen Grundsätzen" schmückten. Der älteste Titel ist meines Wissens [Franz Roux]: Versuch über das Contrefechten auf der rechten und linken Hand: nach Kreußlerischen Grundsätzen, Jena 1786. Das wichtigste Stoßfechtbuch des späten 18. Jahrhunderts, [Johann Carl Adolf Roux]: Gründliche und vollständige Anweisung in der deutschen Fechtkunst auf Stoß und Hieb [...], Jena 1798, kommt ohne Verweis auf die Kreußler aus. Seit den Befreiungskriegen mehren sich aber die entsprechenden Titel wie Ernst Wilhelm Bernhard Eiselen: Abriss des deutschen Stoßfechtens nach Kreusslers Grundsätzen dargestellt, Berlin 1826; Heinrich Riemann: Vollständige Anweisung zum Stoßfechten nach Kreusslers Grundsätzen, Leipzig 1843; Friedrich August Wilhelm Luwig Roux: Die Kreusslersche Stoßfechtschule, Jena 1849. Selbst die letzte altmeisterliche Darstellung Josef-Schmid-Kowarzik und Hans Kufahl: Fechtbüchlein, Leipzig 1894, gibt vor, die ältere deutsche Fechttraditon nach den Lehren der Kreußler in der Kahnschen Form vorzutragen.

14 Nur Seemann-Kahne hat in zwei Publikationen behauptet, die Kreußler-Kahnsche Schule habe sich nicht von der zeitgenössischen italienischen Schule der Tradition Salvatore Fabris unterschieden; vgl. ders., Schule (s. Anm. 11), S. 8–10; ders., Entwickelung (s. Anm. 11), S. 269.

15 Seemann-Kahne, Kreußler (s. Anm. 11), hat alle relevanten Daten zusammengetragen und ebd., hinteres Vorsatzblatt, auch einen vollständigen Stammbaum der Familie erstellt. Demnach erhielten der aus Hadamar stammende Fechtmeister Wilhelm Kreußler d. J. († 1673) und seine beide Söhne Gottfried († 1692) und Friedrich (1632–1707) im Jahr 1669 das Patent zur Leitung zweier Fechtschulen an der Universität Jena (ebd., S. 23), deren eine von Gottfried, deren andere gemeinschaftlich von Vater und jüngerem Bruder geleitet wurde. Nach dem Tode des Vaters übernahm Friedrich die Leitung der zweiten Fechtschule allein, sein Sohn Wilhelm (1666–1701) begründete dagegen für kurze Zeit eine eigene dritte Fechtschule in Jena (ebd., S. 31). Die Fechtschule Gottfrieds wurde von seinem Sohn Johann Wilhelm Kreußler († 1722) und schließlich von seinem Enkel Heinrich Wilhelm Kreußler (1690–1752) fortgeführt (vgl. ebd., S. 27 und 31). Nach Seemann-Kahne (ebd., S. 76–99 [mit Abb.]) haben sich in der Universitätsbibliothek einige Porträts der Kreußlerschen Familie erhalten.

von 1761. Sowohl der Göttinger Universitätsfechtmeister Kahn (1713–1797)[19] als auch der Herzoglich Weimarische Hoffechtmeister Weischner (1703–1774)[20] geben sich in ihren Fechtbüchern in der Tat als Schüler des letzten der Kreußler aus. Seit dem frühen 19. Jahrhundert setzen deshalb praktisch alle Fechtlehrbücher und Darstellungen zur deutschen Fechtgeschichte unhinterfragt voraus, die Grundsätze der Kreußlerschen Fechtschule hätten sich in den Werken von Kahn und Weischner erhalten.[21]

Im folgenden will ich der These von der Existenz einer deutschen Fechttradition der Kreußler und ihrer Überlieferung durch Kahns berühmte "Anfangsgründe der Fechtkunst" nachgehen. Zu diesem Zweck wird man zwei Fragen sorgfältig unterscheiden müssen: zum einen, was wir durch zeitgenössische Zeugnisse über die Fechtweise der Kreußlerschen Schule historisch gesichert in Erfahrung bringen können, und zum anderen, in welchem Verhältnis das Kahnsche Lehrbuch zu diesen Ergebnissen steht.

16 Meines Wissens ist dieses Tagebuch bis heute nicht veröffentlicht. Zu Zeiten Seemann-Kahnes befand es sich als MS in der Universitätsbibliothek Jena; die die Kreußler betreffenden Passagen finden sich abgedruckt bei ders., Kreußler (s. Anm. 11), S. 10–17.

17 Wie Anm. 12. Eine zweite, um einen Anhang vermehrte aber ansonsten identische Ausgabe erschien 1761 in Helmstedt, nachdem der kränklich gewordene Kahn 1759 nach vielerlei Querelen von seinem Amt in Göttingen entbunden worden war und die Stelle des Universitätsfechtlehrers in Helmstedt angenommen hatte. Die zweite Auflage unterscheidet sich neben dem neu hinzugefügten Anhang von der ersten nur in der Widmung, die nun an den Landesfürsten Carl Wilhelm von Braunschweig, den General des Siebenjährigen Krieges, gerichtet ist, und in der Tatsache, dass im Text der Vorrede die Hinweise auf die *Georgia-Augusta* peinlich genau durch *Iulia-Carolina* ersetzt sind.

18 Carl Friedrich Weischner: Übungen auf dem Fürstl. Sächß. Hoffechtboden zu Weimar, Weimar 1761 (^{2}1765); eine kürzere Form erschien unter dem Titel: Übungen auf dem Fechtboden, Weimar 1762.

19 Zu Kahn ausführlich Henze, Fechtwesen (s. Anm. 8), S. 111–136, sowie zu seiner Fechtschule ebd., S. 235–249. Kahn stammte aus Echte (Osterode/Harz) und studierte seit 1730 in Jena, wo er über drei Jahre bei Heinrich Wilhelm Kreußler lernte. Nach Beendigung seiner Studien verdingte er sich als Privatlehrer, bis er im Januar 1735 auf die Stelle des Universitätsfechtlehrers der Universität Göttingen berufen wurde, die soeben ihren Lehrbetrieb aufgenommen hatte. Der erste Fechtmeister, der Franzose Antoine Sêbert, war nach nur zwei Monaten im Amt verstorben (vgl. Henze, Fechten [s. Anm. 8], S. 110–111). Der Lehrbetrieb der Universität Göttingen hatte bereits im WS 1734/35 begonnen, die Universität wurde offiziell jedoch erst 1737 eröffnet. Zur Universitätsgeschichte Göttingen vgl. Rudolf Smend: Art. Göttingen, in: TRE 13, Berlin 1984, S. 558–563. Zur Voraussetzung der Berufung wurde jedoch gemacht, dass Kahn noch einmal für ein halbes Jahr nach Jena zurückzukehren sollte, um bei seinem Fechtmeister die didaktischen Grundlagen zur Vermittlung des Fechtens zu erlernen. Kahn, Fechtkunst (s. Anm. 12), Anhang, S. 15f., berichtet selbst darüber und bewertet den Vorgang als außergewöhnlich: sowohl was die Sorgfalt betrifft, mit der die Universität ihren Fechtlehrer aussuchte, als auch die Professionalität, mit der er selbst sich auf die neue Aufgabe vorbereitet habe. Mit Beginn des WS 1735 trat Kahn seine Stelle in Göttingen an (zu den Details von Kahns Verhandlungen um die Ausstattung der Stelle, des Fechtbodens, des Reitstalles usw. vgl. Henze, Fechten (s. Anm. 8), S. 113–137). 1759 wechselte er nach jahrelangen Streitereien mit der Universitätsleitung und seinem Vorfechter Scholz, der sein Nachfolger zu werden versuchte, als Fechtmeister an die Universität Helmstedt, wo er 1797 starb. Bereits vier Jahre nach Dienstantritt in Göttingen erschien Kahns umfangreiches Fechtbuch "Anfangsgründe der Fechtkunst".

20 Zu Weischner vgl. die Ausführungen bei Seemann-Kahne, Kreußler (s. Anm. 11), S. 57, Anm. 1.

21 Vgl. Anm. 11. Die ersten, die dies voraussetzen, sind meines Wissens Friedrich Ludwig Jahn und Ernst Eiselen: Die deutsche Turnkunst zur Einrichtung der Turnplätze [Berlin 1816], hrsg. von Wilhelm Beier, mit einer Einleitung von Dr. Willi Schröder, Berlin 1960, S. 8, und im bibliographischen Abriss, S. 230. Eiselen war nicht nur der Systematiker des von Karl Friedrich Friesen begründeten deutschen Hiebfechtens, er verfasste konsequenterweise 1826 auch eine eigene Stoßfechtschule (s. Anm. 14). Seemann-Kahne, Entwickelung (s. Anm. 11), S. 269, zitiert Eiselen mit den Worten, die von Kahn systematisierte altdeutsche Schule des Stoßfechtens stehe der französischen Fechtschule entgegen "wie überhaupt der Deutsche dem Franzosen, indem es ganz die deutsche Eigentümlichkeit ausdrückt." In dem angeführten Werk findet sich ein solches Zitat jedoch nicht. Die Vorstellung, es bei Kahn mit einer typisch deutschen Fechtschule zu tun zu haben, geht dabei offensichtlich auf gewisse Spitzen Kahns gegen die französische Schule zurück, etwa die Aussage, dass die Vorzüge der von ihm entwickelte Fechtregeln "vor andern, besonders den Maximen der französischen Fechtschule, in dem Buche selbst unwidersprechlich gezeuget werden." (Kahn, Fechtkunst [s. Anm. 12], Einleitung, S. 49). Sowohl im eigentlichen Lehrbuch als auch im Anhang zur zweiten Auflage äussert sich Kahn immer wieder verächtlich über die "Reguln des Französischen oder der daher kommenden Fechtboden, so mit lauter unnatürlichen und ihrer Art nach gekünstelten Ausschweifungen prangen." (ebd., S. 50). Dem gegenüber stelle die von ihm entwickelte Schule das Fechten "nach der Natur der Sache" dar (S. 48), vgl. im vorliegenden Beitrag. Diese vermeintlich Kreußlersche, in Wirklichkeit aufklärerische Kritik Kahns an der französischen Schule interpretierten die Autoren des frühen 19. Jahrhunderts in der Nachfolge Jahns und Eiselens als prinzipielle Ablehnung alles Französischen und daher im Umkehrschluss zum Inbegriff deutscher Fechtkunst überhaupt.

III.

Die Existenz einer typisch *deutschen* Fechtschule der Kreußlerschen Tradition ist bereits relativ früh von einem der besten Kenner der deutschen Fechtgeschichte, dem Jenaer Universitätsfechtmeister Christian Seemann-Kahne angezweifelt worden. Er vertrat 1912 die These, dass es sich bei der Kreußlerschen Schule bloß um eine Adaption der frühen italienischen Schule Salvatore Fabris gehandelt habe.[22] Er konnte für diese weitreichende Theorie allerdings nur zwei knappe Aussagen von Johann Joachim Hynitzsch[23] (1677) und Anton Friedrich Kahn[24] (1761) ins Feld führen und blieb den genaueren Nachweis schuldig. Dennoch scheint mir, spricht in der Tat einiges für Seemann-Kahnes Theorie.

Auch wenn sich in Deutschland keinerlei zeitgenössische Quellen zur Kreußlerschen Tradition erhalten haben, können wir den deutschen Fechtstil im 17. und 18. Jahrhundert doch annäherungsweise rekonstruieren. Kaum ein Fechtmeister der Frühen Neuzeit verzichtete nämlich darauf, seine Schüler auf alle Eventualitäten vorzubereiten, und so enthalten bis heute fast alle Fechtbücher eigene Kapitel über die Fechtweisen und -traditionen der anderen europäischen Nationen. Und in der Tat geben auch die beiden einflussreichsten französischen Fechtbücher der Frühen Neuzeit ein recht genaues Bild davon, was in Europa allgemein unter 'deutscher Schule' verstanden wurde.[25]

1692 erschien das über Jahrzehnte einflussreiche Standardwerk "L'Maistre d'Armes Ou l'exercise de l'Épée seule"[26] von André Wernesson de Liancourt, der damit ein unmittelbarer Zeitgenosse der Kreußlerschen Schule in Deutschland war. In seinem Fechtbuch beschäftigt sich Liancourt eigens mit der Fechtweise in Deutschland, "wo ich mit den ausgezeichnetsten Meistern mehrere Waffengänge gemacht habe":[27]

> "Sie strecken den Körper weit nach vorne, ruhen auf dem rechten Bein, den Kopf ebenfalls weit nach vorne und niedriger als das Handgelenk, so dass sie durch die Stärke des Degens geschützt sind. Die Hand ist in die Prim[28] gedreht oder in Sekond,[29] die Spitze zeigt nach unten, das rechte Knie ist gebogen und auch das linke; die linke Hand sehr weit vorne unter der Höhe des rechten Arms, um sich ihrer zum Parieren zu bedienen, wenn man sie unter der Waffe in Sekond stößt. Und nach dieser Parade mit der Hand versäumen sie es nicht, den Stoß von oben nach unten zu führen, aus der Prim in die Waffe oder etwas darüber. Die Spitze senkt sich, und das Handgelenk ist höher. Sie halten sich auf der Spitze des linken Fußes, ihre ganze Kraft sehr weit nach vorne, und geben vor, sie hätten [nach vorne, A.S.] noch weiteren Freiraum, die Spitze ihres Degens sehr fein im Lösen aus der Bindung. Fürwahr – sie wissen sich dieser Auslage sehr gut zu bedienen."[30] (Vgl. Abb. 131, Kat.-Nr. 53).

Doch obwohl diese Fechthaltung in Deutschland anscheinend dauerhaft bevorzugt wurde (noch 1763 beschreibt Domenico Angelo, der einflussreichste französische Fechtmeister des 18. Jahrhunderts in seiner "L'École des Armes" die deutsche Fechthaltung ganz ähnlich),[31] war sie in keiner Weise ungewöhnlich oder nur in Deutschland bekannt. Die von Liancourt und Angelo geschilderte so genannte hohe Prim- oder Sekondauslage, die in Deutschland so beliebt war, entspricht vielmehr der wichtigsten Fechthaltung der italienischen Schule, der so genannten "gesicherten zweiten Garde" (seconda Guardia ben situata), wie sie der italienische Meister Salvatore Fabri bereits

22 Vgl. Anm. 13. Zu Salvatore Fabri und seinem berühmten Lehrbuch "De lo Schermo overe scienza d'arme", Kopenhagen 1606, vgl. Hergsell, Fechtkunst (s. Anm. 4), S. 308–370, und Gaugler, History (s. Anm. 4), S. 30–35.

23 Seemann-Kahne, Schule (s. Anm. 11), S. 8, zitiert aus der Vorrede der deutschen Übersetzung, die Joachim Hynitzsch 1677 von Fabris Lehrbuch herausgab: "daß nehmlich solche Kunst bey uns Teutschen annoch rein und unverfälschet zu großer Verwunderung der heutigen Italiänischen Fecht=Meister (wie solches die dorthin gereiseten und wiedergekommenen und uf solche Arth geübete Cavalliere bezeugen und aussagen) fortgetrieben werden kan. Denn obgleich die unvergleichlichen Fecht=Meistere Herr Hans Wulff von Mulßheim in Straßburg/ nebst seinen Scholaren/ welche sich fast in gantz Europa ausgebreitet haben/ und dessen Lob samt der Profession des Fechtens lobwürdigst fortsetzen; Ingleichen die Herren Kreuseler uf der Weltberuffenen Universität Jena eben solche Arth Salvatorischer Fecht Kunst noch heute zu tage fortzusetzen sich euserst lassen angelegen sein/ beiderseits auch darinnen von dem Glücke also bevortheilet werden/ das jedermann bekennet/ daß ihres gleichen wenig oder gar nicht anzutreffen [...]." Die gesamte Vorrede ist auch abgedruckt bei Hergsell, Fechtkunst (s. Anm. 4), S. 311–317.

Abb. 131

1606 beschrieben hatte (vgl. Abb. 132, Kat.-Nr. 51, S. 34, "4").[32] In seinem epochalen Werk "De lo Schermo overe scienza d'arme", das auch in Deutschland in vielfältigen Ausgaben, Bearbeitungen und Übersetzungen verbreitet war, bezeichnete er diese Garde (Fechthaltung) als die bei weitem sicherste und zugleich bequemste.

Die Tatsache, dass "die deutsche Garde", die von den "ausgezeichnetsten Meistern" in Deutschland gelehrt wurde, nichts anderes darstellte als die Fechthaltung der italienischen Schule Fabris, scheint die Vermutung Seemann-Kahnes zu erhärten, auch und gerade bei der in Deutschland maßgeblichen Kreußlerschen Schule könne es sich nur um die Adaption der Fabrischen Tradition gehandelt haben.[33] Wenn aber die Kreußler dergestalt die klassische italienische Fechttradition fortsetzten, ist ganz neu die Frage aufzuwerfen, ob und inwiefern das berühmte Kahnsche Fechtlehrbuch tatsächlich als Erbe und Fortführung jener Kreußlerschen Tradition angesehen werden kann.[34]

24 Seemann-Kahne, Schule (s. Anm. 11), S. 10, beruft sich auf die Aussage Kahns, Fechtkunst (s. Anm. 12), Anhang, S. 30, "Don Fabro, ein italiänischer Fechtmeister, ist den Grundsätzen und der Anweisung der Kreuselers am nächsten gekommen."

25 So Cohen, Sword (s. Anm. 4), S. 73 und 82.

26 André Wernesson Sieur de Liancourt: L'Maistre d'Armes ou l'exercise de l'Épée seule dans sa perfection. Dédié à Monseigneur Le Duc de Bourgogne, par le Sieur De Liancourt. A Paris, Avec Privilege du Roi [...] M.DC.XCII.

27 Vgl. ebd., S. 22: "Chapitre XIII. De quelques sortes de Gardes Allemandes. Il est à propos de vous entretenir d'une garde dont j'ay vû souvent se servir dans les pays étrangers, sur tout en Allemagne & en Hollande, où j'ay fait plusieurs assauts avec les Maitres les plus distinguez. Plusieurs qui ont fait des Livres sur les Armes, n'en on point parlé. Je ne crois pas que ce soit faute d'experience: Mais je ne trouve pas que ce sujet doive être negligé. J'ay deja parle de leurs manieres de parer, & même de pousser en contredégageant; je diray icy en passant, que leurs contredégagemens en poussant sont les meilleurs. Dans ce Chapitre je feray voir leur garde, leur maniére d'attaquer & de se défendre, & aussi la maniére de les attaquer & de s'en défendre."

28 Die "erste" Handhaltung, wenn man die Waffe gezogen hat: die Hand ist über Kopfhöhe gehoben, der Handrücken zeigt nach links, die Spitze ist etwas abgesenkt und auf den Gegner gerichtet. Vgl. dazu ausführlicher im Katalogteil.

29 Die Hand ist gegenüber der "Prim" (wie Anm. 28) etwas gesenkt, die Hand um 90° gedreht, so dass der Handrücken nun nach oben zeigt. Vgl. dazu ausführlicher im Katalogteil.

30 Ebd., S. 22f.: "Cette garde paroit fort embarassante à ceux qui ne l'ont pas pratiquée; mais je vais en instruire ceux qui n'en ont aucune connoissance. Elle est toute diférente des nôtres. Ils se mettent le corps fort avancé, le reposant sur la jambe droite, la teste aussi an avant & plus basse que le poignet, en sorte qu'ils sont tout couverts du fort de leur Epée; la main tournée de Prime, ou fort de Seconde, leur pointe / fort basse, le genouil droit ployé, & aussi le gauche; la main gauche fort avancée sous la ligne du bras droit, pours'en servir a parer; quand on leur pousse dessous les Armes de Seconde; & ne manquent pas, aprés cette parade de main, de donner leur coup du haut en bas, de Prime dans les Armes, ou quelquefois dessus. Il faut que la pointe baisse, & que le poigner soit au plus haut. Ils ne se tiennent que sur la pointe du pied gauche, toute leure force étant en avant, & pretendent qu'ils en ont plus de liberté, & leur pointe d'Epée plus délicate pour le dégagement. Il est vray qu'ils savent bien se servir de cette garde."

34 SALVATORIS FABRI

Von der zweytten guardien, vvol gestellet oder accommodirt.

DJeses ist das läger/damit man formiren sol die zweytte guardiam vmb mehrer sicherheit willen / vnd ob sie schon mühsam/ so ist sie gleichwol nit wie die erste/dann der Arm ist etwz nidriger/ vnd das eusserste theil ist das schwächeste / darumb sol man die spitze so recht halten / daß der feind daselbsten hin nicht kommen könte/vnd ob sie schon gar wol bedeckt/ vnd man nirgents verwunden kan / als die geringe blöß des hauptes / welche dann von dem rechten Arm vberbleibt/da dann der feind herkommen könte an derselbigen seitten/vnd damit man jhn vnderthänig mache/vmb dasselbige ort zu beschützen/ vnd hernacher zu passiren/ damit man vnden verletze : da der feind aber von aussen käme/ sol man cauiren / doch ohne zunahung / wofern man nicht hette verletzen können/dieweil er von aussen kommen were: Die vndersten theil seynd sicherer als die ersten / die beschützungen seynd wol etwas vnderschiedlich / dann der rechte runde hieb / das ist/ welcher vmb den kopff gehet/muß man defendiren/ mit der hand gewendt in die quarta, wie man auch den hieb von vnden auff also braucht. Die andere guardien alle werden parirt mit derselbigen guardien/ außgenommen etzliche mit der spitze inwendig / welche auch mit deroselbigen weisse/ mit wendung in die quarta pariret werden / welches man dann wol thun kan/dieweil das Rappier weit vnd gerad ist/vnd wer da seine Regul wol brauchen kan/ der wird sehen/ daß diese gedachte secunda sehr gut ist/vnd vortheilhafftig/vnd läßt dem feind wenig platz zu verletzen/ ist auch mit dem leibe so weit / daß jhn gedachter feind nicht kan erreichen/ er schliesse dann erstlich das Rappier / welches er dann schwerlich thun kan / dann das Rappier cauirt mit wenig bewegung/ vnd ist gar geschwind/aber sie ist etwas müheselig/wie oben gesagt/ wann man lang darinnen verharren sol. 4.

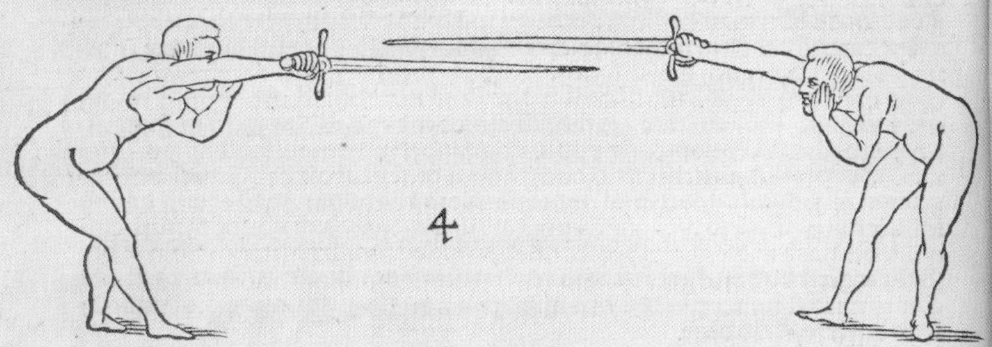

Regul einer andern zweytten guardien, mit der verkurtzung formirt, vvie dann folgende figur zeyget.

DJe folgende postur oder guardia/ welche alhier folget/wie man siehet/also gezwungen/ist eine secunda,vnd ob sie wol in dieser form stehet/so gehet sie doch geschwind vnd vngestümm: Auß vrsachen/dieweil die stärcke damit vereiniget/ welche man dann auff den füssen auff neigt zu formiren / vnd als viel der feind sich zunahet/ so viel bücket man sich / vnd zeuget das Rappier zu rücke/daß/nach dem er in die mensur kommet/man schon gebücket sey/ vnd das Rappier so weit zu rück gezogen / daß man es nit weitter zu rück ziehen könne/ vnd daß man allezeit mit der spitze in der gegenwart bleibe/man kan sie auch nit mehr sencken/vnd ist von nöthen/dz sich sein Rappier befinde von der hand biß zu der spitzen/ in einer geraden linien/ auff dz der feind ausserhalb nicht zu kom-

men

Abb. 132

31 Das Buch selbst war mir leider nicht zugänglich. Ich zitiere nach Castle, Schools (s. Anm. 2), S. 183: "In the position of the German guard, the wrist is commonly turned in tierce, the wrist and arm in a line with the shoulder, the point at the adversary's waist, the right hip extremely reversed from the line, the body forward, the right knee bent, and the left exceedingly straight. The Germans seek the sword always in prime or seconde, and often thrust in that position with a drawn-in arm. They keep their left hand to the breast, with an intent to parry with it, and the moment they draw their sword they endeavour to beat fiercly with the edge of their sword on the antagonist's blade, with intent to disarm them if possible."

32 "Wer sich in dieser Garde zurecht zu finden versteht, wird die Erfahrung machen, dass sie eine sehr gute und vortheilhafte ist, da sie dem Gegner wenig Blössen für den Angriff gibt, aber sie ist etwas mühsam wenn man sich derselben lange bedient", zitiert nach Hergsell, Fechtkunst (s. Anm. 4), S. 351. Zur Prim- und Sekondauslage vgl. ebd., S. 349 f., wo auch alle Abbildungen Fabris geboten werden.

33 Das hatte auch Johann Joachim Hynitzsch in seiner Übersetzung von Fabris Werk betont: "Ingleichen die Herren Kreuseler uf der Weltberuffenen Universität Jena eben solche Arth Salvatorischer Fecht Kunst noch heute

zu tage fortzusetzen sich euserst lassen angelegen sein/ beiderseits auch darinnen von dem Glücke also bevortheilet werden/ das jedermann bekennet/ daß ihres gleichen wenig oder gar nicht anzutreffen [...]." (zitiert nach Hergsell, Fechtkunst (s. Anm. 4), S. 316.

34 Obwohl Seemann-Kahne, Schule (s. Anm. 11), S. 11, als erster den italienischen Charakter der Kreußlerschen Schule postuliert hatte, ging er doch weiterhin von der Identität der Kreußlerschen und der Kahnschen Schule aus und begründete dies mit dem Argument, "daß sich Kahn (d. h. die Kreußlersche Schule) am meisten anlehnt an die Fechtkunst von Jean Daniel L'Ange. Wir sehen bei nur einigermaßen aufmerksamer Betrachtung, daß diese L'Ange'sche Schule sich mit der Kahn'schen in den wichtigsten Punkten deckt. L'Ange (1664 und 1714) nennt aber seine Schule ausdrücklich die 'Rechte italienische Art und Manier' also kommen wir auch auf diesem Wege zu dem Schlusse, daß die Kreußler'sche Schule (1739) im eigentlichen Sinne italienische Schule ist." Den Nachweis bleibt Seemann-Kahne allerdings schuldig. Gemeint ist Jean Daniel L'Angé: Deutliche und gründliche Erklärung Der Adelichen und Ritterlichen freyen Fecht-Kunst [...] Düsseldorf [1664] 1708. In der eigentlich recht vollständigen Bibliographie, die Kahn, Fechtkunst (s. Anm. 12), Vorrede, S. 17, bietet fehlt ausgerechnet das Buch von L'Ange.

IV.

Die Annahme, Kahn sei der Siegelbewahrer der Kreußlerschen Tradition, geht bezeichnenderweise auf niemand anderen als auf ihn selbst zurück. Allerdings, und das ist in den bisherigen Darstellungen zum Kahnschen Lehrbuch nicht berücksichtigt worden, beruft sich Kahn erst in der 1761 erschienenen zweiten Auflage seines Buches auf Kreußler: In einem neu hinzugefügten, äußerst polemischen Anhang wehrt sich Kahn gegen ungenannte Kritiker der ersten Auflage mit dem Hinweis, er habe jahrelang bei Heinrich Wilhelm Kreußler gelernt, dessen "Methode die beste und sicherste sey".[35] Und es ist dieser polemische Zusammenhang, in dem er die in der Forschung immer wieder kolportierte Geschichte erzählt, wie er als ausgebildeter Fechtmeister zum Antritt seiner Stelle in Göttingen noch einmal beim "seelige[n] Kreussler" in die Schule gegangen sei, um sich von ihm – anders als andere Fechtlehrer – auch in der Didaktik des Fechtunterrichts schulen zu lassen.[36] Dem stellt er die moderne Unsitte entgegen, "sogenannte Fechtmeister"[37] ohne ordentliche Legitimation anzustellen.[38] Die Berufung auf Kreußler dient hier offensichtlich vor allem der Verteidigung seiner eigenen Fechtweise, wenn Kahn betont, der Ruf des alten Kreußler habe "sich daher in viele Länder verbreitet, da man bey seinen Scholaren eine so grosse Fertigkeit und vorzügliche Geschicklichkeit bemerkt hat."[39]

Das war in der Vorrede zur ersten Auflage seiner "Anfangsgründe der Fechtkunst" (1739) wohlgemerkt noch ganz anders gewesen. Zwar hatte Kahn auch hier (allerdings sehr knapp und ohne Namensnennung!) angedeutet, "die getreue und gründliche Anweisung meines Lehrmeisters auf der Jenaischen Universität, dessen Verdienste gegen mich ich jederzeit mit herzlicher Dankbegierde verehren werde",[40] habe ihn erst in den Stand versetzt, das vorliegende Lehrbuch abzufassen. Als dessen Ziel gibt Kahn jedoch an, eine kritische Fechtkunst "in ihren ordentlichen Zuammenhange"[41] und "fast so klar [...] als eine Demonstration in den Wissenschaften"[42] vorlegen zu wollen, in der erstmals "das Wahre von dem Falschen, das Geschickte von dem Ungeschickten, das Natürliche vom Unnatürlichen"[43] unterschieden werde – also kaum das, was man von einer getreuen Fortführung der traditionellen Fechtweise erwarten würde. Und so erstaunt es auch nicht, dass in Kahns Fechtbuch ausgerechnet die hohe Prim/Sekondauslage der Fabrischen Schule, die von den französischen Fechtmeistern als "deutsche

35 Kahn, Fechtkunst (s. Anm. 12), Anhang, S. 29.
36 Ebd., S. 14f.
37 Vgl. Kahn, Fechtkunst (s. Anm. 12), Anhang, S. 7.
38 In diesem Zusammenhang fällt auf, dass Kahn, Fechtkunst (s. Anm. 12), Anhang, S. 7–17, sich in dem Anhang seitenlang über die mangelhafte Ausbildung, den schlechten Charakter und die fechterischen Unzulänglichkeiten der neueren sogenannten Fechtmeister auslässt.
39 Ebd.
40 Kahn, Fechtkunst (s. Anm. 12), Einleitung, S. 47.
41 Ebd.
42 Ebd.
43 Ebd., S. 45.

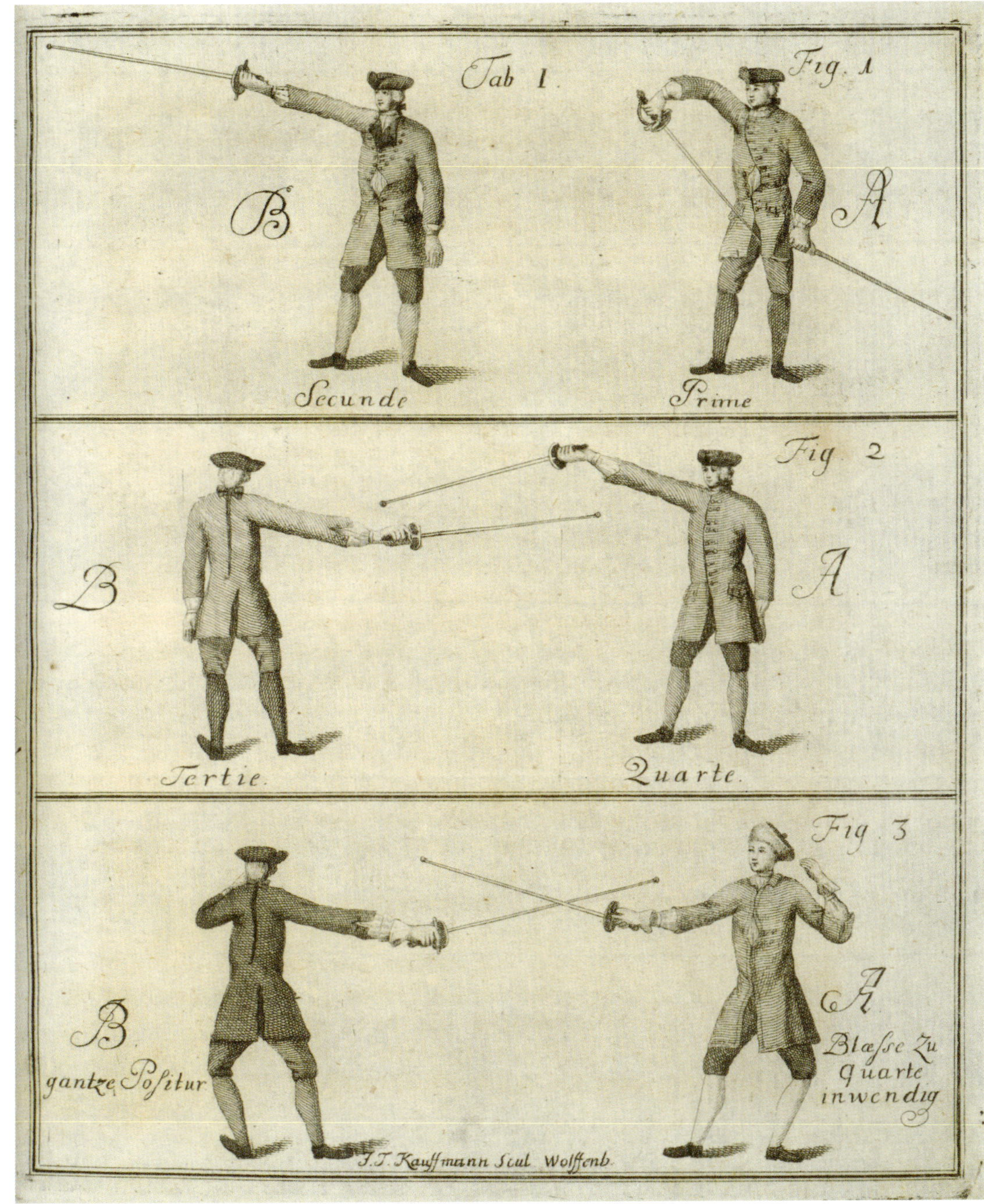

Abb. 133

Garde" angesehen wurde, nicht mehr vorkommt.[44] Auch die Grundhaltung, die Kahn für verbindlich erklärt, gleicht vielmehr der der französischen Schule im 17. Jahrhundert (vgl. Abb. 133, Kat.-Nr. 54, Tab. I, Fig. 3).[45]

Vor diesem Hintergrund erscheint Kahns späte Berufung auf die Kreußler in der zweiten Ausgabe seines Buches recht ungewöhnlich. Dazu müssen wir uns allerdings vor Augen halten, dass der kränkliche Kahn zwei Jahre zuvor, 1759, nach über zehnjährigen Prozessen und Streitigkeiten um seine Person und Fechtmethode, von der Uni-

44 Ebd., Hauptteil, S. 14, § 20 und S. 24 f. § 35 behandelt Kahn die normale Sekond unter den Arm, wie sie auch die französischen Fechtmeister lehren. Und auch wenn Kahn (wie es Liancourt in der Tat sagt) den Schülern einschärft, die Hand beim Sekondstoß möglichst hoch zu heben, um den eigenen Kopf zu schützen, so ist für Kahn der wichtigste Stoß seines Lehrbuches eben nicht die ("flüchtige" und deshalb gefährlich ungeschützte) Sekond, sondern die festen Stöße Quart und Terz inwendig (vgl. ebd., S. 12–14).

45 Ganz im Gegenteil fordert Kahn völlig korrekt, "daß der Körper auf dem hintersten Fuß ruhet, und man den fodersten Fuß aufheben auch frey bewegen kann" (ebd., S. 10).

versität Göttingen entlassen und durch seinen härtesten Konkurrenten, seinen eigenen Vorfechter Johann Friedrich Scholz ersetzt worden war.[46] Kahn nahm verbittert eine Stelle als Universitätsfechtmeister in Helmstedt an und brachte dort die zweite Auflage seiner Fechtkunst heraus. Er ersetzte peinlich genau alle Hinweise auf die "Georgia-Augusta" durch "Julia-Carolina"[47] und fügte den polemischen Anhang an. Hinter den ungenannten Kritikern seines Fechtbuches, mit denen er sich auseinandersetzt, dürfen wir nicht zuletzt auch Scholz vermuten, der, wie es scheint, eine Schule französischen Stils vertrat.[48] Dem stellt Kahn eine ungebrochene, fechterische *traditio apostolica* von den Kreußlers bis auf seine Person entgegen. Da Kahn den eigentlich fechterischen Hauptteil seines Buches auch in der zweiten Auflage jedoch völlig unverändert nachdruckte, hat die nachträgliche Berufung auf die traditionelle Lehre Kreußlers im Anhang von 1761 wohl ausschließlich apologetischen Charakter.[49] Dann aber stellt sich die Frage, mit welcher Zielsetzung das berühmteste deutsche Fechtbuch der Frühen Neuzeit ursprünglich konzipiert worden war (vgl. Abb. 134, Kat.-Nr. 54, Titelblatt).

Anfangsgründe
der
Fechtkunst
nebst
einer Vorrede
von
dem Nutzen der Fechtkunst
und
den Vorzügen dieser
Anweisung
herausgegeben
von
Anthon Friedrich Kahn
Fechtmeister auf der Georgius Augustus
Universität zu Göttingen.

GOETTINGEN,
Gedruckt bey Johann Christoph Ludolph Schultzen
Universitäts-Buchdrucker 1739.

Abb. 134

V.

Seinem Lehrbuch der Fechtkunst stellte Kahn 1739 eine über fünfzig Seiten umfassende Vorrede voran. Die Gründlichkeit, mit der Kahn sich hier allen erdenklichen Aspekten des Fechtens widmet, und seine für einen Fechtmeister ungewöhnliche Vertrautheit und Sicherheit im Umgang mit zeitgenössischen theologischen und philosophischen Argumentationsformen stellt ein Novum der Fechtgeschichte dar.[50] Kahns Einleitung wächst sich zu einer Programmschrift aus, die, wie ich im folgenden zeigen werde, nicht weniger verfolgt als eine völlige Neubegründung der traditionellen Fechtkunst aus dem Geiste der Aufklärung, einer Aufklärung des Fechtens.

Nach einigen allgemeinen Erwägungen gibt er zunächst einen kurzen Überblick über die Geschichte des Fechtens von der Antike bis zum Mittelalter mit angehängter Bibliographie, der Hauptteil der Vorrede nimmt dann den Charakter einer moralphilosophischen und -theologischen Abhandlung über den Nutzen und die Gefahren des Fechtens im allgemeinen an, und schließlich erläutert Kahn die Motive und die Methodik seiner eigenen Fechtlehre.

Kahn ist sich von Anfang an des Dilemmas bewusst, dass die Fechtkunst im Widerspruch zu den moralischen Prinzipien der christlichen Lehre und der Philosophie

46 Vgl. dazu Henze, Fechtwesen (s. Anm. 5), S. 123–136.

47 Vgl. Kahn, Fechtkunst (s. Anm. 12), Einleitung, S. 26, in beiden der ansonsten wortidentischen Ausgaben.

48 Vgl. Henze, Fechtwesen (s. Anm. 5), S. 137.

49 Die einzigen weiteren Fechtbücher des 18. Jahrhunderts, die ebenfalls beanspruchten, in der Kreußlerschen Tradition zu stehen, sind [Franz Roux], Versuch (s. Anm. 14) von 1786 (das Buch war mir leider nicht zugänglich) und Weischner, Uebungen (s. Anm. 20) von 1761. In welchem Verhältnis sich beide Werke zu Kahn sehen, ist nicht ersichtlich. In Weischners Fechtschule heißt es, ebd., S. 4v: "Inzwischen hoffe ich dennoch, daß denen, so nach des berühmten Herrn Kreuslers Methode unterrichtet sind, diese kurze Sätze nicht unangenehm seyn werden." Ob sich dies tatsächlich auf eigene Erfahrungen mit den Kreußler stützt oder bereits ein Reflex auf die bekannte Darstellung Kahns ist, ist nicht erkennbar.

50 Eine durchschnittliche Einleitung zu einem Fechtbuch verweist, wie etwa Kahns Zeitgenosse Weischner, Übungen (s. Anm. 18), S. 2, meistens nur darauf, dass sich Fechten nicht aus den Büchern lernen lasse: "Es lassen sich von allen Wissenschaften Bücher schreiben; aber es lassen sich nicht alle aus denselben erlernen. Ein solches Concept bitte ich mir voraus von diesem Werkgen zu machen; denn ich bin nicht wil-

steht.[51] Anders als die traditionellen Wissenschaften könne die Fechtkunst, so Kahn, in der Tat nicht aus dem Paradiese oder dem Stand der Unschuld hergeleitet werden, wie es der gängige Topos der frühneuzeitlichen Wissenschaftstheorie forderte.[52] Gewalt und mit ihr das Fechten als eine Geschicklichkeit, "wie man dem andern, wenn es wenig ist, seine Glieder lähmen, oder ihm gar durch eine tödtliche Verwundung den Eingang in die unselige Ewigkeit eröfnen solle",[53] sei als Folge des Sündenfalls und Zeichen des *status corruptionis* zu betrachten.[54] Unter diesem Gesichtspunkt scheint die Verbreitung, ja Verbesserung der Fechtkunst durch ein Fechtbuch "den Grundregeln des Christenthums zu widersprechen".[55] Dieser konventionell-religiösen Argumentation setzt Kahn entgegen, die Wissenschaften seien jedoch nicht nur "traurige Merkmale der verlohrnen Glückseligkeit", sondern eben auch "Mittel, wodurch wir den nothwendig gewordenen Ueblen entgegen zu gehen trachten".[56] Der Wert einer Wissenschaft messe sich deshalb daran, "ob und wie weit den menschlichen Beschwerlichkeiten dadurch eine Linderung geschaffen wird".[57]

Kahn verbindet damit recht geschickt das traditionelle, christliche Konzept der Heilsgeschichte mit einem frühaufklärerischen Perfektibilitätsparadigma,[58] um so einen Wissenschaftsbegriff zu etablieren, der es ihm erlaubt, auch das Fechten in den Kanon der Wissenschaften aufzunehmen. Zur Aufgabe steht für Kahn deshalb nun erstens der Nachweis, dass das Fechten, wie die anderen menschlichen Wissenschaften auch, dem Menschen unter den Bedingungen der realen Welt einen *Nutzen* bringen könne,[59] und zweitens die Entwicklung eines wissenschaftlich-methodischen Ansatzes der Fechtkunst.[60]

Was den Nutzen betrifft, so behauptet Kahn, dass das Fechten "denjenigen dienlich sey, welchen von dem eingerissenen Verderben sich zu entfernen und die verlohrne Ruhe in ihnen selbst so viel als möglich wieder herzustellen suchen".[61] Zweifellos könne es Leute geben, "die ihren Umgang mit den Menschen auf eine so vernünftige Art einzurichten wissen, daß sie ohne den geringsten Gebrauch der Fechtkunst durch die Welt kommen".[62] Für die überwiegende Mehrzahl der Menschen aber gelte, dass sie mit ihren Mitmenschen in Konflikte geraten könne. Ganz im Gegensatz zur landläufigen Meinung bewahre den Menschen davor nichts so sehr wie die Beherrschung der Fechtkunst, denn gemäß der Logik der Abschreckung geht Kahn davon aus, dass nur der von seinen Mitmenschen in Ruhe gelassen wird, von dem man überzeugt sei, dass er seine Klinge überlegen zu führen wisse.[63] Die Gewalt, eine Folge des Sündenfalls, wird sozusagen durch die Wissenschaft des Fechtens verhindert, und dementsprechend dient das Fechten in der Tat dazu, den Übeln dieser nachlapsarischen Welt zu wehren.[64] Aus diesem Konzept folgt allerdings, dass das Fechten nur zur Selbstverteidigung angewendet und der Gegner dabei noch nicht einmal verletzt werden darf.[65] Das aber funktioniert, wie auch Kahn weiß, nur, wenn der Fechter ein Mensch ist, "der seinen Verstand aufgekläret und seinen Willen nach vernünftigen Gründen zu lenken weiß".[66] Auch wenn Kahn sich nicht darüber auslässt, wie man den Menschen dazu bringen könne, sich der Fechtkunst "zu keinem andern Ende, als seiner eigenen Sicherheit und Ruhe halben"[67] zu bedienen, wäre es zu einfach, ihm an diesem Punkt bloß naiven aufklärerischen Optimismus zu unterstellen. Denn wie wir unten sehen werden, hat er das Postulat der Selbstverteidigung tatsächlich zur Grundlage seiner aufgeklärten Fechtkunst gemacht.[68]

lens, einen mit Dinte, Feder, und Pappier fechten zu lehren, glaube auch nicht, daß ich meinen Vorgängern etwas zuvorthun werde, welche ganze Opera vom Fechten geschrieben, gelehrter Leute Stylum geborget, und doch nichts weiter effectuieret haben, als die Hauptwerke verdunkelt. Das Fechten bestehet aus einer sinnlichen, meistentheils aber handgreiflichen Wissenschaft, ohne welche die erste wenig oder nichts hilft, denn was nutzet es, ein Ding zu wissen und nicht practicieren zu können. [...] Man kan sich von einem guten Fechtbuche weiter keine Avantage verheissen, als daß man einen Liebhaber, so aber schon muß gelernet haben, eine systematische Ordnung vom Fechten macht, die terminos technicos und was er sonsten auf dem Boden gelernet hat, der Memorie desto besser imprimieret, welchen von einem ruden Maitre, der nicht seinen Nahmen schreiben kan, und von nichts, als Todtschlag zu reden weiß, schlecht zu begreifen ist. Meine Intention bey diesen Blättern wird ex contentis leicht zu ersehen seyn [...]."

51 Das wichtigste zeitgenössische Fechtbuch der französischen Schule von Liancourt, Maistre (s. Anm. 26), S. 1, etwa kommt für die Vorrede mit einer knappen Seite aus, und diese dient nur dazu, dem Einwand zu begegnen, Duelle seien durch königliches Edikt verboten. Liancourt versucht diesen Einwand mit dem Argument zu kon-

Nachdem er sich der moralischen Berechtigung des Fechtens versichert hat, macht sich Kahn in einem zweiten Schritt daran, das Fechten als eine Wissenschaft zu begründen. Nirgends wird der aufklärerische Anspruch von Kahns "Anfangsgründen der Fechtkunst" deutlicher als in seinen methodologischen Ausführungen. Bei seiner Begegnung mit Vertretern verschiedener Fechtschulen, habe er, so Kahn, festgestellt, dass ihre Anhänger sich für ihre Methode samt und sonders allein auf die Autorität ihrer verschiedenen Lehrmeister und -traditionen beriefen.[69] Dem gegenüber fordert Kahn eine unvoreingenommene[70] Prüfung aller Fechtweisen und -traditionen nach der Maßgabe von Vernunft und Natur.[71] Dieser kritische Neuentwurf der Fechtkunst muss nach der "Natur der Sache"[72] verfahren, d. h. pragmatisch und rationell sein und zugleich der Natur des menschlichen Körpers entsprechen.[73] Aus der "Natur der Sache", so Kahn, ergeben sich *a priori* einige grundsätzliche Regeln:

"§. 1. Die Fechtkunst ist eine Fertigkeit den Degen geschickt zu gebrauchen. Der geschickte Gebrauch des Degens aber äussert sich theils in der Vertheidigung seines eigenen Cörpers, theils auch darin, daß man seinem Feinde auf sichere Art Verwundungen beibringen kann. [...]

§. 2. Weil nach der gegebenen Erklärung der Fechtkunst das Hauptwerck auf die beyden Fertigkeiten ankommt, daß man 1.) sich selbst vertheidigen und 2.) dem Feinde einen Stoß anbringen kan, die erste aber einen weit grösseren Nutzen hat als die zweyte; So muß man vor allen Dingen dahin sehen, daß man so wenig Blössen (oder Gelegenheiten verletzt zu werden) gebe, als nur möglich. Dies ist die erste Grundregul.

§. 3. Hieraus folget, daß man dem Feinde die Spitze beständig zukehren, des Feindes Spitze hergegen so weit von sich abzulehnen suchen müsse, als es sich will thun lassen. Dies kann die zweite Grundregul abgeben.

§. 4. Ferner müssen alle Handlungen bey dem Fechten, welche auf eine Verletzung des Feindes abzielen, so eingerichtet werden, daß man dadurch nicht auser Stand der Vertheidigung gesetzet werde. Besonders ist dies zu merken, wenn der gethane Stoß nicht gerathen sollte. Dies mag zur dritten Grundregul gelten.

§. 5. Endlich ist wol auser Streit, daß derjenige Stoß vor den andern einen grossen Vorzug habe, welcher der sicherste und wobey man der Gefahr zu verfehlen oder selbst getroffen zu werden am wenigsten unterworfen ist, welches wir dannenhero zur vierten Grundregul annehmen."[74]

Wie man es aus der zeitgenössischen wissenschaftlichen Literatur kennt,[75] legt Kahn diese Prinzipien seiner gesamten weiteren Abhandlung zugrunde[76] und behandelt dann die verschiedenen Themenfelder des Fechtens sowohl "thetice" als auch "polemice".[77] Alle fechterischen Aktionen werden nach der Maßgabe größtmöglicher Rationalität vorgetragen und gegen abweichende Meinungen mit rationalen und pragmatischen Argumenten verteidigt. Wir können hier nicht einmal ansatzweise Kahns positive Fechtlehre wiedergeben. Im folgenden soll anhand eines Beispiels nur gezeigt werden, wie Kahn aus seiner rationalen und moralischen Begründung des Fechtens praktische Konsequenzen für das Fechten selbst zieht, um seine aufgeklärte Fechtschule in den ideengeschichtlichen Zusammenhang der Frühen Neuzeit einordnen zu können.[78]

tern, das Vaterland brauche zu seinem Schutz in der Fechtkunst ausgebildete Männer. Dass er mit seinem Fechtbuch dazu beiträgt, die tödliche Kunst des Fechtens zu perfektionieren, entschuldigt er so: "Puisque le glorieux Regne de Louis le Grand, anime aujourd'hui chacun de ses Sujets a voulour exceller dans sa Profession, j'exhorte mes Confreres à seconder la justice de mes intentions, & à contribuer de leur savoir pour réveiller ce bel Exercice qui me paroit comme endormi depuis quelques anneé."

52 Kahn, Fechtkunst (s. Anm. 12), Einleitung, S. 3. Kahns merkwürdige Vorstellung, dass man das Fechten als Kampfkunst überhaupt aus dem Paradiese herzuleiten versuchen könnte, könnte auf der Tatsache beruhen, dass im berühmten Fechtbuch von Ridolfo Capoferro: Gran simulacro dell'arte e dell'uso della scherma, Siena ²1629, tatsächlich Bilder von Fechtern vor paradiesischer Kulisse gezeigt werden. Der Stecher der zweiten Auflage, Ercole Gori, übernahm die von Rafaello Schiaminossi geschaffenen Vorlagen und versetzte die Fechter in mythologische und biblische Landschaften; vgl. dazu Anglo, Arts (s. Anm. 2), S. 56–57 (mit Abb.). Zum Wissenschaftsbegriff der Frühaufklärung und ihrem Verhältnis zum Urstand vgl. Helmut Zedelmaier: Der Anfang der Geschichte. Studien zur Ursprungsdebatte im 18. Jahrhundert, Hamburg 2003 (Studien zum achtzehnten Jahrhundert 27).

53 Kahn, Fechtkunst (s. Anm. 12), Vorrede, S. 18.

54 Wie Kahn mit einigen Versen seines damaligen Universitätsrektors Albrecht von Haller belegt, vgl. ebd., S. 3. Zur Vorstellung von Erbsünde und Sündenfall in der lutherischen Orthodoxie und der Frühaufklärung vgl. Anselm Schubert: Das Ende der Sünde. Anthropologie und Erbsünde zwischen Reformation und Aufklärung, Göttingen 2002.

55 Kahn, Fechtkunst (s. Anm. 12), Vorrede, S. 18. Dessen Urheber Christus habe, so Kahn, ja vielmehr "die Friedfertigkeit und die Erduldung des Unrechts seinen Nachfolgern so sehr angepriesen [...]."

56 Ebd., S. 3.

57 Ebd.

58 Vgl. dazu Schubert, Das Ende (s. Anm. 54), S. 107–171.

59 Kahn, Fechtkunst (s. Anm. 12), Einleitung, S. 18–45.

60 Ebd., S. 45–52.

61 Ebd., S. 3.

62 Vgl. ebd., S. 24. Doch dürfe man sich über die Natur des Menschen keinen Illusionen hingeben (ebd., S. 23 f.): "Um aber doch ihren [der Fechtkunst, A.S.] Nutzen nach seiner wahren Gestalt dazustellen, so müssen wir uns eines Theils die Menschen, mit welchen wir leben, nicht vorbilden, wie sie seyn müssen, sondern wie sie wirklich sind [...]."

63 Ebd., S. 38 f.: Der wahre Fechter "führet sich allenthalben so auf, als wenn er den Degen nicht verstünde, und seine äusserliche Ruhe durch die Anständigkeit der Sitten allein erhalten würde. Es ist ihm am allerangehmsten, wenn die Wissenschaft den Degen zu gebrauchen ihn von dem wirklichen Gebrauche befreyet."

64 Vgl. ebd., S. 32, vgl. auch S. 34: "Es wird hieraus nun, wie ich hoffe, mehrenteils klar seyn, daß die Fertigkeit im Fechten die größte Sicherheit verschaffe, und uns vor Händeln am besten bewahre."

65 Ebd., S. 33: "Wer das Fechten verstehet, darf nur seine Defension in Acht nehmen, und einen solchen Menschen rasen lassen, wie er will: Er wird ihm nichts thun, dahergegen der Fechter, wenn er es nicht für sündlich und unanständig hielte, jenem auf das leichteste einen Stoß beybringen könnte."

66 Ebd.

67 Ebd., S. 37.

68 Siehe dazu unten S. 202 ff.

69 Ebd., S. 46: "Wenn ich mich mit den Partisans von der, meiner Einsicht nach, verwerflichen Anleitung einließ und die Gründe ihrer Vertheidigung vernehmen wollte, bekam ich selten eine andere Antwort, als daß dieser und jener berühmte Fechtmeister in Paris, Florentz und wer weiß wo mehr, diese Methode hätte und seine Schüler darnach unterrichte."

70 Vgl. ebd., S. 2, fordert er "Unpartheylichkeit" der Untersuchung.

71 Ebd., S. 46 f.: "Es wurde mir sehr sauer, ich will nicht sagen, unmöglich, meine Vernunft in einer Kunst zu unterdrücken, wobey weder Wunder noch Zauberey zu finden, und ich konnte mich nicht entschliessen, das Ansehen und den Ruhm der gepriesenen Urheber und Vertheidiger der falschen Anweisungen, statt einer Abfertigung, zu verehren. Ich bemühete mich daher die Reguln [...] nach der Natur der Sache selbst ohne Absicht auf den Lehrmeister zu untersuchen, und es gereichte mir zu einer großen Beruhigung, als ich deutlich einsah, daß man die Falschheit der unrichtigen Methode fast so klar machen könnte, als eine Demonstration in den Wissenschaften."

72 Vgl. ebd., S. 46 f.

73 Vgl. ebd.: "Niemals aber wurde die Natur unsers Körpers, und was dahin gehörig, zu Rathe gezogen." Vgl. auch ebd., S. 49: "Der gute Geschmack in der Fechtkunst richtet sich, wie in allen anderen Wissenschaften und Künsten blos nach der Natur. Die Mode und die Gewohnheit tyrannisieret zuweilen zwar eine Zeit lang; allein das Natürliche behält doch bey den Vernünftigen den Preis."

74 Vgl. ebd., Hauptteil, S. 1 f.

75 Man vergleiche etwa nur den formalen Aufbau und das Layout eines kontroverstheologischen Klassikers wie Siegmund Jakob Baumgarten: Untersuchung theologischer Streitigkeiten [...], 2 Bde. hrsg. von D. Johann Salomo Semler, Halle 1762/63. Kahn selbst schreibt dazu: "Es unterscheidet sich also diese Anweisung von andern theils durch die wesentlichen Grundsätze und andern theils durch den Vortrag, welcher ordentlich und niemals ohne den nöthigen Beweis verfasset ist." (Kahn, Fechtkunst [s. Anm. 12], Einleitung, S. 49).

76 Vgl. ebd., Einleitung, S. 50: "Der Vortrag richtet sich, wie die reguln selbst, nach der Natur, und verbindet die Reguln so, wie sie aus einander begriffen werden. Man hat auf diese Art das Undeutliche sowohl als auch das Seichte zu vermeiden getrachtet, und den Leser verhoffentlich in den Stand gesetzet, auf eine gewisse Art von der Wahrheit und dem Werth unserer Grundsätze und Reguln zu urtheilen."

77 Ebd., Hauptteil, S. 15. Zunächst werden die wichtigsten Regeln der Fechtkunst positiv vorgetragen, dann die abweichenden Lehrmeinungen verschiedener anderer Schulen kritisch durchgegangen und widerlegt. Maßstab für die Richtigkeit einer fechterischen Anweisung ist dabei in der Tat (meistens) die Übereinstimmung mit den von Kahn formulierten Grundprinzipien.

78 Ein zweiter großer Komplex, der einer genaueren Betrachtung wert wäre, über den hier jedoch nur einige Anmerkungen gemacht werden können, ist das Verhältnis Kahns zur französischen Schule einerseits und den sogenannten "Naturalisten" andererseits. Kahns Grundlegung der neuen Fechtkunst fordert „Natürlichkeit" als leitendes Prinzip. Damit ist jedoch nicht eine Art intuitives Fechten gemeint, sondern die vernünftige Neuordnung aller fechterischen Abläufe und ihre kritische Durchsicht unter dem Gesichtspunkt möglichst großer Effizienz und Sicherheit. Vor diesem Hintergrund kritisiert Kahn in vielfachen Zusammenhängen bestimmte Gewohnheiten der französischen Fechtschule, die ihm unsinnig, ineffizient oder gefährlich erscheinen, etwa die Begrüßungsrituale (vgl. ebd., Hauptteil, S. 8), die zu lange Ausführung des Ausfalls (ebd., S. 20; vgl. auch ebd., Anhang S. 33), die mangelhafte Ausführung des Sprunges (ebd., Hauptteil, S. 72), realitätsferne Trainingsmethoden (ebd., S. 75 f.), insbesondere aber die Tatsache, dass die Franzosen das Ligieren und die Battuta nicht beherrschen (ebd., Anhang S. 33 f.). Diesen als gekünstelt kritisierten Traditionen (vgl. ebd., Vorrede, S. 50) hält Kahn die pragmatische Natürlichkeit und Sicherheit seiner eigenen Fechtweise entgegen. Auf der anderen Seite muss sich Kahn aber auch gegen die (bis heute so genannten) "Naturalisten" wehren, fechterische Laien, die keine Ausbildung besitzen und sich blindlings ins Gefecht stürzen (vgl. Kahns lange Ausführungen zu den Naturalisten, Einleitung S. 33–37 und im Hauptteil S. 88–93). Diese sind nach Kahn die gefährlichsten Gegner, da sie die eigene Verletzung nicht fürchten, ja den eigenen Tod in Kauf nehmen. Naturalisten kann man deshalb nicht im Angriff schlagen, man kann sie ausschließlich dadurch bezwingen, dass man sich aller fechterischen Kunstgriffe zu seiner Verteidigung bedient, die der Naturalist mangels Ausbildung erstens nicht kennt und die ihn zweitens ermüden und entmutigen sol-

len. Gegen den Naturalisten muss deshalb man mit "contenence" (S. 92) und "raison" (S. 90) fechten. Kahns Fechtschule hat deshalb zwei Fronten: während der als gekünstelt verstandenen französischen Schule vernünftige Natürlichkeit entgegengesetzt wird, gilt es den Naturalisten durch vernünftige Fechterkunst zu besiegen. Kahns eigener Ansatz verfolgt also einen Mittelweg zwischen Kunst und Natur. Strukturell erinnert Kahns Fechtbuch deshalb interessanterweise an gewisse kontroverstheologische Debatten im Luthertum des frühen 18. Jahrhunderts, die einerseits die Artifizialität des Katholizismus mit seinen menschengemachten Regeln, unbiblischen Ritualen und abergläubischen Praktiken kritisieren, sich aber andererseits der (ebenfalls "Naturalisten" genannten!) Deisten erwehren müssen, die auf der Grundlage rein natürlicher Vernunft jede Offenbarung als übervernünftig ablehnen (vgl. zu den Auseinandersetzungen zwischen Luthertum und Deismus Christopher Voigt: Der englische Deismus in Deutschland. Eine Studie zur Rezeption englisch-deistischer Literatur in deutschen Zeitschriften und Kompendien des 18. Jahrhunderts [= BhTH 121], Tübingen 2003). Das Verhältnis von Fechttheorie und frühneuzeitlicher Ideengeschichte wäre eine eigene Untersuchung wert.

VI.

Wir haben gesehen, dass nach Kahns Prinzipien die (aufgrund moralischer Erwägungen beschlossene) Priorität der Verteidigung über den Angriff zu einer Maxime des praktischen Fechtens geworden ist.[79] Laut Kahns Grundregeln sollen alle Handlungen des Fechters darauf ausgerichtet sein, sich selbst möglichst vollkommen zu schützen. Das geschieht, indem man einen Angriff des Gegners mit der eigenen Spitze bedroht, zugleich dessen Spitze abwendet und beim eigenen Angriff oder einer Parade, d.h. der Abwehr der gegnerischen Klinge, darauf achtet, dass man selbst dabei geschützt bleibt. Anhand eines Beispiels lässt sich zeigen, wie Kahn diese moralisch begründete Maxime tatsächlich in einen eigenen Fechtstil ummünzt.

Grundsätzlich unterschied man schon zu Kahns Zeiten zwischen dem so genannten "festen" Stoß und dem so genannten "flüchtigen" Stoß. Als "flüchtiger" Stoß wurde dabei jeder Stoß verstanden, der direkt auf den Körper des Gegners ging, ohne dabei dessen Klinge zu binden oder zu beseitigen (Batutta). Im Unterschied dazu wurde als "fest" jeder Stoß verstanden, während dessen man gleichzeitig die Klinge des Gegners mit der eigenen Klinge band (Ligation).[80] Der Vorteil des festen Stoßes besteht darin, dass sich der Gegner während des Stoßes nicht lösen, parieren und selbst stoßen kann. Richtig ausgeführt garantiert der feste Stoß dem Fechter während des Stoßes deshalb ein Höchstmaß eigener Sicherheit, er hat aber auch eine ganze Reihe von Nachteilen. Problematisch ist zunächst, dass die eigene Klinge beim "festen" Stoß im Grunde zwei Ziele gleichzeitig treffen muss: Während man mit der Spitze auf den Körper des Gegners zielt, muss die eigene Klinge zugleich die Klinge des Gegners zu fassen bekommen und mit der Stärke binden. Arm und Klinge können deshalb beim festen Stoß nicht eine gerade Linie bilden, sondern stehen in einem Winkel zueinander, weshalb solche festen Stöße auch "Winkelstöße" genannt werden.[81] Das bedeutet zweitens, dass der Fechter seinen Arm nicht ganz gerade ausstrecken kann, wenn er beim Stoß den Gegner binden will, er diesen also relativ nah an sich herankommen lassen muss. Und weil der Winkelstoß nicht auf gerader, d.h. kürzester Strecke auf den Gegner zielt, ist er zwar sicherer, aber auch deutlich langsamer als der gerade Stoß.

In seinem gesamten Fechtbuch vertrat Kahn vehement die Priorität des festen Stoßes über den flüchtigen und favorisierte damit eine Fechtweise, die in der Tat primär

79 Wiederholt weist Kahn darauf hin, dass von einem Sieg nur gesprochen werden kann, wenn man selbst und wenn möglich auch der Gegner unverletzt aus dem Gefecht hervorgeht (Kahn, Fechtkunst [s. Anm. 12], Hauptteil, S. 89: "Man verdenke es niemanden, wenn er eine so schädliche Kunst verdammet, welche die Verletzungen nicht von uns abwendet, sondern nur den lieblosen Trost einsprechen will, der Feind sey doch ebenmäßig nicht frey ausgegangen." Vgl. auch ebd., S. 90.

80 Heute sprechen wir von einem Gleit- oder Filostoß. Kahn setzt die Priorität des festen Stoßes über den flüchtigen aufgrund seiner Maximen von Anfang an voraus, vgl. § 3, S. 2. Die Ligation selbst wird in § 47 und 48, S. 39–43, behandelt.

81 Nicht zu verwechseln mit dem modernen Winkelstoß in die Flanke des Gegners.

82 Weischner, Übungen (s. Anm. 18), S. 12, behauptet in der 2. Auflage seines Lehrbuches von 1765, diese sogenannten Ligationen (Bindungsstöße) seien die eigentliche Besonderheit der Kreuß-

Abb. 135

auf Verteidigung ausgerichtet war und die bei dem zum Beenden des Gefechtes unumgänglichen Stoß dem Fechter ein Höchstmaß an eigener Sicherheit garantierte (vgl. Abb. 135, Kat.-Nr. 54, Tab. II, Fig. 1).[82]

In seinem Fechtbuch selbst leitet er den Winkelstoß noch nicht explizit aus der moralischen Verpflichtung des aufgeklärten Fechters zur Defension ab. Im polemischen Anhang seiner zweiten Auflage aber wird sehr deutlich, dass nur der Winkelstoß beanspruchen kann, aufgeklärtes, d.h. sowohl rationelles als auch moralisches Fechten genannt zu werden. Ein Kritiker habe behauptet,

> "es sey besser in gerade Linie und ohne Winkel zu stossen, als mit dem Winkel. Dieser Mann muß voraussetzen, daß der Gegner ganz stille hält, und mit seiner Klinge keine Bewegung macht, weder zu parieren, noch vorzuhalten[83] sonst würde er nicht so einfältig geurtheilet haben. Denn was kann heilsamer und sicherer seyn, als des Gegners Klinge (den Vorwurf meiner Aufmerksamkeit) zu binden und fest zu halten, damit derselbe nicht vorhalte; gar nicht, oder doch schwerlich pariren könne? Dahingegen wenn ich gerade fort stosse, und dem andern seyne Klinge frey lasse, so bin ich auf mancherley Weise der Gefahr, selbst getroffen zu werden, ausgesetzt."[84]

Dem setzt Kahn die rationalen Principia seines Fechtansatzes entgegen, wohlwissend, dass etwa die seinerzeit europaweit einflussreichste französische Schule ganz im Gegensatz dazu den schnellen, geraden Stoß bevorzugte:[85]

> "Die guten und besten Fechtmeister derselben dringen auf eine äusserliche gute Anständigkeit [...] welches alles löblich und nicht zu verwerfen ist. Nur wäre zu wünschen, daß sie nicht so sehr von sich eingenommen wären; sonst würden sie unsere Grundsätze leicht annehmen und denselben folgen. Ehemals hatte ich einen Franzosen in der Information, der vorhin in Pariß gelernt. Ehe und bevor er anfieng, redete ich von seinen und unseren Grundsätzen. Ich zeigte ihm z.E. wenn man nach dem Stringieren[86] die Klinge behielte, und solcherart nachstieß; solches sey weit sicherer, als wenn man die Klinge loslassen, und flüchtig nachstoßen wollte. Er besann sich hierüber; gab aber bald seynen Beyfall, und sagte: c'est vrai! und auf diese Weise nahm er unsere Principia sämmtlich an."[87]

Entgegen den bisherigen Annahmen zur deutschen Fechtgeschichte haben wir es in Anton Friedrich Kahns berühmten "Anfangsgründen der Fechtkunst" also nicht mit

lerschen Schule gewesen (diese Ausgabe war mir nicht zugänglich, ich zitiere nach Seemann-Kahne, Kreußler in Jena [s. Anm. 10], S. 59: "In der praktischen Art zu ligiren, bleibt unstreitig dem berühmten Herrn Kreussler zu Jena der Ruhm eigen; ich habe außer diesem Boden nirgendwo einen besseren Handgriff zur Ligation wahrgenommen.") Dementsprechend wäre Kahn, anders als oben dargestellt, doch ein getreuer Nachfolger der Kreußlerschen Schule, denn auch wenn die Ligation bei ihm nicht besonders ausführlich dargestellt wird, so ist seine Favorisierung des festen Ansatzes doch überall deutlich sichtbar (vgl. ebd., passim). Wir hatten oben gezeigt, dass aller Wahrscheinlichkeit nach die Kreußlersche Schule eine Adaption der Fabrischen Tradition war: in der italienischen Schule Fabris jedoch spielte der feste Ansatz so gut wie keine Rolle; wie in der französischen bevorzugte man den "flüchtigen" geraden schnellen Stoß (vgl. Hergsell, Fechtkunst [s. Anm. 4], S. 328–329). Wir müssen also entweder davon ausgehen, dass die Kreußler in diesem entscheidenden Punkt die Fabrische Tradition weiterentwickelten oder dass sich Weischners (ohnehin sehr knappe) Bemerkung vielleicht gar nicht auf eigene Erfahrungen mit der Kreußlerschen Schule stützt, sondern bereits einen Reflex auf das berühmte Lehrbuch Kahns darstellt. Letzteres scheint mir die wahrscheinlichere Variante: in der ersten Auflage,

einem Lehrbuch zu tun, das die vermeintlich ältere deutsche Fechtschule der Kreußlerschen Tradition fortschrieb. Wir hatten gesehen, dass diese aller Wahrscheinlichkeit nach nur eine Adaption der älteren italienischen Schule in der Tradition Fabris darstellte. Dass Kahn sich in der zweiten Auflage seines Lehrbuchs auf die Kreußlersche Schule berief, hatte zu diesem Zeitpunkt vor allem polemische Gründe.

Tatsachlich verfolgte Kahn, als er 1739 sein Buch erstmals veröffentlichte, nichts Geringeres als eine kritische Neubegründung der Fechtkunst aus den Prinzipien aufgeklärter Vernunft heraus. In seinem Fechtbuch entwickelt der Göttinger Universitätsfechtmeister "thetice" ein System von in höchstem Maße rationellem und "natürlichem" Fechten. Jede fechterische Aktion wird dann "apologetice" durch rationale und pragmatische Gründe fundiert gegen abweichende Meinungen anderer Traditionen verteidigt. So legt Kahn "einen ordentlichen und zusammenhängenden Entwurf"[88] der Fechtkunst vor, denn nur so kann es gelingen, das "von einem widrigen Vorurteil eingenommene [...] Gemühte" des Fechters zu befreien und ihn "nach und nach ans Helle zu bringen".[89]

In der Betonung der Paraden zur defensiven Abwehr des Gegners und hier im "festen Winkelstoß" bündeln sich schließlich Kahns Prinzipien eines aufgeklärten Fechtens: Von allen Arten des Fechtens garantiert der feste Stoß am ehesten, den unschuldig Angegriffenen zu verteidigen, den Angreifer abzuwehren und ihm schließlich einen sicheren Stoß zu versetzen, der das Ende der Auseinandersetzungen bedeutet: "Die Menschen", dessen war sich Kahn bewusst, "sind nach dem Ausspruche des Herrn von Leipnitz weder gar zu schlimm, noch gar zu gut, und wir dürfen nicht glauben, daß sie uns allemal nach den Regeln der Tugend begegnen werden"[90] – und seine Fechtkunst wollte nichts Geringeres sein, als eine aufgeklärte Weise, den Gegnern dieser Aufklärung zu begegnen.

Weischner, die 1761 zeitgleich mit Kahns 2. Auflage erschien, in der erstmals von der engen Verbindung mit den Kreußlern die Rede ist, findet sich Weischners Bemerkung noch nicht. Erst in der zweiten Auflage von 1765 erwähnt auch Weischner dann die Ligationen als Besonderheit der Kreußlerschen Schule. Insgesamt ist eher davon auszugehen, dass die Priorität der Winkel- oder Bindungsstöße tatsächlich eine Eigenart Kahns war (wie man auch an der Refutation der Kritik 1761 sehen kann) und über das oben dargestellte Missverständnis zu einer Eigenart der Kreußlerschen Schule gemacht wurde. Es ist aber völlig unklar, ob nicht bereits Weischner 1762 Ursache und Wirkung verwechselte und der Ansicht war, es bei Kahns Lehrbuch von 1739 mit dem Erbe der Kreußler zu tun zu haben, wie es seit dem frühen 19. Jahrhundert Gemeingut war.

83 Gemeint ist der Mitstoß, d. h. der gleichzeitige Stoß in den Angriff des Gegners, ohne dessen Klinge mit einer eigenen Parade vorher beseitigt zu haben.

84 Kahn, Fechtkunst (s. Anm. 12), Anhang, S. 3.

85 Ebd., Anhang, S. 3 f., 5 f. und 32. Dort kritisiert Kahn, dass die französische Schule im Gegensatz zu seinen Prinzipien den "flüchtigen Ansatz" (d. h. den direkten, nicht gebundenen Stoß) vertritt.

86 Eine Form des Gleitstoßes (die eigene Klinge "gleitet" beim Stoß an der Klinge des Gegners entlang) mit gleichzeitiger Cavation (kreisförmige Umgehung der Klinge des Gegners mit der eigenen Spitze).

87 Kahn, Fechtkunst (s. Anm. 12), Anhang, S. 32 f.

88 Ebd., S. 49.

89 Vgl. ebd.

90 Ebd., Einleitung, S. 24.

Der Topspin taugte nichts im alten *Jeu de la Paume*: das Tennisspiel in drei Jahrhunderten (1500–1800)

Heiner Gillmeister

Das mittelalterliche Turnier als Wurzel unserer Ballspiele

Unter den Techniken des Körpers fällt das Spiel mit dem Ball nach Marcel Mauss unter die "Techniken des aktiven Ausruhens, die nicht nur der Ästhetik entspringen, sondern auch Spiele des Körpers sind."[1] Diese Ansicht ist nicht neu. Zu Beginn des 17. Jahrhunderts wurden die Leibesübungen des Adels in zwei Kategorien eingeteilt: einfache, die ausschließlich der Erholung des Körpers und seiner Gesundheit dienten, und ernsthaftere, die Körper und Geist beschäftigten:[2]

> In der ersten Kategorie siedeln wir den Tanz, das Tennisspiel und das Mailspiel[3] an. In die zweite Klasse verweisen wir die Übungen des Aufsitzens auf ein Pferd, des Voltigierens, des Schießens, des Ringens, des Zeichnens und der Mathematik.

Aus der Sicht des heutigen Historikers aber liegt die Wurzel unserer Ballspiele keineswegs in der hier beschriebenen Harmlosigkeit, sondern in einer Erfindung, die dem Kriegshandwerk diente und die zu nichts weniger als zur Herausbildung des mittelalterlichen Feudalwesens geführt hat. Die Rede ist von der Erfindung des Steigbügels.[4] Sie war die Voraussetzung für die erste "Wunderwaffe" germanischer Heere, des mit einem Schild bewaffneten und mit eingelegter Lanze kämpfenden Ritters, im Zeitalter vor allem der Kreuzzüge der Schrecken seiner arabischen Gegner. Erstmals ins Bild gerückt wurde der lanzenbewehrte Reiter auf dem berühmten Wandteppich von Bayeux, auf dem er seine Waffe nicht nur verschleudert, sondern – und das ist das Neue – in seinen Gegner hineinrennt (Abb. 146).

Abb. 146: Normannische Reiter mit eingelegter Lanze, die in den Gegner hineingerammt wird. Bildquelle: <http://www.historylearningsite.co.uk/bayeaux_tapestry.htm> 9. Januar 2008.

1 Vgl. Marcel Mauss: Soziologie und Anthropologie, Bd. 2, München 1975, ebd., "Körpertechniken", S. 199–217, hier S. 214.

2 "[...] En la premiere categorie nous comprenons la danse, le ieu de paume, & du paillemart [sic]. En la seconde classe nous referons les exercices du monter à cheval, voltiger, tires aux armes, iouër du luth, la pourtraicture & les mathematiques." Samuel Bernard [de Genève]: Tableau des actions du ieune gentilhomme divisé en forme de dialogues por l'usage de ceux qui apprennent la langue Françoise, revue & corrigé de nouveau, Straßburg 1615, S. 137, aus ebd.: Dialogue sixiesme des exercices de la noblesse, Ou est traicté des dances, de l'escrime, du ieu de paume, des cartes & detz, du luth, du monte à cheval, voltiger, de la pourtraicture & mathematiques. [16. Dialog über die Leibesübungen des Adels, in welchem Tänze, das Fechten, das Paume-Spiel, Karten- und Würfelspiele, der Ringkampf, das Aufsitzen und Voltigieren, Zeichnen und die Mathematik behandelt werden.]

3 Eigentlich *pal(le) mail(le)*, aus italienisch *palla maglio*, 'Hammerball', ein Freizeitspiel vornehmlich des Adels, das auf langen, eigens dafür angelegten Alleen mit Kugeln und einem langschäftigen, mit einem hammerähnlichen Kopf versehenen Schlägern gespielt wurde. Es überlebt in Flur- und Straßennamen, z. B. der Palmaille in Hamburg-Altona und der bekannten, Pall Mall genannte

Straße in London, City of Westminster, die zum St. James Palace führte. Am 20. Juli 1617 zeigte Herzog Johann Friedrich von Württemberg dem Landgrafen zu Hessen sein "palleMaille", vgl. Ingrid Hanack: Die Tagebücher des Herzogs Johann Friedrich von Württemberg aus den Jahren 1615–1617. Edition, Kommentar, Versuch einer Studie, Göppingen 1972 (Diss. Tübingen; Göppinger Akademische Beiträge Nr. 49), S. 91. Eine ehemalige Palmail-Bahn ist die Schloss Augustusburg in Brühl mit dem Jagdschloss Falkenlust verbindende Allee (18. Jahrhundert). Zur Geschichte des Mail-Spiels vgl. allgemein W. A. G. Perks: Geschiedenis van de Maliebaan, Utrecht 1970.

4 Vgl. hierzu im Einzelnen Lynn White, junior: Die mittelalterliche Technik und der Wandel der Gesellschaft, München 1968.

5 Vgl. hier vor allem die Studie von Horst Bredekamp: Florentiner Fußball: Die Renaissance der Spiele, Berlin 2001.

6 Vgl. hierzu des Verfassers, Tennis. A Cultural History, London 1998, S. 6–9. Ein monogenetischer Ursprung des *Jeu de la Paume* im Kloster wurde bestritten von Roger Morgan: Development of the European Ball Game, Oxford 1995, S. 22, der von einer Wanderung ursprünglich ländlicher Spiele in die Städte ausgeht. "By far the most important changes in the game took place when it moved into the towns sometime during the Middle Ages. The move

Abb. 147: Reitergefecht im Vorfeld eines Burgtores. Deckel eines Schmuckkästchens aus Elfenbein. Museo Nazionale di Ravenna, Inventarnummer 1034. Soprintendenza per i Beni Ambientali e Architettonici di Ravenna, negative No. 40413. Museo Nazionale, Via S. Vitale, 17, I-48100 Ravenna.

Ein notwendiges Mittel zur Erhaltung der Wehrkraft war das mittelalterliche Turnier, das sich in seinen Anfängen von der Feldschlacht nicht wesentlich unterschied. Mit fortschreitender Dauer wurde das Turnier stilisiert und reglementiert und in verschiedene Disziplinen unterteilt. Eine wichtige Unterdisziplin bildete der so genannte *Pas d'Armes*, bei dem es galt, eine enge Passage, in der Regel das Tor einer Burg, gegen eine Mannschaft aus Verteidigern zu erobern (Abb. 147).

Das mit großem Gepränge verbundene Turnier war das Privileg des Adels, aber auch Gegenstand staunender Bewunderung durch das einfache Volk. Auf dessen bescheidene Verhältnisse zugeschnitten, bildete es schließlich das Modell für das mittelalterliche Fußballspiel, das im alten Frankreich, aber auch in England, unter dem Namen *choule* oder *soule*, in Italien unter dem Namen *calcio* bekannt war (Abb. 148).[5] Hier suchte man an Stelle des heranpreschenden Lanzenreiters eine mit Heu ausgestopfte Lederhülle in das Tor hineinzubugsieren oder, aus der Sicht der Verteidiger, just dies zu verhindern. Das Fußballspiel stand in seiner Brutalität dem Turnier in nichts nach, weshalb beide der Kirche ein Dorn im Auge waren. Dem geistlichen Stand war eine Teilnahme an diesen äußerst fragwürdigen Lustbarkeiten folgerichtig verboten, ein Grund, weshalb französische Ordensleute die Austragung einer domestizierten Form des Fußballspiels in die Kreuzgänge ihrer Klöster verlegten. Dort ersetzten die Torbögen der Kreuzganggalerie die Burgtorattrappen von Turnier und volkstümlichem Fußball.[6]

Den Beweis für das Fortleben des Turniers in unseren Ballspielen, wie vor allem am Beispiel des Paume-Spiels noch zu zeigen sein wird, liefert dessen Terminologie. Deren Grundstock wurde vor langer Zeit von dem verdienstvollen Sprach- und Sporthistoriker der ersten Stunde Jean-Jules Jusserand (1855–1932) herausgearbeitet.[7] Er lässt sich ergänzen aus dem Werk mittelalterlicher Autoren wie Chrétien de Troyes (ca. 1140–1190) und Sarrasin (13. Jahrhundert), letzterer ein anglo-normannischer Trou-

Abb. 148: Fußballspiel mit Burgtorattrappen. Padua, 17. Jahrhundert. Aus Franciscus Schottus, *Itinerario*, Padova 1638. Herzog August Bibliothek Wolfenbüttel.

vère, der in seinem "Roman du Hem" (1278) die wohl umfangreichste Schilderung eines Turniers hinterlassen hat.

Der idealtypische *locus* für das mittelalterliche Turnier war das Vorfeld des Burg- oder Stadttores, der im Französischen nach der den Turnierplatz eingrenzenden Holzbarrikade *parc* genannt wurde.[8] Im "Roman du Hem" erlebt der Leser eine Art Turnier unter Flutlicht, nachdem der aus der Artusliteratur bekannte Seneschall Keu zahlreiche Fackeln hatte anzünden lassen:

> Der Seneschall Keu lief vornweg
> Und ließ Fackeln anzünden,
> So dass es schien als ob beleuchtet
> Würde sowohl die Burg als auch das Turnierfeld.

Bei den sich auf dem Felde gegenüberstehenden Mannschaften wurde unterschieden zwischen den Verteidigern als den Repräsentanten der Burg und den Angreifern oder "Auswärtigen". Erstere hießen demzufolge *tenants*, wörtlich übersetzt 'die, welche [die Stellung, den Pass] zu halten hatten' (frz. *tenir*), letztere *venants*, 'die, welche von draußen kamen' (frz. *venir*).[9] Synonyme für "Halter" und "Kommer" waren entsprechend *ceux de dedans*, 'die von drinnen', und *ceux de dehors* oder *defors*, 'die von draußen'. In Chrétiens Versroman "Perceval" ("Li Contes del Graal") heißt es nach dem ersten Turniertag [vgl. die im französischen Text kursiv gedruckten Elemente]:[10]

would have been assisted by the development of the towns themselves and the consequent increase of social activity. A larger number of available young men makes it easier to raise a team, and an increased number of spectators provides encouragement for the players." Vor allem der einheitlich romanische Wortschatz des Spiels, der, von Frankreich ausgehend, sich in der gesamten Romania ausgebreitet hat, von den Spaniern über die Kanaren bis in das entfernte Mexiko und Kolumbien transportiert und als Lehnwortschatz schon früh über das Friesische bis zur Insel Gotland vorgedrungen ist, setzt eine einheitliche Trägerschaft (die Mönche und deren "kultureller Mehrwert") voraus und schließt (neben anderen wichtigen Gründen) eine polygenetische Entstehung des Spiels aus.

7 Zur Biographie des Diplomaten und Literaten Jean-Jules Jusserand (1855–1932), französischer Botschafter in den Vereinigten Staaten (1902–1925), vgl. <http://www.bartleby.com/65/ju/Jusseran.html> 20. April 2007 (Eintrag in The Columbia Encyclopedia, 6. Aufl., Columbia University Press 2001–05).

8 Vgl. Walther von Wartburg: Französisches Etymologisches Wörterbuch, Bonn und Basel 1928 ff., hier Bd. 7, S. 666a, s. v. *parricus*, 3.a. Afr. mfr. 'lice, champ clos pour les joutes, les tournois. etc.' (c. 1200–1559); sowie S. 667: "Es handelt sich offenbar um eine spätl.

Abb. 149: Kreuzgang des Klosters von Moissac: Eine Hälfte desselben diente als Spielfeld für das *Jeu de la Paume*. Frankreich, 13. Jahrhundert. Foto <http://upload.wikimedia.org/wikipedia/commons/6/64/Moissac_6.jpg> 6. September 2007.

> Dabei trugen die von drinnen den Preis davon,
> Aber die von draußen gewannen ebenfalls,
> Und beim Abschied versprachen sie einander,
> Am nächsten Tag wieder zusammenzukommen
> Auf dem Turnierplatz um zu turnieren.

Da die mittelalterliche Burg, deren Tor es zu erobern galt, idealerweise und dort, wo die Topographie es gestattete, auf einer Anhöhe gelegen war, wies die Turnierterminologie für die Unterscheidung in 'drinnen' und 'draußen' noch zwei Synonyme auf, die Ortsadverbien *amont*, 'auf dem Berg', 'oben', und *aval*, 'drunten im Tal', 'unten'. So heißt es etwa im "Roman du Hem" [vgl. die im französischen Text kursiv gedruckten Elemente]:[11]

> Dann konnte man Tjoste beginnen sehen
> Sowohl unten als auch oben.

Schließlich begegnen wir im Roman "Ille et Galeron" (ca. 1177–78) aus der Feder des Gautier d'Arras einer letzten terminologischen Unterscheidung zwischen den Aktionen der Angreifer und denen der Verteidiger. In seinem historisierenden Werk schildert der Autor einen Angriff von Griechen auf eine Burg der Römer. Für die Angriffsaktion verwendet er in charakteristischer Weise das französische Verb *casier* (= *chasser*), 'treiben',

ablt. von [keltisch] *parra, 'stange', deren Bed. etwa war 'aus Stangen zusammengesetzt'."

9 Vgl. Jean-Jules Jusserand: Les sports et jeux d'exercice dans l'ancienne France, Paris 1901, Nachdruck Genf 1986, S. 132.

10 "S'an orent cil *defors* le pris,/ Et cil *dedanz* i gaeignerent/ Et au partir refiancierent/ Que l'andemain rasanbleroient/ El champ et si tornoiieront." Alfons Hilka (Hrsg.): Der Percevalroman (Li contes del Graal) von Christian von Troyes, Halle a.d. Saale 1932 (Christian von Troyes sämtliche Werke, Bd. 5), Verse 5160–5164. Zur Terminologie ebenfalls Jusserand (s. Anm. 9).

11 Vgl. A. Henry (Hrsg.): Sarrasin. Le roman du Hem, Brüssel 1939 (Travaux de la Faculté de Philosophie et Lettres de l'Université de Bruxelles, Bd. 9), S. 122, Vers 4458 f. "Lors veïssiés rens commenchier/ Par tout et *aval* et *amont*." Das Wort Tjost oder Tjoste bezeichnete den Zweikampf zweier mit eingelegter Lanze gegeneinander anrennender Reiter.

für einen Ausfall und Gegenangriff der Verteidiger die Form *recasier* (= *rachasser*), 'zurücktreiben'. An gleicher Stelle steht sowohl für Angriff als auch für Gegenangriff das Substantiv *cace* (= *chasse*).[12] Mit dem Wort *chasse* in der Bedeutung 'Treiben', 'Jagen' ist der Kernwortschatz des Turniers umrissen, der, wie noch gezeigt werden wird, im Verlaufe des Mittelalters dem *Jeu de la Paume* weitervermittelt wurde.

Vom Kreuzgang zur Kommerzarena

Der Kreuzgang der Klöster bildete zunächst, wie gesehen, den Austragungsort für das mittelalterliche Tennisspiel, das seit der Mitte des 12. Jahrhunderts bezeugt ist (Abb. 149).[13] Später diente der Kreuzgang als Modell für die mittelalterliche profane Tennisanlage, die zunächst wie dieser nach oben offen war (Abb. 150), im Laufe der Zeit jedoch, vor allem in nördlichen Klimaten, einer überdachten Spielstätte wich. Derartige Ballhäuser genannte Anlagen fanden sich im 15. und 16. Jahrhundert in Augsburg, Basel, Frankfurt, Gießen, Halle, Hamburg, Heidelberg, Ingolstadt, Jever, Kassel, Köln, Lübeck, München, Nürnberg, Prag, Salzburg, Straßburg, Stuttgart, Tübingen und Wien. Sie waren entweder integraler Teil adeliger Residenzen, Ausbildungsstätte an einer Ritterakademie (Collegium Illustre, Tübingen) oder wurden schließlich auch

Abb. 150: Nach oben offener Tenniscourt. Mit R. A. [Ruhl, Andreas?] An[n]o 1559 signiertes Ölgemälde zum Thema König David überreicht Uriah den Brief (2. Samuel, 11, 14). Die fehlende Netzschnur ist ein Anachronismus. Foto aus Privatbesitz (The Rt. Hon. The Lord Aberdare, London).

12 Vgl. Frederick Augustus Grant Cowper (Hrsg.): Ille et Galeron par Gautier d'Arras, Paris 1956, S. 194. Zur Etymologie von *chaser/chase*, vgl. des Verfassers: Second Service. Kleine Geschichte der englischen Sprache, St. Augustin 2002, S. 51 und 65.

13 Vgl. des Verfassers, Tennis. A Cultural History (s. Anm. 6), S. 1–3.

Abb. 151: Idealtypische Version eines gedeckten Tenniscourts: das Ballhaus zu Coburg, 1632. Zu diesem Sportkomplex zählte auch eine Schießbahn und das aus den Niederlanden eingeführte Bügelspiel, *beugelen*, (links im Bild). Kunstsammlungen der Veste Coburg.

kommerziell genutzt.[14] Wie diese aussahen wird durch eine idealtypische Darstellung der Coburger Anlage aus dem Jahre 1632 und durch Bauzeichnungen aus der Feder Heinrich Schickhardts recht eindrucksvoll illustriert (Abb. 151). Schickhardt, den man den schwäbischen Leonardo genannt hat, war ein Multitalent.[15] Am 5. Februar 1558 in Herrenberg geboren, erlernte er zunächst das Schreinerhandwerk, bevor er 1578 in den Dienst des württembergischen Landbaumeisters Georg Beer trat. Hier entwickelte sich der Schreiner zum Bauleiter und schließlich zum Architekten. Als Beers Gehilfe war er 1593 an der Errichtung des Collegium Illustre in Tübingen beteiligt,[16] zu dessen Komplex auch ein Ballhaus gehörte.[17] Mit dem Regierungsantritt Herzog Friedrichs I. übersiedelte Schickhardt im gleichen Jahr nach Mömpelgard, wo er dessen Baumeister, Architekt und Ingenieur wurde. Während zweier Italienreisen (1598 und 1599–1600, letztere in der Entourage des Fürsten), fertigte er zahlreiche Skizzen von Bauwerken und, vor allem, technischen Neuerungen an, die er in einem viel beachteten und 1603 in zweiter Auflage bei Erhard Cellius in Tübingen gedruckten Tagebuch veröffentlichte. Schickhardt starb am 4. (nach Gregorianischem Kalender am 14.) Januar 1635, nachdem er seit 1608 unter Herzog Johann Friedrich das Amt eines württembergischen Landbaumeisters bekleidet hatte.

Schickhardts Zeichnungen des Stuttgarter Ballhauses stammen aus dem Jahre 1627 (Abb. 152 und 153). Sie stellen kaum, wie man zunächst annehmen möchte, Entwürfe zum Bau desselben dar, da das Stuttgarter Ballhaus bereits 1575 anlässlich von

14 Ebd., S. 146–173.

15 Zu Schickhardt vgl. hier und im Folgenden Wilfried Setzler: Heinrich Schickhardt, Leben und Werk: eine biographische Notiz, in: Sönke Lorenz und Wilfried Setzler (Hrsg.): Heinrich Schickhardt. Baumeister der Renaissance. Leben und Werk des Architekten, Ingenieurs und Städteplaners, Leinfelden-Echterdingen 1999, S. 37–58.

16 Mit seinen eigenen Worten: "Das new Collegium zu Tüwingen haben anno 1593 Georg Beer und ich mit einander gebaut, als ich damals sein Diener gewesen." (Setzler [s. Anm. 15], S. 41).

17 Zum Ballhaus des Collegium Illustre vgl. des Verfassers, Tennis. A Cultural History (s. Anm. 6), S. 153–157.

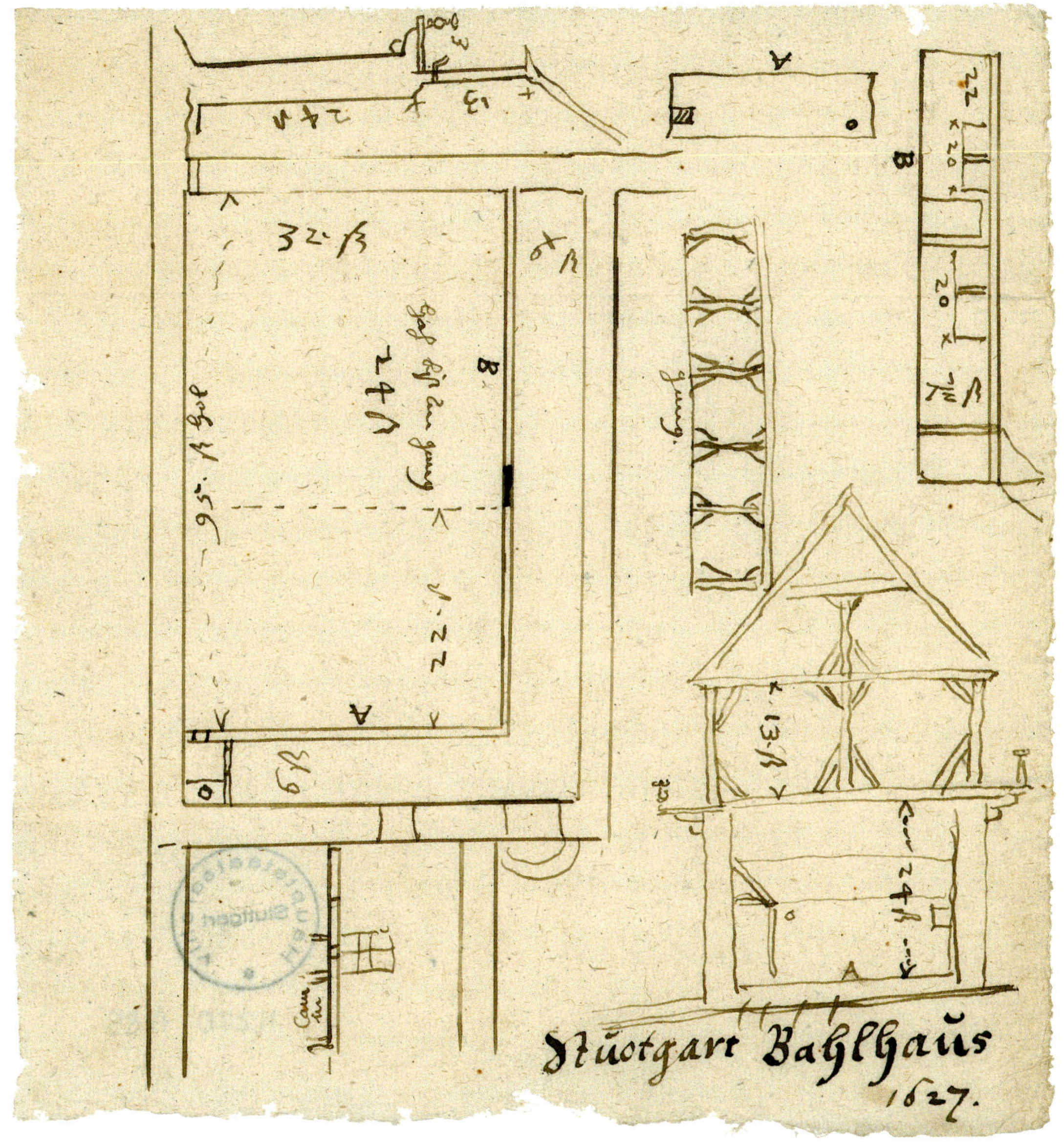

Abb. 152: Grund- und Aufriss des Stuttgarter Ballhauses. An die untere Schmalseite des Ballhauses schließt sich das Wohngebäude des Ballmeisters an. Die Maßangaben sind in Fuß gehalten.

Hochzeitsfeierlichkeiten erwähnt wird.[18] Die Zeichnungen wurden daher vielleicht im Rahmen von Bestandsaufnahmen des Landbaumeisters verfertigt. Das Bemerkenswerte an Schickhardts Skizzen ist die Tatsache, dass hier erst- und einmalig die genauen Abmessungen eines zeitgenössischen Ballhauses verzeichnet sind. Es misst in der Länge 95, in der Breite 38 Fuß (32 Fuß plus 6 Fuß für die Galerie) und entsprach damit fast genau den Abmessungen des Tübinger Ballhauses,[19] an dessen Errichtung, wie wir hörten, Schickhardt ebenfalls beteiligt war.[20] Die fensterlosen Mauern, die in das Spiel einbezogen waren, ragten bis auf eine Höhe von 24 Fuß hoch.[21] Dem Tübinger Ballhaus soll ein Pariser Jeu de Paume als Vorbild gedient haben,[22] so dass wir in ihm wie auch

18 Vgl. Stefan Gugenhan: Die Landesherrlichen Gärten zu Stuttgart im 16. und 17. Jahrhundert, Stuttgart 1997 (Veröffentlichungen des Archivs der Stadt Stuttgart, Bd. 72), S. 99. Schickhardts Dienstherr Herzog Johann Friedrich spielte am 14. April 1616 gegen einen französischen Paume-Spieler, der ihn besuchte, vgl. Hanack (s. Anm. 3), S. 42. Am 10. November 1615 spielt er im Ballhaus zu Basel, ebd., S. 28 f. Zwischen 1615 und 1617 erwähnt er es achtmal in seinen Tagebuchaufzeichnungen. Gugenhan (s. Anm. 18), S. 98 f. zitiert Hanack äußerst fehlerhaft. Der Verfasser dankt Regina Keyler, Landesarchiv Baden-Württemberg, Hauptstaatsarchiv Stuttgart, für wichtige Hinweise das Stuttgarter Ballhaus betreffend.

19 Vgl. Gugenhan (s. Anm. 18), S. 100, zitiert eine Randnotiz auf einem Grundriss aus dem Bestand N220 A85 des Hauptstaatsarchivs Stuttgart: "Das Bahlhaus zu Tübingen ist lang 96 breit 36 Fuß."

20 Im Königreich Württemberg maß der Fuß im Zeitraum von 1557 bis 1806 286,49 mm, vgl. <http://www.derstuttgarter.de/kwste/anhang.htm> 14. Januar 2008. Demnach war der Court (aufgerundet) 27,22 m lang und 10,89 m breit.

21 Also (aufgerundet) 6,88 m.

22 Vgl. Gugenhan (s. Anm. 18), S. 100.

Abb. 153: Getuschte Perspektivzeichnung des Ballhauses in Stuttgart aus der ersten Hälfte des 17. Jahrhunderts (1627). Der mit einem Satteldach versehene herzogliche Tenniscourt hatte offenbar kein *dedans*, die Quergalerie des Grundrisses befand sich im Rücken der Rückschläger. Beachtenswert der außen herumlaufende Balkon, der links auf einer Steinkonsole, rechts auf hölzernen Streben ruht: er bot neben der Galerie zusätzlichen Raum für Zuschauer. Abbildungen aus dem Hauptstaatsarchiv Stuttgart.

seinem Stuttgarter Pendant einen gewissen Standard vermuten dürfen, in einer Zeit, da im Sport Standards noch nicht üblich waren.

Wir können vermuten, dass der Transfer von kirchlicher Spielkultur zu einer der Laienschaft durch adelige Zöglinge bewirkt wurde, die im Kloster ihre Erziehung genossen hatten. Auf die dem Kloster nachempfundenen Tennisanlagen des Adels folgten

Abb. 154: Karikatur aus dem 17. Jahrhundert: Kurfürst Friedrich V. von der Pfalz muss, nach Verlust seines standesgemäßen Tenniscourts im Heidelberger Schloss, als "Winterkönig" mit einem Spiel in freier Natur vorlieb nehmen. Britisches Museum, London, Department of Prints and Drawings.

von Bürgerlichen betriebene kommerzielle Ballhäuser, deren Blütezeit war das 17. Jahrhundert (Abb. 154). Das zeigt etwa das Beispiel des Straßburger Ballmeisters, der wegen des großen Zuspruchs im Zeitraum von 1601–1602 gleich zwei Ballhäuser eröffnete.[23]

Das 'Jeu de la Paume' als "Bewegungsschach"

Die Entwicklung vom mit brachialer Gewalt ausgefochtenen Turnier zum Tennisspiel, bei welcher in zunehmendem Maße das Prinzip der Aufwendung roher Kraft dem der Geschicklichkeit wich, kann auch als ein Aspekt des Prozesses der Zivilisation betrachtet werden, wie er von Norbert Elias etwa anhand unserer Tischsitten beschrieben wurde.[24] Dazu gehört, was die Engländer als die *sophistication* des Spiels bezeichnen würden. Gemeint ist die Hinzufügung von zusätzlichen "Schikanen", die das Spiel komplizierter machten. Im Turnier waren Abwehr und Zurücktreiben des Gegners mit dem Wort *chasse* bezeichnet worden. Im Tennisspiel hatte dies seine Entsprechung in der so genannten Schassenregel. Nicht zuletzt sie ist es, deretwegen das alte Spiel der Mönche ein Schachspiel genannt worden ist, bei dem gleichzeitig gerannt, gesprungen und Bälle geschlagen werden mussten. Die Regel besagte, dass der Ball nach dem zweiten Ballsprung so rasch wie möglich angehalten oder "gestoppt" werden musste. Die Stelle wurde markiert und nach Seitenwechsel mussten die Verteidiger der Schasse versu-

23 Vgl. des Verfassers, Tennis (s. Anm. 6), S. 164–166.

24 Vgl. Norbert Elias: Über den Prozeß der Zivilisation, 2 Bde., 17. Aufl., Bern 1969; Nachdruck 1992, insbesondere Bd. 1, S. 260–301 ("Über Wandlungen der Angriffslust").

chen, den nächsten Punkt dadurch zu gewinnen, dass ihre Kontrahenten den Ball nicht v o r der so gekennzeichneten Stelle abblocken konnten.[25] Diese mit einiger Athletik verbundene Übung wurde später dahingehend modifiziert, dass nunmehr die Stelle des zweiten Ballsprungs markiert wurde.[26] Bei dieser neuen Regelung mag eine weitere Schikane eine Rolle gespielt haben, das Netz, über welches der Ball befördert werden musste. Es wurde, wie wir erst seit kurzem wissen, in den 1490er Jahren eingeführt, offenbar noch vor Erfindung des Rackets und zunächst in Form einer einfachen Schnur, die, in der Mitte durchhängend, quer über den Tenniscourt gespannt wurde.[27]

Abb. 155: Erste Darstellung eines Rackets. Titelblatt aus Laurent Desmoulins, *Le catholicon des mal aduisez autrement dit Le Cymetiere des malheureux*, 3. Aufl., 1513. The Hon. Dr. Michael Wooldridge, Box Hill, Vic., Australien.

Das mit Schafsdarm bespannte Racket veränderte die Spielweise des alten *Jeu de la Paume*, des Ballspiels mit dem flachen Handteller, grundlegend. Es wird zum ersten Mal im Jahre 1505 erwähnt und erscheint im Jahre 1511 erstmalig im Bild,[28] auf dem Titelblatt eines moralischen Traktats des Franzosen Laurent Desmoulins. Dieser trägt den Titel "Le catholicon des mal aduisez autrement dit Le Cymetiere des malheureux" [Das Katholikon der schlecht Beratenen, auch der Friedhof der Unglückseligen genannt] (Abb. 155). Hier sehen wir die Gräber derer, die, schlechten Ratgebern folgend und daher eine Beute des Lasters geworden, auf ihren Grabplatten ruhen. Was unseren Tennisspieler ins Unglück gestürzt hat, ist weniger das Spiel mit den Tennisbällen selbst, die der Sünder mit scheelem Blick betrachtet. Es ist die Tatsache, dass er es um *vile lucrum*, schnöden Gewinn, gespielt hat. Der pralle Geldbeutel in seiner Hand lässt daran keinen Zweifel.

Das Racket, eine künstliche Verlängerung des "Instruments" menschlicher Körper,[29] bescherte dem Spieler eine größere Reichweite, beschleunigte infolge des längeren Hebels und durch den Katapulteffekt der Darmsaitenbespannung das Spielgerät, vermied die schmerzhafte Kollision der Schlaghand mit der Seitenwand bei einem mit äußerster Boshaftigkeit diese entlang gespielten Ball des Gegners, ermöglichte einen Rückhandschlag und führte nicht zuletzt zu dem bis hin zum heutigen Real Tennis charakteristischen Unterschnitt (*slice*) der Bälle. Ein so gespielter Ball, von der Rückwand der gegnerischen Spielhälfte zurückspringend, resultierte tendenziell in einer längeren Schasse, einem zweiten Ballsprung, der näher zur Rückwand hin landet. Ein mit Topspin gespielter bewirkte das gerade Gegenteil und war daher im *Jeu de la Paume* völlig untauglich.

25 Dieser Seitenwechsel erfolgte, wenn entweder zwei Schassen zu Buche standen, oder – bei nur einer Schasse – beim Stande von 45 (im heutigen Tennis 40), dem Spielball. Bei Einstand (45:45) waren zum Spielgewinn zwei weitere Punkte nötig, daher der engl. Ausdruck *deuce* (aus frz. *être à deux points du jeu*, 'zwei Punkte vom Spielgewinn entfernt sein'). Es scheint, obwohl wir vom genauen Procedere des *pas d'armes* wenig wissen, als ob die Schassenregel dort einen Rollenwechsel zwischen Angreifern und Verteidigern widerspiegelt. Im deutschen Sprachraum wurde diese Regel zu Beginn des 19. Jahrhunderts letztmalig beschrieben, vgl. Historische Darstellung aller Künste und Handwerke. Ein Weihnachtsgeschenk zur Belehrung und Unterhaltung für die Jugend, 1. Band [Mit sieben und zwanzig von Geißler gestochenen und fein kolorirten Abbildungen], Leipzig 1807; [Kapitel] XXII "Das Ballspiel", S. 143–146; hier S. 145: "Eins der ersten Gesetze des Ballspiels ist, den Ball, der einem zugeworfen wird, aufzufangen. Kann man ihn nicht im Fluge erreichen, so fängt man ihn auf, wenn er das erste Mahl von dem Boden aufspringt. Springt er das zweite Mahl von diesem auf, oder prallt er von dem Dache oder der Mauer zurück, so kann er nicht mehr gefangen werden. An dem Orte aber, wo er den Fußboden zum zweiten Mahle berührt, kann eine Schasse gemacht werden. Eine

Helden des Ballhauses

Abb. 156: Herzog Heinrich I. (919/921–955), der zweite Sohn des deutschen Königs Heinrich I. und seiner Gemahlin Mathilde, als Tennisfreund. Er wurde 948 mit dem Herzogtum Bayern belehnt. Das Wappen zeigt den sächsischen Hengst und die bayerischen Rauten. Die Inschrift lautet "Henricus I. Saxo Dux Boiar[orum] XXVII Mort A[nno] DCCCCLV [= 955]". 17. Jahrhundert, Privatbesitz.

Das *Jeu de la Paume* verdankt seine Entstehung einer Jahrhunderte währenden Imitation – wie Marcel Mauss es ausdrückte – erfolgreicher Handlungen, die zudem mit Personen verbunden waren, die bei diesen Handlungen Erfolg hatten und in die man sein Vertrauen setzte.[30] Der Nachahmung von Körpertechniken in der Welt der Erwachsenen entsprach in bemerkenswerter Weise die Nachahmung in der Welt der Kinder. Hier lebt zum Beispiel das eigentliche Turnier im sog. "Reiterkampf" fort, bei welchem ein kräftigerer Junge einen weniger kräftigen geschultert hat und beide versuchen, ein rivalisierendes Pärchen zu Boden zu reißen. Aber auch das Turnier-Surrogat *Jeu de la Paume* war offenbar mit soviel Prestige versehen, dass es in einem Kinderspiel nachgeahmt wurde. Das Spiel fand weltweite Verbreitung, und Pfälzer Buben war es noch nach dem Zweiten Weltkrieg unter dem Namen *tenee-ui*-Spiel bekannt. In diesem Spiel – und nur hier – haben die beiden Spielrufe überlebt, die im mittelalterlichen Spiel verpflichtend waren: ein *tenez!*, 'haltet!', aus dem Munde der Aufschläger, und die Entgegnung *oui*, oder *s'il vous plaît* ('ja' oder 'bitte', wörtlich 'wenn es Euch beliebt', im pfälzischen Kinderspiel *wuplee*!) aus dem Munde der Rückschläger.[31]

Das prestigeträchtige Turnier mit seinen realen oder imaginären Helden (wie zum Beispiel dem Artusritter Lancelot) wurde im Ballspiel nachgeahmt. Aber auch das Turnier-Surrogat *Jeu de la Paume* hatte seine nachahmungswürdigen Helden wie etwa den unglückseligen englischen Prinzen Henry Frederick Stuart (1594–1612), Sohn Jakobs VI. von Schottland und der Anna von Dänemark, den sein maßloses Spiel buchstäblich dahinraffte.[32] Fürstlichkeiten wie Heinrich dem Sachsen (919/921–955) wurden, was einen völligen Anachronismus darstellt, von Illustratoren des 17. Jahrhunderts Tenniskünste angedichtet (Abb. 156).[33] Schließlich traten, ebenso bewundert und nachahmenswert, die ersten Paume-Stars auf den Plan. Ludwig XIII. besaß einen professionellen Tennislehrer, von dem sogar der Vorname überliefert ist: Pierre Gentil.[34] Für das 17. Jahrhundert sind Namen wie der Kleine Breton und der Kleine Saumur überliefert; Spieler wie die Brüder Jourdain, Covas, Le Pape, Clergé und Sercot wurden für ihre Schaukämpfe in Fontainebleau von König Ludwig XIV. wie Theaterschauspieler entlohnt.[35] Unter Ludwigs Nachfolger ragten Perdrix und La Caille sowie

Schasse wird auf einer Reihe der Quaderstücke gemacht, wenn der Ball, indem er zum ersten Mahle aufsprang, nicht gefangen wurde, auf eine Reihe herab fällt, um das zweite Mahl aufzuspringen. Man gewinnt und verliert nichts, wenn man die Schasse macht, und kann nur dann gewinnen oder verlieren, wenn man die Schasse zieht. Man zieht sie, wenn man seinen Schlag mäßiget, das der andere [= zweite; vgl. anderthalb, 'der Zweite halb'] Aufsprung des Balles über den Ort hinaus geht, wo die Schasse gemacht wurde."

26 Die Regelung des Seitenwechsels nach der zweiten Schasse ist dokumentiert bei Philippe Garnier: Dialogues en cinq langues Espagnolle, Italienne, Latine, Françoise, & Allemande, [...] mis en meilleur ordre & accommodez au Langage du temps, derniere Edition, Reueüe, corrigée, & augmentée par Philémon Fabri, Straßburg 1659; ebd., S. 208–295: "Quatriesme Dialogue." "Das IV. Gespräch." "Le Ieu de la paume." "Von dem Ballenspiel."; hier S. 247: "[...] sehet da zwey Caß; Laßt uns vmbwenden."

27 Vgl. Heiner Gillmeister: Die Spielmetaphorik in einem politischen Gedicht des Jean Molinet, in: Norbert Lennartz (Hrsg.): The Senses' Festival [Festschrift zum 65. Geburtstag von Rolf P. Lessenich], Trier 2005, S. 277–293.

28 Vgl. des Verfassers, Tennis. A Cultural History (s. Anm. 6), S. 103.

29 Vgl. Mauss (s. Anm. 1), S. 203.

die Gebrüder Bunel heraus.[36] Im weiteren Verlauf des 18. Jahrhunderts hießen die Helden der Tenniscourts Joseph Barcellon (Abb. 157), Jean-Claude Carré und Antoine Henri Masson,[37] im 19. Jahrhundert Edmond "Papa" Barre.[38] Für Carré und Masson legte die berühmte Manufaktur von Nevers eine Serie von Fayence-Tellern auf,[39] Masson verewigte sie vermutlich in einer Figur aus gesponnenem Glas (*verre filé*, s. Abb. 158 und 159).[40] Paume-Spieler waren es offenbar, welche die französische Tradition begründeten, Sporthelden mit edlem Porzellan zu ehren. Dem amerikanischen Meisterschwimmer Johnny Weissmuller alias Tarzan wurde noch bei den Olympischen Spielen von Paris (1924) eine kostbare Vase aus der Manufaktur von Sèvres verehrt.[41]

Abb. 157: Étienne Loys, Porträt des Guillaume Barcellon père (1753), Vater des legendären Joseph Barcellon. Foto Wimbledon Lawn Tennis Museum. All England Lawn Tennis Club.

Abb. 158: Der Paumier Antoine Henri Masson (ca. 1770). Sammlung des Musée national du Sport, Paris. Inventar-Nr. 2002.95.1.

Wichtige Bestandteile des Turniers wurden, zum Teil verfremdet, dem Ballspiel weitervermittelt. Im Turnier kämpfte man um Mannesehre, die Gunst der Damen, einen Preis. Auch im *Jeu de la Paume* ging es um die Ehre, wie das niederländische Wort *lof* (deutsch *Lob*) beweist, das mit großer Wahrscheinlichkeit in dem englischen Ausdruck *love*, die Bezeichnung für den Zu-Null-Spielstand im Tennis, fortlebt.[42] Dass dem *paume*-Spieler die Bewunderung der Damenwelt wichtig war, spiegelt sich in der Institution eines Probeaufschlags wider, der in Frankreich *une demoiselle* genannt wurde.[43] Mit diesem konnten zwar keine Punkte gewonnen, jedoch – vielleicht wegen der Akkuratesse seiner Ausführung – die Bewunderung der aus der Galerie zuschauenden Damenwelt erlangt

30 Ebd.

31 Vgl. des Verfassers, Tennis. A Cultural History (s. Anm. 6), S. 118.

32 Vgl. hierzu demnächst des Verfassers Beitrag "The Tennis Metaphor in Renaissance and Stuart Political Poems" [Proceedings of the Medieval and Renaissance Athletes and Athletics Conference, Toronto, June 2004], Toronto: Centre for Reformation and Renaissance Studies.

33 Die Abbildung verdankt der Verfasser Michael Flannery, Neuisenburg, Erläuterungen zu Herzog Heinrich Markus Osterrieder.

34 Vgl. Evan Baillie Noel und James Oscar Max Clark: A History of Tennis, London 1924, Nachdruck 1991, S. 6.

35 Vgl. Noel und Clark (s. Anm. 34). Am 16. Oktober 1686 spielte der berühmteste Jourdain vor Ludwig XIV. gegen zwei der besten zeitgenössischen Spieler, nachdem er sich zuvor schon verausgabt hatte. Der frz. Ausdruck für dieses Überzahlspiel war *faire* oder *jouer la chouette*, wörtlich 'die Eule machen' oder 'spielen'. Erklärung: die Eule, von allen Vögeln gehasst, muss sich gegen alle wehren. <http://www.club.fft.fr/courte-paume/histfbleau.htm> 12. September 2007.

36 Vgl. <http://www.club.fft.fr/courte-paume/histfbleau.htm> 12. September 2007.

37 Zu Barcellon (1735–1793), Carré und Masson vgl. Jeu de rois, roi des jeux. Le jeu de paume en France [Ausstellungskatalog Musée National du Château de Fontainebleau 3. Oktober

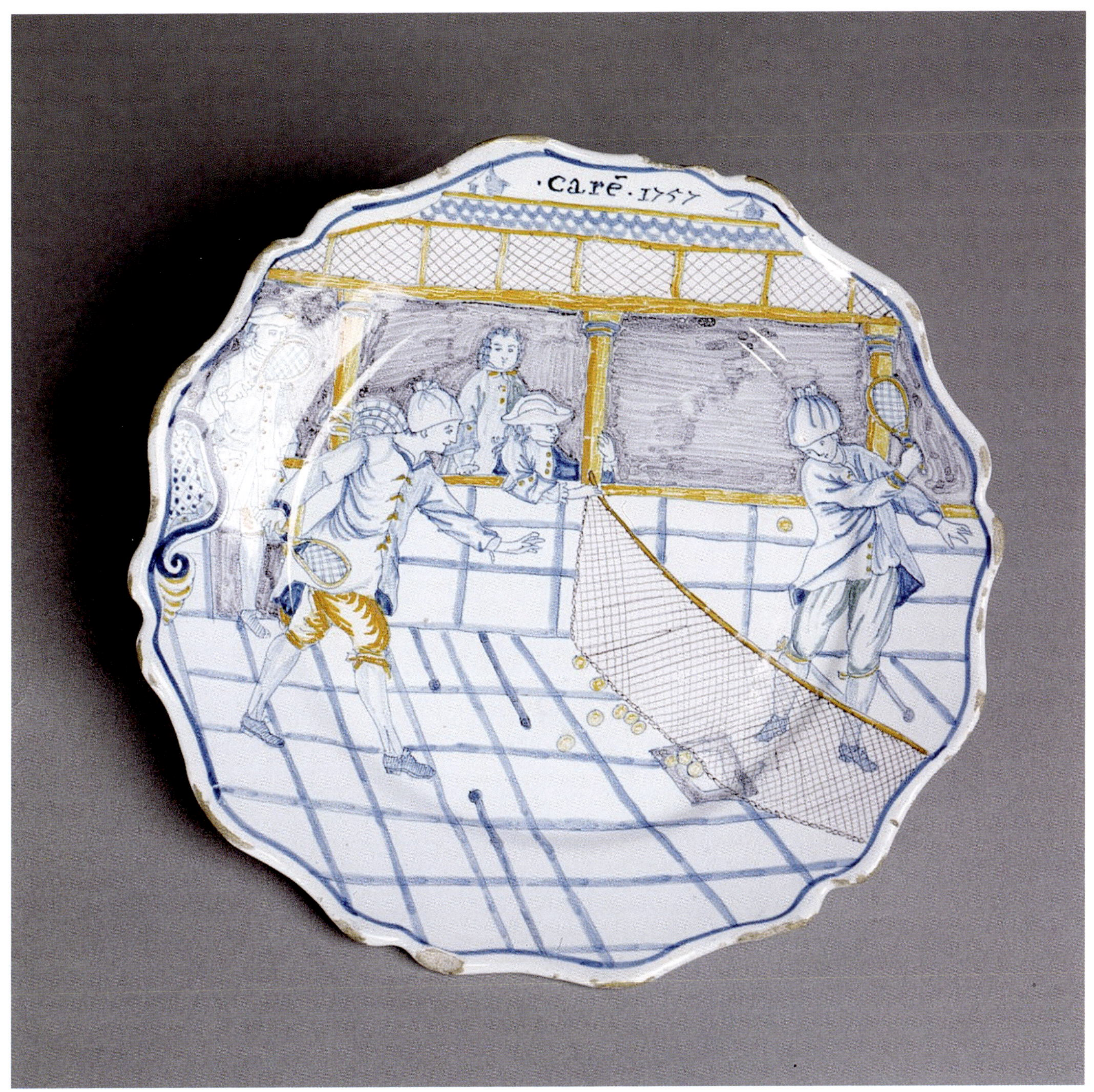

Abb. 159: Fayence-Teller aus einer dem Paumier Jean Claude Caré gewidmeten Serie der Manufaktur von Nevers. Foto: G. Poncet. Sammlung des Musée national du Sport in Paris, Inventar-Nr. 2002.96.1.

werden. Schließlich ging es beim Spiel um einen Preis in Gestalt eines Geldbetrages, welcher konventionell vor Spielbeginn unter der Netzschnur deponiert werden musste. Ein besonderer Aspekt des Spiels um Gewinn war die Wette, angeboten von dem sich überlegen fühlenden Spieler. Der königliche Paumier Antoine-Henry Masson verpflichtete sich in einem Spiel, nach jedem Schlag in ein Fass hinein und für den nächsten

2001–7. Januar 2002], Fontainebleau: Réunion des Musées Nationaux 2001. Die Ausstellung in Fontainebleau zeigte u.a. ein Gemälde des Englän-

Abb. 160: Tenniswette: Gegen Euch gewinne ich selbst mit einem Radi. Oberitalien, 3. Viertel des 17. Jahrhunderts. Abbildung Staatliche Museen zu Berlin. Preussischer Kulturbesitz. Kupferstichkabinett, Feder. Tusche; Kat./Inv.-Nr. KdZ 25208; Foto: Jörg P. Anders, Fabeckstr. 20, 14195 Berlin.

von dort wieder hinaus zu springen oder gar, ein Spiel auf dem Rücken eines Esels sitzend zu bestreiten. Edmond Barre wettete, ein Spiel gewinnen zu können, wenn er den Ballmarkierer auf seinen Schultern trüge.[44] Eine Karikatur aus Italien vom Ende des 17. Jahrhunderts muss offenbar als Darstellung einer solchen Wette gedeutet werden, bei welcher der linke Streithahn prahlt, seinen Gegner auch mit einem Rettich als Schläger besiegen zu können (Abb. 160).

Garniers Sprachfibel, ein bisher unbekanntes Dokument des 'Paume'-Spiels

Ein wichtiger Aspekt der Nachahmung von Körpertechniken im behandelten Zeitraum ist der Umstand, dass deren Vehikel die französische Sprache war. Auch wenn das *Jeu de la Paume* wahrscheinlich in Nordfrankreich entstand, galt Paris seit mittelalterlicher Zeit als Zentrum des Spiels.[45] Eine führende Rolle für seinen Fortbestand spielten deshalb Sprachlehrbücher in Dialogform, in welchen Deutschen, Spaniern und Italienern vermittelt wurde, wie man sich in einem französischen Ballhaus auszudrücken hatte.

ders John Hamilton Mortimer (ca. 1769, Öl auf Leinwand, Privatbesitz), das Antoine-Henri Masson, den Tennisschläger in der Rechten, an eine stattlichen Säule gelehnt zeigt, Sinnbild der Dauerhaftigkeit seiner Reputation und seiner Kraft. Das Bild wurde vermutlich während einer Englandreise des Spielers verfertigt.

38 Zu Barre (1802–1873), Paumier Napoleons III., vgl. Noel und Clark (s. Anm. 34), S. 127 f., sowie <http://www.sc.edu/library/spcoll/hist/tennis/court.html> 12. Oktober 2007.

39 Carré hatte 1751 Esther Elizabeth Masson geehelicht, die Schwester des berühmten Paume-Spielers, Carré und Masson waren also Schwäger. Bei der Ausstellung in Fontainebleau (2001–2002) wurde ein Pendant des abgebildeten Fayence-Tellers mit der Inschrift "Mason 1757" aus der Sammlung des Bowes Museum, Barnard Castle, gezeigt. Die Ausstellungsmacher vermuteten damals u. a., dass die Jahreszahl 1757 auf einem Irrtum beruhe und eigentlich die Zahl 1751 beabsichtigt war. Anlass der Telleredition wäre demnach die erwähnte Hochzeit gewesen. Vgl. den Ausstellungskatalog Jeu de rois, roi des jeux, S. 103, Nr. 56, und S. 104, Nr. 59.

40 Vgl. Nevers, capitale du jeu de paume!, in: La Gazette de l'Hôtel Drouot, Nr. 38, 25. Oktober 2002, S. 68 [und 98; Anzeige]. Beide Gegenstände wurden vom Musée national du Sport in Paris ersteigert. Vgl. <http://www.museedusport.jeunesse-sports.gouv.fr/> [Histoire de quelques objets; Les acquisitions récentes] 4. Mai 2007.

41 Sie war 1996 die Attraktion der großen Ausstellung "Centennial Collectibles-OLYMPHILEX 96/Stamps, Coins, and Memorabilia" in Atlanta, vgl. <http://www.cviog.uga.edu/Projects/olymphlx/details.htm> 14. August 2007.

42 Vgl. des Verfassers, Tennis. A Cultural History (s. Anm. 6), S. 127 f.

43 Garnier, "Dialogues" (s. Anm. 26), S. 249: "M[ichael]. Wollet ihr auch eweren Damo=mosellen." M[ichael]. ist nach Seitenwechsel an der Reihe mit dem Service, fragt wohl die Gegenpartei, ob diese einen Probeschlag möchte.

44 Vgl. den Katalog "Jeu de rois" sowie des Verfassers, Tennis. A Cultural History (s. Anm. 6), S. 345, Anm. 117, wo der Fasssprung irrtümlich Raymond Masson nachgesagt wird, im 18. Jahrhundert Nachfolger des berühmten Clergé.

45 Vgl. Noel und Clark (s. Anm. 34), S. 6.

Ein solcher, in der Tennisliteratur bislang unbeachtet gebliebener Dialog ist der des Straßburger Sprachlehrers Philippe Garnier.[46]

Über Garniers Lebensumstände wissen wir nicht viel. Dem Titelblatt der Erstausgabe seiner "Gemmulae" von 1610 entnehmen wir, dass er aus Orléans stammte.[47] Er hatte, einem unbesoldeten Ruf der Universität Gießen folgend, Straßburg vor dem Sommer des Jahres 1608 verlassen.[48] 1609 hatte er in Gießen immerhin den Rang eines *Professor publicus* erlangt, 1610 nach Ausweis der "Gemmulae" den eines Ordinarius.[49] Trotzdem nagte er noch immer am Hungertuche, nachdem eine Ruhrepidemie die Zahl der Lehrgelder entrichtenden Studiosi hatte dramatisch schrumpfen lassen. Er sei gezwungen, so wie der Wolf, der, von Hunger geplagt, den Wald verlasse, um anderswo zu beschaffen und zu suchen, hier und dort, das, was nötig sei, um seine Familie und seine Kinder zu ernähren und zu unterhalten, die er in Gießen während seiner Abwesenheit zurück gelassen habe. Weil aber der Winter streng bleibe und nur mit Verdruss zu überdauern sei und das Leben teuer, habe er sich entschlossen, dieses Bittgesuch an Ihro fürstliche Hoheit zu richten, dies mit der Bitte, ihm etwas Weizen und Holz gewähren zu wollen, um seiner Frau und seinen Kindern zu helfen, einen Teil dieser schlimmen Zeiten zu überstehen, denn sonst sei es ihnen unmöglich zu überleben.[50] Wir wissen nicht, wohin sich Garnier verfügt hatte, aber die Verhältnisse in Gießen scheinen auf Dauer so unbefriedigend gewesen zu sein, dass er 1614 seine Zelte in Leipzig aufschlug,[51] wo er vermutlich vor 1659 verstarb.[52]

Garnier ist der Verfasser einer mit "Præcepta gallicæ sermonis" (1607) betitelten französischen Grammatik und der erwähnten, in der ersten Auflage – nicht unbescheiden – mit "Gemmulae gallicae linguae" (Edelsteinchen der französischen Sprache) betitelten Dialogsammlung.[53] Letztere war, im Gegensatz zu dem erstgenannten Werk, für die Sprachpraxis bestimmt. Die erste Auflage der "Gemmulae" erschien 1610. Von ihr, so behauptete Kemmerer in seiner Gießener Dissertation von 1911,[54] sei kein einziges Exemplar erhalten, aber heute wissen wir von der Existenz immerhin zweier dieser Rara, von denen eines in der Thüringischen Landesbibliothek in Jena einsteht, das andere in der Herzog August Bibliothek in Wolfenbüttel. Die erste Auflage ist für den Gebrauch eines deutschen Muttersprachlers konzipiert, der sich mit dem Gedanken trägt, Frankreich zu bereisen, das Land einer überlegenen Kultur. Für ihn, so der Autor, sei sein Buch geradezu ein Muss![55] Dies scheint vor allem für den offenbar häufigen Fall zu gelten, von dessen Bewohnern in ein *Paume*-Spiel verwickelt zu werden, eine Gefahr, welcher der deutsche Tourist in jeder Stadt ausgesetzt war. Ein typischer Frankreichreisender dieser Zeit war etwa der Basler Thomas Platter, der in den Jahren zwischen 1595 und 1600 das Land bereiste und in seinen Aufzeichnungen zahlreiche Reminiszenzen über das dortige *Jeu de la Paume* hinterlassen hat.[56] Auf die Pariser Tennismanie weisen im Übrigen auch Robert Dallington hin, ein Reisender aus England ("View of France", 1604) sowie etwa zeitgleich Lippomano, der Botschafter Venedigs, und sein niederländischer Kollege.[57]

Garniers Werk richtet sich aber natürlich auch an den Gebildeten, der sich bereits auf das Lateinische versteht. Die parallel gedruckten Dialoge sind demnach in Lateinisch, Französisch und Deutsch gehalten und den Herzögen von Sachsen, Jülich, Kleve und Berg, den Landgrafen von Thüringen, dem Markgrafen von Meißen, den Grafen

46 Den Hinweis auf Garnier verdankt der Verfasser seinem Salzburger Kollegen Günther Bauer.

47 Vgl. Philippe Garnier: Gemmulae Gallicae Linguæ Cuivis nationum generi Gallias adeunti quàm primè necessariæ; novo & singulari studio Gallicè, Latinè & Germanicè conscriptæ [...], Straßburg 1610: "Gemmulae [...] emissae à Philippo Garnerio Aurelianensi Gallo [...]."

48 Terminus ad quem ist der 24. August 1508, das Datum seiner ersten Supplikation an den Giessener Landgrafen, vgl. Georg Kemmerer: Philipp Garnier – sein Leben und seine Werke, Diss. Gießen, Mainz 1911, S. 12.

49 Titelblatt: Die Gemmulae seien verfasst von Garnier, dem "Linguae Francicae in Celeberrima Giessensium Academia Professore ordinario".

50 Vgl. Kemmerer (s. Anm. 48), S. 13: "ie suis contraint de sortir (ainsi que le loup sort du bois oppresse de la faim) afin de me pourchasser ailleurs et chercher ca et la ce qui m'est deu pour nourrir et sustenter ma femme et mes enfans, lesquels ie laisse a Giesse pendant mon absence. Or d'autant que l'hiver rest fort rude et facheux a passer. et qu'il fait fort cher vivre. l'ay bien voulu presenter ce mot de supplication a v. A. Monseigneur, pour la supplier de me faire donner quelque peu de bled et de bois pour ayder a ma femme et mes enfans a passer une partye du mauvais temps. car autrement il leur est impossible de vivre [...]."

von der Mark und Ravensburg und den Herren von Ravenstein gewidmet, hinter denen wir Garniers Mäzene vermuten dürfen.[58] Bis 1625 erschienen von ihnen nicht weniger als fünf Auflagen, deren letztere um eine italienische Version aus der Feder eines Florentiners namens L. Donato reicher ist.[59] Diese erweiterte Fassung erlebte bis 1656 vier Neuauflagen. Eine letzte Ausgabe, um eine spanische Version von M. Fernandez vermehrt,[60] erschien 1659 in Straßburg, dem Druckort der ersten.

Garniers Text ist der umfangreichste von allen bisher bekannt gewordenen Tennisdialogen und verdient es daher, im Einzelnen gewürdigt zu werden. Dass seine Aufgabe, die Sprache eines französischen Spiels ins Lateinische zu übertragen, keine leichte sein würde, deutet der Autor bereits in seinem Vorwort an den geneigten Leser an.[61] Was bedeutet zum Beispiel *bisque*? Eine lateinische Entsprechung dieses Terminus habe er nirgends finden können. Er gebe es daher mit dem – von ihm erfundenen – Wort *bisca* wieder. Es bedeute 'einmal fünfzehn' – die *bisca* werde in einem Wettkampf von dem benutzt, dem sie eingeräumt worden sei. Zur Erklärung: Die *bisque* war im Spiel dieser Zeit ein Gewinnpunkt, der bei einem beliebigen Spielstand von seinem Besitzer eingesetzt werden konnte. Das scheint, sehr zum Missvergnügen des Gegners, am

51 Eva-Marie Felschow, Universität Gießen, teilte dem Verfasser auf seine Anfrage das Folgende mit: "[...] die Information, dass Philippe Garnier erst 1614 seine Gießener Tätigkeit aufgab und nach Leipzig ging, ist einem biographischen Artikel zu Garnier aus Strieders Gelehrtengeschichte entnommen, die genaue Literaturangabe lautet: Friedrich Wilhelm Strieder: Grundlage zu einer Hessischen Gelehrten und Schriftsteller Geschichte, Bd. 4, Göttingen 1784, S. 296. [...] Von Strieder wurden diese Informationen offenbar in die Festschrift der Universität Gießen zur dritten Jahrhundertfeier 1907 übernommen; diese enthält Kurzbiographien zu den einzelnen Gießener Professoren und gibt für Garnier ebenfalls das Datum 1614 für seinen Weggang nach Leipzig an."

52 Terminus ante quem ist die letzte posthum erschienene Auflage der "Dialogues" im Jahre 1559, vgl. Kemmerer (s. Anm. 48), S. 44.

53 Zu Garniers Grammatik vgl. Christian Ahlers und Günter Holtus: Philippe Garnier, Præcepta gallice sermonis (1607 und 1624): Zur Geschichte der französischen Grammatikographie in Straßburg, in: Hartmut Schröder, et al. (Hrsg.): Linguistik als Kulturwissenschaft. Festschrift für Bernd Spillner zum 60. Geburtstag, Frankfurt a.M. 2001, S. 307–317, hier S. 317.

54 Vgl. Kemmerer (s. Anm. 48), S. 43.

55 Vgl. das Frontispiz der Ausgabe von 1610: Die "Gemmulae" seien "Cuivis nationum genri Gallias adeunti [...] necessariae [...]", 'für jeden nach Frankreich Reisenden, welcher Nation auch immer, notwendig'.

56 Vgl. Manfred Zollinger in seiner Einführung zum Faksimile-Nachdruck von Johann Benders Traktat Kurzer Unterricht/ deß lobwürdigen/ [...] Ballen=Spiels [...], Nürnberg: Andreas Knorz[en] 1680: "Benders 'Unterricht deß Ballen=Spiel' (1680) im historischen und literarischen Kontext", in Günther G. Bauer (Hrsg.): Homo ludens. Der spielende Mensch, Bd. VI, München 1996, S. 271–279, [Benders Text S. 281–290]. Zollingers Ansicht (S. 278), die auch vom Verfasser lange Zeit geteilt wurde, von Benders Traktat sei nur das Exemplar aus Ansbach erhalten, ein weiteres in der British Library im Kriege zerstört worden, scheint nicht ganz den Tatsachen zu entsprechen. Das Londoner ist tatsächlich ein Kriegsverlust, aber weitere gibt es nach Ausweis des Karlsruher virtuellen Katalogs offenbar in der Universitätsbibliothek Erlangen-Nürnberg, in Göttingen und Hannover).

57 Vgl. Noel und Clark (s. Anm. 34), S. 6, und Winfried Schleiner: >We Who Are All Players<: Constructing Early Modern Tennis, in: Aethlon: the Journal of Sport Literature 22, Nr. 1 (2004), S. 15–31, hier S. 25.

58 Vgl. das Frontispiz der "Gemmulae": "[Gemmulae ...] Gallicè, Latinè & Germanicè conscriptae [...]", 'in Französisch, Lateinisch und Deutsch abgefasst'; die Widmung, S. ii r° lautet: "Illustrißimis ac Celsißimis Principibus ac Dominis Domino Ludovico, Dn. Philippo, Dn. Friderico, Fratribus, Hassiæ Landgraviis, Comitatib. Cattimelibocorum, Decii, Ziegenhainæ & Nidæ, & c." Das Werk enthält die folgenden Colloquien (S. v r°–v°): I. De ambulatio [über den Spaziergang]. II. Iter in Galliam [Reise nach Gallien = Frankreich]. III. Hospitium ["Von der Herberg"]. IV. Lusus pilæ ["Von dem Ballen Spiel"].

59 Accessit insuper ad hanc ultimam Editionem nova genuini Idiomatis Italici versio, ut et huius linguae Studiosis affatim satisfieri possit. Studio et opera L. Donati Italo-Florent. P. Die wissenschaftliche Lücke über das alte Tennisspiel in Italien ist neuerlich durch die verdienstvolle und umfangreiche Arbeit von de Bondt geschlossen worden, in welcher allerdings ein Hinweis auf den aufschlussreichen Dialog des Donato fehlt. Vgl. Cees de Bondt: Royal Tennis in Renaissance Italy, Turnhout 2006. Der niederländische Autor hat auch eine umfangreiche Sammlung historischer Spielstätten des *Jeu de la Paume*, nach Ländern geordnet, ins Internet gestellt, vgl. <http://www.real-tennis.nl/countries.html> 6. April 2007.

60 Die spanische Version findet sich zuerst in der 13. Aufl. des Werkes, in welcher die lateinische Version unterdrückt wurde, vgl. Philippe Garnier: Gemmulae linguarum : Latinae [?], Gallicae, Italicae & Germanicae [Autoren Philippe Garnier; L Donati; M Fernandez; Louis Elzevir; Daniel Elzevir, Amsterdam: Apud Ludovicum & Danielem Elzevirios, Anno M DC LVI [1656]. Vorhanden in der Waseda Universität, Japan, und der Cambridge University Library, Cambridge, UK.

61 Vgl. S. 2 des nicht paginierten Vorworts in den "Gemmulae" "Candido Lectori": "Amice Lector, quid sit Bisque? Ego nullibi huius voculæ latinitatem reperio, uno verbo reddam Bisca, quæ est semel quindecim, quæ in uno certamine sumuntur pro placito illius cui conceditur."

häufigsten beim Spielball der Fall gewesen zu sein, weshalb *bisque* im umgangssprachlichen Französisch zu einem Wort für 'üble Laune' wurde.

Von Schwierigkeiten, sein Tennis-Französisch ins Deutsche zu wenden, spricht Garnier seltsamer Weise nicht. Wir aber wollen uns im Folgenden gerade auf seinen abenteuerlichen Versuch konzentrieren, über das *Jeu de la Paume* auf Deutsch zu parlieren.[62] Grundsätzlich ist zu Garniers Text zu bemerken, dass oft zweifelhaft ist, ob der Autor einen Spielverlauf wirklichkeitsgetreu wiedergibt oder ob er nicht lediglich beim *Jeu de la Paume* übliche Ausdrücke aneinanderreiht, ohne auf deren Plausibilität zu achten.[63] Auch stellt sich mitunter die Frage, ob die deutsche Version von Garnier selbst zu verantworten ist oder ob diese nicht einen deutschen Verfasser hat, dessen Kenntnisse des Spiels im Gegensatz zu Garnier allenfalls lückenhaft waren.[64]

Vier Themen sind von Garnier als besonders wichtig ausgesondert und folglich behandelt worden: der Spaziergang, die Reise nach Frankreich, der Besuch eines Gasthauses, schließlich das Spiel mit dem Ball. Letzteres wird geführt von den Herren Heinrich, Antonius, Michael und Nikolaus, die im Spiel gegeneinander antreten, sowie dem Markierer der Schassen (Aufmerker) mit Namen Lubin und dessen Herrn und Meister Theophil, dem Besitzer und Betreiber des Ballhauses. Zunächst trifft der Leser auf Nikolaus und Heinrich, die sich die Zeit vertreiben wollen. Sie erwägen einen Spaziergang, der sie jedoch in ein örtliches Ballhaus führt. Auf die Frage Heinrichs, wie viele Ballhäuser es in der Stadt gebe, antwortet ihm Nikolaus, es seien derer zwei, und zwar solche, die mit einem Dach versehen seien. Früher seien es hierzulande nur wenige gewesen, aber nachdem einige Herren Frankreich und Italien bereist hätten, seien in deren Heimatstädten solche erbaut worden.[65]

Der Hinweis auf zwei Ballhäuser zusammen mit dem uns bekannten Druckort der "Gemmulae" lässt den Schluss zu, dass Garnier seine Tennisszene in die Stadt Straßburg verlegt hat: Dort betrieb zwar kein Theophil, jedoch ein gewisser Johann Klapp (von Beruf Akrobat, Tänzer und Ballspieler) seit der Wende zum 17. Jahrhundert zwei kommerzielle Ballhäuser. Ein florierendes Geschäft in den ersten Jahren, nicht zuletzt wegen des sportlichen Eifers des jungen protestantischen Bischofs und seiner Klientel, warfen sie nach Übernahme Straßburgs durch die der Leibesertüchtigung eher abholde katholische Fraktion eine immer geringere Rendite ab. Nachdem die Klappsche Tennisinstitution den Dreißigjährigen Krieg immerhin noch überlebt hatte, teilte sie gegen Ende des Jahrhunderts das Schicksal vieler deutscher Ballhäuser, die in Theatersäle umgewandelt wurden.[66] Übrig blieb lediglich der örtliche Straßenname Ballhausgasse, heute *rue du Jeu de Paume.*

Die erste einen *Paume*-Spieler bewegende Frage scheint die nach dem Preis der Bälle gewesen zu sein. Man unterschied zwischen alten und neuen Bällen, erstere taugten zum bloßen Einschlagen (pelotieren, bandieren),[67] nicht aber zu einem Wettspiel (Partie), wozu unbedingt neue Bälle erforderlich waren. Diese waren entsprechend teurer. Sie kosteten nach deutschem Geld sechs Batzen oder dreizehn Stüber (Stieber) und vier Pfennige das halbe Dutzend.[68]

Heinrich scheint der Ruf eines überdurchschnittlichen Spielers vorauszugehen. Auf seine Frage, ob es in Straßburg Spieler gebe, die ihm eine Vorgabe einräumen könnten, erhält er die Antwort, dass er selbst dem Lokalmatadoren fünfzehn oder dreißig vor-

62 Im Folgenden wird vornehmlich aus den "Gemmulae" von 1610 zitiert (s. Anm. 47); nur, wo diese Vorlage Lücken aufweist, wird ersatzweise der nahezu identische Text aus den "Dialogues en Cinque Langues" von 1659 herangezogen. Bei Zitaten wird das zeitgenössische Satzzeichen, die Virgula [/], im Text belassen; die auftretenden Kürzel, Überbleibsel mittelalterlicher Schreibtradition, werden stillschweigend aufgelöst.

63 Vgl. weiter unten, Anm. 88.

64 Im frz. Text heißt es z. B. "Mettez dessus, Monsieur", 'spielt oben auf [das Dach]'; die falsche Übersetzung des deutschen Textes "Schlaget nieder [frz. *dessous*], Herr", könnte bedeuten, dass nur der französische Text von Garnier stammt, der deutsche hingegen von einem des Spiels unkundigen Deutschen. "Gemmulae", S. 232 f., "Dialogues" (s. Anm. 62), S. 244 f.

65 Vgl. "Gemmulae", S. 199–201. Auch Daniel Martins französisch-deutscher Tennisdialog in seinem "Parlement Nouveau" (zuerst 1637, ebenfalls bei Zetzner) spielt in Straßburg mit seinen zwei Ballhäusern, vgl. des Verfassers, Tennis. A Cultural History (s. Anm. 6), S. 167.

66 Zu Johann Klapp vgl. des Verfassers, Tennis. A Cultural History (s. Anm. 6), S. 164–166.

67 Frz. *peloter*, *bander*. Garnier wählt die oberdeutsche Form *pandieren*, "Gemmulae", S. [2]05.

68 Frz. 13 *Sous* und vier *Deniers*, "Gemmulae",

geben könne.[69] Im Ballhaus angekommen, wünschen Heinrich und Nikolaus zunächst nur ein paar alte Bälle zu schlagen, gleichzeitig aber, hierzu neue Schläger zu benutzen. Lubin, der Gehilfe des Ballmeisters, bedeutet den Herren jedoch, dass neue (wohl: neu bespannte) Schläger nur für ein Spiel mit neuen Bällen oder für ein Wettspiel verausgabt würden. Also einigt man sich auf ein kleines Wettspiel mit neuen Bällen, dies bis zum Eintreffen zweier weiterer Spieler, die man für elf Uhr am Vormittag einbestellt hat. Der unterlegene Nikolaus rät seinem Partner, auf sein "Loch" (frz. *trou*) zu achten,[70] eine Öffnung in der Rückwand, die, falls getroffen, dem Schützen einen Punkt beschert.[71] Heinrich entgegnet dem etwas stümperhaften Nikolaus, er möge sich lieber darum kümmern, seine Bälle ü b e r die Netzschnur (Corda) zu befördern. Nikolaus verliert,[72] worauf sein Gegner schadenfroh bemerkt, des Gegners Bespannung sei gerissen, so dass der Ball durch den Rahmen hindurchgehe.[73]

Endlich, wenn auch mit Verspätung, treffen die Mitspieler Antonius und Michael ein. Nikolaus schlägt vor, zusammen mit Michael gegen Heinrich und Antonius zu spielen.[74] Antonius ist einverstanden, wenn er und sein Partner eine Vorgabe erhalten. Nikolaus protestiert. Heinrich und Antonius seien um vieles stärker als er und sein Partner. Es folgt ein längeres Gezänk um die Höhe der Vorgabe, bis sich am Ende Antonius und Heinrich bereit erklären, ihren Gegnern eine Bisque zu gewähren, worauf Michael nach einem Schiedsrichter (Uffzeichner oder Uffmerker, frz. *marqueur*) verlangt; Michael mäkelt an den neuen Bällen herum, die ihm – in einer Zeit ohne Norm – zu klein erscheinen, und an den ihm gereichten Schlägern.[75]

Nachdem Lubin ein Sortiment neuer Rackets herbeigeschafft hat, wirft Antonius seinem Widerpart Michael vor, sich die besten gesichert zu haben.[76] Michael verteidigt sich: "Glaubt ja nicht, dass ich mir die schlechtesten heraussuchen werde; aber trefft selbst Eure Wahl, ich hindere Euch nicht daran!"[77] Nachdem die Spieler Rackets mit der richtigen Griffstärke ("Handhab")[78] gefunden haben (ein Racket "vor meine Hand"),[79] harrt noch die Frage der richtigen Fußbekleidung einer Lösung. Während Nikolaus sich mit seinen Straßenschuhen zufrieden gibt, die ihm "leicht genug" erscheinen, lassen sich Antonius und Michael vom Gehilfen Lubin, der hier als devoter Stiefelknecht agiert,[80] "Spielschuhe" verpassen – Michael begründet dies damit, dass er "alsbald" in seinen "Schuhen schwitze, dieweil sie gar groß seynd."[81]

Endlich kann das Match beginnen. Den Anfang bildet die Seitenwahl, bei der entschieden wird, welches Team – so die dem Ritterturnier entlehnte Terminologie – "drinnen" oder "draußen" spielt. "Drinnen" spielen die, welche das Tor (die Öffnungen der Galerie, frz. *dedans*) im Rücken haben. Sie besitzen gleichzeitig das Aufschlagrecht, dürfen, in der Sprache der Zeit, "**auß**schlagen" (Hervorhebung durch den Verf.).[82] Die Seitenwahl wird – wie im heutigen Tennisspiel – durch ein Herumwirbeln und Fallen-Lassen des Schlägers entschieden, wobei entweder die "rechte oder vnrechte [ungerade] Seite" nach oben gekehrt wird.[83] Die Rackets dieser Zeit waren so bespannt, dass die Quersaiten um die Längssaiten gewickelt wurden. Das führte dazu, dass eine Schlägerfläche relativ glatt, die andere mit Knoten (frz. *nœuds*, deutsch auch "Knöpfle") versehen, also rau war.[84] Nachdem die Seitenwahl entschieden ist, müssen sich die Spielpartner noch darüber einig werden, welche Spielposition ein jeder einzunehmen habe.[85] Michael ermahnt seinen Partner Nikolaus, nur ja auf das "Loch" [frz. *grille*, 'Git-

S. 202 f. In Frankreich kostete die gleiche Anzahl (die der Autor verschweigt; wahrscheinlich ein halbes Dutzend, vgl. ebd., S. [2]05: "Bringet vns ein halb dutzend ballen und Racheten.") nur 10 Stüber (Sous). Der Stüber entsprach dem Groschen (aus frz. *gros denier*, 'großer Pfennig') und dem frz. *Sou*.

69 Garnier, "Gemmulae", S. [2]05.

70 "Gemmulae", S. 208 f. *Trou* war im Gegensatz zur weiter unten erwähnten *grille* eine kleine Öffnung, die in der – vom Aufschläger aus gesehen – linken unteren [daher im lateinischen Text *cuniculus*, 'Kaninchenloch'] Ecke der Rückwand angebracht war. Ein Treffer in dieselbe trug den Verteidigern einen Verlustpunkt ein. Garnier differenziert in seinem deutschen Text zunächst nicht zwischen *trou* und *grille* und übersetzt beide mit *Loch*; später, "Gemmulae", S. 217, gibt er *grille* richtig mit Rost wieder.

71 "Habt acht vff ewer Loch. H. Bekuemmert euch nicht vmb mein loch/ aber sehet zu/ daß ihr ueber die Corda spielt." Ebd., S. 209.

72 *Avoir son reste* bedeutete im Frz. der Zeit offenbar 'verlieren', vgl. Garnier, "Dialogues en Cinq Langues", S. 221: "N. l'ay mon reste [...] Ich hab verspielt"; man vergleiche im Deutschen *jemandem den Rest geben*.

73 "Vostre raquette est percee, la balle passe au trauers", "Gemmulae", S. 208. "Dialogues", S. 221: "H. Ewer Racket ist verbrochen/ die Ballen fallen hindurch."

74 "Gemmulae", S. 212.

terfenster'] Acht zu geben, jener rät Michael, gefälligst vernünftig aufzuschlagen. Die *grille* war – im Unterschied zum *trou* – im Ballhaus eine Fensternische,[86] die auf halber Höhe in die rechte Seite der Rückwand – vom Aufschläger aus gesehen – eingelassen war. Ein Treffer in dieselbe bescherte der Gegenseite einen Punkt.

Bevor das eigentliche Spiel begann, konnte die aufschlagende Partei, wie erwähnt, einen Probeaufschlag reklamieren, der offenbar zur Erbauung der heiratsfähigen Damen unter den Zuschauern diente und folglich *une demoiselle* genannt wurde:[87]

> M[ichael]. Nein/wann es euch beliebet/wir wollen vnseren Damßellen ein Schlag erst zu gefallen thun.
> A[ntonius]. Das gebühret sich/sehet/da habt ihr ihn[.]

Das Bemerkenswerte an der französischen Entsprechung dieses Dialogteils ist der Ruf *tenez!*, den der Akteur Antonius seinem "Damßellen"-Schlag vorausschickt.[88] In ihm erblicken wir ein spätes Beispiel für den mittelalterlichen, ebenfalls aus dem Turnier ererbten Brauch, mit ihm einen Ballwechsel einzuleiten. Dieser Ruf hat dem heutigen Tennis seinen Namen gegeben.

Obwohl bei der Wahl eigentlich Michael und Nikolaus die Drinnen-Position und damit das Aufschlagrecht zugefallen ist, sehen wir unvermittelt Antonius beim Service,[89] bei dem es von Alters her galt, den Ball auf das Dach der Längsgalerie zu schicken. Von dort pflegte das Spielgerät in das Spielfeld des Gegners hinunterzusegeln. Auch Antonius schickt seinem ersten Ball ein *tenez!* voraus, aber sein Aufschlag scheint dem Gegner nicht zu behagen. Dieser wünscht nämlich einen Ball zu retournieren, der zuvor b e i d e Dächer, sowohl das der Längs- als auch das der Quergalerie, touchiert hätte.[90] Anders als im heutigen Real Tennis, dem Abkömmling des *Jeu de la Paume*, konnte von den Rückschlägern offenbar ein leicht zurück zu spielender Ball gewünscht werden.[91] Nikolaus tut seinem Gegenpart denn auch richtig diesen Gefallen, ja er ermutigt ihn sogar – sein nächstes Service ist an die Adresse von Heinrich gerichtet –, bei seinem Schlag auf das sog. *dedans* zu zielen, die Galerie in seinem Rücken, um so einen Gewinnpunkt zu ergattern:[92]

> A. Wie / wollet ihr daß ich außspiele.
> M. Ihr könnets besser / als ihr itzo thut.
> A. Ich sehe wohl ihr wollet daß ich über 2. dacher den ballen schlagen sollte.
> M. Ich were wohl zufrieden.
> A. Ich glaubs euch wohl / schweret nicht / zu euch H. spielet steiff / vnd ziehet ihn nach der gallery.

Bald steht das Spiel bei 15:0 für die Rückschläger, und Nikolaus, dem seine Rolle offenbar nicht gefällt, will zwei Schassen vorlegen, um einen Seitenwechsel zu erzwingen.[93] Aufschläger Antonius besteht aber auf "beide fünfzehn",[94] angeblich, weil sein Service das Loch getroffen habe. Es entspinnt sich ein Streit über die Frage, ob das Loch beim Service anvisiert werden dürfe oder nicht. Die Frage wird, wie in dieser Zeit in allen strittigen Fällen üblich, durch eine Umfrage bei den Zuschauern entschieden. Deren Durchführung obliegt dem Markierer Lupin. Die Zuschauer halten den Spielstand von "beide fünfzehn" für richtig und sind der Meinung, Michael und sein Partner hätten

75 Ebd., S. 221.
76 Vgl. "Dialogues", S. 233.
77 Ebd.: "Haltet nicht darfür/ daß ich die ärgesten wolle außsuchen/ suchet auch auß/ ich will es euch nicht verhinderen."
78 Vgl. "Dialogues", S. 239: "M[ichael]. Die Handhab an meiner Racket ist gar zu klein." *Handhabe* aus ahd. *ant-haba*, eigtl. 'Gegengriff', vgl. Friedrich Kluge: Etymologisches Wörterbuch der deutschen Sprache, 22. Aufl. [neu bearbeitet von Elmar Seebold], Berlin 1989, S. 291, s. v.
79 "Dialogues", S. 235.
80 "Auffmercker komm her/ ziehe mir die Schuhe an", "Dialogues", S. 235.
81 Ebd.
82 Ebd., S. 237 f.: "N. Ja/ aber lasst vns sehen/ welche darinn oder darauß sollen seyn. [...] A. Welcher vnter vns beiden soll außschlagen Herr Heinr.?"
83 Ebd.: "A. [...] Que prenez vous? Les droits, ou les nœuds? [...] was wollet ihr/ die rechte oder vnrechte Seite."
84 Man vergleiche im älteren Englischen *rough or smooth?*
85 So erkundigt sich Anton bei seinem Partner Heinrich, ob ein jeder seinen Platz [eigtl. 'Ecke'] einhalten solle, "Dialogues", S. 239: "A. Voulez vous, que nous tenions chascun nostre coin?" Deutsch: "Wollet ihr/ daß wir ein jeglicher sein Art halte/ mein Herr Heinr.?" Hier könnte *Art* ein Druckfehler für *Ort* sein, leider liegt dem Verfasser die entsprechende Stelle in den "Gemmulae" nicht vor.
86 Die *grille* ist möglicherweise eine Reminiszenz an das vergitterte Klos-

"das loch besser vertheidigen vnd defendiren sollen",[95] auch wenn deswegen keine spezielle Vereinbarung getroffen worden sei.

Im weiteren Verlauf des Spieles führt Garnier zunächst ein Paradebeispiel für den häufigen Fall an, dass zwei Schassen[96] – eine große und eine kleine – zu Buche stehen, worauf die Kontrahenten einen Seitenwechsel vorzunehmen haben:[97]

M. [...] merck den *Casum* vffmercker
A. Du merckst ihn zu hohe.
L. Verzeihet mir Herr / er ist wohl da.
N. Nun wohlan herr / last vns noch einen machen zu diesem.
M. [...] sehet zwey Caß: last vns vmbwenden.

Es folgt ein typisches Beispiel dafür, dass es beim Tennis dieser Zeit nicht eben einfach war, bei dessen komplizierter Zählweise den Spielstand nach zu halten.[98] Schließlich einigt man sich offenbar auf einen Punktestand von 30:45,[99] welcher der Partei Heinrichs, die gleichzeitig eine lange Schasse besitzt, eine einmalige Chance zum Spielgewinn eröffnet. Dem macht aber der Gegner durch einen Treffer in die *grille* (deutsch *Rost*), der ihm den Einstand beschert, einen Strich durch die Rechnung. "O wie ein trefflichen *Casum* haben wir hie verspielet",[100] hört man daraufhin Heinrich jammern. Die französische Entsprechung für Einstand ist "A deux".[101] Der Ausdruck bedeutet, dass die beiden Paare durch zwei weitere Punkte vom Spielgewinn getrennt sind.[102]

Die noch fehlenden Punkte können erneut durch den Gewinn zweier Schassen erkämpft werden. Deren erste, wiederum kurze glaubt Antonius durch einen meisterlichen Schlag gewonnen zu haben, aber Michael, sein Gegner, hält ihn für ungültig, da er seiner Meinung nach unter der Netzschnur hindurch gesegelt sei. Lupin aber, der Markierer, gibt wiederum die Meinung des Publikums wieder, das ihn korrigiert: "man sagt er hab an der Corden angeschlagen."[103] Die zweite, lange Schasse wird ebenfalls eine Beute der Antonius-Partei, weil sich Nikolaus und Michael – nach dem Motto: Nimm du ihn, ich hab ihn auch nicht! – nicht einig waren, wer denn sich des Balles annehmen sollte:[104]

N. Last vns den Casum gewinnen / herr anders verspielen wir diese Partey.
M. Ihr sehet / daß ich hie thue was ich kann / laufft herr es ist an euch.
N. Ich wartete vff euch / vnd vnder dessen ist er hie geblieben.

Nun, da Antonius und Heinrich sich das erste Spiel gesichert haben, wollen sie um einen Einsatz spielen. Die Frage ist, spielt man um die – zu erwartende – Zeche oder um Geld (Abb. 161). Man entscheidet sich für ein Spiel um Geld: Der Einsatz soll ein *écu* oder, nach deutscher Währung eine Krone,[105] betragen, dies für zwei Partien oder, nach heutigem Sprachgebrauch, für zwei Sätze.[106] Im Zeitalter immenser Preisgelder bei den Profiturnieren dieser Welt interessiert hier natürlich die Frage, was die Verlierer in diesem Falle zu berappen gehabt hätten. Als am Ende der Partie der Markierer Lubin seine Rechnung aufmacht, stehen für einen Schoppen Wein zwei Batzen und für eine Maß Bier 6 Pfennige zu Buche.[107] Nach dem Kurswert der Straßburger Münzen in der Krünitzschen *Oeconomischen Encyclopädie* aus dem frühen 19. Jahrhundert hätten sich

terfenster, vermittels dessen die Klosterinsassen mit der Außenwelt kommunizieren konnten.

87 "Dialogues", S. 239. Ein synomymer Ausdruck war im Frz. *pour néant*, 'um nichts'; für das eigentliche Wettspiel um einen Geldeinsatz galt entsprechend *sans pour néant*, 'ohne um nichts', vgl. die "Gemmulae", S. 226: "A. Voulons nous iouer sans pour neant, ou auec pour neant?"

88 Ebd., "Tenez les [les demoiselles] voilà."

89 "Dialogues", S. 241.

90 Die "Gemmulae", S. 228, liefern im Gegensatz zu den "Dialogues" für *toits*, 'Dächer', den im Argot [Fachsprachen-Slang im Frz.] der Paume-Spieler offenbar gleichbedeutenden Ausdruck *bardeaux* (pl.), wörtlich 'Schindeln'; dies ist zugleich der bislang einzige Hinweis, wie die Oberfläche der Ballhausdächer gefertigt war.

91 Im englischen Real Tennis, der Fortsetzung des mittelalterlichen *Jeu de la Paume*, gehören unretournierbare Services, bei denen der Ball entweder in unmittelbarer Nähe der Seiten- (*railroad serve*) oder Rückwand (*sidewall serve*) hinunterfällt, zum Repertoire. Siehe hierzu des Verfassers Eintrag "Real Tennis", in: David Levinson und Karen Christensen (Hrsg.): Encyclopedia of World Sport, 3. Bde., Santa Barbara, California 1996, hier Bd. 3, S. 1031, sowie ausführlich Noel und Clark (s. Anm. 34), S. 394–403, Chapter IV.

92 Vgl. "Gemmulae", S. 229. Hier bedeutet *schweret nicht* 'schwört, flucht nicht', *spielet steiff*

Abb. 161, Kat.-Nr. 59

die Gewinner von ihrem Preisgeld gute elf Schoppen Wein und nicht weniger als 60 (in Worten sechzig) Maß Bier genehmigen können![108]

Nach den Regeln der Zeit wurde die Börse unter der Netzschnur deponiert, Spieler Michael will dies beim Seitenwechsel bewerkstelligen.[109] Dem Gewinner der Partien wird das Recht eingeräumt, anschließend in eine Revanche einzuwilligen oder eine solche zu versagen.[110] Bei den vorauf gegangenen Partien sind die Akteure offenbar so in Schweiß geraten, dass Antonius nun, da es ernst wird, nach einem Nasstuch (frz. *frottoir*), Nikolaus gar nach einem "Salvetlein"[111] für sein Haupt verlangt, das der Aufmerker obendrein noch aufzuwärmen hat. Der französische Text verrät, dass es sich bei letzterem tatsächlich um ein Mützchen handelt[112] – ein Requisit, das, wie wir auch aus anderen Quellen wissen, den Paume-Spielern der Zeit unentbehrlich schien. Die Meisterspieler der oben abgebildeten Fayencen posieren in ihm ebenso wie die Protagonisten aus dem Album des Albrecht Ernst von Oettingen.

Bevor es nun weitergeht, passiert im Straßburger Ballhaus etwas vor dem Spiel, was heutzutage eher danach geschieht: Antonius nimmt "ein gute Maß wein" zur Brust, während sich unser Freund Michael "ein Maß bier" genehmigt, denn er will "lieber bier als wein drincken [...] dieweil es itzt gar heiß wetter ist / vnd [er] sehr schwitze."[113] Solchermaßen beschwingt spielen die Herren weiter.

Im weiteren Verlauf des Spiels rät Antonius zu einem Volley, für den es im Deutschen dieser Zeit noch keinen Ausdruck zu geben scheint, denn er sagt: "nembt ihn in der lufft." Grund sind offenbar die unebenen Fliesen der Straßburger Ballhäuser, die kei-

'spielt wacker, mutig'. Lästerliches Fluchen wird im zeitgenössischen Tennis stets als Unsitte gebrandmarkt.

93 Der frz. Text sagt, korrekt: "faisons deux chasses pour sortir d'icy", 'lasst uns zwei Schassen machen, um von hier fort zu kommen', "Gemmulae", S. 228, der deutsche Text, ebd., S. 229, lautet: "[...] last vns zwei Schaß machen/ damit wir hinauß kommen." Hier ist *hinaus* falsch, denn die Rückschläger stehen ja *draußen*. Im Übrigen wird hier zum ersten Mal im deutschen Text das Wort *Schass*(e) verwendet, mit dem der Autor oder sein Drucker ansonsten ihre Schwierigkeiten haben, vgl. "Gemmulae", S. 233: "Last vns ein Casum machen"; "Dialogues", S. 245: "Laßt vns ein Caß machen". "Gemmulae", S. 327: "Wo ist der Casus vffmercker." Es kann sein, dass bei der Verwendung des lat. *casus* nicht an frz. *chasse*, 'Treiben', 'Jagen', sondern an den zweiten Fall [des Balles] gedacht ist.

94 Das hier verwendete Zahlwort *quinzains*, "Gemmulae", S. 228, ist das noch heute beim Tennis in Frankreich übliche.

95 "Gemmulae", S. 231.

96 Der Übersetzer ignoriert die Tatsache, dass frz. *chasse* ein Femininum ist und verwendet eine lat. maskuline Endung und im Deutschen den männlichen Artikel.

97 "Gemmulae", S. 233–235.

98 Ebd., S. 235–237. Im ausgehenden 19. Jahrhundert herrschte bei den (männlichen) Experten des aufstrebenden

nen regulären Ballsprung gewährleisten.[114] Als Antonius eine lange Schasse gewonnen zu haben wähnt und triumphierend "Dreissig jhr herren" ruft, protestiert Michael heftig. Er habe die Schasse um mehr als anderthalb Kacheln gewonnen[115] – die quadratischen Fliesen des Ballhausbodens dienten zur genauen Bestimmung des zweiten Ballsprungs.

Nachdem Antonius und Heinrich nach Gewinn einer langen Schasse fünfundvierzig und somit den Spielball erreicht haben, fehlt ihnen nur noch die Eroberung einer kurzen Schasse zum Gewinn des dritten Spiels. Damit dies gelingt, bedient sich Antonius einer Servicevariante, die von seinem Gegenüber Michael als geradezu boshaft gescholten wird. Antonius gibt zu, dass es das gemeinste Service sei, dessen er fähig ist, und Michaels Partner Nikolaus erklärt, warum: Antonius serviere stets zu schnell, noch bevor er für die Annahme des Balles zur Stelle wäre. Heinrich, des Antonius Partner, entschuldigt sich für diesen. Den Punktgewinn zurücknehmend – dies ein frühes Beispiel für *fair play* –, erkundigt er sich höflich, ob die Gegenpartei jetzt in Position sei. Michael bejaht, wünscht aber eine Atempause, Gelegenheit für beide Parteien, Frotteetücher, Bier und Wein nachzuordern.[116]

Über der Getränkepause hat Nikolaus offenbar den für ihn und seinen Partner Michael gefährlichen Spielstand verdrängt oder "vergessen", wie er sagt, und Gegner Antonius muss ihm auf die Sprünge helfen:[117] "So habt ihr denn ein kurtz Memori / wir haben 45 vnd ihr 30 vnd einen Chaß." Antonius hat also Spielball (frz. *coup de partie*)[118] und gewinnt die Schasse, weil sich Michael und Nikolaus auf der anderen Seite in der Kernfrage eines jeden Doppelspiels nicht einig sind, wer den Ball hätte nehmen sollen: "M. Hey herr / was habt ihr gemacht / wann jhr mir jhn hett zukommen lassen / ich hette jhn hüpsch können empfahen."[119]

Eine Partie (ein Satz) besteht hier offenbar aus vier Spielen. Beim Stand von "Drey spiel gegen eins" schwant Michael schon deren endgültiger Verlust, will Partner Nikolaus das letzte Spiel gar schmeißen, um im "anderen",[120] dem zweiten Satz sein Glück zu versuchen:[121]

> N. Last vns lustig seyn herr / wir haben noch nicht verlohren.
> M. Nein / aber ich sehe wohl / sie werden die erste Party haben.
> N. Ich wollte daß sie sie schon hetten / damit wir ein andere anfingen.

Gleichwohl versucht Nikolaus, die Niederlage durch eine Verzögerungstaktik hinauszuschieben. Seine Bespannung ist gerissen, und der Bespannservice in Gestalt des Gehilfen Lubin wird beauftragt, das Spielgerät möglichst rasch wieder herzurichten, dieweil sich Nikolaus mit einem Ersatzracket behilft. Kaum dass Antonius und Heinrich den ersten Ballwechsel für sich entschieden und eine treffliche Schasse vorgelegt haben, ist Lubin mit dem reparierten Schläger auch schon zurück, worauf ihm ein Lob zuteil wird. Nikolaus: "[...] du bist ein guter gesell."[122]

Durch Gewinn zweier weiterer Schassen hat die Antonius-Partei bald wieder die ominösen 45 und somit den Satzball erreicht. Nunmehr wählt Nikolaus eine Verzögerungstaktik, um die drohende Niederlage zu verhindern. Er scheint unter Sehschwierigkeiten zu leiden und verlangt vom Aufschläger einen weißen Ball – im Ballhaus waren aus Gründen einer besseren Sicht die Wände schwarz,[123] die Bälle weiß eingefärbt. Gegner Antonius hatte offenbar mit einem allzu angeschwärzten Spielgerät

Rasentennis sogar die Meinung vor, das weibliche Hirn sei dieser Zählweise nicht gewachsen, vgl. des Verfassers, Tennis. A Cultural History (s. Anm. 6), S. 202.

99 "Gemmulae", S. 235.

100 "Gemmulae", S. 237.

101 Ebd., S. 236.

102 Eine sog. Ellipse des Ausdrucks *être à deux points du jeu*, 'vom Spiel zwei Punkte [entfernt] sein'. Daraus verballhornt das heutige englische *deuce*, 'Einstand'.

103 "Gemmulae", S. 241.

104 Ebd.

105 Hier wohl der *écu d'argent*, eine Silbermünze mit der Untereinheit von 60 *sols* (*sous*); denkbar ist, dass der *écu* die Grundlage für die Tenniszählweise nach Fünfzehnerpunkten bildete (15, 30, 45 – auch die Garnierdialoge arbeiten noch mit dieser, später auf glatte 40 reduzierten Punktzahl, Spiel), vgl. des Verfassers, Tennis. A Cultural History (s. Anm. 6), S. 120–125. Nach der Oeconomischen Encyclopädie (1773–1858), Bd. 175, erschienen 1840, S. 337, von Johann Georg Krünitz stand der Straßburger *écu* (= Taler) im Wert von 22 ½ Batzen (eine Münzeinheit der Schweiz) und 360 Pfennigen, vgl. den Eintrag "Straßburger Münzen" in der Online-Ausgabe <http://www.kruenitz1.uni-trier.de/xxx/s/ks35663.htm> 24. September 2007.

106 Wie sich am Ende herausstellt, gilt diese Wette für das heutige *best of three*: es siegen nämlich Antonius und

serviert.[124] Antonius willfährt seinem Wunsch, aber es zeigt sich, dass die Misserfolge der Nikolaus-Mannschaft nicht durch unzureichendes Sehvermögen, sondern durch schlechte Laufarbeit ihre Erklärung finden. "Lauffet", fordert Michael seinen Partner auf, "nemmet ihn im flug / den der Casus wirdt sonst zweiffelhaftig seyn."[125] (Gemeint ist, der Ball – lat. *casus*, 'Fall' – wird verspringen.) Nikolaus rennt, aber verpatzt seinen Schlag dennoch: "N. Ey wie hab ich da so ein übelen schlag gethan." Offenbar ist er überhastet in den Ball hineingelaufen, weshalb ihn sein Partner diese Rüge erteilt: "[...] man muß lauffen mit bescheidenheit."[126] Mit seines Partners Fehlschlag ist die erste Partie gleichwohl verloren.

Nun aber wendet sich das Schlachtenglück. Nachdem Michael und Nikolaus nach mehrfachem Einstand das erste Spiel gewonnen haben, zeigen ihre Gegner erste Ermüdungserscheinungen, sind es auf einmal sie, die eben noch ihre Gegner verspottet haben, die man hinter den Bällen herhecheln lässt:[127]

> H. Ihr seydt ein rechter spotter im spiel / wenn ihr den ballen hüpsch habet zu spielen / vnd nu hat sich das glück gewent.
>
> A. Lustig / lustig herr.
>
> M. Ha ha herr / wenn jhr mir glauben wolt / so sollen sie vnser seyn.
>
> N. Das ewill ich gern sehen / denn mich bedünckt / daß sie gemüth verlieren / lasst vns machen / daß sie nun viel lauffen mögen.

Nach Verlust der Partie hat Antonius mit einem Male gänzlich die Lust verloren, schlägt sein Partner Heinrich vor, die Entscheidung auf den nächsten Tag zu verschieben, weil er nichts mehr sehen könne. Das sei eine faule Ausrede, wendet Michael ein: Man könne noch volle zwei Stunden bei Tageslicht spielen.[128] Dies muss Heinrich zwar zugeben, aber nun ist er plötzlich von einer solchen Müdigkeit befallen, dass er behauptet, sich nicht mehr auf den Beinen halten zu können.[129] Als alle Einwände nicht fruchten, lassen sich Antonius und Heinrich zur Wiederaufnahme der Partie überreden und wie durch ein Wunder gewinnen sie den entscheidenden Satz glatt. Ihrem Gegner Michael bleibt nur noch die resignierende Feststellung, dass ihm und Nikolaus "das glück gar zu entgegen" gewesen sei.[130]

Jetzt, nachdem die Schlacht geschlagen, hat Lubin, der Aufmerker, den Herren Spielern einen letzten Dienst zu erweisen. Er muss ihnen ein Bündel Holz anfachen, um am Feuer neue Nasstücher (frz. *frottoirs*) anzuwärmen und Heinrichs durchgeschwitztes Hemd zu trocknen – dieser hatte vergessen, ein frisches mitzuführen, und nun sei der Weg zu seiner Wohnung "zu weit von hinnen".[131] Schließlich hat Lubin die Endabrechnung für der Herren Spielvergnügen aufzumachen. Sie enthält die Summe für unglaubliche sechs Dutzend verspielter Bälle und lautet im Einzelnen:[132]

> Es sint 6. dutzend ballen / zu 6. batzen das dutzt / ein Maß wein vor drithalben [= 2 und ½] batzen / ein Maß bier vor 6. pfenning / zwey brodt / vnd vier bündel holtz / ein bündel vor zwen batzen / vnd noch zwey par spiel Schue / [...].

Nikolaus begleicht im Namen der Verlierer die Rechnung mit einer Goldmünze, einem Dukaten im Wert von 35 Batzen, und den Übertrag in kleiner Münze ("sehet da habt jhr den Ducat vnd das ander vollends darauff"), hat aber offensichtlich vergessen, den guten Lubin für seine Dienste zu entlohnen. Antonius erinnert ihn daran, dass man so

---

Heinrich mit 2:1 Partien (Sätzen) zu je vier Spielen.

107 Vgl. "Gemmulae", S. 268 f.

108 In der letzten Ausgabe der "Dialogues", S. 288 f., hat sich nur der Wein um einen halben Batzen verteuert, eine erträgliche Inflationsrate innerhalb von rund fünfzig Jahren. Der Preis für das Bier ist bei unvorstellbar niedrigen sechs Pfennigen stehen geblieben.

109 Ebd., S. 242 f.

110 Ebd.

111 Dieses überaus seltene Wort ist in der Bedeutung 'Gerättuch zum Säubern des Tafelgeräts' aus dem Jahre 1611 überliefert. In diesem Jahr bestand am sächsischen Hof das Tafellinnen aus "27 damastenen und 10 zwillichenen tafeltüchern, herrenquehlen, geräthtüchern, gemeinen tüchern und salvetlein." Aus dem Leipziger Tageblatt vom 13. April 1890, vgl. <http://germazope.uni-trier.de/Projects/WBB/woerterbuecher/dwb/selectarticles?lemid=GG08321> 20. Oktober 2005.

112 Die "Gemmulae", S. 242, führen den Ausdruck *couvre-chef*, die "Dialogues", S. 259, die Variante *bonnet*.

113 "Gemmulae", S. 245.

114 Ebd., S. 244 f.: "prenez la volee, car elle vous fera faux bond [wörtlich: 'falscher Sprung'] [...] er moecht euch sonst im fallen nicht zu theil werden." Auch für *faux bond* gibt es keine Entsprechung.

115 Ebd., S. 248 f.: "c'est nous qui l'auons gaignee de plus d'vn carreau

gespielt habe, "daß wer verlieren würde / [...] alles bezahlen" sollte. Also steuern sowohl Nikolaus als auch Michael noch je zwei Batzen bei. Lubin bedankt sich artig, und er und sein Meister Theophil verabschieden ihre Gäste mit einem wohlmeinenden "Behüt euch Gott".[133]

Garniers Dialoge erlebten ihre zahlreichen Neuauflagen in der ersten Hälfte des 17. Jahrhunderts und stellten in einem geradezu buchstäblichen Sinne durch "mündliche Überlieferung" (so Marcel Mauss)[134] das Fortleben der Körpertechnik des *Jeu de la Paume* sicher. Die Zeit nach 1650 sah den allmählichen Verfall dieser Spielkultur. Sichtbar wird dies am deutlichsten in der Umwandlung der bestehenden Ballhäuser in Theatersäle. Typisch ist das Schicksal des Stuttgarter Ballhauses, das uns im Vorigen beschäftigte. Im 18. Jahrhundert wird es, neben seltener werdenden *Jeu de la Paume*-Partien, zum Austragungsort für Billard und andere Spiele, zu denen Kaffee und Tee gereicht werden. 1762 droht wegen "ausgewichener Sparren" gar der Einsturz des Dachstuhls, weshalb der herzogliche Ballmeister Philipp Friedrich Printz "untertänigst" darum bittet, "daß die nötige Reparatur dekretiert werde"; wenige Jahre später, 1782, wird das Ballhaus schließlich abgerissen.[135]

Zu Beginn des 19. Jahrhunderts ist das alte *Jeu de la Paume* hierzulande nahezu unbekannt. August Wilhelm Schlegel und Ludwig Tieck in ihrer Übersetzung von Shakespeares "Heinrich V." halten das in einer Tonne überreichte Geschenk des Dauphin in der berühmten Tennisepisode dieses Historienstücks offenbar ohne Bedenken für "Federbälle".[136] Weichlichkeit und Luxus, heißt es etwa um die gleiche Zeit (1811) in einem Werk zur "Belehrung und Unterhaltung für die Jugend" hätten in Europa die Oberhand gewonnen, und das Ballspiel, so wichtig es auch für die Gesundheit der Menschen sei, habe man "nach und nach so sehr vernachläsiget, daß sich jetzt nur noch kleine Knaben zur bloßen Belustigung, oder bloß zum Zeitvertreibe" damit beschäftigten, und sich "Knaben von 12 bis 15 Jahren schon desselben fast" schämten.[137] Dann ruft der Verfasser – wohl ein letztes Mal hierzulande – in Erinnerung, was bei Garniers Dialogen in vielen Sprachen dargelegt wurde: wie man nämlich zum *Jeu de la Paume* ausgerüstet sein müsse und welcher Prozedur man sich nach einem Match zu unterziehen habe:[138]

> Man legt, man spiel nun auf die eine oder andere Weise [entweder einfach nur pelotieren/ballotieren oder Partie spielen = Wettkampf, H.G.], seine gewöhnliche Kleidung gemeiniglich ab, und erhält von dem Ballmeister eine leichtere Kleidung, eine Mütze [!] und Fechterschuhe. Nach dem Spiele lässet man sich von einem Markör in einem obern Zimmer nackend reiben und abtrocknen [waschen verboten, man hatte ja inzwischen das Parfüm erfunden! H.G.], und legt seine gewöhnliche Kleidung wieder an. Ehedem geschah das Abreiben in eignen dazu bestimmten Betten; weil aber viele, die sich allzu sehr erhitzet hatten, nach dem Reiben einschliefen, und nicht wieder erwachten, so schaffte man diese Betten an den meisten Orten ab.

Die diesen Worten beigefügte Illustration (Abb. 162) eines Tenniscourts macht jedoch deutlich, dass der unbekannte Autor das Spiel allenfalls vom Hörensagen kannte. Die Unmöglichkeit, über ein derart kolossales Netz ein gepflegtes *Jeu de la Paume* aufzuziehen, dürfte allerdings nicht der alleinige Grund gewesen sein, weshalb unser Spiel im deutschen Vaterland keine Zukunft hatte.

Et demi [...] wir haben die Schaß gewunnen / mehr als auff annerhalb merck." Im heutigen Real Tennis haben *yard*-Linien die Funktion der Kacheln übernommen.

116 Ebd., S. 250–253.

117 Ebd., S. 253.

118 Ebd., S. 252; keine Entsprechung im Deutschen.

119 Ebd., S. 255.

120 Der *andere* Satz bedeutete in dieser Zeit der zweite; diese Bedeutung ist im Deutschen in *anderthalb* erhalten geblieben, d.i. der andere/zweite zur Hälfte.

121 Ebd.

122 Ebd., S. 256f. Frz: "Vah! tu es bon compagnon."

123 Vgl. hierzu des Verfassers, Tennis. A Cultural History (s. Anm. 6), S. 38.

124 Vgl. "Gemmulae", S. 257: "Gebet mir ein weißen ballen / dieser ist gar schwartz."

125 Ebd., S. 258: "M. Corez, monsieur, prenez la volée, car celle [balle] fera faux bond."

126 Ebd., S. 259. *Bescheidenheit* übersetzt hier das französische *discrétion*. Abgeleitet von lat. *discretio* (zu *discerno*, 'trennen', 'unterscheiden') bedeutet es in dieser Zeit soviel wie 'kluge Mäßigung', vgl. hierzu allgemein des Verfassers: Discrecioun. Chaucer und die Via Regia, Bonn 1972 (Studien zur englischen Literatur, Bd. 8), S. 8–12 (Kapitel III).

127 Vgl. "Gemmulae", S. 263.

128 Ebd., S. 265: "O diese entschuldigungen gelten nicht viel / denn wir haben noch wohl zwo stundt Tag zu spielen."

Abb. 162: So stellte man sich in Deutschland zu Beginn des 19. Jahrhunderts das alte Tennisspiel vor: Das Netz hatte die Ausmaße eines heutigen Volleyballnetzes. Es fehlen die für das Spiel so notwendigen Galerien. Abbildung aus dem einzigen bekannten Exemplar der *Historischen Darstellung aller Künste und Handwerke* im Besitz von The Hon. Dr. Michael Wooldridge, Box Hill, Vic., Australien.

129 Ebd.: "Ich muß zwar solches bekennen / aber ich bin so müde / daß ich nicht mehr stehen kann."

130 Ebd., S. 267.

131 Ebd., S. 269.

132 Ebd.

133 Ebd., S. 275.

134 Vgl. Mauss (s. Anm. 1), S. 205.

135 Vgl. Gugenhan (s. Anm. 18), S. 99.

136 Vgl. Wilhelm Oechelhäuser (Hrsg.): W. Shaekespeare's dramatische Werke, Stuttgart 1891, S. 112, 1. Aufzug, 2. Szene.

137 Vgl. Historische Darstellung aller Künste und Handwerke, S. 114.

138 Ebd., S. 145.

Oronzio de Bernardi und die Neubegründung der Schwimmkunst im 18. Jahrhundert

Rebekka von Mallinckrodt

Im Sommer des Jahres 1792 konnte man im Golf von Neapel ein seltsames Spektakel beobachten:

> "Mehrere hundert Personen von verschiedenem Alter, Temperament und körperlicher Beschaffenheit warfen sich tagtäglich vor seinem [d. h. des Generalmajors der königlichen Marine, Don Bartolomeo Forteguerri, R.v.M.] aufmerksamen und prüfenden Blick ins Meer, und alle bewiesen ihm, daß sie die Fähigkeit zu schwimmen und dabey mit dem ganzen Kopfe aus dem Wasser hervorzuragen, und frey zu athmen, von Natur besäßen. Gleichwohl verlangte er noch alte erfahrene Matrosen; er verlangte junge Anfänger, die im Schwimmen noch ungeübt und noch nicht gegen das Wasser abgehärtet wären. Er erhielt sie, und alle gaben ihm durch die That den Beweis von ihrer natürlichen Fähigkeit zu schwimmen. Ohnerachtet er schon vollkommen überzeugt war, so wünschte er doch auch eine Probe mit Personen von Erziehung, von Einsicht und von Ansehen zu machen. Ohne Rücksicht auf seine eigene Ueberzeugung und auf die Klarheit der redenden Thatsachen, verlangte er von diesen nicht blos einen eigenen schriftlichen Bericht über den Hauptpunkt, die spezifische Leichtigkeit des menschlichen Körpers in Vergleich mit dem Wasser, sondern zugleich auch ihr Urtheil über die Vortheile, welche das neue Schwimmsystem der Menschheit brächte. Er erhielt alles, was er wünschte, und faßte darüber ein förmliches Protokoll ab [...]. Nicht zufrieden damit, übertrug er noch die Prüfung meiner Entdeckung, Kraft des ihm vom Könige ertheilten Auftrages, den bey der Militär-Akademie Della Nunziatella in Neapel angestellten Lehrern, und verlangte von ihnen, daß sie auf die Versuche selbst Rücksicht nehmen, und alsdann ihr Gutachten darüber einberichten möchten. Nun giengen also die Untersuchungen von neuem an, und zwar unter den Augen so berühmter und einsichtsvoller Gelehrten [sic]. Die Versuche wurden im Meere selbst wiederholt, und – ein merkwürdiger Umstand – drey von den Professoren selbst warfen sich dreust in das Meer, und bestätigten durch sich selbst die Wahrheit von dem, was ich im Wasser gethan habe. Endlich da alles nach genauer Prüfung dieser geschickten Physiker richtig befunden worden war, so erklärten sie sich gegen den Generalmajor der Marine [...]",[1]

der ihre Ergebnisse folgendermaßen zusammenfasste: "Der menschliche Körper schwimmt im Wasser, ohne im geringsten durch eine Bewegung unterstützt zu werden, blos von selbst. Und sind die Bewegungen, die er macht, den Gesetzen der Schwimmkunst gemäß, so kann er nicht ertrinken."[2]

Der Autor, der hier berichtet, war Oronzio de Bernardi (1735–1806), italienischer Kanoniker und Mathematiker, der während eines Kuraufenthaltes am Meer zu seinem eigenen Erstaunen festgestellt hatte, dass sein Körper ohne weitere Bewegungen oder Hilfsmittel auf dem Wasser treiben konnte. Zwölf Jahre lang nahm er nach eigenen Angaben weitere Versuche vor,[3] bevor er mit seiner Entdeckung an die Öffentlichkeit ging: "Auf diese Art ist es gekommen, daß ich, als ein Geistlicher, ein Buch über die Schwimmkunst geschrieben habe."[4]

1 Oronzio de Bernardi: Vollständiger Lehrbegriff der Schwimmkunst auf neue Versuche über die spezifische Schwere des menschlichen Körpers gegründet. Aus dem Italienischen übersetzt und mit Anmerkungen begleitet von Friedrich Kries, Professor an dem Gymnasium zu Gotha, 2 Bde. Weimar 1797, hier Bd. I, S. 48f. [Italienische OA: Oronzio de Bernardi, L'uomo galleggiante o sia L'arte ragionata del nuoto, Neapel 1794, 2 Bde.].

2 Ebd., Bericht des königlichen Commissarius Forteguerri an den Minister und Direktor der königlichen Marine über die Versuche wegen der neuen Methode zu schwimmen, Bd. I, S. 53–58, hier S. 54.

3 Ebd., Vorrede des Übersetzers [Friedrich Kries], Bd. I, S. XIII und Vorrede des Verfassers, S. XIX.

4 Ebd., Vorrede des Verfassers, Bd. I, S. XX.

Bernardis These, dass der Mensch leichter als Wasser sei, hält der aufwendig durchgeführten öffentlichen Überprüfung stand. Kaum glaubwürdig erscheint hingegen, dass man sich in Italien erst 1792 dem kühlen Nass anvertraute. Zu zahlreich sind die Zeugnisse, die von Schwimmpraktiken im frühneuzeitlichen Italien berichten: So stellt Tomaso Garzoni (1549–1589) bereits 1585 fest: "In unserer Zeit tragen in Italien sowohl die Venezianer als auch die Genovesen den Sieg im Schwimmen davon, obgleich es an allen Meeresstränden und selbst an den Flüssen viele andere Leute gibt, die sich bemühen, ihnen gleichzukommen."[5] Reisende auf der Grand Tour berichten im 18. Jahrhundert regelmäßig über italienische Schwimmer, denen sie – befreit von heimischen Konventionen – nacheiferten: So Patrick Brydone 1770 in Neapel: "Wir treffen uns jeden Morgen um acht Uhr, und nachdem wir etwa eine halbe Meile aufs Meer hinausgefahren sind, entkleiden wir uns, um zu baden ... Milord hat zehn Matrosen angeheuert, die regelrechte Amphibientiere sind, da sie die Hälfte des Sommers im Wasser leben." Sie wachen über die Badenden und tauchen vierzig bis fünfzig Fuß in die Tiefe um Muscheln zu sammeln. "Damit wir uns daran gewöhnen, bei jeder Gelegenheit zu schwimmen, hat Milord einen Anzug gekauft, den wir reihum tragen", fügt Brydone hinzu. "Wir haben auch gelernt, uns im Wasser auszuziehen", was im Fall eines Schiffbruchs nützlich sein könnte. In der Gegend von Syrakus gesteht der Reisende: "Wir haben einen sehr angenehmen Ort zum Baden entdeckt; die Suche nach solchen Plätzen ist uns immer sehr wichtig, weil das Schwimmen zu den schönsten Vergnügungen unserer Expedition gehört."[6] Ebenso berichtet Tischbein an Goethe, der selbst schwimmen konnte, 1787: "Nach Tische schwammen ein Dutzend Jungen in dem Meere, das war schön anzusehen."[7] Bernardi selbst verweist in seinem zweibändigen Werk auf gängige Schwimmpraktiken:

> "Der Gebrauch von Binsen, von Blasen, von ledernen Schläuchen, von hohlen Kürbissen, von Flaschen, ingleichen von Bimstein und von Korkholz ist fast so alt, als der Mensch selbst. Die alte und neue Geschichte giebt uns unbezweifelte Zeugnisse davon. Ja man laße die entfernten Gegenden und richte seinen Blick nur auf unsere Ufer und Küsten, so wird man noch heutiges Tages häufig einen Vorrath von solchen Werkzeugen finden, die dazu dienen, diejenigen, welche die Schwimmkunst lernen wollen, über dem Wasser zu erhalten."[8]

1. *Praktiken und Diskurse*

Warum aber fühlte sich Bernardi bemüßigt, eine Praxis experimentell zu erproben, die im alltäglichen Gebrauch anscheinend gar keiner Grundlegung bedurfte? Bernardi argumentierte, dass bis zum damaligen Zeitpunkt die Schwimmkunst – selbst unter Matrosen – nicht nur zu wenig verbreitet gewesen sei, sondern auch auf falschen theoretischen Annahmen beruht habe:

> "Es ist unleugbar, daß Europa ein entschiedenes Übergewicht über alle andern Länder der Erde, sowohl in Ansehung der Größe seiner Macht, als der Kenntniß im Seewesen, in der Kriegskunst und im Handel hat; eben dieses Europa aber steht in der Kunst zu schwimmen nicht nur allen barbarischen Nationen nach, sondern ist in einem so hohen Grade unwissend darin, daß es einen tödtlichen

5 Tomaso Garzoni: La Piazza universale di tutte le professioni del mondo, hrsg. von Paolo Cherchi und Beatrice Collina, 2 Bde., Turin 1996, hier Bd. II, discorso CXII: "De' notatori", S. 1269–1271, hier S. 1270: "A' tempi nostri in Italia e Veneziani e Genovesi portano la palma del notare, benché per tutti i liti maritimi e presso a' fiumi ancora, vi siano molte altre genti che fanno professione d'ugualiar cotesti."

6 Patrick Brydone: A Tour through Sicily and Malta, London 1773, Bd. I, 13 ff. und S. 352; zitiert nach Alain Corbin: Meereslust. Das Abendland und die Entdeckung der Küste 1750–1840, Berlin 1990 (EA Paris 1988), S. 118.

7 Johann Wolfgang von Goethe: Italienische Reise, Wiesbaden 1959, S. 326; zitiert nach Corbin, Meereslust (s. Anm. 6), S. 117. Im Juli 1787 hält sich Goethe am Posilipo im Landhaus des Ritters Hamilton auf.

8 Bernardi, Vollständiger Lehrbegriff (s. Anm. 1), Bd. I, S. 11.

Irrthum als einen geheiligten Glaubensartikel annimmt, und den menschlichen Körper ohne den geringsten Zweifel für schwerer, als das Wasser, hält."[9]

Dies habe dazu geführt, "daß die gewöhnliche Methode zu schwimmen den Menschen dem Tode gerade entgegen führe."[10]

Wie kam es zu diesem "Fehlurteil"? Die Schwimmpraktiker interessierten sich laut Bernardi nicht für eine theoretische Fundierung: "Der Seedienst wird von der niedrigsten und unwissendsten Volksklasse verrichtet, und von dieser hat die Philosophie nichts zu erwarten."[11] Und auch Bernardi selbst wollte wiederum nicht an deren Erfahrung anknüpfen: "[...] wir wollen uns nicht um das Volk bekümmern, sondern uns nur an die Philosophen halten."[12] Diese hätten ihre Sätze aber vielfach nicht auf empirische Erfahrung aufgebaut, denn: "Die übrigen Klassen [...] werden durch die Erziehung davon [vom Schwimmen, R.v.M.] zurückgeschreckt."[13] Dieses Kommunikations- und Vermittlungsproblem zwischen Gelehrten und Praktikern stellte sich für Bernardi auch in umgekehrter Richtung: Er war sich völlig im Klaren darüber, dass Matrosen und Seeleute sein zweibändiges, gelehrtes Werk über die Schwimmkunst kaum rezipieren würden. Für diese wollte er deshalb eigens ein kurzes Traktat mit praktischen Anleitungen herausgeben:

> "Vielleicht wird manchem dieses Werk zu lang und zu abstract scheinen, als daß es von den Leuten, denen es gerade am nützlichsten wäre, nehmlich von den Schiffern und Matrosen, verstanden und gebraucht werden könnte; [...] ich werde aber diesen Fehler wieder gut zu machen suchen, wenn die öffentliche Schwimmschule unter dem Schutze unsers gnädigsten Monarchen, nach dem Vorschlag des Hrn. Forteguerri, errichtet seyn wird. Alsdann werde ich nehmlich eine kurze Anweisung zur Schwimmkunst herausgeben, die nichts als die praktischen Lectionen enthalten und ganz der Fassungskraft der gemeinen Seeleute angemeßen seyn soll."[14]

Damit stellt sich aber die Frage, welchen Zweck und welche Funktion Bernardis Abhandlung, ebenso wie zahlreiche andere Schwimmtraktate, die ab dem letzten Drittel des 18. Jahrhunderts vermehrt in ganz Europa erschienen, haben sollte, wenn ihr praktischer Nutzen als Anleitungsschrift vom Autor selbst in Frage gestellt wurde. Dazu muss man allerdings berücksichtigen, dass der Wert bzw. der Erfolg des Schwimmens aufgrund von zahlreichen Unglücksfällen den Zeitgenossen durchaus als zweifelhaft galt: "Doch um nicht ungerecht zu seyn, so muß man von der andern Seite gestehen: die Schwimmkunst ist, oder scheint wenigstens eine sehr gefährliche Kunst zu seyn – ".[15] Man halte sich nur vor Augen, dass ein ubiquitärer (und deshalb fiktiver) Beobachter in Paris am Ende des 18. Jahrhunderts – ungeachtet der diversen Ursachen – mindesten alle drei bis sechs Tage einen Verunglückten in der Seine treiben sehen konnte.[16] Ebenfalls im letzten Drittel des 18. Jahrhunderts wurden deshalb in ganz Europa zahlreiche Rettungsgesellschaften ins Leben gerufen, die sich der Verunglückten annehmen sollten. So erstmals 1767 in Amsterdam und dem niederländischen Beispiel folgend 1772 in Paris, 1774 in London und weiter in Hamburg, Venedig, Madrid, um nur einige Gesellschaften zu nennen, die weder zuerst noch ausschließlich an Küstenstädten gegründet wurden, als vielmehr an solchen Orten, durch die Flüsse bzw. Kanäle flossen.

Empfohlen und verbreitet wurden in diesem Zusammenhang jedoch keine Schwimmschulen, sondern Rettungsgeräte und -stationen zur Wiederbelebung Ertrunkener sowie

9 Ebd., Vorrede des Verfassers, Bd. I, S. XXV. Vgl. auch ebd., Bd. II, S. 11 f.: "Seitdem das Baden und Schwimmen bey den gesitteten Nationen nicht mehr einen hervorstechenden Theil der öffentlichen Erziehung ausmacht, seitdem ist es bey den gebildeteren Ständen ganz in Verachtung gekommen, und hat sich nur mit Noth bey denen noch erhalten, welche ihr Gewerbe häufig auf das Wasser treibt. Der Seedienst beschäftigt eine so zahlreiche Menge von Menschen, und doch sind so wenige darunter, die das Schwimmen verstehen. [...] Und was mich anbetrifft, so war ich durch meine Lage, Erziehung, ja ich möchte sagen, durch meine ganze körperliche Beschaffenheit so weit von aller Bekanntschaft mit ihr entfernt geblieben, daß ich kaum wußte, ob eine solche Kunst vorhanden wäre [...]."

10 Ebd., Vorrede des Verfassers, Bd. I, S. XXVII.

11 Ebd., Vorrede des Verfassers, Bd. I, S. XXII.

12 Ebd., Bd. I, S. 11 f.

13 Ebd., Vorrede des Verfassers, Bd. I, S. XXII.

14 Ebd., Bd. II, S. 241 f.

15 Ebd., Vorrede des Übersetzers [Friedrich Kries], Bd. I, S. X.

16 M. Pia: Détail des succès de l'établissement que la ville de Paris a fait en faveur des personnes noyées, 6 Hefte in 3 Bänden, Paris 1773–1779.

Anleitungsschriften, wie solches zu geschehen habe. Dabei ging es zunächst darum, das bis dahin geltende polizeiliche Verbot, Leichname vom Unglücksort zu bewegen, als auch die volkstümliche Furcht, sich durch die Berührung einer verunglückten Person selbst ein Unglück zuzuziehen, zu überwinden und durch die Ausschreibung von Prämien eine Bergung der möglicherweise noch lebenden Verletzten zu bewirken. Sodann versuchte man die Geborgenen durch Reibung, Sinnesreizungen und Erwärmung wiederzubeleben. Im gleichen Zeitraum erfundene "Wärmebadewannen" und so genannte Rauchmaschinen, mit deren Hilfe man wärmenden Dampf in das Hinterteil der Unglücklichen blies, zeugen von diesen neuen Versuchen, die Grenze zwischen Leben und Tod zu verschieben. Der Zusammenhang zwischen Unglücksfällen und möglicherweise fehlenden Schwimmkenntnissen wurde allerdings auch deshalb nicht gesehen, weil in den meisten dieser Fälle (Selbstmordversuche, Bewusstlosigkeit durch die Kälte des Wassers oder durch Stösse an den Kopf, betroffene Kleinkinder, Alte oder Betrunkene, starke Strömung des Wassers bzw. Untertauchen unter verankerten Booten) solche Künste ohnehin nicht geholfen hätten.

Schwimmkenntnisse waren außerdem in ihrem Nutzen umstritten, weil immer wieder Schwimmer verunglückten. So schrieb zum Beispiel ein französischer Autor Ende des 18. Jahrhunderts: "Die Beobachtung zeigt, dass die meisten derer, die beim Baden ertrinken, Schwimmer und oft sogar gute Schwimmer waren."[17] Und auch Louis-Antoine de Caracciolі vermerkte 1768 in seinem "Dictionnaire critique, pittoresque et sentencieux": "Anscheinend ist das Schwimmen gefährlicher, als man denkt, gibt es doch kaum Schwimmer, die nicht ertrinken."[18] Trotz des galant-ironischen Tonfalls machte er damit auf ein Problem aufmerksam, das regelmäßig als skeptischer Einwand in den Schwimmtraktaten seit dem 16. Jahrhundert erschien, so bei Oronzio de Bernardi, der über sich selbst berichtet: "ich [hatte] einen großen Widerwillen gegen sie [die Schwimmkunst, R.v.M.], weil ich so viel von Unglücksfällen hörte, die mit ihr in Verbindung standen."[19] Auch in einem französischen Katechismus von 1720 wurde gewarnt, dass man sich nicht einer offensichtlichen und nahen Gefahr aussetzen dürfe aus Furcht vor einer viel entfernteren und unwahrscheinlicheren.[20]

Die Schwimmfähigkeit des Menschen war dabei vornehmlich aus zwei Gründen umstritten: Zum einen wurde im Europa des 18. Jahrhunderts kontrovers diskutiert, ob das spezifische Gewicht des Menschen leichter oder schwerer als das des Wassers sei. Zum anderen war man sich nicht darüber einig, ob sich der Körperbau des Menschen überhaupt zum Schwimmen eigne. Im Kontext dieser grundsätzlichen Debatten, die im Folgenden näher erläutert werden sollen, ist deshalb Bernardis Publikation zu sehen. Ganz gleich, welche Position bezogen wurde, so viel sei vorweggenommen, keine führte zwangsläufig zu einer grundsätzlichen Ablehnung oder Befürwortung des Schwimmens, vielmehr versuchte man bisweilen durch unterschiedliche Techniken ausgemachte Mängel wettzumachen, so dass sich im späten 18. Jahrhundert zwischen radikalen Befürwortern und Gegnern einer scheinbar neuen Körpertechnik ein ganzes Spektrum unterschiedlicher Meinungen auftat.[21]

17 Jean Baptiste de la Chapelle: Traité de la construction théorique et pratique du Scaphandre, ou du bateau de l'homme, Paris 1775, S. 11: "L'observation prouve que le plus grand nombre de ceux qui se noyent, en se baignant, sont des nageurs & souvent des bons nageurs."

18 Louis-Antoine de Caraccioli: Dictionnaire critique, pittoresque et sentencieux, propre à faire connaître les usages du siècle, ainsi que ses bizarreries, 3 Bde., Lyon 1768, hier Bd. 2, S. 103, Stichwort "Nageur": "Il est plus dangereux qu'on ne pense de savoir nager, attendu qu'il n'y a guere que les nageurs qui se noient."

19 Bernardi, Vollständiger Lehrbegriff (s. Anm. 1), Bd. II, S. 12.

20 Instruction chrétienne sur le danger des bains publics, Paris 1720, S. 19.

21 Allgemein zu den Schwimmdebatten des 18. Jahrhunderts vgl. auch Rebekka von Mallinckrodt: "Man entsage dem Betruge der misgeleiteten Vernunft; [...] so wird man sehen, daß man schwimmen kann." – Schwimmpraktiken und -debatten im 18. Jahrhundert, in: Werkstatt Geschichte 44 (2006), S. 7–26. Die Verfasserin bereitet zur Zeit eine Habilitationsschrift zum Schwimmen und Tauchen in der Frühen Neuzeit vor. Da es zu dem hier untersuchten Oronzio de Bernardi keine Forschungsliteratur gibt, wurden vornehmlich Quellentexte ausgewertet.

2. *Das Gewicht des Menschen*

Aussagen über das spezifische Gewicht des Menschen im Vergleich zu dem des Wassers finden sich bereits bei Aristoteles und in der Frühen Neuzeit bei Haller, Brisson, Wilke, Borelli, Altieri u.a., die Bernardi in seinem ausführlichen Forschungsüberblick rezipiert.[22] Auch in diesem Fall kann man – ebenso wie bei den Schwimmtraktaten – eine Verdichtung der wissenschaftlichen Studien zum Thema in der zweiten Hälfte des 18. Jahrhunderts ausmachen. Anscheinend führte die wachsende Mobilität immer größerer Menschenmengen und die steigende Bedeutung von Handelsflotte und Marine dazu, dass man sich zunehmend darüber Gedanken machte, wie man die vielfach immens hohen Verluste an Menschenleben senken könne.[23] Dazu gehörten die Erprobung von Mitteln gegen Skorbut,[24] die Ausschreibung von Preisen für die beste Positionsbestimmung auf dem Meer,[25] aber eben auch Experimente, in welchem Zeitraum der menschliche Körper im Wasser abkühle und ob bzw. wie lange er sich im Falle eines Schiffbruchs an der Oberfläche erhalten könne.[26] So berichtete John Robertson 1757/58 in den "Philosophical Transactions" von seinen Experimenten über das spezifische Gewicht des Menschen.[27] John Wilkinson erprobte 1765 die Tragfähigkeit von Kork im Wasser, um festzustellen, wie viel Material notwendig sei, um einen Menschen im Salz- bzw. Süßwasser an der Oberfläche zu halten.[28] Und Jean Baptiste de la Chapelle entwarf 1766 eine Schwimmmaschine, um den – seiner Meinung nach in der Mehrheit spezifisch schwereren – Menschen das Leben zu bewahren.[29]

Bis zu Oronzio de Bernardi waren tatsächlich die meisten Autoren der Meinung, der Mensch sei schwerer als Wasser, aber auch nach Bernardis Publikation hielten die Debatten an. Wenn man sich vor Augen führt, dass man heutzutage davon ausgeht, das spezifische Gewicht des Menschen entspreche ungefähr dem des Wassers und variiere je nach Volumen der Lungenflügel, d.h. abhängig davon, ob man gerade ein- oder ausgeatmet hat, so erscheinen diese Diskussionen und der Zweifel an deren Ergebnissen weniger befremdlich. In Deutschland war es der Philanthrop Johann Christoph Friedrich GutsMuths (1759–1839), der Bernardis Thesen ausführlich rezipierte, aber auch in Frage stellte: "Meine Bedenklichkeiten bey dieser Behauptung betreffen erstens: Ihre Ausdehnung auf alle Nationen, zweytens: auf alle Individuen, ungeachtet der verschiedensten körperlichen Constitutionen. 3) Ihre bestimmte und allgemein gültig seyn sollende Ausdehnung bis auf ein Eilftel, und im Seewasser bis auf ein Zehntel des absoluten körperlichen Gewichts."[30] GutsMuths bot deshalb folgerichtig zwei Schwimmlehrgänge für spezifisch leichtere und für spezifisch schwerere Menschen an.[31] Man sprach zu dieser Zeit auch von der "älteren deutschen" und der "neuen italienischen Schule" (vertreten durch GutsMuths bzw. Bernardi). Diejenigen, die den Menschen für schwerer als Wasser hielten, sprachen sich für eine kraftvolle, durch Schläge gegen das Wasser gekennzeichnete Technik aus, während die Gegenpartei auf Grundlage des Vertrauens in die Tragfähigkeit des flüssigen Elements zu einer ruhigeren Bewegung im Wasser fand. Man halte sich hierbei die grundverschiedene Erwartungshaltung der Schwimmer vor Augen: Anhänger der älteren deutschen Schule gingen davon aus, dass sie bei nachlassender Bewegung unweigerlich untergehen müssten. Eleven der neuen italienischen Schule konnten sich hingegen angstfrei im Wasser treiben lassen. Bernardi

22 Bernardi, Vollständiger Lehrbegriff (s. Anm. 1), Bd. I, S. 1–20.

23 Vergleiche hierzu Bernardi, Vollständiger Lehrbegriff (s. Anm. 1), Bd. II, S. 216: "Durch die bürgerliche Gesellschaft aber ist die Nothwendigkeit, mit dem Wasser umzugehen, noch viel weiter ausgedehnt worden. Sie hat durch Hülfe der Schiffarthskunde [sic] die entferntesten Länder so mit einander verbunden, daß alle gleichsam nur einen Staat ausmachen. Der Handel und die Wisbegierde haben keine Küste unbesucht gelaßen. Man nehme hierzu die Seemacht, die zur Beschützung des Seehandels und zur Erhaltung der Ruhe der Seestaaten unentbehrlich ist, und die eine ungeheure Menge von Menschen auf dem Wasser zu leben nöthigt."

24 James Cook: The Method Taken for Preserving the Health of the Crew of His Majesty's Ship the Resolution during Her Late Voyage Round the World. By Captain James Cook, F.R.S. Addressed to Sir John Pringle, Bart. P.R.S., in: Philosophical Transactions of the Royal Society of London 66 (1776), S. 402–406.

25 Philippe Despoix: Mesure du monde et représentation européenne au XVIIIe siècle: le programme britannique de détermination de la longitude en mer, in: Revue d'Histoire des Sciences 53 (2000) 2, S. 205–235; Dava Sobel und William J. H. Andrewes: Längengrad – die illustrierte Ausgabe. Die wahre Geschichte eines einsamen Genies, welches das größte wissenschaft-

empfahl denjenigen, die keine Schwimmkenntnisse besaßen, gar unbeweglich im Wasser zu verharren, um dort auf Rettung zu warten: "[...] daß man durchaus keine Bewegungen mit den Händen und Füßen machen darf, wenn uns die spezifische Leichtigkeit des Körpers etwas helfen soll. Man muß sich ganz den Händen der Natur überlassen, und sich in einer völligen Unthätigkeit erhalten."[32] Höchstens die Arme sollten bei dieser Gelegenheit aus Gründen des Gleichgewichts zu beiden Seiten ausgestreckt werden (Abb. 171), aus dem gleichen Grund konnte man die Beine ein wenig spreizen und v. a. den Kopf zurücklehnen, um die Atmung zu erleichtern. Aufgrund der angenommenen Leichtigkeit des Menschen dienten alle darüber hinausgehenden Bewegungen stets nur der horizontalen Fortbewegung im Wasser, nicht aber als Bewegung gegen die gefürchtete Schwerkraft und damit gegen das Ertrinken.

Abb. 171

Das Vertrauen bzw. die "feste, innige Ueberzeugung, daß der Körper eines jeden lebendigen Menschen um so viel spezifisch leichter, als das Wasser, ist, daß der ganze Kopf über dem Wasser hervorragt, und das Athemholen nicht gehindert wird", wie Bernardi es ausdrückte, war dabei eine unabdingbare Voraussetzung für seine Schwimmtechnik.[33] "An diesen Satz müßen sie steif und fest glauben."[34] Nach der bis dahin vorgenommenen ausführlichen und umständlichen Beweisführung verwundert es, dass ein subjektives Moment eine so große Rolle spielen sollte. Doch nach Bernardi nützten alle objektiven Erkenntnisse nichts, wenn sie vom Schwimmschüler nicht auch angenommen und verinnerlicht würden:

> "Daß diese Fähigkeit in dem Menschen durch bloße Furcht und durch eine gewiße Verwirrung der Vernunft gehemmt und zurückgehalten wird, ist eine Wahrheit [...]. Denn die Furcht bringt in dem Menschen eine Unordnung hervor, die seine Kräfte lähmt, und in seinem Körper das Gleichgewicht aufhebt, in dem sich seine Glieder beym Schwimmen erhalten müssen."[35]

An dieser Stelle nimmt Bernardis Werk nach ausführlicher empirischer Beweisführung deshalb eine erstaunlich anmutende subjektive Wende, welche die Lösung in einer die Vernunft beiseiteschiebenden Autosuggestion sieht:

> "Man höre also auf sich zu fürchten, und nehme sich im Wasser zusammen, wie es sich gehört: so wird man mitten in dem unruhigsten Meere über den alten Irrthum lachen und frey umherschwimmen. Man entsage dem Betruge der misgeleiteten Vernunft, und überlaße sich, so zu sagen, wie ein unvernünftiges Thier dem Instinkt; so wird man sehen, daß man schwimmen kann."[36]

liche Problem seiner Zeit löste, Berlin 1999.

26 James Currie und Thomas Percival: An Account of the Remarkable Effects of a Shipwreck on the Mariners. With Experiments and Observations on the Influence of Immersion in Fresh and Salt Water, Hot and Cold, on the Powers of the Living Body. By James Currie, of Liverpool, M.D. Fellow of the Royal College of Physicians at Edinburgh. Communicated by Thomas Percival, M.D.F.R.S. in: Philosophical Transactions of the Royal Society of London 82 (1792), S. 199–224.

27 John Robertson: An Essay Towards Ascertaining the Specific Gravity of Living Men. By Mr. John Robertson, F.R.S., in: Philosophical Transactions of the Royal Society of London 50 (1757–1758), S. 30–35.

28 John Wilkinson: A Course of Experiments to Ascertain the Specific Buoyancy of Cork in Different Waters: The Respective Weights and Buoyancy of Salt Water and Fresh Water: And for Determining the Exact Weight of Human and Other Bodies in Fluids. By John Wilkinson, M.D.F.R.S. of London and Goettingen, in: Philosophical Transactions of the Royal Society of London 55 (1765), S. 95–105.

29 Chapelle, Traité (s. Anm. 17), zum spezifischen Gewicht des Menschen: S. 15. Chapelle erscheint bereits am 13. Oktober 1766 in der Übersicht der Protokolle der Pariser Académie des Sciences mit seinem Scaphander, das entsprechende Protokoll fehlt jedoch.

Diese Nähe zum Animalischen, die das Schwimmen anscheinend regelmäßig evozierte, wie zahlreiche Tiervergleiche beispielsweise mit Amphibien belegen (siehe oben S. 232), wurde hier zwar im Kontext eines nachahmenswerten Exempels genannt (wenn auch durch ein vergleichendes "so zu sagen" abgemildert), in der Regel jedoch als problematisch empfunden, wie auch die Diskussionen darüber belegen, ob der Mensch sich aufgrund seines Körperbaus überhaupt zum Schwimmen eigne. Dies war – neben dem spezifischen Gewicht – der zweite fundamentale Einwand, der gegen die Schwimmfähigkeit des *homo sapiens* vorgebracht wurde.

3. *Aufrecht oder horizontal? – Körperbau, Schwimmtechnik und Anthropologie*

Der bereits erwähnte Jean Baptiste de la Chapelle (um 1710–1792) zog hierbei eine klare Trennlinie zwischen den tierischen Vierbeinern, die wesentlich besser zum Schwimmen eingerichtet seien, und den menschlichen Zweibeinern:

> "Beim Schwimmen ist es wichtig und sogar wesentlich, den Kopf immer über der Wasseroberfläche zu halten: eine ständige Mühe und ziemlich anstrengend für den Menschen, der nicht wie einige Vierbeiner von Natur aus zum Schwimmen gebaut ist und der – allein durch diesen Mangel des Körperbaus – ertrinken kann, auch wenn er noch so gut mit dem Schwimmen umzugehen weiß und bei völligen Leibeskräften ist."[37]

Grund für diesen Mangel sei die von Natur aus aufrechte Stellung des Menschen, die auch Einfluss auf die Lage seiner Atmungsorgane habe. Während Vierbeiner ohne Mühe ihre Schnauze über Wasser halten könnten, da es ihrer Position auf dem Land entspreche, müsse der *homo sapiens* in der Horizontalen Mund und Nase durch einen überstreckten Nacken mühsam über Wasser halten und stehe dennoch ständig in Gefahr, sich am schwappenden Wasser zu verschlucken oder gar zu ersticken:

> "[...] es ist offensichtlich, dass unabhängig von unserer Gewohnheit, die Natur unseren Körper so eingerichtet hat, dass er aufrecht oder senkrecht zum Horizont steht und dass wir aufrecht auf unseren Füßen gehen; aber um zu schwimmen, muss sich der Mensch auf den Bauch legen; eine für seinen Kopf äußerst unbequeme Position [...]".[38]

Es war deshalb nur folgerichtig, dass Chapelle an seiner erfundenen Korkrüstung besonders den Vorteil hervorhob, dass sich ein Mensch mit ihr senkrecht im Wasser bewegen könne, wie es seiner "natürlichen" Anlage entspreche (vgl. Abb. 179, Kat.-Nr. 64). Die Fortbewegung mit dem "Scaphander", so nannte er die von ihm erfundene Schwimmmaschine, sei deshalb dem Schwimmen vorzuziehen, zumal diese Ganzkörperrüstung auch dem weiblichen Geschlecht, das bislang aus Gründen der Schamhaftigkeit vom Schwimmvergnügen ausgeschlossen war, die Möglichkeiten der Männer erschließe[39] und der Scaphander den Transport von Gegenständen über Wasser erleichtere.

Rät also Chapelle aus dieser Logik heraus aufgrund des menschlichen Körperbaus dem *homo sapiens* lieber ganz auf das Schwimmen zu verzichten, so erstaunt es, dass Bernardi mit den gleichen Argumenten nicht zu einer Ablehnung des Schwimmens

30 Kleines Lehrbuch der Schwimmkunst zum Selbstunterrichte; enthaltend eine vollständige praktische Anweisung zu allen Arten des Schwimmens nach den Grundsätzen der neuen Italienischen Schule des Bernardi und der älteren Deutschen, bearbeitet von J. C. F. GutsMuths, Mitarbeiter in der Erziehungsanstalt zu Schnepfenthal. Weimar, Im Verlage des Industrie-Comptoirs 1798, Einleitung, S. IX. Vgl. auch ebd., Vorrede, S. XIV.

31 So widmet GutsMuths in seinem Schwimmlehrbuch von 1798 den ersten Abschnitt der "Neuen Italienischen Schwimmschule" und den zweiten der "Älteren deutschen Schwimmschule".

32 Bernardi, Vollständiger Lehrbegriff (s. Anm. 1), Bd. II, S. 233. Vgl. auch ebd., Bd. II, S. 21: "Wenn sich der Mensch ins Wasser begiebt, so überlasse er sich ganz den Armen der wachsamen Natur; alle Theile seines Körpers halte er in derselben Ordnung, in welche die Natur selbst sie gesetzt hat, thue nichts hinzu und nehme nichts davon weg, kurz er setze sich in den Zustand einer völligen Gleichgültigkeit. Dann wird er sehen, daß er in diesem Zustande von selbst schwimmt, und zwar so gut, daß er mit dem Kopf und Hals über die Oberfläche hervorragt, und frey athmen kann. Das ist ein Geschenk, welches die gütige Natur uns verliehen hat; alle besitzen es, so verschieden sie auch an Alter und körperlicher Beschaffenheit seyn, und welche Himmelsgegend

sie bewohnen mögen. Dieses kostbare Geschenk suche sich der Mensch im Wasser zu erhalten – [...]."

33 Ebd., Bd. II, S. 23.

34 Ebd., Bd. II, S. 233.

35 Ebd., Bd. I, S. 19.

36 Ebd., Bd. I, S. 19.

37 Chapelle, Traité (s. Anm. 17), S. 12 f.: "Ce qu'il y a d'important & même d'essentiel dans l'art de nager, c'est de soutenir toujours sa tête au-dessus de la surface de l'eau: travail perpétuel & bien laborieux pour l'homme, qui n'est point construit pour nager naturellement, comme sont plusieurs quadrupèdes, & qui pourroit, par le seul défaut de conformation, être suffoqué, en nageant parfaitement bien & dans toute la plénitude de ses forces [...]".

38 Chapelle, Traité (s. Anm. 17), S. 26: "il est évident qu'indépendamment de notre habitude, la nature a voulu que notre corps fût posé verticalement ou perpendiculairement à l'horizon, & que nous marchassions debout sur les plantes de nos pieds: mais, pour nager, l'homme est obligé de se mettre sur le ventre; position bien gênante pour sa tête [...]".

39 Chapelle, Traité (s. Anm. 17), S. 156–158: "Unter den zivilisierten Völkern erlaubt es die öffentliche Moral nur den Männern, sich ganz nackt dem Vergnügen oder der Übung des Schwimmens hinzugeben. Den Frauen, für die doch das Vergnügen so wichtig ist und die Untätigkeit ein großes Übel, ist es hingegen streng verboten. Diese Fessel, die ihrer natürlichen Freiheit ange-

findet, sondern lediglich zu einer spezifischen Technik: dem aufrechten Schwimmen, denn jede Neigung in die Horizontale stehe der Natur des Menschen entgegen:

Abb. 172

> "Durch den Gebrauch der Schwimmgeräthe gewöhnt sich der Schwimmer, sich mit der Brust auf das Wasser zu legen. Der Mensch ist aber von Natur und durch Gewohnheit für den aufrechten Gang gemacht [...]; und man verlangt, er soll die Stellung der vierfüßigen Thiere annehmen, und so wie sie schwimmen? O wie viel Unheil ist daraus entstanden! Durch diese Lage wird der Magen und der ganze Unterleib in Unordnung gebracht; das Zwergfell drängt sich in die Brusthöle und beengt sie, wodurch das Athemholen erschwert wird; der ganze Körper wird durch die gewaltsame Krümmung des Rückgrades und die Anstrengung der Rippen angegriffen. Die Muskeln an der hintern Seite des Halses werden zusammengedrückt, und die an der vordern Seite ausgedehnt; die Blutgefäße, die durch den Hals in den Kopf steigen, werden gepreßt, und nach den Gesetzen der Hydraulik dringt das Blut mit einem desto heftigern Stoß durch. Mit einem Wort, die ganze Maschine wird in einen Zustand der Spannung und Anstrengung versetzt wobey die natürliche und zum Schwimmen erforderliche Ordnung und Verfassung der Theile zerstört wird."[40]

Optimal erscheinen Bernardi deshalb das stehende und sitzende Schwimmen.[41] Außerdem hätten diese Schwimmtechniken den Vorteil, dass sie gleichzeitig die Hände für andere Tätigkeiten frei ließen, was der Überlieferung nach schon Cäsar erlaubte, seine Kommentare zu retten (Abb. 173).[42] Lediglich eine leichte Neigung des Körpers ist erlaubt (Abb. 174), und um dem Wasser bei dieser Haltung weniger Widerstand zu leisten, empfiehlt Bernardi die Beine fluiddynamisch zu kreuzen (Abb. 175).[43] Die Nachteile seiner Schwimmtechnik sieht Bernardi durchaus: Sie ist langsam, doch das stört angesichts der möglichen Variationen und angesichts des Hauptzieles seiner Schwimmkunst, die Kräfte zu schonen und das Leben im Notfall zu retten, nicht.[44] Deutlich wird an dieser Stelle auch, dass neben pragmatischen Zielen ästhetische Kriterien als Ausdruck eleganter Souveränität durchaus eine Rolle spielten: So erscheint der panische, hektisch um sich schlagende Schwimmer als Gegenbild eines bedachten, sich harmonisch bewegenden Menschen:

> "Man darf nur einem Schwimmer [im alten Stil, R.v.M.] zusehen, so fällt das Fehlerhafte der Methode sogleich in die Augen. Da werden Verdrehungen und Verzuckungen gemacht, bey welchen einem angst und bange werden möchte. Einen Menschen im Wasser zu sehen, in beständiger Bewegung, ohne einen Augenblick ausruhen zu können, ist ein ängstlicher und widerlicher Anblick. Und dieses

Abb. 174

Abb. 173

Schauspiel bietet er uns schon dar, wenn er bey heiterm Wetter und stillem Meere zur Lust ganz nahe am Ufer umherschwimmt."[45]

Dagegen wirkt das Schreiten im Wasser als Ausdruck vollkommener Selbst- und Fremdbeherrschung:

> "Diese Art zu schwimmen hat etwas Majestätisches, das den Zuschauer mit Erstaunen erfüllt; besonders wenn der Schwimmer seine Hände frey hin und her bewegt, und so durch das Wasser schreitet, daß er seine völlige Herrschaft über dieses unbeständige, furchtbare und tödtliche Element beweist."[46]

Obgleich Bernardi ebenso wie Chapelle weitgehend technisch-pragmatisch auf Grundlage biologischer Vorstellungen argumentiert und explizit keine sozialen oder religiösen Kriterien der Bewertung einbringt, so darf man nicht vergessen, dass die aufrechte Haltung und eine ge-

Abb. 175

legt wurde, verschwindet gänzlich durch den Scaphander. Da ein komplettes Schwimmkleid erforderlich ist, das man unter seinen gewöhnlichen Kleidern anziehen kann, bevor man sich öffentlich im Wasser zeigt, wird die Sittsamkeit nicht gefährdet." ["Chez les Peuples civilisés, les moeurs publiques ne permettent qu'aux hommes de se livrer, tout nuds, au plaisir ou à l'éxercice du Nager. Il est absolument interdit aux femmes, pour lesquelles l'amusement est un très-grand besoin, & l'oisiveté un très-grand mal. Cette entrave, donnée à leur liberté naturelle, disparoît absolument au moyen du Scaphandre. Comme il éxige un habit de bain complet, dont on peut être revêtu sous ses habits ordinaires, avant de se présenter publiquement à l'eau, la pudeur ne court aucun risque."]

40 Bernardi, Vollständiger Lehrbegriff (s. Anm. 1), Bd. II, S. 14.

41 Ebd., Bd. II, S. 65: "Zuerst darf er nie vergeßen, daß der Mensch von Natur gemacht ist, auf zwey Füßen zu gehen, und daß man auf diese natürliche Einrichtung Rücksicht nehmen, und sie nicht mit Gewalt verkehren muß, wenn man seinen Körper nicht zerstören will. Man muß also gerade auf den Füßen schwimmen."; ebd., S. 73: "In sitzender Stellung zu schwimmen ist nicht nur die angenehmste, sondern in unzähligen Fällen auch die beste Art."; ebd., S. 74: "Diese Lage kann aber auch sehr nützlich werden. Denn wenn es

wisse Gemessenheit der Bewegung bereits seit mehreren Jahrhunderten durch die höfische und bürgerliche Anstandsliteratur überformte, bis in die Fingerspitzen, zur Haltung des Kopfes und des Blickes verfeinerte Mittel der sozialen Distinktion darstellten.[47] In der theologischen Literatur drückte sich im aufrechten Gang des Menschen seine Würde als Schöpfung Gottes und seine Überlegenheit über die Tierwelt aus.[48] Deshalb soll an dieser Stelle noch einmal näher auf das problematische Verhältnis zwischen Mensch und Tier, allgemeiner gesprochen: zwischen Kultur und Natur in den Schwimmdebatten des 18. Jahrhunderts im Allgemeinen und in Bernardis Schrift im Besonderen eingegangen werden.

4. *Mängelwesen oder Krone der Schöpfung? Natürliches oder künstliches Schwimmen?*

Wiederum erscheint eine Gegenüberstellung der Positionen Chapelles und Bernardis hilfreich, um deren Spezifik und damit einen Teil des Meinungsspektrums am Ende des 18. Jahrhunderts herauszuarbeiten. Jean Baptiste de la Chapelle relativiert das einmal gezeichnete Bild des menschlichen Mängelwesens, wohl auch aus handfesten ökonomischen Interessen am Verkauf seines Scaphanders, nicht. Seine Lösung besteht darin, auf das vergleichsweise primitive Schwimmen besser zu verzichten und sich stattdessen seiner Korkrüstung als fortschrittlicherer Variante der Fortbewegung im Wasser zu bedienen, die er mit dem Begriff einer eigentlichen "Schwimmkunst" etikettiert, einer "absolut neue[n] Kunst".[49]

Bernardi macht hingegen deutlich, dass der Mensch seinen mangelhaften Körperbau durch den Gebrauch der Vernunft ausgleichen kann, nicht indem er auf Hilfsmittel zurückgreift, sondern indem er "vernünftig" schwimmt, wie auch der Titel der italienischen Originalausgabe "L'arte ragionata del nuoto" bereits anklingen lässt. Er unterscheidet deshalb zwischen dem bloßen Sich-Treibenlassen und der eigentlichen Schwimmkunst.

> "Hat der Mensch von der Natur keinen Körper erhalten, der zum Schwimmen bequem und vortheilhaft eingerichtet ist; so hat sie ihm dafür das unschätzbare Geschenk der Vernunft, als einen Beweis ihrer besondern Vorliebe, gegeben, das ihn über die unzählbare Menge der übrigen Geschöpfe erhebt, ihn zu dem vollkommensten unter ihnen, und zu dem Herrn derselben macht. Die Vernunft ist es, die den Mängeln des natürlichen Schwimmens durch Kunst zu Hülfe kommt [...]. Die Vernunft ist es, welche uns die Kunst lehrt, uns in aufrechter Stellung im Wasser zu erhalten, und den Kopf, diesen erhabenen und sichern Führer des ganzen Körpers, vor dem Untersinken zu bewahren. Sie ist es, welche uns die richtigen Bewegungen der Arme und Füße lehrt, um den Körper in den verschiedenen Stellungen nicht nur im Gleichgewicht zu erhalten, sondern ihn auch von einem Orte zum andern zu bringen."[50]

Nach Bernardi kann hingegen der Affe, obgleich auch er spezifisch leichter als Wasser ist, aus genau diesem Grund nicht schwimmen: Ihm fehlt die dazu notwendige Einsicht.

sich trifft, daß der Schwimmer bey einem Unglücksfall auf dem Wasser müde und entkräftet ist, so setzt er sich hin [...] ruht gemächlich aus, und sammelt wieder neue Kräfte." (Abb. 172).

42 Ebd., Bd. I, S. 52.

43 Ebd., Bd. II, S. 66.

44 Ebd., Bd. I, S. 55, 56, 220, 251; Bd. II, S. 56f., 67.

45 Ebd., Bd. II, S. 18.

46 Ebd., Bd. II, S. 101.

47 Vgl. Georges Vigarello: The Upward Training of the Body from the Age of Chivalry to Courtly Civility, in: Michael Feher (Hrsg.): Fragments for a History of the Human Body, Bd. 2, New York 1989, S. 148–199; Ludwig-Uhland-Institut für empirische Kulturwissenschaft der Universität Tübingen (Hrsg.): Der aufrechte Gang. Zur Symbolik einer Körperhaltung, Ausstellungskatalog Tübingen 1990.

48 Anselm Schubert: Das Ende der Sünde. Anthropologie und Erbsünde zwischen Reformation und Aufklärung, Göttingen 2002 (Forschungen zur Kirchen- und Dogmengeschichte 84), S. 108–124.

49 Chapelle, Traité (s. Anm. 17), S. 261: "un art absolument nouveau"; vgl. auch ebd., S. 33f.

50 Bernardi, Vollständiger Lehrbegriff (s. Anm. 1), Bd. I, S. 218. Vgl. auch ebd., Bd. I, S. 226f.: "Der Mensch wird also durch seinen Körperbau des Vortheils, von Natur zu schwimmen, beraubt. [...] daß der Mensch seinen natürlichen Mangel durch die Kunst ersetzen kann. [...] also kann der Mensch nur durch Kunst schwimmen."

"Der Affe, der in seinem Körperbau dem Menschen so nahe kommt, versteht, nach dem Zeugniß der Reisebeschreiber, nicht zu schwimmen. Er versteht es nehmlich nicht, sich in der aufrechten Stellung im Wasser im Gleichgewicht zu erhalten. Uebrigens wird er so gut, wie der Mensch, vom Wasser getragen; er hat aber keine Kenntniß von der Kunst, den Kopf außerhalb dem Wasser zu halten, noch von der gehörigen Haltung der Theile, noch von den zweckmäßigen Bewegungen, und darum kommt er ums Leben".[51]

Der Mensch kann sich aufgrund seiner Einsicht hingegen nicht nur über Wasser halten, sondern auch äußerst vielseitig schwimmen, gerade durch diese Vielseitigkeit aber unterscheidet er sich – neben dem Gebrauch der Vernunft – vom Tier und nimmt dadurch wieder den Platz an der Spitze der Schöpfungskette ein:

"Die vierfüßigen, und die übrigen auf dem Lande lebenden Thiere haben nur eine einzige Art zu schwimmen, nehmlich die, welche aus ihren natürlichen und auf dem Lande gewöhnlichen Bewegungen entsteht. Der Mensch hingegen, der seine Arme und Füße auf dem Lande auf mannigfaltigste Weise gebrauchen, sie vorwärts und rückwärts, hinauf und hinunter, gerade und schief, und im Kreise bewegen kann, kann auch im Wasser denselben Gebrauch von ihnen machen, und dadurch sehr verschiedne Arten zu schwimmen zu Wege bringen. Wer die Kunst zu schwimmen ganz versteht, der kann stehend im Wasser vorwärts, zur Seite, und rückwärts schwimmen. Er kann in eben diesen Richtungen sitzend schwimmen. Er kann sich auf den Rücken legen, und mit dem Kopf oder mit den Füßen voran schwimmen. Er kann in schiefen Stellungen schwimmen; er kann sogar die Stellungen der vierfüßigen Thiere annehmen, den Leib und die Füße auf der Oberfläche erhalten, und so fortschwimmen. Alle diese verschiedenen Arten zu schwimmen sind ein Beweis von der Ueberlegenheit des Menschen über die übrigen Thiere [...]".[52]

Dass die Abgrenzung zwischen Mensch und Tier jedoch weiterhin prekär und vieldeutig bleibt, zeigen nicht nur die oben bereits zitierten Wendungen, wie man sich – unter Umgehung der Vernunft[53] – dem Schwimmen nähert, sondern auch Berichte von amphibienhaften menschlichen Wesen, die Bernardi in seiner Schwimmschrift aufführt.[54] Solche Meermänner und -frauen, die gleichermaßen im und unter Wasser wie auf dem Lande leben konnten, waren aus älteren Reiseberichten in ganz Europa hinlänglich bekannt. Erstaunlich ist deshalb eher, dass Bernardi sie noch 1794, d.h. im Publikationsjahr der italienischen Originalausgabe seiner Schrift, als realistische Erscheinungen einordnet und sogar vermutet, dass viel mehr Menschen über diese Fähigkeiten verfügten, ohne davon zu wissen:

"Es ist kein Zweifel, daß der Besitz einer solchen Doppelnatur eine kostbare Sache sey; denn außer dem, daß sie den Menschen über die Todesgefahr erhebt, die ihm das Wasser droht; so setzt sie ihn in den Stand, in das Meer hinabzusteigen, wodurch er sowohl den Wissenschaften, als der menschlichen Gesellschaft die wichtigsten Dienste leisten kann. Ich zweifele auch nicht, daß es sehr viele giebt, welche diese unschätzbare Gabe besitzen, allein, ohne daß sie es wißen."[55]

Denn: "Vergleicht man [...] die Menge von Leichen, die nicht geöffnet werden, mit den wenigen, bey denen es geschieht; so wird man es sehr richtig finden, daß unter der ungeheuren Anzahl von Menschen viele diesen Vorzug, ohne es zu wißen, besitzen müßen."[56]

Bernardi erklärte dieses Phänomen, wie bereits Georges-Louis Leclerc de Buffon (1707–1788) vor ihm, mit der Vorstellung, dass sich bei diesen Menschen, die keines-

51 Ebd., Bd. I, S. 218.
52 Ebd., Bd. I, S. 227 f.
53 Zu dieser Ambivalenz vgl. auch: "die freye Ausübung derjenigen Fähigkeit hemmen, welche die gütige Natur ihm so gut als den Thieren verliehen hat, und die sich auch sogleich in ihm offenbart, so bald sie von dem Einfluß einer Vernunft befreyt wird, die, weit entfernt sie zu unterstützen, sie nur verdunkelt und unterdrückt." (ebd., Bd. I, S. 18).
54 Ebd., Bd. I, S. 222, 241–251.
55 Ebd., Bd. I, S. 244.
56 Ebd., Bd. I, S. 245.

wegs nur in fernen Weltgegenden, sondern überall zu finden seien, das so genannte kleine ovale Loch, das bei Embryos den Blutkreislauf unter Umgehung der Lunge ermöglicht, nicht geschlossen habe und deshalb eine Wasseratmung auch nach der Geburt erlaube.

> "Wir werden also alle mit der Amphibien-Natur gebohren, und ich bin überzeugt, daß nicht alle diesen schönen Vorzug verlieren, da man jene Oeffnung in vielen Leichnamen nicht geschloßen, sondern offen gefunden hat. Daher rührt die einstimmige Meinung der Physiologen, daß sie auch bey Erwachsenen offen bleiben und ihnen die Eigenschaft der Amphibien gewähren kann."[57]

Würde man Mittel und Wege finden, dieses Loch offen zu halten, so Bernardis ausdrücklicher Wunsch und Hoffnung für die Zukunft, würde sich die von ihm vorgeschlagene Schwimmkunst von selbst erübrigen:

> "Ich schließe dieses Kapitel mit der Bemerkung, daß durch die amphibienartige Natur das Leben gesichert wird. Besäße der Mensch diese Eigenschaft; so hätte er der Schwimmkunst nicht nöthig, deren einziger Zweck ist, das Leben des Menschen im Wasser zu erhalten. Da er aber diese kostbare Gabe, die ihm von Natur zukommt, verliert, so wie er auf die Welt kommt und die atmosphärische Luft athmet, und dadurch in tausend Gefahren und Unglücksfälle geräth, weil so mancherley Umstände ihn nöthigen können, einen Theil seines Lebens auf dem Wasser zuzubringen; so muß er sich vor allen Dingen diese Kunst zu eigen zu machen suchen."[58]

So sinnvoll es erscheint, in einem ersten Durchgang nach den explizit benannten Motiven und Vorstellungen vorzugehen, um Bernardis Schwimmschrift vorzustellen, so notwendig ist es an dieser Stelle, auch noch einmal nach den impliziten, nicht formulierten Intentionen und Wirkungen zu fragen und das Werk in seinen breiteren Kontext einzuordnen. Dies soll im folgenden Abschnitt geschehen.

5. *Strategien der Auf- und Umwertung einer Praxis*

Es gibt unter den spät- und volksaufklärerischen Schriftstellern keinen, der nicht als Wohltäter der Menschheit auftritt, die Wissenschaft voranbringen und Vorurteile widerlegen will. Nicht zuletzt war dies ein gängiges Verfahren, um staatliche Unterstützung für die eigenen Projekte einzuwerben. Im gleichen Duktus schreibt auch Oronzio de Bernardi. Nach tieferliegenden Motiven muss man hingegen genauer suchen. Naheliegend ist zunächst, dass ein Autor, der ein Thema wissenschaftlich erschließt und kritisch diskutiert auch für sich selbst den Ruhm der Wissenschaft in Anspruch nehmen kann. Für Bernardi hatte dies ganz konkrete Auswirkungen: Er wurde in diverse wissenschaftliche Akademien im In- und Ausland aufgenommen und schließlich sogar von Ferdinand IV. (1759–1806 König von Neapel) mit einem Orden und einer lebenslangen Pension ausgezeichnet.[59] Bernardis wissenschaftliche Profilierung und ökonomische Sicherung mit Hilfe seiner umfangreichen Schwimmschrift war also in jeder Hinsicht erfolgreich.

Eine solche dezidiert wissenschaftliche Herangehensweise hatte aber auch Rückwirkungen auf das Thema selbst, und hierin muss man ein wichtiges Motiv Bernardis

57 Ebd., Bd. I, S. 244 f.

58 Ebd., Bd. I, S. 250 f.

59 Camillo Minieri Riccio: Memorie storiche degli scrittori nati nel Regno di Napoli, Napoli 1844, S. 187; Carlo Villani: Scrittori ed artisti pugliesi antichi, moderni e contemporanei, Trani 1904, S. 129 f.

60 Ebd., Bd. II, S. 11.

61 Ebd., Bd. I, Vorrede des Verfassers, S. XXII.

62 Melchisedech Thévenot: L'art de nager, Paris 1696, Preface, nicht paginiert. "[...] il semble ne regarder qu'un certain nombre de personnes d'une condition assez oscure, tels que sont les Matelots, & les Bâteliers qui par la necessité de leur métier s'appliquent à nâger, & à plonger, & quelques autres du menu peuple qui s'y exercent par simple divertissement."

63 Vgl. auch Melchisedech Thévenot: L'art de nager, Paris 1782, S. 15: "Die meisten Bürger der anderen Stände, ängstlich darauf bedacht, die häuslichen Palatine zu imitieren, sagen sich von den alten Bräuchen los; und die ländlichen Freuden, die unschuldigen Entspannungen, wie sie das Schwimmen darstellt, werden den Bauern und dem Rest des Pöbels überlassen." ["La plupart des citoyens des autres ordres, jaloux d'imiter ces Paladins Casaniers, abdiquerent les vieux usages; & les récréations champêtres, les délassemens innocens, tels que l'Art de nager, furent livrés aux paysans & au reste de la populace."]

64 Jean-Jacques Rousseau: Émile ou de l'éducation, Paris 1992, S. 137. ["Une

wie auch zahlreicher anderer Traktatschreiber, die über das Schwimmen publizierten, sehen. Bernardi selbst hatte bereits bemerkt, dass sich zu seiner Zeit Praktiker vornehmlich unter den Matrosen und einfachen Leuten fänden, die gebildeten Stände diese Praxis hingegen ablehnten: "Seitdem das Baden und Schwimmen bey den gesitteten Nationen nicht mehr einen hervorstechenden Theil der öffentlichen Erziehung ausmacht, seitdem ist es bey den gebildeteren Ständen ganz in Verachtung gekommen, und hat sich nur mit Noth bey denen noch erhalten, welche ihr Gewerbe häufig auf das Wasser treibt."[60] Das Schwimmen würde "bey den cultivirten Völkern Europens [...] für ein Laster gehalten, das den ernstlichen Tadel verdient."[61] Dieser soziale Kontext des Schwimmens war nicht auf Italien beschränkt, vielmehr finden sich ähnlich lautende Zeugnisse aus verschiedenen europäischen Ländern: Bereits Ende des 17. Jahrhunderts schreibt ein französischer Autor: "[...] es scheint nur eine gewisse Anzahl von Leuten von zweifelhaftem Stand zu betreffen, wie die Matrosen und Bootsleute, die sich aus beruflichen Gründen um das Schwimmen und Tauchen bemühen, und einige andere der kleinen Leute, die sich darin zum Vergnügen üben."[62] Doch hielt sich die Vorstellung des Schwimmens als einer nicht standesgemäßen Tätigkeit bis zum Ende des 18. Jahrhunderts.[63] So begründete auch Jean-Jacques Rousseau, der sich 1762 in seinem "Emile" für das Schwimmen stark machte, dessen Vernachlässigung:

> "Eine exklusive Erziehung, die allein darauf abzielt, diejenigen, die sie empfangen haben, vom Volk zu unterscheiden, zieht stets den teuersten Unterricht dem gewöhnlichen und selbst dem nützlicheren vor. Daher lernen die so mit Sorgfalt erzogenen jungen Leute alle reiten, weil es viel Geld kostet, aber fast keiner von ihnen lernt schwimmen, weil es nichts kostet, und weil ein Handwerksmeister diese Kunst so gut verstehen kann wie irgend jemand."[64]

Ähnlich sollte Johann Christoph Friedrich GutsMuths, als von Rousseau beeinflusster Philanthrop einer der ersten und eifrigsten Fürsprecher des Schwimmens, einige Jahre später in Deutschland argumentieren: "Es ist nun aber nicht anständig, Matrosenübungen vorzunehmen. Es ist wider den feinen Ton; die Convenienz läßt es nicht zu; es ist nicht Mode [...]".[65]

Hält man sich vor Augen, dass das Schwimmen den Menschen anscheinend in gefährliche Nähe zu Tieren, unteren Ständen aber auch zu den so genannten "Wilden" brachte, die in Reiseberichten regelmäßig als ausgezeichnete Schwimmer und Taucher beschrieben wurden,[66] so wird deutlich, dass allein eine Beschäftigung mit diesem Thema und damit eine Aufnahme in den Kreis der publikations- und diskussionswürdigen Sujets eine Aufwertung bedeutete. Dies gilt umso mehr, als Oronzio de Bernardi im Hinblick auf Umfang und Qualität seiner Schrift alle seine Zeitgenossen, die zu diesem Thema schrieben, übertraf. Mit großem intellektuellen Aufwand widmete er den gesamten ersten Band einer Diskussion der bisherigen Arbeiten und sodann der experimentellen Beweisführung der Schwimmfähigkeit des Menschen;[67] erst im zweiten Band – rund 250 Seiten später – beginnt die eigentliche "Schwimmschule", doch auch diese ist theoriegeleitet:

> "Die Schwimmkunst ist nach meinem System nicht auf ein unsichres und unbestimmtes Verfahren eingeschränkt, sondern stützt sich auf feste physikalische Grundsätze. Die Dynamik, welche den

éducation exclusive, qui tend seulement à distinguer du peuple ceux qui l'ont reçue, préfère toujours les instructions les plus coûteuses aux plus communes, et par cela même aux plus utiles. Ainsi les jeunes gens élevés avec soin aprennent tous à monter à cheval, parce qu'il en coûte beaucoup pour cela; mais presque aucun d'eux n'apprend à nager, parce qu'il n'en coûte rien, et qu'un artisan peut savoir nager aussi bien que qui que ce soit."]

65 GutsMuths, Kleines Lehrbuch (s. Anm. 30), Vorrede, S. VII.

66 So z.B. auch bei Bernardi, Vollständiger Lehrbegriff (s. Anm. 1), Bd. I, Vorrede des Verfassers, S. XXIV: "In der That wissen auch die Wilden sehr gut, und wissen es durch die Stimme der Natur, die in ihnen noch rein und unverdorben ist, daß der menschliche Körper im Wasser schwimmt. Sie sind berühmt wegen ihrer Geschicklichkeit im Schwimmen, die so groß ist, daß weder Gefahr, noch Sturm, noch die Weite des Weges sie im geringsten erschrecken. Sie schwimmen alle stehend, und so, als ob sie auf der Erde giengen. Dabey greifen sie sich nicht an, werfen sich nicht hin und her, matten sich nicht ab. Sie sitzen im Wasser, ruhen gemächlich aus, schwimmen mit Bequemlichkeit und legen ihren Weg ohne Anstrengung zurück."

67 Vgl. auch ebd., S. XXXI: "In dem ersten untersuche ich die Meinungen der berühmtesten Schriftsteller über diese Materie, lege die

> Gebrauch der lebendigen Kräfte bestimmt; die Hydrostatik, welche die Gesetze des Gleichgewichts sowohl der flüßigen Körper allein, als der festen und flüßigen untereinander lehrt; und die Mechanik, welche die vorteilhafteste Art die Körper zu bewegen angiebt, vereinigen sich, sie zu begründen und ihr ihre Vollendung zu geben."[68]

Durch theoretische Fundierung, methodische Zergliederung und schrittweise Unterweisung verwissenschaftlichte er damit ein Thema, das zuvor kaum als wissenschaftswürdig erschienen war, und wertete es damit auf. Zugleich schuf er durch eine solche Schwimmkunst und Schwimmwissenschaft den Leitfaden für eine Praxis, die sich eben durch ihre Theoriegeleitetheit von den Praktiken der Matrosen, unteren Schichten und "Wilden" deutlich unterscheiden und damit auch legitimieren sollte. Eine solche Praxis bewahrte den Bürger davor, durch das Schwimmen auf die Stufe derjenigen hinabzusinken, von denen er sich gerade absetzen wollte. So stellte Bernardi im Hinblick auf die Differenz zwischen europäischem und außereuropäischem Schwimmen fest: "Man könnte sagen: die Schwimmkunst, die ich hier lehren will, wird von dem cultivierten, aufgeklärten Europa, in welchem die Wissenschaften blühen, erfunden, indeß sie den Völkern Australiens, den Amerikanern und allen andern Wilden durch die laute und vernehmliche Stimme der Natur selbst gelehrt wird."[69] Entsprechend kam es zu einer deutlichen Abgrenzung gegenüber bestehenden Praktiken: Schwimmen um des Vergnügens willen war eine Praxis der unteren Stände, Schwimmen zur Lebensrettung hingegen eine ernste Übung des aufgeklärten Bürgertums. "Unbewusstes" Schwimmen war eine Praxis der "Wilden", die methodische, schrittweise Erlernung der Bewegung im Wasser dagegen ebenso Handicap wie Ausdruck der Rationalität des Europäers. Aus diesem Grund sollte auch die von Bernardi ins Auge gefasste Schwimmschule keineswegs ein Ort des Vergnügens, sondern eine seriöse Stätte für Schwimmexperimente sein: "diese [...] muß der Ort zu den ernsthaftesten dynamischen, hydrostatischen und mechanischen Versuchen seyn. Und weil diese ernsthaften Beschäftigungen durch keine Art von Unordnung und Liederlichkeit, dergleichen bis jetzt gewöhnlich beym Erlernen der Schwimmkunst statt gefunden hat, gestört werden darf [...]",[70] schlägt Bernardi sowohl einen abgesonderten, der Konzentration dienlichen Ort als auch ziemliche Badebekleidung vor. Indem Traktatschreiber wie Bernardi so eine wissenschaftlich fundierte, als möglich und nützlich gedeutete "Schwimmkunst" schufen, machten sie diese den höheren Ständen zugänglich.

6. *Schluss*

Hatte Bernardis Schwimmschrift praktische Auswirkungen? Allein aufgrund des Umfangs seines Traktats dürfen wir vermuten, dass die meisten seiner Zeitgenossen weiterhin schwammen, ohne sich um ihr spezifisches Gewicht zu bekümmern. Anfang des 19. Jahrhunderts lehrte Ernst von Pfuel (1779–1866) das Schwimmen mit der Schwimmangel, was weder Bernardis Methode noch seinem Ideal vom aufrechten Schwimmen entsprach. Ungefähr zur gleichen Zeit konnte man in Paris Schwimmer beobachten, die heftig mit Armen und Beinen gegen das Wasser schlu-

Gründe meiner Entdeckung dar, und bestätige sie durch Beweise und Versuche, [...]."

68 Ebd., Bd. II, S. 29; vgl. auch ebd., Bd. I, Vorrede des Verfassers, S. XXXII.

69 Ebd., S. XXIV.

70 Ebd., Bd. II, S. 30.

gen.[71] Dazu muss man sich jedoch verdeutlichen, dass für die Ausbildung unterschiedlicher Schwimmstile nicht nur die von Bernardi so hoch geschätzte Pragmatik des Überlebens eine Rolle spielte. Die heftigen, kraftvollen Bewegungen galten vielmehr als besonders männlich, und da das Militär im 19. Jahrhundert für die Verbreitung des Schwimmens eine zentrale Rolle spielen sollte – wie sich bereits bei Bernardi durch den Kontext seiner Schwimmexperimente andeutet –, erscheint es nur plausibel, dass nun dieser männliche Zug besonders betont wurde.

Trotz der eher bescheidenen Auswirkungen liefert uns Bernardi und mit ihm andere Traktatschreiber wertvolle Informationen: Indem diese Autoren bis dahin "stumme Praktiken" zergliederten und deuteten, geben sie uns Hinweise über Vorstellungen von "natürlichen" und "unnatürlichen" Körperhaltungen und Bewegungen, von wünschenswerten und abzulehnenden, möglichen und unmöglichen. Diese Deutungsmuster waren weder absolut, insofern sie die Praktiken nicht bestimmten, noch universal, insofern sie auf spezifische soziale Gruppen und geographische Räume bezogen waren. Dennoch machen sie deutlich, dass sich selbst solche Körpertechniken, die uns heute als "natürlich" und selbstverständlich erscheinen, historisch entwickelt haben und durch kulturelle Vorstellungen geprägt sind.

71 Corbin, Meereslust (s. Anm. 6), S. 105 f.; Gilbert Andrieu: De l'art de surnager au XIXe siècle dans la Seine, in: Revue des Sciences et techniques des activités physiques et sportives 10 (Dezember 1984), S. 64–74.

Katalog

Hand und Leib, Arbeiten und Üben

Janina Wellmann

Die im Europa der frühen Neuzeit vorherrschende Bewegungskultur war eine Kultur der Exerzitien. Das Mittelalter hatte sich noch vorwiegend im agonalen Kräftemessen geübt: Kampf und kampfähnliche Übungen wie das Kugelwerfen, Steinschleudern oder das Ringen dienten dem direkten Kräftevergleich, dem Kampf Mann gegen Mann. Seit dem 16. Jahrhundert drängten die Ideale des Hofes dagegen zunehmend das Kräftemessen in den Hintergrund und setzten an seine Stelle das Ziel der Geschicklichkeit. Das Bewegungsideal des *galant homme* umfasste Übungen an der Waffe ebenso wie die Beherrschung des Tanzens, Reitens, Voltigierens, Fechtens oder Turnens. Körperbewegungen hatten nicht nur akkurat zu sein, sondern ebenso zierlich, vergnüglich und schön anzuschauen – gleichgültig, ob sie sich auf dem Tanzboden oder dem Schlachtfeld abspielten. So sollte der militärische Drill mit seinen endlosen Wiederholungen von Handgriffen, Schritt und Haltung dem Soldaten nicht weniger Formvergnügen bereiten als dem Edelmann der Tanz bei Hofe; umgekehrt ließ sich das Schematische der Exerzitien nicht vollständig hinter Anmut und Grazie des Tanzes verbergen.

Ästhetische Kriterien bildeten im 17. und 18. Jahrhundert den Maßstab, an dem sich die Körperbewegungen auszurichten hatten: Die Bewegungskultur der frühneuzeitlichen Exerzitien war eine Bewegungsästhetik. Sie machten aus dem Tanzen, den Leibesübungen ebenso wie dem Schießen die *Kunst des Bewegens*, die es zu wissen, zu erlernen und mit Sorgfalt zu beherrschen galt.

Derart komplexe Bewegungskünste erforderten Einweisung. Gelehrt wurden sie von Exerzitien-, Tanz-, Drill- oder Fechtmeistern. Die Lehrmeister, die ihre Kunst an ihre Schüler weitergeben wollten, sahen sich vor eine doppelte Aufgabe gestellt: Sie mussten ein Vokabular entwickeln, mit dem die Bewegungen des Fechtens oder Ringens, die Handhabung des Degens oder der Lanze, die Stellung der Füße, der Griff der Hände, Angriff und Verteidigung, kurz, die gesamte Koordination der einzelnen Körperpartien respektive von Waffen und Geräten analysiert und beschrieben werden konnte. Noch wichtiger war es jedoch, ein visuelles Repertoire zu entwickeln, mit dem die zu erlernenden Bewegungen für den Schüler nachvollziehbar wurden. Das 'anständige' und 'harmonische' Zusammenspiel des Körpers von Kopf bis Fuß konnte nicht allein in Worte gefasst, sondern musste im Bild anschaulich gemacht werden – schließlich handelte es sich um performative Künste, die im lebendigen Nachvollzug, in der Anmut der tatsächlichen Bewegung nachvollzogen wurden. Die Form, in der diese Unterweisung ihre Visualisierung fand, waren die seriellen Instruktionsgraphiken der Bewegung. Damit ist die serielle Aufgliederung einer zu erlernenden Bewegung in einzelne Positionen gemeint, die – zusammengenommen – den Eindruck eines kontinuierlichen Bewegungsflusses hervorrufen. Die Geschichte der Instruktionsgraphiken ist bis heute kaum erforscht und damit eine ganze Tradition graphischer Bildkunst in ihrer historischen wie epistemischen Bedeutung nicht annähernd erfasst.

Hans Conrad Lavater: Kriegs-Büchlein: Das ist grundtliche Anleitung zum Kriegswesen: namlich wie ein Vestung mit Ihren Inner- und Ausserwercken angerichtet: mit aller erforderlichen Zugehörd versehen und verwahret werden solle.
Gedruckt zu Zürich Bey Johann Jacob Bodmern in verlegung des Authors 1651.

HAB: 83.1 Quod. (3)

Tafel III: Muskete
Tafel IV: Pike
Tafel V: Pike

Am Anfang der modernen Kriegspraxis stand die Oranische Heeresreform der Jahre 1590–1620. Vorbild der Reformen unter Moritz von Oranien (1567–1625) war das Kriegswesen der Antike. Die wesentlichen Elemente der neuen Ordnung gehen direkt auf antike Quellen zurück. Neu an der Heeresstruktur war insbesondere die bisher unbekannte, systematische Truppenausbildung in Form des Exerzierens und die zugehörige Kommandosprache. Um die Soldaten in die Bewegungen einzuführen und deren Ausübung zu perfektionieren, entstanden Handbücher der Kriegskunst. Aufgabe der Exerzitienliteratur war es nicht nur, den Soldaten zu normieren, sondern auch die *Art der Anleitung* und die *Repräsentation der Bewegung* zu vereinheitlichen. Eine dieser Anleitungen ist das "Kriegs-Büchlein" des Züricher Hauptmanns Hans Conrad Lavater, das 1644 erstmals erschien. Mit diesem Buch gelangte die Oranische Heeresreform auch in die Schweiz. In den ersten beiden Teilen des "Kriegs-Büchleins" behandelt Lavater die Festung und ihre Besatzung, der dritte handelt "Vom Anleitung und Übung allerhand Wehr und Waaffen".

Aufgeschlagen: (Abb. 17)

Die Tafel III zeigt das Exerzieren mit der Muskete, Tafeln IV und V das "Exercitium mit der Rondellen [runden Schildern, J. W.] und Spieß/ wie auch mit der Rondellen und Dägen". Für die Unterweisung der Soldaten wird den Offizieren empfohlen:

"Es sollen alle Officierer alle morgen im Sommer/ es seye gleich in der Guarnison oder im Feld/ ihr Volck/ jetzt ein Rott/ dann zwo/ drey/ vier/ fünff und mehr Rotten zu halben und ganzen Compagnien täglich in Armis exercieren/ und ihme die handgriff vorweisen/ und die Wort selbsten darzu reden/ damit es der new Soldat verstehe; dann durch so vil wort machen/ auch der geschickteste perturbiert und verwirret wird/ und kann durch freundlich zusprechen/ und selbs vorweisung hundert mal mehr ein unerfahrner und ungeübter/ alß aber durch Schläg/ böse und vil wort oder balgen/ gelehrt und underrichtet werden."[1]

Abb. 17a

Abb. 17b

1 Lavater: Kriegs-Büchlein, S. 85.

Abb. 17c

Abb. 17d

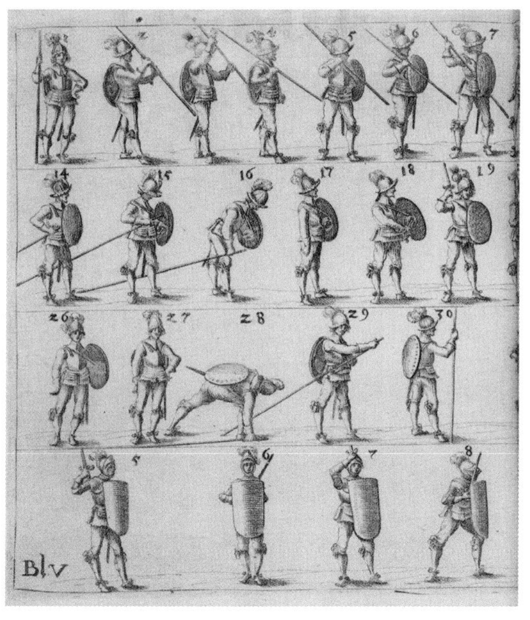
Abb. 17e

Abb. 17f

Hans Friedrich von Fleming, Der vollkommene Teutsche Soldat: welcher die gantze Kriegs-Wissenschafft [...] deutlich vorträgt[...]; Nebst e. Anhange von gelehrten Soldaten, Adel u. Ritterstande, [...] / Hannß Friedrich von Fleming. Leipzig : Martin, 1726. 61 Kupfer; 2° (4°).

HAB: Jb 2° 5

Tafel R

Spätestens Mitte des 18. Jahrhunderts hatte sich die Instruktionsgraphik als fester Bestandteil der visuellen Kultur, vor allem im militärischen Bereich, etabliert. Das Prinzip der Serialität war im 18. Jahrhundert paradigmatisch für die Bewegungsanleitungen in diesem Feld geworden, und unzählig sind die Beispiele in den Militärhandbüchern der Zeit. Eine ähnliche Bedeutung, wie sie die Schriften von Johann Jacob von Wallhausen (ca. 1580–1627) oder Hans Conrad Lavater im 17. Jahrhundert besaßen, hatte im 18. Jahrhundert der "Vollkommene Teutsche Soldat" aus dem Jahr 1726 von Hans Friedrich von Fleming (1670–1733).

Hans Friedrich von Fleming war Offizier im Dienste des Kurfürsten Friedrich August I. von Sachsen, der ihn nach seiner Entlassung aus dem Militärdienst zum kursächsischen Oberforst- und Wildmeister ernannte. Auf diese beiden Tätigkeiten gehen sowohl Flemings bekanntestes Werk, der "Vollkommene Teutsche Soldat", als auch der "Der vollkommene Teutsche Jäger" zurück, der zwischen 1719 und 1724 in Leipzig herausgegeben wurde.

Abb. 18

Aufgeschlagen:

In Flemings Werk "Der vollkommene Teutsche Soldat" sind elf großformatige Tafeln dem Exerzieren mit verschiedenen Formen von Waffen gewidmet. Das Kommando allein zur ersten Figur der vorliegenden Tafel R (Abb. 18) "Das Gewehr hoch" lautet vollständig:

"1. Bey dem I. Tempo wird der rechte Fuß angezogen, zugleich das Gewehr auf der Achsel gewandt, und mit der rechten Hand unter dem Hahn angefaßt. 2. Bey dem andern Tempo wird das Gewehr mit der rechten Hand von der Achsel gehoben, und zugleich über dem Schloß die lincke Hand an und vor sich gebracht, da denn zugleich der rechte Fuß die Herstellung gemacht."[2]

2 Fleming: Vollkommener teutscher Soldat, S. 230.

Über den Jenaer Exerzitienmeister Johann Georg Paschen (auch Pasch oder Pascha) (1628–1678) ist wenig mehr bekannt als aus seinen Schriften hervorgeht. Paschen veröffentlichte in den 1660er Jahren eine Reihe von Handbüchern, in denen er alle Exerzitien seiner Zeit abhandelte – den Umgang mit Pike, Fahne und Jägerstock (ein mit eisernen Spitzen beschlagener Stock) ebenso wie das Exerzieren mit der Muskete, das Ringen, Fechten, Voltigieren. Das Besondere an Paschens Traktaten ist, dass er alle beschriebenen Hand- und Körperfertigkeiten als eine Art Bilderenzyklopädie anlegte. Seine Schriften dienten in erster Linie der bildlichen Unterweisung und der Text der Erläuterung des Dargestellten. In allen Fällen ist die Bildsprache identisch: Die zu erlernenden Körperbewegungen sind in eine Vielzahl aufeinander folgender Positionen aufgegliedert, von denen mehrere auf einem Blatt und über viele Seiten hintereinander folgen. Jede Figur erscheint wie eine Wiederholung der vorhergehenden, jedoch jeweils mit einer Variation in der Bewegung oder in dem Körperteil, der die Bewegung auszuführen hat. Die auf die wesentlichen Informationen reduzierte Bildsprache und konsequente Reihung der Figuren erzeugen den Eindruck einer zusammenhängenden, sich fortschreibenden Bewegung.

Aufgeschlagen:

Die Bilder (Abb. 19) zeigen Bewegungsfolgen des Ringens, das Paschen dem Fechten ähnlich zu systematisieren versuchte. Zu etwa derselben Zeit, als Paschens Abhandlung erschien, erreichte die Darstellung des Ringens in den Kupferstichen Romeyn de Hooges (1645–1708) für Nicolaes Petters "Klare Onderrichtinge der voortreffelijcke Worstel-Konst" (1674) ihren Höhepunkt. Im 18. Jahrhundert verschwand das Ringen zunächst weitgehend, bis es zu Beginn des 19. Jahrhunderts in den philanthropischen Leibesübungen neue Wertschätzung erfuhr.

Abb. 19a

Johann Georg Paschen: Vollständiges Ring-Buch, Darinnen angewiesen wird, Wie man Adversarium recht angreiffen, sich loß machen, die Schläge pariren, unterschiedene Lectiones und die contra-Lectiones darauff machen soll / Mit Fleiß beschrieben und mit sehr vielen Kupffern außgebildet von Johann Georg Paschen, Hall in Sachsen, Druckts Melchior Oelschlegel 1673. Bd. 2.

HAB: Hn 4° 39 (3)

Pag. 4 (Fig. 4–7)
Pag. 5 (Fig. 8–15)

Abb. 19b

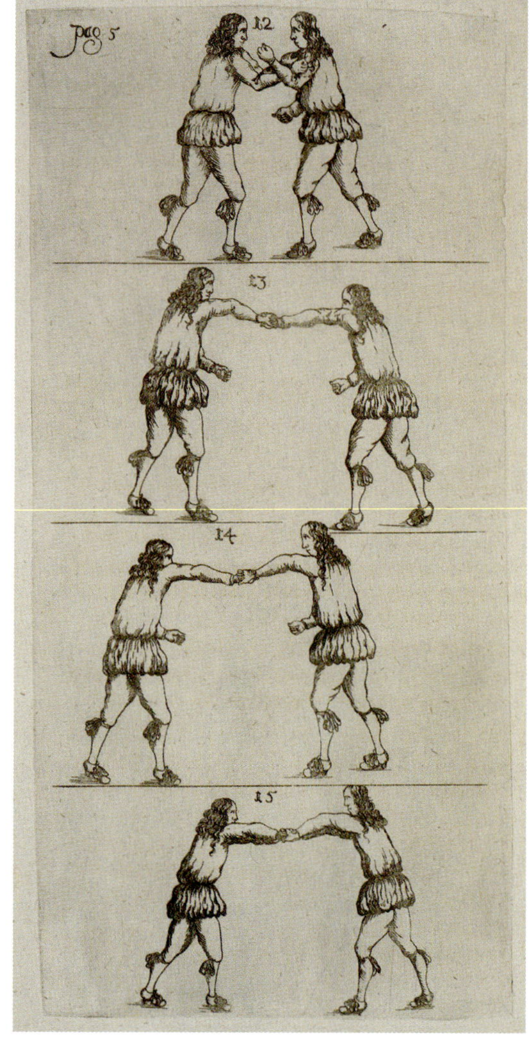

Abb. 19c

Die serielle Ikonographie verschwand auch dann nicht, als sich um 1800 eine neue Konfiguration der europäischen Bewegungskultur anbahnte und neue Sportarten entstanden – Sportarten, die eher Leistung, Spannung und Geschwindigkeit favorisierten, wie zum Beispiel das Pferderennen, Eislaufen oder der Walzer. So übernahmen etwa die Philanthropen das Exerzieren in ihre Leibesübungen. Ziel der Reformbewegung, die gegen Ende des 18. Jahrhunderts entstand, war die Bildung des Menschen, geistig sowie körperlich durch Leibeserziehung. Auch in den Darstellungen zu dem im 19. Jahrhundert entstehenden Turnen findet sich die serielle Repräsentation. Die Turnbewegung Friedrich Ludwig Jahns (1778–1852) gehörte zu den einflussreichsten Bewegungsschulen am Beginn des 19. Jahrhunderts in Deutschland. Jahn entwickelte das Turnen aus ausgedehnten Wanderungen, die er mit seinen Schülern unternahm. Entsprechend wurden die Übungen im Freien absolviert und 1811 der erste deutsche Turnplatz auf der Berliner Hasenheide eröffnet.

Aufgeschlagen:

Das Bild (Abb. 20) zeigt, wie das Turnen im Freien ausgeübt wurde. Zu den praktizierten Übungen gehörten das Stabhochspringen sowie Übungen am Barren und

Lehrbuch der von Friedrich Ludwig Jahn unter dem Namen der Turnkunst wiedererweckten Gymnastik zur allgemeinen Verbreitung jugendlicher Leibesübungen: mit Kupfertafeln, darstellend die Geräthe, Gerüste und Uebungen auf dem Turnplatz in der Hasenheide bei Berlin/hrsg. von Johann Wilhelm Jacob Bornemann,

Abb. 20

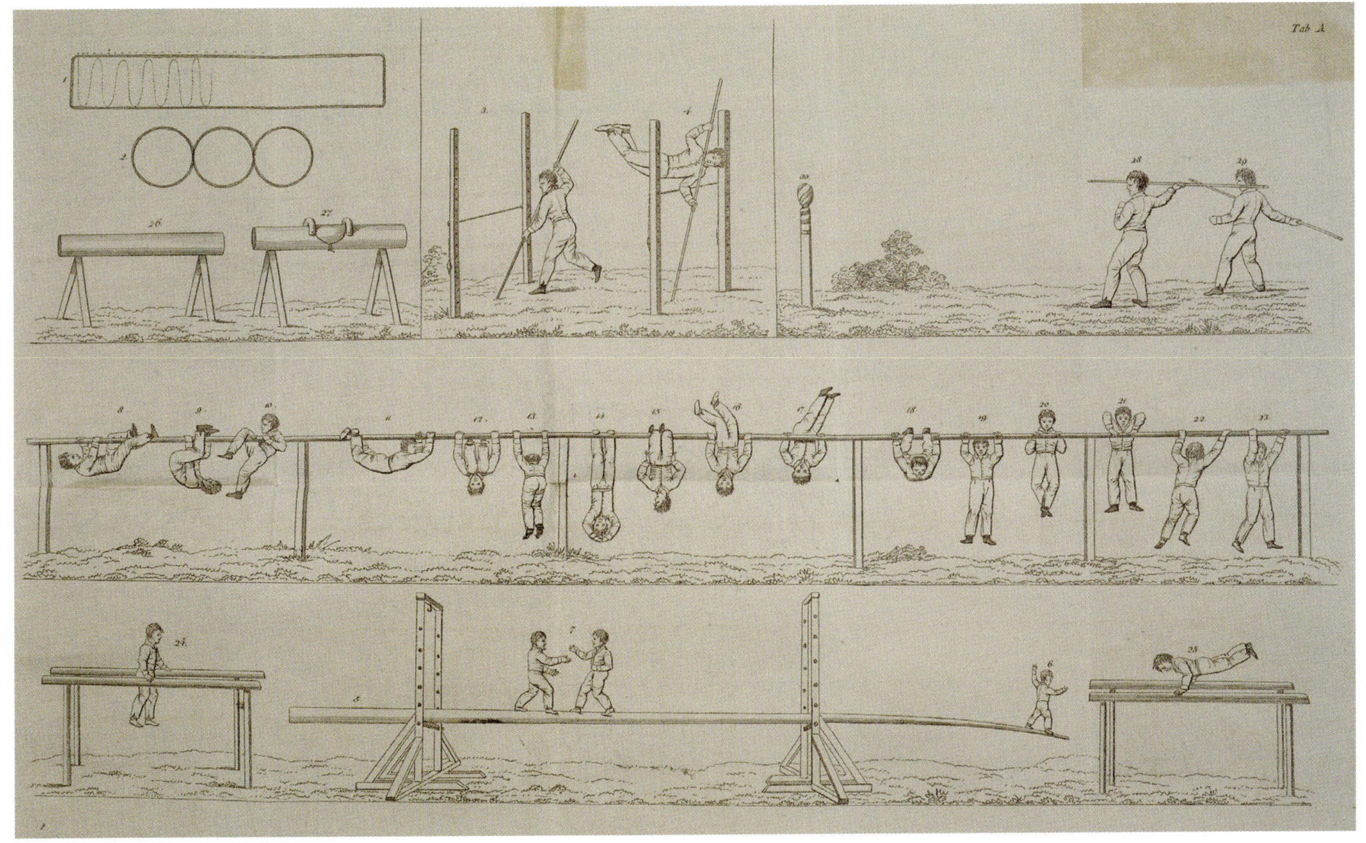

Berlin: Dieterici 1814. XVI, 123 S., Ill. (Kupferst.)

HAB: Hn 41

Tab. A

einer Form des heutigen Schwebebalkens. Im 19. Jahrhundert trat an die Seite des Voltigierens, das sich zu einer eigenständigen Form des Reitsports entwickelte, das Turnen am Sportgerät 'Pferd'. Besonders interessant ist die hier gezeigte Tafel, da sie im Zentrum des Blickfeldes, in der Folge der Figuren 8 bis 23, verschiedene Übungen am Reck zeigt, die sich zu einer fließenden Bewegungsfolge kombinieren ließen und erst in der Abfolge der Bewegungen eine 'Übung' ausmachten.

Paschen ist nicht nur der Autor einer Reihe von Abhandlungen über das Ringen, Fechten oder Voltigieren. Auch ein Buch über das Tranchieren stammt aus seiner Feder. Heute eine längst vergessene Kunst und gelehrt nur im Rahmen einer Kochausbildung, gehörte das kunstvolle Zerlegen von gegarten Speisen mit dem Tranchierbesteck im 17. Jahrhundert zu den Grundfertigkeiten des Edelmannes. Paschen führt einleitend in sein Buch die Kunst, "die Speise zu zerschneiden und in Bescheidenheit vorzulegen",[3] bis auf die Opferriten der Hebräer im Alten Testament zurück und verfolgt dann die Geschichte des Tranchierens über die Griechen und Römer bis auf Karl den Großen, unter dessen Herrschaft schließlich auch die deutschen Völker gesittetes Verhalten erlernt hätten.

Aufgeschlagen: (Abb. 21)

Um ein Tier fachgerecht zerlegen zu können, bedurfte es des Wissens um seine Anatomie sowie des gekonnten Umgangs mit dem Tranchierbesteck – das sind in der Regel Tranchiergabel und Tranchiermesser. Paschens Traktat gibt in detaillierten Abbildungen zum einen eine sukzessive Einführung in das fachgerechte Zerlegen verschiedener Tiere, etwa Geflügel oder Schwein. Zum anderen zeigen eine Reihe von Abbildungen die verschiedenen Haltungen der Hand mit der Tranchiergabel.

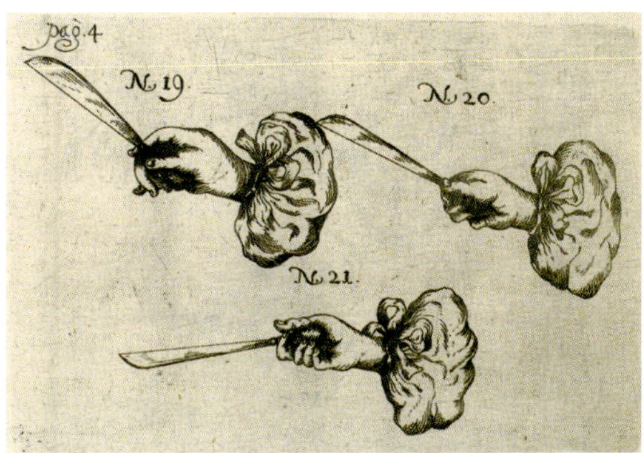

Abb. 21a

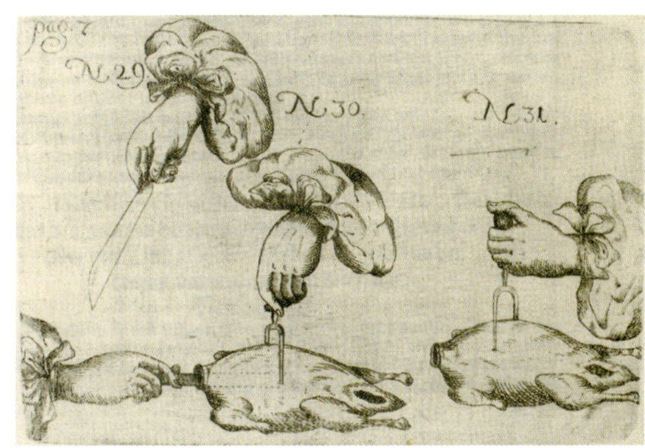

Abb. 21b

Johann Georg Paschen: Neu vermehrtes vollständiges Trincier-Buch: handlend I. Von Zerschneidung und Vorlegung der Speisen [...] II. Von rechter Zeitigung aller Mundkoste [...] III. Von den Schau-Gerichten/ sampt etlichen denckwürdigen Banckette. Nach itziger Zeit üblicher Manier mit Fleiß beschribene/ verbessert und mit vielen nothwendigen Kupffern außgebildet Von Johann George Paschen. In Verlegung Martin Müllers/ Buchhändlers zur Naumburg. 1665.

HAB: Xb 6200

Tafeln: pag. 4, N. 19 – 21 und pag. 7, N. 29 – 31.

3 Paschen: Trincier-Buch, S. 1.

Denis Diderot/Jean le Rond d'Alembert: Encyclopédie Ou Dictionnaire Raisonné Des Sciences, Des Arts Et Des Métiers / Par Une Société De Gens De Lettres. Mis en ordre & publié par M. Diderot, de l'Académie Royale des Sciences & des Belles-Lettres de Prusse; & quant à la Partie Mathématique, par M. D'Alembert, de l'Académie Royale des Sciences de Paris, de celle de Prusse, & de la Sociéte Royale de Londres. Paris 1751–1772, 17 Text- und 11 Bände mit Bildtafeln.

HAB: KA 80-2610

Planches XXI–XXIII (Pèches), Planches Bd. 8 (1765): "filer sous le petit doigt". Planches XXIV und XXV (Pèches), Planches Bd. 8 (1765): "filer sur le pouce".

Die Encyclopédie von Diderot und d'Alembert war nicht nur eines der größten ökonomischen Buchprojekte der Aufklärung. Ihre Tafelbände stellen auch eines der umfangreichsten Bildkompendien des 18. Jahrhunderts bereit. Die bildliche Repräsentation des Wissens war der enzyklopädischen Sammlung keineswegs nachgeordnet. Im Gegenteil: Aus den anfänglich geplanten zwei Tafelbänden wurden ganze elf großformatige Foliobände, die zwischen 1762 und 1772 mit nahezu 3000 Tafeln herausgegeben wurden.

Einen Schwerpunkt bildet die Repräsentation der Handwerke, die dem Willen der *encyclopédistes* zufolge gegenüber den schönen Künsten aufgewertet werden sollten. Das seit Jahrhunderten von den Zünften verwaltete Wissen der *arts et métiers* sollte öffentlich gemacht, die Tradition der Handwerke offenbart und dem Leser nachvollziehbar gemacht werden. Wann immer möglich, stützten sich die Autoren für ihre Tafeln auf bereits vorhandene Quellen. Eine Ausnahme ist dagegen die Darstellung einzelner Handbewegungen. Auf einer Reihe von Tafeln werden die einzelnen Handgriffe eines Handwerks und die Reihenfolge, in der sie ausgeführt werden müssen, abgebildet. Diese Tafeln entstanden direkt vor Ort, in den Werkstätten der Handwerker, wo die Zeichner den Arbeitern zuschauten und ihre Darstellung direkt nach ihren Handgriffen formten.

Aufgeschlagen:

Die Reihe der Bilder (Abb. 22) zeigt die Bewegungen der Hände, die einen Faden zu einem Fischernetz knüpfen. Im ersten Falle handelt es sich um die "manière de filer sous le petit doigt" (Flechten unter dem kleinen Finger). Das zweite Beispiel zeigt eine andere Form des Flechtens "sur le pouce" (über dem Daumen). Wie bei den Darstellungen der Körperbewegungen wird auch bei der Handarbeit nicht einfach die Sukzession der einzelnen Arbeitsschritte gezeigt. Vielmehr ist in den Erklärungen zu den Tafeln von der *tems* die Rede, von jenen Zeiteinheiten, in denen die einzelnen Bewegungen aufeinander bezogen sind und sich zum Rhythmus des Knüpfens verbinden:

"Fig. 1. Erste Zeit; der Faden muss über der Form [gemeint ist die zu einer leichten Hohlform gewölbte Hand, J. W.] liegen, wo er vom Daumen der linken Hand festgehalten wird. 2. Zweite Zeit der Entstehung des Netzes; sie besteht darin, die Nadel vom oberen zum unteren Ende des Netzes zu führen, so dass der Faden hinter der Form [s. o.] ist [...] 3. Dritte Zeit der Entstehung des Netzes; man muss den Daumen unter die Form [s. o.] führen, um danach mit dem Daumen so zu machen, wie es die Figur zeigt".[4]

4 Diderot/d'Alembert: Encyclopédie, ND Stuttgart-Bad Cannstatt 1966–1967, hier

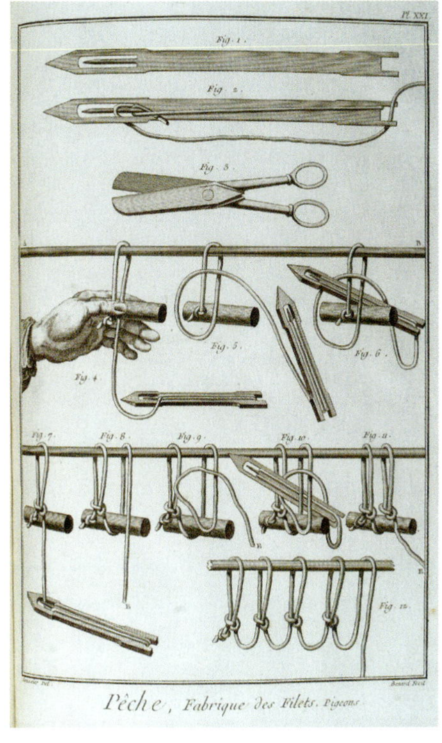

Abb. 22a

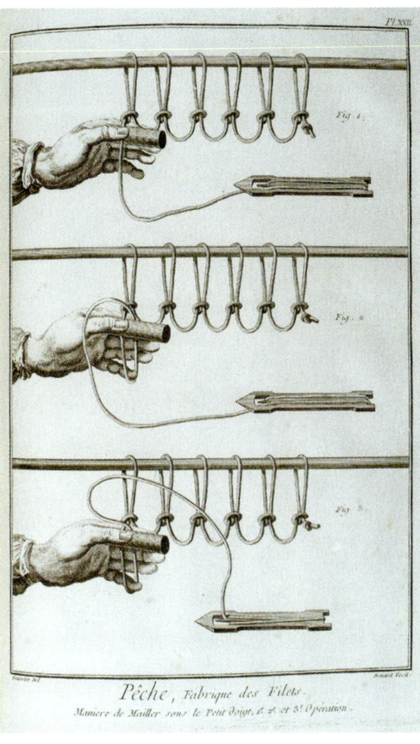

Abb. 22b

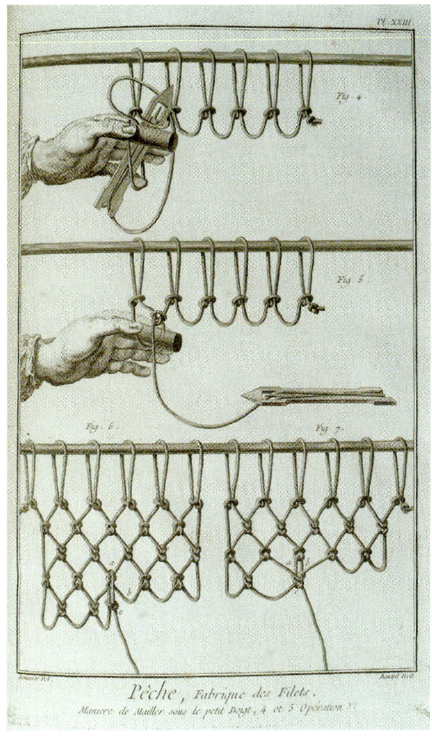

Abb. 22c

Abb. 22d

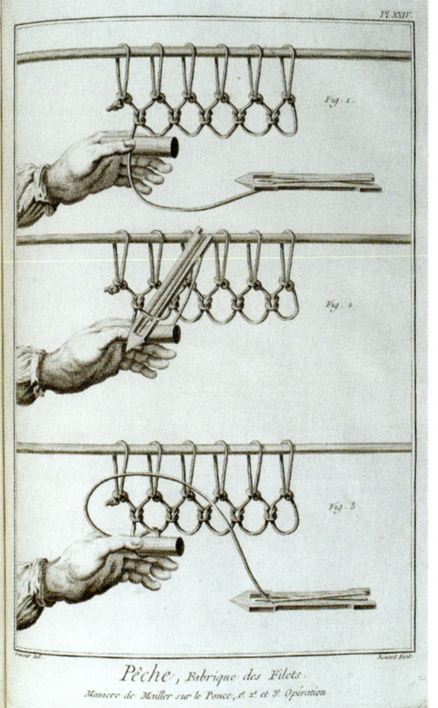

Abb. 22e

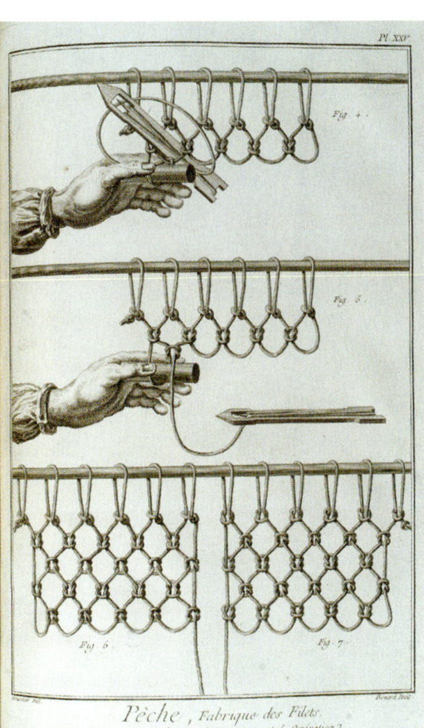

Bd. 8 der Tafelbände [1771], *Explication des Planches. Pèches.* Planche XXIV, S. 4: "Fig. 1. Premier tems; le fils doit être sur le moule où il est arrêté par le pouce de la main gauche. 2. Second tems de la formation de la maille; il consiste à passer l'aiguille du haut en-bas de la maille, en sorte que le fil seroit derriere le moule [...]. 3. Troisieme tems de la formation de la maille; il faut passer le pouce pardessous le moule pour le faire ensuite avec le pouce comme la figure le représente".

Haltung bewahren

Kirsten O. Frieling

In der Frühen Neuzeit erfreute sich Anstandsliteratur ausgesprochen großer Beliebtheit. Ein reichhaltiges Schrifttum zu Belangen des gesellschaftlichen Verkehrs zeugt davon, dass Fragen des Umgangs miteinander keineswegs ein triviales, randständiges Thema, sondern von zentralem Interesse waren. Vom 16. bis zum 19. Jahrhundert erschienen unzählige, zum Teil von namhaften Autoren verfasste Texte, die sich hauptsächlich mit dem angemessenen Verhalten in Gesellschaft beschäftigen, sei es als Erstveröffentlichungen, Neuauflagen, Bearbeitungen oder Übersetzungen. Zusammen bilden sie ein auf wechselseitigen Bezügen basierendes Geflecht, das zwar dem gleichen Gegenstand verpflichtet ist, sich im Hinblick auf die konkreten Inhalte, den lebensweltlichen Hintergrund der Verfasser und die anvisierten Adressatenkreise jedoch sowohl in diachroner als auch in synchroner Perspektive als überaus heterogen erweist.

Dem heutigen Leser gewähren historische Anstandsbücher vordergründig Einblicke in die Umgangsformen vergangener Zeiten. Sie beschreiben, wie man sich in Gesellschaft benehmen soll, schildern, worauf man in bestimmten Situationen, zum Beispiel bei der Begrüßung, bei Tisch oder beim Tanzen, zu achten habe, und führen so plastisch vor Augen, welche Verhaltensweisen sich geziemen und welche nicht. Doch Anstandsliteratur vermittelt mehr als das: Anleitungen zum Umgang mit dem anderen Geschlecht etwa geben über die in einer Zeit herrschenden Geschlechterbilder und -ordnungen Auskunft; Unterweisungen, die das Verhalten gegenüber Personen aus anderen sozialen Schichten skizzieren, legen sowohl bestehende soziale Hierarchien als auch Distinktionsstrategien einzelner gesellschaftlicher Gruppen offen. Aufschlussreich ist die Lektüre von überlieferten Anstandsschriften nicht zuletzt, weil sich aus Umgangsformen immer auch zeitgemäße Vorstellungen von Kommunikation als Ganzes, das heißt den Bedingungen und Möglichkeiten zwischenmenschlicher Verständigung, herauslesen lassen.

Frühneuzeitliche Anstandsbücher sehen ihre wichtigste Aufgabe in der Vermittlung von gesellschaftlich relevantem Wissen über herrschende kommunikative Praktiken. Sie verstehen sich als Gebrauchstexte, die von unmittelbarem, praktischem Nutzen sein und ihre Leser in die Lage versetzen wollen, unterschiedlichste Kommunikationssituationen im täglichen Miteinander zu bewältigen. Zu diesem Zweck unterweisen sie den Interessierten nicht nur in der Kunst der Konversation, sondern unterrichten auch über gesellschaftlich erwartetes Körperverhalten, über die Art und Weise, wie man den Körper beim Stehen, Gehen, Sitzen, Tanzen oder Grüßen halten und bewegen soll.

Eines der bedeutendsten Anstandsbücher der Frühen Neuzeit stammt aus der Feder des Italieners Baldassare Castiglione (1478–1529). Das "Libro del Cortegiano" des bei Mantua geborenen Gelehrten, der nach dem Latein- und Griechisch-Studium zunächst in den Dienst des Mailänder Herzogs Ludovico il Moro trat, dann eine Zeit lang für Francesco Gonzaga, den Markgrafen von Mantua, tätig war und schließlich am Hof von Urbino mit allerlei diplomatischen Missionen betraut wurde, erfährt eine ungeheuer breite Rezeption und avanciert so zum wohl wichtigsten Referenztext für nachfolgende Anstandsbücher in ganz Europa. 1528 in Venedig zuerst gedruckt, erreicht der "Cortegiano" bis zum 17. Jahrhundert 60 Auflagen und wird schon bald nach Erscheinen in zahlreiche andere Sprachen übersetzt. 1560 wird er unter dem Titel "Das Buch vom Hofmann" erstmals auf Deutsch publiziert.

Der von Castiglione in Anknüpfung an antike Vorbilder entworfene Typus des universal gebildeten und talentierten Hofmanns, der auf dem Höhepunkt der Renaissance den mittelalterlichen christlichen Ritter ablöst, wird zum Modell für eine ganze Epoche und bleibt, abgewandelt, insbesondere in Gestalt des französischen 'honnête homme' und des englischen 'gentleman' bis ins späte 18. Jahrhundert das Leitbild der europäischen Anstandsliteratur. Stilbildend wirken auch die bei Castiglione formulierten Ideale eines anständigen Benehmens, welche die (früh)neuzeitlichen Vorstellungen von Umgangsformen maßgeblich prägen und sich – bei allen Wandlungen im Detail – in ihren Grundzügen in der

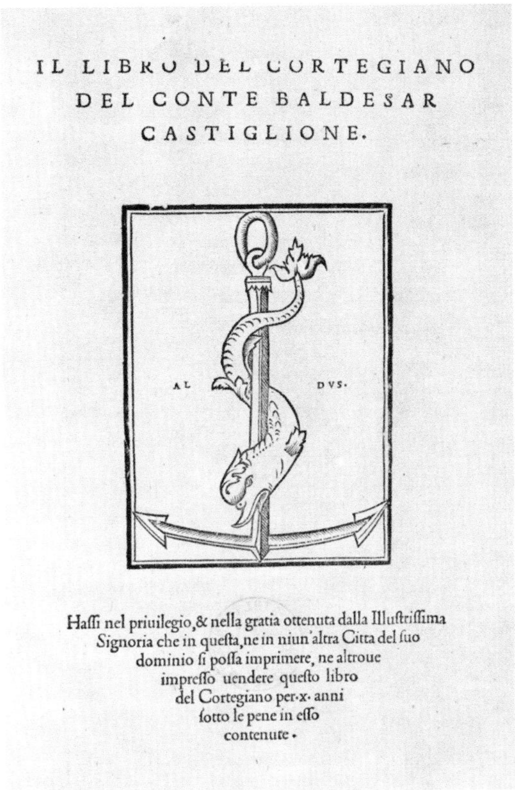

IL LIBRO DEL CORTEGIANO DEL CONTE BALDESAR CASTIGLIONE.

AL DVS.

Haffi nel priuilegio,& nella gratia ottenuta dalla Illuftriffima Signoria che in quefta,ne in niun'altra Citta del fuo dominio fi poffa imprimere, ne altroue impreffo uendere quefto libro del Cortegiano per·x· anni fotto le pene in effo contenute.

Abb. 28

Baldassare Castiglione: Il libro del Cortegiano, Venedig 1528.

HAB: 9 Pol. 2°

Anstandsliteratur über Jahrhunderte hinweg verfolgen lassen. Für den körperlichen Anstand wird in der Folgezeit vor allem der Castiglionische Grundgedanke der 'sprezzatura' bestimmend, eine anmutig-natürliche Lässigkeit, die alle Bewegungen und Haltungen des Körpers durchdringt und ihnen eine Leichtigkeit verleiht, welche die aufgewendete Mühe, die ihnen eigentlich zugrunde liegt, unmerklich überspielt.

Aufgeschlagen: Titelblatt (Abb. 28).

Georg Greflinger: Ethica Complementoria, Das ist: Complementir-Büchlein/ In welchem enthalten/ eine richtige Art/ wie man so wol mit hohen als niedrigen Stands-Personen: bey Gesellschafften und Frauen-Zimmer Hofzierlich reden/ und umgehen solle/ Neulich wieder übersehen/ und an vielen Orten gebessert und vermehret, Nürnberg 1700.

HAB: 572.2 Quod. (2)

Der um 1620 in Neunburg vorm Walde bei Regensburg geborene Protestant Georg Greflinger gelangte nach einigen Wanderjahren, die ihn unter anderem nach Sachsen, Schlesien, Danzig und Thorn führten, 1646 nach Hamburg, wo er bis zu seinem Tod im Jahre 1677 als Notar, Übersetzer und Gelegenheitsdichter tätig war. Das von Greflinger verfasste "Complementier-Büchlein" galt lange Zeit als erstes deutsches Komplimentierbuch, d.h. als erster Vertreter einer spezifischen Textsorte, die vornehmlich Anleitungen zur Konversation versammelt und dem Leser anhand beispielhafter Situationsbeschreibungen vor Augen führt, wie er sich unter bestimmten Umständen sprachlich zu verhalten habe. Die These, dass dieses Werk die Gattung des Komplimentierbuchs begründet habe, ist zwar vor einigen Jahren revidiert, seine richtungweisende Bedeutung aber nicht in Zweifel gezogen worden. Erstmals im Jahre 1645 publiziert, wird das "Complementier-Büchlein" wiederholt bearbeitet und erscheint bis 1700 in 16 Auflagen. Es wendet sich sowohl an eine gelehrte Leserschaft als auch an ein höfisches Publikum.

Aufgeschlagen: Titelkupfer (Abb. 29).

Obwohl außersprachliche Interaktionsrituale im Text kaum Beachtung finden, ziert bemerkenswerterweise eine Illustration körpergebundener Umgangsformen das Titelblatt des Buchs. Das präsentierte Titelkupfer zeigt verschiedene Arten, sich nonverbal zu grüßen. In der das Bild dominierenden Szene im Vordergrund sind zwei Männer dargestellt, die sich gegenseitig das Kompliment – im Sinne einer Verbeugung und nicht einer sprachlichen Äußerung – erweisen: Die beiden haben sich einander zugewandt, so dass sie sich ansehen können, und verneigen sich, den Hut ziehend, voreinander; während der linke nach der Hand des Gegenübers greift und dabei den Oberkörper leicht schräg nach vorne neigt, erwidert sein Kommunikationspartner rechts den Gruß, indem er mit einem nach hinten ausgestellten, im Knie ein wenig gebeugten Bein eine Art Knicks andeutet.

Abb. 29

Abb. 30

In seinem "Politischen Glücksschmied" gibt Christian Georg von Bessel dem Leser vornehmlich Empfehlungen an die Hand, wie er sich bei Hofe bewegen und die Gunst des Souveräns erlangen soll, ohne auf dem rutschigen, konkurrenzreichen Hofparkett auszugleiten. Als Jurist mit adeliger Abstammung schreibt Bessel für ein ständeübergreifend zusammengesetztes höfisches Publikum, zu dem neben Adeligen auch bürgerliche Räte, Beamte und Offiziere gehören. Auch wenn das Buch für das Genre der Anstandsliteratur als Referenztext bei weitem nicht so bedeutend wie Greflingers "Complimentier-Büchlein", geschweige denn Castigliones "Hofmann" ist, wird es allein in den ersten knapp vierzig Jahren nach seiner Erstveröffentlichung 1666 in Hamburg fünf Mal neu aufgelegt.

Bezüglich des körperlichen Anstands betont auch Bessel, wie unerlässlich es sei, jeglichen Zwang zu meiden und sämtliche Bewegungen und Haltungen des Körpers wie angeboren erscheinen zu lassen. Nachdrücklich weist er außerdem darauf hin, dass körpergebundene Umgangsformen am Rang des Gegenübers auszurichten sind. Wenn man etwa einer vornehmeren Person seine Aufwartung macht und diese einen stehend und mit entblößtem Haupt empfängt, gehört es sich laut Bessel nicht, sie aufzufordern, sich hinzusetzen oder zu bedecken. In einer vergleichbaren Situation zwischen Gleichrangigen oder fast Gleichrangigen wäre es dem Ankommenden hingegen seiner Meinung nach erlaubt, den anderen um das Wiederaufsetzen des Hutes zu ersuchen oder ihn zu bitten, sich niederzulassen. Ebenso gebietet der Anstand Bessel zufolge beispielsweise, bei Tisch in Gegenwart höherrangiger Personen erst aufzustehen, wenn man dazu aufgefordert wird oder der Vornehmere sich erhebt. Ist man an der Tafel aber unter seinesgleichen, muss der Gast vor dem Gastgeber aufstehen, da im umgekehrten Fall der Eindruck entstünde, der Gastgeber wolle seine Gäste vor die Tür setzen.

Aufgeschlagen: Das Titelkupfer (Abb. 30).

Christian Georg von Bessel: Neuer politischer Glücks-Schmied, Frankfurt 1681.

HAB: Sf 661

Joachim Vollrath von Sittewald: Gantz Neu-Allmodische Sitten-Schule: Darinnen Vollkommener Bericht/ Wie einer heut zu Tage bey Hohen und Niedrigen sich sittsam verhalten/ mit Fürsten und Grmeinen (!) löblich umbgehen und sich in jederman/ sonderlich auch allerley Frauenzimmer/ wes Standes es sey/ schicken/ oder der Gebühr nach rühmlich bezeigen müsse; Welches bestehet in lustige Rätzel/ Politische Hoff-Reden/ und Begebenheiten/ in Historischen Erzehlungen/ Alles zu sonderbahrer Erbauung der Sitten- und Tugendliebenden gründlich und wohlgemeint ausgeführet/ gewiesen und auf vieler vornehmer Leute inständiges Begehren zum Druck befordert, o.O. 1694.

HAB: Xb 3439

Abb. 31

Die “Neu-Allmodische Sitten-Schule” Joachim Vollrath von Sittewalds erläutert, wie man mit Personen unterschiedlichen Standes umgeht. Der Verfasser, über dessen Leben nichts Näheres in Erfahrung zu bringen ist, hat es sich nach eigenen Angaben zur Aufgabe gemacht, vor allem junge Leute und Menschen, die noch nicht mit den Verhältnissen am Hof vertraut sind, in das Hofleben einzuführen.

Sittewald betrachtet ein bescheidenes, zurückhaltendes und demütiges Auftreten als Voraussetzung für das Fortkommen bei Hofe. In seiner “Sitten-Schule” plädiert er deshalb unter anderem dafür, vor höherrangigen Personen den Hut tief zu ziehen. Was die körpergebundenen Umgangsformen betrifft, ist ihm offenbar die Begegnung der Geschlechter beim Tanz ein besonderes Anliegen. Tanzt ein Herr mit einer Dame, verlangt nach Sittewald allein schon die Ehrerbietung gegenüber dem weiblichen Geschlecht, dass die Frau immer ungefähr einen halben Schritt vor dem Mann geht, um ihm nicht wie eine Dienerin folgen zu müssen. Doch mehr noch als der Geschlechtsunterschied wird im Tanz die höfische Etikette kultiviert: Die “Sitten-Schule” legt äußersten Wert darauf, dass eine vornehme Dame nicht wie eine Bauernmagd grob bei der ganzen Hand genommen, sondern ‘auf das Manierlichste’ nur leicht an den Fingern berührt und bei den Drehungen keinesfalls ihr Leib ‘nach Tölpel- oder Bäuerischer Art’ mit der linken Hand umfasst wird.

Aufgeschlagen: Das Titelkupfer (Abb. 31).

Ethophilus: Neues und wohl eingerichtetes Complimentir- und Sitten-Buch: Darinnen gezeiget, Wie sich sonderlich Personen Bürgerlichen Standes, bey denen im gemeinen Leben vorfallenden Begebenheiten, Als: Anwerbungen, Verlöbnissen, Hochzeiten, Geburten, Gevatterschafften, Kind-Tauffen, Kranckheiten, Absterben, Begräbnissen, Gastereyen, Geburts-Nahmens-Neu-Jahrs-Tagen, u.d.gl. In Worten und Wercken so klug als höflich verhalten, und durch gute Aufführung beliebt machen sollen; Alles durch geschickte Complimente, Anleitung zur guten Conduite, und Höflichkeit überhaupt, als auch was jedes Orts insbesondere in Acht zu nehmen, ausgeführet, und nebst Einem Trenchier-Büchlein mitgetheilet, Nordhausen 1745.

HAB: Hm 38

Abb. 32

Wer sich hinter dem Pseudonym Ethophilus verbirgt, ist nicht bekannt. Das "Complimentir- und Sitten-Buch", das unter diesem Decknamen veröffentlicht wird, erscheint zwischen 1725 und 1736 in fünf Auflagen und erfährt eine breitere Rezeption. Nachweislich stellt es den Bezugstext für wenigstens zwei weitere Komplimentierbücher aus den 1720er und 1730er Jahren dar. Gerichtet ist das Werk an einen bürgerlichen Leserkreis und ausdrücklich nicht an Gelehrte und Adelige.

Ähnlich wie bei Greflingers Komplimentierbuch wird auch bei Ethophilus' "Complimentir- und Sitten-Buch" zwar im Text das nonverbale zugunsten des verbalen Interaktionsverhaltens weit zurückgestellt, das Buch aber mit einem Titelkupfer versehen, das sich vor allem der Darstellung körpergebundener Umgangsformen verschrieben hat.

Aufgeschlagen: Titelkupfer (Abb. 32).

Das gezeigte Titelkupfer gliedert sich in vier Szenenbilder, die ganz unterschiedliche Situationen des gesellschaftlichen Verkehrs präsentieren. Auf dem obersten Bild, das ungefähr ein Drittel der Seite ausfüllt, ist eine Festgesellschaft von zwölf Personen zu sehen, die alle in aufrechter Körperhaltung rund um einen festlich gedeckten Tisch sitzen und auf den Beginn des Mahles warten. Die Szene darunter, die sich ebenfalls über etwa ein Drittel der Seite erstreckt, zeigt in der linken Bildhälfte eine im Bett sitzende Wöchnerin, die die Geburts-Glückwünsche einer Gratulantin entgegen nimmt; die beiden Frauen sind gerade dabei, sich die Hand zu reichen. Weiter rechts davon ist derweil eine ähnliche Begegnung zwischen zwei männlichen Personen dargestellt. Die beiden Männer haben sich einander zugewandt und schütteln sich gegenseitig die rechte Hand, nehmen aber ansonsten verschiedene Körperhaltungen ein. Während die rechte Person, bei der es sich – dem Hut in ihrer linken Hand nach zu urteilen – um den Gratulanten handelt, mit leicht vorgestelltem, seitlich ausgedrehten linken Fuß und gezogenem Hut in einer geraden, fast steif anmutenden Haltung verharrt, befindet sich die links dargestellte Person, die die Glückwünsche empfängt und bei der es sich deshalb vermutlich um den Vater des Neugeborenen handelt, in der Bewegung auf den Gesprächspartner zu; die Dynamik ihres Körperverhaltens entspringt nicht nur der Schrittstellung der Füße und des leicht nach vorne geneigten Körpers, sondern auch dem Griff an den rechten Oberarm des Gratulanten. Im Gegensatz zum oberen und zum mittleren Seitendrittel wird das untere Drittel des Titelkupfers nicht von einer über das ganze Querformat reichenden Abbildung, sondern von zwei nebeneinander angeordneten, inhaltlich eine Einheit bildenden Szenen eingenommen. Beide Bildhälften thematisieren das angemessene körperliche Verhalten bei Trauerfeiern – links eine Geste der Anteilnahme am aufgebahrten Sarg, rechts die Beileidsbekundung mit entblößtem Haupt und leichter Verbeugung – wobei die Teilung in der Seitenmitte nicht nur die beiden Abbildungen voneinander trennt, sondern zugleich im Bild als Mauer zwischen zwei benachbarten und mit einer Tür verbundenen Räumen fungiert.

Daniel Nikolaus Chodowiecki: Der Grus, 1779.

Niedersächsische Staats- und Universitätsbibliothek Göttingen: 8° Sva II 3470: 1779 und 1780

Daniel Nikolaus Chodowiecki (1726–1801) war in der zweiten Hälfte des 18. Jahrhunderts einer der populärsten deutschen Grafiker und Illustratoren. In der Kupferstichserie "Natuerliche und affectirte Handlungen des Lebens", die 1779/1780 von Georg Christoph Lichtenberg kommentiert in zwei Folgen im "Göttinger Taschen-Calender" publiziert wurde, veranschaulicht Chodowiecki zeitgenössische Anstandsideale, zumeist indem er vorbildliche und abschreckende Verhaltensweisen kontrastiert. Verbunden wird diese Bestandsaufnahme mit einer deutlichen Kritik am Adel, die im Bild formuliert und durch Lichtenbergs beigefügte Kommentare noch verstärkt wird. So erfolgt im Zusammenspiel von Bild und Text eine Gegenüberstellung von einer adeligen exaltierten, aufdringlichen Körpersprache einerseits und einer bürgerlichen schlichten, zurückgenommenen Körpersprache andererseits, die sich vor der Negativfolie des stark überzeichneten adeligen Körperverhaltens um so natürlicher ausnimmt.

Abb. 33

Aufgeschlagen:

Das gezeigte Bildpaar "Der Grus", das der ersten Folge von 1779 entstammt, illustriert die Begrüßung zwischen Mann und Frau auf zwei unterschiedliche Weisen. Links (Abb. 33) ist ein adeliges Paar in einer gezierten, eckigen Pose zu sehen, dessen Verhalten von Lichtenberg spöttisch kommentiert wird:

"Ein wahrhaftes Meisterstück von Ausdruck unaussprechlicher Hof-Süßigkeit und zum blossen Nichts abgeschliffener Complaisance. Man bemerke die ähnliche Biegung der Körper, das Z förmige in der Stellung und die spinnenmäßige sich fliehende Begegnung der Hände. Wie schwer wird nicht der rechten Hand des Chapeaus der Sieg über die Linke der Dame gemacht; die drey hinteren Finger kämpfen noch, während sich Daumen und Zeigefinger schon ergeben haben, und gewiß werden alle fünf wieder flüchtig, ehe es zum Händekuß kommt. Die Holdseeligkeit in beyder Minen, zumal des Mannes, ist unbeschreiblich, und deswegen unnachahmlich, weil sie, ohne 40 Jahre täglich einige Zeit in dieser Form gestanden zu haben, kein Gesicht erreichen kann. Man bemerke noch die modischen Schnallen bey diesem Alter, und die Beinkleider, die von langem Sitzen in der Portechaise so eben über die Knie treten wollen."

1 Die Zitate sind Georg Christoph Lichtenberg: Handlungen des Lebens. Erklärungen zu 72 Monatskupfern von Daniel Chodowiecki, Stuttgart 1971, S. 43–44, entnommen.

Abb. 34

Der rechte Kupferstich (Abb. 34) zeigt ein bürgerliches Paar in einer vergleichbaren Situation, das sich durch natürliche Körperposen auszeichnet. Der Mann verbeugt sich in einer leicht gerundeten Körperhaltung, während die Frau sein Kompliment gerade-aufgerichtet stehend entgegennimmt. Im Gegensatz zu den ausführlichen, ironisch gebrochenen Erläuterungen zum adeligen Paar begnügt sich Lichtenberg bei dieser Szene mit einer kurzen Anmerkung:

"Auch ein Compliment; und da doch einmal Complimente gemacht werden sollen, noch immer das beste. Es ist schwer hierbey etwas zu sagen, aber zum Glück eben so unnötig."[1]

Rhetorik und Schauspielkunst

Dietmar Till

Als Schulbücher zählen Rhetoriken zu denjenigen Werken, die im Buchdruck der Frühen Neuzeit am frühsten gedruckt wurden: Die lange Cicero zugeschriebene "Rhetorica ad Herennium" (Abb. 50, Kat.-Nr. 13) erschien bereits 1470 in Venedig, Quintilians umfassende "Institutio oratoria" (Abb. 51, Kat.-Nr. 14) im selben Jahr in Rom. Beide Werke sind in zahlreichen Auflagen und Editionen, häufiger mit Kommentaren, Indices und anderen Erschließungshilfen in ganz Europa verbreitet. Der Rhetorik-Unterricht blieb aber natürlich nicht auf die Lektüre der antiken Autoritäten beschränkt. Immer gab es Lehrwerke, die zwar aus dem Fundus der als normativ verstandenen antiken Überlieferung schöpften, Inhalte und Darstellungsform aber den besonderen Gegebenheiten von Zeit, Konfession, Region und Publikum anpassten. Die Spanne reicht von ganz einfachen und schematischen Darstellungen etwa der rhetorischen Figurenlehre bis hin zu umfassenden Werken, welche das rhetoriktheoretische Denken ihrer Zeit in Form einer 'Summe' darstellen wollen. Ein Beispiel für eine solche umfassende Darstellung der weltlichen wie geistlichen Rhetorik ist das Werk "De eloquentia sacra et humana" des französischen Humanisten Nicolas Caussin (Abb. 52, Kat.-Nr. 15).

Wird das Thema der Körpersprache als integraler Bestandteil innerhalb der rhetorischen Vortragslehre verhandelt, so weitet und differenziert sich das Feld im Verlauf des 17. Jahrhunderts stärker. Es entstehen nun regelrechte Wissenschaften der nonverbalen Kommunikation. John Bulwers "Chirologia" (Abb. 53, Kat.-Nr. 16), ein Buch über die gestische Sprache der Taubstummen, und Charles le Bruns "Traité de passions" (Abb. 54, Kat.-Nr. 17), der sich mit der Repräsentation der Affekte in bildlichen Darstellungen beschäftigt, sind zwei gegensätzliche Beispiele, die beide in den Wissenschaften ihrer Zeit ebenso verwurzelt sind wie sie Elemente der rhetorischen Tradition aufnehmen. Ein Beispiel für letzteres ist Gilbert Austins späte "Chironomia" (Abb. 57, Kat.-Nr. 19) vom Beginn des 19. Jahrhunderts.

Fällt in der Frühen Neuzeit Schauspielkunst konzeptuell wie unmittelbar praktisch in den Zuständigkeitsbereich des Rhetorikers, so ändert sich dies mit der zunehmenden Fächerdifferenzierung und dem Verfall der Gültigkeit der rhetorischen Doktrin im 18. Jahrhundert zunehmend. Erst ab diesem Zeitpunkt gibt es eine eigenständige Theorie des Schauspiels. Die "Dissertatio de actione scenica" des Jesuiten Franz Lang (Abb. 56, Kat.-Nr. 18) inauguriert eine ganze Reihe von ähnlichen Werken.

Die in der Frühen Neuzeit häufig Cicero zugeschriebene "Rhetorica ad Herennium", entstanden zwischen 86 und 82 v. Chr., ist das älteste lateinische Lehrbuch, das alle Teile des rhetorischen Produktionsmodells umfasst. Über den Autor der Schrift ist nichts bekannt, weshalb er nach dem Adressaten seines Werks auch als "Auctor ad Herennium" bezeichnet wird. Während des Mittelalters war die "Rhetorica ad Herennium" zusammen mit Ciceros Jugendschrift "De inventione" das wichtigste Lehrbuch im Schulbetrieb. Auch in den Handschriften sind die beiden Rhetoriken häufig gemeinsam überliefert. Das setzt sich im Buchdruck der Frühen Neuzeit fort, wie die ausgestellte Kölner Ausgabe zeigt.

Aufgeschlagen: S. 92/93 (Abb. 50).

Am Beginn des Kapitels 'De Pronuntiatione' geht der Auctor auf die zentrale Rolle des Vortrags ein:

"Daß der Vortrag für den Redner am meisten nützlich ist und am meisten zur Überredung beiträgt, haben schon viele gesagt. Ich möchte nicht so leichthin sagen, daß eine von den fünf Fähigkeiten des Redners am meisten vermag; daß aber ein ausnehmend großer Nutzen auf dem Vortrage beruhe,

[Pseudo-] M. Tullius Cicero: Rhetoricorum [...] ad C. Herennium, libri 4; Eiusdem M. Tullii Ciceronis de Inventione rhetorica libri 2.
Köln, Gymnicus, 1547. 367 S.

HAB: Na 93a.8° Helmst. (2)

Abb. 50

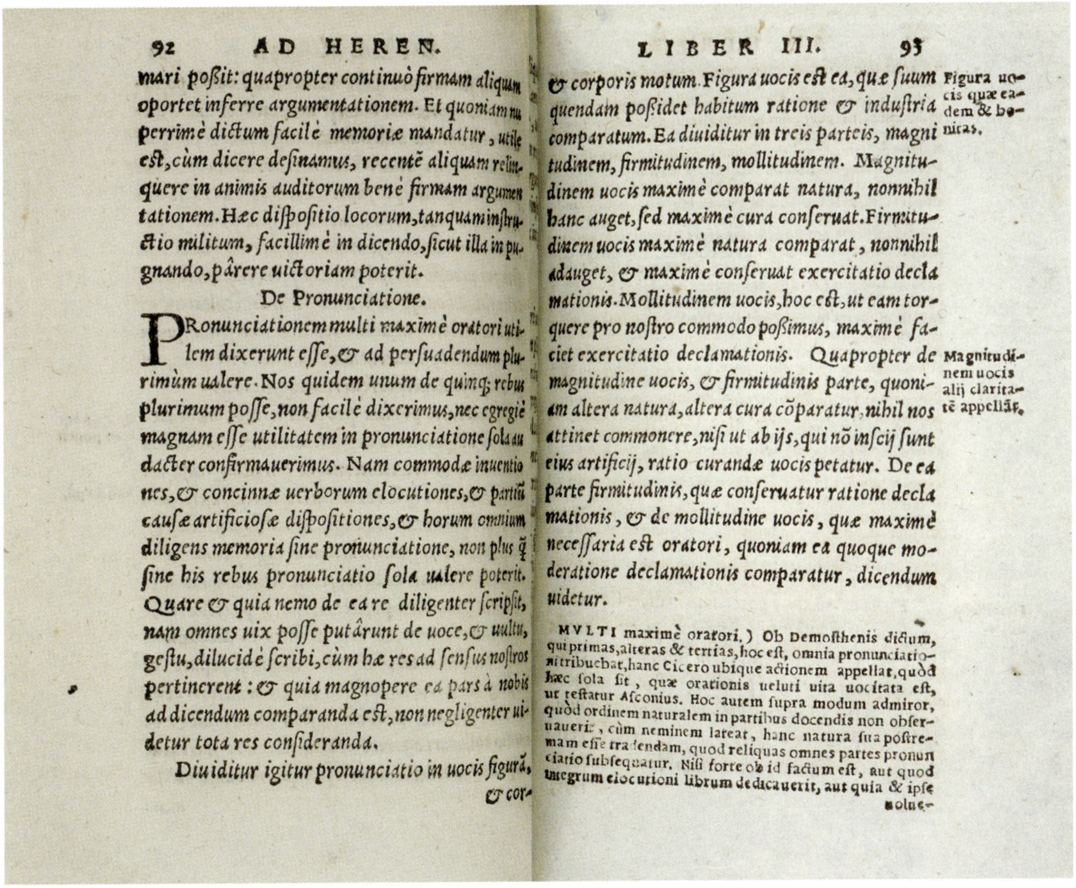

92 AD HEREN.

mari poßit: quapropter continuò firmam aliquam oportet inferre argumentationem. Et quoniam nuperrimè dictum facilè memoriæ mandatur, utile eſt, cùm dicere deſinamus, recentē aliquam relinquere in animis auditorum benè firmam argumentationem. Hæc diſpoſitio locorum, tanquam inſtructio militum, facillimè in dicendo, ſicut illa in pugnando, pârere uictoriam poterit.

De Pronunciatione.

PRonunciationem multi maximè oratori utilem dixerunt eſſe, & ad perſuadendum plurimùm ualere. Nos quidem unum de quinq; rebus plurimum poſſe, non facilè dixerimus, nec egregiè magnam eſſe utilitatem in pronunciatione ſola audacter confirmauerimus. Nam commodæ inuentiones, & concinnæ uerborum elocutiones, & partiū cauſæ artificioſæ diſpoſitiones, & horum omnium diligens memoria ſine pronunciatione, non plus q̄ ſine his rebus pronunciatio ſola ualere poterit. Quare & quia nemo de ea re diligenter ſcripſit, nam omnes uix poſſe putârunt de uoce, & uultu, geſtu, dilucidè ſcribi, cùm hæ res ad ſenſus noſtros pertinerent: & quia magnopere ea pars à nobis ad dicendum comparanda eſt, non negligenter uidetur tota res conſideranda.

Diuiditur igitur pronunciatio in uocis figurā, & cor-

LIBER III. 93

& corporis motum. Figura uocis eſt ea, quæ ſuum quendam poßidet habitum ratione & induſtria comparatum. Ea diuiditur in treis parteis, magnitudinem, firmitudinem, mollitudinem. Magnitudinem uocis maximè comparat natura, nonnihil hanc auget, ſed maximè cura conſeruat. Firmitudinem uocis maximè natura comparat, nonnihil adauget, & maximè conſeruat exercitatio declamationis. Mollitudinem uocis, hoc eſt, ut eam torquere pro noſtro commodo poßimus, maximè faciet exercitatio declamationis. Quapropter de magnitudine uocis, & firmitudinis parte, quoniam altera natura, altera cura cōparatur, nihil nos attinet commonere, niſi ut ab iјs, qui nō inſciј ſunt eius artificiј, ratio curandæ uocis petatur. De ea parte firmitudinis, quæ conſeruatur ratione declamationis, & de mollitudine uocis, quæ maximè neceſſaria eſt oratori, quoniam ea quoque moderatione declamationis comparatur, dicendum uidetur.

Figura uocis quæ eadem & bonitas.

Magnitudinem uocis aliј claritatē appellāt.

MVLTI maximè oratori.) Ob Demoſthenis dictum, qui primas, alteras & tertias, hoc eſt, omnia pronunciationi tribuebat, hanc Cicero ubique actionem appellat, quòd hæc ſola ſit, quæ orationis ueluti uita uocitata eſt, ut teſtatur Aſconius. Hoc autem ſupra modum admiror, quòd ordinem naturalem in partibus docendis non obſeruauerit, cùm neminem lateat, hanc natura ſua poſtremam eſſe tradendam, quod reliquas omnes partes pronunciatio ſubſequatur. Niſi forte ob id factum eſt, aut quod integrum elocutioni librum dedicauerit, aut quia & ipſe uolue-

möchte ich kühn behaupten. Denn eine passende Auffindung des Stoffes, eine kunstgerechte stilistische Gestaltung der Worte, eine kunstvolle Anordnung der Teile der Rede und ein gewissenhaftes Sicheinprägen von alledem ohne den Vortrag kann nicht mehr erreichen als der Vortrag allein ohne diese Fähigkeiten." (III,11,19; Übers. Theodor Nüßlein)

Die umfangreiche "Institutio oratoria" des römischen Rhetorikprofessors Quintilian, entstanden um 95 n. Chr., gilt als Summe des antiken Wissens über die Rhetorik. In zwölf Büchern behandelt er den kompletten Ausbildungsgang des Redners von den frühen Übungen beim Grammatiklehrer bis hin zum günstigsten Moment des Abgangs von der Rednerbühne im Alter. Während des Mittelalters war Quintilians Werk weitgehend unbekannt. Erst der Fund eines kompletten Manuskripts durch den Humanisten Poggio Bracciolini 1417 brachte Quintilians "Institutio" erneut ans Tageslicht. Erstmals 1470 in Rom gedruckt, gehört das Werk seither zu den wichtigsten Quellen der Rhetoriktheorie und hatte den Rang einer absoluten Autorität. Die ausgestellte Ausgabe des niederländischen Gelehrten Pieter Burmann d. Ä. (1668–1741) im Quartformat ist reichhaltig kommentiert.

Aufgeschlagen: Beginn des Kapitels 'De pronuntiatione', S. 996 (Abb. 51)

Quintilian bezieht sich am Beginn des Kapitels, wie Burmann akribisch nachweist, auf Ciceros rhetoriktheoretische Schrift 'Orator'. Erörtert wird das terminologische Problem, ob das Fachgebiet des Vortrags die Bezeichnung 'pronuntiatio' oder 'actio' haben soll:

"Der Vortrag ('pronuntiatio') heißt bei den meisten 'actio' (Auftreten), jedoch scheint er den ersteren Namen von der Verwendung der Stimme, den letzteren von der des Gebärdenspiels zu haben. Denn Cicero nennt 'actio' einmal 'gleichsam die Sprache', ein andermal 'eine Art von körperlicher Beredsamkeit'. Zugleich indessen zerlegt er sie in zwei Teile, die zugleich die Teile der 'pronuntiatio' sind, Stimme ('vox') und Bewegung ('motus'); deshalb darf man beide Bezeichnungen ohne Unterschied gebrauchen." (XI,3,1; Übers. Helmut Rahn)

M. Fabii Quinctiliani De Institutione Oratoria Libri Duodecim. Cum Notis et Animadversionibus Virorum Doctorum. Summa Cura Recogniti et Emendati Per Petrum Burmannum. Leiden, apud Joannem de Vivie, 1720. 1178 S.

Abb. 51

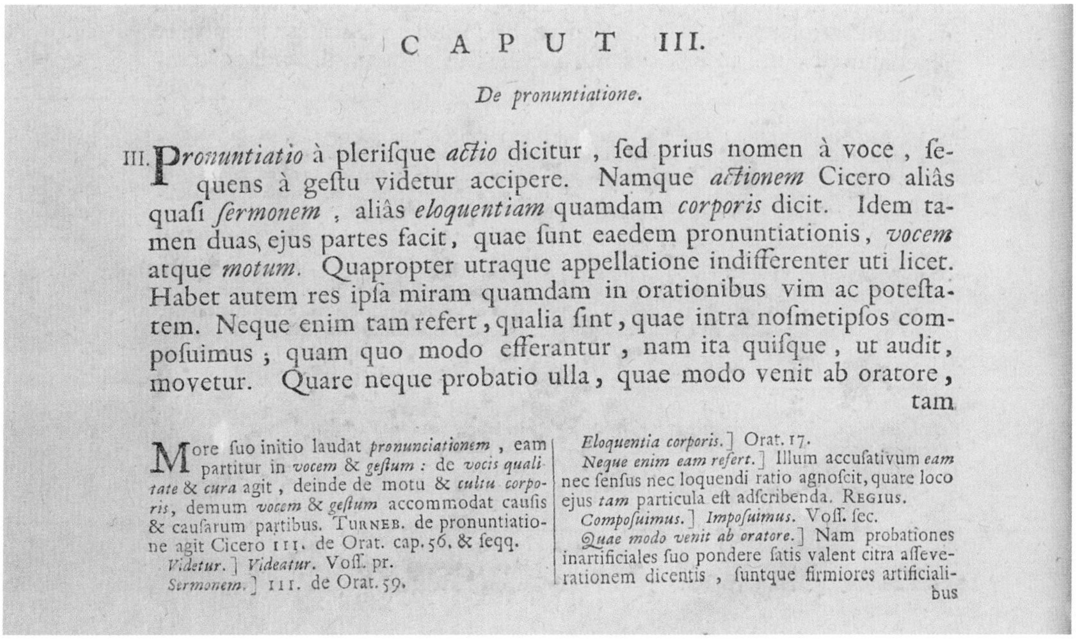

CAPUT III.

De pronuntiatione.

III. *Pronuntiatio* à plerisque *actio* dicitur, sed prius nomen à voce, sequens à gestu videtur accipere. Namque *actionem* Cicero aliàs quasi *sermonem*, aliàs *eloquentiam* quamdam *corporis* dicit. Idem tamen duas, ejus partes facit, quae sunt eaedem pronuntiationis, *vocem* atque *motum*. Quapropter utraque appellatione indifferenter uti licet. Habet autem res ipsa miram quamdam in orationibus vim ac potestatem. Neque enim tam refert, qualia sint, quae intra nosmetipsos composuimus; quam quo modo efferantur, nam ita quisque, ut audit, movetur. Quare neque probatio ulla, quae modo venit ab oratore, tam

More suo initio laudat *pronunciationem*, eam partitur in *vocem* & *gestum*: de *vocis qualitate* & *cura* agit, deinde de motu & *cultu corporis*, demum *vocem* & *gestum* accommodat causis & causarum partibus. TURNEB. de pronuntiatione agit Cicero III. de Orat. cap. 56. & seqq.

Videtur.] *Videatur.* Voss. pr.

Sermonem.] III. de Orat. 59.

Eloquentia corporis.] Orat. 17.

Neque enim eam refert.] Illum accusativum *eam* nec sensus nec loquendi ratio agnoscit, quare loco ejus *tam* particula est adscribenda. REGIUS.

Composuimus.] *Imposuimus.* Voss. sec.

Quae modo venit ab oratore.] Nam probationes inartificiales suo pondere satis valent citra asseverationem dicentis, suntque firmiores artificialibus

Nicolas Caussin: De Eloquentia sacra et humana libri 16. Ed. 2; non ignobili acceßione locupletata. Paris, Chappelet, 1623. 1056 S.

HAB: 3 Rhet.

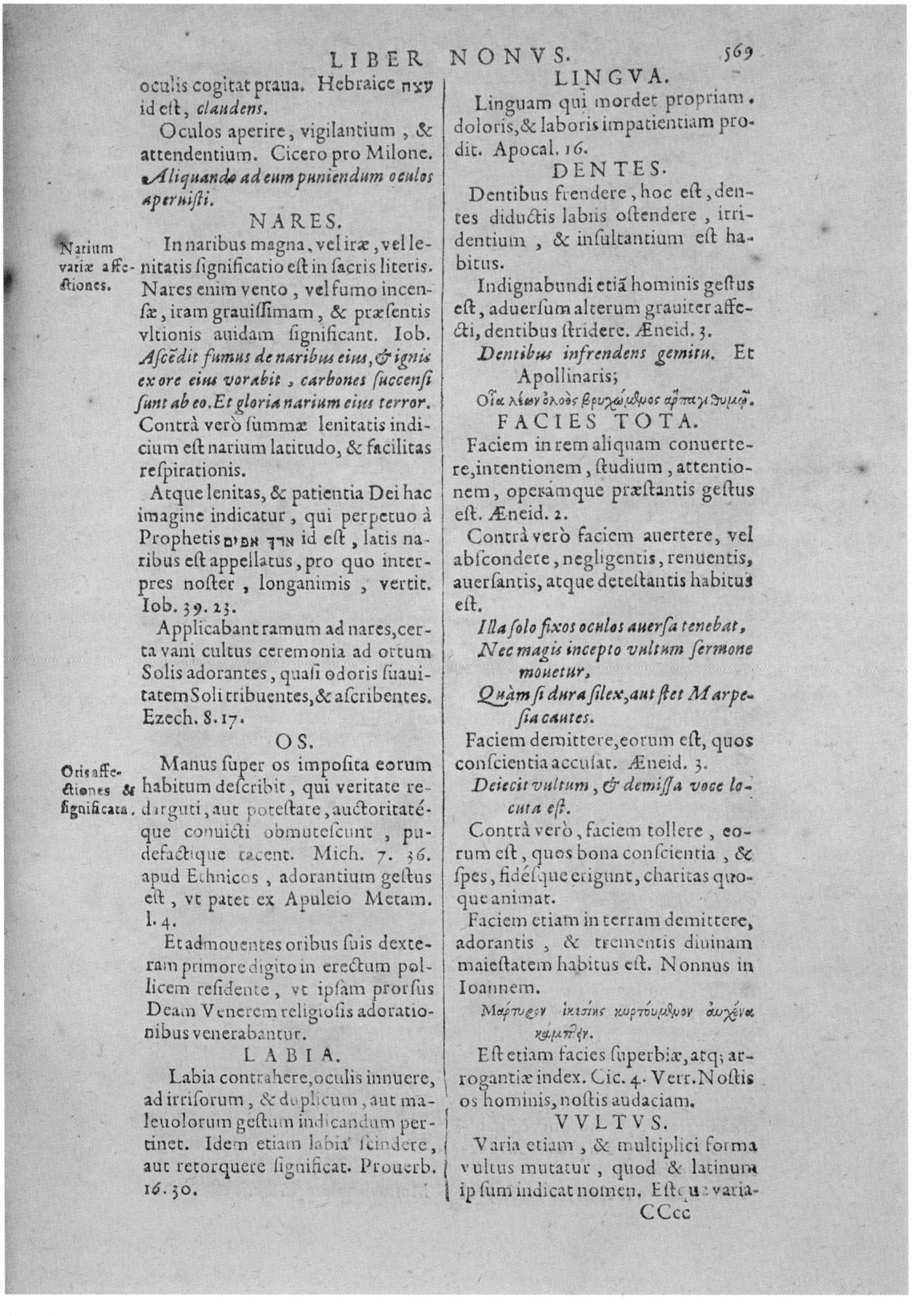

LIBER NONVS. 569

oculis cogitat praua. Hebraice עצה id eſt, *claudens.*

Oculos aperire, vigilantium, & attendentium. Cicero pro Milone. *Aliquando ad eum puniendum oculos aperuiſti.*

NARES.

Narium variæ affectiones. In naribus magna, vel iræ, vel lenitatis ſignificatio eſt in ſacris literis. Nares enim vento, vel fumo incenſæ, iram grauiſſimam, & præſentis vltionis auidam ſignificant. Iob. *Aſcẽdit fumus de naribus eius, & ignis ex ore eius vorabit, carbones ſuccenſi ſunt ab eo. Et gloria narium eius terror.* Contrà verò ſummæ lenitatis indicium eſt narium latitudo, & facilitas reſpirationis.

Atque lenitas, & patientia Dei hac imagine indicatur, qui perpetuo à Prophetis ארך אפים id eſt, latis naribus eſt appellatus, pro quo interpres noſter, longanimis, vertit. Iob. 39. 23.

Applicabant ramum ad nares, certa vani cultus ceremonia ad ortum Solis adorantes, quaſi odoris ſuauitatem Soli tribuentes, & aſcribentes. Ezech. 8. 17.

OS.

Oris affectiones & ſignificata. Manus ſuper os impoſita eorum habitum deſcribit, qui veritate redarguti, aut poteſtate, auctoritatéque conuicti obmuteſcunt, pudefactique tacent. Mich. 7. 16. apud Ethnicos, adorantium geſtus eſt, vt patet ex Apuleio Metam. l. 4.

Et admouentes oribus ſuis dexteram primore digito in erectum pollicem reſidente, vt ipſam prorſus Deam Venerem religioſis adorationibus venerabantur.

LABIA.

Labia contrahere, oculis innuere, ad irriſorum, & duplicum, aut maleuolorum geſtum indicandum pertinet. Idem etiam labia ſcindere, aut retorquere ſignificat. Prouerb. 16. 30.

LINGVA.

Linguam qui mordet propriam, doloris, & laboris impatientiam prodit. Apocal. 16.

DENTES.

Dentibus frendere, hoc eſt, dentes diductis labiis oſtendere, irridentium, & inſultantium eſt habitus.

Indignabundi etiã hominis geſtus eſt, aduerſum alterum grauiter affecti, dentibus ſtridere. Æneid. 3.

Dentibus infrendens gemitu. Et Apollinaris;

Οἷα λέων ὀλοὸς βρυχώμενος ἄρπαγι θυμῷ.

FACIES TOTA.

Faciem in rem aliquam conuertere, intentionem, ſtudium, attentionem, operámque præſtantis geſtus eſt. Æneid. 2.

Contrà verò faciem auertere, vel abſcondere, negligentis, renuentis, auerſantis, atque deteſtantis habitus eſt.

Illa ſolo fixos oculos auerſa tenebat,
Nec magis incepto vultum ſermone mouetur,
Quàm ſi dura ſilex, aut ſtet Marpeſia cautes.

Faciem demittere, eorum eſt, quos conſcientia accuſat. Æneid. 3.

Deiecit vultum, & demiſſa voce locuta eſt.

Contrà verò, faciem tollere, eorum eſt, quos bona conſcientia, & ſpes, fidéſque erigunt, charitas quoque animat.

Faciem etiam in terram demittere, adorantis, & trementis diuinam maieſtatem habitus eſt. Nonnus in Ioannem.

Μάρτυρον ἱκεσίης κυρτούμενον αὐχένα κάμπτειν.

Eſt etiam facies ſuperbiæ, atq; arrogantiæ index. Cic. 4. Verr. Noſtis os hominis, noſtis audaciam.

VVLTVS.

Varia etiam, & multiplici forma vultus mutatur, quod & latinum ipſum indicat nomen. Eſt que varia-

CCcc

Abb. 52

Der französische Jesuit Nicolas Caussin (1583–1651) lehrte Rhetorik in Rouen, Le Flèche und Paris, war später für kurze Zeit Beichtvater am Hofe König Ludwigs XIII., musste allerdings wegen seines Widerstands gegen die Außenpolitik des Kardinals Richelieu 1638 ins Exil gehen. Caussin hat zahlreiche gelehrte Werke vorgelegt, darunter als Summe seines rhetoriktheoretischen Denkens das über 1000-seitige Werk "De eloquentia sacra et humana". Es liefert in 16 Büchern einen erschöpfenden Überblick über alle Bereiche der geistlichen wie weltlichen Rhetorik. Das Werk wurde im 17. Jahrhundert häufiger wieder aufgelegt. Inhaltlich lehnt sich Caussin an Quintilian an. Die Rhetoriktheorie der Antike wird normativ verstanden, was schon die Einleitung in das Kapitel über den Vortrag zeigt:

"Bei der Übung der Beredsamkeit pflegt man vornehmlich den Vortrag zu schulen. Seine Wirkung ist gewaltig und entscheidend für jede Veränderung der Überzeugung. Es gibt nämlich eine Beredsamkeit des Körpers, durch die ein Geist, der von den besten Gedanken überströmt, in den Körper einfließt und ihm seine edle Gestalt einprägt." (S. 555; Übers. Thomas Zinsmaier)

Aufgeschlagen: S. 569 (Abb. 52)

Im Abschnitt über die Gesten beschreibt Caussin die einzelnen Teile zuerst des Gesichtes und dann der restlichen Extremitäten systematisch auf der Grundlage einer umfassenden Kenntnis der Literatur. Die einzelnen Gesten erhalten ihre Plausibilität also nicht durch empirische Beobachtungen, sondern durch die Autorität antiker Autoren und der Bibel, auf die durch genaue Stellenangaben verwiesen wird. In dem Abschnitt über den Mund montiert Caussin Zitate aus dem Alten Testament, hier dem Buch Micha, und den "Metamorphoses" des Apuleius (2. Jahrhundert n. Chr.), die auch unter dem Titel 'Der goldene Esel' bekannt sind:

"Der Mund
Die Hand auf den Mund gelegt beschreibt die Haltung derer, die, durch die Wahrheit widerlegt oder durch Macht und Autorität überführt, verstummen und beschämt schweigen. Mich[a] 7[, 16]. Bei den Heiden ist es eine Geste der Anbetung, wie aus Apul[eius], Metam[orphosen] B. 4[, 28] hervorgeht:
'Und indem sie die Rechte, den Zeigefinger auf den ausgestreckten Daumen gelegt, zum Mund bewegten, verehrten sie sie [die junge Königstochter, von der an dieser Stelle berichtet wird] in frommer Anbetung, als wäre sie die Göttin Venus selbst.'" (Übers. Thomas Zinsmaier)

John Bulwer: Chirologia: Or The Natvral Langvage Of The Hand: Composed of the Speaking Motions, and discoursing Gestures thereof; Whereunto is added Chironomia: Or the Art of Manuall Rhetoricke; Consisting of the Naturall Expressions, digested by Art in the Hand, as the chiefest Instrument of Eloquence. London, Thomas Harper, 1648. [15] Bl., 187 S., [2] Bl.

HAB: T 146.8° Helmst. (1–2)

John Bulwer (1606–1656) war als praktischer Arzt in London tätig und hat vielleicht in Oxford studiert. Er publizierte vier theoretische Schriften, die in engem Zusammenhang miteinander stehen. In diesen Büchern geht es um den menschlichen Körper als Medium der Kommunikation. Bulwers Augenmerk gilt dabei vor allem den Taubstummen, für die er durch das Projekt einer Schule auch praktisch tätig geworden ist. Bulwers "Chirologia" und "Chironomia" sind zentrale Texte der englischen Rhetorikgeschichte des 17. Jahrhunderts, auch wenn ihre tatsächliche Wirkung bis heute nicht hinreichend geklärt ist.

Aufgeschlagen: Tafel neben S. 94 (Abb. 53)

Bei Bulwcrs "Chirologia" und der beigebundenen "Chironomia" handelt es sich um korrespondierende Werke. Während Erstere einen Katalog umfasst, in dem die einzelnen Gesten mit ihren Bedeutungen verzeichnet sind, geht es in der Chironomia, die Bulwer explizit als eine Rhetorik bezeichnet, um die bewusste Verwendung der Gesten in der Kommunikation.

Bulwer konstatiert in der *Chirologia*, dass dieser Bereich der Gelehrsamkeit bislang vernachlässigt worden sei. Insbesondere Aristoteles habe zwar über die einzelnen Teile des Körpers, nicht aber über die Gesten des Körpers gehandelt. Sie zu kennen und zu beherrschen sei aber von großem Nutzen und Vorteil:

"For, the lineaments of the Body doe disclose the disposition and inclination of the minde in generall; but the motions doe not only so, but doe further disclose the present humour and state of the minde and will; for as the Tongue speaketh to the Eare, so *Gesture* speaketh to the Eye, and therefore a number of such persons whose Eyes doe dwell upon the Faces and fashions of men, do well know the advantage of this observation, as being most part of their ability; neither can it bee denied that it is a great discoverer of dißimulation, and great direction in businesse. For, after one manner almost we clappe our *Hands* in joy, wring them in sorrow, advance them in prayer and admiration; shake our Head in disdaine, wrinkle our Forehead in dislike, crispe our nose in anger, blush in shame, and so for the most part of the more subtile motions."[1]

Die einzelnen Handgesten werden in der *Chironomia* dann in Einzelgesten zerlegt. Unter Bezug auf die antiken Autoritäten wird für jede Geste ihre Bedeutung erklärt, wann sie in der Rede anzuwenden sei und welche Schwierigkeiten dabei eintreten können. Zur Geste der in Richtung auf das Publikum ausgestreckten Hand etwa vermerkt Bulwer:

"THE *Hand* directed towards the Auditours, with a kinde of *impetuous agitation of the Arme*, maintaining its gravity with a swift recourse, is an action *intense* and *full of vehemence*, fit to *threaten*, *denounce*, *reprehend*, and *assevere*, and by its extension, implies *power*, and a *prevalent authority*. This Action is not seasonable untill an Oration begin to way hot and prevalent, and the discoursing appetite of the *Hand* be rowsed up, and well heated by a Rhetoricall provocation, and is sufficiently affected to move according to the nimble contention of the Tongue."[2]

1 John Bulwer: Chirologia: Or the Naturall Language of the Hand, London 1644, Reprint New York 1975, Vorrede, A5r–A5v.

2 John Bulwer: Chironomia: Or, The Art of Manuall Rhetorique, London 1644, Reprint New York 1975, S. 31 f.

A Audientiam facit .
B Quibusdem orditur .
C Exordium accomodat .
D Inſtabit .
E Approbabit .
F Enthymemata tundit .
G Distinguet .
H Disputabit .
I Acrius Argumentatur .
K Demonstrat .
L Magnanimitatem ostendit .
M Indigitat .
N Attentionem poscit .
O Colligit .
P Urgebit .
Q Splendidiora explicat .
R Ironiam ostendit
S Leviter tangit
T Subtiliora explicat
V Exprobrabit
W Arguebit
X Memb : orati : diſtribuit
Y Amplitudinem denotat .
Z Contraria diſtinguet .

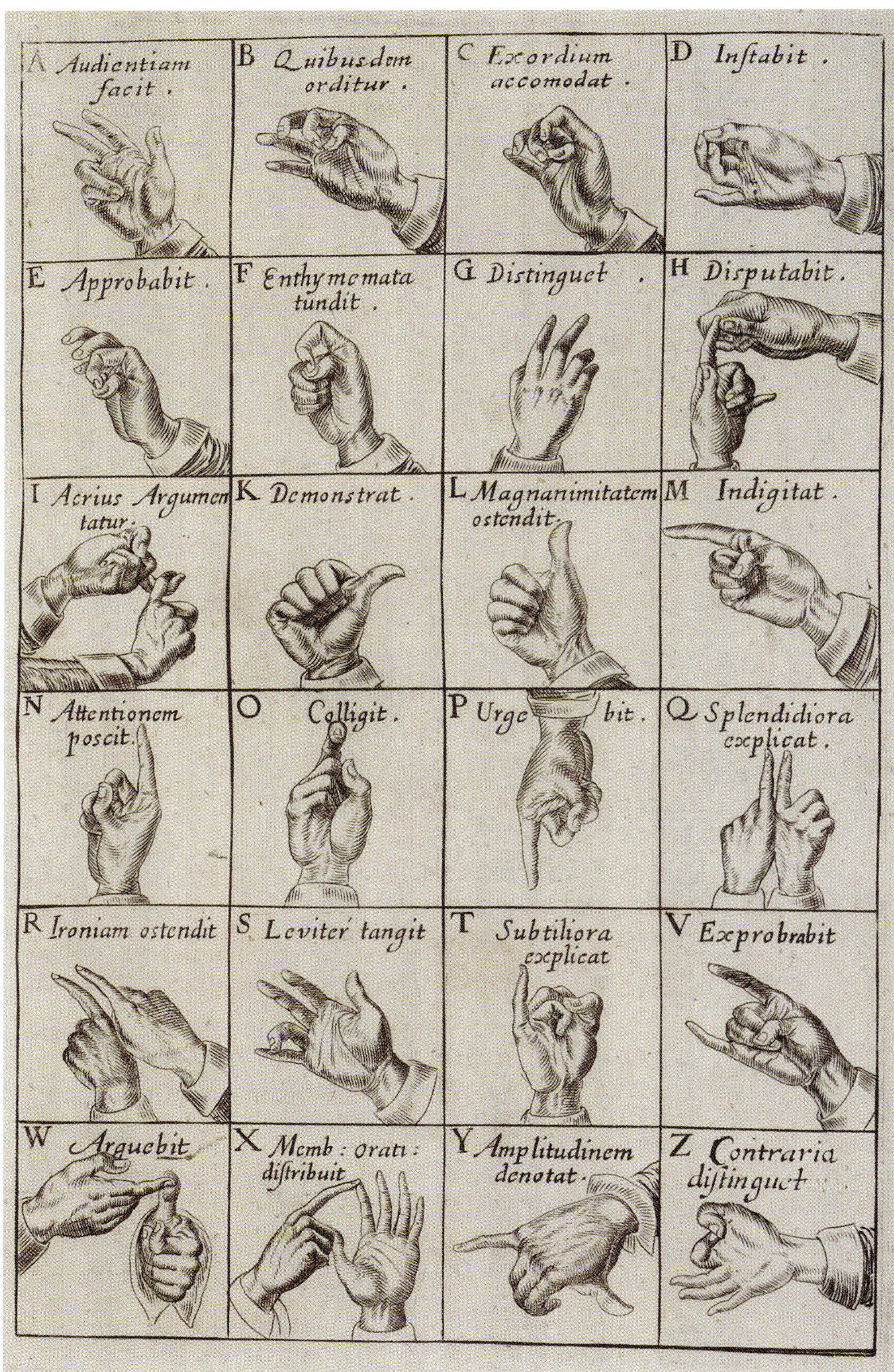

Abb. 53

Charles le Brun: Abbild oder Vorstellung der Gemüths Regungen [...]. Amsterdam: Schenck [um 1700]. 29 Taf., quer-8°

HAB: Uh 73

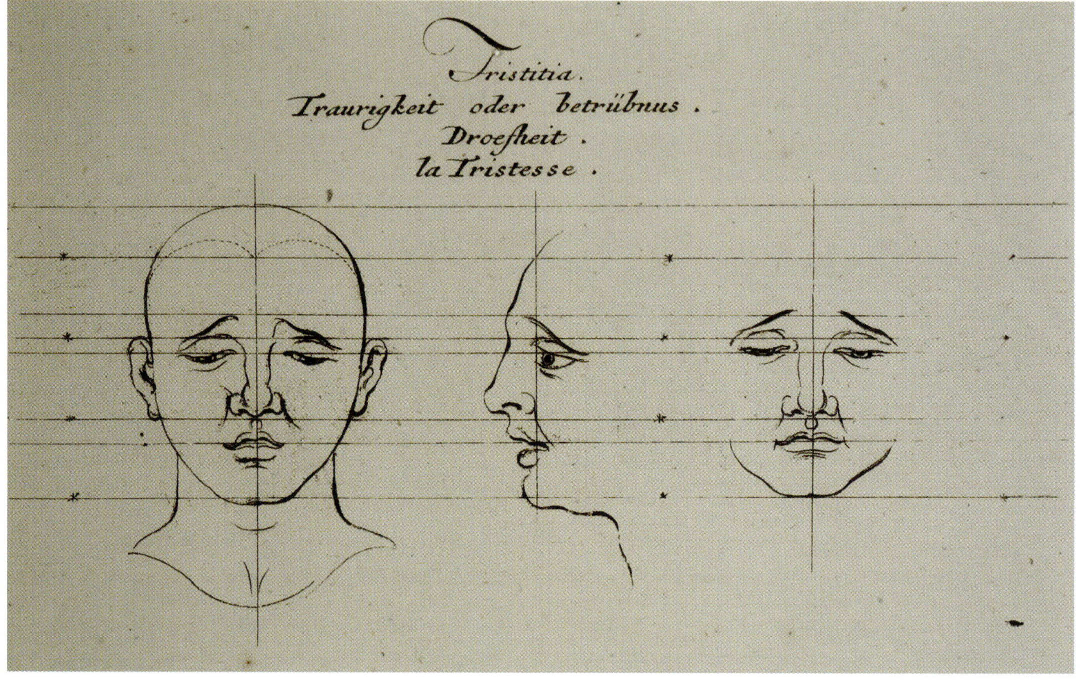

Abb. 54

Charles le Brun (1619–1690) war königlicher Maler ("Peintre du Roi") am Hofe Ludwigs des XIV. und verantwortlich u. a. für die Ausstattung von Versailles. Er leitete die "Manufacture des Gobelins" und war Rektor und Kanzler der "Académie Royale". Sein Kunststil war insgesamt prägend für die Epoche Ludwigs XIV.

In seiner Abhandlung über die Gemütsregungen will er den mimischen Ausdruck des Seelenlebens systematisch darstellen. Die beiden in der Herzog August Bibliothek befindlichen Ausgaben der Illustrationen von Charles le Bruns "Traité de passions" – aus den Jahren 1700 und 1840 – gehören zu den zahlreichen Editionen, mit denen das Werk in ganz Europa Verbreitung fand.

Aufgeschlagen: Tristitia (Abb. 54)

An der Darstellung der 'Traurigkeit' wird le Bruns Beschreibung dieser Leidenschaft, die auf Descartes Traktat "Les passion de l'âme" (1649) basiert, deutlich. Es zeigt sich, welch zentrale Rolle in seiner Theorie der Mimik die Augenbrauen haben. Ihr Spiel alleine ist ausreichend, um eine Vielzahl von Leidenschaften differenziert ausdrücken zu können.

Der ausgestellte Stich basiert unmittelbar auf einer Vorlage le Bruns. Typisch ist die Dreiteilung in eine Frontalansicht, eine Seitenansicht und eine weitere, reduziertere Seitenansicht. Die eingezogenen horizontalen Linien unterziehen das Gesicht einer Geometrisierung, erhöhen die Vergleichbarkeit zwischen den einzelnen Leidenschaften und machen auf diese Weise die Differenzen deutlicher. Gedruckt erschienen diese Abbildungen

3 Ediert in Jennifer Montagu: The Expression of the Passions. The Origin and Influence of Charles le Brun's *Conférence sur expression générale et particulière*, New Haven 1994, S. 120 f.

zuerst in der Ausgabe von Sébastien le Clerc 1696.

In dem Traktat heißt es:

"La Tristesse
Comme nous avons dit, la tristesse est une langueur desagreable, où l'ame reçoit des incommodités du mal ou du défaut que les impressions du cerveau lui representent.
Cette passion se figure aussi par des mouvemens qui semblent marquer l'inquietude du cerveau, & l'abattement du coeur, car les côtés des sourcils sont plus élevés vers le milieu du front, que du côté de jouës; & une personne qui est agité de cette passion, a les prunelles troublées, le blanc de l'oeil jaune, les paupiers abattuës & un peu enflées, le tour des yeux livide, les narines tirant en bas, la bouche entr'ouverte & les coins abaissés, la tête paroît nonchalamment panchée sur une des épaules, toute la couleur du visage plombée, & les lévres pâles & sans couleur."[3]

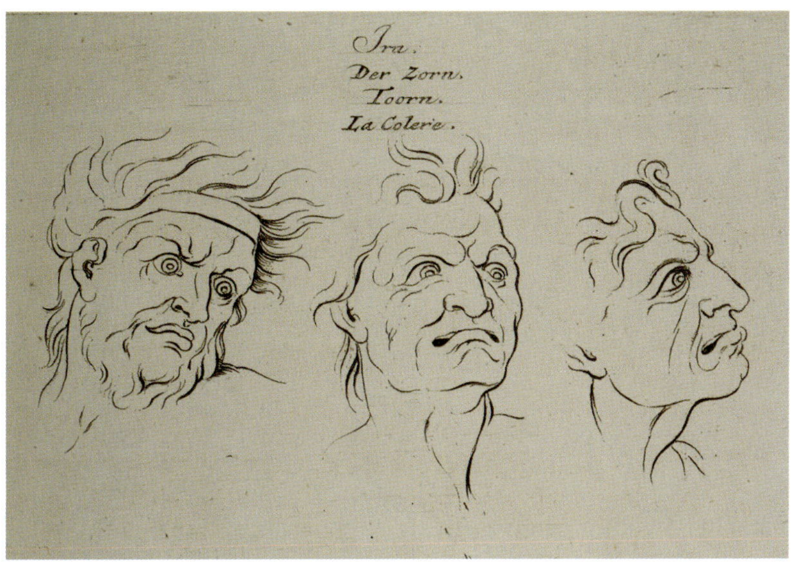

Abb. 55

Die Darstellung des 'Zorns' (Abb. 55) folgt einem anderen Modell. Präsentiert werden dem Betrachter drei unterschiedliche Versionen desselben Affekts, wobei im Unterschied zur 'Traurigkeit' die männlichen Gesichter einen deutlich naturalistischeren Eindruck machen. Die drei Köpfe gehen ebenfalls auf Vorlagen le Bruns zurück und wurden zuerst von Sébastien le Clerc gestochen.

In le Bruns Traktat heißt es:

"La Colere
Lorsque la colere s'empare de l'ame, celui qui ressent cette passion, a les yeux rouges & enflâmés, la prunelle égarée & étincelante, les sourcils tantôt abattus, tantôt élevés, & reserrés l'un contre l'autre, le front paroîtra ridé formant des plis entre les yeux, les narines paroîtront ouvertes & élargies, les lévres grosses & renversées & se pressant l'une contre l'autre, & la lévre de dessous surmontera celle de dessus, laissant les coins de la bouche un peu ouverts, formant un ris cruel & dédaigneux.
Il semblera grincer les dents, il paroîtra de la salive à la bouche, son visage sera pâle en quelque endroit, & enflâmé en d'autres & tout enflé; les veins du front, des tempes, & du col seront enflées & tenduës, les cheveux herissés, & celui qui ressent cette passion souffle au lieu de respirer, parce que le coeur est oppressé par l'abondance du sang qui vient à son secours."[4]

4 Montagu, The Expression of the Passions (s. Anm. 1), S. 122.

Franz Lang: Abhandlung über die Schauspielkunst. Übers. und hrsg. von Alexander Rudin.
Bern [u. a.]: Francke 1975. 382 S. (Deutsche Barock-Literatur)
Dissertatio de actione scenica [lat., dt.]. – Nachdr. der Ausg. Monachii 1727

HAB: 25. 1138

Abb. 56

5 Franz Lang: Abhandlung über die Schauspielkunst. Übers. und hrsg. von Alexander Rudin, Bern 1975, S. 198.

Das Buch des Jesuitenpaters Franz Lang (1654–1725) ist bedeutsam, weil es die erste zusammenhängende Abhandlung über die Schauspieltheorie in Deutschland ist. Auf die unmittelbaren Nachfolger hat es indes kaum gewirkt, und so konnte Johann Friedrich Löwen noch 1755 in seinen "Kurzgefaßten Grundsätzen über die Beredsamkeit des Leibes" mit einigem Recht für sich reklamieren, die erste Abhandlung zu diesem Thema in Deutschland vorgelegt zu haben. Langs Buch traktiert nicht nur den engeren Bereich der Schauspieltheorie, sondern behandelt auch die Bühnenkunst und die verschiedenen Gattungen des Dramas. Langs Quellen sind neben den antiken Rhetorikern seine Ordensbrüder Nicolas Caussin und Joseph Jouvancy sowie nicht näher genannte Werke zur Ikonographie und Symbolik.

Aufgeschlagen: S. 50, Tafel 7 (Abb. 56)

Über den Affekt der Trauer schreibt Lang:

"Oft faltet man dabei mit verschränkten Fingern die Hände, und sie werden gewöhnlich entweder in die Höhe erhoben oder unter die Hüften gesenkt. In beiden Fällen muß man darauf achten, daß die gefalteten Hände auf die eine oder andere Seite, je nach Gefallen entweder die rechte oder die linke, nicht aber in der Körpermitte gehalten werden. Denn falls dies geschieht, wird, solange der Redende die Hände emporhält, sein Gesicht verdeckt, was falsch ist, weil dieses immer sichtbar bleiben und den Zuschauern offen dargeboten werden muß. Die Hände gerade vor sich sinken zu lassen, erlaubt jedoch der Anstand nicht. Dieses Spiel wird die hier beigefügte Abbildung VII zeigen."[5]

Gilbert Austin: Die Kunst der rednerischen und theatralischen Declamation nach älteren und neuern Grundsätzen über die Stimme, den Gesichtsausdruck und die Gesticulation aufgestellt und durch 152 Figuren erläutert für öffentliche Redner, Schauspieler und Künstler. Mit 25 Kupferplatten.
Leipzig, Baumgärtner, 1818. XVI, 184 S., 25 Bl.

HAB: Um 6

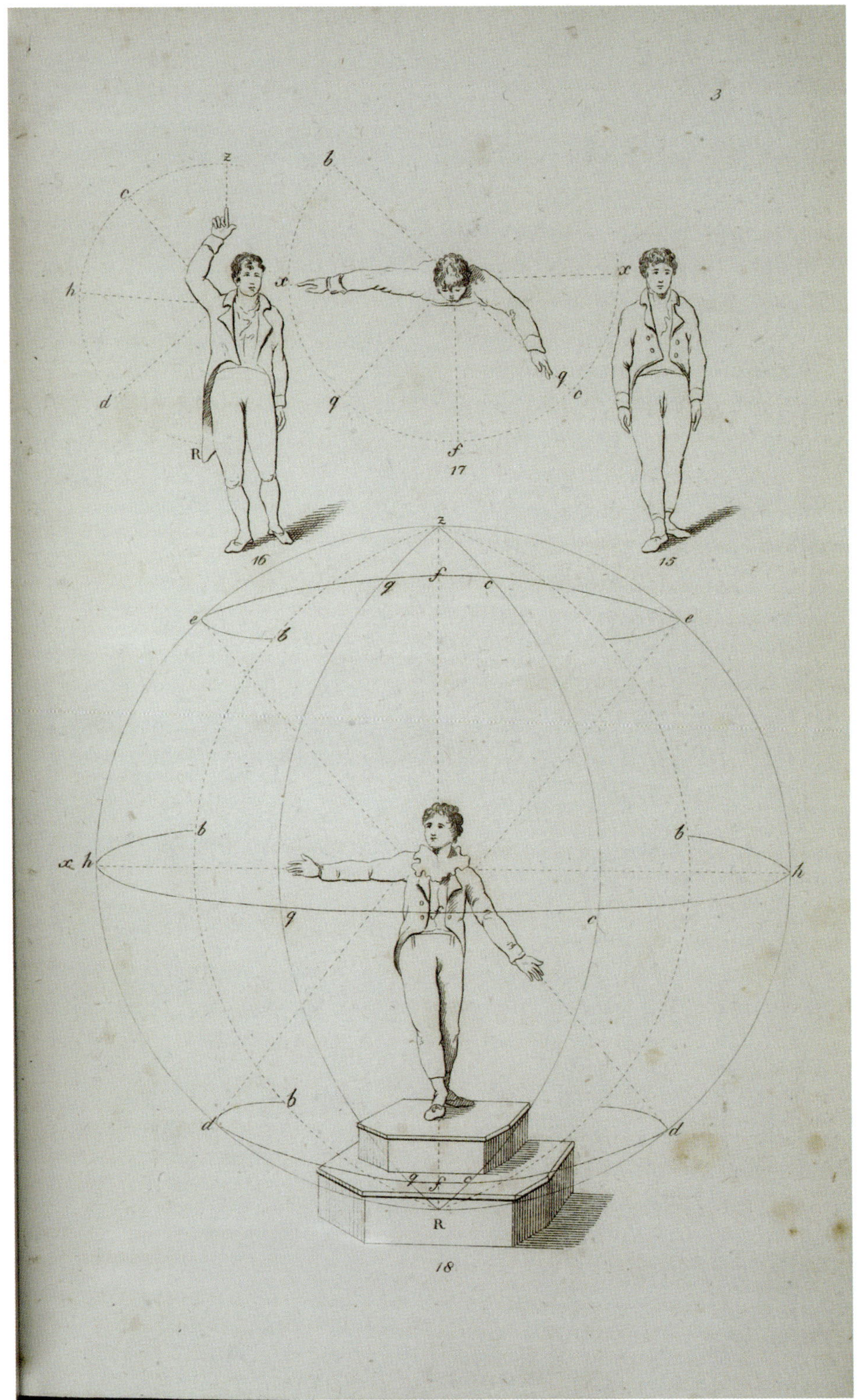

Abb. 57

Gilbert Austin (1753–1837) war ein irischer Schriftsteller und Erzieher. Seine 1806 in englischer Sprache erschienene "Chironomia, or a Treatise on Rhetorical Delivery" geht auf die Unterrichtstätigkeit an Austins eigener Privatschule in Dublin zurück. Deren Programm richtete sich primär an die Erziehung adeliger Schüler, was Austins Normen der Gestik und Mimik insofern nachhaltig prägt, als er jeden Anschein von Ungehobeltheit und Bäuerlichkeit vermeiden möchte. Das Werk basiert auf einer gründlichen Kenntnis der antiken und frühneuzeitlichen Rhetoriken zum Thema der Vortragskunst und zitiert ausgiebig die Literatur von Cicero und Quintilian bis hin zu Louis de Cressolles' "Vacationes autumnales" (1620).

In der Einleitung schreibt Austin, dass sich "ein sonderbares Vorurtheil" der "Vervollkommung des Vortrags" entgegengesetzt habe:

> "Freilich mußte man der Stimme, auf die so viel ankommt, einige Aufmerksamkeit widmen. Aber das Mienenspiel überließ man ganz der Natur; und, wo nur Gefühl nicht fehlt, kann die Natur vielleicht wohl hier das Beste thun. Allein die Haltung und Bewegung des Körpers, die eigentliche Gesticulation wurde gänzlich hintenangesetzt." (S. 2 f.)

Die deutsche Ausgabe des Philosophen Christian Friedrich Michaelis (1770–1834) ist an manchen Stellen gekürzt und bibliographisch ergänzt.

Aufgeschlagen: Tafel 3 (Abb. 57)

Innovativ ist Austins "Chironomia" nicht zuletzt durch das ausgeklügelte Notationssystem, mit dem der Autor die Bewegungen beschreibt – und sie zugleich normieren möchte. Denn im Unterschied zu vielen Theoretikern des 18. Jahrhunderts glaubt Austin nicht, dass Natürlichkeit allein eine ausreichende Basis für eine wirkungsvolle Körpersprache darstellt. Gerade deshalb kommt es für ihn entscheidend darauf an, erfolgreiche Gestik möglichst präzise zu kodifizieren und den Schülern die Möglichkeit der Nachahmung zu eröffnen. Tafel 3 mit den Abbildungen 15–18 zeigt den gestischen Aktionsspielraum des Redners und Schauspielers; die einzelnen Buchstaben markieren herausgehobene Punkte innerhalb der Aktions-Sphäre des Orators. Auf ihrer Basis werden Bewegungen als "Fundamentalstellungen" (S. 95) beschrieben, die wiederum zu größeren Ausdruckseinheiten kombiniert werden können. Insgesamt unterscheidet Austin knapp 140 unterschiedliche Stellungen allein der Arme, die durch den Buchstabencode eindeutig beschrieben werden können.

Die Tanzkunst im Spiegel der gedruckten, deutschsprachigen Quellen

Marie-Thérèse Mourey

Im Vergleich zu ihren französischen Nachbarn befanden sich die deutschen Tanzbuchautoren, deren Werke zwischen 1703 und 1717 erschienen, in einer weitaus prekäreren, soziokulturellen wie auch materiellen Situation. Während die Tanzkunst in Frankreich völlig legitimiert und in der "Académie Royale de danse" institutionell etabliert und die Tanzmeister sogar durch königliche Patentbriefe geschützt waren, waren die meisten Autoren in Deutschland, die als freischaffende, städtische Tanzmeister tätig waren, starken Anfeindungen und Angriffen ausgesetzt, vor allem seitens der protestantischen Geistlichkeit und der Pietisten. Aus dieser Zeit sind recht zahlreiche Polemiken und Pamphlete gegen den Tanz überliefert, und zwar nicht nur gegen die ausgelassenen, volkstümlichen Tanzbräuche, sondern auch gegen die neueste, wohl geregelte Tanzkunst höfischer Prägung.[1] In den deutschen Tanzlehrbüchern dieser Zeit überwiegen daher Argumente und rhetorische Strategien zur moralischen Rechtfertigung der Tanzkunst und zur Beweisführung ihrer absoluten Ehrbarkeit und Würde, nicht zuletzt durch das Bemühen um eine exakte, ausführliche und wissenschaftlich fundierte Begründung der Kunst. Aber vor allem geht es den Autoren um den ausgesprochenen gesellschaftlichen Nutzen der "galanten Tanzkunst". Dieser Nützlichkeitsaspekt betrifft nicht primär die Fähigkeit, besondere Tanzschritte und -bewegungen zu erlernen, um modische Gesellschaftstänze wie etwa Menuette einwandfrei ausführen zu können; vielmehr geht es um die Ausbildung des ganzen menschlichen Körpers nach bestimmten, ausgesuchten und raffinierten Maßstäben, um die Moralisierung und "Zivilisierung" der körperlichen Erscheinung und des Gebarens durch besondere "Körpertechniken".

1 Zur Analyse der Pamphlete gegen den Tanz in Deutschland siehe Marie-Thérèse Mourey: Danser dans le Saint Empire du XVIe au XVIIIe siècle. Eloquence du corps, discipline des sujets, civilisation des mœurs, Habilitationsschrift, Paris IV-Sorbonne 2004, insbes. Teil III: "Le Diable et la danse. Pamphlets et polémiques" (erscheint demnächst). Zur Tradition der Tanzfeindlichkeit der Kirche siehe auch Irmgard Jungmann: Tanz, Tod und Teufel. Tanzkultur in der gesellschaftlichen Auseinandersetzung des 15. und 16. Jahrhunderts, Kassel 2002, sowie Marianne Ruel: Les Chrétiens et la danse dans la France moderne, Paris 2006.

Der gebürtige Franzose Louis Bonin (ca. 1645–1716) verdient auf Grund seines eigenartigen beruflichen Werdegangs besonderes Interesse. Seine Ausbildung erhielt er nach eigenen Angaben in Paris, bei den besten Tanzmeistern seiner Zeit – jedoch nicht bei dem berühmten, privaten Tanzmeister des Königs Ludwig XIV., Pierre Beauchamp. Nach einer internationalen Karriere als Tänzer auf den größten Bühnen Europas ließ er sich in Deutschland nieder. Seine letzten Lebensstationen sind bekannt: Von 1704 bis 1707 war er als Hoftanzmeister bei Herzog Wilhelm von Sachsen-Eisenach in Eisenach tätig; ab 1707 wird er als Universitätstanzmeister in Jena verzeichnet (wie das Titelblatt belegt). Sein Tanzlehrbuch, zu dem sein Schüler "Meletaon" (d.h. Johann Leonhard Rost) einen "Vorbericht" verfasste, bildet daher die rückblickende Bilanz seiner vielfältigen und langjährigen Erfahrung. Bonin zeigt sich bestrebt, die Prinzipien und Grundsätze der französischen, "galanten Tanzkunst" sowohl im gesellschaftlichen als auch im

Louis Bonin: Die Neueste Art zur Galanten und Theatralischen Tantz-Kunst. ... Frankfurt & Leipzig, bey Johann Lochner, 1712.

HAB: 47.3049

Abb. 66

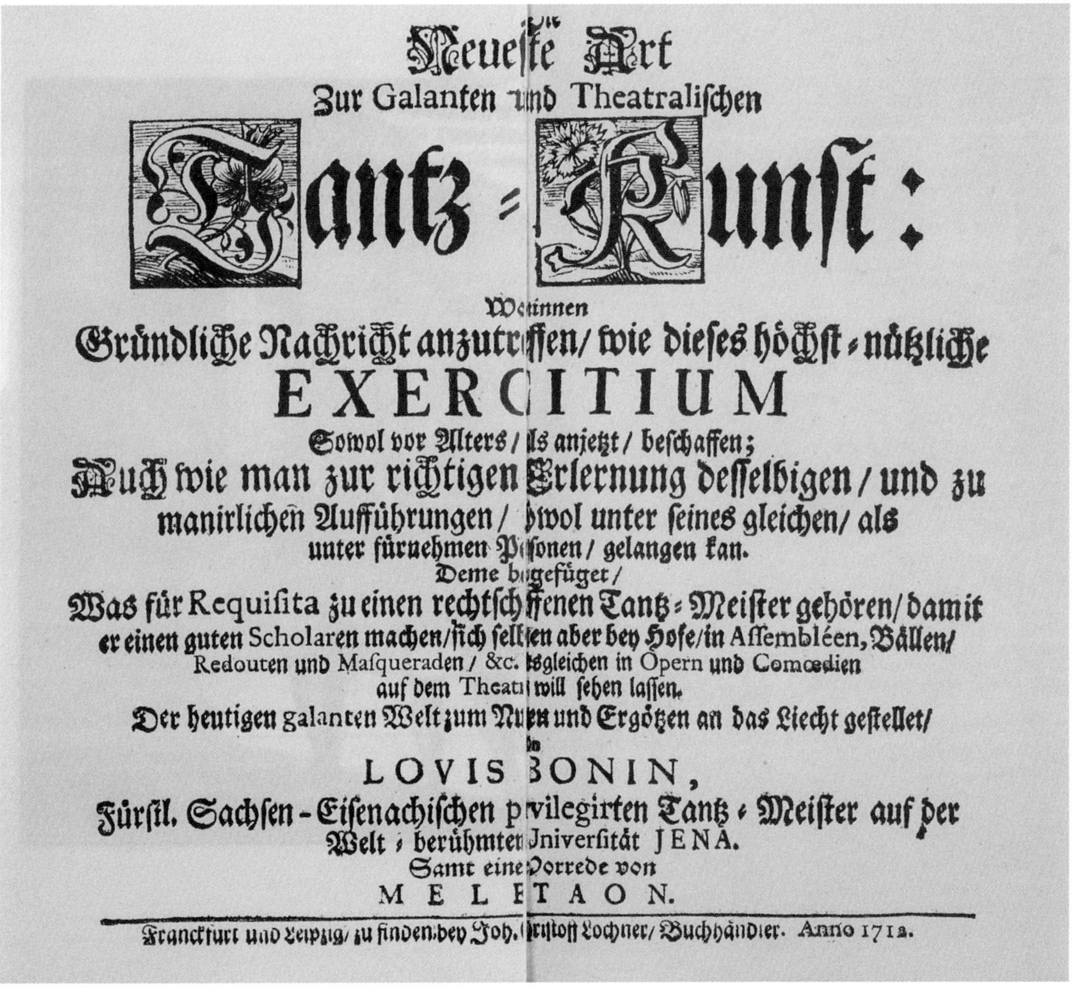
Neueste Art
zur Galanten und Theatralischen
Tantz-Kunst:
Worinnen
Gründliche Nachricht anzutreffen/ wie dieses höchst-nützliche
EXERCITIUM
Sowol vor Alters/ als anjetzt/ beschaffen;
Auch wie man zur richtigen Erlernung desselbigen/ und zu
manirlichen Aufführungen/ sowol unter seines gleichen/ als
unter fürnehmen Personen/ gelangen kan.
Deme beygefüget/
Was für Requisita zu einen rechtschaffenen Tantz-Meister gehören/ damit
er einen guten Scholaren machen/sich selbsten aber bey Hofe/in Assembléen, Bällen/
Redouten und Masqueraden/ &c. desgleichen in Opern und Comoedien
auf dem Theatro will sehen lassen.
Der heutigen galanten Welt zum Nutzen und Ergötzen an das Liecht gestellet/
von
LOVIS BONIN,
Fürstl. Sachsen-Eisenachischen privilegirten Tantz-Meister auf der
Welt-berühmten Universität JENA.
Samt einer Vorrede von
MELETAON.
Franckfurt und Leipzig/ zu finden bey Joh. Christoff Lochner/ Buchhändler. Anno 1712.

Abb. 67

theatralischen Bereich anschaulich und systematisch darzubringen.

Aufgeschlagen: Titelkupfer

Im Titelblatt (Abb. 66) wird dem aufstrebenden Bürger die "galante Tanzkunst", ein "höchst-nützliches Exercitium", als Mittel zur Erwerbung standesbewusster, "manierlicher" Umgangsformen angepriesen, und dies sowohl in einem bürgerlichen Milieu, bei den "Privatbällen", als auch am Hof bzw. "unter fürnehmen Personen". Dem entspricht auch das Titelkupfer (Abb. 67), das einen französischen aristokratischen Salon evoziert. Im Vordergrund erteilt ein Tanzmeister seinem "Scholar" technische Anweisungen und zeigt ihm insbesondere, wie er der Leichtigkeit und der Zierlichkeit wegen auf den Fußspitzen zu schreiten habe. Der Schüler steht in der sog. "4. Position" (der rechte Fuß etwa einen Schritt vor dem linken), wobei er den linken Arm ganz vorschriftsmäßig leicht gebogen in der Höhe hält. Im Hintergrund erblickt man verschiedene Musiker sowie links ein "galantes" Paar bei der "Conversation".

Von der
Nutzbarkeit
des
Tantzens.
Wie viel selbiges
zu einer
Galanten und wohlanständigen
CONDVITE
bey
einem jungen Menschen
und
Frauenzimmer
beytrage;
Auch wie man dadurch sowol die
Kinder als erwachsene Leute von
beederley Geschlechte/
zur
Höflichkeit/Artigkeit und Frey=
müthigkeit anweisen solle/
verfasset
von
MELETAON.
Franckf. und Leipzig/ zu finden bey [illegible] Albrecht. 1713.

Abb. 68

Meletaon [Johann Leonhard Rost]: Von der Nutzbarkeit des Tantzens: Wie viel selbiges zu einer Galanten und wohlanständigen Conduite bey einem jungen Menschen und Frauenzimmer beytrage; Auch wie man dadurch sowol die Kinder als erwachsene Leute von beederley Geschlechte, zur Höflichkeit, Artigkeit und Freymüthigkeit anweisen solle/ verfasset von Meletaon. Frankfurt und Leipzig: Joh. Albrecht 1713

HAB: Hn 220

Meletaon, Pseudonym für den Mathematiker und Astronom Johann Leonhard Rost (1688–1727) aus Nürnberg, ist der einzige nicht professionelle Autor eines Tanztraktats. Erst durch die Bekanntschaft mit Louis Bonin in Jena, bei dem er als Student eine Zeit lang Tanzunterricht nahm und dem er dann zur Abfassung seiner Tanzanleitung verhalf, wurde er dazu angeregt, seine eigenen Überlegungen zum sozialethischen und pädagogischen Wert der neuen, "galanten Tanzkunst" niederzuschreiben, wobei sich Rost von den fortgeschrittenen Theorien des Engländers John Locke stark beeinflusst zeigt. In dem Buch geht es weniger um praktische Tanzanweisungen als um ein Plädoyer für ein modernes, ungezwungenes und natürlich wirkendes Körperideal, bei dem die "Körpertechniken" scheinbar in den Hintergrund treten. Nebenbei machte sich Rost ebenfalls einen Namen als Verfasser galanter Romane.

Aufgeschlagen: Titelkupfer und Titelblatt

Gleich eingangs betont der Titel (Abb. 68) nicht nur die sittliche Unbedenklichkeit des Tanzens, sondern sogar dessen Nützlichkeit, zumal in einem urbanen und geselligen Kontext. Stichwort ist dabei die "galante und wohlanständige Conduite", vor allem junger Menschen beider Geschlechter. Wie bei Bonin – man beachte die auffallende Ähnlichkeit, zumal des Tanzmeisters, zwischen beiden Bildern – zeigt das Frontispiz (Abb. 69) auch das Bild einer solchen gehobenen Gesellschaft nach dem vermeintlichen Vorbild der Pariser Salons: Im Hintergrund spielen zwei Musiker, während auf der linken Seite des Bildes ein Mann und eine Frau sich höflich, "galant und wohlanständig" unterhalten. Vorne, in der Mitte der Tanzfläche, tritt ein vornehm gekleideter junger Mann in einer schwebenden Haltung auf – fast scheint er zu springen. Dies bestätigt die Armführung, das sog. "haut port de bras" (hohe Armführung), die eigentlich den theatralischen Tänzen vorbehalten ist. Das Distichon unter dem Bild verrät den wahren Sinn der Szene: "Bemühe dich nicht viel dem Maitre gleich zu

Abb. 69

springen/ Das Tantzen mus der Welt weit bessern Nutzen bringen". Somit wird das rein technische Können dem Bereich der professionellen Tanzmeister vorbehalten, während der eigentliche, gesellschaftliche Nutzen des Tanzens vielmehr in der Aneignung eines angenehmen, zierlichen und wohlgefälligen Körperbildes besteht.

Lambranzis Traktat stellt eine Ausnahme unter den deutschsprachigen Tanzlehrbüchern dar. Sein Buch, das ausschließlich dem theatralischen Tanz gewidmet ist, enthält als einziges eine überaus reiche Ikonographie. In 101 Abbildungen werden pantomimische Szenen, vor allem im Stile der italienischen "commedia dell'arte", illustriert und mit Musik und knappen Hinweisen zu der konkreten szenischen Realisierung ergänzt.

Aufgeschlagen: Titelkupfer

Über Lebensweg und Schaffen von Gregorio Lambranzi ist man schlecht unterrichtet. Außer dem "Vorbericht an die Liebhaber" geben jedoch das Frontispiz (Abb. 70) zum ersten Teil und das Titelblatt (Abb. 71) seines Traktats einige spärliche Hinweise dazu. Im oberen Teil des Frontispizes bildet das oval gerahmte Porträt den Autor ab – er dürfte etwa fünfzig Jahre alt und somit um 1670 geboren sein. Das darüber befindliche Schriftband gibt Venedig als seinen Geburtsort an. Lambranzi bezeichnet sich als "Italienischer Tantz-Meister und Componist", der "allerley Frantz: Englischer, wie auch Schertz- und Ernsthafter Theatralischer Täntze" komponiert und sie "auf denen vornehmsten Schaubühnen von Teutschland, Italien und Frankreich selbst vorgestellt" habe. Hiermit stellt er sich als einen vielseitigen und beruflich recht erfahrenen, ja angesehenen Tänzer und Choreographen dar. Die Musik und die Arien zu seinen Tänzen will er auch selber erfunden haben. Auf Grund seiner Bildung und Erfahrung knüpft Lambranzi sowohl an die freie Tradition der italienischen "Commedia dell'arte" als auch an die "belle danse", die Tanzkunst französischer Prägung an, wie die Vielfalt der insgesamt 101 Bildtafeln eindrücklich belegt. Somit steht er am Schnittpunkt mehrerer Traditionen. Die Abbildung einer "Loure" (eines schwierigen theatralischen Tanzes) nach dem 1700 erschienenen französischen Tanznotations-

Abb. 70

Gregorio Lambranzi: Neue und curieuse theatralische Tantz-Schul Deliciae Theatrales. Nuova et Curiosa Scuola de Balli Theatrales, Nürnberg 1716.

HAB: 30.4° 266

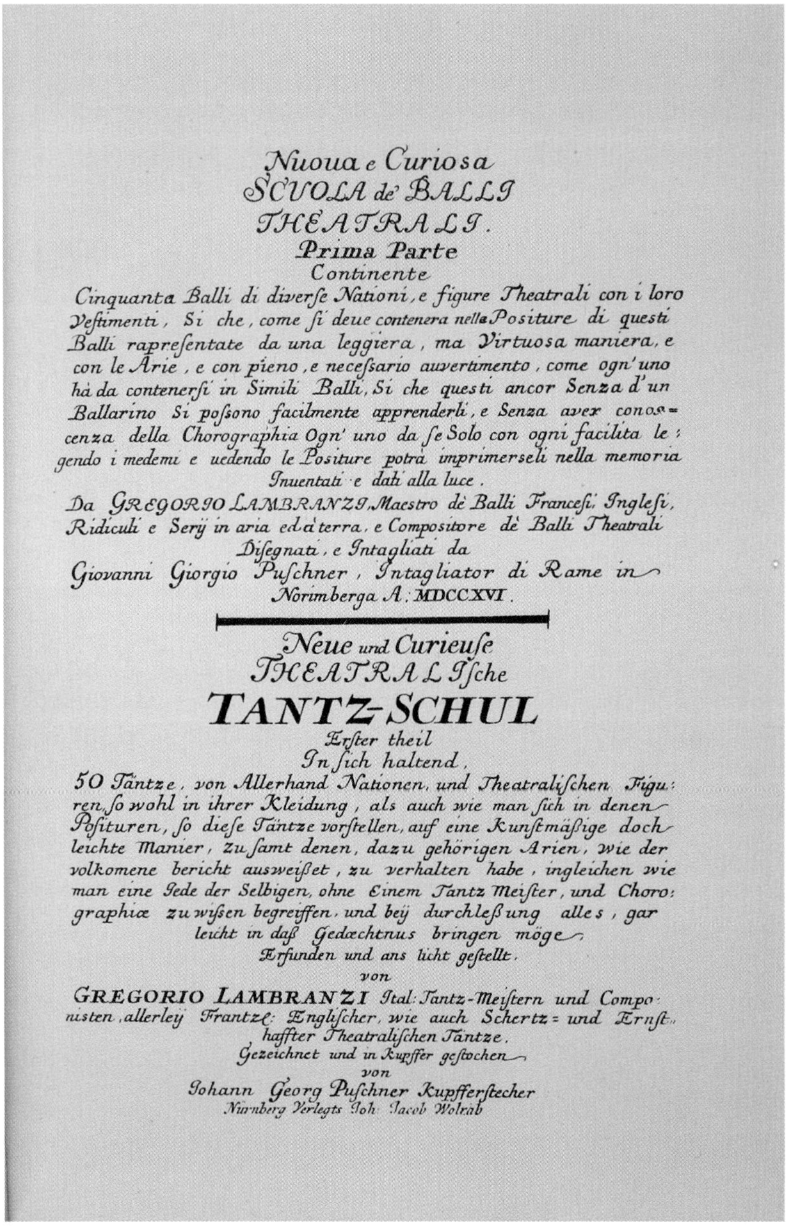

Nuoua e Curiosa
SCVOLA de' BALLI
THEATRALI.
Prima Parte
Continente
Cinquanta Balli di diverse Nationi, e figure Theatrali con i loro
Vestimenti, Si che, come si deue contenera nella Positure di questi
Balli rapresentate da una leggiera, ma Virtuosa maniera, e
con le Arie, e con pieno, e necessario auvertimento, come ogn'uno
hà da contenersi in Simili Balli, Si che questi ancor Senza d'un
Ballarino Si possono facilmente apprenderli, e Senza aver conos=
cenza della Chorographia Ogn' uno da se Solo con ogni facilita le:
gendo i medemi e uedendo le Positure potrà imprimerseli nella memoria
Inuentati e dati alla luce.
Da GREGORIO LAMBRANZI, Maestro dè Balli Francesi, Inglesi,
Ridiculi e Serij in aria ed à terra, e Compositore dè Balli Theatrali
Disegnati, e Intagliati da
Giovanni Giorgio Puschner, Intagliator di Rame in
Norimberga A: MDCCXVI.

Neue und Curieuse
THEATRALIsche
TANTZ-SCHUL
Erster theil
In sich haltend,
50 Täntze, von Allerhand Nationen, und Theatralischen Figu:
ren, so wohl in ihrer Kleidung, als auch wie man sich in denen
Posituren, so diese Täntze vorstellen, auf eine Kunstmäßige doch
leichte Manier, zu samt denen, dazu gehörigen Arien, wie der
volkomene bericht ausweißet, zu verhalten habe, ingleichen wie
man eine Jede der Selbigen, ohne Einem Tantz Meister, und Choro:
graphiæ zu wißen begreiffen, und bey durchleßung alles, gar
leicht in daß Gedæchtnus bringen möge.
Erfunden und ans licht gestellt,
von
GREGORIO LAMBRANZI Ital: Tantz-Meistern und Compo:
nisten, allerley Frantz: Englischer, wie auch Schertz= und Ernst=
hafter Theatralischen Täntze,
Gezeichnet und in Kupffer gestochen
von
Johann Georg Puschner Kupfferstecher
Nürnberg Verlegts Joh: Jacob Wolrab

Abb. 71

system von Feuillet auf dem Frontispiz beweist seine Vertrautheit mit den letzten Entwicklungen der "wohlgeregelten", gelehrten Tanzkunst. Zugleich steht die Figur eines italienischen Scaramuzza (einer bekannten Figur aus der italienischen Komödie), für die der Autor wahrscheinlich Modell stand (wie übrigens für weitere Bildtafeln), im Mittelpunkt des unteren Teils des Frontispizes.

Abb. 72

Das Buch gehört nicht zum Korpus der deutschsprachigen Tanztraktate. Der Autor Christoff Weigel (1654–1725) arbeitete als Kupferstecher vor allem in Nürnberg. In seiner Einleitung geht er auf die Einteilung der Gesellschaft in "Haupt-Stände" und auf deren jeweilige Rolle und Nützlichkeit ein. Das VII. Kapitel befasst sich mit den "Exercitien-Meistern", darunter der Tanzmeister. Der Abbildung eines solchen galanten Tanzmeisters folgen Ausführungen, die teilweise aus früheren tanzfeindlichen Schriften übernommen sind, jedoch ist der Ton insgesamt eher gemäßigt.

Aufgeschlagen: Abbildung eines Tanzmeisters

Die emblematische Struktur der Darstellung ist auffallend (Abb. 72). Das Bild eines Tanzmeisters wird ergänzt durch einen Titel mit einem Lemma (der "inscriptio"): "Er schwebt auff leichtem Fuß, der Eitelkeit Genuß". Tatsächlich scheint der höfisch gekleidete Tanzmeister in der Luft zu schweben; seine Haltung weist eine starke Ähnlichkeit zu derjenigen der Tänzer auf Bonins und Meletaons Titelkupfern auf. Unter dem Bild steht ein Kommentar ("subscriptio") in der Form einer sechszeiligen Strophe: "Ein Lied von Schönheit, Ehr und Gelt/ spielt unsern Regungen die Welt/ daß sich das Herz ihr gleich soll stellen/ Tantzt je nach ihren Saiten nicht/ weil leicht ein Kapriol geschieht/ vom Wollust-Himmel zu der Höllen". Der angefügte Text widerspricht der gängigen, positiven Bewertung des Tanzmeisters im gesellschaftlichen Kontext, indem er vor der "Eitelkeit" des Tanzens als Anreiz zur Sünde warnt. Die Moral religiöser Herkunft kollidiert mit der zeitgenössischen Sozialethik.

Christoff Weigel: Abbildung der Gemein-Nützlichen Haupt-Stände Von denen Regenten Und ihren So in Friedens- als Kriegs-Zeiten zugeordneten Bedienten an/ biß auf alle Künstler und Handwercker/ Nach Jedes Ambts- und Beruffs-Verrichtungen/ meist nach dem Leben gezeichnet und in Kupfer gebracht/ auch nach dero Ursprung/ Nutzbar- und Denckwürdigkeiten/ kurz/ doch gründlich beschrieben/
und ganz neu an den Tag geleget Von Christoff Weigel/ in Regensburg. 1698.

HAB: Oc 124

Gottfried Taubert: Tantzmeisters zu Leipzig, Rechtschaffener Tantzmeister, oder gründliche Erklärung der Frantzösischen Tantz-Kunst, bestehend in drey Büchern, deren das Erste historice, des Tantzens Ursprung, Fortgang, Verbesserung, unterschiedlichen Gebrauch ... Leipzig, bey Friedrich Lanckischens Erben 1717.

Universitätsbibliothek Leipzig: Ästh. 394:2,1

Abb. 73

Gottfried Tauberts voluminöses Tanzkompendium bildet die letzte Stufe der im frühen 18. Jahrhundert (1703–1717) veröffentlichten deutschsprachigen Tanzlehrbücher. Es versteht sich ausdrücklich als Summe und Überbietung der Werke seiner Vorgänger, was die systematische Anlage des Ganzen und der gelehrte, ja geradezu enzyklopädische Charakter der Ausführungen belegt – von den zahlreichen Entlehnungen aus den Traktaten seiner Tanzmeisterkollegen ganz zu schweigen. Im Kontext der starken Anfeindungen, denen die weltlichen Lustbarkeiten seitens der Pietisten ausgesetzt waren, ging es ihm ebenfalls um die moralische Rechtfertigung des Tanzens auf Grund seiner physischen, psychischen und sozialethischen Nutzbarkeit. Daher rühmt er sich, sein Buch "gantz willigst" zur Begutachtung der Philosophischen Fakultät in Leipzig vorgelegt zu haben. Durch die kommentierte Übersetzung des französischen Notationssystems von Raoul-Auger Feuillet (1659–1730), der "Choréographie" (1700), bietet das Werk auch ein wertvolles Zeugnis für die Rezeption der französischen Tanzkunst in Deutschland.

Aufgeschlagen:

Das Frontispiz (Abb. 73) zeigt in einem einzigen, größeren Raum den "Rechtschaffenen Tantzmeister" (den Taubert bestrebt ist, von den "Pfuschern" und "Stümpern" abzuheben) bei einer dreifachen Beschäftigung, gemäß der Überschrift: "Der Rechtschaffene Tantzmeister Meditiret, und Sowohl in Theoria als Praxi Informiret". Im Hintergrund sitzt er an einem Tisch und sinniert vor seinen Büchern. In der Mitte lehrt er seine Scholaren die richtigen Körperhaltungen und -bewegungen der französischen, galanten Tanzkunst, während ein paar galante Musiker rechts hinten die Tänzer begleiten. Im Vordergrund steht er rechts an der Wand angelehnt und beobachtet seine Scholaren. Das Bild soll dem Betrachter die intellektuellen Ansprüche sowie die praktischen Fähigkeiten des Tanzmeisters verdeutlichen.

Florian Daul von Fürstenberg: Tantzteuffel: Das ist/ wider den leichtfertigen/ unverschempten Welttantz/ und sonderlich wider die Gottß zucht und ehrvergessene Nachttänze. Gestellet durch Florianum Daulen von Fürstenberg/ Pfarrherrn die zeit zu Schnellewalde. Franckfurt am Mayn, Anno 1567.

HAB: 920 Th. (2)

Abb. 74

Das Buch reiht sich in eine besondere literarische Kategorie, die zahlreichen Pamphlete gegen den Tanz aus christlicher Sicht, hat doch die Tanzfeindlichkeit der Kirche eine lange Tradition. Seit der Reformation wurde verstärkt versucht, christliche Verhaltensweisen in geselligen Bereichen durchzusetzen, dazu gehörte auch die Disziplinierung der Körper. Der Autor, ein in Oberschlesien tätiger lutherischer Pastor, will seine moralischen Bedenken gegen die ungehemmte Tanzlust der dörflichen und städtischen Bevölkerung durch theologisch-biblische Belege untermauern; daher gibt er seinen Ausführungen die 45. und Auszüge aus der 46. Predigt aus dem "Ehespiegel" (1561) des Theologen Cyriacus Spangenberg (1528–1604) als Anhang. Sein Werk wird später in den vielen Ausgaben des "Theatrum Diabolorum" (1575) Eingang finden.

Aufgeschlagen:

Als für den christlichen Glauben gefährliches Relikt heidnischer Bräuche, ja als der größte Frevel gegen Gott erscheint Daul das "leichtfertige, unverschämte" weltliche Tanzvergnügen, insbesondere die "Nachttänze", die häufig zu schweren Missbräuchen führen. Gemeint sind vor allem die neuen, körperbetonten, ja erotischen Paartänze, welche die traditionellen, ehrbaren und züchtigen Gruppentänze (z. B. Reigen, Aufzugsformen) verdrängt haben. Die Abbildung (Abb. 74) zeigt solche lebhaften, derb bäuerlich geprägten Werbetanzformen. Mit der Verteufelung des Phänomens soll den naiven Gläubigen Angst und Furcht um das Seelenheil eingejagt werden. Allerdings gibt Daul im Laufe seines Berichtes zu erkennen, dass seine Ermahnungen und Verbote bei den jungen Gemeindemitgliedern auf heftigen Widerspruch und Protest stießen, ja unbeachtet blieben.

Die Kubistik

Sandra Schmidt

Im 16. Jahrhundert sind Bewegungstechniken, die sich unter den heutigen Oberbegriff der Akrobatik fassen lassen, an den Höfen von Wien und Paris belegt. Der prominenteste Vertreter ist der aus den italienischen Abruzzen stammende 'Springer' Archangelo Tuccaro, der 1599 in Paris unter dem Titel "Trois dialogues de l'exercice de sauter et voltiger en l'air" die erste umfassende Abhandlung über 'das Springen und Sich-Wenden in der Luft' veröffentlicht. In drei Dialogen beschreibt, systematisiert und illustriert er über 50 Sprünge, die vor allem durch Drehungen um die Breitenachse des Körpers charakterisiert sind und treffend als kubistische, das heißt 'kopfüber stürzende' Sprünge bezeichnet werden. Exemplarisch für diese Bewegungstechnik ist der Salto vorwärts, der bis heute in verschiedenen sportlichen Kontexten aufgeführt wird. Der Umstand, dass diese Bewegungstechnik Eingang in das höfische Leben, insbesondere in die höfische Festpraxis findet, ist angesichts der Tradition solcherart Bewegungen erstaunlich. Denn die kubistischen Sprünge, die seit der Antike nachgewiesen sind, gehören weder zu den Körpertechniken militärischen Ursprungs, wie das Fechten oder die Jagd, noch lassen sie sich als eine Form des Tanzes, wie er seit dem 15. Jahrhundert an den Höfen etabliert war, subsumieren. Abgeleitet von der Bewegungsform des 'Kopfüber-Stürzens' standen sie schon in der Antike symbolisch für den Tod und waren über Jahrhunderte von der christlichen Kirche als heidnische Praxis verurteilt worden.

Die Sprünge wurden traditionell von Gauklern und fahrenden Schaustellern auf populären Festen und Märkten aufgeführt, und in genau diesem Kontext ist der 'Archange aus den Abruzzen' berühmt geworden. Als Elisabeth, die Tochter des Wiener Kaisers Maximilian II., beim Reichstag zu Speyer 1570 mit Karl IX. vermählt wird, folgt Tuccaro, der seit 1564 als 'Springer' in Wien eine Anstellung hat, Elisabeth nach Paris. Seine "drei Dialoge", die 1599 die königliche Autorisation zur Drucklegung von Henri IV. erhalten, sind der einzige Text des 16. Jahrhunderts, der die Bewegungstechnik kubistischer Sprünge behandelt. Die Kubistik war von Hieronymus Mercurialis in der Abhandlung "De arte gymnastica" 1569 als Teil der medizinischen und damit 'wahren und legitimen' Gymnastik definiert worden, allerdings ohne dass er detailliert auf die Sprünge eingegangen wäre.[1] Nach Tuccaros "Trois dialogues" von 1599 erschien erst 1753 in Venedig mit "Il gimnasta in pratica ed in teoria", zu deutsch "Der Turner in Praxis und Theorie", von Giustiniano Borassatti eine weitere ausführliche Behandlung dieser Bewegungstechnik. Die Rezeption der Dialoge in Deutschland nimmt ihren Anfang mit Friedrich Ludwig Jahn, der den "Trois dialogues" in der 1816 publizierten "Deutschen Turnkunst" unter der Überschrift "Kopfübern und Luftspringen" zwei Sätze widmet: Er skizziert sie darin als "lange Waschreden [...] mit einem unausstehlichen Wortschwall".

1 Girolamo Mercuriali: L'arte ginnastica Libri sei, tradotti nel 1856 da Giovanni Rinaldi da Forlì. Edizione commentata e rivista da Renata Freccero, Turin 2000, S. 99–104.

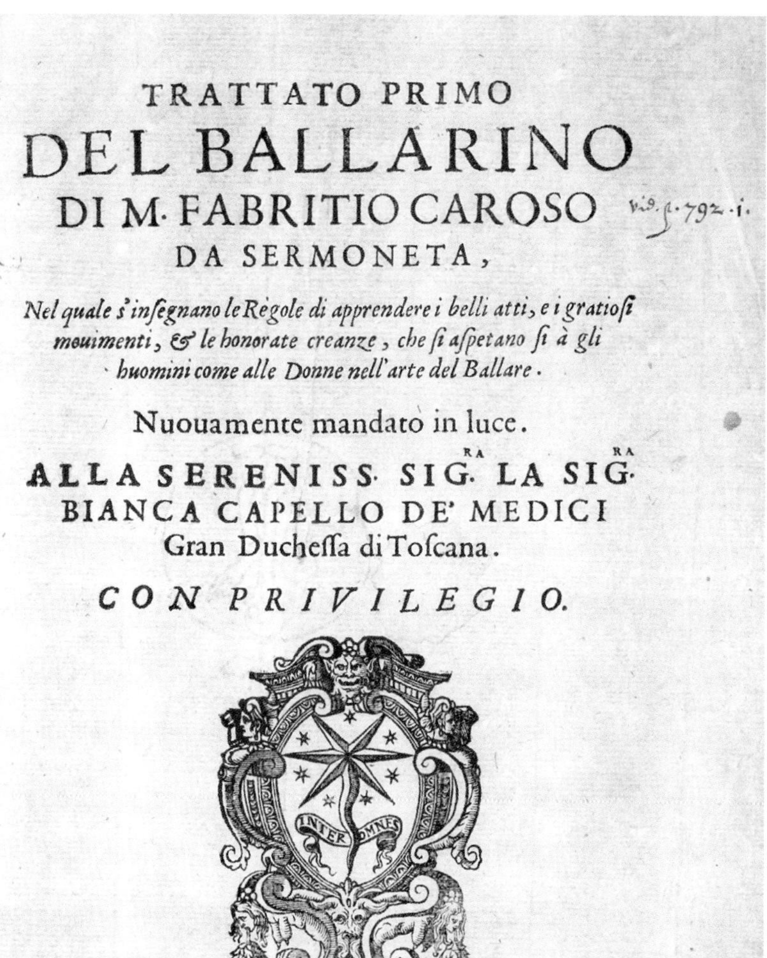

TRATTATO PRIMO

DEL BALLARINO

DI M. FABRITIO CAROSO

DA SERMONETA,

Nel quale s'insegnano le Regole di apprendere i belli atti, e i gratiosi mouimenti, & le honorate creanze, che si aspetano si à gli huomini come alle Donne nell'arte del Ballare.

Nuouamente mandato in luce.

ALLA SERENISS. SIG.RA LA SIG.RA

BIANCA CAPELLO DE' MEDICI

Gran Duchessa di Toscana.

CON PRIVILEGIO.

IN VENETIA, Appresso Francesco Ziletti.

M D LXXXI.

Abb. 81

Fabritio Caroso da Sermoneta: Trattato ... del ballarino. Nuouamente mandato in luce. Venetia: Ziletti 1581.

HAB: 3.6 Pol.

Fabritio Carosos (1527 – 1605) Traktat "Der Tänzer", in dem die "Regeln gelehrt werden, die schönen Handlungen und die anmutigen Bewegungen zu lernen", könnte Tuccaro als ein Vorbild gedient haben. Im ersten Teil der Abhandlung werden in Form von zahlreichen 'Regeln' Begriffe definiert, die Caroso mit Hilfe detaillierter Beschreibungen der chronologischen Bewegungsabfolge einzelner Gliedmaßen festschreibt. Diese Beschreibungen umfassen Schrittfolgen, die Stellung der Füße, die Haltung des Oberkörpers, der Arme und Hände sowie des Kopfes und empfehlen bisweilen Hilfsmittel, mit denen genau vorgeschriebene Hüpfer und Sprünge geübt werden können, so zum Beispiel die Zuhilfenahme eines Stuhls, auf dem sich der Tänzer mit den Händen abstützt, während die Füße bestimmte Bewegungen in der Luft erproben. Im Unterschied zu Tuccaros Springkunst enthalten diese Sprünge keine Drehungen um die Breitenachse des Körpers, wohl aber solche um die Längsachse. Der zweite Teil der Abhandlung gliedert sich nach verschiedenen Tänzen: Hier macht Caroso auch Angaben zur begleitenden Musik und zum Verhältnis der körperlichen Positionen von Damen und Herren. Neben Carosos "Il ballerino" waren bereits im 15. Jahrhundert Tanztraktate erschienen, welche die Bewegungstechniken verschiedener Tänze kodifizierten, so zum Beispiel um 1460 der "Trattato dell'arte del danzare" von Domenica da Piacenza oder Antonio Cornazanos "Libro dell'arte del danzare" von 1455.

Aufgeschlagen: Titelblatt (Abb. 81).

Tommaso Garzoni (1549–1589) berichtet auf über 900 Seiten 'über alle Berufe der Welt', von den 'Academici', den Professoren, bis zu den 'Zoccolari', also den Holzschuhmachern; aber auch von den Tyrannen, den Dichtern, den Schmieden und den Mönchen. Hier finden sich auch zahlreiche Bewegungstechniken, so bei den Schwimmern, den Läufern, den Fechtern und den Palio-Spielern. Die 'Discorsi' über den jeweiligen Beruf gliedern sich in einen bis in die Antike reichenden, historischen Rückblick, Verweise auf andere Autoren sowie eine Beschreibung der Lage zu seiner Zeit, die einerseits die Handlungen und Aktivitäten und andererseits namentlich die berühmten Vertreter dieses 'Berufsstandes' aufzählen.

Aufgeschlagen:

Tuccaro wird im 'Discorso XLV' mit dem Titel: "De' Saltatori, e Ballarini, e di tutte le sorti di tripudianti, & de' cursori", zu deutsch: 'Von den Springern, und Tänzern, und allen Sorten von Gauklern und den Läufern' als "Arcangelo aus den Abruzzen" genannt. Die gezeigte Passage (Abb. 82) lautet übersetzt:

"Es gibt eine andere Form des Springens, sehr verbreitet in unserer Zeit, die den Körper auf wundersame Weise übt, ihn so flink, beweglich, stark und wendig macht, wie man es sich nur vorstellen kann; sie wird in unserer Zeit häufig von den Spielleuten genutzt; sie ist ebenso eitel wie die anderen [Formen des Sprungs, S.S.], obschon sie von Personen niederer Herkunft ausgeführt, und – wie wir sehen – auch von solchen besucht wird. [...] In dieser sind viele berühmte Männer tätig, wie Mancino aus Bologna mit seinem Sohn Stefano, genauso der Moretto und Tonino aus Bologna, Alfonso Spagnuolo, Battistone aus Padua, Giuntino und Grillo Siciliani, Arcangelo d'Abruzzo, Girolamo aus Foligno, Marino, Gasparo, Capo und Scaramucia Venetiani, Giammaria Romano, Riccio aus Verona, Pino und Soldino aus Florenz, Nicolò Sanese und andere mehr."

Der hier genannte Pino könnte mit dem Springer Pino der "Trois dialogues" identisch sein, er wird dort als der beste Springer und Schüler Tuccaros charakterisiert und führt im zweiten Dialog die verschiedenen Sprünge vor höfischem Publikum auf. Auch die hier genannten Soldino aus Florenz und Giammaria Romano waren als Springer an einem Hofe angestellt: Unter Kaiser Maximilian II. zeigten sie ihre akrobatischen Künste in Wien.

Thomaso Garzoni: La piazza universale di tutte le professioni del mondo ... nuovamente formata. Venetia: Somaseo 1585.

HAB: Schulenb. P 87

Abb. 82

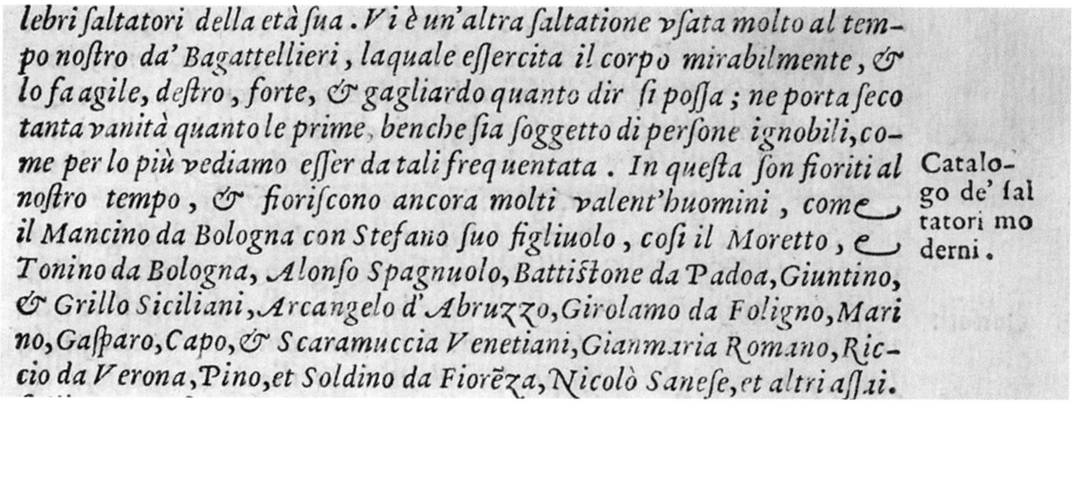

lebri saltatori della età sua. Vi è un'altra saltatione vsata molto al tempo nostro da' Bagattellieri, laquale essercita il corpo mirabilmente, & lo fa agile, destro, forte, & gagliardo quanto dir si possa; ne porta seco tanta vanità quanto le prime, benche sia soggetto di persone ignobili, come per lo più vediamo esser da tali frequentata. In questa son fioriti al nostro tempo, & fioriscono ancora molti valent'huomini, come il Mancino da Bologna con Stefano suo figliuolo, così il Moretto, e Tonino da Bologna, Alonso Spagnuolo, Battistone da Padoa, Giuntino, & Grillo Siciliani, Arcangelo d'Abruzzo, Girolamo da Foligno, Marino, Gasparo, Capo, & Scaramuccia Venetiani, Gianmaria Romano, Riccio da Verona, Pino, et Soldino da Fiorēza, Nicolò Sanese, et altri assai.

Catalogo de' saltatori moderni.

SVR LES DIALOGVES DV
SEIGNEVR ARCHANGE.

SONNET.

E lancer dedans l'air, 'dans ſon vuide azuré
Voltigeant y tracer d'vn corps prompt & agile
Mille tours & retours:puis ſe trouuer habile
A terre,d'vn plein ſaut,ſur ſes pieds aſſeuré.

Faict croire à l'ignorant que ce vol aeré
N'eſt ſeulement conduict que de la main ſubtile
D'vn Dæmon impoſteur, pauure ſot & debile,
Qui voudrois que tout fuſt par ton œil meſuré.

ARCHANGE docte,expert,par ſon diſcours te monſtre
Qu'en ceſt art ne ſe fait de charme aucun rencontre,
Et que la ſeule cauſe eſt la dexterité.

Il merite entre tous vne double louange,
Et qu'on ſacre ſon nom à la poſterité,
Car bien dire & ſauter,ſont les faicts d'vn Archange.

BEAVVOIS de Chauuincourt, Angeuin.

Abb. 83

Arcangelo Tuccaro: Trois dialogues de l'exercice de sauter et voltiger en l'air. Paris 1599.

Leihgabe der Deutschen Sporthochschule Köln

Beauvois de Chaunvincourt, über den wir nicht mehr als seinen Namen wissen, verfasste ein Sonett auf den berühmten Springer Tuccaro, das – dessen Traktat vorangestellt – seine besonderen Fähigkeiten hervorhob (Abb. 83). Die Quartette loben den außergewöhnlichen Sprung, die Terzette den Autor Arcangelo Tuccaro, dessen Sonderstellung hier manifest wird: Er vereint die Qualitäten des wissenden, gelehrten Autors mit jenen des praktischen Springers, der sein Wissen körperlich aufführt. Das Sonett lautet in deutscher Übersetzung:

Sich in die blaue Luft emporzuschwingen
Den Körper wirbelnd in der Höh' zu drehen
Und drauf, um wieder sichern Stands zu stehen
Mit viel Geschick herab zur Erde springen –

Der Laie meint, dies kann nur der vollbringen,
Dem Geister unsichtbar zur Seite stehen.
Zu folgen den Bewegungen, den jähen,
will seinen Augen nicht gelingen. –

Gelehrter Mann, mit viel beredtem Munde
Gibst selber du von deiner Kunst uns Kunde,
Wie man sie durch Geschicklichkeit erlange.

Zweifaches Lob wird dir die Nachwelt singen:
Denn gut zu reden und auch gut zu springen –
Wer könnte dies? Doch wohl nur ein Archange.[2]

Tuccaro entwirft in seinen Dialogen die Sprünge als eine 'neue Kunst': Im ersten und dritten Gespräch verorten die Gelehrten den kubistischen Sprung innerhalb der Wissensdiskurse des 16. Jahrhunderts, sie etablieren Parallelen und Analogien zu den 'Sieben Freien Künsten' und bedienen sich explizit der Terminologie, wie sie die Geometrie bietet. Im zweiten Gespräch werden die Sprünge *en détail* beschrieben und durch 88 Holzschnitte ergänzt, wobei diese – Tuccaros Entwurf folgend – für den Moment der Vorführung der Sprünge durch den Meisterspringer Pino stehen. Die Holzschnitte zeigen verschiedene Phasen des Sprungs, so den Absprung, die Flugphase oder auch die perfekte Landung und fixieren somit gemeinsam mit den detaillierten Beschreibungen erstmals eine Idealform der Bewegungstechnik.

Aufgeschlagen:

Der Springer ist im Begriff abzuspringen (Tuccaro, 126v: Der Absprung, Abb. 84). Nur noch die Zehenspitzen berühren die Bank, die ihm als Absprungfläche dient, die Knie sind gestreckt, und der Körper ist aufrecht nach oben gewandt, die Arme

2 Deutsche Übersetzung von Leopold Steiniger, abgedruckt in Hansgeorg Zoske: Archange Tuccaro. Eine Würdigung des ältesten Werkes über das Bodenturnen. Unveröffentlichtes Manuskript der Diplomarbeit, Sporthochschule Köln, Sommersemester 1957, S. 1.

Abb. 84

sind in einer Aufwärtsbewegung, sie befinden sich über dem Kopf und weisen Richtung vorwärts-aufwärts.

Der Absprung verheißt den Flug, er evoziert Staunen und Bewunderung. Vergleiche der Springer mit beflügelten Wesen sind in den "Trois dialogues" häufig, scheint ein Mensch doch eine solche Bewegung nicht vollziehen zu können. Für das Gelingen des Sprungs ist der Absprung die entscheidende Phase.

Der Flug: Der Springer befindet sich in der Luft (Tuccaro, 102v, Abb. 85), seine Arme sind mit geballten Fäusten nach vorne aufwärts gestreckt, seine Knie so abgewinkelt, dass die Füße ganz nah am Gesäß anliegen. Ein Halbkreis mit den Buchstaben A und B markiert die Bewegungsrichtung abwärts, gen Boden, welche die Breitenachsendrehung einleitet.

Der Flug ist das gefährliche Moment des kubistischen Sprungs, denn das Haupt des Springers neigt sich dem Boden zu und deutet hierin einen Sturz und die Umkehrung der akzeptierten Raumkoordinaten von Oben und Unten an.

Die Landung (Abb. 79): Der Springer steht aufrecht auf beiden Füßen, die Knie sind ganz leicht gebeugt, um die Landung nach dem Sprung abzufedern, der Oberkörper ist vollständig aufgerichtet, und die Arme lehnen in entspannter Haltung neben dem Körper, der Kopf ist in Verlängerung der Wirbelsäule aufgerichtet, das Haupt weist gen Himmel. Die Position der Landung nach dem Sprung entspricht der allgemein akzeptierten Körperhaltung: Der aufrechte Stand, der gleichermaßen Spannung und Entspannung anzeigt, aus dem Grazie und Anmut spricht. Mit der Landung nach dem Salto hat der Körper des Springers einen Kreis in der Luft voll-

Abb. 85

Abb. 79

zogen, eine kreisförmige Bewegung wie sie in der Auffassung der Zeit allein den Himmelskörpern vorbehalten ist.

Aufgrund der großen Bedeutung der sicheren Landung, welche die Ordnung des Oben und Unten wiederherstellt, wurde dieser Holzschnitt insgesamt elf Mal zum Abschluss unterschiedlicher Sprünge in Tuccaros Werk abgebildet.

Vincenzo Belando, auch Cataldo Siciliano genannt, ein italienischer Dramatiker, der vornehmlich Komödien schrieb, publizierte 1588 seine Briefe, Sonette und Liedertexte in einer Sammlung, in der die einzelnen Werke verschiedenen Freunden und Persönlichkeiten gewidmet sind.

Aufgeschlagen:

Ein Sonett einleitend (Abb. 86) heißt es hier "Schild der Liebenden; wo man die Morde, die List, die Verschlagenheit, die Gemeinheiten und die Prellereien entdeckt, welcher die Huren sich bedienen, um den einfachen Jüngling zu betrügen, die sich jenen anvertrauen, mit all den Leidenschaften und den Schmerzen des schlechten Neapolitaners, schon zusammengestellt von Vincenzo Belando und nun nochmals ins Licht gebracht. Gewidmet dem Herren Arcãgelo Tuccaro, Springer des christlichen Königs, sein aufmerksamster Diener." Dies ist eine der sehr seltenen zeitgenössischen Quellen, in denen Tuccaro genannt wird; sie belegt, dass er gut zehn Jahre vor Veröffentlichung der "Trois dialogues" im Dienste des französischen Königs stand.

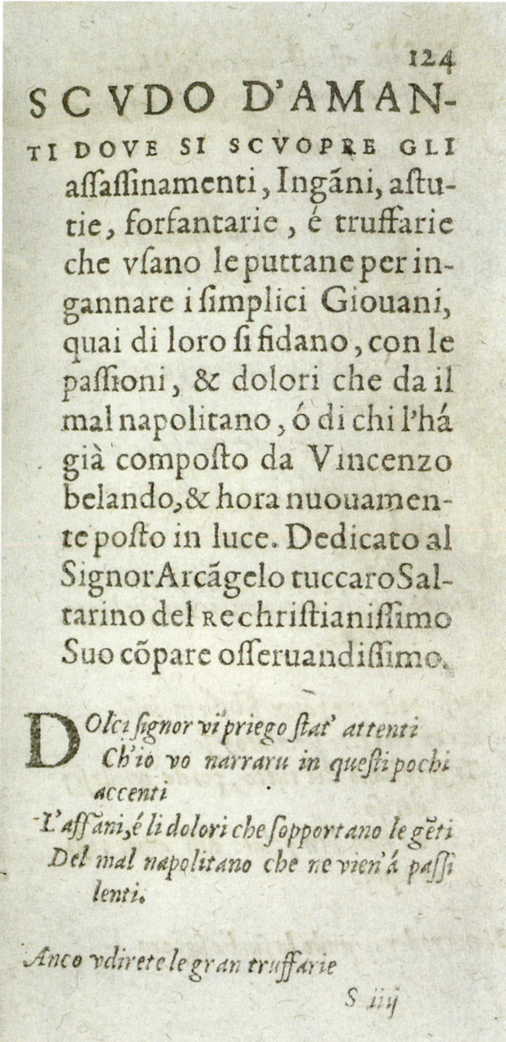

124

SCVDO D'AMAN-
TI DOVE SI SCVOPRE GLI
aſſaſſinamenti, Ingãni, aſtu-
tie, forfantarie, é truffarie
che vſano le puttane per in-
gannare i ſimplici Giouani,
quai di loro ſi fidano, con le
paſſioni, & dolori che da il
mal napolitano, ó di chi l'há
già compoſto da Vincenzo
belando, & hora nuouamen-
te poſto in luce. Dedicato al
Signor Arcãgelo tuccaro Saltarino del Re chriſtianiſſimo
Suo cõpare oſſeruandiſſimo.

Dolci ſignor vi priego ſtat' attenti
Ch'io vo narraru in queſti pochi accenti
L'aſſani, é li dolori che ſopportano le gẽti
Del mal napolitano che ne vien'á paſſi lenti.

Anco vdirete le gran truffarie

S iiij

Abb. 86

Vincenzo Belando: Lettere facete e chiribizzose in lengua antiga, venetiana, et una à la Gretiana, con alguni sonetti ... Paris: Augelieri 1588

HAB: Lk 95

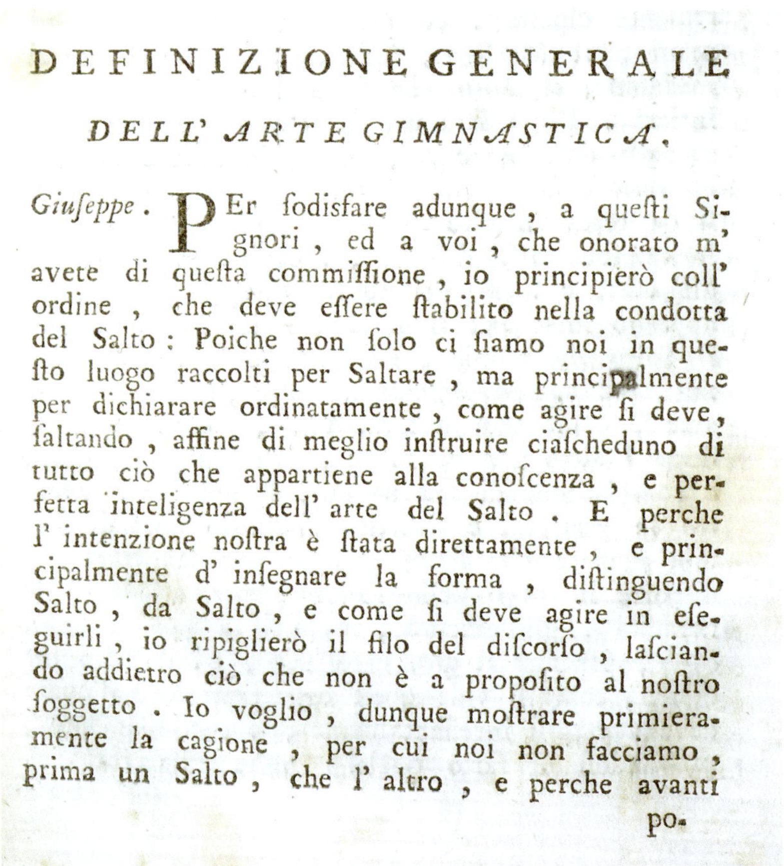

DEFINIZIONE GENERALE

DELL' ARTE GIMNASTICA.

Giuſeppe. PEr ſodisfare adunque, a queſti Signori, ed a voi, che onorato m' avete di queſta commiſſione, io principierò coll' ordine, che deve eſſere ſtabilito nella condotta del Salto: Poiche non ſolo ci ſiamo noi in queſto luogo raccolti per Saltare, ma principalmente per dichiarare ordinatamente, come agire ſi deve, ſaltando, affine di meglio inſtruire ciaſcheduno di tutto ciò che appartiene alla conoſcenza, e perfetta inteligenza dell' arte del Salto. E perche l' intenzione noſtra è ſtata direttamente, e principalmente d' inſegnare la forma, diſtinguendo Salto, da Salto, e come ſi deve agire in eſeguirli, io ripiglierò il filo del diſcorſo, laſciando addietro ciò che non è a propoſito al noſtro ſoggetto. Io voglio, dunque moſtrare primieramente la cagione, per cui noi non facciamo, prima un Salto, che l' altro, e perche avanti po-

Abb. 87

Giustiniano Borassatti: Il gimnasta in pratica ed in teorica. Venedig 1753.

HAB: Hn 40

Ganz wie Tuccaro wählt Borassatti in seiner Abhandlung über den "Turner in Praxis und Theorie" das Genre des Dialogs: Es debattieren gelehrte Direktoren der Schulen von Paris und London, Giovanni Restier, Pietro Dubroqc sowie Enrico Gherman mit Giuseppe, Alessandro und Antonio. Im Vorwort verortet Borassatti seinen Text in der Tradition der antiken Kubisten und konstatiert, dass viele Menschen, die den Salto betrachten, glauben, "der Springer mache dies durch eine nicht natürliche Kunst". Der Aufbau des nur 47 Seiten umfassenden Textes ähnelt jenem der "Trois dialogues", und auch inhaltlich gibt es zahlreiche Parallelen: So sichert sich auch Borassatti durch die Anführung antiker Autoren wie Cicero und Homer autoritativ ab, auch in diesem Dialog wird der Salto immer wieder als "noble Übung des Körpers" definiert und die Begriffe Regel, Maß, Proportion und Perfektion sind von zentraler Bedeutung.

Aufgeschlagen:

In der "Definizione generale dell'Arte Gimnastica" (Abb. 87) ergreift der Springer Giuseppe das Wort und formuliert, hierin Tuccaros Anliegen sehr nah, um was es in diesem gelehrten Dialog gehen soll, nämlich darum, "in einer Ordnung darzulegen, wie man springend handeln muss, damit ein jeder am besten angeleitet ist mit all dem, was zum Wissen und dem perfekten Verständnis der Kunst des Sprungs" dient.

Die systematische Darlegung der verschiedenen Sprünge folgt, auch hierin Tuccaro gleich, dem Prinzip von den leichteren zu den komplexeren Sprüngen und zu den Kombinationen von Elementen. Allerdings gibt Borassatti den methodischen Anleitungen zur Hilfestellung während des Sprungs sowie dem Verhältnis zwischen Meister und Schüler mehr Raum, als Tuccaro dies getan hatte.

Leibesübungen

Rebekka von Mallinckrodt

In der Renaissance wuchs mit dem Interesse an antiken Autoren auch das Interesse an den körperlichen Übungen der Griechen und Römer. Antike Texte zum Thema wurden gesammelt und neu herausgegeben. Die berühmteste kommentierte Kompilation der Zeit stellte die 1569 unter dem Titel "Artis gymnasticae", ab 1573 bis ins 17. Jahrhundert mehrfach unter dem Titel "De arte gymnastica" aufgelegte Sammlung des italienischen Arztes Hieronymus Mercurialis (1530–1606) dar.

Frühneuzeitliche Autoren plädierten jedoch über ein literarisch-antiquarisches Interesse hinaus für die Wiedereinführung von Leibesübungen besonders im Hinblick auf die Gesundheit, aus erzieherischen Gründen und zur militärischen Ertüchtigung. Dabei grenzten sie sich vielfach bewusst gegen solche Sportarten ab, bei denen der Wettkampf im Vordergrund stand. Mercurialis unterschied zum Beispiel im Rückgriff auf Galen (129–199 n. Chr.) zwischen *gymnastica medica*, *bellica* und *athletica*, wobei er letztere aufgrund ihres Wettkampfcharakters und der damit verbundenen Einseitigkeiten und Verletzungsgefahren ablehnte. Gerhard Ulrich Anton Vieth fasste 1795 unter Leibesübungen "alle Bewegungen und Kraftanwendungen des menschlichen Körpers [...], in so fern sie die Vervollkommnung desselben zum Zweck haben". Die Abgrenzung zur *gymnastica athletica* wurde durch die gesamte Neuzeit hindurch tradiert und kulminierte an der Wende zum 20. Jahrhundert in der Auseinandersetzung zwischen Turnen und Sport. Vertreter des Turnens stellten den Übungscharakter der körperlichen Bewegung in den Vordergrund, Vertreter des aus England importierten Sports hingegen den Wettkampfcharakter.

Die Übungen, die der körperlichen Ertüchtigung dienen sollten, waren in der Frühen Neuzeit wesentlich weiter gefasst als der heute übliche Begriff der "Gymnastik" impliziert. Mercurialis behandelte in seinem Buch unter den diversen Formen der Gymnastik Akrobatik, verschiedene Ballspiele, Tanzen, Ringen, Boxen, Pancratium (eine Mischung aus Ringen und Boxen), Laufen, Springen, Werfen, Tragen und Gewichtheben, Gehen, Stehen, Klettern, Atem- und Stimmübungen, Schaukeln, Reiten, Gefahren-, Getragen- oder Gewiegt-Werden, Segeln, Schwimmen und Jagen. Das Spektrum der von Johann Christoph Friedrich GutsMuths (1759–1839) im 1784 gegründeten Philanthropin Schnepfenthal praktizierten Leibesübungen reichte von Springen, Laufen, Werfen, Ringen, Klettern über Balancieren, Heben, Ziehen, Tanzen und Gehen bis hin zu militärischen Übungen, Schwimmen, lautem Lesen und Übungen der Sinne.

Über die praktische Umsetzung dieser Empfehlungen vor dem Ende des 18. Jahrhunderts wissen wir – abgesehen von vereinzelten Projekten – wenig. Möglicherweise wurden Leibesübungen nur in der Fürsten- und Adelserziehung, in den Ritterakademien, Militärschulen und Kadettenanstalten regelmäßig praktiziert. Nach der Renaissance nahmen sie erst wieder in der Aufklärung eine zentrale Stellung ein. Die deutschen Philanthropen integrierten Leibesübungen im 18. Jahrhundert in den Schulunterricht und öffneten sie damit auch einem bürgerlichen Publikum. Wirklich populär wurden Leibesübungen unter dem neu erfundenen Schlagwort "Turnen" erst unter Friedrich Ludwig Jahn (1778–1852) und vor allem nach Aufhebung der politisch motivierten Turnsperre durch zahlreiche Vereinsgründungen in der zweiten Hälfte des 19. Jahrhunderts.

Abb. 96

Hieronymus Mercurialis (1530–1606) war zu seiner Zeit einer der führenden Professoren der Medizin in Italien. Nach dem Studium der Medizin und Philosophie in Bologna und Padua kehrte er 1552 in seine Geburtsstadt Forli zurück, wo er als Arzt tätig war. Protegiert durch den Kardinal Alexander Farnese konnte er sich verstärkt seinen Forschungen widmen, 1569 wurde er Professor der Medizin in Padua, später auch in Bologna und Pisa und fungierte als Leibarzt Maximilians II. Neben "De Arte Gymnastica" veröffentlichte Mercurialis zahlreiche medizinische Schriften, in denen er vornehmlich antike Quellen rezipierte.

Sein Buch über die Gymnastik, das 1569 in erster Auflage erschien, war ein Pionierwerk, das als Kompendium antiker Quellen über Leibesübungen und Sport bis ins 19. Jahrhundert unübertroffen blieb. Mercurialis zitiert darin über 120 antike Schriftsteller. Das Buch ist im Kontext seiner Tätigkeit als Arzt zu sehen, weshalb der gesundheitliche Nutzen der Leibesübungen im Zentrum der Arbeit steht. Ganz im Sinne der Humoralpathologie empfiehlt er besonders feuchten und kalten Temperamenten gymnastische Übungen, um das Gleichgewicht der Säfte wiederherzustellen. Da Frauen und Mädchen in der Regel eher den feuchten und kalten Temperamenten zuneigten, sah er auch für sie Übungen vor. Allgemein sollte die Gymnastik moderat und den Bedürfnissen des Individuums angepasst sein.

Aufgeschlagen:

Schaukelnde Frau. Ab der zweiten Auflage von 1573 erschien das Werk mit den Abbildungen des berühmten Formschneiders Christoph Coriolan (fl. 1570–1600) aus Nürnberg, der dazu vornehmlich auf Material des Gelehrten, Künstlers und Antikenfälschers (!) Pirro Ligorio (?1513–1583) zurückgriff. Das hier abgedruckte Bild (Abb. 96) ist insofern untypisch, als es eine Frau zeigt. Alle anderen Illustrationen stellen Männer beim Ringen, Ballspielen, Pancratium usw. dar. Außerdem zeigt es einen Typus von Übungen, die wir heute nur noch bedingt mit dem Konzept der "Leibesübungen" verbinden: Neben der Unterscheidung zwischen athletischer, militärischer und medizinischer Gymnastik differenzierte Mercurialis im Rückgriff auf Plato zwischen rhyth-

Hieronymi Mercvrialis De Arte Gymnastica Libri Sex, In Qvibus Exercitationvm Omnivm vetustarum genera, loca, modi, facultates, & quidquid denique ad corporis humani exercitationes pertinet diligenter explicatur. Tertia editione correctiores, & auctiores facti. –
Venetiis: Junta 1587.

HAB: 6.8 Hist. (1)

mischen, athletischen und so genannten passiven Übungen, bei denen zumindest ein Teil der Kraft von außen einwirkte. Dazu zählte er das Segeln, Gefahren- oder Getragen-Werden, aber auch das Schaukeln. Die genannten Beispiele waren nicht nur für Rekonvaleszente besonders geeignet, sondern auch zur Bewegung der inneren Organe.

Hieronymus Cardano (1501–1576) war wie Mercurialis Mediziner, aber auch Mathematiker, Philosoph und Astrologe. Nach dem Studium in Pavia und Padua praktizierte er als Arzt, begann aber bald mathematische Schriften zu verfassen und wurde schließlich Professor der Medizin in Mailand, später in Pavia und Bologna. Cardano war zwar wegen seiner Heiltätigkeit berühmt, galt aber als schwieriger, melancholischer und arroganter Charakter, der zeitlebens selbst von Krankheiten geplagt wurde. 1570 wurde er sogar ins Gefängnis geworfen, weil er Jesus Christus ein Horoskop erstellt und eine Lobrede auf den Christenverfolger Nero verfasst hatte, doch kam er nach einigen Monaten wieder frei. Allerdings durfte er daraufhin nicht mehr publizieren oder als Hochschullehrer tätig sein.

Aufgeschlagen:

"De Exercitatione". In seiner Autobiographie "De propria vita", die 1643 posthum veröffentlicht wurde, legte Cardano Rechenschaft über sein Leben ab. Dieses Werk zählt zu den herausragenden seiner Gattung und ist zugleich eines der wenigen Beispiele, die uns gymnastische Übungen (im weiteren Sinne) in der Praxis nahe bringen. Der dargestellte Abschnitt (Abb. 97) lautet übersetzt:

"Von meinen Leibesübungen
Von früher Jugend an habe ich mich allen Arten von gladiatorischen Übungen eifrig gewidmet, so dass ich es bei dieser wilden und übermütigen Klasse von Menschen wohl hätte zu einigem Ansehen bringen können. Ich machte Fechtübungen mit dem Schwert, und zwar mit diesem allein oder auch mit einem Schild, mit dem oblongen oder mit dem großen oder kleinen Rundschild. Auch lernte ich mit dem Stoßdegen und Schwert zugleich, mit der langen Lanze und mit dem Wurfspeere, oder aber auch mit Schwert und schwerem Mantel ohne besondere Anstrengung auf ein hölzernes Pferd zu springen und verstand es, unbewaffnet einem andern den gezückten Dolch zu entreißen. Ich übte mich auch im Laufen und Springen und habe es darin zu genügender Fertigkeit gebracht; weniger bei Übungen mit den Armen, meiner schwachen Armmuskeln wegen. Beim Reiten, Schwimmen oder Abfeuern von Schusswaffen war es mir noch nicht recht behaglich, fürchtete ich doch auch die Blitze wie den Zorn der Götter. [...] Bei Tage ging ich bewaffnet, mit bleiernen Sohlen von 8 Pfund

Abb. 97

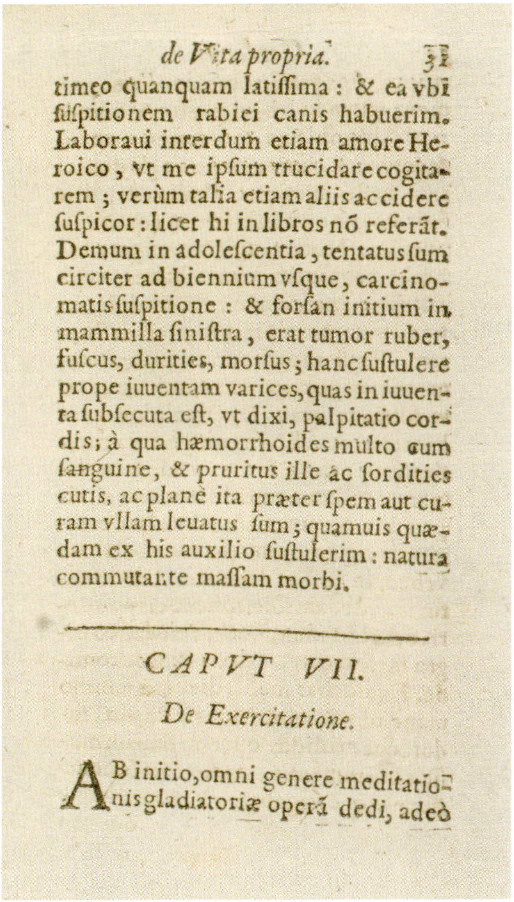

de Vita propria. 31
timeo quanquam latiſſima: & ea vbi
ſuſpitionem rabiei canis habuerim.
Laboraui interdum etiam amore He-
roico, vt me ipſum trucidare cogita-
rem; verùm talia etiam aliis accidere
ſuſpicor: licet hi in libros nō referāt.
Demum in adoleſcentia, tentatus ſum
circiter ad biennium vſque, carcino-
matis ſuſpitione: & forſan initium in
mammilla ſiniſtra, erat tumor ruber,
fuſcus, durities, morſus; hanc ſuſtulere
prope iuuentam varices, quas in iuuen-
ta ſubſecuta eſt, vt dixi, palpitatio cor-
dis; à qua hæmorrhoides multo cum
ſanguine, & pruritus ille ac ſordities
cutis, ac planè ita præter ſpem aut cu-
ram vllam leuatus ſum; quamuis quædam ex his auxilio ſuſtulerim: natura
commutante maſſam morbi.

CAPVT VII.
De Exercitatione.

AB initio, omni genere meditatio-
nis gladiatoriæ operā dedi, adeò

Hieronymi Cardani De propria Vita liber [...], Paris: Jacob Villery 1643.

HAB: Li 1241

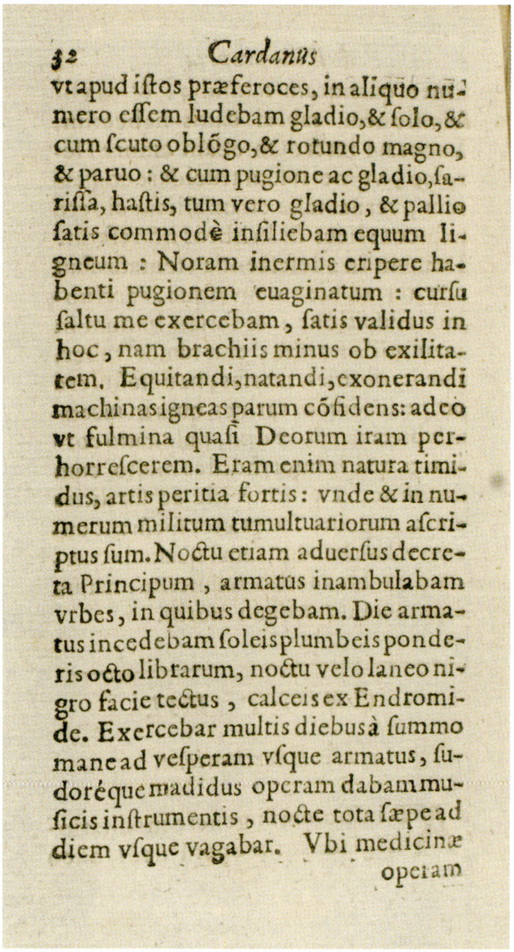

32 *Cardanus*

vt apud istos præferoces, in aliquo numero essem ludebam gladio, & solo, & cum scuto oblõgo, & rotundo magno, & paruo: & cum pugione ac gladio, sarissa, hastis, tum vero gladio, & pallio satis commodè insiliebam equum ligneum: Noram inermis eripere habenti pugionem euaginatum: cursu saltu me exercebam, satis validus in hoc, nam brachiis minus ob exilitatem. Equitandi, natandi, exonerandi machinas igneas parum cõfidens: adeo vt fulmina quasi Deorum iram perhorrescerem. Eram enim natura timidus, artis peritia fortis: vnde & in numerum militum tumultuariorum ascriptus sum. Noctu etiam aduersus decreta Principum, armatus inambulabam vrbes, in quibus degebam. Die armatus incedebam soleis plumbeis ponderis octo librarum, noctu velo laneo nigro facie tectus, calceis ex Endromide. Exercebar multis diebus à summo mane ad vesperam vsque armatus, sudoréque madidus operam dabam musicis instrumentis, nocte tota sæpe ad diem vsque vagabar. Vbi medicinæ operam

Abb. 97

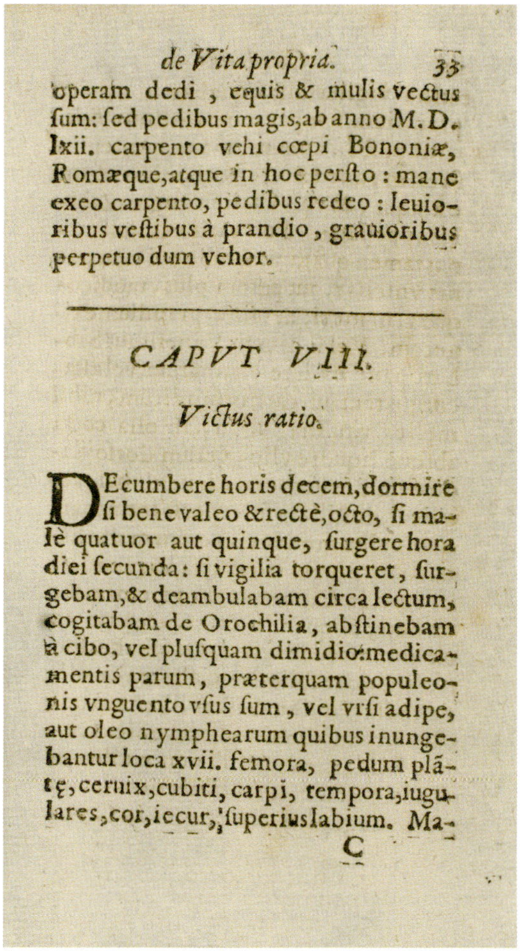

de Vita propria. 33

operam dedi, equis & mulis vectus sum: sed pedibus magis, ab anno M.D.lxii. carpento vehi cœpi Bononiæ, Romæque, atque in hoc persto: mane exeo carpento, pedibus redeo: leuioribus vestibus à prandio, grauioribus perpetuo dum vehor.

CAPVT VIII.

Victus ratio.

DEcumbere horis decem, dormire si bene valeo & rectè, octo, si malè quatuor aut quinque, surgere hora diei secunda: si vigilia torqueret, surgebam, & deambulabam circa lectum, cogitabam de Orochilia, abstinebam à cibo, vel plusquam dimidio: medicamentis parum, præterquam populeonis vnguento vsus sum, vel vrsi adipe, aut oleo nymphearum quibus inungebantur loca xvii. femora, pedum plãtę, ceruix, cubiti, carpi, tempora, iugulares, cor, iecur, & superius labium. Ma-

C

Abb. 97

Gewicht an den Schuhen, [...]. Oft machte ich meine Leibesübungen in voller Waffenrüstung vom frühesten Morgen bis zum Abend und mühte mich dann noch schweißdurchnäßt mit meinen Musikinstrumenten ab, trieb mich auch oft die ganze Nacht bis zum Morgen im Freien herum.

Bei Ausübung meiner ärztlichen Praxis ritt ich auf einem Pferd oder Maultier, häufiger aber ging ich zu Fuß. Vom Jahre 1562 an benutzte ich die Kutsche, in Bologna wie in Rom, und tue dies heute noch. Morgens fahre ich im Wagen aus und kehre dann zu Fuß zurück. Vom Mittagessen an trage ich leichtere Kleidung, etwas schwerere immer dann, wenn ich fahre."[1]

1 Des Girolamo Cardano von Mailand eigene Lebensbeschreibung, aus dem Lateinischen übersetzt von Hermann Hefele, München 1969, S. 30f.

Jean-Jacques Rousseau (1712–1778), französisch-schweizerischer Schriftsteller, Philosoph, Pädagoge und Komponist, gilt nicht nur als einer der Wegbereiter der französischen Revolution, sondern hatte auch großen Einfluss auf die Pädagogik und die politischen Theorien des 19. und 20. Jahrhunderts. In seinem 1762 erschienenen Bildungsroman "Émile" entwarf er eine fiktive, ideale Erziehung des Jungen Émile von dessen Geburt bis zum 25. Lebensjahr. Rousseaus Ideal einer natürlichen Erziehung vollzieht sich im Wesentlichen fernab der Stadt, aber nicht ohne Anleitung. Émile soll jedoch vor allem durch eigene Erfahrung lernen und erst später, wenn er sich selbst von den Dingen einen Begriff gemacht hatte, durch Unterweisung und Lektüre. Wegen dieser grundlegenden Bedeutung der eigenen Erfahrung sollten Kinder weder in ihrem Bewegungs- noch in ihrem Entdeckerdrang eingeschränkt werden. Rousseau lehnte deshalb das damals noch übliche enge Wickeln der Babies ab, empfahl kalte Bäder, Barfußlaufen, Spiele im Schnee zur Abhärtung und sprach sich ansonsten für jede Form der Bewegung im Freien, wie Wandern, Wettlaufen, Schwimmen, Ballspiele, aber auch handwerkliche Tätigkeiten aus. Obwohl er kein eigentliches Programm der Leibesübungen entwarf, war Rousseau für die ihm nachfolgenden Pädagogen (wie zum Beispiel die Philanthropen) von nicht zu unterschätzender Bedeutung, obgleich das Buch noch im Erscheinungsjahr wegen des eingeschobenen "Glaubensbekenntnis eines savoyischen Vikars", in dem sich Rousseau für eine religiöse Verehrung der Natur ausspricht, verboten wurde.

Die gezeigte Passage (Abb. 98) lautet in deutscher Übersetzung:

"Weit entfernt davon, daß diese steten und der Natur überlassenen Leibesübungen den Geist stumpf machen, während sie den Körper kräftigen, bilden sie im Gegenteil in uns die einzige Art der Vernunft, zu der das frühe Kindesalter fähig ist und die für jedes Alter die notwendigste ist: sie lehren uns den Gebrauch unserer Kräfte kennen, die Beziehungen unseres Leibes zu unserer Umgebung und den Gebrauch der natürlichen Hilfsmittel, deren wir uns zu bedienen vermögen und die unseren Organen angemessen sind. Gibt es eine größere Dummheit als die eines ständig im Hause unter den Augen der Mutter gehaltenen Kindes, das, in völligem Unwissen darüber, was Gewicht und Widerstand bedeuten, einen großen Baum herausreißen oder einen

Abb. 98

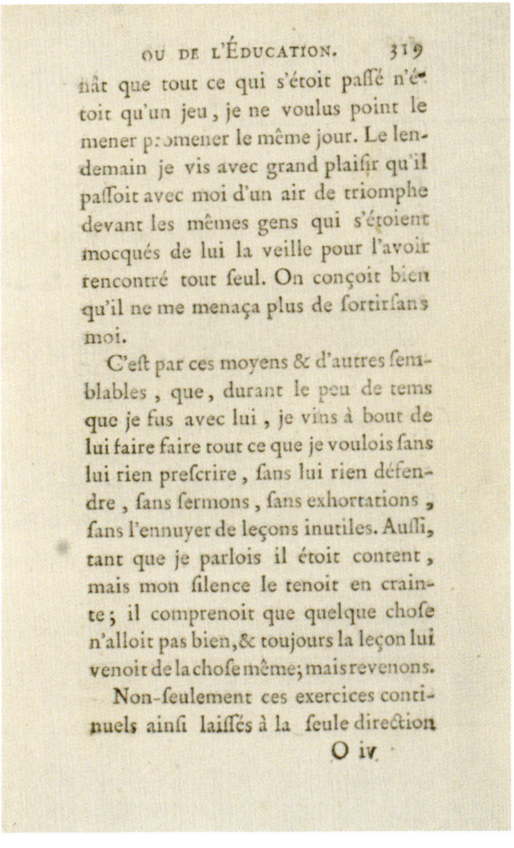

OU DE L'ÉDUCATION. 319

nât que tout ce qui s'étoit paſſé n'étoit qu'un jeu, je ne voulus point le mener promener le même jour. Le lendemain je vis avec grand plaiſir qu'il paſſoit avec moi d'un air de triomphe devant les mêmes gens qui s'étoient mocqués de lui la veille pour l'avoir rencontré tout ſeul. On conçoit bien qu'il ne me menaça plus de ſortir ſans moi.

C'eſt par ces moyens & d'autres ſemblables, que, durant le peu de tems que je fus avec lui, je vins à bout de lui faire faire tout ce que je voulois ſans lui rien preſcrire, ſans lui rien défendre, ſans ſermons, ſans exhortations, ſans l'ennuyer de leçons inutiles. Auſſi, tant que je parlois il étoit content, mais mon ſilence le tenoit en crainte; il comprenoit que quelque choſe n'alloit pas bien, & toujours la leçon lui venoit de la choſe même; mais revenons.

Non-ſeulement ces exercices continuels ainſi laiſſés à la ſeule direction

O iv

Jean-Jacques Rousseau: Émile Ou De l'Éducation, Amsterdam: Jean Néaulme 1762.

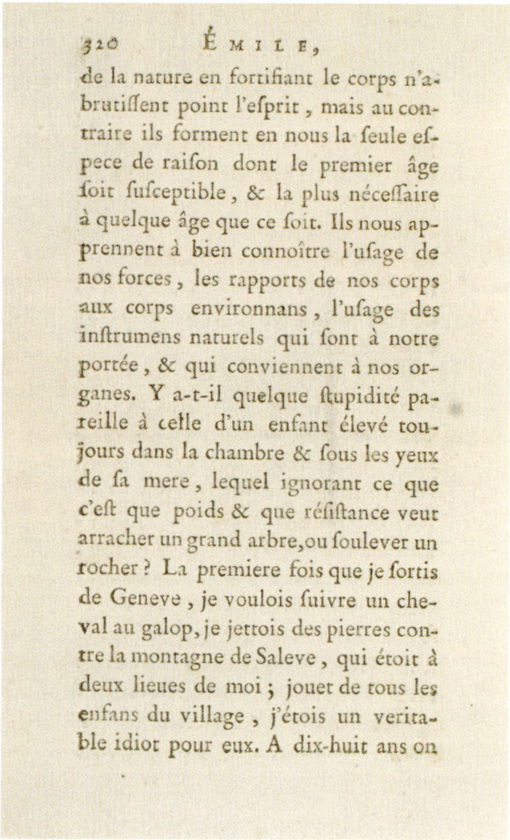

320 ÉMILE,

de la nature en fortifiant le corps n'abrutiſſent point l'eſprit, mais au contraire ils forment en nous la ſeule eſpece de raiſon dont le premier âge ſoit ſuſceptible, & la plus néceſſaire à quelque âge que ce ſoit. Ils nous apprennent à bien connoître l'uſage de nos forces, les rapports de nos corps aux corps environnans, l'uſage des inſtrumens naturels qui ſont à notre portée, & qui conviennent à nos organes. Y a-t-il quelque ſtupidité pareille à celle d'un enfant élevé toujours dans la chambre & ſous les yeux de ſa mere, lequel ignorant ce que c'eſt que poids & que réſiſtance veut arracher un grand arbre,ou ſoulever un rocher? La premiere fois que je ſortis de Geneve, je voulois ſuivre un cheval au galop, je jettois des pierres contre la montagne de Saleve, qui étoit à deux lieues de moi; jouet de tous les enfans du village, j'étois un veritable idiot pour eux. A dix-huit ans on

Abb. 98

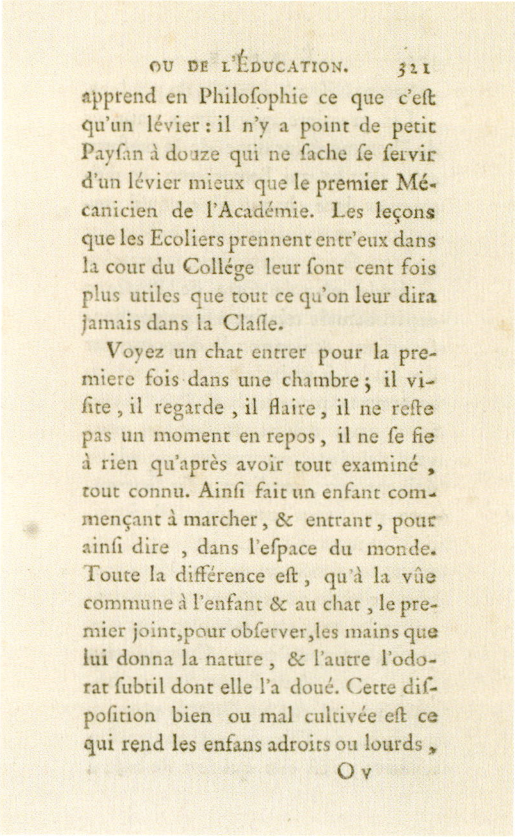

OU DE L'ÉDUCATION. 321

apprend en Philoſophie ce que c'eſt qu'un lévier: il n'y a point de petit Payſan à douze qui ne ſache ſe ſervir d'un lévier mieux que le premier Mécanicien de l'Académie. Les leçons que les Ecoliers prennent entr'eux dans la cour du Collége leur ſont cent fois plus utiles que tout ce qu'on leur dira jamais dans la Claſſe.

Voyez un chat entrer pour la premiere fois dans une chambre; il viſite, il regarde, il flaire, il ne reſte pas un moment en repos, il ne ſe fie à rien qu'après avoir tout examiné, tout connu. Ainſi fait un enfant commençant à marcher, & entrant, pour ainſi dire, dans l'eſpace du monde. Toute la différence eſt, qu'à la vûe commune à l'enfant & au chat, le premier joint,pour obſerver,les mains que lui donna la nature, & l'autre l'odorat ſubtil dont elle l'a doué. Cette diſpoſition bien ou mal cultivée eſt ce qui rend les enfans adroits ou lourds,

O v

Abb. 98

Felsblock aufheben will? Das erstemal, als ich Genf verlassen hatte, wollte ich einem galoppierenden Pferd nachlaufen und warf Steine gegen den Mont Salève, der zwei Meilen weit von mir entfernt lag. Vom ganzen Dorf gehänselt, wurde ich von allen Kindern als vollkommener Idiot angesehen. Mit achtzehn Jahren lernt man in der Physikstunde, was ein Hebel ist; es gibt keinen kleinen Bauernjungen von zwölf Jahren, der einen Hebel nicht besser bedienen könnte als der beste Mechaniker der Akademie. Was die Schüler unter sich im Hof des Kollegiums lernen, wird ihnen hundertmal mehr nützen als alles, was ihnen in der Klasse beigebracht wird."[2]

---

2 Jean-Jacques Rousseau: Emile oder Über die Erziehung. Herausgegeben, eingeleitet und mit Anmerkungen versehen von Martin Rang. Unter Mitarbeit des Herausgebers aus dem Französischen übertragen von Eleonore Sckommodau, Stuttgart 2004, S. 274f.

Johann Christoph Friedrich GutsMuths (1759–1839) war nach dem Studium der Theologie, Mathematik, Physik, Geschichte und der neueren Sprachen in Halle zunächst als Hauslehrer tätig, bevor er 1785 bis zu seinem Tod an der philanthropischen Lehranstalt in Schnepfenthal unterrichtete. Hier setzte er sich besonders für Leibesübungen ein, die von den Philanthropen (wörtlich "Menschenfreunde") erstmals in den Schulunterricht integriert wurden. Schon zuvor wurde an den so genannten Ritterakademien Reiten, Fechten, Tanzen und Voltigieren (im damaligen Sprachgebrauch: auf einem Holzpferd turnen) unterrichtet; diese standen jedoch nur Adeligen offen. Die Philanthropen öffneten ihre Schulen nicht nur wohlhabenden Bürgern, sondern wollten sich durch ihr Übungsspektrum auch deutlich von der adeligen Repräsentativkultur abheben. So wurden leichtathletische Übungen wie Springen, Laufen, Werfen, aber auch Ringen, Klettern, Balancieren, Heben, Ziehen, Gehen und Schwimmen in den Übungskanon aufgenommen. Auch wurde besonders auf die Nützlichkeit der Leibesübungen im Hinblick auf die körperliche Ertüchtigung, die spätere Berufstätigkeit und das Militär geachtet. Von Rousseau inspiriert erscheinen die Übungen der Sinne am Ende des Buches.

Aufgeschlagen:

Die von Johann Heinrich Lips (um 1758–1817) gezeichneten und Konrad Westermayr (1765–1834) gestochenen Kupferstiche zeigen mit dem Hoch- und Weitsprung (Abb. 99 und 100) Übungen, die man heute der Leichtathletik zuordnen würde. GutsMuths schätzte sie, weil sie neben der Körperkraft ebenso Entschlossenheit und Mut, Augenmaß und Gleichgewicht erforderten. Die von ihm

Johann Christoph Friedrich GutsMuths: Gymnastik für die Jugend: enthaltend eine praktische An-

Abb. 99

weisung zu Leibesübungen; ein Beytrag zur nöthigsten Verbesserung der körperlichen Erziehung. Schnepfenthal: im Verlage der Buchhandlung der Erziehungsanstalt 1793.

Niedersächsische Staats- und Universitätsbibliothek Göttingen: DD 90 A 33153:1

Abb. 100

wiederholt vorgeschlagenen Wettkämpfe dienten dabei nicht als Selbstzweck, sondern der individuellen Leistungssteigerung, die im Zentrum der philanthropischen Leibesübungen stand.

Gerhard Ulrich Anton Vieth (1763–1836) war nach dem Studium der Rechts- und Staatswissenschaften, Mathematik und Physik in Göttingen und Leipzig seit 1786 als Lehrer der Mathematik und der französischen Sprache an der herzoglichen Hauptschule in Dessau tätig. 1798 wurde er zum Rektor dieser Schule, 1819 zum Schulrat ernannt. Ohne selbst am Philanthropin in Dessau zu unterrichten, das 1793 als gescheitert galt und aufgelöst wurde, nahm er dieses gegen seine Kritiker in Schutz und machte sich ebenfalls für die Einführung von Leibesübungen in den Schulen stark, die bislang den Kindern vornehmer und reicher Eltern vorbehalten waren: "Der junge Adelige lernt wenigstens Tanzen und Reiten, aber der unbemittelte Bürger mitttlern und niedrigern Standes genießt selten eine solche Erziehung." (Bd. 2, S. 40). Sein "Versuch einer Encyklopädie der Leibesübungen" zählt neben GutsMuths "Gymnastik für die Jugend" und Jahns "Deutscher Turnkunst" zu den Klassikern der Sportgeschichte.

Im ersten Band gibt er einen Überblick der Leibesübungen der verschiedenen Völker und Nationen "Von den Ältesten Erdbewohnern" bis zu den "Südsee-Insulanern". Der zweite Band ist einem "System der Leibesübungen" gewidmet, das von der Klärung der Terminologie über Nutzen und bisherige Institutionalisierung sowie den menschlichen Körperbau, zunächst eine Übersicht der Bewegungen und sodann der Übungen gibt. Vieth geht dabei von den bereits bei Mercurialis aufgeführten so genannten passiven Übungen (wie z.B. Schaukeln, Baden, Abgerieben werden) zu den aktiven Exerzitien über. Dabei unterscheidet er Übungen der Glieder, bei denen die Haltung und Bewegung des eigenen Körpers (wie z.B. Laufen, Springen, Voltigieren) im Zentrum steht von der Bewegung fremder Körper (wie z.B. Werfen, Ringen, Ballspiele usw.). Der dritte Band (Zusätze zum ersten und zweiten Theil enthaltend, Leipzig 1818) dient mit Nachträgen der Ergänzung der beiden vorigen. Vieth sah – wie zahlreiche Autoren des

Gerhard Ulrich Anton Vieth: Versuch einer Encyklopädie der Leibesübungen, 2 Bde., Berlin und Leipzig 1793–1795, Bd. 2.

Niedersächsische Staats- und Universitätsbibliothek Göttingen: 8° Art. III. 4:1 und 2

Abb. 101

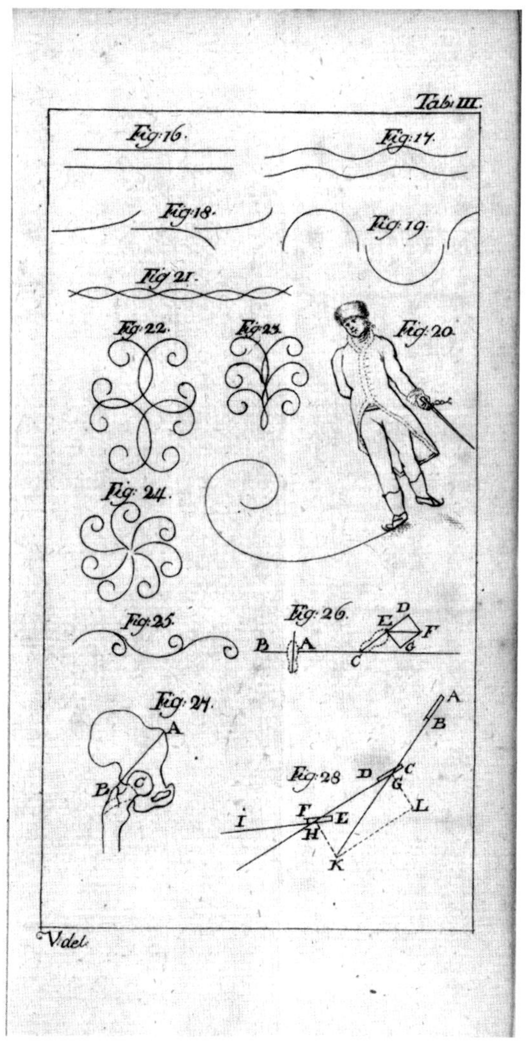

18. Jahrhunderts – in den Leibesübungen ein probates Mittel gegen die Onanie, die als ausgesprochen gesundheitsschädigend angesehen wurde.

Aufgeschlagen:

Über das Schlittschuhlaufen. Als Beispiel herausgegriffen ist hier eine Passage über das in den Niederlanden weiter verbreitete Schlittschuhlaufen (Abb. 101), das von Vieth besonders wegen der Schönheit der Bewegungen geschätzt und aus eben diesem Grund auch für Frauen und Mädchen empfohlen wurde.

"Schon als ein Werk menschlicher Kühnheit und Erfindungskraft verdient der Eislauf unstreitig Aufmerksamkeit; eben so sehr verdient er sie als Beweis körperlicher Geschicklichkeit. Er gehört ohne Zweifel zu den schönsten Leibesübungen, in denen sich Gewandtheit des Körpers und guter Anstand auf eine vorzügliche Art zeigen können, und verdient, dass man ihn regelmässig erlerne, und einer Abhandlung darüber einige Blätter widme.

Weitläufige und kostbare Werke lehren die Kunst zu reiten – eine Kunst die ebenfalls den Menschen in jener für sein Selbstgefühl so schmeichelhaften Lage zeigt, da er Gegenstände ausser sich seinem Willen unterwirft, die ihn in seiner Kraft zeigt, wie er ein grosses und starkes Thier bändigt, dass es dem leichten Winke seiner Hand, und dem leisen Druck des Schenkels folgsam gehorcht, und wie er dessen Geschwindigkeit zu seiner eigenen macht. – Der Eislauf, eine Kunst, die den Menschen zeigt, wie er über einem Elemente schwebt, das ihm Verderben droht, die ihn zeigt, wie er unmöglich scheinende Bewegungen ausführt; wie er mit einer Schnelligkeit, die das Produkt seiner eignen Kraft ist, dem Rosse zuvoreilt, wie er mit dem Fusse Figuren in den Chrystall gräbt, welche die Hand des Mathematikers kaum besser aufs Papier zeichnet, – diese Kunst verdient in der That jener parallel gestellt zu werden."

Friedrich Ludwig Jahn (1778–1852) arbeitete nach abgebrochener Schule und abgebrochenem Studium als Hauslehrer, bevor er 1809 eine Anstellung als Erzieher an der Plamannschen Anstalt in Berlin fand. Schon früh wirkte er als national-patriotischer Agitator, gründete 1810 zusammen mit Friedrich Friesen den Deutschen Bund als Vorläufer der Burschenschaften, dessen explizites Ziel in der Befreiung Deutschlands von der französischen Herrschaft und in der nationalen Einheit lag. In diesem Sinne veröffentlichte er im selben Jahr sein Hauptwerk "Deutsches Volkstum" und eröffnete ein Jahr später den ersten Turnplatz auf der Hasenheide in Berlin. Ernst Eiselen (1793–1846) leitete den Turnbetrieb, als Jahn 1813–1815 an den Befreiungskriegen teilnahm. 1816 erschien die erste Auflage der "Deutschen Turnkunst", die von Jahn und Eiselen gemeinsam herausgegeben wurde.

Jahn popularisierte Leibesübungen, indem er auf der Hasenheide neben Schülern und Studenten auch Handwerksgesellen und junge Kaufleute ausbildete. Außerdem stellte der schon von den Autoren der Renaissance immer wieder hervorgehobene militärische Nutzen der Leibesübungen das zentrale Motiv Jahns dar. Aus diesem Grund waren Mädchen und Frauen vom vaterländischen Turnen ausgeschlossen. "Turnen" war ein von Jahn eingeführtes Kunstwort, da "Turner" nach Jahn in den alten nordischen Sprachen "Krieger" bedeutete und zugleich an das mittelalterliche "Turnier" erinnerte. Jahn schuf eine Fachsprache des Turnens, die durch zahlreiche Wortneuschöpfungen und Übersetzungen die höfisch-aristokratische Herkunft vieler Übungen verschleiern sollte.

Nachdem die Turnbewegung vor und während der Befreiungskriege zunächst obrigkeitliche Unterstützung erfuhr, wurde 1819 eine "Turnsperre" verhängt, die sich weniger gegen die Leibesübungen als gegen die damit verbundene nationale Bewegung richtete und erst 1842 wieder aufgehoben wurde. Jahn selbst saß 1818 bis 1825 in Haft und blieb bis 1840 unter Polizeiaufsicht gestellt. Das Turnen wurde währenddessen weiterhin in Schulen gelehrt, jedoch in geschlossene Räume verlegt. Gleichzeitig bot man erstmals Übungsstunden für Mädchen und Frauen an. Erst nach Aufhebung der Turnsperre kam es zu zahlreichen Vereinsgründungen.

Aufgeschlagen:

Gezeigt wird hier von den Turngeräten das Reck (Abb. 102 und 103), das von Jahn neu eingeführt worden war.

Die Deutsche Turnkunst: nach Friedrich Ludwig Jahn und Ernst Eiselen als Leitfaden für angehende Turnlehrer und zum Selbstunterricht: mit genauer Erklärung der Turngeräthe und 22 Abbildungen derselben, von Carl Euler,
Danzig: S. Anhuth 1840.

HAB: Hn 72

Abb. 102

Das Reck. (Zeichn. II. und XXII.)

Zeichn. II. Das Reck im Saale; **Zeichn. XXII.** Das Reck im Freien.

Zeichn. II. a ist ein Balken von 6- bis 7zölligem Kreuzholz, der längs der Decke gezogen ist; b und c sind die Ständer von 4 bis 5 Z. Kreuzholz; der Ständer b ist bei e mit Mauerhaken an die Wand befestigt. Der Ständer c ist oben vermittelst eines starken Gelenkbandes mit dem Balken a verbunden; unten wieder dagegen am Fußboden festgeschroben, indem durch den einen Schenkel eines rechtwinkligen Bandes g, dessen anderer Schenkel mit Holzschrauben an dem Balken c befestigt ist, Schrauben in den Fußboden gehen. Bei f ist eine Oese, vermittelst welcher man, wenn g losgeschroben ist, diesen Ständer in die Höhe ziehen kann, so daß der Saal hier frei wird zu andern

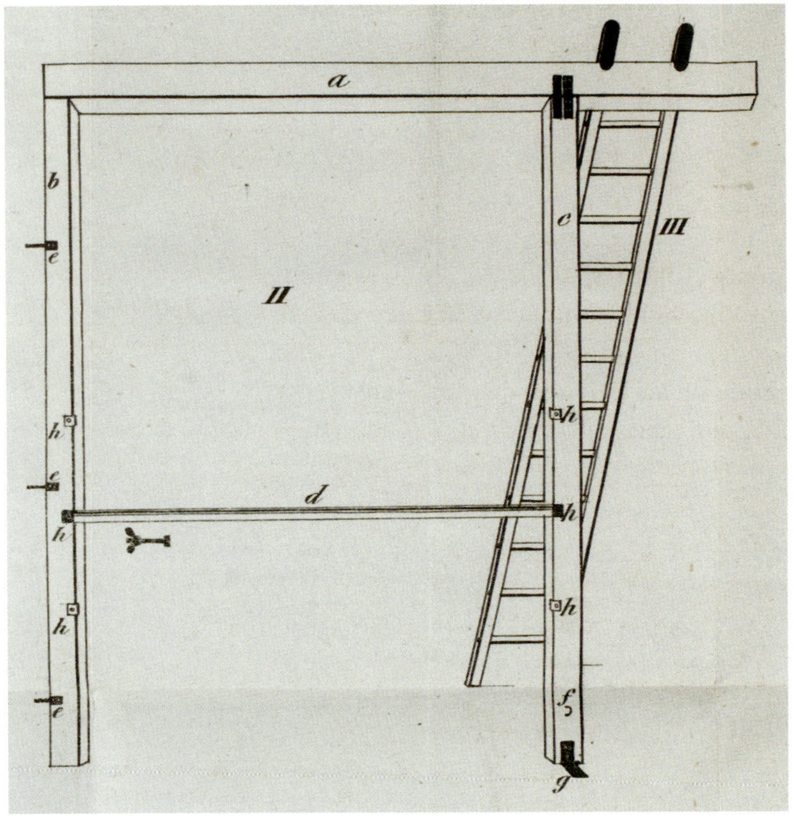

Abb. 103

222

Uebungen. Zu dem Behufe ist in gehöriger Entfernung oben an der Decke eine Rolle angebracht, worüber ein Tau mit einem Haken läuft; seitwärts in der Wand ist ein Mauerhaken, an dem man das Tau demnächst befestigt. — d ist die $7\frac{1}{2}$ F. lange und $2\frac{1}{4}$ Z. starke, rund gehobelte Reckstange von zähem Holze, wozu Tannenholz ohne Aeste gut ist. Bei h werden in die Ständer 3 Z. lange, 2 bis $2\frac{1}{4}$ Z. hohe und ebenso tiefe Löcher ausgestemmt, in welche die Reckstange mit ihren beiden vierkantigen Enden zu liegen kommt. Zur Befestigung geht ein eiserner Bolzen hinten mit einem Kopfe, vorn mit einer Flügel- oder Schneckenmutter, durch Ständer und Stange; damit die Flügelmutter besser fasse oder anziehe, ist ein Eisenblech an die beiden Außenseiten der Stange befestigt, durch welches der Schraubenbolzen geht, wie die Zeichn. erkennen lässet. Die Höhe der Reckstange richtet sich nach der Größe und Fertigkeit der Turner; für den Anfänger ist dieselbe kinnhoch, für den guten Turner stirn- und reichhoch. Zeichn. **XXII.** a, b, c sind die Ständer, welche im Boden mehrere Fuß tief stehen, von 3zölligen Bohlen; f, g sind die Reckstangen, die hier nach der Zeichn. nur eine sind. Bei d geht der Bolzen durch. Sind f, g zwei Stangen, so hat man ein Reck für Anfänger und eins für die bessern Turner, indem z. B. die Stange f bei e durch die Ständer b, c geht.

Die Streckbank. (Zeichn. XII., XIII., cf. S. 101.)

Derselbe ist der verkürzte Barren und besteht aus zwei Theilen: der vordere Holm a, Zeichn. **XIII.**, ist herausgenommen, d, Zeichn. **XII.**, ist der hintere Holm. b, Zeichn. XII., ist ein 14 Z. breites und $1\frac{1}{2}$ Z. starkes Brett, auf welchem Holm a aufliegt; bei r ist ein 5 Z. breites Brett von hartem Holz, in welches eine Hohlkehle gehobelt ist, in welcher Holm a mit seinen beiden Enden

Abb. 102

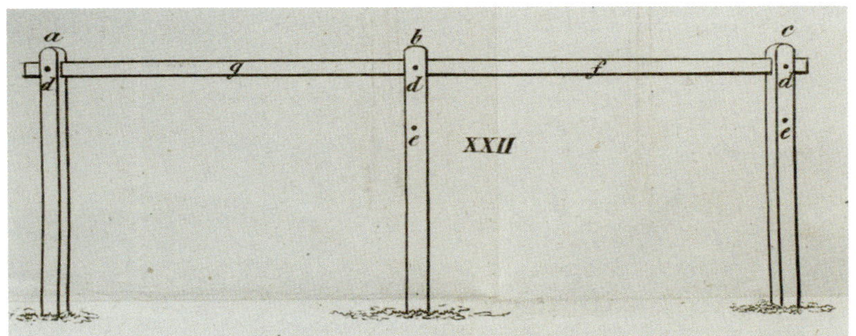

Allgemein ähnelten die Jahnschen Turnübungen in ihrer Mischung aus Leichtathletik und Geräteturnen weitgehend den Leibesübungen der Philanthropen, die Jahn bei einem Besuch in Schnepfenthal selbst kennen gelernt hatte.

Die Mechanisierung des Soldaten

Michael Sikora

Die Erfindung des militärischen Drills hat sich wie kaum eine andere militärische Innovation vor allem durch Bilder manifestiert und ins kollektive Gedächtnis eingebrannt. Die ersten, stilbildenden Illustrationen entstanden unmittelbar im Auftrag militärischer Reformer. Im Kern waren es drei hochadlige Vettern aus dem Hause Nassau-Oranien, die sich am Ende des 16. Jahrhunderts intensiv darüber austauschten, wie durch eine Verbesserung der militärischen Ausbildung die Schlagkraft von Truppen gesteigert werden könnte. Zwei von ihnen, Moritz von Oranien (1567–1625) und Wilhelm Ludwig von Nassau-Dillenburg (1560–1620), standen als Befehlshaber im Dienst jener niederländischen Provinzen, die sich gegen die spanische Oberhoheit, damit aber auch gegen die überlegenen Streitkräfte einer Hegemonialmacht erhoben hatten. Der dritte, Johann von Nassau-Siegen (1561–1623), sah sich als Prinz eines kleinen calvinistischen Territoriums im Westen des Heiligen Römischen Reiches Deutscher Nation nicht weniger bedroht.

Von einer Erfindung zu sprechen, wäre allerdings übertrieben. Auch die Konzepte der Reformer waren nicht aus der Luft gegriffen. Sie hatten nicht nur die militärische Praxis ihrer Zeit vor Augen, sondern suchten zugleich, ganz typisch für ihre Epoche, in den Schriften der Antike nach neuen Ideen. Militärische Übungen hatte es schon immer gegeben, aber sie blieben bis dahin weitgehend ungeregelt. Nun aber entstand die Vorstellung, die Soldaten einer kontinuierlichen, zentral geregelten Ausbildung zu unterwerfen, ja mehr noch: Im Grunde sollten die Bewegungen der Soldaten selbst, ihr Verhalten im Gefecht, einer einheitlichen Regulierung unterworfen werden. Zu diesem Zweck wurde die Handhabung der Waffen gemäß ihren Verwendungsweisen im Kampf in zahlreiche einzelne Handgriffe zerlegt. Ihre Ausführung konnte dann mit ebenfalls festgelegten Befehlsrufen verbunden werden. Das hatte nicht nur den Vorteil, dass man den Soldaten den Gebrauch der Waffen intensiver antrainieren konnte. Der Einsatz der Waffen konnte damit viel leichter koordiniert werden. Das galt auch für die kollektiven Bewegungen der Soldaten. Indem den Soldaten einerseits Drehungen und Wendungen beigebracht und sie andererseits konsequent nach Reihen und Gliedern aufgestellt wurden, ließen sich die Bewegungen der Einzelnen in Bewegungen der ganzen Formation übertragen. Das schuf neue Formen kollektiver Bewegungen, etwa den Kontremarsch, bei dem Soldaten durch die Reihen hindurch laufend ihre Position ändern konnten, und insgesamt eine höhere Beweglichkeit der Truppen. Schließlich waren diese Truppen besser führbar. Im Idealfall erlaubten die Übungen den Befehlshabern eine vollkommene Kontrolle über die Bewegungen der Soldaten.

Etwa ein Jahrzehnt später wurden die ersten Bücher veröffentlicht, die auf diese Reformen Bezug nahmen. Die Übungen der Soldaten sind von Anfang an durch Illustrationen veranschaulicht worden. Zu diesem Zweck bediente man sich einer in diesem Zusammenhang ganz neuen Darstellungsweise. Um nämlich die einzelnen Schritte des

Exerzierens deutlich machen zu können, mussten ganze Bilderserien angefertigt werden, die an moderne Gebrauchsanweisungen erinnern. Aber auch die Art und Weise, in der die Soldaten dargestellt wurden, setzte neue Akzente. In ihrer Gleichförmigkeit hoben sie sich von den phantasievollen Söldnerbildern des 16. Jahrhunderts ab, und in ihrer nüchternen Selbstbeherrschung stehen sie in deutlichem Gegensatz zu den Klagen über die Grobheit und Lasterhaftigkeit der klassischen Söldnertruppen. Die Bilder brachten also auch einen sozusagen geläuterten militärischen Habitus zum Ausdruck.

Man wird allerdings die Bilder nicht ohne weiteres als Abbilder der Wirklichkeit verstehen dürfen. Dennoch gibt es Berichte von Zeitgenossen, welche die Unterschiede zwischen herkömmlichen Truppen und solchen, die nach niederländischer Manier exerziert worden waren, klar erkennen konnten. Das Vorbild machte rasch Schule, und es waren gerade die aufstrebenden Mächte, welche die neuen militärischen Praktiken aufgriffen und fortentwickelten, noch während des Dreißigjährigen Krieges Schweden, dann Frankreich in der Phase seines Aufstiegs. Im 18. Jahrhundert verband sich der Aufstieg Preußens mit dem Ruf seines Militärs, besonders intensiv gedrillt zu sein. Taktische und technische Neuerungen veränderten auf diesem Weg die äußeren Umrisse der militärischen Formationen. Aber die Technik, die militärischen Körper so weit wie möglich unter Kontrolle zu bekommen, blieb dieselbe. Sie blieb dem Militär im Grunde bis in die Gegenwart als Signatur erhalten, auch wenn die Praktiken des Kampfes schon längst verlangen, dass sich der Soldat höchst flexibel den Bedingungen der Situation und dcr Umgebung anpasst.

Abb. 112

Aufgeschlagen:

14. Tafel für das Exerzieren der Pikeniere. Das Bild (Abb. 112) zeigt die Art und Weise, in der die Pike gegen Fußsoldaten gerichtet werden soll. Ende des 16. Jahrhunderts spielten die Pikeniere noch eine wichtige Rolle, um die Gewehrschützen mit ihren aufwendig zu bedienenden Waffen zu decken. Anders als die Schützen sind die Pikeniere auch noch mit Brustpanzern für den Nahkampf dargestellt.

Jacob de Gheyn: Waffenhandlung von den Rören, Musquetten undt Spiessen, Gravenhagen 1608.

HAB: 8° Bell. 2°

Der renommierte niederländische Künstler Jakob de Gheyn (1565–1629) erhielt direkt aus dem engsten Kreis der Reformer den Auftrag, in einem vor allem von Johann von Nassau-Siegen geplanten militärischen Handbuch die Exerzierübungen zu illustrieren.[1] Dafür lagen ihm wahrscheinlich Aquarelle aus Johanns Besitz vor, es posierten wohl aber auch Soldaten direkt für den Künstler. Zur Wahrung der Geheimnisse wurde der Druck dann doch hinausgezögert. Am Ende erschien nur eine Art Tafelwerk zum Exerzieren, doch wurde es 1607 und 1608 dann gleich in mehreren Sprachen publiziert und fand große Aufmerksamkeit. Die technisch hochwertigen, ganzseitigen Abbildungen wurden zu Ikonen der oranischen Heeresreform.

1 Johan Quirijn van Regteren Altena: Jacques de Gheyn. Three Generations, Den Haag u. a. 1983, Vol. II: Catalogues, S. 64 f.

Abb. 113

Johann Jakobi von Wallhausen: Kriegskunst zu Fuß, darinnen gelehret und gewiesen werden: I. Die Handgriff der Mußquet und des Spiesses, jedes insonderheit. II. Das Exercitium, oder wie

Als Stadthauptmann von Danzig plante Johann Jakobi von Wallhausen (um 1580–1627) eine sechs Bände starke Gesamtdarstellung aller Sparten des Kriegswesens, das er durch eigene Praxis, auch unter Moritz von Oranien, und intensives Literaturstudium kennen gelernt hatte. Seine 1615 erstmals erschienene "Kriegskunst zu Fuß", der als zweiter Band 1616 eine "Kriegskunst zu Pferd" folgte, gilt als das bedeutendste militärwissenschaftliche Werk dieser Phase in Deutschland und bezeugt zugleich die Aufnahme der oranischen Reformen. Es erfuhr rasch weitere Auflagen und Übersetzungen. Wallhausen trat in engen Austausch mit Johann von Nassau-Siegen. Als Johann 1617 die Vermittlung der Militärwissenschaften durch die Gründung einer Kriegsschule auf eine neue Grundlage stellte, berief er Wallhausen als Direktor.

Aufgeschlagen:

Tafel zum Exerzieren mit Muskete, nach S. 20. Ein typisches Beispiel für eine Bildfolge zum Exerzieren mit der Muskete (Abb. 113). Kleine Wölkchen markieren die ständig brennende Lunte, kleine Zahlen ordnen den Handgriffen unterschiedlich verteilte Tempi, also Taktzeiten zu. Mehrere Haltungen, mit der Muskete wie auch rechts unten mit der Pike, dienen eher dem Präsentieren und dem zierlichen Stehen als dem eigentlichen Waffengebrauch.

man es nennet, das Trillen, mit einem Fähnlein gantz perfect, nach der gewöhnlichen Praxi deß Durchleuchtigen, Fürtrefflichsten Kriegshelden Mauritii Printzen von Oranien [...], Frankfurt: Theodor de Bry 1620.

HAB: Jb 4° 60 (1)

Wilhelm Dilich: Hochvernünfftig gegründet- und auffgerichtete, in gewisse Classen eingetheilte, bißher verschlossen gelegen, nunmehr aber eröffnete Krieges-Schule [...], Frankfurt a. M.: Zunner 1689.

HAB: Jb 4° 34

110 Ersten Theils / andern Buchs /

der Lincken wiederumb ergreiffen könne / auch darauff die Musquet wohl und

XXI. XXII. XXIII.

XXIII. leichtlich mit der Rechten auff die lincke Schulter Num. XXIII. legen / und ent-
XXIV. zwischen wie Num. XXIV. oder so man wil / auch XXV. die Musqueten-Ga-
XXV. bel in der rechten Hand halten / und die Musquet auff der Schulter tragen
müsse. Wofern es dann an dem / daß die Musquet man wiederumb abneh-

XXIV. XXV. XXVI.

XXVI. men soll / wil vonnöthen seyn / daß dem Tyroni ferner vorgezeiget werde / wie
XXVII. zum XXVI. er die Musquet / wie zuvor / fast bey der Schwantz Schrauben
XXIIX. fassend / von der Schulter abnehmen / und vors XXVII. erhebe / und in die
Gabel legend vors XXIIX. die rechte Hand an den Drucker / und die Lade an

XXVII. XXIIX.

der rechten Hüfft haltend / seinem Stande ein zierlich und Soldatisch Ansehen gebe: und auch hierauff / da er etwa seinẽ ankoñenden Obristen / Capitain oder anderen Befehlichshabern / oder einem sonst vorbeygehenden fürnehmẽ Manne mit Hut-Abthun / (doch da er eine Sturmhaube auffhätte / ist es nicht Soldatisch / daß er dieselbe deßwegen und zu dem Ende angreiffe /) Reverentz anthun wolte / muß er in Acht nehmen / daß die Musquete also im Gewicht gefast gehalten werde / daß er dieselbe mit der lincken Hand allein regiren / und die Rechte zum Hut-Abthun und sonsten frey zu gebrauchen habe.

Abb. 114

Wilhelm Dilich (um 1571–1655) stand als Geograph und Historiograph im Dienst des Landgrafen Moritz von Hessen-Kassel. Der Landgraf gehörte zu den Korrespondenzpartnern der Nassauer Grafen und unternahm in seinem eigenen Land intensive Anstrengungen zur Reform des Militärs. An der Seite seines ältesten Sohnes besuchte Dilich die Niederlande und gewann dort einen unmittelbaren Eindruck von den militärischen Exerzitien. Schon 1608 veröffentlichte er ein Kriegsbuch, das er später zu einem umfassenden, aber vorerst ungedruckten kriegswissenschaftlichen Kompendium ausgebaut haben soll. Das 1689, lange nach Dilichs Tod, unter seinem Namen erschienene Buch gibt tatsächlich in vielem noch ältere Zustände wieder, doch sind auch jüngere Einzelheiten ausgemacht worden, die mindestens fremde Eingriffe vermuten lassen.

Aufgeschlagen:

S. 110. Die Bildfolgen (Abb. 114) sind bei Dilich in einen begleitenden Text eingebettet, der zwischen Befehlstexten und ausführlicheren Erläuterungen schwankt. Das Exerzitium selbst ist in verschiedene Kapitel eingeteilt. Der vorliegende Abschnitt behandelt die Art und Weise, wie ein Musketier seine Waffe auf Schildwachen oder auch sonst "zierlich halten soll".

40. Die Weiterentwicklung der neuen Gefechtstaktiken durch Gustav Adolf

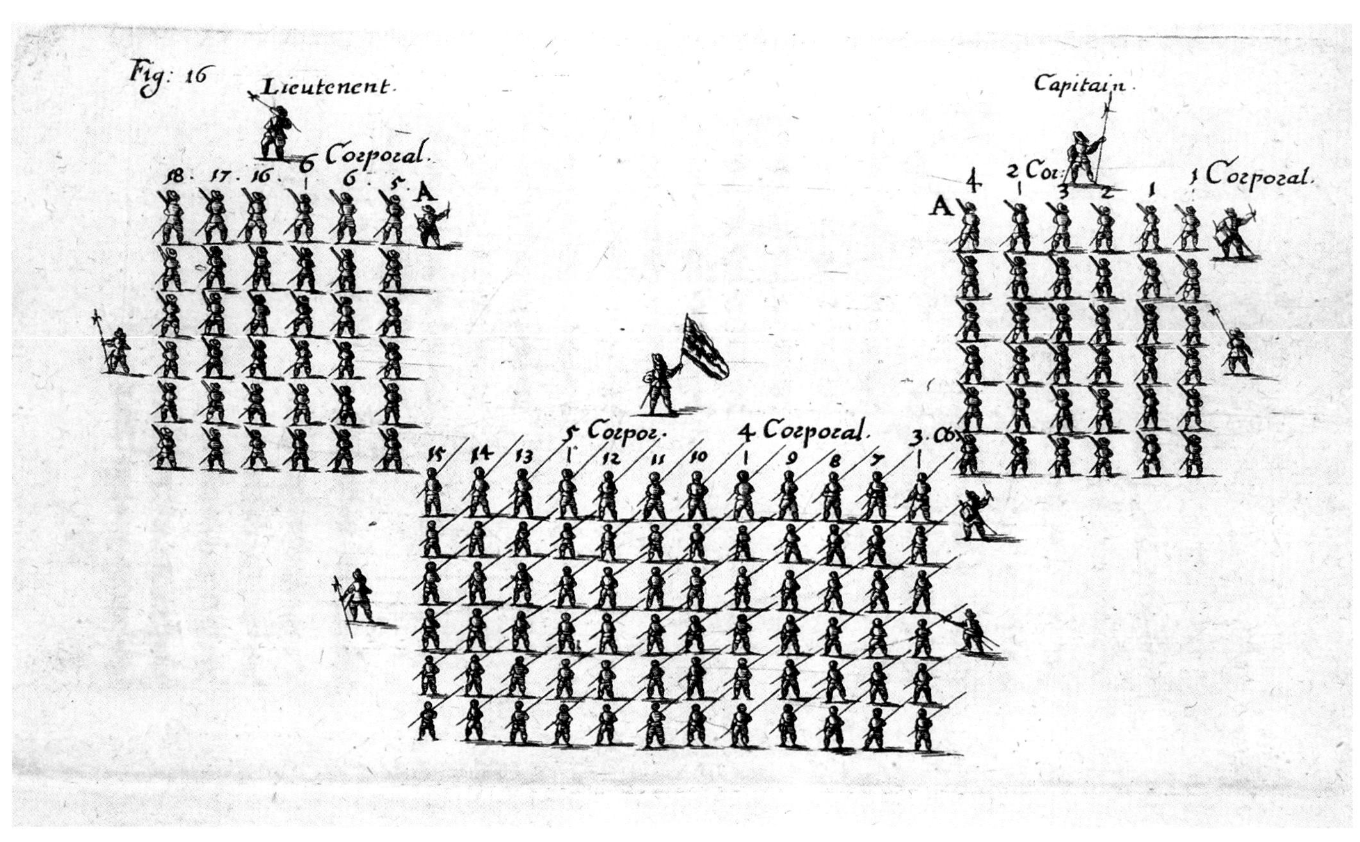

Abb. 115

Laurenz von Troupitz: KriegsKunst, Nach Königlicher Schwedischer Manier Eine Compagny zu richten, in Regiment, Zug- und Schlacht-Ordnung zu bringen, zum Ernst anzuführen, zu gebrauchen, und in esse würcklich, zu underhalten, Frankfurt a. M.: Matthäus Merian d. Ä. 1633.

HAB: 16.2 Bell. (1)

Dieses dünne Büchlein repräsentiert ein anderes Genre als die großen Handbücher. Hier wird vielmehr ein thematisch eng begrenzter Gegenstand mitgeteilt, als Teil einer sich laufend aktualisierenden militärfachlichen Debatte. Der Autor, ein nicht näher identifizierbarer Laurenz von Troupitz, soll selbst Soldat gewesen sein. Die Bedeutung seines Werks leitet sich von seinem Thema ab: Es ist die bekannteste Dokumentation, die noch während des Dreißigjährigen Krieges die Weiterentwicklung der neuen Gefechtstaktiken durch den schwedischen König Gustav Adolf vorführt. Es beschränkt sich dabei auf eine Auseinandersetzung mit den Schlachtordnungen auf Ebene der Kompanien. Dabei werden die vorgeführten Figuren nicht einfach nur mitgeteilt, sondern im Licht praktischer Erfahrungen auf Vor- und Nachteile hin kommentiert. Eine offenbar geplante Fortsetzung ist nicht erschienen.

Aufgeschlagen:

Figur 16. Das Bild (Abb. 115) veranschaulicht, wie bei den Schweden die Tiefe der Aufstellung bis auf sechs Glieder weiter reduziert wurde und welches Gewicht dabei nach wie vor den Pikenieren beigemessen wurde. Es ist Teil einer Reihe von Bildern, die unterschiedliche Anordnungen der drei Truppenkörper vorführen.

Abb. 116

83 *L'Art Militaire*

FIGURE LXXXIII.

Repoſez-vous ſur vos armes.

LE ſoldat doit remarquer que c'eſt le plus facile commandement de tous; il s'éxecute en deux temps le premier ſe fait, en élevant la pique à demi-pied de terre, les deux mains jointes: le ſecond, en poſant & plantant la pique entre ſes deux talons, les coudes élevez.

Abb. 116

Auch dieses Büchlein macht den neu erreichten Standard einer Armee publik, in diesem Fall der französischen zur Zeit Ludwigs XIV. In Frankreich wurden die Reformen der Oranier schon im frühen 17. Jahrhundert registriert und kommentiert. Das Buch, zuerst 1696 in Paris erschienen, repräsentiert demgegenüber schon ein späteres Stadium, gekennzeichnet durch eine grundlegende Reorganisation nach den Kriegen im Reich und gegen Spanien und nicht zuletzt durch die Einführung stehender Verbände auch im Frieden. Aufgrund seines Formates war es augenscheinlich auch geeignet, als Vademecum unmittelbar in der Praxis Verwendung zu finden. Seine Bedeutung verdankt es nicht zuletzt seinen Urhebern. Als Autor gilt ein königlicher Drillmeister namens Colombon,[2] und mit Pierre Giffart (um 1638–1723) übernahm ein bereits renommierter Kupferstecher und Mitglied der königlichen Akademie die künstlerische Ausführung.

Aufgeschlagen:

S. 83 und Fig. LXXXIII. Das Büchlein stellt dem Bild (Abb. 116) eines Exerzieraktes auf der rechten Seite jeweils eine Erläuterung und Aufschlüsselung nach einzelnen Tempi auf der linken Seite gegenüber. Ausgewählt ist hier wiederum eine repräsentative Ruheposition in gespannter Haltung.[3] Zu den Eigenarten des französischen Exerzierens dieser Zeit zählt auch die breitbeinige Stellung. Auffällig ist schließlich die originelle Bildidee, eine detaillierte, sozusagen nachahmungsfähige Hauptfigur im Vordergrund mit den Umrissen eines massenhaften Exerzierens im Hintergrund zu kombinieren.

Pierre Giffart: L'Art militaire française, pour l'infanterie. Contenant l'exercise & le maniement des Armes, tant des Officiers, que des Soldats, répresenté par des Figures en taille-douce dessinées d'aprés Nature, Augsburg: Kroninger & Goebel 1697.

HAB: Jb 105

2 Max Jähns: Geschichte der Kriegswissenschaften vornehmlich in Deutschland, Teil II, München und Leipzig 1890, Nachdruck New York und Hildesheim 1966, S. 1293.

3 Es symbolisiert auch bei dem vielleicht bedeutendsten Theoretiker moderner Disziplinierungstechniken den militärischen Bereich, vgl. Michel Foucault: Überwachen und Strafen, Frankfurt a. M. 1976, Abbildung 3.

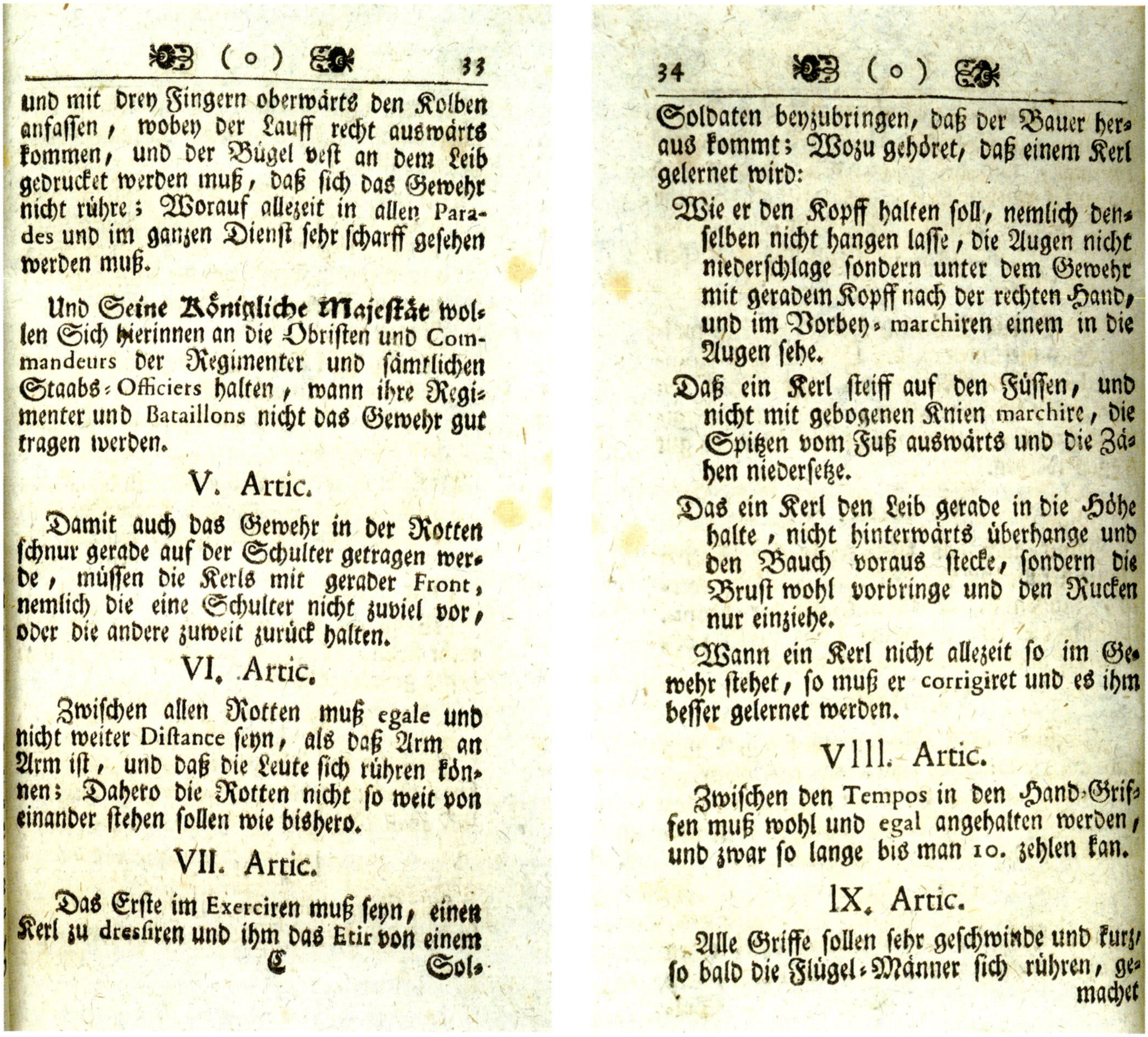

und mit drey Fingern oberwärts den Kolben anfassen, wobey der Lauff recht auswärts kommen, und der Bügel vest an dem Leib gedrucket werden muß, daß sich das Gewehr nicht rühre; Worauf allezeit in allen Parades und im ganzen Dienst sehr scharff gesehen werden muß.

Und Seine **Königliche Majestät** wollen Sich hierinnen an die Obristen und Commandeurs der Regimenter und sämtlichen Staabs-Officiers halten, wann ihre Regimenter und Bataillons nicht das Gewehr gut tragen werden.

V. Artic.

Damit auch das Gewehr in der Rotten schnur gerade auf der Schulter getragen werde, müssen die Kerls mit gerader Front, nemlich die eine Schulter nicht zuviel vor, oder die andere zuweit zurück halten.

VI. Artic.

Zwischen allen Rotten muß egale und nicht weiter Distance seyn, als daß Arm an Arm ist, und daß die Leute sich rühren können; Dahero die Rotten nicht so weit von einander stehen sollen wie bishero.

VII. Artic.

Das Erste im Exerciren muß seyn, einen Kerl zu dresiren und ihm das Etir von einem

C Sol-

Soldaten beyzubringen, daß der Bauer heraus kommt; Wozu gehöret, daß einem Kerl gelernet wird:

Wie er den Kopff halten soll, nemlich denselben nicht hangen lasse, die Augen nicht niederschlage sondern unter dem Gewehr mit geradem Kopff nach der rechten Hand, und im Vorbey-marchiren einem in die Augen sehe.

Daß ein Kerl steiff auf den Füssen, und nicht mit gebogenen Knien marchire, die Spitzen vom Fuß auswärts und die Zähen niedersetze.

Das ein Kerl den Leib gerade in die Höhe halte, nicht hinterwärts überhange und den Bauch voraus stecke, sondern die Brust wohl vorbringe und den Rucken nur einziehe.

Wann ein Kerl nicht allezeit so im Gewehr stehet, so muß er corrigiret und es ihm besser gelernet werden.

VIII. Artic.

Zwischen den Tempos in den Hand-Griffen muß wohl und egal angehalten werden, und zwar so lange bis man 10. zehlen kan.

IX. Artic.

Alle Griffe sollen sehr geschwinde und kurz, so bald die Flügel-Männer sich rühren, gemachet

Abb. 117

Reglement, Vor Die Königl. Preußische Infanterie: Worin enthalten: Die Evolutions, das Manual und die Chargirung, und Wie der Dienst im Felde und in der Garnison geschehen soll [...], Berlin 1750

HAB: Jc 202 (1)

Das preußische Infanteriereglement steht für die immer intensiveren Bemühungen der Landesherren des 18. Jahrhunderts, gerade in Preußen, die militärischen Verrichtungen in allen Einzelheiten vorzuschreiben. Lange Zeit waren die Details des Exerzierens noch den einzelnen Befehlshabern überlassen geblieben, die mitunter eigene Reglements aufsetzten. Das vorliegende preußische Reglement ist eines von mehreren, die ursprünglich 1743 speziell für jede Waffengattung erlassen worden sind. Das Exerzieren bildet den Schwerpunkt, darüber hinaus sind aber unter anderem auch Truppenstärken, Ämter, Wachdienste, zeremonielle Aufgaben und Ähnliches mehr geregelt. Die Vorschriften für das Exerzieren beschreiben minutiös die einzelnen Bewegungen, waren aber nicht illustriert. Als Handreichung für den Dienstgebrauch unterlagen sie zunächst der Geheimhaltung, doch war auf Dauer nicht zu verhindern, dass Exemplare in unbefugte Hände fielen und dann auch anderwärts veröffentlicht wurden.

Aufgeschlagen:

S. 33/34 (Abb. 117). Den detaillierten Vorschriften zu den einzelnen Bewegungen waren allgemeine Beobachtungen, "General-Observationes", vorangestellt, die besonders deutlich zum Ausdruck bringen, dass es nicht nur um technische Verrichtungen ging, sondern explizit um die planmäßige Anerziehung eines militärischen Habitus. Die Soldaten erscheinen dabei nur als Objekte, deren Funktion es zu optimieren galt, was zugleich in einer sichtbaren, durchaus auch als repräsentativ empfundenen Haltung zum Ausdruck gebracht werden sollte. Damit intensivierte die Obrigkeit nicht zuletzt die Kontrolle über den ganzen Körper des Soldaten.

Die Kultur des Reitens im frühneuzeitlichen Deutschland

Pia F. Cuneo

> "Ich [...] muß bekennen/ daß der nutz von diesem Thier so groß unnd so manigfaltig/ daß einer wol Wercks genug hett/ ein gantzes Buch darvon zuschreiben [...]."
> Marx Fugger: Von der Gestüterey, Frankfurt 1584.

In allen geschichtlichen Epochen wurde geritten, und die Beziehung zwischen Mensch und Pferd war stets vielschichtig und komplex. In der Frühen Neuzeit entstand aber mit dem Buchdruck eine neue Gattung von speziellen Reitbüchern, welche die Zucht, Verpflegung und das Training von Pferd und Reiter behandelte. Diese Bücher, wie zum Beispiel Christoff Jacob Liebs "Practica et arte di cavalleria" (1616) oder Georg Simon Winters "Wolberittener Cavallier" (1678), vermitteln uns neben den erhaltenen Realien eine Vorstellung der damaligen Reittechniken und gehen dabei auch und besonders auf die Haltung und Bewegung des Reiters ein. Nachdem in früheren Werken das Reiten im Krieg und im Turnier im Vordergrund stand, tritt im Laufe des 17. Jahrhunderts das Reiten als Kunst (und in diesem Sinne als Selbstzweck) immer deutlicher hervor.

Trotz der ergiebigen und detaillierten Informationen, die wir in diesen Reitbüchern finden, vermitteln die Quellen keinen unmittelbaren Zugang zur damaligen Praxis des Reitens. Durch die Umsetzung in Text und Bild wurde nicht nur ein Medienwechsel gegenüber der körperlichen Performanz vollzogen, die Bücher vermitteln häufig auch ein idealisiertes Bild von Pferd und Reiter und werden von Vorstellungen wie Interessen der Schreiber und darstellenden Künstler geprägt.

Der ideale Reiter war ein Mann, der sein Pferd aber auch sich selbst – sowohl seine Emotionen als auch seinen Körper – beherrschte. Damit wurden aber Normen vermittelt, die man traditionell dem Adel zuschrieb bzw. mit ihm verband. Indessen war die Stellung des Adels in der Frühen Neuzeit nicht mehr unangefochten. Vielmehr fanden sich junge Adelige zum Teil in Konkurrenz mit aufstrebenden Bürgerlichen. Um so wichtiger wurde das Reiten als ein Instrument, um (Herrschafts-)Kompetenz zu zeigen, die sich längst nicht mehr *per se* mit dem Adel bzw. mit dem Reiten als solchem verband, sondern zusätzliches Wissen und Können verlangte. Dies war ein wichtiger Grund für die Aufwertung des Reitens als Kunst und die Entstehung einer eigenen Literatur von bürgerlichen und adeligen Autoren.

Marx Fugger (1529–1597), Großneffe des berühmten Jakob des Reichen (1459–1525), seit 1569 alleiniger Leiter des Familienunternehmens und ab 1576 Augsburger Stadtpfleger, war ebenso ausgebildeter Humanist wie Pferdekenner. Sein Wissen über Pferdezucht fasste er in dem Buch "Von der Gestüterey" zusammen, das 1578 erstmals erschien. Die Holzschnitt-Illustrationen in Fuggers Buch stammen von dem in Zürich geborenen Künstler Jost Amman (1539–1591), der als Reißer für Holzschnitte, Kupferstiche und Radierungen hauptsächlich in Nürnberg und Frankfurt tätig war. Amman arbeitete besonders eng mit dem Frankfurter Drucker und Verleger Sigmund Feyerabend (1528–1590) zusammen, der selbst als Reißer und Formschneider ausgebildet war. Fuggers Buch ist nur ein Beispiel der ergiebigen Zusammenarbeit zwischen Amman und Feyerabend.

Marx Fugger: Von der Gestüterey, Das ist Ein gründtliche beschreibung wie unnd wa [!] man ein Gestüt von guten edlen Kriegsrossen auffrichten, underhalten, und wie man die jungen von einem Jar zu dem andern erziehen soll, Franckfurt am Mayn: Feyrabend 1584.

HAB: N 202.2° Helmst.

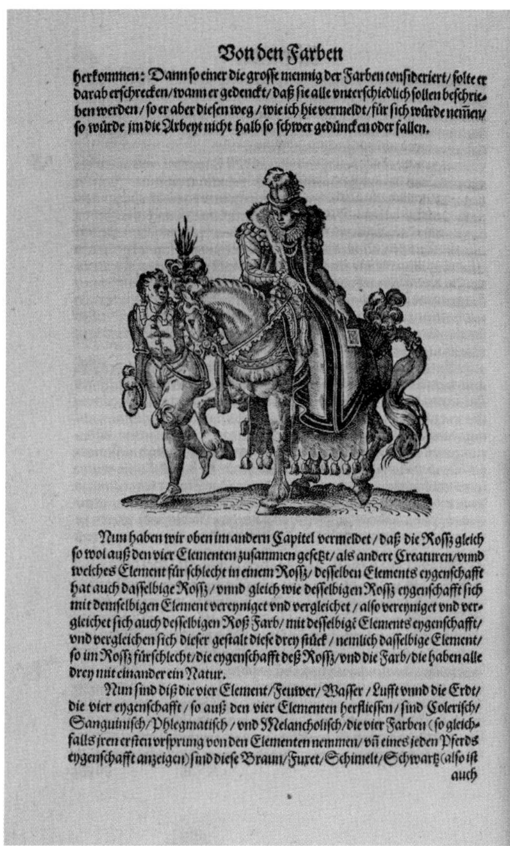

Von den Farben

herkommen: Dann so einer die grosse mennig der Farben consideriert/ solte er darab erschrecken/ wann er gedenckt/ daß sie alle vnterschiedlich sollen beschrieben werden/ so er aber diesen weg / wie ich hie vermeldt/ für sich würde nemen/ so würde jm die Arbeyt nicht halb so schwer gedüncken oder fallen.

Nun haben wir oben im andern Capitel vermeldet / daß die Rossz gleich so wol auß den vier Elementen zusammen gesetzt/ als andere Creaturen/ vnnd welches Element für schlecht in einem Rossz/ desselben Elements eygenschafft hat auch dasselbige Rossz / vnnd gleich wie desselbigen Rossz eygenschafft sich mit demselbigen Element vereyniget vnd vergleichet / also vereyniget vnd vergleichet sich auch desselbigen Roß Farb/ mit desselbigē Elements eygenschafft/ vnd vergleichen sich dieser gestalt diese drey stück / nemlich dasselbige Element/ so im Rossz fürschlecht/ die eygenschafft deß Rossz/ vnd die Farb/ die haben alle drey mit einander ein Natur.

Nun sind diß die vier Element/ Feuwer/ Wasser / Lufft vnnd die Erdt/ die vier eygenschafft / so auß den vier Elementen herfliessen / sind Colerisch/ Sanguinisch/ Phlegmatisch / vnd Melancholisch/ die vier Farben (so gleichfalls jren ersten vrsprung von den Elementen nemmen/ vñ eines jeden Pferds eygenschafft anzeigen) sind diese Braun/ Furet/ Schimelt/ Schwartz (also ist auch

Abb. 125

Aufgeschlagen:

S. 39v. Das Bild (Abb. 125) zeigt eine Reiterin in der Art und Weise, wie Frauen vom Mittelalter bis in die Frühe Neuzeit hinein ritten; sie saßen wie in einem Stuhl gänzlich zu einer Seite des Pferdes gedreht in einem so genannten "Quersattel". Dieser Sitz war sehr unbequem, da die Frau, um vorwärts blicken zu können, ihren Oberkörper stark drehen musste, was auf Dauer sehr mühsam war. Außerdem bot der Sitz keinen richtigen Halt im Falle einer plötzlichen Bewegung des Pferdes. Georg Simon Winter (s. auch Kat.-Nr. 7) kritisierte deshalb diese Reitmethode und empfahl stattdessen, dass die Frauen ein Bein vorn über den Sattelknopf legen sollten und das andere Bein darunter. Um diese Sitzweise zu erleichtern, wurde der so genannte "Gabelsattel" entwickelt, der durch zwei mit Leder überzogene Knäufe seitlich des Sattels gekennzeichnet ist, die zwischen den Oberschenkeln gehalten wurden und somit der Reiterin mehr Halt und Stabilität boten. Aus bildlichen und schriftlichen Quellen wissen wir, dass trotz dieser Vorgaben manche Frauen wie Männer zu Pferd saßen, aber dieser Sitz galt bis in das frühe 20. Jahrhundert hinein als unangemessen für Frauen.

Ammans Illustration liefert zugleich ein gutes Beispiel dafür, dass Bilder nicht immer der Veranschaulichung des Textes dienen. Denn sein Holzschnitt erscheint in einem Kapitel, in dem Fugger die äußerlichen Erscheinungsmerkmale von Pferden behandelt. Es gibt somit in diesem Fall keinen inhaltlichen Bezug zwischen Text und Illustration. Abgesehen davon finden wir die gleichen Illustrationen Ammans in ganz anderen Büchern, die im selben Jahr (1584) ebenfalls von Feyerabend verlegt wurden, so in "Figurn zu der Reutterey", eine Art Sammelband der Holzschnitte Ammans mit einem Vorwort Feyerabends, und in der "Ritterliche[n] Reuterkunst", von dessen Autor nur die Initialen ("L.v.C.") bekannt sind.

Abb. 126

Johann Jacobi von Wallhausen (ca. 1581–1627) diente u. a. Prinz Moritz von Oranien-Nassau und dem Mainzer Kurfürsten als Militär. Er verfasste zahlreiche Bücher über das Kriegswesen, einschließlich des hier ausgestellten Exemplars der "Kriegskunst zu Pferdt". Möglicherweise verhalf dieses Buch Jacobi zu seiner Stelle als Direktor der neuen Kriegsschule in Siegen ab 1616 unter Graf Johann VII. von Nassau Siegen.

Aufgeschlagen:

"Figura 7" (Abb. 126) erscheint im ersten Kapitel des ersten Teils von Jacobis "Kriegskunst zu Pferdt". Das Kapitel behandelt Lanzierer (d. h. mit Lanzen bewaffnete, berittene Soldaten) als Teil der Kavallerie. Die verschiedenen Vignetten, die in der Illustration gezeigt werden, demonstrieren, wie der Lanzierer mit der Pistole auf diverse Ziele schießt (Nr. 1–3),

Johann Jacobi von Wallhausen: Kriegskunst zu Pferdt: Darinnen gelehret werden die initia und fundamenta der Cavallery, aller vier Theilen: als Lantzierers, Kührissieres, Carbiners u. Dragoens ... Vormals alles nie an Tag gege-

ben Gepracticiret, beschrieben und mit schönen künstlichen Kupfferstücken angewiesen,
Franckfurt am Mayn: Jacobi 1616.

HAB: 17 Bell. 2° (2)

wie er sich mit der Pistole verteidigen kann (Nr. 4) und auch seinen Gegner zu töten vermag (Nr. 5–7). Wallhausen zeigt damit einen Versuch, den Gebrauch von Schusswaffen in die Kavallerie zu integrieren.

In Wallhausens Buch dient das Reiten dem Krieg; das Ziel bestand darin, eine Schlacht zu gewinnen und selbst zu überleben. Unter gewissen Bedingungen zielte man deshalb sowohl auf die Pferde als auch auf die Soldaten. Nr. 5 zeigt zum Beispiel "Wie die beyde Lantziriers nach gebrochenen Lantzen den Pferden die Pistolen an den hals forn auff die Brust setzen" (S. 28), und an anderer Stelle wird beschrieben, wohin man mit der Pistole zielen solle, um das Pferd am schnellsten und sichersten zu töten.

Der Bezug zwischen Text und Bild ist in diesem Fall sehr eng; beide behandeln das gleiche Thema. Es lassen sich jedoch ebenso leicht Gegenbeispiele finden, wie z.B. Figur 8 Nr. 1 (hier nicht abgebildet), die zwei gegeneinander reitende Lanzierer zeigt, wohingegen der Text erläutert, wie man das Pferd des Gegners mit der Lanze töten kann. Eben dieses Bild wird an mehreren Stellen des Buches gezeigt. Dies deutet aber eher auf ein ästhetisches Interesse (bzw. ökonomische Gründe der Geldeinsparung) und macht gleichzeitig die Grenzen einer Lektüre als Lehrbuch für junge Rekruten, wie von Wallhausen behauptet, deutlich.

Hans Creutzberger war als Sporer in Augsburg tätig, bis er zum kaiserlichen Hofsporer ernannt wurde. In der Frühen Neuzeit stellten die Sporer nicht nur Sporen her, sondern auch Gebisse (Trensen, d.h. die metallenen Mundstücke, die zum Zaumzeug gehörten). Die Herzog August Bibliothek besitzt neben der ausgestellten auch die erste Auflage des Creutzberger-Buches über die verschiedenen Formen und Funktionen von Gebissen, die 1562 noch mit handschriftlichen Erklärungen der dargestellten Objekte erschien. Als die zweite Auflage 1591 herausgebracht wurde, war Creutzberger schon tot.

In der zweiten Hälfte des 16. Jahrhunderts bis in das 17. Jahrhundert hinein wurde eine Reihe von Büchern produziert, die sich mit den Wirkungen unterschiedlicher Trensen beim Reiten beschäftigten. Die Illustrationen in vielen dieser Bücher, einschließlich Creutzbergers, dienten als genau vermessene Vorlagen, welche die Sporer benutzten, um die abgebildeten Gebisse herzustellen. Je mehr sich die Reitbücher jedoch mit der Körpertechnik des Reiters befassten, umso mehr trat die Fixierung auf die Technologie der Gebisse in den Hintergrund.

Hans Creutzberger: Eygentliche, wolgerissene Contrafactur und Formen der Gebiß, für allerley mängel, auch underrichtung der pferdt, Wien: Pierus 1591.

HAB: 15.1 Bell. 2° (1)

Aufgeschlagen:

In dieser zweiten Auflage finden wir ein ganz-figürliches Porträt des Hofsporers, in dem er modisch und teuer gekleidet gezeigt wird (s. Abb. 120). Seine Bekleidung und die Tatsache, dass ein solches Porträt existiert, was für einen Mann seines Standes ungewöhnlich war, deuten darauf hin, dass es dieser Augsburger Handwerker dank seiner geschickten und geschätzten Arbeit gesellschaftlich und ökonomisch weit gebracht hatte. Der Fall Creutzberger bietet deshalb ein Beispiel für die gesellschaftliche Durchlässigkeit, welche die Kreise, die mit Pferdezucht und -ausbildung in der Frühen Neuzeit befasst waren, charakterisierte. In dem hier ausgestellten Titelblatt (Abb. 127) sehen wir ein Porträt Creutzbergers in Form einer Büste. Er erscheint wie der Titel selbst umrahmt von einem dekorativen Gebiss und von seinen Initialen: links 'H' und rechts 'K' (für Kreutzberger, wie sein Name in der ersten Auflage geschrieben wurde).

Abb. 127

Eygentliche/
Wolgerissene Contrafactur vnd Formen der Gebiß/ für allerley mängel/ auch vnderrichtung der pferdt/ mit aller zugehörung/ Cappezoni/ Naßbender vnd was einem jeden pferdt/ seinem Reutter gehorsam zu machen vonnöttenist.
Durch
Hansen Creutzberger/ Rö. Kay. May. rc.
Hoffsporer gemacht. Jetzt auffs new gebessert vnd in Druck verfertigt.
H. K.
Gedruckt zu Wienn in Österreich/ durch Nicolaum Pierium.
M. D. XCI.

Christoff Jacob Lieb: Practica et arte di cavalleria. Übung und Kunst des Reitens, in welcher der Bereuter, die Pferd nach ihrer Art und Natur zu unterweisen und abzurichten, erfahren und geübt sein soll ..., Dresden: Berg 1616.

HAB: 3.2 Bell. 2° (2)

Der Autor des Buches, Christoff Jacob Lieb, war der ehemalige Bereiter des sächsischen Kurfürsten Christian II. (1583–1611), das heißt, er bildete dessen Pferde aus und ritt sie regelmäßig. In seinem Buch betont Lieb, dass die Reiter die Verantwortung dafür trügen, die Fähigkeiten und auch die Beschränkungen eines jeden Pferdes richtig zu erkennen und mit dem Tier dementsprechend nur innerhalb seiner Grenzen zu arbeiten. Dabei bezog er sich nicht nur auf die Fähigkeiten und Beschränkungen des Körpers, sondern auch auf den Charakter und das Gemüt des Pferdes. Das Seelenleben des Tieres und die Urteilskraft und Erkenntnisfähigkeit des Reiters werden hier in einem Ausmaß zur Sprache gebracht, wie sie in früheren deutschen hippologischen Schriften aus der zweiten Hälfte des 16. Jahrhunderts noch nicht zu finden sind. Da Lieb recht viel vom Reiter erwartet, nimmt die Diskussion über das richtige Reiten einen großen Raum in seinem Buch ein. Somit bietet uns Lieb eine sehr detaillierte und ergiebige Quelle für die Körpertechniken des Reitens. Die Widmung des hier ausgestellten Exemplars wurde eigenhändig von Lieb unterzeichnet.

Aufgeschlagen:

Das schöne Titelblatt (Abb. 128) ist reichlich dekoriert. Ein gesatteltes und gezäumtes Pferd steht im strengen Profil auf einem Sockel. Der Titel des Buches scheint in den Sockel eingemeißelt. Das gesattelte Pferd wird rechts und links von einer dekorativen Leiste umrahmt, an der Gegenstände zur Pflege der Pferde befestigt sind. Links sehen wir zwei Striegel, dann einen Besen, Fackel und Heugabel, von der Heugabel hängen wiederum ein Schwamm, ein Kamm und zwei Sporen. Rechts finden wir zwei Pinsel, eine Bürste, eine zweite Fackel, Heugabel, einen Schwamm, einen Kamm und ein Wischtuch. Zur rechten und linken Seite des Sockels stehen zwei Pferde, die kein Zaum- oder Sattelzeug tragen und in den Raum des Beobachters hineinschauen. Unten sieht man eine weibliche Personifikation des Sieges, die mit einem Panzer bekleidet auf einem Berg von Fahnen und Standarten sitzt. Links von ihr stehen Kanonen und anderes Kriegsgerät; rechts sehen wir verschiedene Musikinstrumente. Diese Vignette deutet darauf hin, dass das Reiten sowohl dem Bereich des Krieges als auch dem der Kunst zugeordnet wurde.

Das Titelblatt ist mit folgendem Vers geschmückt:

"Wer einem jeden recht wil than/ Fürwar der muß gar früh auffstahn/ Solchs ist auch zuverzeihen mir/ Als eim unvernünfftigen Thier. Dem trab ich zu hart/ jenem ungewiß/ Man mustert mich in manchm Gebiß. Den Kopff trag ich zu hoch zu niedr/ Es ist an dem/ das jetzt ein jedr/ Sein fehl und mängel an mir ubt/ Und welchs mich noch uffs meist betrübt. Ist/daß ich eim jedn willig bin/ Undanck/ ist endlich mein gewin."

Indem der Vers aus der Perspektive des Pferdes formuliert ist, wird es als empfindendes Wesen dargestellt, das die Unfähigkeit seiner Reiter zu erdulden hat. Obwohl es deren Fehler bereitwillig erträgt, danken es ihm die Reiter nicht. Der Vers ist in seinem Tonfall charakteristisch für Liebs Buch, das für Sympathie und Barmherzigkeit gegenüber der Kreatur wirbt.

WEr einem jeden recht wil than /
Fürwar der muß gar früh auffstahn /
Solchs i,t auch zmerzeihen mir /
Als eim vnvernünfftigen Thier.
Dem trab ich zu hart / jenem vngewiß /
Man mustert mich in manchem Gebiß.
Den Kopff trag ich zu hoch zu niedr /
Es ist an dem / das jetzt ein jedr /
Sein fehl vnd mängel an mir vbt /
Vnd welchs mich noch vffs meist betrübt.
Ist / daß ich eim jedn willig bin /
Vndanck / ist endlich mein gewin.
PRACTICA ET ARTE DI
Cavalleria.
Vbung vnd Kunst
des Reitens / in welcher der Be-
reuter / die Pferd nach jhrer Art vnd Natur zu vn-
terweisen vnd abzurichten / erfahren vnd geübt sein sol.
Auch wie / vnd vff was weise dieselben in solcher handlung
vnd abrichtung / zu schönen wolstendigen Geberden
vnd guten Tugenden sollen gewehnet vnd
gezogen werden.
Allen Liebhabern / vnd dieser Adelichen
Ritterlichen Kunst zugethanen / zu sonderbahren Eh-
ren vnd gefallen / vffs kürtzte in zwey Theil verfast /
vnd in offnen Druck gegeben /
Durch
Christoff Jacob Lieb.
Mit Röm. Käy. May. gegebne gnad vnd
Freyheit nicht nach zu Drucken.
M. DC. Dreßden. XVI.

Abb. 128

Christoph Metzger und Johann Philipp Thelott d. Ä., Titelblatt, Radierung/Kupferstich; [Johann Christoph Pinter von der Aue], Vollkommener ergäntzter Pferdt-Schatz. Auß der Theoria und Praxi verfasset, Franckfurt am Mayn: Thomas Matthias Götze 1664.

HAB: N 205.2° Helmst.

Obwohl der "Pferdt-Schatz" tatsächlich eine Fülle von Informationen über die hippologische Kultur des 17. Jahrhunderts bietet, wissen wir leider nichts über den Verfasser des Buches, das Johann Christoph Pinter von der Aue zugeschrieben wird. Das Titelblatt ist links unten mit "C. Metzger Inv." und rechts unten mit "J PS Thelott Sc." signiert. Christoph Metzger, Kupferstecher und Maler, der als "Inventor" bezeichnet wird, lieferte wohl die Zeichnung, während Johann Philipp Thelott, Kupferstecher und Goldschmied, die Vorlage in Kupfer stach und deshalb gemäß der üblichen Nomenklatur als "Sculptor" bezeichnet wurde. Beide waren in Frankfurt tätig, wo sie für dortige Verleger wie Thomas Götze als Buchillustratoren arbeiteten.

Aufgeschlagen:

Das Titelblatt (Abb. 129) zeigt einen auf einem Sockel posierenden Reiter in einer großen, durchgangsartigen Halle. Der imposante Eindruck wird noch dadurch verstärkt, dass das Pferd eine so genannte "Levade" zeigt, d. h. beide Vorderhufe hebt. Aus dieser Position heraus konnten mehrere Übungen der so genannten Hohen Schule "über der Erde" wie Courbette, Croupade, Ballotade und Kapriole ausgeführt werden.

Metzger platziert die Figur in einer antikisierenden Umgebung. Der Sockel scheint sehr alt zu sein, denn er weist Risse und Brüche auf. Die Halle selbst besteht aus einem Tonnengewölbe. Zwei Arkaden mit kassettierter Laibung über kannellierten Pilastern mit stark profiliertem Gesims rahmen das Gewölbe ein. Metzger zeigt damit zum einen seine Kenntnis antiker Baukunst, zum anderen einen recht freien Umgang mit diesen Elementen, wie seine eigenartigen Bögen beweisen. Im Hintergrund links können wir eine tiefe Landschaft erahnen, da Metzger die abgebildeten Pflanzen, Büsche, Bäume und schließlich auch den Himmel in abgestufter Helligkeit darstellt, um den Eindruck von räumlicher Tiefe zu erwecken. Sein Bravourstück besteht aber darin, Pferd und Reiter vollkommen *en face* und damit in starker Verkürzung zu zeigen. Dass er dieser technischen Herausforderung nicht ganz gewachsen war, beweist u. a. das missglückte Verhältnis zwischen dem linken Bein des Reiters und seinem Oberkörper.

Die antikisierende Atmosphäre dient nicht nur dazu, die Bildung und Kenntnis des Künstlers zu zeigen, sondern macht implizit auch Aussagen über den Inhalt des Buches. Xenophons Werk über die Reitkunst, das von Johann Camerarius (1500–1574) 1539 aus dem Griechischen ins Lateinische übersetzt worden war, war im 17. Jahrhundert unter Hippologen weit bekannt, und mit Hilfe des Titelblatts wurde das Reiten somit auch als alte und ehrwürdige Kunst präsentiert.

Noch dazu wurde die abgebildete Levade ruhig und kontrolliert ausgeführt. Mit emotionslosem Gesichtsausdruck berührt der Reiter mit einer leicht gehaltenen Gerte sanft die Brust seines Pferdes, das daraufhin seine Vorderhand hebt und sich mit ernsten Augen auf den Befehl seines Reiters zu konzentrieren scheint. Diese Ausgeglichenheit und Harmonie als auch die vollkommene Kontrolle des Reiters über seine eigenen Emotionen wie über das Tier entsprachen sowohl Xenophons Vorschriften als auch den Idealen der antiken Philosophie.

Metzgers Titelblatt ist unmittelbar von einer Abbildung aus einem früheren, wichtigen Werk der Hippologie inspiriert: Antoine de Pluvinels "Maneige Royal" (1623; s. Kat.-Nr. 48). Pluvinels Figur 12, die den Comte de Soissons bei der Übung der Courbette aus der Levade zeigt, dient Metzger als Vorlage. Er übernimmt die Figur des Reiters, zeigt aber nicht nur einen erheblich älteren Mann mit längeren Haaren und Schnurrbart, sondern fokussiert auch die Aufmerksamkeit des Beobachters streng auf den Reiter, indem er ihn auf einen Sockel vor dem nackten Gewölbe und ohne Nebenfiguren präsentiert.

Der Autor des Buches, Pinter, zitiert wiederum nicht nur mehrfach Pluvinel in seinem Text, sondern kann sich auch durch diese bildliche Anleihe mit dessen Autorität schmücken, obgleich der "Pferdt-Schatz" inhaltlich keineswegs als Nachahmung Pluvinels zu verstehen ist.

Abb. 129

48. Eine vollkommene Figur

Antoine Pluvinel: Maneige royal oùl'on peut remarquer le defaut et la perfection du chevalier en tous les exercises de cet art, Paris: LeNoir 1624.

HAB: 4 Bell. 2°

Antoine de Pluvinel (1552–1620) war Reitmeister des französischen Königs Louis XIII. (1601–1643). Seine posthum gedruckte "Maneige Royal" wurde mit fein gearbeiteten Kupferstichen von Crispyn II. de Passe (1597/98 – nach 1670) illustriert und erschien bald darauf in einer zweiten verbesserten Auflage als "L'Instruction du Roy en l'exercice de monter a cheval" (1625).

Aufgeschlagen:

Pluvinels Figur 12 (Abb. 130) zeigt den Comte de Soissons bei der Übung der Courbette aus der Levade. Pferd und Reiter befinden sich im Freien und sind von 18 Männern umgeben, von denen zwei eine Stange vor das Pferd halten, um es dazu zu ermuntern, die Vorderhand zu heben. Diese schwierige Übung verlangt vom Pferd viel Kraft (es muss sein ganzes Gewicht samt dem Gewicht des Reiters auf seine Hinterhand verlagern), Balance (es muss sodann diese Position einige Sekunden halten) und Gehorsam. Deshalb gilt ein Pferd, das diese Übung meistert, als besonders kräftig und gut trainiert. Ebenso gilt ein Reiter, der sein Pferd bei dieser Übung erfolgreich anleitet, als besonders geschickt und fähig. Pluvinels Buch war für die frühneuzeitliche Hippologie fundamental, wie die zahlreichen Anleihen aus diesem Traktat beispielsweise in Pinters "Pferdt-Schatz " (s. Kat.-Nr. 47) zeigen.

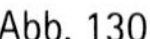

Abb. 130

Georg Simon Winter war zwischen 1672 und 1674 Hof- und Stutenmeister in kurpfälzischem Dienst, daneben verfasste er einige hippologische Werke. Sein "Wolberittener Cavallier", der 1678 zweisprachig (auf Deutsch und Latein) erschien, ist außerordentlich reich an schönen Illustrationen, welche die verschiedenen Übungen zur Ausbildung von Pferd und Reiter veranschaulichen. Gestaltet wurden die Bilder von Peter Troschel (um 1620 – nach 1667) und Cornelius Nicolaes Schurtz, die als Zeichner und Kupferstecher in Nürnberg tätig waren und schon mehrfach für den Drucker Wolfgang Moritz Endter gearbeitet hatten. Dabei sind die Kupferstiche und Radierungen von Schurtz, der auch für das dargestellte Bild verantwortlich ist, besonders zahlreich.

Aufgeschlagen:

Das Bild (Abb. 123) zeigt eine für deutschsprachige Reitbücher des 16. und 17. Jahrhunderts einmalige Szene: den Sturz. Nirgendwo sonst wird das Versagen dargestellt. Dabei ist der Fall in zweierlei Hinsicht gefährlich: Körperlich riskiert der Reiter durch einen Sturz auf den Hinterkopf bzw. durch die Hufschläge der Pferde sein Leben. Gesellschaftlich verliert der Reiter im Fall jegliche Kontrolle über sein Erscheinungsbild: Arme und Beine fliegen durch die Luft, sein Gesicht verzerrt sich vor Schreck und seine Perücke fällt vom Kopf, kurz: Er macht eine schlechte Figur.

Georg Simon Winter: Bellerophon, sive Eques peritus [...] Wolberittener Cavallier, Nürnberg: Endter 1678.

HAB: N 209.2° Helmst. (1)

Abb. 123

Abb. 136

Die Entwicklung der frühneuzeitlichen Fechtkunst in Europa

Anselm Schubert

Das Fechten als Gefecht ungepanzerter Kämpfer mit einhändig geführten Blankwaffen ist keineswegs eine seit jeher existierende Kampfweise, sondern in Europa eine Entwicklung der Frühen Neuzeit. Bis zum Ende des Mittelalters waren Kämpfer gewöhnlich mit einer Rüstung gepanzert sowie mit einem Schwert als Angriffswaffe und mit einem Schild zur Verteidigung ausgerüstet. Der Schritt, auf Schild und Rüstung zu verzichten und die Blankwaffe sowohl für den Angriff als auch zur Verteidigung zu nutzen, war demgegenüber eine Neuerung.

Bereits die Erfolge der englischen Bogenschützen und der schweizerischen Landsknechtsheere des 14. und 15. Jahrhunderts hatten die Überlegenheit leichtbewaffneter beweglicher Kämpfer über schwergepanzerte Ritterheere gezeigt, die Entwicklung immer wirksamerer Feuerwaffen ließ seit Mitte des 16. Jahrhunderts die Vollpanzerung gänzlich sinnlos werden. Dabei geht die Entwicklung fechterischer Kampfesweise ursprünglich selbst auf ritterliche Waffenübungen zurück und lässt sich seit dem späten 13. Jahrhundert in verschiedenen Handschriften und Fechtbüchern nachweisen, von denen die berühmtesten die der deutschen Fechtmeister Hans Lichtenauer (1389) und Hans Talhoffer (Mitte des 15. Jahrhunderts) sind. Hier wurden noch Kampftechniken für den Umgang mit Zweihänder, Eineinhalbhänder, Speer, Dolch, Streitkolben usw. und für das Ringen vermittelt.

Mit dem Wegfall der schweren Panzerung erwies sich jedoch, dass leichtere Waffen, wie das so genannte Fechtmesser, im Prinzip wirksamer waren, da sie schneller gehandhabt werden konnten und dem Kämpfer mehr Beweglichkeit erlaubten. Solcher Kampf mit leichten Blankwaffen galt allerdings als unritterlich, und so wurde das Fechten zunächst ausschließlich im Rahmen bürgerlicher, zünftisch organisierter und seit 1487 wiederholt kaiserlich privilegierter Fechtergesellschaften ausgeübt. Ihrem Konzept von Fechten lag die Überzeugung zugrunde, bestimmte mehr oder weniger starre Körperhaltungen (so genannte "Garden") erlaubten, in jede denkbare Bewegung des Gegners hinein dessen Angriff abzuwehren. Nach den phantasievollen Namen dieser Garden wird diese Frühphase des Fechtens "Zeitalter der bizarren Garden" benannt.

Den wichtigsten Schritt hin zu einer Rationalisierung und Systematisierung der spätmittelalterlichen Fechttraditionen tat 1553 der Mailänder Renaissancearchitekt, Mathematiker und Ingenieur Camillo Agrippa mit seinem epochalen "Trattato di scientia d'arme" (vgl. Kat.-Nr. 50, Abb. 136).

50. Die vier Garden Agrippas

Camillo Agrippa: Trattato di scientia d'arme, con un Dialogo di filosofia, Roma: Blado. 1553

HAB: 5 Bell.

Ganz im Sinne der Vitruvschen Vermessung des menschlichen Körpers und seiner Proportionen entwarf Agrippa ein mathematisch-geometrisches Modell der menschlichen Bewegungsmöglichkeiten und führte zwei Prinzipien ein, die für die weitere Entwicklung des Fechtens konstitutiv werden sollten. Erstens zeigte er aufgrund geometrischer Erwägungen, dass das Stoßen mit der Spitze einer Waffe effektiver, schneller und direkter war als der Hieb mit der Klinge, bei dem durch das Ausholen und die nur seitlich möglichen Treffer Raum und Zeit verschenkt werden. Und zweitens reduzierte er aufgrund der dergestalt formulierten Priorität des Stoßes die hunderten bekannter "Garden" auf nurmehr vier, die den Gesetzen der Geometrie und (nach damaliger Vorstellung) deshalb der natürlichen Bewegungsabfolge entsprechen sollten (vgl. Abb. 137).

Abb. 137

PARTE III

D'VNA FIGVRA DI GEOMETRIA. Cap. II.

HO detto che, in fine questa Professione si gouerna
solamente cō punti, linee, tempi, misure, et simili, et
nascono in certo modo da consideration' mathemat
tica, o sia pursola Geometria. Hora acciochè
piu facilmente s'intenda quanto ho voluto inferi-

Aufgeschlagen:

Blatt IIIr. Abgebildet (Abb. 137) sehen wir simultan alle vier Garden Agrippas (A–D). Die "prima Guardia" (= Prim) (A) entsteht aus dem Ziehen des Schwertes: Die Hand ist über den Kopf erhoben, die Spitze dem Gegner bereits zugewandt. Die weiteren Garden entwickeln sich konsekutiv aus dieser ersten Bewegung und entsprechen den möglichen Arm- und Handhaltungen, mit denen man ein Schwert stoßen kann. Die "seconda Guardia" (= Sekond) (B) zeigt die Haltung von Arm und Schwert in Pronation (Handrücken nach oben): In dieser Haltung zeigt die Spitze zwar direkt auf den Gegner, physiologisch bedingt kann man in dieser Haltung den Arm jedoch nicht ganz strecken und nur relativ schwach und hoch stoßen. Die "terza Guardia" (= Terz) (C) zeigt die Haltung von Arm und Schwert, wenn man die Hand um weitere 90° in die natürliche Haltung dreht und der Handrücken nach außen zeigt. In dieser Haltung hat die Hand die größte Beweglichkeit und damit die Waffe die meisten Treffermöglichkeiten. Allerdings kann auch hier der Arm nicht ganz gestreckt werden, wenn die Spitze direkt auf den Gegner zeigen soll (Abb. 138).

Abb. 138

Abb. 139

Abgebildet:

Blatt XIr "Terzia Guardia" (Abb. 138) und Blatt XIVv "Quarta Guardia" (Abb. 139). Die "quarta Guardia" (= Quart) (D) zeigt die Haltung von Arm und Waffe in Supination (Handrücken nach unten). In dieser Haltung kann man den Arm zwar am weitesten strecken und am stärksten zustoßen, dies aber nur in der unteren Körperhälfte. Jede der vier Garden hat demnach ihre Vor- und Nachteile, und nur ihre vielfache Kombination und die Übergänge zwischen ihnen ermöglichen nach Agrippa ebenso natürliches wie rationelles Fechten. Agrippas System der vier Garden und der in ihnen möglichen Stöße wurde für die gesamte weitere Fechtgeschichte bis zum Beginn des 20. Jahrhunderts konstitutiv, als sich mit der Einführung der leichten Sportwaffen und dem so genannten orthopädischen Griff (ähnlich dem Griff einer Pistole) die physiologischen Bedingungen fechterischer Bewegungsabläufe grundlegend veränderten.

Die auf Agrippa zurückgehende italienische Schule wurde in den folgenden Jahrzehnten durch verschiedene Fechtmeister und deren Bücher in ganz Europa äußerst einflussreich und war besonders in Deutschland maßgeblich, so dass diese Phase der Fechtgeschichte "Zeitalter Agrippas" benannt wurde (Abb. 136).

Salvatore Fabri: Des Kunstreichen Fechtmeisters Salvatoris Fabri Italiänische Fechtkunst. Das ist: Gründeliche und außfürliche underrichtung von dem fechten: Wie man diselbe kunst auß iren rechten Fundamenten schöpffen/ und zu einer gewissen volkommenheit erlernen solle; Erstlich in Italiänischer sprache beschriben: Jetzet aber algemeyner Teutschen nation zu gefallen und nutze in unsere algemeyne Hochteutsche sprache vertolmetschet/ und in offentlichen druck verfärtiget, Leiden: Elzevier 1619.

HAB: 29 Geom. 2° (10)

32 SALVATORIS FABRI

aber der da verletzen wolte / nach dem er gepariret / derſelbige muſte die ſpitze etwas ſencken / mit brechung oder rumpiren des Rappirs / vnd hernacher mit einem hieb verletzen / oder mit einer ſchleuderung der ſpitzen. Dieweil aber dieſes verletzen mit zweyen tempi muß zugehen / wird es auch keinen ſonderlichen vortgang haben: Dann ſo viel das haupt anlanget / iſt genugſam defendiret / oder mit dieſer guardien / vnd mehr von auſſerhalb als innerhalb. Aber ich wil eine andere formiren / welche da viel ſicherer ſeyn wird / in welcher man den feind erwarten vnd auch begegnen kan: Dann mit dieſer guardien / wann ſich einer dem feind wolte zu näheren / oder gegen jhm gehen / wirdts gefährlich ſeyn: Dann alſo in dieſer guardien vnd läger des leibes vnd Rappires / muß man mehr achtung geben / wie man die menſur bricht / als etwas anders zu thun. I.

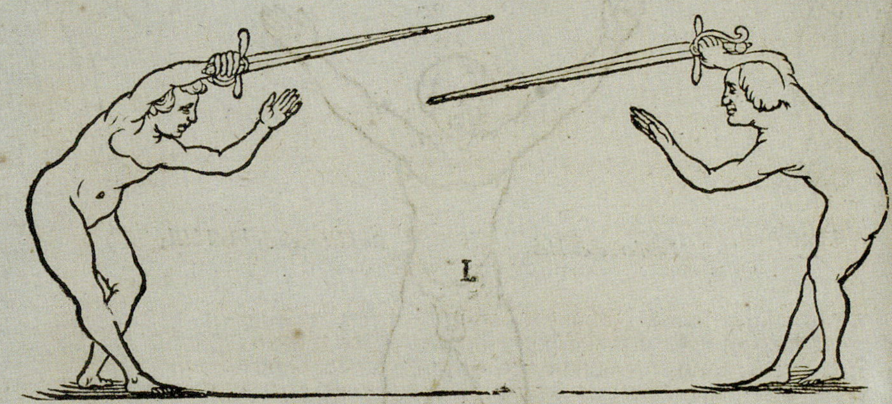

Auſzlegung der erſten guardien, vvol gelegert.

WAnn einer die erſte guardiam wil formiren / daß ſie wol ſtehe / ſo ſol man den leib lägeren ſampt dem Rappier / wie dich die nachfolgende figur zeyget / welche dann ſo eng gehet mit dem ſchritt ſampt dem gebogenen leib / vnd außgeſtrecktem Arm / vnd mit dem Rappier vor mit der ſpitzen / ſo gerade als man kan / dann von jhrer natur ſiehet ſie oder lencket ſich nach der erden zu / vnd das darumb / damit der feind nicht könne von oben zu kommen / welches dann / weil er das ſchwächeſte theil iſt / ſo iſt es auch von nöthen / daß man beſſer achtung darauff gibt / vnd in der beſchützung halte / vnd deßhalben muß man ſich auch in dem engen ſchritt halten / vnd den leib gekrümmet / auff daß die vnderen theil ſo weit ſeyn / daß ſie der feind nicht erreichen könne / ſo viel dann / er dringe / mit dem kopff biß an die halbe klinge / ſolcher gedachter erſten guardien / da das Rappier anders nichts zu thun hat / als das haupt zu beſchützen / vnd zum theil die bruſt / welche dann gar leichtlich kan beſchützet werden / dieweil die ſtärcke ſchon ſo weit hinvorn / daß ſich des feindes ſo weit nicht kan darvon verfernen / daß ſie nicht alzeit näher ſey der ſtärcke als dem leib: Sie iſt gut wider die hiebe / dann man kan ſich damit beſchützen / vnd darmit verletzen / ohne die hand vmb zu wenden / vnd dieſe were ſo gut als einige andere guardia der wappen / ſie ſey wie ſie wölle / wann ſie nicht ſo mühſam were wegen des Armes / welcher dann alſo auff ſolche weiſſe nicht lange kan dauren: Vnd mit dieſer form kan man dem feind begegnen / vnd jhm das Rappier beſchweren / ohne daß man die guardia endert / auch kan man ſich zu jhm nähern / auff daß man hernacher auſſerhalb des feindes klinge verletze oder darunder / ſo er cavirette mit bückung des leibes / den ſchritt kan man auch erweitteren / doch daß der Arm in derſelbigen defenſion bleibe / oder gehalten werde / vnd ſo baldt man verletzet / den ſchritt widerumb faſſen / vnd zum

Abb. 140

Aufgeschlagen:

Wir sehen die Abbildung (Abb. 140) der ersten Garde aus dem 1606 erschienenen Werk "De lo Schermo overe scienza d'arme" Salvatore Fabris (1544–1617), des Fechtmeisters des dänischen Königs Christian IV., in der besonders einflussreichen deutschen Übersetzung von 1619 (Abb. 141). Mit diesem Werk wurde Fabri der wichtigste Vermittler der italienischen Fechtkunst im frühneuzeitlichen Europa. Wir sehen einen Fechter (gleichzeitig von beiden Seiten), der soeben die Waffe gezogen hat und seinen Gegner mit zugewandter Spitze bedroht. Wie bei Agrippa dargestellt, soll in der ersten Garde nur ein kleiner Schritt gemacht werden, die Beine sind daher so gut wie geschlossen.

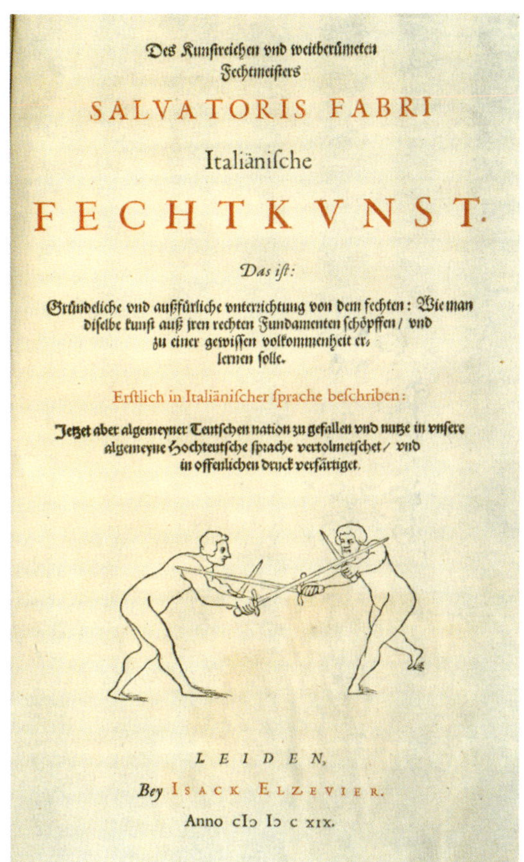

Des Kunſtreichen vnd weitberůmeten
Fechtmeiſters
SALVATORIS FABRI
Italiäniſche
FECHTKVNST.
Das iſt:
Gründeliche vnd außfürliche vnterrichtung von dem fechten: Wie man
diſelbe kunſt auß jren rechten Fundamenten ſchöpffen / vnd
zu einer gewiſſen volkommenheit er-
lernen ſolle.
Erſtlich in Italiäniſcher ſprache beſchriben:
Jetzet aber algemeyner Teutſchen nation zu gefallen vnd nutze in vnſere
algemeyne Hochteutſche ſprache vertolmetſchet / vnd
in offenlichen druck verfärtiget.

LEIDEN,
Bey ISACK ELZEVIER.
Anno cIↃ IↃ c xix.

Abb. 141

Abb. 142

Girard Thibault: Academie de l'Espée de Girard Thibault d'Anvers ou se demonstrent par Reigles mathematiques sur le

Seit der Rationalisierung des Fechtens durch Agrippa mehrten sich vor allem durch spanische und französische Fechtmeister im späten 16. und frühen 17. Jahrhundert die Versuche, das Fechten auf der Grundlage der Geometrie vollständig zu systematisieren. Dabei ging man von der Vorstellung aus, das Fechten müsse sich als Kombination von Bewegungsabläufen vergleichbar dem Tanz durch eine Art Choreographie vollständig erfassen und rationalisieren lassen. Den berühmtesten Versuch einer solchen vollständigen Geometrisierung des Fechtens stellt Girard Thibaults epochales Werk “Académie de l'Espée” von 1626 dar: ein enorm aufwendiges Subskriptionswerk in Großfolio für die königlichen und fürstlichen Häuser Europas, an dem Dutzende von Stechern und Graphikern jahrelang arbeiteten.[1] Wie schon die Zeitgenossen bemerkten, stand der finanzielle und typographische Aufwand dieses frühneuzeitlichen Prachtbandes jedoch in keinem Verhältnis zum fechterischen Ertrag, da die Qualität der Bilder durch den unsystematischen Text des Bandes konterkariert wurde.

Aufgeschlagen:

Tafel VIII zeigt ein für den Band typisches Bild (Abb. 142). Der Leser wird von den Figuren “Alexandre” und “Zacharie” durch die Welt des Fechtens geführt. Rechts unten sehen wir im Hintergrund links Zacharie mit einer geraden Halbterz angreifen, im vorderen Bild Alexandre rechts mit einer hohen Quart parieren: Er dreht die Hand in Quart und hebt gleichzeitig den Arm, um die gegnerische Spitze mit einem Sperrstoß von sich abzulenken und Zacharie zwischen den Augen zu treffen. Thibaults Darstellungen sind von kaum zu übertreffender Klarheit: Die vor Erfindung der Photographie kaum eindeutig darstellbaren Körperdrehungen und relativen Bewegungen der Fechter zueinander werden durch einen virtuellen Kompass (den “cercle mysterieux”) am Boden sichtbar gemacht. Erst mit Blick auf den Fechtboden erkennen wir, dass der parierende Fechter seinen linken Fuß

1 Vgl. dazu Sydney Anglo: The Martial Arts in Renaissance Europe, New Haven 2000, Kapitel 1.

um 45° nach außen (auf den Buchstaben "D") drehen musste, um seinen Oberkörper aus der Linie des Gegners bringen zu können, eine Aktion, die bei Thibault "Imbrocade" heißt.[2]

fondement d'un cercle mysterieux La Theorie et Pratique des vrais et iusque'a present incognus secrets Du Manierment des Armes A Pied et A Cheval,
Leiden: Elzevier 1628.

HAB: A. Bell. 2°

2 Nicht zu verwechseln mit der modernen "Imbroccata", einem Sperrgleitstoß in die Flanke.

[André Wernesson de Liancourt]: L'Maitre d'Armes ou l'exercisse de l'Épée dans sa perfection. Dédié à Monseigneur Le Duc de Bourgogne ..., par le Sieur De Liancourt. A Paris, Avec Privilege du Roi [...] M.DC.XCII.

HAB: Hn 157

Mit der Priorität von Stoß über Hieb veränderten sich auch die in Europa bevorzugten Waffen: Die aus Spanien kommende leichte "espada ropera", ein ("zum Mantel" getragenes) langes Schwert mit dünner, zweischneidiger Klinge wurde zum "Rapier", der in Europa zwischen 1550 und 1650 führenden Waffe. Als mit der Entwicklung der Fechtkunst überlange Klingen zur Distanzierung des Gegners nicht mehr nötig waren, wurde das auch bei Thibault noch vorausgesetzte Rapier seit ungefähr 1640 zunehmend durch eine einfacher zu handhabende kürzere Waffe ersetzt, den "l'épée courte" (engl. small sword; Degen). Die leichtere Handhabung ermöglichte schnellere und präzisere Bewegungen, erforderte aber auch andere Formen der Schulung. Als Übungswaffe der Degenschulung wurde um 1650 in Frankreich das Florett eingeführt, eine reine Stoßwaffe mit stumpfer Spitze (frz. fleuret, "Blüte" genannt), nach der diese Phase der Fechtgeschichte "Zeitalter des Fleuretismus" genannt wird.

Träger und Vermittler der Fechtkunst waren in Europa nicht mehr die alten Fechtergesellschaften, die gegen Ende des 17. Jahrhunderts aufhörten zu existieren, sondern zunehmend das territorialstaatliche Militär und die Höfe, die eigene Fechtmeister einstellten. In Frankreich kam es Anfang des 17. Jahrhunderts zur Gründung einer ersten königlichen Fechtakademie (vgl. den Titel von Thibaults Werk). Dort erschien auch eine Fülle von Fechtbüchern, die eine sich von der italienischen Schule emanzipierende eigene französische Fechttradition begründeten.

Das beliebteste und einflussreichste französische Fechtbuch des 17. Jahrhunderts war wegen seiner handlichen Größe, der knappen, klaren Darstellung, aber wohl auch wegen der dramatischen Ab-

Abb. 143: Le maitre d'armes: ou l'exercice de l'épée seule dans sa perfection/ Par le Sieur de Liancour. A Paris, et se vendent à Amsterdam chez Daniel de La Feuille 1692. Niedersächsische Staats- und Landesbibliothek Göttingen: 8° Ars mil. 1098/1.

Abb. 144

bildungen André de Liancourts "Maistre d'Armes" von 1692 (Abb. 143).

Aufgeschlagen:

Das Bild (Abb. 144) zeigt (wie Liancourt selbst zugibt mit einiger Freiheit) ganz links einen Fechter, der die so genannte "deutsche Garde" einnimmt, die Hand in hoher Primauslage, und (rechts daneben) mit einem Ausfall und einer kleinen Umgehung um die Klinge seines Gegners gleich darauf seinen Treffer setzt, während im Hintergrund eine Seeschlacht tobt. Tatsächlich verstand Liancourt, wie das Titelbild deutlich macht, sein Fechtbuch als Beitrag zur militärischen Schulung des französischen Adels (Abb. 143).

Abgebildet:

Titelkupfer.

54. Eine Neubegründung der Fechtkunst aus dem Geist der Aufklärung

Anton Friedrich Kahn: Anfangsgründe Der Fechtkunst nebst einer Vorrede Von dem Nutzen der Fechtkunst Und den Vorzügen dieser Anweisung herausgegeben von Anton Friedrich Kahn Fechtmeister auf der Georgius Augustus Universität zu Göttingen, Göttingen: Schultze 1739.

HAB: Hn 127

Im Reich waren seit Mitte des 17. Jahrhunderts die Universitäten, an denen nach dem Niedergang der Ritterakademien auch der Adel seine Ausbildung erhielt, zum wichtigsten Träger der Fechtkunst geworden. Aus der Universität Jena etwa ging im 17. und 18. Jahrhundert die äußerst einflussreiche Fechtmeisterdynastie der Kreußler hervor, die über Jahrzehnte die Fechtmeister an den wichtigsten deutschen Universitäten stellte und die italienische Schule Agrippas und Fabris vertrat. Eine kritische Neubegründung des Degenfechtens im Geiste der Aufklärung versuchte in Deutschland ein Schüler des letzten Kreußler, der Göttinger Universitätsfechtmeister Anton Friedrich Kahn (1713–1797) mit seinen 1739 erschienenen "Anfangsgründen der Fechtkunst", dem für lange Zeit einflussreichsten deutschen Fechtbuch (Abb. 134).

In seinem kritischen Fechtbuch machte sich Kahn (Abb. 145) daran, die verschiedenen europäischen Fechtweisen auf ihre tatsächliche Wirksamkeit hin zu überprüfen und entwickelte einen äußerst rationalen, pragmatischen und knappen Fechtstil, der für das Fechten in Deutschland lange Zeit verbindlich wurde (Abb. 133).

Aufgeschlagen:

Tab. I. Im Prinzip hat sich auch bei Kahn nichts an der seit Agrippa bekannten Einteilung in die vier Garden geändert. Als normale "Positur" schreibt Kahn allerdings die damals "moderne" Fechthaltung der französischen Schule vor: die Füße anderthalb Längen auseinander, beide Knie leicht gebeugt, die linke Hand vor

Abb. 145

dem Gesicht zur Parade und den Waffenarm in eine Position zwischen Terz und Quart gedreht.

Eine Kahnsche Besonderheit war die (im Vergleich etwa zu Agrippa) auffallend hoch gestoßene Quart. Diese für den Fechter ungewöhnlich anstrengende Haltung verdankte sich weniger der fechterischen Praxis als den Prinzipien, auf die Kahn seine Fechtlehre gründete. Kahn war davon überzeugt, dass das Fechten als Gewaltausübung im Sinne aufklärerischer Moral nur zur Selbstverteidigung bzw. zur Beendigung von Gewalttätigkeit legitim sei. Da bei jeder fechterischen Aktion deshalb die Defension Vorrang habe, müsse die Quart – der wichtigste und wirksamste Stoß – so hoch gestoßen werden, dass man selbst durch die Bindung der Klinge des Gegners geschützt sei, der Gegner aber ebenso sicher getroffen werden könne (Abb. 135).

Seit der Mitte des 18. Jahrhunderts führte man in Europa für das Militär den schweren Infanteriesäbel ein, und seit Ende des Jahrhunderts verboten zunehmend mehr Universitäten ihren Studenten das gefährliche Stoßfechten und führten stattdessen das ungefährliche Hiebfechten mit dem Säbel ein. Die Zeit des studentischen korporativen Fechtens begann, während die von Agrippa begründete frühneuzeitliche Tradition des Stoßfechtens abbrach und erst mit der Einführung des modernen Sportfechtens italienischen Stils seit ca. 1890 ihre historische Fortsetzung fand.

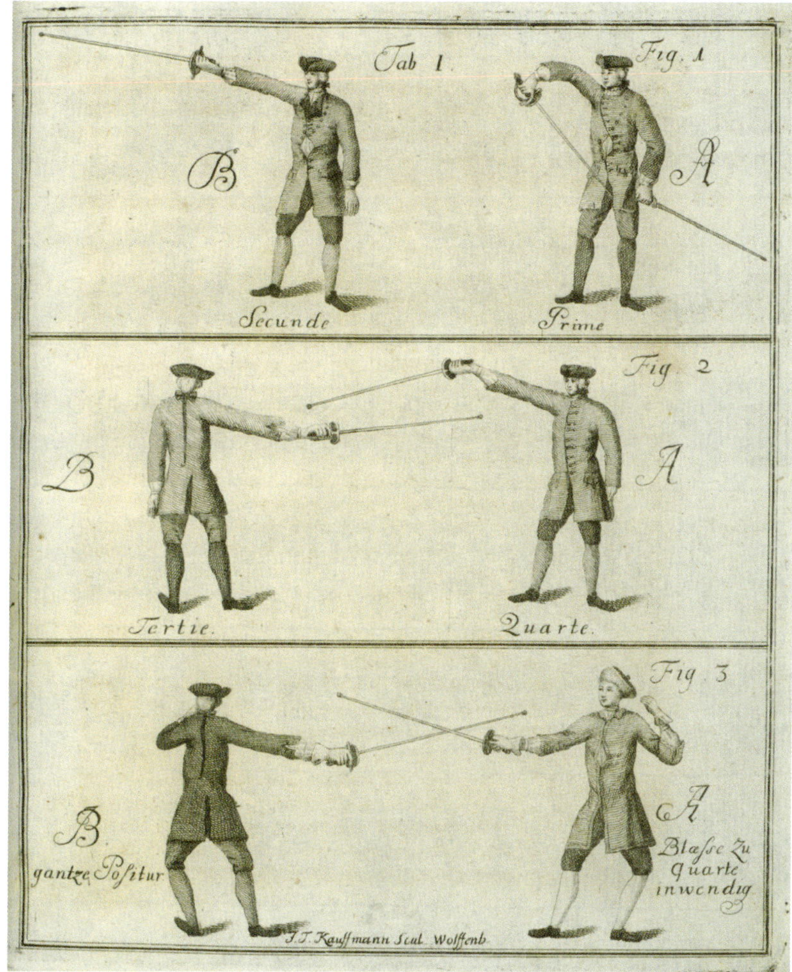

Abb. 133

Das *Jeu de la Paume*

Heiner Gillmeister

Das aus dem Norden Frankreichs stammende Spiel entstand vermutlich um die Mitte des 13. Jahrhunderts als eine Variante des mittelalterlichen Fußballspiels, die von Mönchen in der Abgeschiedenheit ihrer Klöster gespielt wurde. Austragungsort war der Kreuzgang, an den die Architektur des späteren Ballhauses (frz. *Jeu de Paume*) erinnert. Sie zeigt die für diesen charakteristische Säulengalerie mit Schrägdach, deren Öffnungen als Torersatz dienten, und verrät ihre Herkunft nicht zuletzt durch ein wichtiges Detail, die so genannte *grille* (aus lat. *craticula*), eine Öffnung in der Wand, die, wenn getroffen, dem *Paume*-Spieler Zusatzpunkte einbrachte. Im mittelalterlichen Kloster bezeichnete die *grille* das Sprechfenster, durch welches die Klosterinsassen mit der Außenwelt kommunizieren konnten.

Vom Fußballspiel abgeleitet, konnte im Spiel der Kleriker der Ball zunächst wohl auch mit dem Fuß weiterbefördert werden. Später aber durfte das Spielgerät, am Anfang eine mit Tierhaar ausgestopfte Lederhülle, wesentlich kleiner als der Fußball, nur noch mit dem Handteller (lat. *palma*, daraus frz. *paume*) fortgeprellt werden. Zugleich wurde das wüste Gekicke des Ahnen Fußball einer gestrengen Ordensregel unterworfen: Der Ball durfte nur im Fluge (lat. *e volatu*, daraus frz. *à la volée*, 'volley') oder nach dem ersten Ballsprung geschlagen werden. Traf er zum zweiten Mal auf den Boden auf, so trat eine besondere Regel in Kraft, die recht komplizierte sog. Schassenregel. Den Schmerz, den der harte Lederball seiner Handfläche zufügte, suchte der Paume-Spieler zunächst durch das Tragen eines Handschuhs zu lindern. Um das Jahr 1500 übernahm der mit Schafsdarm bespannte Schläger dessen Funktion. Einige Zeit vorher war bereits der Vorläufer eines die Spielfläche hälftenden Netzes erfunden worden. Dies war zunächst eine einfache, quer über den Court gespannte Schnur. Strittige Fälle, ob ein Ball dieselbe vorschriftsmäßig ober- oder verbotenermaßen unterhalb passiert hatte, waren häufig. Diesem Übel hatte man vor Einführung eines Netzes (18. Jahrhundert) durch das Anbringen von Fransen zu steuern versucht.

Vermutlich durch die Vermittlung adeliger Zöglinge, die ihre Erziehung im Kloster genossen hatten, fand das Spiel der Mönche bereits im 14. Jahrhundert das Interesse von Königen und anderen Fürstlichkeiten, die in ihren Residenzen Ballhäuser nach dem Vorbild der klösterlichen Anlagen errichteten. Diese waren zunächst nach oben offen, ab der zweiten Hälfte des 16. Jahrhunderts auch überdacht, was einen ganzjährigen Spielbetrieb erlaubte. In den Städten wurden daneben kommerzielle Ballhäuser zur Erbauung und Belustigung des vermögenden Bürgertums unterhalten.

Seine Blütezeit erlebte das Jeu de la Paume im 17. Jahrhundert, vor allem in Frankreich, aber auch in Deutschland, England, Italien und in den Niederlanden. Eine der

Bewegungskultur offenbar immer weniger zugeneigte Gesellschaft führte im 18. Jahrhundert den Niedergang des altehrwürdigen Spiels herbei. Heute fristet es in Großbritannien unter dem Namen Real Tennis, in den Vereinigten Staaten als Court Tennis und in Australien als Royal Tennis ein zwar elitäres, jedoch eher bescheidenes Dasein.

Hippolytus Guarinonius, *Die Grewel der Verwüstung Menschlichen Geschlechts: In sieben unterschiedliche Bücher und unmeidenliche Hauptstucken/ sampt einem lustigen Vortrab/ abgetheilt; Neben vor: mit: und nachgehenden/ so wol Natürlichen/ als Christlich: und Politischen/ darwider streittbaren Mittlen; Allen/ so wol Geist: als Weltlichen/ Gelehrt: und Ungelehrten/ hoch und nidern StandsPersonen/ überaus nutz und sehr notwendig/ wie auch* gar kurtzweilig zu lesen, Ingolstatt: Angermayr, 1610.

HAB: 25 Phys. 2°

Hippolytus Guarinonius (1571–1654) war der außereheliche Sohn des Arztes Bartholomäus Guarinoni. Nach in Trient verbrachter Kindheit kam er 1580 nach Wien, wo sein Vater inzwischen als Leibarzt Kaiser Rudolfs II. (1552–1612) wirkte. Es kam daher nicht von ungefähr, dass Hippolytus, der als Arzt in die Fußstapfen seines Vaters trat, sein über tausend Seiten starkes und zu großen Teilen Fragen der Medizin behandelndes Werk Kaiser Rudolf widmete. Im Alter von zwölf Jahren wurde Hippolytus nach Prag geschickt, wo er das Gymnasium der Jesuiten besuchte, denen er zeitlebens geistig verbunden blieb. 1594 schrieb er sich zum Studium der Medizin in Padua ein, wo er 1597 promovierte. Nach Praktikum im Trentino trat er 1598 die Stelle eines Stiftsarztes am königlichen Damenstift in Hall in Tirol an, seit 1601 war er dort außerdem Stadtphysikus und Salinenarzt und seit 1607 Leibarzt der im Damenstift wohnenden Erzherzoginnen Eleonore und Christierna. Als "Contagionsarzt" an der Seite des in Innsbruck tätigen Paul Weinhart bekämpfte er 1611–1612 die in Tirol wütende Pest. Ein Bergsteiger mit geradezu professionellem Zuschnitt war er zwischen 1610 und 1630 der Schöpfer des ersten in Österreich angelegten Herbariums. Der Mediziner versuchte sich auch als Architekt. Als solcher übernahm er die Planung der Kirche von Volders, die dem von ihm hoch verehrten heiligen Karl Borromäus gestiftet wurde. Deren Einweihung im Jahre 1654 erlebte er allerdings nicht mehr.

In seinem Werk führt Hippolytus die die Menschheit zugrunde richtenden Krankheiten (*Greuel*) vor allem auf deren lasterhaftes, gegen Gottes Gebote gerichtetes Leben zurück. Deren Heil dagegen liege allein in der Gottesfurcht. Das wird in einem vom Autor erfundenen Akrostichon deutlich, das er seinem Opus als Motto für ein gesundes Leben voranstellt.

G Gott
E Essen und trincken
S Schlaffen und wachen
O Oede oder Ringerung deß Uberfluß
N Nutzung oder Ubung deß Leibs
D Dauglich Lufft
T Trost deß Gemüths

Wenn man Gottes Gebote an die oberste Stelle stellt, so will der Haller Medikus sagen, dann ist die erste Voraussetzung dafür bereits erfüllt. Jedoch bedarf es noch weiterer Anstrengungen. Unter anderem müsse der Mensch noch seinen Körper üben, und dies tue er vorzüglich, indem er sich des Ballspiels befleißige.

Aufgeschlagen: Cap. 15. Von Sibenerley vnterschiedlichen förmb vnd Nutzbarkeiten des Pallnspiels (S. 1208–1210), Abb. 163 (S. 1209/10)

Als Arzt und Humanist beruft sich Hippolytus wie viele seiner Zeitgenossen auf Galen, der als Erster das Spiel mit dem kleinen Ball empfohlen habe. Das Spiel beanspruche einmal den ganzen Körper, ergötze zum anderen aber auch das Gemüt, und dies zumal, wenn die Spieler an Stelle eines Rackets sich eines Pantoffels, eines Schuhs, eines Bechers oder Glases bedienten, um den Ball hin und her zu schlagen. Es sei zudem ein Spiel für die Jugend, die adelige zumal, von vierzehn bis einunddreißig, weil in dieser Zeit der Leib am behändesten sei und die Gefahr gering, mit allzu großem Ehrgeiz oder um

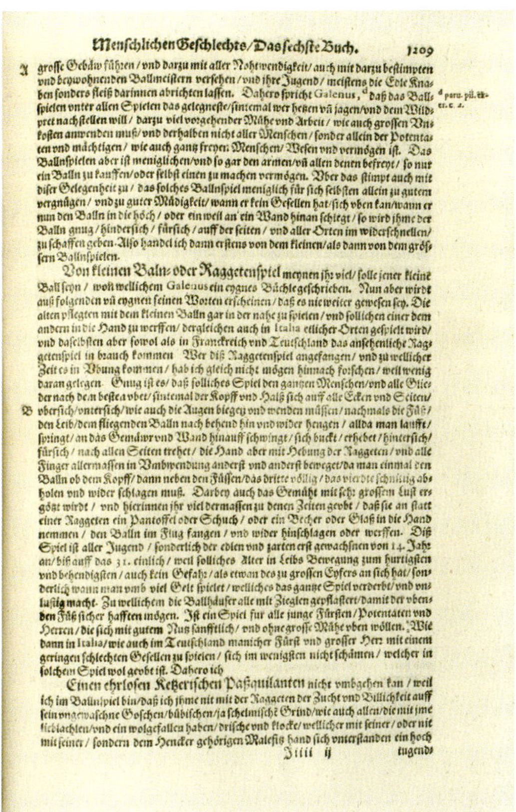

Abb. 163

einen hohen Geldbetrag zu spielen. Dann nämlich höre das Spiel auf lustig zu sein. Das Spiel mit dem kleinen Ball sei vorzüglich ein Spiel für Fürsten, Potentaten und adlige Herrschaften, deren Bestreben es sei, daraus zwar den größten Nutzen zu ziehen, ihre Übungen aber sanft und ohne große Mühe zu tätigen. Manchmal – hier erinnert sich der Autor an Beispiele aus Italien und Deutschland – spiele einer dieser hohen Herrn auch mit einem Burschen von niedrigem Stand, vorausgesetzt, dieser beherrsche das Spiel überdurchschnittlich gut. Angesichts solch bewiesener Großherzigkeit auf Seiten der Mächtigen gebe es dennoch gewisse Individuen, welche sich unterstünden, deren Vorliebe für das Ballhausspiel zu kritisieren, ja ihre Kritik sogar öffentlich zu machen. Einem besonders widerwärtigen Verleumder und Verfasser eines Flugblattes (Pasquillant), der es gewagt hatte, einen höchst tugendhaften Potentaten anzuschwärzen, weil der sich auf Anraten seiner Ärzte des Ballhausspiels befleißigt habe, hält er entgegen:

> solte vielleicht dieser Fürst sich mit fressen/sauffen vnd dergleichen Lastern/darin sich etlich andere Fürst/vnd der ehrvergessne Pasquilant selbsten dapffer an statt des Ballnspiel vben/gevbt haben?

Sicher nicht, meint der streitbare Hippolyt, und bietet dem Unverschämten zur Bekräftigung seiner Worte an, ihm mit der “Ragetten” eins “auff sein vngewaschene Goschen” zu geben.

56. Realistisches Bild eines überdachten zeitgenössischen Tenniscourts

Charles Hulpeau, *Le jeu royal de la paume*, Paris: Charles Hulpeau 1632.

Württembergische Landesbibliothek Stuttgart, 45/81147

Charles Hulpeau, Drucker der montaigneschen Essays, führte sein Geschäft hinter dem Pont Saint Michel am Eingang des Quai de Grands Augustins unter dem Zeichen des Heiligen Johannes, später in der Rue Royale-Saint-Louis. Sein Buch ist die Neuauflage einer Schrift des L. Forbet des Älteren, die 1599 in Paris unter dem Titel "L'Utilité qui provient du jeu de la paume au corps et à l'esprit" erschien. Von ihr unterscheidet sich Hulpeaus Ausgabe durch ein realistisches Titelbild eines überdachten zeitgenössischen Tenniscourts. Sein Schutzpatron hat Hulpeau allerdings nicht davor bewahrt, das berühmte Bild – ein Holzschnitt des Stechers und Malers Pierre Brebiette (1598?–1642) – spiegelverkehrt zu drucken, wie der in der rechten unteren Ecke spiegelverkehrt gedruckte Name des Künstlers beweist. Daher gewährt allein die Umkehrung des Bildes, bei welcher nunmehr der Titel in Spiegelschrift erscheint (unten), einen realistischen Eindruck vom Geschehen auf dem Tenniscourt (Abb. 164). Hulpeaus Werk, von dem nur zwei Exemplare erhalten sind, gehörte 2001–2002 zu den Exponaten einer Ausstellung, welche die Wiedereröffnung des Jeu de Paume in Fontainebleau begleitete.

Aufgeschlagen: Das spiegelverkehrt gedruckte Titelblatt (Abb. 165)

Brebiette, um 1598 in Mandres, einem Dorf südöstlich von Paris geboren, ging als Neunzehnjähriger zur Ausbildung nach Rom, von wo er 1625–1626 nach Frankreich zurückkehrte. Für den Drucker Hulpeau gestaltete er schon 1630 das Titelblatt zu dessen "Histoire de Naples et de Sicile". Ein Jahr später, Brebiette unterhielt inzwischen ein Atelier in der Rue de la Lanterne, schloss er mit demselben einen Kontrakt. Innerhalb nur eines Jahres verpflichtete er sich zur Lieferung von nicht weniger als achtzig Radierungen zu einer Geschichte Alexanders des Großen, ein Projekt, das sich offenbar später zerschlug. Zur selben Zeit entstand auch Brebiettes Titelblatt zu Hulpeaus "Le Ieu royale de la paume". Das Frontispiz zeigt, spiegelverkehrt, in der rechten unteren Ecke das Signet des Stechers "P[ierre] Brébiette FECIT 1632" (Abb. 166).

Die Satteldachkonstruktion des abgebildeten Jeu de Paume weist eine große Ähnlichkeit mit Heinrich Schickhardts etwa zeitgleicher Stuttgarter Ballhauszeichnung (1627) auf. Bauliche Einzelheiten sind die in die rechte Ecke der Rückwand eingelassene Grille (es fehlt dort der Tambour, ein die Bälle abfälschender Wandvorsprung) und in der entgegengesetzten Ecke das "Loch" (frz. *trou*, lat. *cuniculum*), das sich allerdings gewöhnlich in Bodennähe befand. Vorhänge am Obergaden der Quergalerie sollen störenden Lichteinfall verhindern, im Rücken der vorderen Spieler – es handelt sich um die aufschlagende Partei – befand sich wahrscheinlich eine offene Quergalerie, der sog. *dedans*. Links in der Mitte der Balustrade bemerkt der Betrachter eine Bank für den Markierer, dessen Aufgabe, die Stelle des zweiten Ballsprungs festzuhalten, durch den mit quadratischen Fliesen ausgelegten Boden erleichtert wurde. Den Court durchquert eine mit Fransen behängte Schnur, Vorläufer des Tennisnetzes. Wedelnde Fransen sollten einen unterhalb der Schnur platzierten und so-

Abb. 164

Abb. 165

mit ungültigen Schlag entlarven helfen. Die rechteckige Fläche unter der Schnurmitte ist die Abdeckung für einen Regenwasserabfluss, denn die Fensteröffnungen waren ohne Glas!. Das Bemerkenswerte an der dargestellten Spielszene ist der Rückhandschlag des im linken Vordergrund abgebildeten Spielers, der zu allem Überfluss ein Linkshänder ist. Dieser Schlag wurde im Jeu de la paume erst durch die Erfindung des Rackets möglich.

Das Datum des Hulpeauschen Druckes (1632) und die Tatsache, dass Hulpeau seinem Spiel das Epitheton "königlich" (royal) verlieh, gibt zu der Vermutung Anlass, es könnte sich bei dem abgebil-

Abb. 166

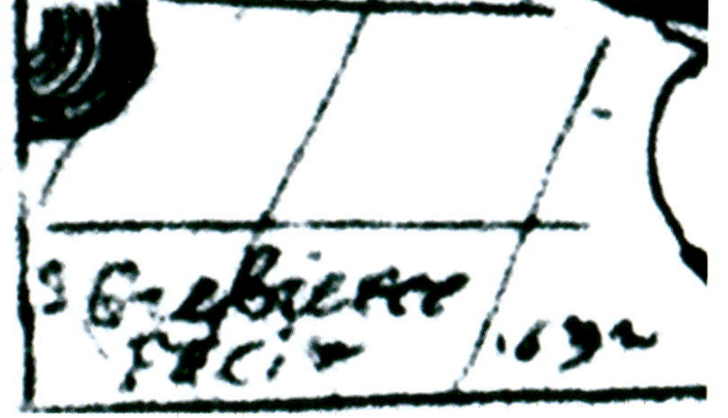

deten Ballhaus um das kurz zuvor (um 1630) zu Versailles neu errichtete Jeu de Paume Ludwigs XIII. handeln. Dies zumal, als sich der Künstler Brebiette später *peintre du roi* ("pictor regius") genannt hat. Im Jahre 1629 hatte der Architekt Philibert Le Roy die Unterschriften verschiedener Unternehmer zum Bau eines Ballhauses und der daran angrenzenden Wohnung des Ballmeisters eingeholt, das seine Majestät in Versailles in der Nähe seines Schlosses zu errichten beabsichtigte. Hier trifft es sich, dass seit 2006 durch das Institut national de recherches archéologiques préventives unter der wissenschaftlichen Leitung von Jean-Yves Dufour umfangreiche Ausgrabungsarbeiten im Hof der Wirtschaftsgebäude (Grand Commun) von Versailles durchgeführt werden, welche die Grundmauern des königlichen Ballhauses zutage förderten. Die Ergebnisse der Untersuchungen gestatten einen interessanten Vergleich mit dem im vorigen über das Stuttgarter Ballhaus Gesagten. Das Jeu de paume Ludwigs XIII. lag hinter der Wohnung des Schlossgeistlichen (presbytère). Das stattliche Gebäude ruhte auf 1,39 m starken Außenmauern, war 33 m lang und 14 m breit und damit größer als das Stuttgarter (27,17 m mal 10,87 m). Nachgewiesen wurden drei Galerien, es handelte sich folglich – im Gegensatz zum Stuttgarter Modell – um ein Ballhaus mit dedans (jeu à dedans), einer Torgalerie im Rücken der Aufschlagpartei. Der ursprüngliche Boden bestand aus Terrakotta-Fliesen, die später durch Steinfliesen in den Abmessungen 28 mal 30 oder 32 cm ersetzt wurden. Der [unter der Längsgalerie] entlang führende Zugangsflur besaß einen Boden aus sechseckigen Fliesen. Weitere Fundamente, Fußböden und das Vorhandensein eines Abortes scheinen Überreste der Ballmeisterbehausung zu sein, und weitere Ausgrabungen an dieser Stelle könnten Werkzeuge desselben und Materialreste von Bällen und Schlägern ans Licht bringen.

Aufgeschlagen: Van Afferdens Kapitel über das Ballspiel (Pila Palmaria) in deutscher Übersetzung (S. 117–118), Abb. 167.

Nach Ausweis seines Namens wurde der Humanist Petrus Apherdianus um das Jahr 1510 in dem Flecken Afferden in der niederländischen Provinz Nord-Limburg geboren. Über Pieters Jugend und Werdegang ist nichts bekannt. Erst seit Beginn der 1540er Jahre ist er als Rektor der Lateinschule in Harderwijk nachgewiesen. Spätestens 1555 war er zum Pro-Rektor der Grote Latijnse School in Amsterdam aufgestiegen, und als diese 1562 zweigeteilt wurde, machte man ihn zum Rektor des einen, allerdings weniger lukrativen Teils. Das Rektorat des anderen fiel ihm dennoch fünf Jahre später zu, und in die-

Petrus Apherdianus, *Tyrocinium Latinae linguae ex optimis quibisdam auctoribus collectum* […], Köln: Gymnich 1581.

HAB: 367.2 Quod. (3).

Abb. 167

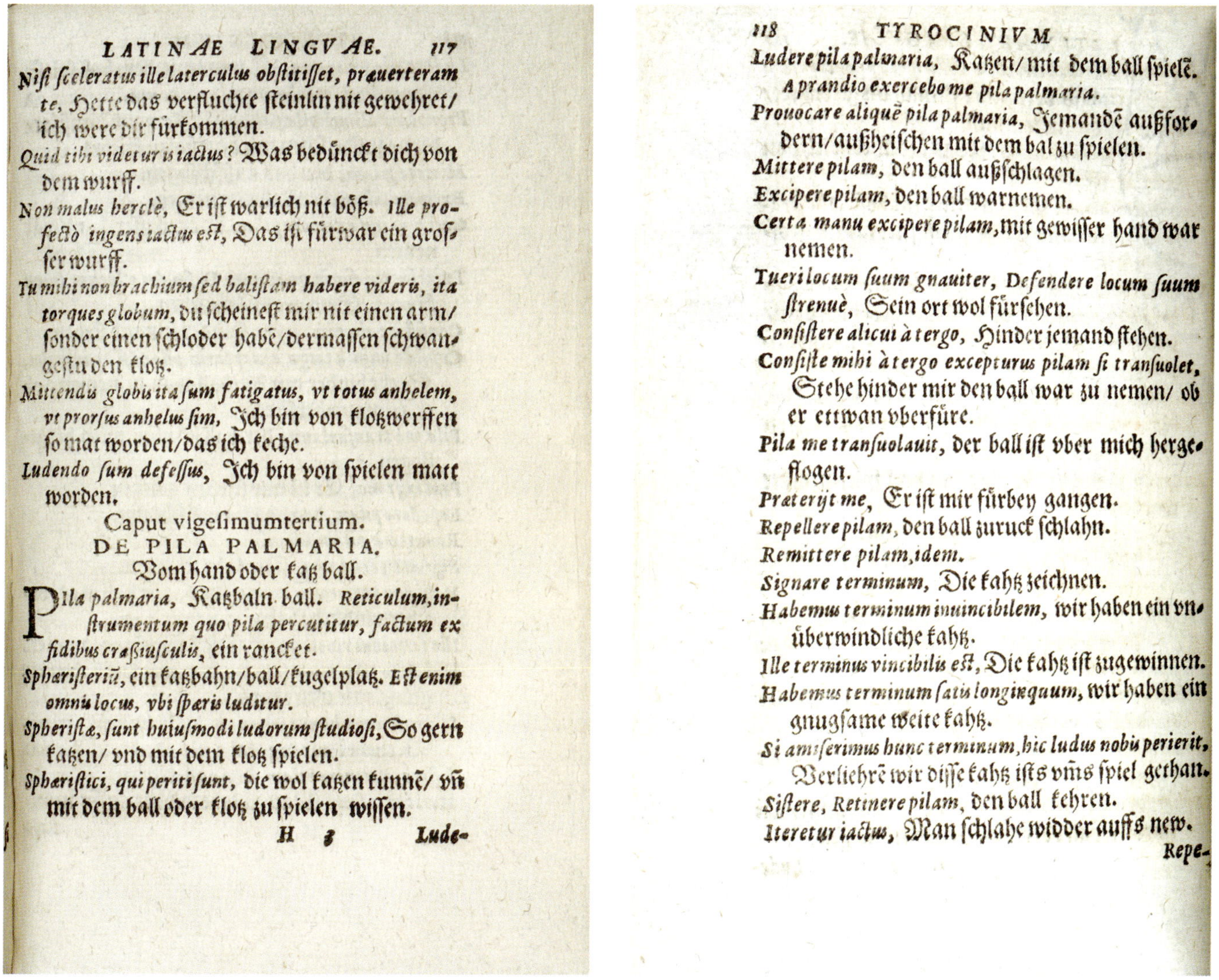

LATINAE LINGVAE. 117

Niſi ſceleratus ille laterculus obſtitiſſet, præuerteram te, Hette das verfluchte ſteinlin nit gewehret/ ich were dir fürkommen.

Quid tibi videtur is iactus? Was bedünckt dich von dem wurff.

Non malus herclè, Er iſt warlich nit böß. *Ille profectò ingens iactus eſt*, Das iſt fürwar ein groſſer wurff.

Tu mihi non brachium ſed baliſtam habere videris, ita torques globum, du ſcheineſt mir nit einen arm/ ſonder einen ſchloder habẽ/dermaſſen ſchwangeſtu den kloß.

Mittendis globis ita ſum fatigatus, vt totus anhelem, vt prorſus anhelus ſim, Ich bin von kloßwerffen ſo mat worden/das ich keche.

Ludendo ſum defeſſus, Ich bin von ſpielen matt worden.

Caput vigeſimumtertium.

DE PILA PALMARIA.

Vom hand oder katz ball.

Pila palmaria, Katzbaln ball. *Reticulum, inſtrumentum quo pila percutitur, factum ex fidibus craßiuſculis*, ein rancket.

Sphæriſteriũ, ein katzbahn/ball/kugelplatz. *Eſt enim omnis locus, vbi ſpæris luditur.*

Spheriſtæ, ſunt huiuſmodi ludorum ſtudioſi, So gern katzen/ vnd mit dem kloß ſpielen.

Sphæriſtici, qui periti ſunt, die wol katzen kunnẽ/ vñ mit dem ball oder kloß zu ſpielen wiſſen.

H 3 Lude-

118 TYROCINIVM

Ludere pila palmaria, Katzen/ mit dem ball ſpielẽ. *A prandio exercebo me pila palmaria.*

Prouocare aliquẽ pila palmaria, Jemandẽ außfordern/außheiſchen mit dem bal zu ſpielen.

Mittere pilam, den ball außſchlagen.

Excipere pilam, den ball warnemen.

Certa manu excipere pilam, mit gewiſſer hand war nemen.

Tueri locum ſuum gnauiter, Defendere locum ſuum ſtrenuè, Sein ort wol fürſehen.

Conſiſtere alicui à tergo, Hinder jemand ſtehen.

Conſiſte mihi à tergo excepturus pilam ſi tranſuolet, Stehe hinder mir den ball war zu nemen/ ob er ettwan vberfüre.

Pila me tranſuolauit, der ball iſt vber mich hergeflogen.

Præterijt me, Er iſt mir fürbey gangen.

Repellere pilam, den ball zuruck ſchlahn.

Remittere pilam, idem.

Signare terminum, Die kahtz zeichnen.

Habemus terminum inuincibilem, wir haben ein vnüberwindliche kahtz.

Ille terminus vincibilis eſt, Die kahtz iſt zugewinnen.

Habemus terminum ſatis longinquum, wir haben ein gnugſame weite kahtz.

Si amiſerimus hunc terminum, hic ludus nobis perierit, Verliehrẽ wir diſſe kahtz iſts vns ſpiel gethan.

Siſtere, Retinere pilam, den ball kehren.

Iteretur iactus, Man ſchlahe widder auffs new.

Repe-

sem Amt verblieb er bis 1578, dem Jahr, in welchem im nunmehr protestantischen Amsterdam alle Katholiken aus ihren Stellungen vertrieben wurden. Daher musste sich der alte Schulmeister bis zu seinem Tode mehr schlecht als recht mit Privatstunden durchs Leben schlagen. Er starb 1580.

Wie in seiner Zeit üblich, stellte Pieter seinem Werk eine Widmung voran. Sie ist im Mendikantenkloster Sankt Gregor in Harderwijk abgefasst und trägt das Datum vom 23. Juli des Jahres 1545. Es ist dies der Terminus ad quem, bis zu dem der Autor das von ihm beschriebene Spiel in seinem Teil der Niederlande – der Region südlich des Ijsselmeeres – beobachtet haben muss.

Apherdianus hat seine Lateinfibel in einzelne Kapitel eingeteilt, in denen er seine Personen nach dem Vorbild der *Colloquia familiaria* seines berühmten Landsmanns Erasmus lateinische Dialoge führen lässt, denen Übersetzungen in seine niederländische Muttersprache gegenübergestellt sind. Einer dieser Dialoge trägt die Überschrift "De pila palmaria", 'vom Handballspiel'.

Das Tyrocinium scheint sich einer ungemein großen Beliebtheit erfreut zu haben. Zwischen 1545 und 1653 erlebte es nicht weniger als achtzehn Auflagen. Acht davon erschienen in Antwerpen, fünf in Amsterdam, aber schon die erste, von der leider kein einziges Exemplar erhalten geblieben ist, wurde im Druckhaus Gymnich im rheinischen Köln gedruckt, das in jener Zeit häufig Verlagsort für literarische Erzeugnisse aus den Niederlanden war. 1575 erschien durch denselben Drucker, der sein Geschäft unter dem Zeichen des Einhorns führte, die erste Ausgabe einer deutschen Übersetzung.

Johann Amos Comenius, wie er mit seinem Humanistennamen genannt wurde, erblickte als Jan Komensky 1592 im mährischen Niwnitz (Nivnice) das Licht der Welt. Seine Studienzeit verbrachte er in Deutschland, wo er von 1611–1613 die universitätsähnliche "Hohe Schule" im damals nassauischen (heute Hessen) Städtchen Herborn im Westerwald besuchte. Nach seiner Ordination zum Priester der Böhmischen Brüder (später deren Bischof und Leiter ihres Schulwesens) wirkte er als Pfarrer im böhmischen Fulnek und führte, nach seiner Vertreibung aus Böhmen, ein unstetes Wanderleben (Aufenthalte in England, den Niederlanden und Schweden), bevor er 1656 in Amsterdam Zuflucht fand. Dort starb er am 15. November 1670.

Sein *Orbis Sensualium Pictus* (etwa: bebilderter Erdkreis der sinnlich wahrnehmbaren Dinge) entstand in den Jahren 1653–1654. 1658 in Nürnberg gedruckt, stellt das Werk das erste europäische Schulbuch dar, ein Lehrmedium mit Texten und Bildern (Illustrationen in Holzschnitten). Dem *Orbis pictus* liegt ein Lehrplan zugrunde: die Vermittlung des Aufbaus und Funktionierens der Welt. Von Gott ausgehend führen die Alltagsgeschäfte der Menschen am Ende wieder zu Gott.

Johannes Amos Comenius, Orbis Sensualium Pictus. Hoc est, Omnium fundamentalium in Mundo Rerum & in Vitâ Actionum Pictura & Nomenclatura = Die sichtbare Welt, Das ist, Aller vornemsten Welt-Dinge und Lebens-Verrichtungen Vorbildung und Benahmung, Noribergae, M. Endter 1658.

HAB: 47.7 Eth. (a)

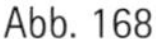

Abb. 168

Zu den Alltagsgeschäften der Menschen gehört auch das Spiel, und Comenius hat in seinem nach didaktischen Grundsätzen erstellten Werk auch ein Kapitel zwei Ballspielen reserviert: dem Tennisspiel und dem aus Italien stammenden Pallone. Beide, ein indoor game das eine, ein outdoor game das andere, gehörten vorzüglich zur Freizeitgestaltung der besseren Kreise und des Adels. Im Bestreben, sie in einem Bilde zu vereinigen, hat Comenius bei seiner bildlichen Darstellung auf einen Mitspieler verzichtet, der im Jeu de la Paume völlig unverzichtbar war: die durchgezogene Wand! Seine Säulenkonstruktion gestattet zwar einen Blick ins Freie auf die einen luftgefüllten Ball (4) umherwuchtenden Pallone-Spieler, hätte aber auch dem kleinen Tennisball (2) erlaubt, dorthin zu entweichen anstatt, wie im Tennisspiel der Zeit erforderlich, in das Spielfeld zurückzuprallen. Auch sonst nimmt es der gelehrte Autor mit seinen Spielen nicht so genau. Die bis auf den Boden durchhängende Netzschnur (die man um diese Zeit zumindest mit Fransen versehen hätte) ist spieltechnisch ein Witz, und der füllige Pallone-Ball wurde nicht mit der Faust (pugno), sondern – wie im Bilde deutlich sichtbar – mit einem hölzernen Armschutz (bracchiale) durch die Luft katapultiert.

Aufgeschlagen: CXXXIII. Ludus Pilae. Das Ballspiel (S. 270/271), Abb. 168

Die Spielbeschreibungen sind, wie in dieser Zeit für einen gelehrten Autor nicht anders zu erwarten, zunächst in Latein abgefasst. Dem lateinischen Text wurde sodann eine volkssprachliche Übersetzung – in diesem Falle in deutscher Sprache – an die Seite gestellt. Hier wird das Bemühen des berühmten Didaktikers deutlich, Wissen auch in den unteren Schichten der Gesellschaft zu verbreiten.

Stammbuch des Fürsten Albrecht Ernst I. von Oettingen (1642–1683). 17. Jahrhundert (1655–1657). Papier, einige Perg.-Bll. 249 Bl., 9,5 x13 cm

Cod. Guelf. 234 Blank., fol. 134v

Im 17. Jahrhundert war das Jeu de la Paume auch Lieblingsbeschäftigung von Studenten und Zöglingen der Ritterakademien. Dies ist der Grund für die fast ausschließliche Darstellung von Ballhausszenen im Genre des Stammbuches (lat. liber amicorum). Das vorliegende Blatt zeigt vermutlich ein Spiel in der niederländischen Universitätsstadt Leiden.

Aufgeschlagen: Das Blatt vom 14. Mai 1657, Abb. 161

Das Stammbuch stellte eine Sammlung oft kunstvoll gestalteter Einzelblätter dar, die seinem Besitzer im Laufe seines Studentenlebens von Kommilitonen gewidmet worden waren. Die Blätter existierten entweder in gedruckter Form oder wurden bei Künstlern in Auftrag gegeben, welche sich auf ihre Herstellung spezialisiert hatten. Sujet des Blattes war nicht selten eine Leidenschaft wie etwa das Ballspiel, welcher sowohl der Schenkende als auch der Beschenkte frönten. Die Darstellung war oft farbig, Deck- oder Wasserfarben, und in letzterem Falle mit Eiweiß haltbar gemacht. Mit dem Wappen des meist adeligen Schenkenden verziert und einem Sinnspruch (memorabilia) versehen, diente sie vornehmlich als Abschieds- oder, wie im vorliegenden Falle, wohl auch als Geburtstagsgeschenk. Allgemein gilt das Stammbuch als ein Vorläufer des Poesiealbums.

Albrecht Ernst I. Fürst zu Oettingen-Oettingen, der Eigner des Wolfenbütteler Stammbuchs, war der Sohn des Grafen Joachim Ernst zu Oettingen-Oettingen und der Anna-Dorothea zu Hohenlohe-Neuenstein. Im zarten Alter von fünfzehn Jahren hatte er sich als Albertus Ernestus Ottingensis zusammen mit seinem älteren Bruder Kraft Ludwig am 5. Oktober 1656 an der Universität Leiden immatrikuliert, wohl nicht zuletzt, weil sich die zu Oettingen zum Protestantismus bekannten. Wenige Monate zuvor, am 13. Juni, hatte sich ein anderer junger Mann von Adel, Chr. Ludwig von Scherffenberg, eingeschrieben. Er und der jüngere der Oettinger Grafensöhne hatten offenbar schon bald Freundschaft geschlossen. Davon zeugt das vorliegende Blatt mit seiner Darstellung eines Ballhauses, das Scherffenberg seinem Kommilitonen an dessen Geburtstag, dem 14. Mai 1657, zueignete.[1] Der nur ein Jahr jüngere Kraft Ludwig, der Erstgeborene, starb bereits im Jahre 1660, so dass, als das gräfliche Geschlecht der Oettinger 1674 gefürstet wurde, Ernst Albrecht den Titel erhielt. Mit dem Tode seines Sohnes, des Fürsten Albrecht Ernst II., starb die Linie des Hauses Oettingen-Oettingen aus. Die Blankenburger Handschriften [Cod(ices) Blank(enburgenses)], zu denen auch das Stammbuch des Fürsten Albrecht Ernst I. gehört, gehen auf eine Sammlung des Herzogs Ludwig Rudolf von Braunschweig-Lüneburg (1671–1735) zurück, die dieser auf seinem Schloss Blankenburg/Harz zusammengetragen hat. Die Sammlung wurde 1752/1753 nach Wolfenbüttel überführt.[2]

Das in dem naiven Bilde dargestellte und von Leidener Studenten frequentierte Ballhaus war vermutlich das nur wenige hundert Meter vom Gebäude der Leidener Akademie entfernt in der Noordeinde genannten Straße bei der so genannten Rapenburg gelegene. Es hatte im Jahre

1 Die latinisierte Namenform des älteren Oettinger lautete Crato Ludovicus. Freundliche Auskunft James ter Beek, Universitätsbibliothek Leiden.

2 Verzeichnung: Hans Butzmann, Die Blankenburger Handschriften, Frankfurt a. M. 1966 (Kataloge 11).

Abb. 169

1603 ein Dach erhalten und war in weit realistischerer Form schon 1612 in einem Stich festgehalten worden, den Crispijn de Passe seiner Darstellung des Leidener Studentenlebens, der *Academia sive speculum vitae scholasticae*, einverleibte (Abb. 169).

Die Memorabilia dieser Darstellung lauten ins Deutsche übertragen: Die netzbespannten Schläger, die den kleinen Ball hin und her fliegen lassen, üben des Jünglings Körper und seinen Geist, denn der Ball gibt dem kranken Körper neue Kraft, während gelähmt wird der Geist, überbürdet durch des Studiums Fleiß.[3]

3 Quelle: Crispijn van de Passe (1565–1637), *Academia, sive Speculum vitae scolasticae* [...] *Traiecti Batavorum. Ex officina chalcogr. Crispiani Passaei, prostant apud Joannem Jansonium. bibliopol Arnhemii*, 1612. Wiederverwendet durch Jacob von der Heyden (c. 1570–1637) in *Speculum Cornelianum* [...] *Jetzt auffs newe mit vielen* [...] *Kupferstücken* [...] *an Tag geben*, Strasbourg, 1618, [4]. Deutsche Staatsbibliothek, Signatur qu.40 Nv 8070. Bildarchiv Preussischer Kulturbesitz, Märkisches Ufer 16–18, D-10179 Berlin.

Von Johann Georg Benders *Kurzem Unterricht*, dem ersten Tennis-Lehrbuch in deutscher Sprache, sind lediglich vier Exemplare erhalten geblieben, heute wohl behütete Schätze der Bibliotheken von Ansbach, Erlangen-Nürnberg, Göttingen und Hannover. Über die näheren Lebensumstände Benders, der sich selbst auf dem Titelblatt und am Ende seiner Vorrede "Ballenmeister in Nürnberg" nennt, ist nichts weiter bekannt geworden. In seinem Büchlein ist Bender der zuerst 1592 erschienenen und 1599 von Forbet nachgedruckten *Ordonnance du Royal et honorable Jeu de la Paume* [...] *contenant vingt-quatre articles* verpflichtet. Über seine Wirkungsstätte, das Nürnberger Ballhaus, erhalten wir einen Hinweis in Christian Conrad Nopitschs "Wegweiser für Fremde in Nürnberg, oder topographische Beschreibung der Reichsstadt Nürnberg nach ihren Plätzen, Märkten, Gassen, Gäßchen, Höfen, geist- und weltlichen öffentlichen Gebäuden" von 1801 (Nachdruck 1992). Dort heißt es: Das "Ballhaus, das ehemalige, war beim Wöhrderthörlein auf der linken Seite, wenn man hinausgeht, und auch der Ballhof dabei." Eine Stadtansicht, in dankenswerter Weise dem Nachdruck des Nopitschen Werkes beigegeben, beweist, dass das (?Bendersche) Jeu de Paume mindestens seit der Mitte des 17. Jahrhunderts Bestand gehabt hat.

Aufgeschlagen: Benders Vorrede zu seinem dem Nürnberger Kaufmann Georg Winter gewidmeten Traktat über das "Ballenspiel" (1680), Abb. 170

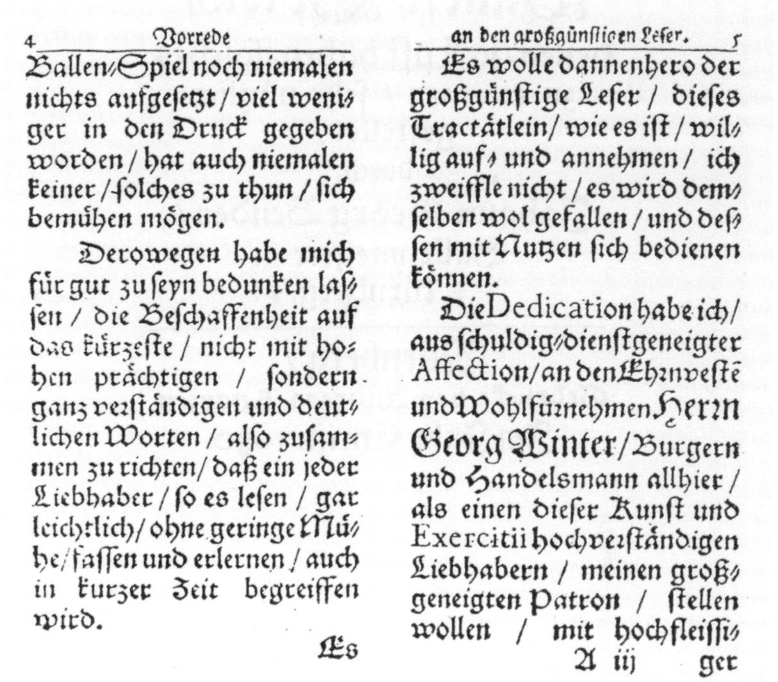

4 Vorrede

Ballen-Spiel noch niemalen nichts aufgeſetzt / viel weniger in den Druck gegeben worden / hat auch niemalen keiner /ſolches zu thun / ſich bemühen mögen.

Derowegen habe mich für gut zu ſeyn bedunken laſſen / die Beſchaffenheit auf das kürzeſte / nicht mit hohen prächtigen / ſondern ganz verſtändigen und deutlichen Worten / alſo zuſammen zu richten / daß ein jeder Liebhaber / ſo es leſen / gar leichtlich / ohne geringe Mühe / faſſen und erlernen / auch in kurzer Zeit begreiffen wird.

Es

an den großgünſtigen Leſer. 5

Es wolle dannenhero der großgünſtige Leſer / dieſes Tractätlein / wie es iſt / willig auf- und annehmen / ich zweiffle nicht / es wird demſelben wol gefallen / und deſſen mit Nutzen ſich bedienen können.

Die Dedication habe ich / aus ſchuldig-dienſtgeneigter Affection / an den Ehrnveſtẽ und Wohlfürnehmen Herrn Georg Winter / Burgern und Handelsmann allhier / als einen dieſer Kunſt und Exercitii hochverſtändigen Liebhabern / meinen großgeneigten Patron / ſtellen wollen / mit hochfleiſſi-

A iij ger

Abb. 170

In seiner "Vorrede an den großgünstigen Leser" widmet der Ballmeister sein Werk dem ehrenfesten und wohlfürnehmen Nürnberger Bürger und Handelsmann Georg Winter (1633–1691) und behauptet mit einigem Selbstbewusstsein, dass seine Leser durch seine Lektüre das *Jeu de la paume* "gar leichtlich / ohne geringe Mühe / fassen und erlernen / auch in kurzer Zeit begreiffen" könnten.

Johann Georg Bender, Kurzer Unterricht deß lobwürdigen, von vielen hohen Stands-Personen beliebten Exercitii deß Ballen-Spiels [...], Nürnberg: Andreas Knorz 1680.

Gottfried Wilhelm Leibniz-Bibliothek Niedersächsische Landesbibliothek Hannover, Sign.: J-A 9

Schwimmtraktate der Frühen Neuzeit

Rebekka von Mallinckrodt

Wir wissen kaum etwas über Schwimmfertigkeiten in der Frühen Neuzeit. Fast ebenso häufig, wie ihr Mangel beklagt wird, finden sich Quellen, die beiläufig über professionelle Schwimmer oder Taucher, volkstümliche Bade- und Schwimmvergnügen oder über besonders beeindruckende Schwimmleistungen berichten. Fest steht nur: Schwimmkenntnisse waren während der gesamten Frühen Neuzeit keineswegs selbstverständlich. Sie waren aber auch nicht so ungewöhnlich, wie eine aufklärerische Literatur seit dem Ende des 18. Jahrhunderts suggerierte. Dagegen sprechen schon die seit dem 16. Jahrhundert überlieferten Schwimmtraktate, von denen einige im Folgenden vorgestellt werden sollen. Allerdings mehren sich die Publikationen zum Thema erst ab dem letzten Drittel des 18. Jahrhunderts. Neben einem volksaufklärerischen Impetus kann man hierin den Versuch sehen, eine Praxis, die bis dahin vornehmlich als Vergnügen der unteren Stände, als Fertigkeit der Matrosen und – wie durch Reiseberichte überliefert – der außereuropäischen Völker galt, durch Verschriftlichung bzw. Verwissenschaftlichung aufzuwerten und damit auch für die gehobenen Stände Europas attraktiv zu machen. Die Schwimmtraktate boten hierfür einen neuen Interpretationsrahmen, indem sie die Nützlichkeit des Schwimmens zur Lebensrettung, aber auch zur Körperertüchtigung betonten. Diese Aspekte wurden umso stärker hervorgehoben, je problematischer Autoren des 18. Jahrhunderts der sinnliche Charakter des Schwimmens erschien. Zeigten frühe Schwimmtraktate des 16. und 17. Jahrhunderts durchaus noch nackt badende Menschen, so unterstrichen die Autoren des späten 18. Jahrhunderts die Notwendigkeit von Schwimmkleidern. Auch Bewegungsideale veränderten sich: Vorstellungen von Zierlichkeit und Artistik machten im 18. Jahrhundert utilitaristischen Leitbildern Platz: Der Schwimmer sollte sich möglichst vielseitig, den Verhältnissen angepasst und kräftesparend bewegen können. Schnelligkeit spielte hingegen in keinem der frühneuzeitlichen Traktate eine tragende Rolle. Dies sollte sich erst mit der Einführung des Schwimmsports im 19. Jahrhundert ändern.

Nicolaus Wynmann: Colymbetes, Sive De Arte Natandi, Augsburg 1538.

HAB: 379 Quod. (7)

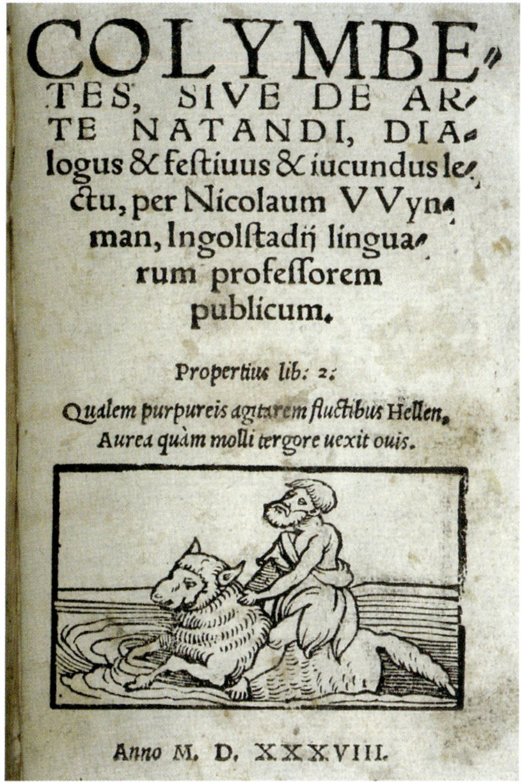
COLYMBETES, SIVE DE ARTE NATANDI, DIAlogus & festiuus & iucundus lectu, per Nicolaum VVynman, Ingolstadij linguarum professorem publicum.

Propertius lib: 2:

Qualem purpureis agitarem fluctibus Hellen, Aurea quàm molli tergore uexit ouis.

Anno M. D. XXXVIII.

Abb. 176

Aufgeschlagen:

Titelblatt (Abb. 176). Der deutschsprachige Schweizer Nikolaus Weinmann war als Professor der alten Sprachen an der Universität Ingolstadt tätig. Auf den ersten Blick erscheint sein "Colymbetes" (griech. für der Schwimmer/Taucher) als ein typisches Produkt humanistischer Gelehrsamkeit: Durch die Widmung an Johann Georg Paumgartner, den Sohn des Erasmus-Freundes Johann Paumgartner, ist es nicht nur sozial in humanistischen Kreisen zu verorten, sondern stellt durch das Zitat aus dem zweiten Buch der Elegien des Properz (2.26, 5–6) und die Titelvignette auch inhaltlich Bezüge zur griechischen Mythologie her: Gezeigt wird Phrixos, der vom fliegenden und sprechenden Widder Chrysomeles auf der Flucht vor seiner Stiefmutter Ino gerettet wird. Seine Zwillingsschwester Helle stürzte hingegen ins Meer, welches daher bis heute ihren Namen trägt: Hellespont. Das Properzzitat (übersetzt: "wie die von den purpurnen Fluten getriebene Helle, die zuvor der Widder mit seinem Goldenen Vlies auf weichem Rücken trug.")[1] verweist auf die nicht abgebildete Helle und damit zugleich auf die Gefahr des Ertrinkens, die den in der Schwimmkunst Unerfahrenen droht.

Tatsächlich geht der Text weit über eine rein literarisch vermittelte Antikenrezeption hinaus und gilt zu Recht als erstes europäisches Schwimmlehrbuch. In dialogischer Form gibt der Autor Anleitung zu einer Reihe von spezifischen Schwimmtechniken (Brust- und Rückenschwimmen, Wassertreten, "wie ein Hund schwimmen" oder "toter Mann spielen") und berichtet von zeitgenössischen Schwimmpraktiken im süddeutsch-schweizerischen Raum. Der Text liefert außerdem Belege dafür, dass Mädchen ebenso wie Jungen schwimmen lernten. 1559 kam Weinmanns Schwimmtraktat jedoch auf den Index der verbotenen Bücher. Ob dafür die bisweilen anzüglichen Bemerkungen verantwortlich waren oder aber der Ratschlag, sich im Wasser an der gleitenden Bewegung der Schlange zu orientieren, die seit dem Sündenfall als Verkörperung des Bösen galt, ist nicht geklärt. Das Verbot verhinderte nicht die Überlieferung des Werkes in diversen Sprachlehrbüchern des 17. Jahrhunderts. Zu einer Neuauflage in lateinischer Sprache kam es jedoch erst 1889, zu einer vollständigen Übersetzung erst im 20. Jahrhundert.

1 Sextus Propertius: Sämtliche Gedichte, übersetzt und herausgegeben von Burkhard Mojsisch, Hans-Horst Schwarz und Isabel J. Tautz, Stuttgart 1993, S. 137.

De arte natandi libri duo quorum prior regulas ipsius artis, posterior verò praxin demonstrationemque continet. Authore Euerardo Dygbeio Anglo in artibus Magistro. Londini: Excudebat Thomas Dawson, 1587.

Early English Books Online

Abb. 177

Everard Digby (gest. 1605), anglikanischer Geistlicher und Dozent in Cambridge, kritisierte nicht nur die Methodologie des Peter Ramus, sondern verfasste auch ein lateinisches, mit 43 Holzschnitten ausgestattetes Schwimmtraktat (1587). Wenige Jahre später 1595 gab Christopher Middleton eine gekürzte, englische Übersetzung dieser Schrift mit den gleichen Holzschnitten heraus. Beide Texte bildeten die Grundlage für zahlreiche Übersetzungen und Kompilationen des 17. und 18. Jahrhunderts, die unter wechselnden Namen die Schwimmliteratur für rund zweihundert Jahre weitreichend beeinflussten.

Aus dem Text geht deutlich hervor, dass Digby selbst praktische Erfahrung im Schwimmen besaß. Wie Weinmanns Schrift handelt es sich um ein enthusiastisches Plädoyer für diese Praxis. Digby begründet die besondere Begabung des Menschen zum Schwimmen damit, dass er sich als Krone der Schöpfung sogar besser als Echsen und Fische im Wasser bewegen könne, denn im Unterschied zu allen anderen Lebewesen könne er nicht nur vielseitig die Stellung wechseln, sondern auch auf dem Rücken schwimmen. Die beigefügten Holzschnitte machen sehr schön deutlich, dass sich Digby nicht an modernen Bewegungsidealen von Schnelligkeit und Effektivität orientierte, sondern einem Leitbild von Zierlichkeit verpflichtet war.

Aufgeschlagen:

S. 39. Die hier gezeigte Abbildung (Abb. 177) illustriert zum Beispiel, wie man auf dem Rücken liegend seine gestreckten Zehen äußerst elegant präsentieren konnte. Zwar erwähnt der Verfasser durchaus den lebensrettenden Nutzen der Schwimmkunst. Im Vordergrund standen jedoch verspielte artistische Übungen, die der Erprobung des nassen Elements dienten. Durch das eingeschnittene Quader wird die geld- und arbeitssparende Methode des Druckers deutlich sichtbar, für die Produktion lediglich die zentrale Figur des Schwimmers in der Mitte des Bildes auszutauschen, den Rahmen mit Landschaft als Hintergrund hingegen für alle Abbildungen beizubehalten.

Es war der Naturwissenschaftler und Diplomat Melchisedech Thévenot (ca. 1620–1692), Förderer und Mitglied der Académie Royal de Sciences, der die erste Übersetzung Digbys ins Französische vornahm. Wie er in seinem Vorwort erläutert, erhoffte er sich von einer größeren Verbreitung des Schwimmens auch eine verbesserte Schlagkraft der französischen Marine. Wie schon Weinmann vor ihm betont Thévenot, es sei im Interesse des Staates, Akademien mit Schwimmlehrern einzurichten. Von Thévenot stammen auch Hinweise über die Verbreitung des Schwimmens im 17. Jahrhundert: Es sei unter den Matrosen aus Notwendigkeit und bei den unteren Ständen aus Vergnügen durchaus verbreitet. Der weitgereiste Thévenot führte außerdem Inder, Farbige und Chinesen als phantastische Schwimmer in die Schwimmliteratur ein: Von nun an sollten außereuropäische Völker als Vor- wie Schreckbild der europäischen (In)Kompetenz erscheinen. Obgleich deutlich utilitaristischer geprägt als seine Vorgänger Weinmann und Digby, kann sich auch Thévenot den Freuden des Schwimmens nicht ganz verschließen: Vom Kopfsprung berichtet er beispielsweise, dass er aufgrund seiner Gefährlichkeit nur selten angewendet würde, aber eigentlich ein großes Vergnügen bereite und richtig ausgeführt völlig harmlos sei.

Obwohl Thévenot die erste Ausgabe des Buches 1696 schon nicht mehr erlebte, erschien Digbys Schwimmtraktat mit diversen Änderungen und Ergänzungen bis zum Ende des 18. Jahrhunderts unter Thévenots Namen auf dem Kontinent.

Abb. 178

Aufgeschlagen:

Dass die Thévenot-Ausgabe von 1696 eine nackt schwimmende Frau zeigt (planche XXI, Abb. 178), ist ungewöhnlich. Zwar wurde das Schwimmen regelmäßig auch Frauen empfohlen und auch von ihnen praktiziert, doch galt Nacktheit für Frauen im Allgemeinen problematischer als für Männer. Dennoch findet man die nackten Schwimmerinnen auch in späteren Thévenot-Ausgaben des 18. Jahrhunderts, welche die Kupferstiche der älteren Ausgaben einfach übernahmen. Auf den zweiten Blick wird deutlich, dass auch Thévenot eine Vorlage benutzte: Es handelt sich um einen spiegelverkehrten, leicht modifizierten Abdruck des oben gezeigten Motivs bei Digby, der wiederum nur Männer als Schwimmer zeigte. Durch solche Übernahmen und Variationen ist es problematisch, vom Gezeigten auf die zeitgenössische Wirklichkeit zu schließen.

Melchisedech Thévenot: L'art de nager demonstree par figures, Paris 1696.

Niedersächsische Staats- und Universitätsbibliothek Göttingen: 8° Bibl. Uff. 420

64. Schutz vor dem Ertrinken

Jean Baptiste de la Chapelle, Traité de la construction théorique et pratique du Scaphandre, ou du bateau de l'homme, Paris 1775.

Klassik Stiftung Weimar, Herzogin Anna Amalia Bibliothek: MB M6:10 (1)

Im Zuge des aufklärerischen Philanthropismus, der Mode des kalten Bades und der zunehmenden Mobilität der Menschen über die Weltmeere hinweg stellte sich gegen Ende des 18. Jahrhunderts die Frage, wie man Menschen vor dem Ertrinken bewahren könne, immer dringlicher. Die nun zahlreicher werdenden Schwimmtraktate waren nur eine Antwort auf dieses Problem, die andere bestand darin, Schwimmgeräte und Schwimmhilfen zu erfinden.

Aufgeschlagen:

Planche IV. Eine besonders ausgefeilte und charmante Lösung ist uns durch den Mathematiker und Kanoniker Jean Baptiste de la Chapelle (um 1710–1792) überliefert: Chapelle, Mitglied der Akademien von Lyon, Rouen und London, erfand gleich eine ganze Korkrüstung (Abb. 179), die nicht nur vor dem sicheren Untergang bewahren sollte, sondern auch das bekleidete Baden sowie das Mitführen von Gegenständen erlaubte. Aus den Protokollen der Académie des Sciences von Paris wissen wir, dass Chapelles so genannter "Scaphander", was so viel wie "Menschenboot" bedeutet, tatsächlich funktionstüchtig war.

Chapelle, der im Unterschied zu Weinmann, Digby und Thévenot nicht bzw. kaum schwimmen konnte, vertrat im Hin-

Abb. 179

blick auf die Schwimmfähigkeit des Menschen eine äußerst skeptische Position. Interessant ist nun, wie er diese Auffassung mit physiologischen Argumenten untermauerte: Im Unterschied zu Digby befand er den Menschen als wenig zum Schwimmen geeignet, denn im Vergleich zu den tierischen Vierbeinern würde er sich in der Horizontalen in eine künstliche Position begeben, die seine Atemwege ständig gefährde. Chapelle definierte demgegenüber die aufrecht stehende Haltung als die einzig natürliche Position des Menschen. Damit präferierte er aber – ohne explizit darauf hinzuweisen – eine Körperhaltung, die schon seit Jahrhunderten durch die höfische und bürgerliche Anstandsliteratur als Mittel der sozialen Distinktion kodiert worden war. In der theologischen Literatur drückte sich im aufrechten Gang des Menschen seine Würde als Schöpfung Gottes und seine Überlegenheit über die Tierwelt aus.

Oronzio de Bernardi, L'uomo galleggiante o sia L'arte ragionata del nuoto fisica pubblicata, 2 Bde., Neapel: Stamperia Reale 1794.

Niedersächsische Staats- und Universitätsbibliothek Göttingen: 4° Art. ill. 3457:1 und 2

Abb. 180

Umso erstaunlicher erscheint es, dass sich Ende des 18. Jahrhunderts wiederum ein Geistlicher in einem zweibändigen *opus magnum* für das Schwimmen stark machte: Oronzio de Bernardi (1735–1806) ist wie Chapelle katholischer Priester, Mathematiker und Philosoph, Mitglied zahlreicher wissenschaftlicher Akademien im In- und Ausland, und entdeckt während eines Kuraufenthaltes am Meer, dass der menschliche Körper ohne weitere Anstrengung im Wasser schwimmt. Diese Erkenntnis stellt er fortan über zwölf Jahre hinweg systematisch in einer Reihe von Experimenten unter Beweis. Seine These, dass das spezifische Gewicht des Menschen leichter als das des Wasser sei, wird zur Grundlage der nach ihm benannten "neuen italienischen Schule". Bernardi betreibt dabei im Vergleich zu den anderen Autoren den größten intellektuellen Aufwand, um seine Thesen zu untermauern. Der gesamte erste Band dient – nach einer kurzen Auseinandersetzung mit den gängigen philosophischen Theoremen über das Schwimmen – dazu, das spezifische Gewicht und den Schwerpunkt des Menschen im Wasser experimentell zu bestimmen und mit der Schwimmfähigkeit toter Körper und der Tiere zu vergleichen. Dabei findet Bernardi – trotz seines ausgesprochen empirischen Ansatzes – zu Digbys These zurück, dass sich die Überlegenheit des Menschen über die Tiere in seiner vielseitigen Art zu schwimmen zeige.

Aufgeschlagen:

Erst der zweite Band ist der praktischen Umsetzung in einem Schwimmlehrgang gewidmet. Voraussetzung für diesen Kurs ist gleichermaßen die objektive Beweisführung im ersten Band wie die subjektive Überzeugung jedes einzelnen Schwimmschülers, dass er leichter als Wasser sei, denn durch die Furcht würden die Glieder in Unordnung geraten und der Mensch dadurch ertrinken. Auch Bernardi wertet die aufrechte Position als die dem Menschen natürliche Stellung und führt deshalb Schwimmbewegungen vor, die aus dieser Position heraus vollzogen werden und im Wesentlichen auch in dieser verbleiben. Alternativ zeigt er die sitzende Haltung (der wir heute nur noch wenig Nutzen abgewinnen können) und das Schwimmen aus dieser sitzenden Haltung heraus bzw. das Gehen im Wasser. Besondere Beachtung schenkt er der Aufrechterhaltung des Gleichgewichts. Deshalb bleibt auch sein "Seitenschwimmen", wie es die vorliegende Abbildung in typisch antikisierender Manier zeigt, stark der Vertikalen verhaftet (Tafel XI, Abb. 180). Einzige Ausnahme: das Ausruhen in der Rückenlage, da es dem Kräftesparen dient und damit einem weiteren wesentlichen Anliegen Bernardis.

66. Die "ältere deutsche" und die "neue italienische" Schwimmschule

Johann Christoph Friedrich GutsMuths: Kleines Lehrbuch der Schwimmkunst zum Selbstunterrichte; enthaltend eine vollständige praktische Anweisung zu allen Arten des Schwimmens nach den Grundsätzen der neuen Italienischen Schule des Bernardi und der älteren Deutschen, Weimar: Im Verlage des Industrie-Comptoirs 1798.

Thüringer Universitäts- und Landesbibliothek, Jena: 8° Art. lib. III, 92

Johann Christoph Friedrich GutsMuths (1759–1839) wirkte nach dem Studium der Theologie, Mathematik, Physik, Geschichte und der neueren Sprachen an der Universität Halle von 1785 bis 1839 als Pädagoge an dem damals neu gegründeten Philanthropin in Schnepfenthal. Die Philanthropen setzten sich in ihren Schulen für eine Erziehung ein, die dem Bedürfnis der Kinder nach Bewegung stärker Rechnung tragen und zugleich durch die Vermittlung praktischer Fertigkeiten auf das spätere (Berufs)Leben vorbereiten sollte. GutsMuths führte die Leibeserziehung in Schnepfenthal ein und veröffentlichte neben dem "Kleinen Lehrbuch der Schwimmkunst" im gleichen Jahr auch die wesentlich umfangreichere "Gymnastik für die Jugend" (vgl. ausführlicher hierzu im Katalogteil "Leibesübungen").

GutsMuths "Kleines Lehrbuch der Schwimmkunst" ist als alternativer Entwurf zu Oronzio de Bernardi, der von GutsMuths ausführlich rezipiert wurde, zu lesen: GutsMuths unterscheidet eine "ältere deutsche" und eine "neue italienische" Schwimmschule, denen er zu gleichen Teilen Platz einräumt, denn: Der Mensch sei weder grundsätzlich schwerer (so die ältere deutsche Schule), noch grundsätzlich leichter als Wasser (wie Bernardi behauptet). Vielmehr komme es auf den individuellen Körper an, für den man eine angemessene Technik finden müsse. Nicht zu unterschätzen ist dabei die grundverschiedene Erwartungshaltung: Anhänger der älteren deutschen Schule gingen davon aus, dass sie bei nachlassender Bewegung unweigerlich untergehen müssten, während Eleven der neuen italienischen Schule darauf vertrauen konnten, dass sie das nasse Element tragen würde. GutsMuths selbst hatte das Schwimmen durch praktische Anschauung in Halle kennen gelernt. Dort waren die Halloren, d. h. die an der Saale tätigen Salzwäscher, für ihre Schwimm-, Tauch- und Sprungfertigkeiten berühmt. Als das Salzgewerbe in Halle Ende des 18. Jahrhunderts niederging, zogen Halloren als Schwimmlehrer in verschiedene deutsche Städte.

Abb. 181

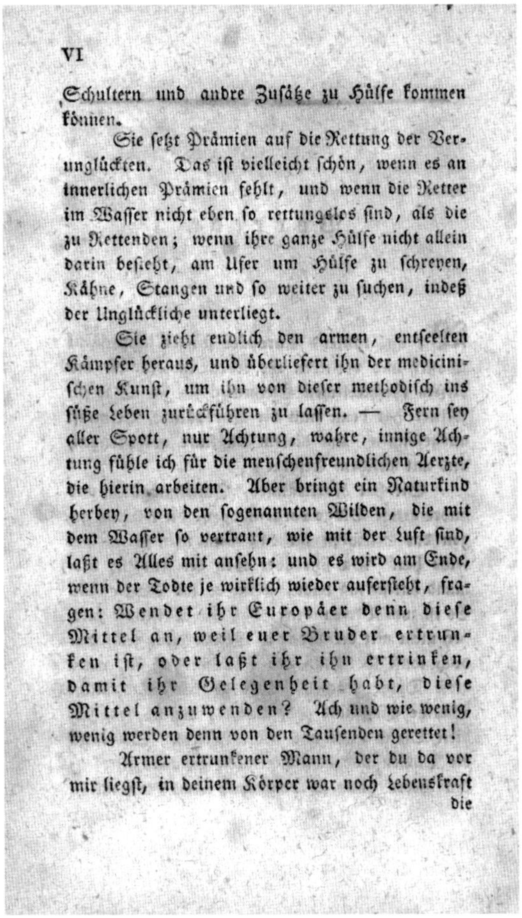

VI

Schultern und andre Zusätze zu Hülfe kommen können.

Sie setzt Prämien auf die Rettung der Verunglückten. Das ist vielleicht schön, wenn es an innerlichen Prämien fehlt, und wenn die Retter im Wasser nicht eben so rettungslos sind, als die zu Rettenden; wenn ihre ganze Hülfe nicht allein darin besteht, am Ufer um Hülfe zu schreyen, Kähne, Stangen und so weiter zu suchen, indeß der Unglückliche unterliegt.

Sie zieht endlich den armen, entseelten Kämpfer heraus, und überliefert ihn der medicinischen Kunst, um ihn von dieser methodisch ins süße Leben zurückführen zu lassen. — Fern sey aller Spott, nur Achtung, wahre, innige Achtung fühle ich für die menschenfreundlichen Aerzte, die hierin arbeiten. Aber bringt ein Naturkind herbey, von den sogenannten Wilden, die mit dem Wasser so vertraut, wie mit der Luft sind, laßt es Alles mit ansehn: und es wird am Ende, wenn der Todte je wirklich wieder aufersteht, fragen: Wendet ihr Europäer denn diese Mittel an, weil euer Bruder ertrunken ist, oder laßt ihr ihn ertrinken, damit ihr Gelegenheit habt, diese Mittel anzuwenden? Ach und wie wenig, wenig werden denn von den Tausenden gerettet!

Armer ertrunkener Mann, der du da vor mir liegst, in deinem Körper war noch Lebenskraft

die

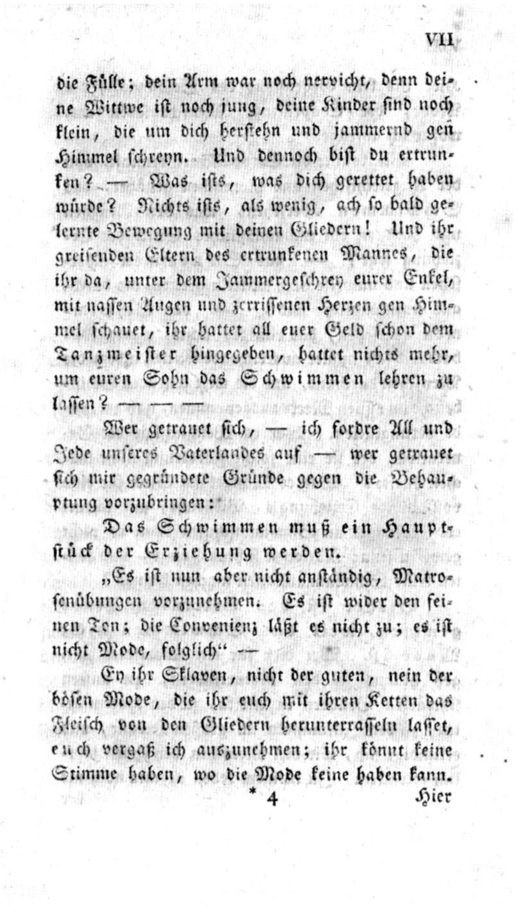

VII

die Fülle; dein Arm war noch nervicht, denn deine Wittwe ist noch jung, deine Kinder sind noch klein, die um dich herstehn und jammernd gen Himmel schreyn. Und dennoch bist du ertrunken? — Was ists, was dich gerettet haben würde? Nichts ists, als wenig, ach so bald gelernte Bewegung mit deinen Gliedern! Und ihr greisenden Eltern des ertrunkenen Mannes, die ihr da, unter dem Jammergeschrey eurer Enkel, mit nassen Augen und zerrissenen Herzen gen Himmel schauet, ihr hattet all euer Geld schon dem Tanzmeister hingegeben, hattet nichts mehr, um euren Sohn das Schwimmen lehren zu lassen? — — —

Wer getrauet sich, — ich fordre All und Jede unseres Vaterlandes auf — wer getrauet sich mir gegründete Gründe gegen die Behauptung vorzubringen:

Das Schwimmen muß ein Hauptstück der Erziehung werden.

„Es ist nun aber nicht anständig, Matrosenübungen vorzunehmen. Es ist wider den feinen Ton; die Convenienz läßt es nicht zu; es ist nicht Mode, folglich“ —

Ey ihr Sklaven, nicht der guten, nein der bösen Mode, die ihr euch mit ihren Ketten das Fleisch von den Gliedern herunterrasseln lasset, euch vergaß ich auszunehmen; ihr könnt keine Stimme haben, wo die Mode keine haben kann.

* 4 Hier

Abb. 181

Aufgeschlagen:

In seiner Vorrede (S. VI f., Abb. 181) nennt GutsMuths explizit die sozialen Vorbehalte gegen das Schwimmen als “Matrosenübungen”, die er durch seine Publikationen überwinden möchte. Als Vorbild werden hier wie auch an anderer Stelle und in anderen Traktaten die so genannten “Wilden” als ausgezeichnete Schwimmer eingeführt. Europäer machten sich hingegen an ihren Mitmenschen und an ihren Kindern schuldig, wenn sie aus falscher Eitelkeit diese lieber zum Tanzlehrer (als einer distinguierenden Praxis) als zum nützlichen Schwimmunterricht schickten, um sie vor dem Ertrinken zu bewahren. GutsMuths verzichtete ausdrücklich auf Abbildungen, um sein Werk einem möglichst großen Kreis von Lesern erschwinglich zu machen.